suhrkamp taschenbuch
wissenschaft 2050

Was bedeutet es, wahrhaftig zu sein? Welche Rolle spielt Wahrheit in unserem Leben? Bernard Williams erkundet den geschichtsträchtigen und zentralen Begriff der Wahrheit und zeigt, daß wir einerseits mehr, andererseits weniger von ihm erhoffen können, als wir uns vorstellen. Dabei blendet er philosophische, historische und fiktionale Zugänge übereinander, um zu erzählen, wie die Meinungen der Menschen über das Problem der Wahrheit entstanden sein könnten. So scheint am Horizont auf, was wir verlieren, wenn wir den Sinn für den Wert von Wahrheit verlieren: womöglich alles! Ein Meisterwerk.

Bernard Williams (1929-2003) lehrte als Professor für Philosophie in London, Cambridge, Oxford und Berkeley.

Bernard Williams
Wahrheit und Wahrhaftigkeit

Aus dem Amerikanischen von Joachim Schulte

Suhrkamp

Titel der Originalausgabe:
Truth and Truthfulness. An Essay in Genealogy

Bibliografische Information der Deutschen Nationalbibliothek
Die Deutsche Nationalbibliothek verzeichnet diese Publikation
in der Deutschen Nationalbibliografie;
detaillierte bibliografische Daten sind im Internet
über http://dnb.d-nb.de abrufbar.

suhrkamp taschenbuch wissenschaft 2050
Erste Auflage 2013

Umschlag nach Entwürfen
von Willy Fleckhaus und Rolf Staudt
Satz: Memminger MedienCentrum AG
Druck: Druckhaus Nomos, Sinzheim
Printed in Germany
ISBN 978-3-518-29650-9

Inhalt

1

Das Problem ... 11

1. Wahrhaftigkeit und Wahrheit ... 11
2. Autorität ... 20
3. Nietzsche ... 28

2

Genealogie ... 38

1. Reales und Fiktives ... 38
2. Naturalismus ... 41
3. Der Naturzustand ist nicht das Pleistozän ... 47
4. Wie können Fiktionen von Nutzen sein? ... 53
5. Schändliche Herkunft ... 61
6. Die Genealogie der Wahrhaftigkeit ... 65

3

Der Naturzustand. Eine Skizze ... 69

1. Die Arbeitsteilung ... 69
2. Offenkundige Wahrheiten ... 75
3. Raum, Zeit und Unbestimmtheit ... 86
4. Werte – was bisher erzählt wurde ... 92

4

Wahrheit, Behauptung und Überzeugung ... 99

1. Die Wahrheit selbst ... 99
2. Behauptungen und Wahrheit ... 104
3. Behauptungen und Wissen ... 119
4. Überzeugungen und Wahrheit ... 123

5

Aufrichtigkeit. Lügen und andere Formen der Täuschung ... 131

1. Wert. Ein innerer Zusammenhang? ... 131
2. Vertrauen ... 136
3. Sprachliche Aspekte der Vertrauenswürdigkeit ... 145
4. Neigungen zur Aufrichtigkeit ... 149

5. Behauptungsfetischismus 156
6. Wer die Wahrheit verdient 170

6
Genauigkeit – der Sinn für Realität 188
1. Mehr über den Begriff der Genauigkeit 188
2. Methoden und Hindernisse 192
3. Realismus und Einbildung 206
4. Wahrhaftigkeit und Freiheit 213

7
Was war an Minos auszusetzen? 226
1. Einleitung 226
2. Thukydides 229
3. »Sagenhafte Zeiten« 234
4. Die Vergangenheit und die Wahrheit 246

8
Von der Aufrichtigkeit zur Authentizität 261
1. Eine mehrdeutige Erfindung 261
2. Rousseau 263
3. Diderot und »Rameaus Neffe« 280
4. Festigung des Geistes 288
5. Authentizität und die anderen 298

9
Wahrhaftigkeit, Liberalismus und Kritik 308
1. Wahrheit und Politik 308
2. Demokratie und Freiheit 313
3. Der Markt der Ideen 317
4. Kritik 326
5. Der Test der Kritischen Theorie 334

10
Sinngebung 345
1. Erzählungen 345
2. Strukturen und Erklärungen 357
3. Das Publikum 370
4. Bedürfnisse 381

Schlußbemerkung
Das Vokabular der Wahrheit. Ein Beispiel 398

Danksagung 407
Nachweise und Abkürzungen 409
Literatur 410
Register 422

Für Rebecca, Jacob, Jonathan
und Sam

*Ich habe immer Hochachtung vor den Leuten gehabt,
die die Grammatik oder die Logik verteidigen.
Fünfzig Jahre später ist man sich klar darüber,
daß sie große Gefahren bannten.*

PROUST (*M. de Charlus*)

*Mangel an historischem Sinn ist der Erbfehler aller Philosophen . . .
Demnach ist das historische Philosophieren von jetzt ab nötig
und mit ihm die Tugend der Bescheidung.*

NIETZSCHE

I
Das Problem

1. Wahrhaftigkeit und Wahrheit

Zwei Denkströmungen spielen im Denken und in der Kultur der Moderne eine besonders hervorstechende Rolle. Einerseits engagiert man sich emsig für Wahrhaftigkeit – zumindest ist man vielfach argwöhnisch, auf der Hut vor Irreführung und eifrig darauf bedacht, Scheinbares zu durchschauen bis hin zu den wirklichen Strukturen und Motiven, die dahinter liegen. Dieses aus dem politischen Bereich seit eh und je vertraute Engagement erfaßt jetzt auch das Geschichtsverständnis, die Sozialwissenschaften und sogar die Deutung naturwissenschaftlicher Entdekkungen und Forschungen.

Neben dieser Forderung nach Wahrhaftigkeit – bzw. neben diesem Abwehrreflex gegen Täuschungen (um es weniger positiv zu formulieren) – gibt es jedoch einen nicht minder weit verbreiteten Verdacht, der sich auf die Wahrheit selbst richtet. Man fragt, ob es so etwas wirklich gibt; ob sie, sofern sie existiert, mehr sein kann als relativ, subjektiv oder dergleichen; und ob wir uns überhaupt um sie scheren sollten, wenn wir unseren Tätigkeiten nachgehen oder unser Tun erklären. Diese beiden Einstellungen – das Engagement für Wahrhaftigkeit und der gegen die Idee der Wahrheit gerichtete Verdacht – hängen miteinander zusammen. Das Streben nach Wahrhaftigkeit bringt einen Prozeß der Kritik in Gang, der die Gewißheit mindert, es gebe sichere oder uneingeschränkt behauptbare Wahrheit. In Verdacht gerät beispielsweise die Geschichtswissenschaft, bei der es sich häufig herausstellt, daß Darstellungen, welche die Wahrheit über die Vergangenheit zu berichten beanspruchen, befangen, ideologisch oder eigennützig sind. Aber Versuche, diese verzerrten Darstellungen durch »die Wahrheit« zu ersetzen, stoßen womöglich auf Einwände der gleichen Art; und dann stellt sich die Frage, ob eine historische Darstellung überhaupt danach streben kann, schlicht wahr zu sein. Es fragt sich, ob man die objektive Wahrheit – die Wahrheit an und für sich – aufrichtig (oder: wahrhaftig, wie man sagen möchte) als Ziel unserer Erforschung der Vergangenheit betrachten kann. Ähnliche, wenn auch nicht genau die gleichen Argumente sind auch auf anderen Gebieten vorgetragen worden. Doch falls die Wahrheit nicht das Ziel unserer Forschungen sein kann, dann muß es doch gewiß ehrlicher oder wahrhaftiger sein, die Maske fallen zu lassen und sich damit abzufinden, daß ... Wobei die Pünktchen durch eine auf den Gedanken der Wahrheit verzichtende Beschreibung unserer Situation ersetzt werden, z.B. durch die Behauptung, unsere Kämpfe seien rhetorischer Art.

Wie es zu der Möglichkeit kommt, daß die Forderung nach Wahrhaftigkeit und die Ablehnung der Wahrheit miteinander einhergehen, kann man durchaus einsehen. Das bedeutet allerdings weder, daß diese beiden Einstellungen getrost nebeneinander existieren können, noch daß die Situation stabil ist. Wenn man im Grunde gar nicht an die Existenz der Wahrheit glaubt, fragt es sich, worauf das leidenschaftliche Streben nach Wahrhaftigkeit abzielt. Ebenso könnte man fragen, welches denn der vermeintliche Gegenstand dieses Strebens nach Wahrhaftigkeit sei. Dabei handelt es sich nicht um ein abstraktes Problem oder ein bloßes Paradox. Aus dieser Fragestellung ergeben sich Konsequenzen, die den Bereich der wirklichen Politik betreffen, sie signalisiert die Gefahr, daß unsere geistigen Unternehmungen, zumal in den Geisteswissenschaften, in Selbstzerstörung enden können.

Die Spannung zwischen dem Streben nach Wahrhaftigkeit und dem Zweifel daran, daß (wirklich) Wahrheit zu finden ist, wird durch das folgende bezeichnende Problem verdeutlicht: Der Angriff auf eine spezifische Form der Wahrheit, wie etwa im genannten Fall auf die historische Wahrheit, ist abhängig von diesen oder jenen Behauptungen, die ihrerseits für wahr gehalten werden müssen.[1] Im Fall der Geschichtswissenschaft werden diese anderen Behauptungen sogar Behauptungen *der gleichen Art* sein. Die Vertreter der Ansicht, alle historischen Darstellungen seien ideologische Konstrukte (und diese Ansicht ist eine

1 Ausgebreitet wird diese Kritik von Thomas Nagel (1997). Die von Nagel genannten Argumente und die Frage, wie weit sie uns helfen können, erörtere ich in Williams (1998).

Spielart des Gedankens, eigentlich gebe es gar keine historische Wahrheit), verlassen sich dabei auf eine Darstellung, die ihrerseits historische Wahrheit beanspruchen muß. Sie zeigen, daß angeblich »objektive« Historiker ihre Geschichte aus einer bestimmten Perspektive und in tendenziöser Form erzählt haben, und dann schildern sie beispielsweise die Vorurteile, welche die Konstruktion verschiedener Darstellungen der Geschichte der Vereinigten Staaten geprägt haben.[2] Als historische Spezialarbeit kann eine derartige Erläuterung durchaus wahr sein; doch Wahrheit ist ein Vorzug, der von peinlich geringem Nutzen ist für einen Kritiker, der nicht bloß Autoren bloßstellen will, die sich vor ihm mit der Geschichte Amerikas befaßt haben, sondern darüber hinaus dartun möchte, letzten Endes gebe es gar keine historische Wahrheit. Es ist erstaunlich, wie selbstzufrieden manche historische Arbeiten »dekonstruktivistischer« Art mit dem Status der von ihnen selbst zum Einsatz gebrachten Historik umgehen. Noch anders verfahren einige »entlarvende« Darstellungen der Naturwissenschaft, die nachweisen wollen, wie unbegründet die Wahrheitsansprüche der Naturwissenschaften seien, da ihre Tätigkeiten von sozialen Kräften gesteuert würden. Hier werden, anders als im Fall der Geschichtswissenschaft, keine Wahrheiten der gleichen Art benutzt, denn man bedient sich nicht der Naturwissenschaft, um die Naturwissenschaft zu kritisieren. Diese Kritiker machen Gebrauch von den Sozialwissenschaften, und im typischen Fall stützen sie sich auf die bemerkenswerte Annahme, die Befähigung der Wissenssoziologie zur Aufstellung wahrer Behauptungen über die Naturwissenschaften sei größer als die Befähigung der Naturwissenschaften zur Aufstellung wahrer Behauptungen über die Welt.[3]

2 Hierzu siehe Appleby, Hunt und Jacob (1994), Kapitel 3 und 4; Nozick (1988).

3 Zu den besonders bekannten Autoren, die sich diesem Geschäft widmen, gehören Bruno Latour und Sandra Harding. Die Kapitel 5 und 6 des Buches von Haack (1998) liefern eine überaus schneidige und treffende Kritik sowie eine Reihe höchst aufschlußreicher Zitate. Siehe auch die folgende gescheite Bemerkung der Autorin: »Der revolutionäre Szientismus, den man in der zeitgenössischen Philosophie antrifft, manifestiert häufig eine sonderbare Affinität mit jenen wissenschaftsfeindlichen Einstellungen, die nach meiner Vermutung ebenso durch Ressentiments gegen die Naturwis-

Der Hinweis, daß zur Entkräftung einer historischen Darstellung selbst wieder eine historische Untersuchung nötig ist, trifft zu und sollte nicht außer acht gelassen werden, doch als solcher reicht er nicht aus, um die Spannungen zu beseitigen und das Problem auszuräumen. Derartige Argumente darf man der Problematik lediglich hinzufügen, und es kann sein, daß sie – wie es in den letzten Jahren öfters geschehen ist – einen Strudel Richtung Dekonstruktion beschleunigen. Freilich gibt es für alle derartigen Auseinandersetzungen den ihnen angemessenen Zeitpunkt, und vielleicht beginnt die heftige Kritik, die eine Zeitlang aus dieser Gesinnung heraus an literaturwissenschaftlichen Interpretationen und der Möglichkeit einer objektiven Geschichtsschreibung geübt wurde, nunmehr bis zu einem gewissen Grade abzuflauen. Das heißt aber nicht, daß die eigentlichen Probleme verschwunden sind. Im Grunde hat es die eigentlichen Probleme, wie Nietzsche erkannte, schon gegeben, ehe sie durch das Etikett »Postmoderne« zum Gegenstand öffentlicher Debatten wurden, und es gibt diese Probleme nach wie vor. Außerdem besteht die Gefahr, daß das Abebben der besonders dramatischen Streitigkeiten zu nichts weiter führt als zur Registrierung eines trägen Zynismus – zu jener Art von Ruhe, die im Bereich der privaten Beziehungen auf eine Reihe hysterischer Zankereien folgen kann. Wenn das leidenschaftliche Streben nach Wahrhaftigkeit nur gesteuert und gebremst, aber nicht wirklich befriedigt wird, dann wird es den vermeintlich von ihm getragenen Tätigkeiten den Garaus machen. Das ist einer der Gründe, warum die geisteswissenschaftliche Forschung derzeit Gefahr läuft, die professionelle Seriosität zu verlieren und auf dem Weg über eine gewisse Professionalisierung in letztlich desillusionierter Karrieremacherei zu enden.

Meine Frage lautet: Wie können wir an diese Situation herangehen? Können die Begriffe »Wahrheit« und »Wahrhaftigkeit« im geistigen Bereich derart stabilisiert werden, daß das, was wir von der Wahrheit und unseren Aussichten, sie je zu erreichen, begreifen, mit unserem Bedürfnis nach Wahrhaftigkeit in Ein-

senschaften ausgelöst werden, wie der Szientismus durch Wissenschaftsneid ausgelöst wird« (S. 201).

klang gebracht wird? Das ist nach meiner Überzeugung ein Grundproblem der Gegenwartsphilosophie.

Die durch dieses Problem hervorgerufenen Spannungen innerhalb unserer heutigen Kultur – d.h. die Spannungen zwischen Wahrheit und Wahrhaftigkeit (wie ich es summarisch formuliert habe) – kommen in Konflikten unterschiedlicher Art zum Ausbruch. Eine solche Spannung besteht zwischen zwei Betrachtungsweisen der Aufklärung. Ein vertrautes Thema der modernen Kritik, das man von einigen Autoren der Frankfurter Schule[4] übernommen hat, läuft auf die These hinaus, die Aufklärung habe aufgrund ihres Glaubens an eine externe, objektive Wahrheit über Individuen und Gesellschaft ein beispielloses Unterdrückungssystem herbeigeführt. Diese Darstellung der Aufklärung bedient sich einer Terminologie, in der von der Tyrannei der Theorie die Rede ist, wobei die Theorie wiederum mit einer alles – auch uns selbst – erfassenden externen, »panoptischen« Sichtweise gleichgesetzt wird. Hier stellt sich auf jeden Fall die Frage, ob die Aufklärungsmodelle des wissenschaftlichen Verstehens tatsächlich zur Negierung der politischen Freiheit führen und auf welchen gesellschaftlichen und geistigen Wegen das gegebenenfalls geschieht. Ich werde geltend machen, daß es ebenfalls positive Beziehungen gibt, die zwischen dem Begriff der wissenschaftlichen Wahrheit und dem Begriff der politischen Freiheit bestehen. Aber auch unabhängig von dieser Frage gibt es in der Aufklärung eine weitere Strömung, nämlich die Strömung der Kritik, die im Grunde zu den wichtigsten Äußerungen des Geists der politischen und sozialen Wahrhaftigkeit gehört. In dieser Hinsicht ist die Aufklärung, wie ich meine, eine besonders enge Gefährtin des Liberalismus. Im vorliegenden Buch werde ich den Versuch machen, einige Verbindungen zu erkunden, die zwischen der liberalen Kritik einerseits und der Wahrhaftigkeit andererseits bestehen, wobei es überdies um die Wahrhaftigkeit in ihrer Verknüpfung mit der Wahrheit geht. Manche Autoren haben sich bemüht, den Geist der liberalen Kritik vom Begriff der Wahrheit zu lösen, doch das ist nach meiner These ein Grundfehler. Eine im Kreis dieser Autoren besonders ein-

4 Besonders bekannt ist die Darstellung von Horkheimer und Adorno (1969 [1944/47]).

flußreiche Persönlichkeit ist Richard Rorty,[5] auf dessen Formulierungen ich in verschiedenen Zusammenhängen Bezug nehmen werde. Aufmerksamkeit hat der von ihm als »liberale Ironie« bezeichnete Standpunkt vor allem dadurch auf sich gelenkt, daß er es unterläßt, die eigene Wahrheit zu behaupten. Doch das ist nicht die wichtigste Frage, die er aufwirft. Die bedeutsamste Frage betrifft nicht den Wahrheitsstatus der politischen oder moralischen Einstellungen selbst, sondern die Wichtigkeit, welche diese Einstellungen anderen Formen der Wahrheit und der Wahrhaftigkeit beimessen.

Die in unserer Kultur bestehenden Spannungen zwischen Wahrheit und Wahrhaftigkeit kommen auch in einem vertrauten Gegensatz zwischen zwei verschiedenen Weisen des Philosophierens zum Ausdruck. Damit meine ich nicht die vermeintliche Unterscheidungen zwischen einem »analytischen« und einem »kontinentalen« Stil der Philosophie. Das ist nicht nur eine in jeder Hinsicht eklatant verfehlte Bezeichnung, sondern es wird damit überhaupt kein bestimmter Kontrast herausgestellt. Was die Fragen betrifft, die mich hier beschäftigen, gibt es eine andere Unterscheidung: Auf der einen Seite steht ein Stil des Denkens, der in überspitzter, herausfordernder oder (wie die Gegner sagen würden) unverantwortlicher Weise die Möglichkeit von Wahrheit überhaupt bestreitet, ihre Wichtigkeit herunterspielt oder behauptet, jegliche Wahrheit sei »relativ« oder kranke an sonst einem Mangel dieser Art. Um die Auseinandersetzung voranzubringen, brauche ich einen allgemeinen Ausdruck zur Bezeichnung derer, die sich eine solche Einstellung zu eigen machen. Dieser Ausdruck wird notgedrungen vag sein, denn mehrere verschiedene Anschauungen fallen unter diese Rubrik, und etliche Autoren, die eine solche Einstellung vertreten, geben sich keine große Mühe, die eigene Anschauung von anderen zu unterscheiden. In früheren Entwürfen dieses Buchs habe ich hier von Wahrheitsskeptikern gesprochen, doch das war irreführend, denn das Wort »Skepsis« deutet aufgrund seiner Herkunft aus der philosophischen Tradition in zu hohem Maße darauf hin, daß die Probleme unsere *Erkenntnis* der Wahrheit betreffen, wobei alle Seiten übereinstimmend davon ausge-

5 Siehe Rorty (1989) und weitere Arbeiten dieses Verfassers.

hen, es gebe etwas, dessen Erkenntnis gelingen oder mißlingen kann. Dagegen haben die Autoren, um die es hier geht, eher die Tendenz, die Idee der Wahrheit als Gegenstand der Forschung generell zu kassieren oder geltend zu machen, daß, sofern man die Wahrheit als Gegenstand der Forschung ansieht, nichts dergleichen wirklich existiert: Was sich als Forschung geriere, sei in Wirklichkeit etwas anderes. Diese Autoren könnte man »Umstürzler« nennen, doch das hätte den Nachteil, daß viele von ihnen nur allzu erfreut wären, diese Bezeichnung auf sich selbst anzuwenden. Ich werde sie schlicht »Verneiner« nennen, womit gesagt ist, daß sie im Hinblick auf die Wahrheit etwas bestreiten, was in unserem Leben normalerweise als bedeutsam gilt (äußerstenfalls z. B. die Existenz der Wahrheit). Was von verschiedenen Autoren dieser Richtung im einzelnen verneint wird, ist eine der Hauptfragen dieses Buchs.

Im Widerspruch zu den Verneinern werden wir andererseits etwa von den Sprachphilosophen – insbesondere von den »analytisch« orientierten Sprachphilosophen – daran erinnert, daß diese verwegenen Behauptungen offensichtlich falsch sind und nicht einmal von ihren Verfechtern geglaubt werden, die z. B. genau wissen, daß es wahr ist, daß es jetzt Dienstagabend ist und sie selbst in Amerika sind. Außerdem könnten diese Behauptungen gar nicht wahr sein, denn niemand könne eine Sprache verstehen oder sprechen lernen, der nicht einsehe, daß eine große Klasse der Aussagen in dieser Sprache wahr sei. Diese Argumente sind völlig richtig, soweit sie etwas auszurichten vermögen, und sie werden auch im Rahmen meiner eigenen Erörterung eine gewisse Rolle spielen. Aber in welchem Maße helfen sie uns weiter? Nachdem diese zweite Partei (wir wollen sie die Vertreter des Common sense nennen) die Wahrheit in einigen ihrer Alltagsrollen rehabilitiert hat, geht sie normalerweise davon aus, daß über den Rest der Kritik der Verneiner nicht viele Worte zu verlieren seien. Es kann aber sein, daß ein großer Teil dieser Kritik von der genannten Erwiderung unberührt bleibt: Das Mißtrauen im Hinblick auf historische Darstellungen, soziale Repräsentation, Selbsterkenntnis, psychologische und politische Interpretationen – alle diese Verdächtigungen können genauso beunruhigend bleiben, wie es den Ansichten der Verneiner entspräche.

Die Haltung, welche die Vertreter des Common sense gegenüber den Verneinern einnehmen, beruht auf einem Mißverständnis. Sie meinen, da der Wahrheitsbegriff tatsächlich grundlegend sei, mache der Umstand, daß die Verneiner mit Bezug auf elementare Anwendungen dieses Begriffs in Verwirrung geraten, auch die Äußerungen der Verneiner über alles andere hinfällig. Tatsächlich haben sich manche Verneiner im Bereich der Sprachphilosophie zu konfusen Formulierungen hinreißen lassen, die auf mißverstandene Gedanken Saussures zurückgehen und im großen und ganzen darauf hinauslaufen, daß die Sprache aus »willkürlichen Zeichen« bestehe, die ihre Bedeutung aus den Beziehungen zu anderen Zeichen »empfangen« und sich aus diesem Grund nicht auf eine nichtsprachliche Welt beziehen können. Das ist ein Geflecht von Irrtümern. Wenn *Hund* ein »willkürliches« Zeichen für einen Hund ist, ist es doch immerhin ein Zeichen für einen Hund; das wiederum muß heißen, daß es sich auf einen Hund beziehen kann: Und ein Hund ist kein Wort, sondern ein Hund. Mit dergleichen werde ich mich aber nicht weiter aufhalten. Unter den von den Verneinern angeführten Hinweisen finden sich interessantere Gedanken. Die Verneiner gelangen zu ihren Anschauungen nicht dadurch, daß sie von schlichten Irrtümern bezüglich Sprache und Wahrheitsbegriff ausgehen. Vielmehr sind sie der Meinung, in wichtigen Bereichen unseres Denkens und in herkömmlichen Deutungen dieser Bereiche gebe es manches, worüber wir uns Sorgen machen sollten. Sie spüren, daß diese Dinge etwas mit dem Wahrheitsbegriff zu tun haben, und ihre Sorgen übertragen sie sodann auf den Wahrheitsbegriff selbst (wobei sie zweifellos von dem vertrauten Wunsch getrieben werden, etwas überaus Allgemeines zu sagen, das zur gleichen Zeit von äußerster Wichtigkeit und beruhigender Einfachheit ist).

Das Gesamtergebnis dieser diversen Mißverständnisse besagt, daß die Verneiner und die Vertreter des Common sense mit ihren jeweiligen Stilen des Philosophierens aneinander vorbeireden.[6]

6 Susan Haack ist eine standhafte Gegnerin der »Verneiner«, und ihre Aufsatzsammlung (1998) enthält viele einleuchtende Einwände gegen diese Position (vgl. oben, Anm. 3). Die von den Verneinern vertretenen Standpunkte werden jedoch zumeist auf so etwas wie Übertreibung, Ruhmsucht und Vernachlässigung grundlegender Unterscheidungen zurückgeführt. Haack selbst nennt sich eine »altmodische Pedantin«, und in dieser

Wir müssen begreifen, daß der Wahrheitsbegriff beim Verstehen der Sprache und beim Verstehen anderer Menschen tatsächlich eine wesentliche Rolle spielt. Wir müssen fragen, wie diese Rolle mit umfassenderen Denkstrukturen zusammenhängen kann, die für unser persönliches, gesellschaftliches und politisches Selbstverständnis wesentlich sind. In welchem Maße sind die Erzählungen wahrheitsfähig, die das Verstehen unserer selbst, unserer Mitmenschen und der Gesellschaften, in denen wir leben, stützen? Ist Wahrheit etwas, was ihnen zukommen muß? Oder können sie wahrhaftig sein, ohne wahr zu sein? Indes wir uns diesen Fragen stellen, tun wir gut daran, offen zu sein für den Gedanken, diese umfassenderen Strukturen könnten ernsthaft unseren Verdacht auf sich lenken.

Hier werde ich mich durchweg mit dem »Wert der Wahrheit« beschäftigen, wie man es zusammenfassend formulieren darf. Ganz streng genommen, ist es sicher eine Kategorienverwechslung, wenn man vom »Wert der Wahrheit« spricht, denn die Wahrheit als Eigenschaft von Aussagen oder Sätzen gehört nun einmal nicht zu den Dingen, die einen Wert haben können. Die Vertreter des Common sense werden bestreiten, daß es in diesem strengen Sinn so etwas wie einen Wert der Wahrheit gibt; und das kann man ohne weiteres akzeptieren. Die Formulierung »der Wert der Wahrheit« sollte als Abkürzung für den Wert verschiedener Zustände und Tätigkeiten aufgefaßt werden, die man mit der Wahrheit in Verbindung bringt. Ein großer Teil der Erörterung wird sich auf den Wert der sogenannten »Tugenden der Wahrheit« richten. Das sind Eigenschaften von Personen, und diese Eigenschaften äußern sich, wenn man den Wunsch hat, die Wahrheit zu erkennen, sie ausfindig zu machen und sie anderen Menschen mitzuteilen.[7] Die Verneiner hingegen behaupten, in diesem tieferen Sinn gebe es keinen Wert der Wahrheit: Nach ihrer Überzeugung darf der Wert dieser Zustände oder Tätigkeiten, sofern sie überhaupt einen haben, nicht durch Bezugnahme auf die Wahrheit erklärt werden; und genau dies ist die These, die

Rolle sagt sie ein wenig zu oft, sie vermöge nicht zu erkennen, worum es bei dem ganzen Theater eigentlich gehe.

7 Zu der Frage, was in diesem Zusammenhang als etwas gilt, was »einen Wert hat«, siehe insbesondere Kapitel 4, Abschnitt 1, und Kapitel 5, Abschnitt 1.

ich ablehne. So kann es beispielsweise sein, daß die Verneiner behaupten: Selbst wenn manche Menschen glauben, es sei an und für sich äußerst wichtig, die Wahrheit herauszubekommen, haben wahre Überzeugungen eigentlich keinen Wert außer dem pragmatischen Wert, den es nun einmal hat, wenn man Dinge glaubt, die einen zum Nützlichen hinführen und vom Gefährlichen abschrecken. Vielleicht sind manche unter denen, die gerade soviel einräumen, ganz harmlose Verneiner; und was den Alltagsbegriff der Wahrheit anlangt, gehören sie womöglich sogar zur Partei des Common sense. Ich werde jedoch behaupten, daß sie ebenso wie die radikaleren Verneiner die Vorstellung ernst nehmen müssen, daß wir in dem Maße, in dem wir den Sinn für den Wert der Wahrheit verlieren, bestimmt manches und möglicherweise alles einbüßen.

2. Autorität

Die Spannungen, die zum Ausbruch kommen, wenn man ernsthafte Vorstellungen von Wahrheit und Wahrhaftigkeit preisgibt, kommen auch in den seit etwa zwei Jahrzehnten vertraut gewordenen Konflikten zum Ausdruck, bei denen es um Autorität im universitären Bereich geht. Ein anschauliches Beispiel hat das Schauspiel *Oleanna* von David Mamet geliefert.[8] In erster Linie ist das Stück so aufgefaßt worden, als handele es von sexueller Belästigung und den Beziehungen zwischen den Geschlechtern; und dies war auch der Zusammenhang, in dem es nach der Uraufführung Aufsehen erregte. Aber es geht dabei außerdem um etwas anderes, das zwar eng mit diesen Dingen zusammenhängt, sich in wichtiger Hinsicht aber davon unterscheidet. Ein Vorwurf, der von der weiblichen Hauptperson immer wieder erhoben wird, besagt folgendes: Sie habe Opfer gebracht, um die Universität besuchen zu dürfen, um etwas lernen zu können, um Dinge zu erfahren, die sie vorher nicht wußte, aber man habe ihr nichts weiter geboten als eine klägliche Permissivität. Sie be-

8 Mamet (1993). Die Uraufführung des Stücks fand am 1. Mai 1992 statt. Gespielt wurde es von der Back Bay Theater Company in Zusammenarbeit mit dem American Repertory Theater. 1994 machte Mamet, der selbst Regie führte, einen Film daraus.

schwert sich darüber, daß sie von ihrem akademischer Lehrer (der sich offenbar mit so etwas wie Soziologie der Erziehungswissenschaft befaßt) nicht genügend gelenkt oder angeleitet werde: Er sagt ihr nicht, was sie glauben soll, ja vielleicht sagt er ihr nicht einmal, welche Fragen sie stellen soll. Er läßt keine Autorität walten. Trotzdem beklagt sie sich darüber, daß er Macht über sie ausübe. Das könnte so aussehen, als handele es sich um Konfusion ihrerseits oder auf seiten des Stückeschreibers – aber so verhält es sich nicht. Die männliche Hauptperson hat zwar Macht über die Frau (und kann entscheiden, welche Zensur sie bekommt), aber gerade weil der Mann keine Autorität hat, ist diese Macht nichts weiter als Macht, und zum Teil ist diese Macht gender-bedingt. Seine Entscheidung, ihre Zensur zu ändern, hat zwar nichts mit der sexuellen Belästigung zu tun, mit der sie von der Frau und ihren eben entdeckten feministischen Kameradinnen in Verbindung gebracht wird, doch dabei hat er einen Raum frei gelassen, in dem sich fast alles in diesem Sinne deuten ließe.

Es gibt manche überaus reduktionistische Formen von Kritik an der herkömmlichen Autorität des Wissenschaftlers, bei denen wir offenbar in dieser Position verbleiben. Wenn der Kanon der zu studierenden Werke, Autoren oder philosophischen Theorien, der Methoden ihrer Interpretation und der historischen Darstellungen zur Erklärung dieser Dinge gleichermaßen und zur selben Zeit als ideologische Zwänge angeprangert werden, haben wir es tatsächlich mit einem Raum zu tun, der ausschließlich durch Machtverhältnisse strukturiert ist. Das sind in mehreren Hinsichten keine erfreulichen Nachrichten. Die eine besagt, daß die Kritiker selbst dadurch jegliche Autorität einbüßen, denn um *diese* Geschichte zu begründen, müssen sie ihrerseits eine Geschichte erzählen (im Grunde sogar eine Menge recht detaillierter Geschichten). Das läuft darauf hinaus, daß man beispielsweise für die Anprangerung der Historik der Historik bedarf. Außerdem benötigen die Kritiker eine Geschichte, um zu erklären, wieso sie dazu in der Lage sind, ihre Geschichte zu erzählen. Selbst wenn sie sich in recht jämmerlicher Form damit bescheiden, sich auf eine lediglich ihrem Minderheitenstatus verdankte Autorität zu berufen, ist immer noch eine Geschichte nötig, um die Relevanz dieser Berufung zu erklären.

Aber wenn keine Autorität da ist, dann gibt es bloß Macht. Außerdem bekommen die Kritiker selbst – und das ist eine weitere Hiobsbotschaft – im Fall der völlig reduktionistischen Geschichte nicht genügend Macht bzw. gar keine Macht ab. Es ist immer ein Fehler, wenn die Minderheit oder die Benachteiligten die Reduktion bis zur letzten Instanz vorantreiben, denn in letzter Instanz sind sie eben bloß eine Minderheit. Zumindest ist das so, wenn ihre Reduktion der Dinge bis zur letzten Instanz wirklich ernst genommen wird, was im wissenschaftlichen Bereich nur selten geschieht. (Der arg gebeutelte Dekan eines Fachbereichs für englische Literatur gestand mir einmal, angesichts einer Gruppe von Kollegen, die ihm vorwarfen, er sei ein Agent der hegemonialen Machtstrukturen, hätte er gern geantwortet: »Sie haben völlig recht, und hiermit sind Sie entlassen.«) Selbst wenn den Leuten bezeichnenderweise diejenigen beispringen, die dabei nicht nur an Macht denken, sondern von Gefühlen der Schuld, des Unbehagens, des Antiquiertseins usw. geleitet werden, so daß es derartigen Gruppen gelingt, genügend Macht einzuheimsen, um großen Einfluß auf geisteswissenschaftliche Fachbereiche auszuüben, werden sie trotzdem nicht über genügend Macht verfügen, um solche Fachbereiche langfristig zu erhalten, wenn sich in der weiteren Umgebung die Ansicht durchsetzt, die Geisteswissenschaften seien fade, langweilig und nutzlos. Auch wenn sie genug Macht hätten, um einige Bereiche der Universität an sich zu reißen, würde ihnen dennoch die Macht fehlen, die nötig ist, um eine solche Universität am Leben zu erhalten. Wirkliche Macht ist politische, wirtschaftliche, gesellschaftliche Macht; und obwohl diese Macht entscheidend von Ideen beeinfluß wird, geschieht dergleichen nur dann, wenn die betreffenden Ideen eine gewisse Autorität genießen.

Es gibt auch noch eine dritte Hiobsbotschaft bezüglich der völlig reduktionistischen oder nihilistischen Position (oder vielmehr: bezüglich des *Eindrucks*, daß es sich um eine derartige Position handelt, denn in Wirklichkeit wird sie kaum je vertreten). Dadurch, daß dieser Standpunkt so extrem ist, werden Diskussionen unterdrückt, und zwar nicht nur solche, bei denen es um den eventuellen Gehalt der Kritik geht, sondern auch solche, bei denen gefragt wird, welchen Begriff man sich von geistiger Autorität machen kann. Hier lohnt es sich, auf ein sehr altes Mittel der deflationären Rhetorik aufmerksam zu machen, das mit Sicherheit schon den griechischen Sophisten bekannt war und heute zum festen Repertoire unserer Verneiner gehört. Es besteht darin, daß man anerkannte Unterscheidungen zwischen »Höherem« und »Niedrigerem« aufgreift – beispielsweise die Unterscheidung zwischen Begründung und Überredung, zwischen Argument und Gewalt, zwischen Wahrhaftigkeit und Manipulation – und sodann das höhere Element verneint, während man das niedrigere bejaht: Alles – einschließlich Argumentieren und Wahrhaftigkeit – sei (eigentlich) Gewalt, Überredung und Manipulation. Dieser rhetorische Kniff hat auch nützliche Seiten. Er kann die Menschen vielleicht dazu überreden, daß sie einen realistischeren Blick für die »höheren« Elemente bekommen, und er kann ihnen helfen, irreführende Idealisierungen dieser Elemente aufzuspüren. Aber abgesehen davon, daß dieses Mittel schon bald äußerst langweilig wirkt, hat es den Nachteil, daß es nichts dazu beiträgt, diese Idealisierungen zu verstehen, und erst recht nichts dazu beiträgt, den ursprünglichen Gegensatz auf andere Weise in einen neuen Raum einzubetten, so daß die wirklichen Unterschiede zwischen argumentativem und nicht-argumentativem Druck – also Unterschiede wie der zwischen Zuhören und Geschlagenwerden – zutage treten können. Im Seminar mag ein solcher Gegensatz aus dem Blickfeld verschwinden, doch sobald man selbst geschlagen wird, macht er sich deutlich wieder bemerkbar.

Jeder sollte den Vertretern des Common sense darin zustimmen, daß es viele alltägliche Wahrheiten gibt (und insoweit ist tatsächlich jeder dieser Meinung). Das ist bis jetzt ein ganz vager Begriff; eine detailliertere Erläuterung von damit zusammenhängenden Ideen wird an späterer Stelle folgen.[9] Dazu gehören nicht bloß Aussagen über begrenzte Mengen jener »Kurzwaren mittlerer Größe«, von denen bei J. L. Austin die Rede ist, sondern auch viele psychologische Aussagen – z. B. über das Handeln von Personen – sowie zahlreiche Behauptungen über die Vergangenheit. (In diesen Zusammenhängen kommt auch der

9 Insbesondere in Kapitel 3, Abschnitt 2, wo ich auf den Gedanken der »offenkundigen« Wahrheit eingehe.

wichtige Begriff der Mini-Erzählung zum Vorschein, in der sich selbst wieder Wissen über das Handeln einer Person äußern kann.) Alltägliche Wahrheiten kontrastieren mit solchen Dingen wie deutenden historischen Berichten und komplexen psychologischen Interpretationen. (Es ist, wie wir sehen werden, signifikant, daß die Stilformen solcher Interpretationen ihrerseits eine Geschichte haben.)

Wenn ich von »alltäglichen Wahrheiten« rede, will ich damit nicht sagen, daß sie aufgrund ihrer Gewißheit oder Unbestreitbarkeit ausgesondert werden. (Dieser Sachverhalt ist im Hinblick auf die philosophische Konstruktion, die ich in späteren Kapiteln darzulegen versuche, von zentraler Bedeutung). Wenn jemand eine Aussage dieser Art für wahr erklärt, gibt es bekannte Verfahren zur Anfechtung dieser Behauptung, indem man beispielsweise erklärt, wie es dazu hätte kommen können, daß der Betreffende diese Aussage glaubt, ohne daß sie wahr ist; und die Grundlagen, auf die man sich dabei stützt, bestehen in erheblichem Maß selbst wieder aus Alltagswahrheiten. Unbestreitbar ist, daß Aussagen dieser Art in sehr vielen Situationen wahr sind und als wahr erkannt werden können. Alltägliche Wahrheiten können ohne weiteres und vernünftigerweise zu den Tatsachen gerechnet werden. Und Nietzsche hatte unrecht, als er im Widerspruch zu vielen eigenen Äußerungen sagte: »[G]erade Tatsachen gibt es nicht, nur Interpretationen.«[10]

Alltagswahrheiten sind wichtig, und ihre Wichtigkeit sollte aus mehreren Gründen betont werden. Einer dieser Gründe ist ein Hauptanliegen dieses Buchs, nämlich die Rolle, die diese alltäglichen Wahrheiten bei der Erläuterung des Wahrheits- und des Bedeutungsbegriffs sowie beim Aufbau einer philosophischen Anthropologie spielen. Zweitens weiß jeder, daß es Alltagswahrheiten gibt, und in vielen Fällen weiß man auch, welche es sind. Hier gibt es verschiedene – von Hume, Wittgenstein und Stanley Cavell beschriebene – Wege, auf denen uns die Philosophie in den Alltag zurückrufen muß. Bei allen diesen Autoren geht es jedoch darum, uns aus dem Zustand der persönlichen Entfremdung in den Alltag zurückzurufen – aus einem Zustand, der sich einem verstiegenen philosophischen Skeptizismus ver-

10 *Der Wille zur Macht*, §481.

dankt, der an der Existenz der Außenwelt, der Vergangenheit oder des Fremdpsychischen zu zweifeln behauptet. Was unsere derzeitigen Belange betrifft, sollen wir aus einem anderen Zustand in den Alltag (und damit zu den von allen anerkannten Alltagswahrheiten) zurückgerufen werden, nämlich aus einem politisierten Zustand der Verneinung, bei dem es sich eigentlich nicht um Entfremdung von der gemeinsamen Welt handelt, sondern um eine Bedingung für das Mitwohnen in einer entfremdeten Welt.

Dieser Zustand der Verneinung und die damit einhergehenden politischen Ansichten ziehen wirklich das Risiko einer Entfremdung zwischen den Geisteswissenschaften und der übrigen Gesellschaft nach sich, zumindest wenn die Geisteswissenschaften als ein Forschungsgebiet gelten sollen, auf dem man sich mit Leidenschaft und Intelligenz betätigt. (Es besteht kein Mangel an Interesse für Kitsch- und Talmi-Geisteswissenschaften, und das macht die Bedrohung natürlich noch ernster.) Man kann es verstehen, daß vielbeschäftigten Leuten der Geduldsfaden reißt, wenn sie die Geisteswissenschaften mit den Naturwissenschaften und den angewandten Wissenschaften vergleichen. Das liegt weder daran, daß diese Wissenschaften ein falsches Prestige genössen, noch daran, daß man die naive Anschauung verträte, diese Wissenschaften bestünden zur Gänze aus Alltagswahrheiten. Der Grund ist vielmehr folgender: Jeder weiß, daß es in den von diesen Wissenschaften abgedeckten Bereichen eine Menge alltäglicher Wahrheiten gibt – etwa die, daß manche Fernrohre funktionieren und andere nicht, daß manche Brücken einstürzen und andere nicht –, und das Vorhandensein sowie die Relevanz dieser Alltagswahrheiten verleihen diesen Wissenschaften einen Anspruch auf Seriosität, der den Geisteswissenschaften leicht abhanden kommen kann. Der Eindruck des Frivolen wird noch gefördert, sobald sich die Geisteswissenschaften eine Rhetorik der politischen Dringlichkeit zu eigen machen, die nichts weiter repräsentiert als die Kaffeehauspolitik von Emigranten aus der Welt der wirklichen Macht und von Geheimagenten der literaturwissenschaftlichen Fachbereiche. Dieses Verhalten hat den Nachteil, daß es von denen, die den politischen Liberalismus ernst nehmen, ebenso wie von denen, die ihn nicht ernst nehmen, zu Recht verachtet wird.

Wahrhaftigkeit impliziert Achtung vor der Wahrheit. Daher besteht eine Verbindung zu beiden Tugenden, die nach meiner in den folgenden Kapiteln dargelegten These die zwei Haupttugenden der Wahrheit darstellen, nämlich GENAUIGKEIT und AUFRICHTIGKEIT: Man tut alles, was man kann, um zu wahren Überzeugungen zu gelangen; und was man sagt, zeigt, was man glaubt. Die Autorität der Wissenschaftler muß darin wurzeln, daß sie in beiden Hinsichten wahrhaftig sind: Sie verfahren sorgfältig, und sie lügen nicht. Es gibt diffizilere Tugenden, die in die gleiche Richtung gehen. So ist es zum Beispiel eine vorzügliche Idee, daß Wissenschaftler auf den bequemen Ausweg bewußt ausweichender Formulierungen verzichten sollten. Schon vielfach sind die von Carlos Castaneda aufgestellten Behauptungen über den Schamanismus in Frage gestellt worden. Nun schreibt der Autor eines Buchs über Castaneda und die Sozialwissenschaften: »Es ist mir völlig egal, ob irgendwelche ›Ereignisse‹, über die Castaneda berichtet, jemals ›stattgefunden‹ haben.«[11] Die Behauptung als solche mag ja in Ordnung sein, aber die Gänsefüßchen des Autors sind es nicht.

Die Tugenden der Wahrheit sind keine konventionellen Fetische der wissenschaftlichen Theoriebildung. Man kann sie konkret auf alltägliche Wahrheiten beziehen, und sie können durch die Art und Weise, in der man mit Alltagswahrheiten umgeht, ans Licht kommen. Außerdem gibt es eine kohärente Erklärung dafür, wie die Ausbildung der Menschen – als ein den Eindruck von Autorität vermittelnder Faktor – mit ihrem Handeln zusammenhängt. Freilich zeigt sich Autorität auch im Umgang mit Theorie und Interpretation, aber darauf kann man sich in den Geisteswissenschaften ebenso wie in den Naturwissenschaften nur dann verlassen, wenn es möglich ist, die Art und Weise, in der ein Autor mit alltäglichen Wahrheiten umgeht, zu respektieren. Ein bewegendes und recht bitteres Beispiel hierfür findet sich, wenn man die Geschichte des Rufs von Sartre und Camus betrachtet. Über viele Jahre hinweg vertraten konformistische Linksintellektuelle die gleiche Meinung wie Sartre, der Camus brutal ins Abseits drängte und seinen als albern hingestellten Humanismus, seinen subjektiven Moralismus und seine philo-

11 Silverman (1975), S. xi, zitiert in Barnes (1994), S. 134.

sophische Inkompetenz der Verachtung preisgab. Es mag zwar sein, daß Camus als Philosoph weniger professionell war als Sartre, doch es ist durchaus nicht klar, daß er ein schlechterer Philosoph war als dieser. Was gewiß zutrifft, ist, daß er ein ehrlicherer Mensch war; und seine Autorität als Intellektueller lag in dieser Tatsache – im Gegensatz zu den hinterlistigen Deutungen, mit deren Hilfe es Sartre gelang, sich selbst und seine Anhänger in die Irre zu führen.

Betont werden muß jedoch, daß die grundlegende Kultivierung der Wahrhaftigkeit im Verhältnis zu Alltagswahrheiten bei weitem nicht schon alles ist, sondern bloß ein Anfang. Es gibt keine Möglichkeit, bei alltäglichen Wahrheiten stehenzubleiben, ohne darüber hinauszugehen. Wenn man unter Positivismus eine Auffassung versteht, wonach grob gesprochen nichts weiter nötig ist, als die konkreten Fakten aufzuzeigen und zu registrieren, kann man den Positivismus nicht als minimalistische oder automatisch richtige Position gelten lassen. Jede erzählte Geschichte ist eine Geschichte, und der (von vielen heutigen Formen des geisteswissenschaftlichen Konservatismus vorausgesetzte) Positivismus impliziert die folgende doppelt falsche Behauptung: erstens sei Interpretation unnötig, und zweitens sei sie deshalb unnötig, weil die von unserem positivistischen Autor erzählte Geschichte in der gegebenen Form offensichtlich einleuchte. Normalerweise taugt die von einem solchen Autor oder einer solchen Autorin erzählte Geschichte gar nichts, und ihre Offenkundigkeit heißt lediglich, daß man die Geschichte längst kennt. In diesem Sinne hat Roland Barthes gesagt, diejenigen, die nichts zweimal lesen, verdammten sich selbst dazu, überall dieselbe Geschichte zu lesen: »Sie erkennen wieder, was sie ohnehin schon denken und wissen.«[12] Es ist ein Verstoß gegen das Wahrhaftigkeitsgebot, wenn man versucht, auf den Positivismus zurückzugreifen und anfechtbare Interpretationen zu vermeiden, mit denen man freilich Gefahr läuft, ideologisch verseuchte Ansichten zu äußern. Hierzu hat Gabriel Josipovici einmal die treffende Bemerkung geäußert: »Vertrauen wird sich nicht dann einstellen, wenn wir unsere Augen vor dem Verdacht verschließen,

12 Barthes (1976), S. 23; zitiert in Josipovici (1999), S. 15.

sondern nur dann, wenn wir den Verdacht entlarven.«[13] Wahrhaftigkeit muß zwar im Umgang mit Alltagswahrheiten gründen und sich in diesem Umgang zeigen, doch sie muß über die in Alltagswahrheiten zutage tretende Wahrheit hinausgehen. Das ist selbst wieder eine Wahrheit, und wissenschaftliche Autorität wird keinen Bestand haben, wenn sie diese Wahrheit nicht anerkennt.

3. Nietzsche

Die Probleme, um die es im vorliegenden Buch geht, wurden im Grunde von Nietzsche entdeckt. Dabei handelt es sich, wie offensichtlich sein dürfte, nicht um ein Buch in einer der von Nietzsche gepflegten Stilformen. (Es wäre keine gute Idee, wenn jemand anders als Nietzsche selbst ein derartiges Buch zu schreiben versuchen wollte.) Ebensowenig handelt es sich um ein Buch über Nietzsche. Doch es bedient sich einer Methode, deren Bezeichnung ich von ihm übernommen habe – nämlich der Methode der *Genealogie* –, und ich möchte, daß diese Verbindung ernst genommen wird. Die Verneiner, von denen ich gesprochen habe, berufen sich oft auf das Vermächtnis Nietzsches, und manche ihrer besonders frappierenden Extrempositionen nehmen die Form einer Nietzsche-Interpretation an, bei der ein »neuer Nietzsche« herauskommt.[14] Gerade weil Nietzsche im vorliegenden Buch nur selten direkt erörtert wird, sollte hier etwas über seine Fragestellung und sein eigenes Verhältnis zu ihr gesagt werden, um auf diese Weise einigen der aus neueren Kulturkämpfen übriggebliebenen Trümmer aus dem Weg zu gehen.

Eine der auffälligsten Eigenschaften Nietzsches ist die Hartnäckigkeit, mit der er an einem Wahrhaftigkeitsideal festhält, das es uns nicht gestattet, die Schrecken der Welt zu vergessen: die Tatsache, daß ihr Vorhandensein für alles, was wir wertschätzen, notwendig war; oder die weitere Tatsache, die im Schlagwort

13 Josipovici (1999), S. 24.

14 *The New Nietzsche* ist der Titel einer Sammlung von Artikeln, siehe Allison (1985). Es gibt viele Bücher über Nietzsche, die eine solche Art der Interpretation anbieten, und daneben gibt es viele Bücher über andere Themen, die eine derartige Interpretation voraussetzen.

»Gott ist tot« resümiert wird, nämlich daß die traditionellen metaphysischen Konzepte, die uns geholfen haben, der Welt einen Sinn abzugewinnen und insbesondere die Schrecken dieser Welt zu ertragen, endgültig zusammengebrochen sind. Häufig beruft er sich auf Redlichkeit und intellektuelles Gewissen, und er würdigt diejenigen, die sich mit dem Skeptiker in ihrem Inneren herumschlagen müssen – »die großen Selbst-Ungenügsamen«. In *Der Antichrist* schreibt er:

Man hat jeden Schrittbreit Wahrheit sich abringen müssen, man hat fast Alles dagegen preisgeben müssen, woran sonst das Herz, woran unsre Liebe, unser Vertrauen zum Leben hängt. Es bedarf Größe der Seele dazu: der Dienst der Wahrheit ist der härteste Dienst. – Was heißt denn *rechtschaffen* sein in geistigen Dingen? Daß man streng gegen sein Herz ist, daß man die »schönen Gefühle« verachtet, daß man sich aus jedem Ja und Nein ein Gewissen macht![15]

(Jene Verneiner, nach deren Ansicht Nietzsche darauf hinauswollte, daß wir den Wert der Wahrheit überhaupt preisgeben sollten, müssen berücksichtigen, daß diese Bemerkung ganz am Ende seines Lebens niedergeschrieben wurde.) Der Wert der Wahrhaftigkeit umfaßt das Bedürfnis, die Wahrheit herauszubekommen, an ihr festzuhalten, sie mitzuteilen und vor allem sich selbst darüber aufzuklären. Aber mit Nietzsches eigenem Engagement für diesen Wert stellt sich, wie er einsieht, sogleich die Frage danach, was es eigentlich damit auf sich hat. Wir haben die Wahrhaftigkeit, wie er meint, einfach hingenommen und sie gründlich mißverstanden. Dementsprechend schreibt er in *Jenseits von Gut und Böse*: »Über Das, was ›Wahrhaftigkeit‹ ist, war vielleicht noch Niemand wahrhaftig genug.«

Eine der erhellendsten Formulierungen dieser Frage steht in der *Fröhlichen Wissenschaft*:

Dieser unbedingte Wille zur Wahrheit: was ist er? Ist es der Wille, *sich nicht täuschen zu lassen*? Ist es der Wille, *nicht zu täuschen*? Nämlich auch auf diese letzte Weise könnte der Wille zur Wahrheit interpretiert werden: vorausgesetzt, daß man unter der Verallgemeinerung »ich will nicht täuschen« auch den einzelnen Fall »ich will *mich* nicht täuschen«

15 *Die fröhliche Wissenschaft*, § 284; *Der Antichrist*, § 50.

einbegreift. Aber warum nicht täuschen? Aber warum nicht sich täuschen lassen?[16]

Die Gründe für den Wunsch, sich nicht täuschen zu lassen, sind, wie er im folgenden ausführt, Klugheitsgründe. In diesem Licht besehen, ist der Wunsch, die Dinge im Rahmen unserer intellektuellen Studien und unseres praktischen Lebens richtig darzustellen, eine Sache der Nützlichkeit. Diese Überlegungen können aber unmöglich einen *unbedingten* Wert der Wahrheit stützen: Vielfach ist es nützlicher, etwas Falsches zu glauben. Unser Glaube an den unbedingten Willen zur Wahrheit kann

nicht aus einem solchen Nützlichkeitskalkül seinen Ursprung genommen haben, sondern vielmehr *trotzdem*, daß ihm die Unnützlichkeit und Gefährlichkeit des »Willens zur Wahrheit«, der »Wahrheit um jeden Preis« fortwährend bewiesen wird. »Um jeden Preis«: oh wir verstehen das gut genug, wenn wir erst einen Glauben nach dem andern auf diesem Altare dargebracht und abgeschlachtet haben! – Folglich bedeutet »Wille zur Wahrheit« *nicht* »ich will mich nicht täuschen lassen«, sondern – es bleibt keine Wahl – »ich will nicht täuschen, auch mich selbst nicht«: – *und hiermit sind wir auf dem Boden der Moral.* [...] Doch man wird es begriffen haben, worauf ich hinauswill, nämlich daß es immer noch ein *metaphysischer Glaube* ist, auf dem unser Glaube an die Wissenschaft ruht, – daß auch wir Erkennenden von heute, wir Gottlosen und Antimetaphysiker, auch *unser* Feuer noch von dem Brande nehmen, den ein Jahrtausende alter Glaube entzündet hat, jener Christen-Glaube, der auch der Glaube Platos war, daß Gott die Wahrheit ist, daß die Wahrheit göttlich ist...

Die Überschrift dieses Abschnitts lautet »Inwiefern auch wir noch fromm sind«. Dieser Gedanke wird in der dritten Abhandlung der *Genealogie der Moral* weiter ausgeführt. Nachdem das »asketische Ideal« dort auf wenig schmeichelhafte Weise genealogisch erklärt worden ist, stellt sich heraus, daß eben dieses Ideal am Grunde jenes Willens zur Wahrheit liegt, der den Drang nach Entdeckung eben dieser Erklärung antreibt. Das tut dem

16 *Jenseits von Gut und Böse*, § 177; *Die fröhliche Wissenschaft*, § 344. Zu beachten ist, daß Nietzsches Ausdruck »Wissenschaft« viel umfassender gemeint ist als das Wort »Naturwissenschaft« und die Geisteswissenschaften mit einschließt.

Willen nach Wahrheit aber keinen Abbruch: »Alle meine Ehrfurcht dem asketischen Ideale, *sofern es ehrlich ist*!«[17]

Der »unbedingte Wille zur Wahrheit« bedeutet nicht, daß wir jede beliebige Wahrheit glauben wollen. Er bedeutet, daß wir verstehen wollen, wer wir sind; daß wir Selbsttäuschung vermeiden und bequeme Falschheiten überwinden wollen. Der Wert der so aufgefaßten Wahrhaftigkeit kann nicht bloß in ihren Konsequenzen liegen. Diverse Überzeugungen können für unser Leben nötig sein, aber das zeigt nicht, daß sie wahr sind: »Das Leben kein Argument.«[18] Schon in *Menschliches, Allzumenschliches* hatte Nietzsche die Bemerkung niedergeschrieben: »*Grundeinsicht*. – Es gibt keine prästabilierte Harmonie zwischen der Förderung der Wahrheit und dem Wohle der Menschheit.« Wenn er die historische und sogar fortwährende Bedeutung verschiedener Irrtümer betont, welche die Gedanken der Menschen gelenkt und für geistige Sicherheit gesorgt haben, streicht er den *Gegensatz* zwischen ihnen und der Wahrheit heraus und fragt sich, was bei einem Kampf zwischen ihnen und zunehmendem Wahrheitsbewußtsein herauskommen wird: »Inwieweit verträgt die Wahrheit die Einverleibung?«[19]

Während er an den Werten der Wahrhaftigkeit festhält, sagt er ganz deutlich, daß die Wahrheit womöglich nicht nur unnütz, sondern sogar schädlich ist. Gerade die Wahrheiten von Nietzsches eigener Philosophie, welche die metaphysische Welt in Mißkredit bringen, können sich den Streitkräften eines destruktiven Nihilismus hinzugesellen, falls sie akzeptiert werden. Im Nachlaß findet sich eine aufschlußreiche Notiz, in der darauf hingewiesen wird, wie sich die Idee der Wahrhaftigkeit allmählich gegen die Moral gerichtet hat, von der sie ursprünglich gefördert worden war. Abschließend heißt es an dieser Stelle: »Dieser Antagonismus – Das, was wir erkennen, *nicht* zu schätzen und Das, was wir uns vorlügen möchten, nicht mehr schätzen zu *dürfen* – ergibt einen Auflösungsprozeß.«[20] In welchen Hinsichten »dürfen« wir diese Lügen nicht »schätzen«? In ge-

17 *Zur Genealogie der Moral*, III, § 26.

18 *Die fröhliche Wissenschaft*, § 121; vgl. *Jenseits von Gut und Böse*, § 11.

19 *Menschliches, Allzumenschliches*, I, § 517; *Die fröhliche Wissenschaft*, §§ 76, 110.

20 *Der Wille zur Macht*, § 5; vgl. *Jenseits von Gut und Böse*, § 10.

wissem Maße war dies nach Nietzsches Überzeugung schon zu seiner Zeit eine historische oder gesellschaftliche Notwendigkeit: Zumindest unter nachdenklichen Menschen könnten diese Überzeugungen nicht mehr lange Bestand haben oder noch sonderlich lebendig wirken. Es ist eine gute Frage, ob er damit recht hatte; vor allem wenn man sich die säkularisierten, politischen Formen ins Gedächtnis ruft, die nach Nietzsches Annahme von denselben Illusionen angenommen werden. Was bestimmt zutrifft, ist, daß Nietzsche es für eine *ethische* Notwendigkeit hielt, diese Illusionen nicht zu schätzen – und diese Notwendigkeit galt für ihn selbst wie für jeden anderen, den er zu respektieren bereit war. Dazu war Mut nötig: »Wieviel Wahrheit *erträgt*, wieviel Wahrheit *wagt* ein Geist? das wurde für mich immer mehr der eigentliche Wertmesser. Irrtum (– der Glaube an's Ideal –) ist nicht Blindheit, Irrtum ist *Feigheit* ...«[21]

Nach wie vor werden komplexe Debatten über die Frage geführt, was Nietzsche eigentlich unter Wahrheit verstanden habe. Ganz bestimmt war er nicht der pragmatistisch geprägten Ansicht, Überzeugungen seien dann wahr, wenn sie unseren Interessen oder unserem Wohlergehen dienen. Daß er diesen Gedanken wiederholt ablehnt, haben wir eben erst gesehen. Eine in neuerer Zeit in Mode gekommene Auffassung besagt, er sei der erste der Verneiner gewesen und habe gemeint, so etwas wie Wahrheit gebe es gar nicht; Wahrheit sei das, was dafür gehalten werde; oder es handele sich um eine fade Kategorie, ohne die wir ganz gut auskommen können. Diese Auffassung ist ebenfalls verfehlt, und die Gründe dafür liegen tiefer. Nietzsche glaubt nicht, das Ideal der Wahrhaftigkeit setze sich zur Ruhe, sobald seine metaphysischen Ursprünge erkannt sind, und ebensowenig mag er annehmen, die Wahrhaftigkeit lasse sich vom Interesse an der Wahrheit ablösen. Als Ideal behält die Wahrhaftigkeit ihre Kraft, und weit davon entfernt, die Wahrheit als entbehrlich oder gefügig anzusehen, stellt er seine Kernfrage: Wie läßt sich die Wahrheit erträglich machen? Mehrmals erinnert uns Nietzsche – der »alte Philologe«, wie er sich nennt – daran, daß es Tat-

21 *Ecce Homo*, Vorwort, §3. Eine ganz ähnlich lautende Stelle findet sich auch im Nachlaß (*Wille zur Macht*, §1041). An beiden Stellen wird der »Wertmesser« als Hilfsmittel zur Lektüre der Philosophiegeschichte hingestellt.

sachen gibt, die respektiert werden müssen, und diese seien ganz unabhängig von philosophischen Interpretationsfragen, und zwar auch von seinen eigenen. Er lobt die antike Welt, weil sie »die große, die unvergleichliche Kunst, gut zu lesen«, erfunden und den »*Tatsachen-Sinn*, den letzten und wertvollsten aller Sinne«, ausgebildet habe.[22] Am Anfang der *Genealogie der Moral* schreibt er, die »englischen Psychologen« sollten nicht als »alte, kalte, langweilige Frösche« abgetan werden; vielmehr seien sie »tapfere, großmütige und stolze Tiere«, die »sich dazu erzogen haben, der Wahrheit alle Wünschbarkeit zu opfern, *jeder* Wahrheit, sogar der schlichten, herben, häßlichen, widrigen, unchristlichen, unmoralischen Wahrheit ... Denn es gibt solche Wahrheiten. –«

In seinen frühesten Schriften über Wahrheit und Irrtum drückt sich Nietzsche gelegentlich so aus, als wären wir dazu imstande, das ganze Gebäude unseres Denkens mit dem »wirklichen« Wesen der Dinge zu vergleichen und dabei festzustellen, daß unser Denken unzulänglich ist. Tendenziell stützen sich die Interpretationen der Verneiner auf Schriften, die in diesem Stil gehalten sind, vor allem auf den ganz frühen Essay »Über Wahrheit und Lüge im außermoralischen Sinne«, in dem Nietzsche schreibt:

> Was ist also Wahrheit? Ein bewegliches Heer von Metaphern, Metonymien, Anthropomorphismen – kurz: eine Summe von menschlichen Relationen, die, poetisch und rhetorisch gesteigert, übertragen, geschmückt wurden, und die nach langem Gebrauche einem Volke fest, kanonisch und verbindlich dünken: die Wahrheiten sind Illusionen, von denen man vergessen hat, daß sie welche sind, Metaphern, die abgenutzt und sinnlich kraftlos geworden sind, Münzen, die ihr Bild verloren haben und nun als Metall, nicht mehr als Münzen in Betracht kommen.[23]

Nach der in diesem Essay gegebenen Darstellung verhält es sich so, als führte der Gebrauch aller Begriffe zur Verfälschung einer Realität, die an und für sich ... ist. Aber was ist sie denn? Vielleicht formlos oder chaotisch, womöglich ohne jegliche Struk-

22 *Der Antichrist*, § 59. Vgl. die berühmte, ja eigentlich zu berühmte Bemerkung mit entgegengesetzter Tendenz, die ich oben im 2. Abschnitt zitiere (Anm. 10).

23 Dieser Essay wurde erst postum veröffentlicht. Das Zitat steht in der Kritischen Studienausgabe auf S. 880 f.

tur. Später verwirft Nietzsche dieses Bild zu Recht.[24] Es enthält die Vorstellung, irgendwie seien wir dazu in der Lage, über den Rand unserer Begriffe auf die Welt zu blicken, auf die wir diese Begriffe anwenden, und das Wesen der Welt so zu erfassen, als wäre es von allen Beschreibungen völlig unberührt. (Zu diesen Beschreibungen gehören, wie wir zugeben müßten, auch Kennzeichnungen wie »formlos«, »chaotisch« usw.) In »Wahrheit und Lüge« deutet Nietzsche an, eigentlich sei nichts »identisch« oder »dasselbe«; Identität sei überhaupt ein Märchen.[25] In gewissem Maße partizipiert auch dieser Gedanke an der suspekten metaphysischen Auffassung. Nehmen wir ein Beispiel: Der Begriff »Schlange« gestattet es uns, diverse Einzeldinge als »dasselbe Tier« zu klassifizieren und ein individuelles Etwas als »dieselbe Schlange« wiederzuerkennen. Es ist offensichtlich wahr, daß »Schlange« ein menschlicher Begriff – ein Kulturprodukt – ist. Sehr viel weniger klar ist die Behauptung, durch seinen Gebrauch werde die Realität irgendwie *verfälscht* – »an und für sich« gebe es in der Welt weder Schlangen noch sonst irgend etwas, was man nennen könnte.

Ich bin der gleichen Meinung wie die Interpreten, die glauben, Nietzsche habe die konfusen Formulierungen des Essays »Über Wahrheit und Lüge« überwunden und sei zu der Einsicht gelangt, es gebe keinen Standpunkt, von dem unsere Vorstellungen insgesamt an der Welt, wie sie (in diesem Sinne) an und für sich ist, gemessen werden können. Dementsprechend heißt es in einer nachgelassenen Bemerkung: »Der Gegensatz der scheinbaren Welt und der wahren Welt reduziert sich auf den Gegensatz ›Welt‹ und ›Nichts‹ –.«[26] Die Vorstellung von einer in diesem Sinne aufgefaßten Welt »an und für sich« ist ein Relikt eben jener Art von Metaphysik, die Nietzsche überwinden will. Man muß »in diesem Sinne« hinzufügen, denn es gibt noch andere Kontraste zwischen der Welt »an und für sich« (oder »wie sie eigentlich ist«) und »der Welt, wie sie uns erscheint«, die ihr – im Gegensatz zu diesem Bild – einige Eigenschaften belassen, die sie wirk-

24 Triftige Argumente für diese Deutung bei Clark (1990).

25 Dieser Gedanke kommt in der *Fröhlichen Wissenschaft* wieder zum Vorschein (§§ 110, 121) und findet sich auch noch im Nachlaß der späten Jahre (*Wille zur Macht*, § 521).

26 *Der Wille zur Macht*, § 567.

lich hat: Nach manchen philosophischen Theorien besitzt die Welt tatsächlich bestimmte Eigenschaften, die ihr von der Naturwissenschaft zugeschrieben werden, doch daß sie uns beispielsweise farbig erscheint, sei abhängig von uns oder anderen wahrnehmenden Subjekten.[27] Es mag sein, daß diese Theorien ebenfalls inkohärent sind; doch wenn es sich so verhält, dann nicht aus den Gründen, um die es hier geht.

Für die Anliegen der Verneiner war Nietzsche zwar durchaus empfänglich, aber dennoch war er ihr Gegner. Die von ihnen befürwortete Gleichgültigkeit gegenüber der Wahrhaftigkeit wäre seiner Ansicht nach nichts weiter gewesen als ein Aspekt des Nihilismus. Er erkannte, daß sich die Werte der Wahrheit und der Wahrhaftigkeit – wie z. B. der Widerstand gegen Selbsttäuschung und tröstliche Mythologien – nicht von selbst rechtfertigen und nicht einfach zusammen mit dem Wahrheitsbegriff gegeben sind. Das wären sie nur, wenn der Wahrheitsbegriff seinerseits so aufgebläht würde, daß er eine metaphysische Teleologie der menschlichen Existenz liefert, und diese Art von Teleologie hatte Nietzsche bei seiner Erörterung des Platonismus abgelehnt. Als Nietzsche zu dieser Erkenntnis gelangte, nahm er weder mit einer gesetzten, bürgerfreundlichen Gesprächsform im Stil des von Richard Rorty beschriebenen Ironikers vorlieb noch schlenderte er mit dem selbstzufriedenen Nicken des Dekonstruktivisten davon, der seine Sache gut gemacht hat. Er war sich darüber im klaren, daß seine eigenen kritischen und entlarvenden Äußerungen ihre Motivation und ihre Wirkung dem Geist der Wahrhaftigkeit verdankten. Er wollte erkennen, inwieweit sich die Werte der Wahrheit umwerten ließen und wie es möglich wäre, sie aus einer Perspektive zu verstehen, die grundverschieden ist von der platonischen und der christlichen Metaphysik, die ihr bisher als wichtigste Quelle gedient hatten.

Im vorliegenden Buch versuche ich, einen Beitrag zu diesem Projekt zu leisten, und dabei wende ich eine Methode an, die ich für mein Teil »Genealogie« nenne. Sie ist zwar ein Abkömmling von Nietzsches eigenen Verfahrensweisen, aber sie ist nur *eine*

27 Demokrit war einer der ersten, die eine solche Anschauung vertraten. Seine bekannten Worte lauten: »Der Übereinkunft nach süß, bitter, warm, kalt, Farbe; in Wirklichkeit jedoch Atome und die Leere« (DK, fr. 9).

Art von Abkömmling neben anderen. Nietzsche war sich völlig im klaren darüber, daß die von ihm gegen alte Illusionen gerichtete Kritik manche seiner eigenen Äußerungen in Frage stellen könnte. Er bemühte sich, indem er eine Reihe stilistischer Einfälle zum Einsatz brachte, dafür zu sorgen, daß man seine Schriften nicht für Durchschnittsphilosophie oder Durchschnittswissenschaft hielt oder sie mit Aphorismen herkömmlicher Art verwechselte (wobei ihm letzteres allerdings mitunter weniger gut gelang). Aber wie bedeutsam seine Einfälle auch immer sein mögen, letztlich verteidigt er nicht nur den Gedanken, daß es tatsächlich Wahrheiten gibt, sondern allem Anschein nach glaubt er auch einige Wahrheiten geäußert zu haben. Die Bezeichnung »Genealogie« läßt sich auch auf Schreibstile übertragen, die ebenfalls auf Nietzsche zurückgehen, dabei aber – im Gegensatz zu seinem eigenen Vorgehen – darum bemüht sind, sich nicht in dieser Form festlegen zu lassen. In höherem Maße als Nietzsche in seinen Texten sind sie zwanghaft mit ihrem eigenen Status befaßt und hoffen insbesondere auf die Möglichkeit einer systematischen Tilgung jener Merkmale, die darauf hindeuten, hier habe ein Autor einem Leser eine Behauptung mitteilen wollen. Alasdair MacIntyre hat das Wort »Genealogie« zur Bezeichnung eines solchen Projekts verwendet, und dabei ist es ihm glänzend gelungen, die Schwierigkeiten eines derartigen Vorhabens zu artikulieren und die Verlegenheit zu schildern, in die der Autor unweigerlich immer wieder gerät, einerlei, wie rasch er davoneilt, nachdem er dem Leser ein Zeichen mit der Aufschrift, hier sei etwas Wahres, Einleuchtendes oder Betrachtenswertes, vors Objektiv gehalten hat und dann den Ort zu räumen versucht, ehe der Verschluß klickt.[28]

Mein genealogisches Projekt kommt ohne diese Flucht- und Vermeidungstaktiken aus. Wie ich im nächsten Kapitel darlege, gibt sich ein Teil der Geschichte, die ich erzählen werde, ausdrücklich als fiktiv zu erkennen; doch damit geht der Anspruch einher, die fiktive Geschichte sei nützlich. Ein weiterer Teil beansprucht den Rang einer historischen Darstellung, die ihre Fak-

28 MacIntyre (1990), Kapitel 2; siehe ferner Kapitel 9. Eine Genealogie im Sinne MacIntyres kann in meiner Terminologie nicht als »rechtfertigend« gelten. S. u. Kapitel 2, Abschnitt 5.

ten (hoffentlich) akkurat schildert und mit einleuchtenden Interpretationen aufwartet. Ein besonders großer Teil ist Philosophie (d. h. Philosophie vor ihrer Verwandlung in etwas Historisches) und erhebt die der Philosophie angemessenen Ansprüche, nämlich: vernünftig, überzeugend oder erhellend zu sein. Ich brauche mich nicht mit den gleichen Problemen herumzuschlagen wie manche Verneiner, die den einzigen Baum, der sie zu tragen vermag, zu Staub zerhacken, denn mein genealogischer Bericht trachtet die Wahrheit und die Wahrhaftigkeit mit einer ehrbaren Ahnentafel auszustatten. Manches davon will schlicht und einfach wahr sein. Aufs Ganze gesehen, hoffe ich damit unsere elementarsten Bindungen an Wahrheit und Wahrhaftigkeit verständlich zu machen. Ob man diese Darstellung insgesamt, falls sie ihre Aufgabe erfüllt, zu Recht »wahr« nennen kann, ist zweifelhaft, aber unwichtig. Jedenfalls ist es weit weniger wichtig als die Wahrhaftigkeit der gesamten Darstellung.

2
Genealogie

1. Reales und Fiktives

Das Thema dieses Buchs ist die Wahrhaftigkeit. Es geht also um Tugenden und Praktiken – und die mit diesen einhergehenden Ideen –, von denen das Anliegen, die Wahrheit zu sagen, zum Ausdruck gebracht wird. Dabei beinhaltet »die Wahrheit sagen« zweierlei: den Wunsch, anderen Personen die Wahrheit mitzuteilen, und in erster Linie das Interesse, das Wahre vom Falschen zu unterscheiden. Mein Ziel ist es, die Grundlage der Wahrhaftigkeit als einen Wert zu erklären und auf Möglichkeiten des Nachdenkens hinzuweisen, die sich auf die Formen beziehen, welche die Wahrhaftigkeit unter verschiedenen historischen Umständen angenommen hat, sowie auf die komplexeren Deutungen, die ihr im Zuge der Entwicklung zuteil geworden sind. Die Art der Erklärung, auf die ich mich stützen werde, ist eine *genealogische* Erklärung; und neben der Untersuchung des speziellen Falls der Wahrhaftigkeit liegt mir daran, auch die Methode als solche zu betrachten.

Eine Genealogie ist eine Erzählung, die ein kulturelles Phänomen zu erklären versucht, indem sie beschreibt, wie es entstanden ist, wie es hätte entstehen können oder wie man sich seine Entstehung ausmalen könnte. Einen Teil der Erzählung wird eine echte historische Darstellung ausmachen, die bis zu einem gewissem Grade darauf abzielen muß, einen »grauen, akribischen und geduldig dokumentierten« Bericht zu liefern, wie es bei Foucault heißt.[1] Von besonderer Bedeutung ist das mit Bezug auf unser ethisches Leben, das ethische Leben der Neuzeit. Unsere ethischen Vorstellungen sind ein komplexer Niederschlag von vielen verschiedenen Traditionen und gesellschaftlichen Kräften, und sie sind ihrerseits von bewußten Darstellungen dieser geschichtlichen Entwicklung geprägt worden. In

1 Michel Foucault, »Nietzsche, die Genealogie, die Historie«, in: Foucault (1974), S. 83-109.

bestimmtem Maße ist die Wirkung dieser historischen Prozesse allerdings durch die Art und Weise verborgen, in der ihr Ergebnis sich selbst begreift. Der allgemeinste Grund hierfür ist der, daß eine wahrhaftige historische Erklärung wahrscheinlich ein Moment radikaler Kontingenz in unseren derzeitigen ethischen Auffassungen erkennen läßt. Es ist nicht nur so, daß diese Auffassungen anders hätten ausfallen können als in Wirklichkeit, sondern darüber hinaus stehen die historischen Veränderungen, aus denen sie hervorgegangen sind, in keiner offenkundigen Beziehung zu ihnen, die sie gegenüber möglichen Konkurrentinnen rechtfertigen würde. Man kann den Eindruck gewinnen, daß zwischen diesem Gefühl der Kontingenz und einer von unseren ethischen Ideen selbst ausgehenden Forderung – nämlich der Forderung nach Anerkennung ihrer Autorität – ein Spannungsverhältnis besteht. Verschlimmert wird dieses Spannungsverhältnis hier durch ein Merkmal neuzeitlicher ethischer Systeme: durch ihr Bemühen, Autorität und Transparenz miteinander zu verbinden; und indem sie danach trachten, transparent zu sein – was wiederum ein Ziel ist, das mit ihrem speziellen Interesse an der Wahrhaftigkeit zusammenhängt –, ermuntern sie dazu, daß man über sie selbst in einer Form nachdenkt, die ihre Kontingenz offenbart. Dies alles bedeutet, daß genealogische Erklärungen durchaus eine unartige, freche oder kritische Seite haben können. Auf diesen Gedanken werde ich zurückkommen.

Die Genealogie ist jedoch nicht bloß eine Sache der echten historischen Darstellung, von der ich gesprochen habe. Auch eine fiktionale Erzählung kann hier eine Rolle spielen: eine imaginäre Entwicklungsgeschichte, die dazu beiträgt, einen Begriff, einen Wert oder eine Institution zu erklären, und die aufzeigt, wie ein Begriff, ein Wert oder eine Institution in einer vereinfacht dargestellten Umgebung hätte entstehen können, wobei diese Umgebung bestimmte Formen menschlicher Interessen oder Fähigkeiten enthält, die – relativ zur erzählten Geschichte – als gegeben vorausgesetzt werden. Diese vereinfachte, imaginäre Umgebung, die ich im nächsten Kapitel skizzieren werde, bezeichne ich dann als »Naturzustand«, und dieser Name läßt natürlich an den traditionellen Gebrauch denken, der in der politischen Philosophie von solchen Geschichten gemacht wurde, um die Ursprünge des Staatswesens zu erklären. Im Gegensatz zu einigen Geschichten dieser Tradition werde ich davon ausgehen, daß im Naturzustand schon eine Gesellschaft vorhanden ist, also eine Gruppe von Menschen, die miteinander kooperieren, aber keine Sippe bilden. Geschichten über den Naturzustand sind nicht nur dazu verwendet worden, den Staat zu erklären. Eine Geschichte dieser Art spielt auch in Humes Darstellung der künstlichen Tugend der Gerechtigkeit eine Rolle. Ein Beispiel aus neuerer Zeit ist E.J. Craigs aufschlußreiche Erklärung des Begriffs des Wissens.[2] Im Rahmen dieser Erklärung wird ein Naturzustand postuliert, in dem die Menschen bestimmte Grundbedürfnisse haben, zu denen natürlich auch ein Bedürfnis nach Kooperation gehört; und gezeigt wird, wie die Menschen unter Voraussetzung ihrer Fähigkeiten zur Beobachtung, zum Wiedererkennen usw. einen Begriff ausbilden würden, der (in etwa) die gleichen Eigenschaften besitzt wie unser vertrauter Begriff des Wissens.

Eine gute Frage lautet: Wie kann eine fiktionale Erzählung überhaupt etwas erklären? Und diese Frage werde ich im 4. Abschnitt des vorliegenden Kapitels zu beantworten versuchen. Sobald diese Antwort gegeben ist, werden wir hoffentlich behaupten können, daß die fiktive Genealogie – die Geschichte vom Naturzustand – eine Erklärung der elementaren Grundlage der Wahrhaftigkeit bietet, insbesondere der von mir als solche gekennzeichneten beiden »Tugenden der Wahrheit«. Der Sinn, in dem diese Geschichte die »elementare Grundlage« dieser Werte aufzeigen wird, ist seinerseits etwas, was durch die Geschichte selbst – und durch die Gründe für ihre Erzählung – definiert wird. Die Geschichte vom Naturzustand wird an einer späteren Stelle des Buchs in eine echte historische Darstellung münden. Ehe ich jedoch auf die Frage nach der Funktionsweise solcher fiktionalen Erzählungen und die Frage nach dem Verhältnis zwischen echten und fiktionalen Elementen eingehe, muß ich erklären, welche geistigen Bedürfnisse von diesem ganzen genealogischen Unterfangen befriedigt werden sollen und inwiefern sich dieses Unterfangen von einigen anderen Untersuchungen unter-

2 Hume, *A Treatise of Human Nature*, Buch III, Teil 2, Abschnitt 2; Craig (1990).

scheidet, von denen man sich eine Erfüllung dieser Bedürfnisse erhoffen könnte.

2. Naturalismus

Die Genealogie ist dazu gedacht, den Zielen des Naturalismus zu dienen (und so wurde sie auch von Nietzsche verstanden, der den Ausdruck »Genealogie« als erster in diesem Sinn angewendet hat). Der Naturalismus ist eine allgemeine Einstellung, die mit Bezug auf menschliche Wesen herkömmlicherweise, wenn auch überaus vag in der Vorstellung zum Ausdruck kommt, die Menschen seien »ein Teil der Natur« – und dies besonders in Hinsichten, für die das nicht offensichtlich gilt, wie z. B. ihr ethisches Dasein. Ein bekanntes Problem läuft auf die Frage hinaus, wie der Begriff »Natur« stabil gehalten werden kann, so daß der Naturalismus nicht entweder trivialerweise wahr oder dermaßen unplausibel wirkt, daß er uninteressant wird. Trivialerweise wahr würde er, wenn unter »Natur« alles fiele, was es überhaupt gibt. Wenn man versucht, etwas Nichttriviales ausfindig zu machen, kommt man vielleicht auf die These, was der Naturalismus gelten lasse, seien genau die Dinge, die von den Naturwissenschaften anerkannt werden. Doch dann fragt es sich, ob die Biologie etwa eine Naturwissenschaft ist. Und wenn das für die Biologie bejaht wird, wie steht es dann mit der Verhaltensforschung? Wenn die Verhaltensforschung dazugehört, wie steht es dann mit der Erforschung des menschlichen Verhaltens, das auch kulturelle Faktoren einschließt? An diesem Punkt wird die Schraube vielleicht fester angezogen und die Forderung erhoben, der Naturalismus müsse alles – Pflanzen, das Verhalten der Tiere und menschliche Kulturen – mit Hilfe der universell anwendbaren Naturwissenschaft Physik darstellen. So wird der Naturalismus mit dem Projekt des physikalistischen Reduktionismus in Verbindung gebracht. Doch der physikalistische Reduktionismus ist als solcher ein völlig unplausibles Unternehmen; und es kann sicher nicht angehen, daß beispielsweise die Interessen einer naturalistischen Herangehensweise an die Ethik wesentlich mit diesem Unternehmen verknüpft werden müssen.

Um die Frage des Reduktionismus sollten wir uns nicht mehr

kümmern. Es kann doch nicht sein, daß die Belange derjenigen, die den Menschen in ethischer Hinsicht wie auch in anderen Hinsichten als ein zur Natur gehöriges Wesen begreifen wollen, unweigerlich mit den Aussichten der Enzyklopädie der Einheitswissenschaft verknüpft sind. Um weiterzukommen, ziehen wir vielleicht die Eigenschaft des Lebens in Betracht. Lebewesen, so könnte man meinen, gehören zur Natur, sofern überhaupt etwas dazugehört: Die Erforschung der Lebewesen heißt – oder vielmehr: hieß – »Naturgeschichte«. Doch wie konnte die Frage, ob der Naturalismus in der Biologie zu Hause ist, dann eigentlich zum Problem werden? Mit dieser Fragestellung läßt man allerdings ein bezeichnendes Teilstück der geschichtlichen Entwicklung außer acht. Bis ins letzte Jahrhundert galt der Vitalismus als mögliche Alternative. Man war sich darüber einig, daß es Lebewesen gibt, doch es herrschte große Unklarheit bezüglich der Frage, was für eine Eigenschaft das Leben ist, und insbesondere bezüglich des Verhältnisses zwischen dem Leben und Eigenschaften, die von anderen Wissenschaften beschrieben werden. Folglich konnte man tatsächlich fragen, ob das Leben zur Natur gehört, wobei man unter Natur die *übrige* Natur verstand. Heute wird diese Frage mit ja beantwortet, und nun kann man sich einen klaren, die Kontinuität zur Biochemie wahrenden Begriff von den Eigenschaften der Lebewesen machen. Somit können wir im Rahmen der naturwissenschaftlichen Begriffe erkennen, wie die Existenz lebender Wesen möglich ist.

Fragen bezüglich des Naturalismus betreffen – ebenso wie Fragen bezüglich des Individualismus in den Sozialwissenschaften[3] – nicht den Reduktionismus, sondern die Erklärung. Natürlich sehe ich ein, daß damit fast alles offenbleibt. Aber genauso sollte es sein, denn substantiell und interessant sind eben jene Fragen, die tatsächlich offen sind. Die Fragen beziehen sich auf das Problem: Was sind wir auf jeder einzelnen Ebene als Erklärung gelten zu lassen bereit? Außerdem besteht kein Grund zur Annahme, daß das, was als Erklärung gelten soll, auf jeder Ebene – von den physikalisch beschreibbaren Teilen der Natur bis hin zu den Menschen und ihrer Kultur – gleichartig ist. Für

3 Siehe James (1984).

den Naturalismus stellt sich stets die Frage: Sind wir bei Zugrundelegung angemessener und relevanter Erklärungskriterien dazu imstande, das fragliche Phänomen unter Bezugnahme auf die *übrige* Natur zu erklären? (Hier könnte man von einem »Feuerwalzen-Begriff« des Naturalismus sprechen.)

Sobald wir zu den Besonderheiten der Menschen gelangen, kommt eine spezielle Menge von Problemen zum Vorschein. Die gewaltige Innovation, welche der Homo sapiens darstellt, liegt in der Bedeutung des nichtgenetischen Lernens. Was das Wesen und die Wirkungen dieses nichtgenetischen Lernens betrifft, kennzeichnet es einen überwältigenden ethologischen Unterschied zwischen den Menschen und den übrigen Tieren. Für jede Spezies gibt es eine ethologische Beschreibung, und der Homo sapiens ist da keineswegs eine Ausnahme. Sein Fall ist jedoch der einzige, in dem man die ethologische Geschichte nicht erzählen kann, ohne Kulturelles ins Spiel zu bringen (man bedenke etwa, was sogleich dazugehört, wenn man die Frage »An was für Orten schläft dieses Wesen?« beantworten will). Infolgedessen ist es wahrscheinlich, daß die Schilderung bei verschiedenen Menschengruppen ganz unterschiedlich ausfällt und in Hinsichten differiert, die im Regelfall Historisches involvieren. In vielen Fällen werden sich die Menschen, die da beschrieben werden, in unterschiedlichem Grade dieses historischen Elements bewußt sein. All dies ergibt sich aus dem speziellen ethologischen Charakter dieser Spezies.

Die einzelnen Angehörigen dieser Spezies müssen natürlich typischerweise, im Regelfall oder im richtigen Verhältnis eben, jene psychologischen Merkmale aufweisen, die es den Menschen ermöglichen, jene ethologischen Eigenschaften zu besitzen und unter Kulturverhältnissen zu leben. Sodann können wir fragen: Was für Merkmale sind das? Welches ist die beste, die aufschlußreichste und erklärungskräftigste Beschreibung dieser Merkmale? Eine solche Beschreibung vorausgesetzt – wie wäre es möglich, daß sich solche Merkmale herausbilden? Bei einigen dieser Merkmale bezieht sich die Antwort vielleicht auf übertragene soziale Einflüsse, die auf allgemeine Lernfähigkeiten einwirken. Andere Merkmale verlangen jedoch womöglich eine Erklärung, die auf spezielle, modulare Fähigkeiten abhebt, und dann wird sich (wie im Hinblick auf die allgemeinen Lernfähigkeiten selbst) die Frage stellen, wie es zu ihrer genetischen Entwicklung gekommen ist.

Der Fall, der uns besonders interessiert, ist die in der einen oder anderen Form von den Menschen aller Kulturen an den Tag gelegte Fähigkeit, nach Maßgabe von Regeln und Werten zu leben, die ihr Verhalten in gewissem Grade sozialen Erwartungen anpassen und dies in einer Art und Weise leisten, die nicht der Überwachung und direkten Steuerung durch Drohungen und Belohnungen unterliegt. Dies wollen wir unter Inkaufnahme zahlreicher Vorentscheidungen als (Minimalversion des) Leben(s) in einem ethischen System bezeichnen. Das Leben in einem ethischen System setzt eine bestimmte Psyche voraus. Daraus folgt allerdings nicht – und das ist wichtig –, daß alle ethischen Systeme die gleiche Psyche voraussetzen: Die moralpsychologische Ausstattung kann anpassungsfähig sein (ein Beispiel wäre etwa der vermutete Unterschied zwischen Scham- und Schuldgesellschaften). Es braucht auch nicht der Fall zu sein, daß ein und dasselbe ethische System von jedem Beteiligten genau die gleiche Psyche verlangt. Auf dieser Ebene könnte es sein, daß die Variation nicht schlicht individueller, sondern systematischer Art ist – und letzteres wäre interessanter. Das wäre etwa der Fall des bei uns vorherrschenden ethischen Systems, falls die von Carol Gilligan geäußerte Hypothese zutrifft, wonach dieses System bei Männern eine andere Formung der Psyche voraussetzt als bei Frauen.[4]

Unter der Annahme, daß jedem ethischen System eine bestimmte Form oder bestimmte Formen der Psyche zugrunde liegen müssen, können wir fragen: Wie müssen diese Formen der Psyche beschaffen sein? Was beinhalten sie? Hier läuft unsere Frage auf folgendes hinaus: Was heißt es für eine Antwort auf diese Fragen, daß sie den Forderungen des Naturalismus entspricht?

Zu dieser Frage können wir gelangen, indem wir uns die Form, welche die Frage des Naturalisten in anderen Beispielen annimmt, ins Gedächtnis rufen. Der Naturalist wird behaupten, daß sich das, was im Fall der in ethischen Systemen lebenden Menschen vorausgesetzt werden muß, in kohärenter Form zur

4 Gilligan (1982).

übrigen Natur in Beziehung gesetzt werden kann. Doch was genau ist jetzt die übrige Natur? Im Fall des Vitalismus war damit die Natur bis hin zu den Lebewesen gemeint. Bringt man das Bewußtsein ins Spiel (auf das ich bisher nicht zu sprechen gekommen bin), wird damit all dies und darüber hinaus die Gesamtheit der Lebewesen mit Bewußtsein gemeint sein. Was also heißt »die übrige Natur« im vorliegenden Fall? Ist damit alles – einschließlich der bewußten Lebewesen bis hin zum Menschen – gemeint? Falls das gemeint ist, wird sich die naturalistische Frage auf folgendes Problem konzentrieren: Steht die menschliche Fähigkeit zum Leben in ethischen Systemen in engem Zusammenhang mit Merkmalen anderer, also nichtmenschlicher Spezies? Können diese Fähigkeit und ihre Entstehung mit Hilfe der im wesentlichen gleichen Begriffe erklärt werden, deren wir uns bedienen, um uns andere Spezies verständlich zu machen?

Die naturalistische Frage in puncto Ethik ist schon oft in dieser Form gestellt worden. Manche von denen, die sie in diesem Sinne erörtert haben, haben sie mit nein beantwortet. Insbesondere hat es Autoren gegeben, die sehr darauf bedacht waren, zur Kennzeichnung der ethischen Fähigkeiten des Menschen auf eine Gegenüberstellung mit anderen Tieren abzuheben (im Rahmen solcher Traditionen hat man mitunter vom »unvernünftigen Vieh« gesprochen). Andere Autoren haben die naturalistische Fragestellung zwar genauso aufgefaßt, aber mit ja geantwortet. Dabei handelt es sich typischerweise um Autoren, die sich von der »Soziobiologie«,[5] wie man zu sagen pflegte, beeindrucken lassen und die für das Leben unter den Verhältnissen ethischer Systeme nötige Fähigkeit beispielsweise als eine Form von »Altruismus« auffassen, wobei mit dieser Bezeichnung ein Merkmal gemeint ist, das auch in anderen Spezies durch Auslese angenommen werden kann. Der »Altruismus« kann jedoch nicht von anderen Spezies auf die Menschen übertragen werden, ohne daß man die Unterschiede zwischen den beiden in Rechnung stellt,

5 Hierbei denke ich an die grob reduktionistischen Vorstellungen, die mit diesem Wort insbesondere durch die Arbeiten von E. O. Wilson und anderen Autoren in Verbindung gebracht wurden, siehe Wilson (1975) und Wilson (1978). Daß die evolutionstheoretisch ausgerichtete Biologie für Untersuchungen der Kultur relevant ist, bestreite ich, wie im weiteren ersichtlich wird, keineswegs.

und diese Unterschiede machen einen Hauptteil des Problems aus.

Die Grobschlächtigkeit dieser beiden Ansätze (und zwar des negativen ebenso wie des positiven) deutet darauf hin, daß die beiden Ansätzen gemeinsame Formulierung der naturalistischen Fragestellung – also die Art und Weise, in der sie den Begriff »die übrige Natur« interpretieren – irregeleitet ist. Ehe wir zu den Formen der Psyche gelangen, die den spezifischen Voraussetzungen ethischer Systeme entsprechen, müssen wir zunächst die Tatsache berücksichtigen, daß die Kultur beinahe die gesamte menschliche Psyche tangiert. Auch die elementarsten Triebe des menschlichen Instinkts – also jene Triebe, die den Menschen und anderen Spezies ganz offensichtlich gemeinsam sind – können wir nicht in Betracht ziehen, ohne den Einfluß zu berücksichtigen, den das Kulturelle auf sie und ihre Äußerungen hat. Das ist an und für sich nichts weiter als eine freilich weitreichende Anwendung einer ethologischen Binsenweisheit, wonach die Art und Weise, in der ein gegebener Instinkt oder Trieb bei einer bestimmten Spezies in Erscheinung tritt, von der Lebensweise der betreffenden Spezies abhängt. Es dürfte kaum wundernehmen, daß sich das Fortpflanzungsverhalten des Rotwilds eklatant von dem des Igels oder des Stichlings unterscheidet, denn die Lebensweisen dieser Spezies sind grundverschieden. Sofern wir im Sinne des Naturalismus oder im Sinne einer konträren Auffassung über die menschliche Psyche in ihrer unmittelbarsten Beziehung zum menschlichen Leben in ethischen Systemen reflektieren wollen, sollten wir zunächst einmal über die Beziehungen zwischen dieser Seite der Psyche zu anderen Aspekten der *menschlichen* Psyche nachdenken.

Natürlich beinhaltet das eine verfehlte Form von Abstraktion. Die Menschen leben, wie schon gesagt, unter Kulturverhältnissen, und das folgt aus der zentralen Bedeutsamkeit ihrer Fähigkeit zu nichtgenetischem Lernen. Das Leben unter Kulturverhältnissen wiederum setzt, wie ich ebenfalls bereits festgestellt habe, voraus, daß man – grob gesprochen – in einem ethischen System lebt. Sofern das richtig ist, können wir die Tätigkeiten des Lebens unter Kulturverhältnissen mitsamt allen Auswirkungen dieses Lebens auf weitere Aspekte der menschlichen Psyche letztlich nicht von den wie immer beschaffenen Dingen trennen, welche die Menschen dazu befähigen, in einem ethischen System zu leben. Richtig ist, daß eine Trennung letztlich wirklich nicht möglich ist. Vielleicht ist es jedoch nützlich, die Zusammenschau aller dieser Elemente eine Weile aufzuschieben. Es kann sein, daß das zwischen den sei's auch unweigerlich durch Sprache und Kultur modifizierten Grundtrieben des menschlichen Instinkts bestehende Verhältnis zu funktional ähnlichen Trieben bei anderen Spezies transparenter ist als jene psychischen Strukturen, von denen ethische Systeme getragen werden. Unter Voraussetzung dieser Gedanken wird sich herausstellen, daß die naturalistische Frage in puncto Ethik auf die Frage hinausläuft, eine wie enge Beziehung zwischen den Motiven und Praktiken des Ethischen und sonstigen Aspekten der menschlichen Psyche besteht. Im Hinblick auf diesen besonderen Aspekt der überaus hervorstechenden Ethologie dieser Spezies ist dies die spezielle Form, welche die immer wieder gestellte naturalistische Frage annimmt, deren Auftauchen wir auch in anderen Bereichen wahrgenommen haben, so z. B. im Fall des Begriffs »Leben«: In welcher verständlichen Beziehung steht das betreffende Phänomen zur *übrigen* Natur, und wie kann es, speziell gefragt, entstanden sein? Hier stellen wir, wie man es formulieren könnte, eine Frage bezüglich des ethischen Lebens der Menschen im Verhältnis zur übrigen menschlichen Natur. Wenn es gelingt, dieses Unterfangen einer Erklärung des Ethischen durch Bezugnahme auf eine Darstellung des Menschen, die in höchstmöglichem Maße im Bereich der dem Ethischen vorgelagerten Begriffe verbleibt, einsichtig zu machen, dann haben wir es mit einem Projekt des ethischen Naturalismus zu tun, das verständlich ist, ohne inhaltsleer zu sein oder eine Festlegung auf einen allgemeinen physikalistischen Reduktionismus zu beinhalten, der (milde ausgedrückt) fragwürdig ist und sowieso gesondert erörtert werden sollte.

3. Der Naturzustand ist nicht das Pleistozän

Fragen, welche die Beziehungen zwischen Kulturellem und Psychologischem sowie zwischen diesen beiden Bereichen und dem Biologischen betreffen, haben Anlaß zu zahlreichen langweiligen und unnötigen Kontroversen zwischen Evolutionstheoretikern und Sozialwissenschaftlern gegeben. Einige evolutionstheoretisch orientierte Autoren haben vermutet, daß insbesondere die von Kulturanthropologen geäußerten – mitunter aber auch anderen Sozialwissenschaftlern unterstellten – Annahmen nicht zu vereinbaren sind mit den Ergebnissen einer evolutionstheoretisch geprägten Psychologie oder Biologie, während in Wirklichkeit nichts weiter geschehen ist, als daß diese Anthropologen – sei's zu Recht oder zu Unrecht – diese Ergebnisse als für ihre Interessen irrelevant hingestellt haben. Anthropologen haben in völlig vernünftiger Weise von der »menschlichen Fähigkeit zum Erwerb kultureller Normen« gesprochen, von einer Fähigkeit mithin, die jeden Menschen dazu befähigt, sich die Kultur der jeweiligen Gesellschaft zu eigen zu machen, in der er aufwächst. Demnach handelt es sich um eine Fähigkeit, die ihrerseits in einem neutralen Verhältnis zu grundverschiedenen kulturellen Inhalten steht. Da es den Anthropologen in erster Linie um die Beschreibung und Erklärung der Unterschiede zwischen kulturellen Systemen geht, haben einige von ihnen angenommen, daß sie von einer Psyche, die allen kulturellen Systemen gleichermaßen zugrunde liegen soll, nicht viel Hilfe zu erwarten haben. Aus diesem Grund sind die Anthropologen von manchen evolutionstheoretisch orientierten Autoren so aufgefaßt worden, als verträten sie eine *spezifische Theorie* über das Wesen der zugrundeliegenden psychischen Fähigkeit, wonach sie nichts weiter sein könne als ein inhaltsfreies Allzweck-Lernsystem, also die »unbeschriebene Tafel« des traditionellen Empirismus. Und diese Theorie sei nun gewiß nicht vereinbar mit unserer heutigen Auffassung von Psychologie und den Gedanken der Evolutionstheorie (warum sollte in diesem Stadium der Evolution der Primaten ausgerechnet eine Tabula rasa in Erscheinung treten?).[6]

6 Die Herausgeber eines bekannten Sammelbands – Barkow, Cosmides und Tooby (1992) – lehnen in ihrer Einleitung zwar den Reduktionismus ab, fordern jedoch eine »vertikale Integration« der Naturwissenschaften. Dies, so behaupten sie, sei »bloß eine andere Bezeichnung« für Konsistenz und Kompatibilität (S. 13, Anm. 1), doch das können sie eigentlich nicht meinen. Zwei Wissenschaften könnten auch dann konsistent sein, wenn sie von zwei völlig unverbundenen Themenbereichen handelten und gar nicht integriert wären. Nur weil diese Autoren etwas Anspruchsvolleres als

Es mag zwar sein, daß manche Anthropologen an diese Theorie geglaubt haben, aber ihre Interessen implizieren keineswegs, daß das notwendig ist. Man kann anerkennen, daß die dem kulturellen Lernen zugrundeliegenden psychischen Mechanismen überaus modular oder inhaltsgerichtet sind – daß die Menschen von der natürlichen Selektion so geprägt wurden, daß sie Neigungen, Abneigungen und Fertigkeiten bestimmter Art erworben haben –, und dennoch meinen, daß ein Verständnis dieser Psyche, insbesondere ein Verständnis ihrer Entwicklung, nicht viel dazu beiträgt, die Unterschiede zwischen kulturellen Systemen zu erklären, da sie der Fähigkeit zum Aufwachsen in jedem dieser Systeme zugrunde liegt. Allerdings wäre es nicht vernünftig, dies grundsätzlich anzunehmen, und noch weniger vernünftig wäre es anzunehmen, daß eine Notwendigkeit dahinterstecke. Bei der Erklärung kultureller Verschiedenheiten ist es wahrscheinlich, daß man sich auf die menschliche Psyche beruft, und es ist durchaus möglich, daß man beim Versuch zu zeigen, in welcher Form ihr durch verschiedene Umgebungen oder Umstände unterschiedliche Verhaltensweisen entlockt werden, jeweils spezifische Merkmale dieser Psyche in Anspruch nimmt. Wie immer dem sein mag, es ist mit Sicherheit ein Irrtum, die folgende, von manchen evolutionstheoretisch orientierten Psychologen geteilte Annahme zu machen: Da die Kultur und ihr Erwerb eine besondere Form der Psyche voraussetzen, müsse jede Erklärung des Kulturellen auf diese Psyche Bezug nehmen.

Ein noch größerer Irrtum liegt in der Annahme, jede Erklärung des Kulturellen müsse sich auf die Entwicklung dieser Form der Psyche berufen; man könne zeigen, daß jede kulturelle Entwicklung zur Gesamttauglichkeit der in dieser Kultur leben-

Konsistenz im Sinn haben, glauben sie, daß Sozialwissenschaftler, die sich um Biologie nicht kümmern, der Konsistenz gleichgültig gegenüberstehen. Im selben Band wenden sich Tooby und Cosmides in ihrem Aufsatz »The Psychological Foundations of Culture« mit großem rhetorischem Aufwand gegen die von ihnen so bezeichnete »sozialwissenschaftliche Standardmethode«. In ihrer Attacke setzen sie eine Methode (oder vielmehr: eine Klasse von Methoden, nämlich alle, von denen die evolutionstheoretisch ausgerichtete Psychologie außer acht gelassen wird) einfach mit einer bestimmten Theorie gleich (nämlich mit dem von der Vorstellung der unbeschriebenen Tafel geprägten Empirismus).

den Menschen beitrage. Die menschliche Psyche hat sich durch die natürliche Selektion entwickelt, und es mag sein, daß wir die Art dieses Geschehens erklären können, also erklären können, wie die Entwicklung bestimmter psychischer Strukturen und Vermögen zur Gesamttauglichkeit jener Lebewesen beigetragen hat, von denen diese Strukturen und Vermögen zum erstenmal an den Tag gelegt wurden. Zum Ausdruck kommt diese Psyche unter verschiedenen Bedingungen in verschiedenen kulturellen Gebräuchen. Es gibt aber nicht den geringsten Grund zur Annahme, daß sich die Erklärung kultureller Unterschiede oder spezifischer kultureller Formationen im allgemeinen *wieder* auf die zunehmende Gesamttauglichkeit berufen wird. Es könnte beispielsweise sein, daß sich das in der Gattung angelegte menschliche Bedürfnis zu musizieren und Musik zu hören auf der Ebene der evolutionstheoretisch orientierten Psychologie erklären läßt, aber für die Entstehung der klassischen Symphonie gilt das sicher nicht. In Wirklichkeit verkennt die Forderung, Erklärungen kultureller Unterschiede mit den Mitteln der evolutionstheoretischen Biologie ausfindig zu machen, den springenden Punkt der vom Homo sapiens repräsentierten großen Neuerung in der Evolution, nämlich die enorme Entwicklung der nichtgenetischen Lernfähigkeit.

Daneben gibt es einen weiteren und völlig andersartigen evolutionstheoretischen Ansatz, bei dem kulturelle Verschiedenartigkeit mit Hilfe der *kulturellen* Entwicklung erklärt wird. Dabei handelt es sich um die Vorstellung, kultureller Wandel und kulturelle Beständigkeit sollten nicht im Sinne der biologischen Evolution, sondern als ein dieser Evolution analoger Prozeß erklärt werden. Kulturelle Phänomene sollten in Analogie zu Genen als sich reproduzierende Einheiten beschrieben werden, die verschiedenen Formen des Selektionsdrucks unterliegen, welche ihrerseits dazu dienen, diese Einheiten zu erhalten oder auszulöschen. Diese Einheiten seien Dinge wie »Melodien, Ideen, Schlagworte, Kleidermoden und Verfahren der Topfherstellung«, wie Richard Dawkins es formuliert hat; und Dawkins war es auch, der das Wort »Mem« für derart kulturbezogene Einheiten ins Spiel gebracht hat.[7] Es mag sein, daß diese Analogie in

7 Dawkins (1976), S. 206. »Mem« ist eine schlagwortartige Abkürzung für

manchen Zusammenhängen von Nutzen ist. Hier werde ich keinen Versuch unternehmen, ihre Vorzüge ausführlich zu erörtern, doch nach meinem Eindruck gibt es zumindest zwei Gründe, Zweifel an ihrer Vortrefflichkeit zu hegen. Der erste Grund liegt in der Bestimmung der vermeintlichen kulturbezogenen Einheiten. Die Ideengeschichte hat schon vor langer Zeit gelernt, vermeintlichen gedanklichen Bausteinen, die sich von einem Kopf zum nächsten transportieren lassen, mit größtem Mißtrauen zu begegnen. Dawkins nennt als Beispiel »die Vorstellung von Gott«. Aber der Gedanke, es gebe eine bestimme Sache, die sich so bezeichnen lasse und überall gleich bleibe, ist ein krasses Mißverständnis – auch wenn man nur die Geschichte des Monotheismus betrachtet, und erst recht, wenn man die Anthropologie der Religion in allgemeinerer Form berücksichtigt.

Ein weiteres Problem betrifft die Kräfte der Selektion. Es ist anerkannt, daß die Kräfte der Selektion bei der kulturellen Evolution nicht dieselben zu sein brauchen wie jene, die im Rahmen der biologischen Evolution wirksam sind. Das heißt, die Erklärung für das Überleben (die fortwährende Vermehrung) eines Mems braucht nicht darin zu liegen, daß es in höherem Maße als die möglichen Alternativen *zur Gesamttauglichkeit der Population* beiträgt, deren Kultur dieses Mem angehört. Daneben gibt es viele weitere Gründe, aus denen ein Mem gedeihen oder aussterben kann. Eben darum ist dieses evolutionstheoretische Modell von dem rein biologischen verschieden. Im Anschluß an eine überaus behutsame Erörterung der Beziehungen zwischen kultureller und biologischer Evolution zieht W. H. Durham folgendes Fazit: »Die wichtigste Einzelkraft der kulturellen Transformation schreibt sich von den durch sekundäre Werte in Gang gebrachten Entscheidungen der Kulturträger her.«[8] Mit anderen Worten: Veränderungen innerhalb einer kulturellen Praktik müssen in den meisten Fällen durch Bezugnahme auf sonstige Werte oder Überzeugungen der in der betreffenden Kultur lebenden Personen erklärt werden. Mit dieser allgemeinen Formel ist der Erklärung freilich wenig gedient, was man mit ihr aller-

»Mimem«. Die »Gottesvorstellung« wird auf S. 207 genannt. Eine ähnliche Vorstellung von einer Einheit des kulturellen Erbes vertritt Cloak (1975). (Diesen Hinweis verdanke ich W. G. Runciman.)

8 Durham (1991), S. 204.

dings auch gar nicht beabsichtigt – wie ja auch die im Bereich der natürlichen Selektion gegebene Tatsache, daß ein bestimmtes Merkmal selektiert wird, von sich aus nichts erklärt. Was wir benötigen, ist eine Erklärung für das Geschehen, durch das es zu dieser Tatsache gekommen ist. Ebenso wird man über keinerlei Erklärung verfügen, wenn man sich auf die Angabe beschränkt, ein bestimmtes Automodell etwa habe sich ausgebreitet – sei also von mehr Kunden gekauft worden –, weil die Fahrer aufgrund ihrer Geschmacksvorlieben und Interessen zu dem Ergebnis gelangt seien, es handele sich um ein attraktives Automodell. Es ist dieses Faktum selbst, das einer Erklärung bedarf.[9] Wir haben es also nach wie vor mit derselben komplexen Fragestellung zu tun, mit der die Sozialwissenschaften immer schon haben zurechtkommen müssen, nämlich mit der Frage: Welches könnte in einem gegebenen Fall die Erklärung eines derartigen Faktums sein? Sollte es gelingen, Fragen dieser Art zu beantworten, ist jetzt noch gar nicht abzusehen, wieviel das evolutionstheoretische Modell letzten Endes dazu beisteuern wird.

Kommen wir auf die den kulturellen Praktiken zugrundeliegende Psyche zurück, so werden sich die Verfechter der Evolutionstheorie bei ihrer Erklärung der psychischen Struktur auf die Umstände berufen, unter denen sich die natürliche Selektion ihrer Meinung nach zugunsten der diversen relevanten Merkmale der betreffenden Psyche ausgewirkt hat. Normalerweise werden diese Umstände in der Fachliteratur mit der Umwelt unserer im Pleistozän als Jäger und Sammler lebenden Ahnen gleichgesetzt. Für die Argumentation des vorliegenden Buchs ist es von Bedeutung, daß ich dies *nicht* meine, wenn ich hier die als Naturzustand bezeichnete abstrakte Darstellung bestimmter menschlicher Tätigkeiten und Fähigkeiten vorlege. Die von mir erzählte Geschichte ist weder als evolutionstheoretische biologische Spekulation gedacht noch als Beitrag zur Erforschung der Vorgeschichte. Ein offensichtlicher Unterschied besteht darin, daß meine Geschichte explizit als Fiktion dargeboten wird. Wollte man es bei diesem Hinweis belassen, dann wäre das allerdings ein wenig zu wohlwollend formuliert, denn die vermeintli-

9 Das wird auch von W. G. Runciman hervorgehoben, der seinerseits (1998) einen evolutionstheoretischen Ansatz befürwortet.

che Umwelt unserer im Pleistozän lebenden Vorfahren ist in der von evolutionstheoretisch orientierten Psychologen – mit welcher Absicht auch immer – beschworenen Form ebenfalls ein Märchen. Im Hinblick auf viele der spezifisch psychologischen Elemente, um die es hier geht, haben wir nicht einmal eine ungefähre Vorstellung davon, welche Spezies von Hominiden es waren, die diese Elemente ausgebildet haben; und von der Umwelt, in der das geschehen ist, haben wir erst recht keine Ahnung. Diese Modelle der natürlichen Selektion sind in der gegebenen Form großenteils Das-kommt-davon-Geschichten. Die Evolutionstheoretiker verfolgen jedoch das Ziel, ihre Modelle in diesen Hinsichten zu verbessern, und ihre Geschichten können unter Berücksichtigung weiterer Belege – vor allem durch Fossilienfunde – korrigiert werden. Bei der Geschichte vom Naturzustand hingegen ist es zwar so, daß jemand eine aufschlußreichere Fassung dieser Geschichte vorschlagen kann, aber es ist nicht möglich, über die Sache selbst mehr *herauszufinden*. Außerdem gilt, daß die Mutmaßungen der Evolutionstheoretiker über das Pleistozän zwar arm an Fakten sind, aber die von ihnen angestellten Vermutungen dürfen weder diesen Fakten widersprechen, soweit sie vorliegen, noch dürfen sie gegen die bekannten Naturgesetze verstoßen. Diese Bedingungen brauchen von Geschichten über den Naturzustand nicht erfüllt zu werden. Das von solchen Geschichten Erzählte braucht nicht einmal möglich zu sein. Und damit kommen wir zu der Frage: Wie können sie uns dann irgend etwas sagen?

4. Wie können Fiktionen von Nutzen sein?

Wieder aufgeworfen hat Robert Nozick diese Frage in Zusammenhang mit dem archetypischen Gebrauch der Geschichten vom Naturzustand, die gern benutzt werden, um den Ursprung des Staatswesens zu erklären. Dabei geht Nozick von der aus der Wissenschaftstheorie vertrauten Vorstellung von einer »potentiellen Erklärung« aus, bei der es sich, grob gesprochen, um eine Erklärung handelt, »die richtig wäre, wenn alles an ihr zuträfe und funktionierte«. Eine potentielle Erklärung mit *Gesetz-Mangel* ist eine potentielle Erklärung, die eine falsche gesetzartige

Aussage enthält, während eine potentielle Erklärung mit *Fakten-Mangel* eine falsche Antezedens-Bedingung aufweist.[10] Manche potentielle Erklärungen mit Fakten-Mangel, aber ohne Gesetz-Mangel sind nützlich, weil sie einen bestimmten Prozeß als *möglich* erweisen. Daher können einleuchtende Fabeln in der evolutionstheoretischen Biologie eine Hilfe sein: Sie können zeigen, daß die laut Annahme unter Bedingungen der natürlichen Selektion mögliche Entstehung einer bestimmten Eigenschaft nicht der Evolutionstheorie widerspricht, selbst wenn man nicht weiß, wie es geschehen ist, und sogar wenn man weiß, daß die Entwicklung nicht genauso abgelaufen ist.[11]

Nozick selbst konzentriert sich auf Erklärungen vom Typ der »unsichtbaren Hand«. Das sind Erklärungen, die etwas, »was aussieht wie das Ergebnis der absichtlichen Planung einer Person, als etwas erklären, was nicht durch die Absichten irgendeiner Person zustande gebracht worden ist«. Ich für mein Teil werde mich Nozick in dieser Hinsicht nicht anschließen. Erklärungen vom Typ der unsichtbaren Hand bilden zwar eine wichtige Klasse und besitzen womöglich, wie Nozick es formuliert, »eine gewisse Anmut«,[12] doch sie stellen, was meine Zwecke betrifft, nicht den bedeutsamsten Fall dar. Es gibt interessante und nützliche potentielle Erklärungen menschlichen Verhaltens, bei denen das, was erklärt werden muß – nämlich das Ergebnis des vorgestellten Vorgangs –, nicht einmal so aussieht, als sei es absichtlich hervorgebracht worden. Ein Beispiel hierfür ist Craigs bereits erwähnte Erörterung des Wissensbegriffs. Seine Geschichte vom Naturzustand liefert zwar eine Erklärung, doch das von ihr Erklärte – nämlich der Begriff des Wissens – erweckt nicht den Eindruck, es sei geplant worden. Im Gegenteil – ehe die Geschichte erzählt wird, hat man sich vielleicht noch nie gefragt, worin die Funktion dieses Begriffs besteht, und das ist zum Teil der springende Punkt. Craigs Geschichte beantwortet mit fiktionalen Mitteln die Frage »Warum sollten wir überhaupt einen solchen Begriff wie den des Wissens haben?«, und indem die

10 Nozick (1974), S. 7. Dort verweist Nozick auf Hempel (1965), S. 335.

11 Ein klassisches Beispiel für solche hypothetischen Szenarios ist ihre Verwendung zur Erklärung eines den »Altruismus« begünstigenden Selektionsvorgangs. Siehe Hamilton (1964), Trivers (1971).

12 Nozick (1974), S. 19, 18.

Geschichte darauf eine Antwort gibt, bringt sie uns die Frage selbst nahe. Das, was durch die Frage ins Spiel gebracht wird, ist der Begriff der Funktion; und dieser Schritt erfüllt seinerseits einen Teil der Aufgabe. Wenn man begreift, daß der Begriff des Wissens eine Funktion hat – und zwar insbesondere eine Funktion mit Bezug auf ganz elementare Bedürfnisse –, so hilft das einsehen, warum dieser Begriff seine faktisch gegebenen Merkmale besitzt, während es uns zugleich von weniger ersprießlichen Ansätzen abhalten kann. Der Schritt von der Funktion zur scheinbaren Absicht wäre ein zusätzlicher Schritt, der in diesem Fall gar keine Rolle spielen könnte.

Craigs Beispiel ist ebenso wie meine eigene Erzählung vom Naturzustand ein Beispiel für »imaginäre Genealogien« (wie sie in meiner Terminologie heißen). Das Wort »imaginär« verwende ich, weil es, wie zu Beginn dieses Kapitels erwähnt, auch historisch zutreffende Genealogien gibt. Imaginäre Genealogien legen im typischen Fall den Gedanken nahe, es könne nützlich sein, ein nicht offensichtlich funktionales Phänomen funktional zu deuten. Außerdem ähneln sie insofern einer umfassenderen Klasse von Erklärungen (zu der auch die von der Theorie der natürlichen Selektion gegebenen Erklärungen gehören), als sie das Funktionale erklären, indem sie auf Nichtfunktionales oder Funktionales geringerer Komplexität abheben. Die Leistungsfähigkeit imaginärer Genealogien liegt darin, daß sie den Gedanken der Funktion dort ins Spiel bringen, wo man nicht unbedingt damit rechnen würde, und daß sie mit einfacheren Mitteln erklären, worin die Funktion besteht.

Imaginäre Genealogien weisen zumindest Fakten-Mangel auf. Doch wann schlägt Fakten-Mangel in etwas Extremeres um? Bei potentiellen Erklärungen im Bereich der Naturwissenschaften könnte man vielleicht die (freilich optimistische) Hoffnung hegen, durch Bezugname auf die Naturgesetze könne es gelingen, eine Unterscheidung dingfest zu machen, mit deren Hilfe sich der bloße Fakten-Mangel von etwas Extremerem – nämlich dem Gesetz-Mangel – abheben ließe. Aber damit ist im Bereich der Beispiele menschlichen Verhaltens selten viel anzufangen. Veranschaulicht wird das durch Nozicks eigene Erörterung der Rolle des Naturzustands in der politischen Philosophie. Nozick schreibt: »Indem wir erkennen, wie der Staat hätte entstehen können, lernen wir eine ganze Menge, selbst wenn er in Wirklichkeit nicht auf diese Weise entstanden ist.«[13] Aber gibt es tatsächlich einen Sinn, in dem der Staat so hätte entstehen können, wie es in Nozicks Erzählung vom Naturzustand geschildert wird? Nozick leitet das Politische aus dem Nichtpolitischen ab, indem er zeigt, wie der Staat (oder etwas, was beinahe ein Staat ist) aus einem Naturzustand hervorgehen könnte, in dem die Menschen (grob gesprochen) nur ökonomische Motive und ausschließlich solche moralischen Vorstellungen kennen, die sich auf die Rechte des Individuums beziehen. Aber aus allem, was wir über die Evolution, die Entwicklung und die Geschichte des Menschen wissen, erfahren wir, daß es einen vorpolitischen Zustand mit eben diesen Eigenschaften gar nicht hätte geben können. Dieser Sachverhalt wiederum ist nach Nozicks Meinung ohne Belang für sein eigenes Vorhaben. Er meint also gar nicht, daß der Staat auf diese Weise hätte entstehen können, sofern das impliziert, der ausgemalte Naturzustand hätte existieren können: Die Antezedens-Bedingung ist nicht bloß falsch, sondern unmöglich. Allenfalls kann Nozick meinen, der Staat habe, wenn es diesen Zustand gegeben hätte, daraus hervorgehen können. Aber dann stehen wir wieder der Frage gegenüber: Was sagt uns das? Und diese Frage stellt sich um so dringlicher, als eine Welt, in der es einen derartigen Zustand hätte geben können, womöglich eine Welt wäre, in der die Prozesse, durch die der eine Zustand aus dem anderen hervorgehen könnte, ihrerseits verschieden wären von den in unserer Welt zur Wirkung kommenden Prozessen.

Was die Frage nach den inhaltlichen Voraussetzungen imaginärer Genealogien betrifft, kann es hilfreich sein, einen Blick auf ein weiteres bekanntes Beispiel zu werfen, nämlich Humes Herleitung der »künstlichen Tugend« der Gerechtigkeit. Der Sachverhalt, bei dem die Geschichte ansetzt, ist ein Zustand, in dem die Menschen eigennützig sind und die Fähigkeit zu begrenztem Mitgefühl haben, aber keine Gerechtigkeitsmotive und dementsprechend keinen Eigentumsbegriff kennen. Unter Voraussetzung dieses Zustands sowie unter Voraussetzung ei-

13 Ebd., S. 9. Diesen Aspekt von Nozicks Buch bespreche ich in meinem Artikel (1996).

niger weiterer (recht anspruchsvoller) Bedingungen in puncto allgemeine Bekanntheit erzählt die Geschichte, wie sich die Menschen auf die Einrichtung von Eigentumsinstitutionen einigen und Gerechtigkeitsneigungen ausbilden. Die Sachlage, von der dieser Prozeß ausgeht, hat es – wie folglich auch den Prozeß selbst – nach Humes eigenem Urteil unmöglich geben können.[14]

Der Gedanke, durch den sich Humes Darstellung auszeichnet, ist folgender: Sobald es allgemein bekannt wird, daß von bestimmten Praktiken jeder profitieren würde, setzen sich diese Praktiken durch und bringen Handlungsgründe neuer Art mit sich, nämlich Handlungsgründe, die sich wesentlich darauf beziehen, daß andere Menschen ähnliche Handlungsgründe haben. Was auf diese Weise zustande kommt, ist in ganz eingeschränktem Sinn ein gemeinschaftlicher Handlungsgrund: Es ist zwar nach wie vor ein Grund für individuelles Handeln, doch man hat ihn in der Gemeinschaft, und dieses kollektive Moment ist ihm wesentlich.[15] Im Rahmen der Erzählung werden die von der Tugend der Gerechtigkeit vorausgesetzten Gründe der neuen Art aus dem einfachen Typus hergeleitet – also aus Gründen, die sich von individuellen Interessen und begrenztem Mitgefühl herschreiben –, obwohl es vielleicht nie vorkommt und beinahe gewiß unmöglich ist, daß es eine Gesellschaft gibt, in der die unter-

14 »Die Philosophen dürfen, wenn es ihnen beliebt, in ihren Überlegungen bis zu einem vermeintlichen Naturzustand zurückkehren, wenn sie nur zugeben, daß dies eine philosophische Erdichtung ist, die niemals Wirklichkeit besaß und niemals Wirklichkeit besitzen konnte« (Hume, *Ein Traktat über die menschliche Natur*, Buch III, Teil II, Abschnitt 2, S. 236 f.). Es gibt viele wichtige Fragen im Hinblick auf Humes Modell, die ich hier außer acht lasse. Diese Fragen betreffen beispielsweise das genaue Verhältnis zwischen künstlichen und natürlichen Tugenden sowie die Rolle der »Entflechtung« von Verstandeskräften und treibenden Affekten.

15 Ein solcher Grund ist nicht das gleiche wie ein Grund für kollektives Handeln. Derartiges Handeln ist auch ohne den Einfluß der künstlichen – oder irgendwelcher sonstigen – Tugenden möglich und kann aus einer eigennützigen Einstellung hervorgehen, die sich unmittelbar auf ein gemeinsames Ziel richtet, wie es etwa (um ein Beispiel von Hume umzufunktionieren) dann der Fall ist, wenn wir alle zusammen rudern, um uns von unserem offensichtlich sinkenden Schiff zu entfernen.

stellten Gründe der weniger komplexen Art ohne (eine Form der) Gerechtigkeitsgründe vorkommen.

Wenn dem so ist, fragt es sich: Wozu ist die Erzählung nutze? Inwiefern vermag sie irgend etwas zu erklären? Ich möchte meinen, daß sie dreierlei Elemente zu bieten hat: Erstens zeichnet sie sich ebenso wie Craigs Darstellung des Wissens dadurch aus, daß hier eine funktionale Erklärung von einer Sache gegeben wird, bei der nicht jeder damit rechnen würde, daß sie sich funktional erklären ließe. Diese Erklärung bezieht sich auf Motive, die man den Menschen ohnehin zubilligen muß. Zweitens ist die Erklärung deshalb funktional, weil die Beziehung zwischen dem abgeleiteten, komplexeren Grund und den einfacheren, »elementareren« Gründen oder Motiven im folgenden Sinn rational ist: Unter den ausgemalten Umständen würden Menschen mit Motiven der einfacheren Art eine Sachlage, in der die komplexeren Gründe wirksam wären, gutheißen und – wenn es möglich wäre – anstreben. Diese rationale Beziehung ließe sich mit einigem Aufwand an Phantasie sogar vorführen, indem das Ergebnis in der Erzählung als Schlußfolgerung einer Beratschlagung hingestellt wird. Eine solche Darstellung der Sache würde allerdings die Genealogie schwächen, denn diese besitzt außerdem das folgende dritte Merkmal: Ebenso wie evolutionstheoretische Erklärungen leitet sie das Funktionale aus dem Nichtfunktionalen oder aus einer Funktionalität niedrigerer Stufe ab. Eine Geschichte, die eine gemeinschaftliche Beratschlagung als Weg zum Ergebnis darböte, würde voraussetzen, was sie selbst erst erklären soll. Denn die Menschen, die sich in der »früheren« Situation befinden, müßten bereits dazu fähig sein, den Inhalt von Begriffen wie »Gerechtigkeit« und »Eigentum« und deren Zusammenhänge mit Handlungsgründen zu beurteilen; doch ein wichtiges Ziel der Geschichte besteht darin, den Gehalt dieser Begriffe und Zusammenhänge zu erhellen.[16] Eine imaginäre Genealogie mit diesen Eigenschaften ist deshalb erklärungskräftig, weil sie einen

16 Humes eigene Erklärung enthält einige auf Beratungen und Absichten verweisende Elemente, doch diese sind von relativ oberflächlicher Art. Die Art und Weise, in der Hume den Gedanken der »Konvention« entfaltet, läßt den künstlichen Tugenden genügend Raum, um unter den in seiner Geschichte festgeschriebenen – und zugegebenermaßen höchst anspruchsvollen – Bedingungen zur Entfaltung zu kommen.

Begriff, einen Grund, ein Motiv oder sonst einen Aspekt des menschlichen Denkens und Verhaltens als funktional darstellt, obwohl die Funktionalität der Sache bisher vielleicht noch nie gesehen wurde. Dabei hat die Erklärung der Funktion nichts Geheimnisvolles, denn sie beruft sich insbesondere nicht auf Absichten, Beratschlagungen oder Gedanken, die (in dieser Hinsicht) schon zweckgerichtet wären; und außerdem sind die zur Erklärung angeführten Motive von einer Art, deren Existenz sowieso schon zugestanden ist.

Warum sollte man nicht schlicht eine funktionale Erklärung geben und die Erzählung weglassen? Steuern die diachronischen Märchen der Genealogie irgend etwas bei, was übers Kolorit hinausginge? Ja, das tun sie. Mit Bezug auf wirklich existierende Institutionen, Gebräuche, Erwartungen und Werte – der Gerechtigkeit, des Haltens von Versprechen, der Wahrhaftigkeit usw. – sind funktionale Erklärungen schlicht falsch. In diesem Sinne hat Robert Brandom über die Sprache im allgemeinen geschrieben:

> Die Sprachpraxis ist nicht *für* etwas da [...] Sie ist kein Mittel zur Erfüllung eines anderen Zwecks, den man angeben kann, ehe man sich auf die Sprachpraxis einläßt: Sie ist nicht für die Umweltanpassung da, nicht für das Überleben, die Fortpflanzung oder die Kooperation – obwohl sie der Förderung dieser Zwecke dienlich sein kann. Selbst wenn [...] diese Funktionen erklärten, wie wir zu unserer Sprache gekommen sind, würden derartige Überlegungen durch unsere Verwandlung in diskursive Lebewesen samt und sonders weggefegt werden. Denn die diskursive Praxis ist ein leistungsfähiger Motor für das Konzipieren und Ersinnen *neuer* Zwecke.[17]

Nehmen wir das Thema des vorliegenden Buchs als Beispiel: Es stimmt einfach nicht, daß die bei uns oder irgendwelchen anderen Personen gegebenen Neigungen zur Wahrhaftigkeit mit Hilfe funktionaler Begriffe angemessen erklärt werden können. Ihr Wert geht, wie wir im 4. Kapitel sehen werden, immer und unabdingbar über ihre Funktion hinaus. Dennoch spielt die Funktion bei ihrer Erklärung eine Rolle, wenn auch auf einer abstrakteren Ebene. Diese Neigungen haben unter verschiedenen historischen Umständen verschiedene Formen angenommen,

17 Brandom (2000a), S. 363.

und indem wir sie als Beispiele für dieselbe Art von Neigung zusammenstellen und erklären, verlassen wir uns auf eine funktionale Deutung, wonach jede Gesellschaft Neigungen dieser allgemeinen Art benötigt, wobei es sich außerdem um Neigungen handeln muß, deren Wert kein rein funktionaler ist. Diese Interpretation, die eine Abstraktion von den faktisch gegebenen historischen Verschiedenheiten verlangt, wird sodann im Märchen vom – auch durch viele andere Abstraktionen dargestellten – Naturzustand zum Ausdruck gebracht. Es ginge nicht an, wenn wir uns statt dessen auf eine wirkliche, in frühester Urzeit angesiedelte Hominidengesellschaft beriefen, denn jede faktische Gesellschaft würde die Merkmale, von denen bei der Abstraktion abgesehen werden muß, »immer schon« aufweisen (wie manche Denker es gern ausdrücken).

Die fiktionale Darstellung ist von einzigartiger Nützlichkeit, denn sie ist nicht nur weit davon entfernt, wirklich Geschichtliches und Fiktives durcheinanderzubringen, sondern gibt uns darüber hinaus die Möglichkeit nachzuhalten, was Historie und was Abstraktion ist, und trägt dazu bei, zwei Irrtümer zu vermeiden. Der erste dieser Irrtümer würde darin bestehen, daß wir unsere funktionale Erklärungsmaschinerie unmittelbar an unsere wirkliche Gesellschaft herantragen. Damit würden wir unser Verständnis der eigenen kulturellen Situation verzerren; ein solches Vorgehen würde uns daran hindern, die bei der Gegenüberstellung mit anderen Situationen hervortretenden Eigentümlichkeiten unserer eigenen Lage zu erkennen; und darüber hinaus würde es uns zu einem törichten Reduktionismus verleiten. Der zweite Irrtum bestünde darin, daß man auf der Grundlage funktionaler Vorstellungen Bilder von Urzeitgesellschaften konstruiert und annimmt, dabei handele es sich um die wirkliche Hominiden-Vorgeschichte. Die Genealogie sorgt dafür, daß historische Fakten und funktionalistische Abstraktionen dort bleiben, wo sie hingehören.

5. Schändliche Herkunft

Genealogische Erklärungen vom gleichen Typ wie die Erklärung Humes werden mitunter als »reduktionistisch« bezeichnet. Das ist, wie ich bereits betont habe, in jeder streng aufgefaßten Bedeutung des Wortes falsch. Die Genealogie liefert weder ein Verfahren zur Übersetzung sprachlicher Ausdrücke, die von der resultierenden Sache sprechen, in eine Terminologie, in der nur von den Ausgangsdingen die Rede ist, noch behauptet sie, durch die Begriffe »Gerechtigkeit«, »Eigentum« oder »Wissen« werde nichts ins Spiel gebracht, was über die Ausgangsdinge hinausginge. Im Gegenteil, sie zeigt, was an Neuem eingeführt wird und wieso es etwas Neues ist. Die genealogische Erklärung macht dergleichen verständlich, ohne sich in Reduktionsversuche zu verstricken.

Das Wort läßt sich jedoch in einem weniger strengen Sinn auffassen, in dem genealogische Erklärungen durchaus als reduktionistisch bezeichnet werden dürfen, insofern es ihnen gelingt, das »Höhere« mit Hilfe des »Niedrigeren« zu erklären: das Wissen etwa durch Bezugnahme auf Meinungen und Alltagsbedürfnisse, das Moralische durch Bezugnahme auf das Nichtmoralische. Es könnte, wie schon gesagt, sein, daß bei der Gerechtigkeit nicht jeder erwartet, daß sie sich funktional erklären ließe. Ferner könnte man behaupten, die Motive der Gerechtigkeit hätten eine Tendenz, sich einer funktionalen Erklärung zu widersetzen, denn eine solche Erklärung würde etwas, was zu Recht als etwas Intrinsisches und »Höheres« gesehen wird, als etwas Instrumentelles und »Niedrigeres« hinstellen. (Dieser Gedanke spielt im Platonischen *Staat* eine ganz hervorstechende Rolle.)[18] Natürlich läßt sich »höher versus niedriger« nicht so leicht, wie diese Ausführungen suggerieren, auf »intrinsisch versus instrumentell« abbilden. Außerdem ist die von Hume gege-

18 So wird insbesondere die in Buch 2 von Glaukon und Adeimantos vorgestellte Proto-Vertragstheorie, die nach unserem Eindruck womöglich nachgerade das Gegenteil der von Thrasymachos im 1. Buch aufgestellten Ausbeutungstheorie ist, von allen Diskussionsteilnehmern bloß als eine weitere Spielart dieser letzteren behandelt. Mögliche Gründe hierfür nenne ich in meinem Aufsatz »Plato against the Immoralist« in: Höffe (1997).

bene Erklärung nicht schlichtweg instrumentell. Aber einerlei, wie man sich diese Komplexitäten zurechtlegt – es sieht so aus, als würden nur jene, die von vornherein eine ethisch anspruchsvolle Auffassung von Gerechtigkeit vertreten, aus diesen Gründen die von Hume gegebene Erklärung dieses Begriffs beanstanden. Betrachtet man das »gemeinsame Interesse an der Gerechtigkeit« (wie man vielleicht sagen darf) und stellt es einer platonischen Idealisierung eben dieses Interesses gegenüber, braucht eine Erklärung im Stil Humes die Gerechtigkeit nicht mit Hilfe von Begriffen darzustellen, die allzu weit hinter den diesbezüglichen Erwartungen der Menschen zurückbleiben. Das heißt, man könnte Humes Erklärung akzeptieren (also die Gerechtigkeit im Sinne seiner genealogischen Geschichte begreifen) und der Gerechtigkeit, ihren Motiven und Handlungsgründen dennoch mit mehr oder weniger dem gleichen Respekt begegnen, den man ihnen entgegenbrachte, ehe man diese Erklärung kennenlernte – oder vielleicht sogar mit mehr Respekt, wenn man vorher vermutete, die Gerechtigkeit müsse, soweit sie überhaupt etwas bedeute, eine platonische Idee aus einer jenseitigen Welt sein. In einem solchen Fall darf man die genealogische Erklärung als *rechtfertigende* Erklärung bezeichnen.[19] Nozicks Herleitung des Minimalstaats will im Sinne seiner eigenen Maßstäbe des Rechten rechtfertigend sein und verfolgt dabei das spezifische Ziel, den Nachweis für die These zu erbringen, daß es bei Zugrundelegung dieser Maßstäbe keine rechtfertigende Genealogie für einen anspruchsvolleren Staat gibt.

19 Dieser Ausdruck wird in ganz verschiedenen, aber dennoch miteinander zusammenhängenden Weisen verwendet. David Wiggins (siehe einige Artikel in: Wiggins [1991]) hat den Ausdruck »rechtfertigende Erklärung« verwendet, um damit eine die Wahrheit von P beinhaltende Erklärung der Überzeugung, daß P, zu bezeichnen (insbesondere wenn damit erklärt wird, wie es zur allseitigen Annäherung an die Überzeugung, daß P, kommt). Im vorliegenden Text – wie auch in Williams (2000a) – verwende ich für mein Teil diesen Ausdruck in umfassenderem Sinn. Die Frage ist, ob die genealogische Erklärung einer Einstellung oder einer Reihe von Werten so beschaffen ist, daß sie, sobald sie verstanden ist, das Vertrauen in diese Einstellung oder diese Werte stärkt oder schwächt. Diese Frage ist für echte, historische Genealogien ebenso wie für fiktionale Genealogien von erheblichem Gewicht.

Nicht alle Genealogien dienen der Rechtfertigung. Das bekannte Beispiel, von dem die Bezeichnung hergenommen ist – also Nietzsches Genealogie der Moral[20] –, ist gewiß viel weniger gut gemeint. Nietzsches Darstellung hat zumindest drei Merkmale, die zur irritierenden oder destruktiven Wirkung dieser Darstellung beitragen und sie aus demselben Grund vom Humeschen Muster unterscheiden. Erstens ist das Erklärte die gesamte Moral, die ihrerseits durch Begriffe wie Pflicht, Tadel und Schuld bestimmt wird,[21] wobei Nietzsche zu Recht behauptet, die in diesem Sinn aufgefaßte Moral verlange, als ein autarkes Gebilde verstanden zu werden, das sich der Erklärung durch Bezugnahme auf irgend etwas anderes widersetze. Der Widerstand gegen eine Erklärung funktionaler Art sitzt in diesem Fall äußerst tief. Zweitens nimmt die Erklärung auf Kräfte Bezug, die nicht bloß einfacher, elementarer, eher nichtmoralisch oder »niedriger« sind, sondern zu den vermeintlichen Feinden der Moral gehören: Haß, Ressentiment und verstörte Überheblich-

20 *Zur Genealogie der Moral* (1887). In *Morgenröte* (§ 102) nimmt Nietzsche selbst Bezug auf die »pudenda origo« – die schändliche Herkunft – unserer Moralvorstellungen. In dem Sinn des Wortes »Genealogie«, den MacIntyre seiner Erörterung (1990) zugrunde legt, ist eine Genealogie notwendig subversiv. Das hängt mit dem Umstand zusammen, daß sich die Genealogie keine eigene diskursive oder theoretische Position zu eigen machen soll und nur im Rahmen eines Oppositionsverhältnisses zu etwas anderem vorkommt. Zu dieser Einstellung und MacIntyres Erörterung siehe das Ende des 1. Kapitels.

21 An anderer Stelle habe ich diesbezüglich von »dem Moralsystem« im Gegensatz zu ethischen Vorstellungen in allgemeinerem Sinne gesprochen, siehe Williams (1985), insbesondere Kapitel 10. Im Rahmen einer interessanten Erörterung hat Raymond Geuss (1999) auf Nietzsches eigene Feststellung hingewiesen, die Geschichte einer Klasse von Wertungen sei nicht von unmittelbarer Bedeutung für den Wert dieser Klasse (*Die fröhliche Wissenschaft*, § 345; *Der Wille zur Macht*, § 254). Dem fügt Geuss allerdings mit Recht hinzu, daß die Meinungen der Menschen über die Geschichte dieser Klasse ihre Einstellung zu der Klasse selbst tangieren können; und das wiederum wirkt sich umfassender aus, als der Autor vielleicht einräumen will. Besonders im Hinblick auf das Moralsystem gilt: Daß es nicht auf Ursprünge der von Nietzsche behaupteten Art zurückgeht, ist wichtig für die Achtung, welche die Menschen davor empfinden, und folglich für ihr Vertrauen in dieses System.

keit. Deswegen ist es drittens so, daß der zur Erklärung herangezogene Prozeß nicht nur ohne Bezugnahme auf Begriffe wie »Absicht« oder »Beratschlagung« aufgefaßt wird, sondern dieser Prozeß muß unbewußt vonstatten gehen, denn niemand könnte zu diesem Ergebnis gelangen und dabei einräumen, diesen Weg gegangen zu sein. Aus demselben Grund müssen Menschen, die sich mit dem Ergebnis – der moralischen Einstellung – identifizieren, gegen eine solche Erklärung des Ergebnisses gefeit sein; und falls sie dahin gelangen, die Erklärung dennoch zu akzeptieren, wird sich ihre Einstellung ändern müssen.

Das in Nietzsches Darstellung enthaltene Element, das unbewußt bleiben muß – die Entstehung und das Wirken des Ressentiments –, wirft ein Problem auf, das diese Auffassung von Genealogie betrifft. Die Erklärung klingt so, als wäre von einem psychischen Vorgang die Rede, der sich im Individuum abspielt. Aber bei Nietzsche selbst ebenso wie bei Hume erklärt die Genealogie ein soziales Phänomen. Nietzsche ist bemüht, einen kollektiven Grund neuer Art – das gemeinsame Moralbewußtsein – zu erklären, und hier gibt es eine Schwierigkeit hinsichtlich der Rolle, die eine allem Anschein nach der individuellen Psyche angehörende Reaktion bei dieser Erklärung spielen soll. Außerdem ist Nietzsches Genealogie keineswegs als eine ausschließlich fiktionale Darstellung gedacht. Sie hat durchaus etwas mit Historie zu tun, wobei allerdings ganz und gar nicht klar ist, um welche Historie es sich handelt. Es kommen einige nur vag lokalisierte Herren und Knechte vor. Sodann gibt es einen historischen Wandel, der irgendwie mit Juden oder Christen zusammenhängt. Außerdem findet ein Vorgang statt, der vielleicht in der Reformation, vielleicht in Kant gipfelt. Das Ganze spielt sich seit etwa zweitausend Jahren ab.[22]

Es mag sein, daß sich Nietzsche selbst auf eine psychologisch orientierte Art der historischen Erklärung gestützt hat, die dem Idealismus Hegels mehr verdankt, als Nietzsche gern zugegeben hätte. Um seiner Erklärung Überzeugungskraft zuzubilligen, werden wir die Bezugnahmen auf die Psyche des Individuums

22 *Zur Genealogie der Moral*, Erstes Hauptstück, §7. Ein wenig mehr über die mögliche Deutung von Nietzsches Geschichte sage ich in: Williams (2000b). Das vorliegende Kapitel beruht zum Teil auf diesem Artikel.

mit der Darstellung eines wirklichen sozialen und historischen Vorgangs verknüpfen müssen, und wie das im einzelnen geleistet werden soll, bleibt fraglich. Von zentraler Bedeutung muß sein, daß es in diesem Fall – anders als bei Hume – eine wirkliche Genealogie gibt, die der imaginären Genealogie einen Ort gibt. Moral ist im Sinne Nietzsches kein allgemeinmenschliches Phänomen, sondern ein bestimmtes historisches Gebilde. Die Darstellung ähnelt insofern den Ausführungen Humes, als sie das System in psychologischer und gesellschaftlicher Hinsicht deutet, indem sie auf Motive Bezug nimmt, welche die Menschen sowieso haben. Angewandt wird Nietzsches funktionale Erklärung jedoch auf ein – in diesem Fall buchstäblich *neues* – System von Gründen, das sich sehr heftig gegen eine Interpretation mit Hilfe solcher Begriffe wehrt; darum beinhalten die von Nietzsche zur Erklärung herangezogenen psychologischen Elemente notwendig unbewußte Prozesse. Der Umstand, daß Nietzsches Erklärung irgendwie in der realen Historie untergebracht werden muß, wirft in einer Hinsicht eine Schwierigkeit auf, liefert aber zugleich einen Vorteil gegenüber rein imaginären Genealogien. Da wir auf die reale Historie Bezug nehmen können, haben wir eine konkrete Vorstellung davon, was es für die Menschen – beispielsweise für die alten Griechen – heißt, ohne die spezielle Einstellung auszukommen, welche die Genealogie zu erklären hofft; und damit entwickeln wir ein feineres Gefühl für das, was durch die Ausbildung dieser Einstellung hinzukommen oder verlorengehen kann. Eben dies trägt vielleicht dazu bei, einen Ort für die psychologischen Elemente der historischen Erklärung ausfindig zu machen.

6. Die Genealogie der Wahrhaftigkeit

Bei meiner Erzählung der Geschichte vom Naturzustand werde ich mich auf einige ganz elementare menschliche Bedürfnisse und Grenzen berufen – vor allem auf das Bedürfnis nach Kooperation –, und im Zuge dieser Darstellung werde ich Hinsichten betrachten, in denen diese Bedürfnisse und Grenzen mit dem Herausfinden und Äußern der Wahrheit zusammenhängen. Dabei geht es um das Ziel, im Rahmen der Geschichte *Werte* herzuleiten, die mit diesen Tätigkeiten in Verbindung stehen. Eine Hauptfrage wird lauten: Wie ist es möglich, die hergeleiteten Werte als intrinsische – im Gegensatz zu instrumentellen – Werte anzusehen? (Wobei es zugleich um die Frage geht, wie diese Unterscheidung selbst in derartigen Zusammenhängen aufgefaßt werden sollte.) Wie ich im vorliegenden Kapitel bereits dargelegt habe, geht es mir nicht um Mutmaßungen über die Evolution der Hominiden (obwohl ich, sofern es aus derartigen Forschungen irgend etwas Relevantes zu erfahren gibt, einleuchtenderweise hoffe, daß meine Ausführungen damit vereinbar sind). Die Geschichte vom Naturzustand ist eine Erdichtung, eine imaginäre Genealogie, die abstrakt argumentierend von einigen ganz allgemeinen und nach meinem Dafürhalten unbezweifelbaren Annahmen über menschliche Kräfte und Grenzen ausgeht. Aus diesem Grund und in Einklang mit anderen Beispielen, die wir bereits betrachtet haben, fällt sie, wie ich meine, durchaus unter die Rubrik Philosophie.

Während diese Darstellung beansprucht, einige Schlußfolgerungen aufzeigen zu können, zu denen man mit Hilfe dieser abstrakten Argumente gelangen kann, wird es ebenfalls nützlich sein zu erkennen, was sich auf diese Weise nicht leisten läßt. Nach meiner Überzeugung ist es zwar möglich, im speziellen philosophischen Modus der erdichteten Genealogie eine Darstellung der Wahrhaftigkeit und ihres Werts zu geben, doch dabei werden wir sehen, daß eine derartige Darstellung wesentlich unvollständig ist und daß wir uns von einem bestimmten Punkt an – oder vielmehr: von mehreren verschiedenen Punkten an – der wirklichen Genealogie zuwenden und mit kulturellen Zufälligkeiten und historischen Entwicklungen beschäftigen müssen. Das könnte man auch ausdrücken, indem man sagt, die Philosophie reiche nur so und so weit, sie liefere nur bestimmte Arten von Erklärungen und andere nicht. Wenn wir jedoch verschiedene Hinsichten betrachten, in denen die abstrakte Darstellung unvollständig ist und der echten Historie bedarf, und wenn wir auf die Anliegen zurückkommen, von denen die Anregung zu dieser Untersuchung zunächst einmal ausging, wird es meines Erachtens angemessener sein zu sagen, die Philosophie müsse ihrerseits mehr beinhalten als abstrakte Argumentationen und müsse sich, wenn sie auf Fragen dieser Art eingehe, selbst mit

Geschichtlichem befassen. In diesen wie in anderen Hinsichten kann sich die Philosophie kein allzu hohes Maß an Reinheit gestatten, wenn sie wirklich leisten will, was sie sich vorgenommen hat. Die Frage, was man als »Philosophie« bezeichnen sollte, können wir außer acht lassen.[23] Bestimmt richtig ist, daß uns die imaginäre Genealogie nur einen Teil des Wegs voranbringen wird, wenn wir unsere eigene Einstellung zur Wahrhaftigkeit begreifen wollen – und das ist schließlich das ursprüngliche Ziel dieser Untersuchung, es ist die besorgte Frage, von der wir ausgegangen sind –, und um hier weiterzukommen, werden wir die Historie benötigen. Dafür gibt es drei verschiedene Gründe, und jeder dieser Gründe liefert diesem Buch ein Thema. Der erste Grund ist der, daß die imaginäre Genealogie selbst eine Lücke in den Motiven für Wahrhaftigkeit erkennen läßt. Das ist eine Lücke, die sich durch einen oder mehrere zusätzliche Werte oder Einstellungen ausfüllen läßt; und die Frage, welche Werte oder Einstellungen diese Aufgabe zu einem gegebenen Zeitpunkt wirklich erfüllen, ist eine Tatsachenfrage. So gesehen, wird die abstrakte, fiktionale Darstellung durch Angaben aus den Bereichen Kultur und Geschichte *ergänzt*. Um Entwicklungen dieser Art wird es in den Kapiteln 5 und 6 gehen.

Zweitens wird das, was die imaginäre Genealogie zu bieten hat, durch Hinweise auf kulturelle Entwicklungen *erweitert*. In bestimmten Zusammenhängen liefert die Geschichte vom Naturzustand nur eine eingeschränkte oder – in meiner Terminologie – eine »lokale« Auffassung. Es wäre möglich, daß diese Geschichte einfach deshalb nur einen begrenzten Beitrag leisten soll, weil es sich bei jener lokalen Auffassung um eine interessante abstrakte Möglichkeit handelt, aber in dem mich interessierenden Fall gibt es einen weiteren Grund, nämlich den, daß diese lokale Auffassung als wirklicher historischer Tatbestand existiert hat. Als Beispiel dient eine bestimmte Auffassung von dem, was es heißt, die Wahrheit über die Vergangenheit zu sagen;

23 Argumente für die umfassendere Auffassung nenne ich in Williams (2000a). Bedeutsam ist hier das Beispiel Wittgensteins: Er nahm die Frage, welche Form von Philosophie heute möglich sei, besonders ernst, hielt dabei aber an einer Auffassung von Philosophie fest, nach der sie von allen übrigen geistigen Unternehmungen ganz getrennt ist, und kam zu dem Schluß, sie könne überhaupt keine Erklärungen anbieten.

und im 7. Kapitel werde ich mich bemühen zu erläutern, wie diese lokale Auffassung beschaffen war, und außerdem darzulegen, wie sie in einem bestimmten historischen Augenblick durch eine andere Auffassung verdrängt wurde, und zwar durch die Auffassung, die heute die unsere ist. Jene lokale Auffassung muß aus unserer späteren Sicht notgedrungen unbefriedigend wirken; und eben das wirft von sich aus philosophische Fragen auf, insbesondere die Frage, ob wir die Entwicklung der späteren Auffassung als einen Zuwachs an Rationalität begreifen müssen. Um eine Entwicklung handelt es sich allerdings bestimmt, und es ist eine Entwicklung, die in der Geschichte vom Naturzustand bestenfalls in verschwommener Form vorhergeahnt wird.

Drittens haben kulturelle Veränderungen ihren eigenen Schwung und können Verästelungen des Begriffs der Wahrhaftigkeit beinhalten, die sich von ihrer elementaren Basis immer weiter entfernen. Insofern ist der historische Prozeß *autonom*. Die Verästelungen bedürfen ihrerseits der philosophischen Analyse und Deutung, doch im Verhältnis zur Anfangserklärung sind sie ganz zufällig und – wie man sagen könnte – grundlos. Doch sie haben sich wirklich ausgebildet, und sie haben dadurch zu unseren Vorstellungen von Wahrhaftigkeit beigetragen und damit auch wieder zu den Hoffnungen und Sorgen, die wir zu verstehen versuchen. Ein besonderes Beispiel einer derartigen Entwicklung – nämlich der im achtzehnten Jahrhundert erfolgte Aufstieg verschiedener Formen des Gedankens der persönlichen Autonomie und ihr Verhältnis zum Begriff der Aufrichtigkeit – wird uns im 8. Kapitel beschäftigen.

Auf alle diese Dinge kommen wir später zu sprechen. Jetzt können wir uns der Geschichte vom Naturzustand zuwenden.

3
Der Naturzustand
Eine Skizze

1. Die Arbeitsteilung

Im Naturzustand gibt es eine Gesellschaft weniger Menschen mit gemeinsamer Sprache, aber ohne komplizierte Technik und ohne jede Form von Schrift.

Mit der Annahme, daß diese Leute eine Sprachgemeinschaft bilden, gehe ich davon aus, daß sie eine Sprache sprechen, die wir (du, ich und andere Menschen) verstehen lernen könnten. Diese Annahme brauchen wir nicht sonderlich anspruchsvoll zu deuten. Insbesondere brauchen wir nicht vorauszusetzen, daß es, wenn wir ihre Sprache verstünden, möglich wäre, alle ihre Äußerungen in eine äquivalente Formulierung unserer eigenen Sprache zu übersetzen. Dazu wären wir bei vielen ihrer Äußerungen imstande (und sei es auch nur in Form einer ungefähren Wiedergabe), aber wir dürfen annehmen, daß ihre Sprache Ausdrücke enthält, im Hinblick auf die es uns nicht gelingt, äquivalente Gegenstücke zu Sätzen zu bilden, in denen diese Ausdrücke vorkommen. Wo es sich allerdings so verhält, könnten wir uns immerhin, wenn wir auf solche Ausdrücke stießen, einfühlsam in die Praxis des Gebrauchs der betreffenden Ausdrücke hineinversetzen, und dann würden wir nach einigem Nachdenken eine Vorstellung davon gewinnen, was diese Menschen sagen.

Die Darstellung der fiktiven Personen, über die unsere Geschichte vom Naturzustand berichtet, wird auf bestimmte funktionale Vorstellungen reduziert werden, die in ihrem Gebrauch der Sprache für menschliche Elementarzwecke enthalten sind. Natürlich würde jede wirkliche Gesellschaft darüber hinaus viele weitere – bestimmtere und zweifellos von lokalen Eigentümlichkeiten geprägte – kulturelle Praktiken umfassen. Das Modell sagt nichts darüber aus, doch dieses Schweigen ist ausdrücklich eine Abstraktion. Es ist nicht bloß so, daß diese Wesen keine Menschen wären, wenn sie nicht mehr als die in dieser Geschichte vorgeführten Eigenschaften besäßen, sondern von einem bestimmten Punkt an könnten sie nicht einmal die ihnen im Rahmen dieser Geschichte unterstellten Dinge tun, wenn ihr Leben nicht reichhaltiger wäre, als aus der Geschichte selbst hervorgeht. Daß es sich so verhält, war implizit bereits in der im vorigen Kapitel formulierten Feststellung enthalten, der Naturzustand sei so entworfen, daß er in abstrakter Form funktionale Elemente verdeutlicht, die in der Erklärung der Wahrhaftigkeit stecken. Dort wurde auch schon gesagt, daß jede Gesellschaft nicht nur das Vorhandensein derartiger Neigungen benötigt, sondern es darüber hinaus nötig hat, daß diese Neigungen einen nicht bloß funktionalen Wert haben. Außerdem sollen die Menschen im Naturzustand eine Gesellschaft bilden. Damit ist implizit gesagt, daß die Geschichte vom Naturzustand wesentlich kumulativ ist. Ihre ersten Abstraktionen – die im vorliegenden Kapitel dargelegt werden – sind *zu* abstrakt, und später werden sie ergänzt werden müssen. Dieses Kapitel bietet, selbst im Hinblick auf den Naturzustand, nur die elementarsten Grundlagen, und über die darin angelegten Implikationen werden die folgenden Kapitel mehr Aufschluß geben, bis wir schließlich zur wirklichen Historie gelangen.

Es ist unstrittig, daß die Kommunikation eine Grundfunktion der Sprache ist, wobei zur Kommunikation vor allem auch gehört, daß anderen kompetenten Sprechern Dinge mitgeteilt werden, die ihnen unbekannt sind. Um diesem Gedanken Gestalt zu verleihen, sollten wir gleich zu Anfang die Vorstellung von einem sozusagen *rein positionsbedingten Vorteil* einbringen. Dabei handelt es sich um die Vorstellung, ein Sprecher könne einer anderen Person deshalb über eine Situation berichten, weil er sich in ihr befindet oder befand, während sich der Hörer nicht dort befindet oder befand. Freilich gibt es verschiedene Arten des rein positionsbedingten Vorteils: Es kann sein, daß ich nicht beobachten kann, was du beobachten kannst, weil du jetzt dort bist und ich nicht. Du kannst mir sagen, was hier vor einer Weile geschehen ist, weil du zu diesem Zeitpunkt hier warst und ich nicht, usw. Alle diese in der Vorstellung von einem rein positionsbedingten Vorteil enthaltenen Unterschiede des Blickpunkts oder der Position setzen freilich einen weiteren Unterschied voraus, nämlich den zwischen verschiedenen Personen. Allerdings möchte ich den Unterschied zwischen »ich«, »du«

oder »er« nicht so deuten, als sei er *von sich aus* ein Beispiel für einen positionsbedingten Vorteil – so als bestünde meine Schwierigkeit, wenn ich deine Gedanken oder Gefühle herausbekommen will, darin, daß ich nicht mit dir identisch bin oder nicht in deinem Inneren stecke. Eine solche Auffassung würde uns entschieden in die falsche Richtung weisen.[1]

Es wäre ohnehin ein wenig irreführend, wollte man die zwischen verschiedenen Beobachtern bestehenden Unterschiede in puncto Raum und Zeit in der Terminologie von »ich« und »du« ausdrücken, und zwar insofern, als diese Ausdrucksweise einen egoistischen Standpunkt impliziert. Tatsächlich ist es so, daß in einer Kollektivgruppe jede Person Informationen benötigt, für deren Erwerb sie nicht am besten gerüstet ist: Sie alle stehen zu verschiedenen Zeiten und im Hinblick auf verschiedene Informationen in einem Verhältnis zueinander, bei dem sie (rein positionsbedingt oder sonstwie) im Vorteil oder im Nachteil sind. Was sie brauchen, ist eigentlich ein Zusammentun ihrer Informationen, und das impliziert die überaus bedeutsame Konsequenz, daß es eine Teilung der Erkenntnisarbeit geben wird. Im Naturzustand beinhaltet das nicht, daß es bezüglich bestimmter Formen des Wissens Spezialisten gibt, sondern in dieser Phase der Geschichte heißt es lediglich, in einer gegebenen Situation werde die eine Person dieses und eine andere Person jenes tun.

Die Vorstellung von einem positionsbedingten Vorteil ist schon im Begriff der durch Beobachtung möglichen Erkenntnis enthalten. Sofern eine Person über diesen Begriff verfügt und sich beispielsweise vorstellen kann, wie jemand durch Hinschauen etwas erfährt, verfügt sie auch über die Vorstellung von Dingen, die dieser Jemand in seiner Lage nicht durch Hinschauen herausbekommen könnte, sowie über die Vorstellung von anderen Leuten, die ebenfalls so plaziert sind, daß sie diese Sache zum jetzigen Zeitpunkt nicht in dieser Weise erkennen

1 Siehe Peacocke (1999), Abschnitt 3.5. Dort bespricht der Autor folgende Bemerkung Wittgensteins: »Die Erklärung mittels der *Gleichheit* funktioniert hier nicht« (*Philosophische Untersuchungen*, §350). Hier werden Raum und Zeit zusammen abgehandelt, doch wenn es um die Entwicklung von Gedanken geht, die über das Lokale hinausgehen, werden manche Unterschiede zwischen den verschiedenen Fällen relevant (s. u. Abschnitt 3).

könnten. Diese Vorstellungen tragen zu einem Verständnis der Teilung der Erkenntnisarbeit bei, obwohl die betreffenden Personen natürlich keine derartigen Gedanken in allgemeiner Form formuliert zu haben brauchen – wie es ja auch nicht nötig ist, daß sie den Gedanken der Teilung der Erkenntnisarbeit selbst bereits formuliert haben.

Die Teilnehmer an diesem Geschehen sind, wie schon gesagt, Personen, es sind Menschen. Sie sind keine bloßen Aufnahmegeräte, sondern sie haben Meinungen, die sie durch ihre Äußerungen zu artikulieren befähigt sind.[2] Außerdem sind sie über das, was sie glauben, ebenso nachzudenken fähig wie über Fragen der folgenden Art: Soll eine Überzeugung bei einer bestimmten Gelegenheit zum Ausdruck gebracht werden? Welchen Aufwand ist es wert, sich die Antwort auf eine bestimmte Frage zu verschaffen? Was diese verschiedenen Fähigkeiten im einzelnen voraussetzen, ist eine Frage, die uns weiter unten beschäftigen wird. Ebenfalls zu einem späteren Zeitpunkt werden wir uns genauer überlegen müssen, welche Rolle die Meinungen der Leute bei der Kommunikation spielen, und außerdem werden wir einige nicht so offenkundige Hinsichten betrachten müssen, in denen andere Personen bei der Meinungsbildung des Betreffenden eine Rolle spielen.[3] Diese Hinsichten werden besonders wichtig werden, sobald wir über Meinungen hinausgehen, die in unmittelbarer Form Informationen beinhalten. Einstweilen jedoch, indes wir unseren Zugang zum Naturzustand finden wollen, konzentrieren wir uns auf das Grundphänomen des Beitrags, den die Meinungen der Leute zur Existenz eines gemeinsamen Bestands an Informationen leisten: Diverse Beobachter befinden sich in verschiedenen Situationen, und sodann befördern sie Meinungen (im günstigen Fall: wahre Meinungen oder auch Wissen) in den gemeinsamen Bestand, d. h. sie befördern Meinungen, die sich jeder von ihnen aufgrund seiner jeweiligen Situiertheit zu eigen gemacht hat.

Damit verfügen wir über die Vorstellung, daß eine Person – bei einer bestimmten Gelegenheit oder überhaupt – in dieser

2 Wichtige Konsequenzen, die sich daraus ergeben, werden von Craig (1990) genannt.

3 Ersteres geschieht im nächsten Kapitel, letzteres in Kapitel 8.

Hinsicht mehr zu leisten vermag als jemand anders, sowie über die Vorstellung, daß die Menschen davon abgehalten oder dazu ermuntert, dafür bestraft, beschämt oder belohnt werden können. Ein wichtiger Weg, auf dem diese Prozesse zur Wirkung kommen, führt über die Förderung individueller Neigungen zur erfolgreichen Ausführung dieser Tätigkeiten. Da wir Personen betrachten, die Überzeugungen, Wünsche und Absichten haben und die ihre Meinungen ausdrücken oder für sich behalten können, ist es jetzt schon naheliegend, diese Neigungen als Tendenzen aufzufassen, die zwei verschiedenen Arten angehören. Unter die eine Rubrik fällt ihre Neigung, zunächst zu einer richtigen Meinung zu gelangen und diese Meinung sodann in zuverlässiger Form dem gemeinsamen Bestand zuzuführen. Die übrigen wünschenswerten Neigungen – d.h. wünschenswert vom sozialen Standpunkt derjenigen, die sich aus dem gemeinsamen Informationsbestand bedienen – sind deshalb nötig, weil verstandesbegabte Lebewesen im Rahmen dieser Struktur nicht nur die Gelegenheit zu Täuschung und Geheimhaltung haben werden, sondern auch die Motive für solches Verhalten, wie etwa dann, wenn ein Jäger eine Beute gefunden hat, die er lieber für sich und seine nächsten Angehörigen behalten will. (Das ist es, worauf Voltaire mit seinem bekannten Ausspruch hinauswollte, den Menschen sei die Sprache gegeben, damit sie ihre Gedanken verbergen können.) Diese zweite Gruppe von Neigungen umfaßt vor allem die Motive dafür, daß man – wenn man jemandem etwas mitteilen will und die Umstände gerade richtig sind – das sagt, was man wirklich glaubt.

Die Unterscheidung zwischen diesen beiden Arten von Neigungen ist nicht nur naheliegend, sondern nach meiner Überzeugung auch grundlegend für Fragen bezüglich Wahrhaftigkeit. Das werde ich festhalten, indem ich jede der beiden Gruppen vielfach als umfassende Einzeldisposition deute. Diese beiden Dispositionsarten werde ich als GENAUIGKEIT beziehungsweise AUFRICHTIGKEIT bezeichnen. Das sind Termini technici, und diesen Tatbestand werde ich durch den Gebrauch von Kapitälchen kennzeichnen. (In beiden Fällen – insbesondere im Fall der GENAUIGKEIT – beinhaltet die Deutung der Menge relevanter Merkmale als eine Einzeldisposition einige weitreichende Übervereinfachungen. Mit einem komplexeren und realistischeren Bild werden wir uns später befassen.) GENAUIGKEIT und AUFRICHTIGKEIT bezeichne ich auch als die beiden grundlegenden *Tugenden der Wahrheit.*[4] Mit der Wahl des Ausdrucks »Tugend« soll verdeutlicht werden, wie die Unterscheidung aufzufassen ist. Wenn man sich alltagssprachlich ausdrückt, ist es vielleicht natürlich, die AUFRICHTIGKEIT und ihre Verwandten als Tugenden – als etwas moralisch Lobenswertes – zu begreifen, während die Neigungen zur GENAUIGKEIT – Sorgfalt beim Einholen richtiger Informationen usw. – nicht so sehr wie Tugenden, sondern eher wie Fertigkeiten oder Fähigkeiten wirken. Aber ob das wirklich dem Gebrauch der Alltagssprache entspricht, ist schwer zu entscheiden, denn das Wort »Tugend« ist heute seinerseits ein weitgehend vom philosophischen Fachjargon bestimmter Terminus, der sich nicht ohne weiteres von dieser oder jener Gruppe philosophischer Vorurteile ablösen läßt. Auf jeden Fall nützt es nichts, in dieser Weise zwischen den beiden Gruppen unterscheiden zu wollen. Ein solches Verfahren kann leicht suggerieren, die AUFRICHTIGKEIT hänge in hohem Maße vom Willen ab, die GENAUIGKEIT hingegen nicht. Das ist in beiden Hinsichten verfehlt. Die AUFRICHTIGKEIT beinhaltet vor allem eine bestimmte Art von Spontaneität, eine gewisse Neigung, mit den eigenen Überzeugungen herauszurücken; und das ist eine Neigung, die man fördern oder hemmen, hegen oder unterdrücken kann, ohne daß sie jedoch als solche in planvollen Überlegungen und Entscheidungen zum Ausdruck gebracht wird. Die GENAUIGKEIT wiederum involviert tatsächlich den Willen, und zwar im unstrittigen und metaphysisch anspruchslosen Sinn des Hineinspielens von Absichten, Entscheidungen, Bemühungen und konzentrierten Anstrengungen. Jede der beiden Grundtugenden der Wahrheit beinhaltet, wie wir an vielen Stellen sehen werden, bestimmte Formen des Widerstands gegen etwas, was in moralistischer Terminologie Versuchung heißt – gegen Hirngespinste und Wunschträume.

4 Schon hierin, könnte man meinen, steckt vielleicht eine unberechtigte Vorentscheidung hinsichtlich solcher Fragen wie: Ist das Ziel der GENAUIGKEIT wirklich Wahrheit (und nicht Einhelligkeit)? Sollte die AUFRICHTIGKEIT mit Hilfe des Wahrheitsbegriffs erklärt werden, wo es ihr doch bloß um die Äußerung von – sei's wahren oder falschen – Überzeugungen geht?

2. Offenkundige Wahrheiten

Als ich zu Anfang meiner Geschichte den Gebrauch der Sprache zum Zwecke der Kommunikation angesprochen habe, bin ich über etwas hinweggegangen, was von dieser Situation vorausgesetzt wird, nämlich daß die Sprache gelernt werden muß. (Unter »Kommunikation« ist hier die anspruchslose Situation zu verstehen, in der eine Person einer anderen etwas mitteilt, was diese nicht weiß.) Kinder lernen die Sprache auf viele Weisen und in vielen verschiedenen Situationstypen, aber ein maßgebliches Verfahren besteht darin, daß sie hören, wie Sätze in Situationen verwendet werden, in denen diese Sätze offenkundig wahr sind.

Das ist ein dermaßen hervorstechender Teil des Vorgangs, daß man ihm in vielen empiristischen Sprachtheorien in Form der Idee einer »hinweisenden Definition« eine Vorzugsstellung eingeräumt hat. Damit war die Idee gemeint, es könne, ja müsse eine elementare Deixis der semantischen Beziehung selbst geben: Indem das Ding (bzw. die Art von Dingen) gezeigt wird, worauf eine Spracheinheit *W* zutrifft, werde zugleich gezeigt, daß *W* darauf zutrifft. Eine bekannte Kritik der hinweisenden Definitionen in ihrer klassischen Form läuft darauf hinaus, daß die Einheit *W* kleiner ist als ein Satz; im typischen Fall handelt es sich um ein klassifizierendes Substantiv: Wenn der Erwachsene »Hund« sagt und dabei auf einen Hund zeigt, soll das Kind dieser Handlung die syntaktische Rolle von »Hund« und damit zugleich die Semantik des Worts entnehmen. Aber mit der Idee der hinweisenden Definition steht es nicht besser, wenn es sich bei der betreffenden sprachlichen Einheit um einen ganzen Satz handelt. Denken wir an einen Satz *W*, bei dem es intuitiv einleuchtend ist, daß der Lernende den Sinn des Satzes begreift, indem er hört, wie dieser Satz in einer Situation geäußert wird, in der er wahr ist.[5] Ein wenig übertreibend dürfen wir sagen:

5 Hier liegt eine übermäßige Vereinfachung vor. In vielen Fällen – einschließlich des Falls, den ich im folgenden bespreche – wird es nicht nötig sein, daß der Sinn von *W* selbst auf diese Weise erfaßt wird, sondern nötig ist nur, daß *W* einem Typus von Sätzen angehört, unter den einige Beispiele fallen, die wirklich so gelernt worden sind. Mit der Vereinfachung wird eine Reihe von Komplikationen vermieden, ohne das Prinzipielle der Argumentation zu beeinträchtigen.

(a) Es gibt einen Situationstypus S, der so beschaffen ist, daß die Äußerung von *W* in S für das Erfassen des Sinns von *W* notwendig ist.

Daß (a) gilt, können wir bejahen, denn Behauptungen des Satzes *W* sind schlichtweg, d. h. offensichtlich wahr. Die spezifisch empiristische Wendung kommt nicht mit der – völlig einwandfreien – Beschreibung (a) selbst ins Spiel, sondern mit einer bestimmten Erklärung dieser Beschreibung, nämlich:

(b) *W* steht in einer bestimmten semantischen Beziehung zu S: Was *W* in S wahr macht, sind klar beobachtbare Merkmale von S.

Damit ist gesagt, daß S einem kompetenten und angemessen plazierten Beobachter sämtliche Wahrheitsbedingungen von W vorführt. Man könnte es auch so formulieren: *W* trifft nicht nur *in* S, sondern auch *auf* S zu.

Das ist der empiristische Gedanke. Er muß jedoch falsch sein, denn sofern eine Wahrheitsbedingung von *W* eine Bedingung ist, für die gilt, daß *W* nicht wahr ist, wenn sie nicht erfüllt ist, gibt es viele Sätze, die unter (a) fallen, ohne (b) zu exemplifizieren. Nehmen wir ein bezeichnendes Beispiel und sagen, *W* sei »Mama ist eben aus dem Zimmer gegangen«. Die Wahrheitsbedingungen dieses Satzes sind keineswegs klar für jemanden, der nur das Hier und Jetzt beobachten kann, d. h. eine Situation, die aus einem Zimmer ohne Mama besteht, obwohl es sich (anders als etwa in dem Fall, in dem die Mama das Zimmer gerade verläßt) um eine Situation handelt, in der dieser Satz tatsächlich wahr ist. Kinder lernen die Bedeutung solcher Sätze wirklich, und sie lernen sie in Situationen, in denen diese Sätze wahr sind. Kinder besitzen oder erwerben ein Kurzzeitgedächtnis und damit die Fähigkeit, die es ihnen gestattet, die Wahrheit solcher Sätze in derartigen Situationen zu erkennen. Würde man ihnen nur beibringen, aus einer Klasse im Präsens formulierter Beobachtungssätze Schlüsse zu ziehen, könnten sie jene Bedeutungen nicht lernen – sie wären also außerstande, einen expliziten Vergangenheitsbegriff zu erwerben.[6] Doch jetzt bricht die empiri-

6 Der Ausdruck »expliziter Begriff« soll in ganz grober Form festhalten, daß es einfachere, nichtsprachliche Fähigkeiten gibt, die den Besitz einer Vorstellung von Vergangenheit implizieren. Vgl. J. Campbell (1994) und die dort zitierte Fachliteratur.

stische Vorstellung, wonach (a) durch (b) erläutert wird, in sich zusammen. Wenn S ausschließlich durch Bezugnahme auf das bestimmt wird, was ein kompetenter Beobachter hier und jetzt beobachten kann, dann ist (b) falsch. Soll S jedoch außerdem das Faktum umfassen, daß Mama vor kurzem hier war, und es wird außerdem angenommen, daß der kompetente Beobachter zur betreffenden Zeit hier war und ein ausreichendes Gedächtnis besitzt, ist (b) zwar wahr, fügt (a) aber nichts weiter hinzu: In einem solchen Fall liegt keine besondere oder spezielle *semantische* Beziehung vor; es ist nichts weiter gegeben als jene vertraute Beziehung, die darin besteht, daß *W* genau dann wahr ist, wenn W, sowie einige Informationen über das Verstehen von Sätzen dieser spezifischen Art.

Es ist jedoch nach wie vor wahr und grundsätzlich wichtig, daß es viele Arten von Sätzen gibt, für die (a) gilt. Wie kommt es dazu, daß offensichtlich wahre Aussagen, die dem Lernenden helfen, geäußert werden? Manchmal äußern kompetente Sprecher solche Aussagen gegenüber dem Lernenden oder in seinem Beisein ausschließlich zum Zwecke des Unterrichts. (Im nächsten Kapitel werden wir ein wenig ausführlicher betrachten, wie das funktioniert: Insbesondere kann es vorkommen, daß die Sprecher dem Schüler Wörter für etwas beibringen, was er in irgendeiner Form ohnehin schon glaubt.) Häufig machen sie jedoch eine offenkundig wahre Feststellung, die einem zufällig anwesenden Schüler tatsächlich hilft, ohne daß die Worte mit dieser Absicht geäußert wurden: Man behauptet gegenüber anderen kompetenten Sprechern Dinge, welche die Hörer ihrerseits genausogut behaupten könnten und vielleicht wirklich behaupten. Es gibt alle möglichen Gründe dafür, daß Menschen etwas völlig Offensichtliches behaupten. Vielleicht ist die offenkundig wahre Äußerung etwas Wichtiges, wie z. B. dann, wenn zwei Personen ein und dasselbe gesucht haben (»Da ist er ja!«). Manchmal werden Worte auch aus rein freundschaftlichen Gründen gewechselt, wie z. B. dann, wenn zwei Personen einander zum Trost immer wieder sagen, daß sie dieselben Dinge sehen und dieselbe vertraute Szenerie vor sich haben. Freilich ist es richtig, daß eine vorrangige Verwendung der Sprache darin besteht, den Menschen Dinge mitzuteilen, die sie nicht wissen – das ist der Punkt, von dem wir ausgegangen sind –, doch es ist ein (wie nicht anders zu erwarten) vor allem von Lehrern begangener Fehler, nicht an die enorme Bedeutung zu denken, die es für Menschen hat, wenn sie einander Behauptungen vortragen, die für keinen von ihnen etwas Neues enthalten. Diese Einsicht beschränkt sich nicht auf Bemerkungen über unmittelbar Offenkundiges – es ist bekannt, daß die Menschen es lieben, wenn man ihnen Geschichten erzählt, die sie bereits kennen.

Daneben gibt es eine weitere wichtige Form, in der es geschehen kann, daß offenkundig wahre Aussagen den Lernenden erreichen: Es kann sein, daß kompetente Sprecher andere Sprechakte vollziehen, von denen diese Aussagen impliziert oder vorausgesetzt werden. Bei diesen anderen Sprechakten kann es sich um weitere Behauptungen handeln, die ihrerseits nicht offenkundig wahr sind (»Dieser Stuhl wurde mir von der Großmutter vermacht«), aber es können auch andersartige Sprechakte sein (»Ist das dein Portemonnaie?«, »Sorg dafür, daß die Katze verschwindet!«). Diese Möglichkeiten beinhalten nicht nur die Vorstellung von dem, was ein Sprecher sagt, sondern auch den Gedanken, warum er es sagt. Würde ein Sprecher tatsächlich die von diesen Fragen und Befehlen implizierten offenkundigen Wahrheiten behaupten – etwa daß dort ein Stuhl steht bzw. daß dort ein Portemonnaie oder eine Katze liegt –, könnte sich durchaus die Frage ergeben, warum er im Gespräch mit einem anderen kompetenten Beobachter so etwas überhaupt tut. In Sheridans Komödie *The Critic* findet sich der folgende prächtige Wortwechsel in einer Szene, in der ein Stück geprobt wird:

DANGLE: Sagen Sie mal, Mr. Puff, da dieser Mann das alles schon *weiß*, warum erzählt Sir Walter es dann?

PUFF: Aber das Publikum hat doch keine Ahnung davon, oder?

SNEER: Freilich, aber ich finde es nicht gut gemacht, denn man erkennt doch gar keinen Grund, warum Sir Walter so mitteilsam ist.

PUFF: Das ist doch die Höhe, selten habe ich etwas Unhöflicheres gehört – denn je weniger Anlaß er hat, das alles mitzuteilen, um so dankbarer sollten wir ihm dafür sein. Denn sonst würden Sie sicher nichts darüber wissen.

DANGLE: Das stimmt, da haben Sie völlig recht.[7]

7 II. Akt, 2. Szene.

Der Gedanke an die Pointe einer bestimmten Äußerung – insbesondere der unter gegebenen Umständen vollzogenen Äußerung einer bestimmten Behauptung – war schon ganz am Anfang unserer Geschichte präsent, als es um die Tätigkeit des Mitteilens von Informationen ging. Das heißt allerdings nicht, daß wir Wahrheitsbedingungen oder Inhalt mit den Bedingungen für regelrechtes Behaupten verwechseln sollten.[8] Im Gegenteil, die Beispiele veranschaulichen Möglichkeiten, wie der Witz oder die Witzlosigkeit des Äußerns einer bestimmten Behauptung gegenüber einer bestimmten Person in einer bestimmten Situation dazu beitragen kann, daß man den Inhalt dieser Behauptung erfaßt. Es gibt zwar Zwecke (etwa im Rahmen einer Theorie des deduktiven Schließens), bei denen es möglich ist, sich mit dem Inhalt von Behauptungen unter Absehung von deren Angemessenheit auseinanderzusetzen, aber eigentlich kann man die eine Seite nicht ohne die andere verstehen. Ebenso müssen Hörer, indem sie Behauptungen Inhalt zuschreiben, Annahmen über die kognitiven Fähigkeiten der Sprecher machen. Auf zwei Beispiele sind wir bereits gestoßen: Beim ersten ging es um die Frage, was jemand von einem bestimmten Blickpunkt wahrnehmen kann, beim zweiten um die Frage, welche Gedächtnisleistungen man von den Menschen erwarten kann. Alle diese Dinge muß das Kind, das noch keine Sprache beherrscht, zusammen erfassen, während sich der aus einer ihm bekannten Fremdsprache übersetzende Dolmetscher beim Herangehen an die Interpretationsaufgabe auf Annahmen über die Ähnlichkeit zwischen der fremden Psyche und seiner eigenen stützen wird; und dabei wird er in einer Art und Weise verfahren, die wir aus Davidsons Arbeiten kennen.[9]

Ein signifikantes Merkmal der Situation, in der ein Schüler ei-

8 Die pragmatischen Bedingungen des Behauptens wurden von H. P. Grice untersucht, in dessen Terminologie sie *Gesprächsimplikaturen* (*conversational implicatures*) heißen. Wichtig wird diese Idee, sobald wir auf die Ethik des Behauptens zu sprechen kommen; s. u. Kapitel 5, Abschnitte 4 bis 6.

9 Davidson hat sich in seinen Schriften – in dieser Hinsicht ähnlich verfahrend wie Quine – auf die Situation der radikalen Übersetzung konzentriert, d. h. auf eine Situation, in der ein Beobachter, der eine Sprache beherrscht, es mit Personen zu tun hat, die sich einer anderen Sprache bedienen, welche der Beobachter in seine eigene übersetzen muß. Es wäre ein

nen Satz dadurch verstehen lernen kann, daß dieser Satz unter Bedingungen offenkundiger Wahrheit geäußert wird, besteht darin, daß es hier nicht nötig ist, sich auf die GENAUIGKEIT oder AUFRICHTIGKEIT des Sprechers zu verlassen, denn daß dieser einen positionsbedingten Vorteil haben könnte, steht hier nicht zur Debatte. Die für die Situation bestimmenden Voraussetzungen besagen, daß der Sprecher – einerlei, ob er an den Lernenden gewandt redet oder bloß gegenüber einer anderen Person das Offensichtliche feststellt – damit etwas behauptet, was der Hörer selbst genauso bequem beobachten kann wie der Sprecher. Da es sich so verhält, gibt es in diesem Rahmen keinen Platz für die Vorstellung von einer Täuschungsabsicht – eine solche Absicht wäre, sofern alles übrige gegeben ist, einfach unverständlich. Natürlich könnte ein Sprecher täuschen, indem er so tut, als wäre eine bestimmte Situation von dieser Art, doch die Lernenden werden, ohne sich Gedanken darüber zu machen, so vorgehen, als liege keine Täuschung vor. Normalerweise haben sie damit recht; und Sprache kann nur dann gelernt werden, wenn sie normalerweise recht haben.

Natürlich kann dem Lernenden – oder zumindest dem Anfänger – nichts von alledem in der Form explizit formulierter Überzeugungen zu Gebote stehen: Es muß vorreflexiv sein. Das heißt, daß das Lernen der Sprache zunächst unter Umständen vorreflexiver Offenheit vonstatten gehen muß oder, wie man ebenfalls sagen könnte, unter Umständen elementaren Vertrauens. Aus einer weiter fortgeschrittenen sozialen und politischen Perspektive betrachtet, ist es kein Zufall, daß dieses Lernen in der Familie beginnt.

Aus dem, was bisher über die empiristische Idee gesagt wurde, geht deutlich hervor, daß die offenkundige Wahrheit eines Satzes nicht impliziert, er sei in einem absoluten Sinn *unbezweifelbar*. Außerdem ist das offenkundig Wahre seinerseits nichts Absolutes. Die Offenkundigkeit einer Wahrheit kann relativ sein zum

Irrtum (den Davidson freilich nicht begeht), wollte man annehmen, daß dies schon die gleiche Aufgabe wäre wie die eines Kindes, das seine Muttersprache lernt. Es gibt hier allerdings wichtige Ähnlichkeiten, insbesondere die folgende Ähnlichkeit, die bei mir im Mittelpunkt steht: Für viele Sätze gilt, daß sie, damit ihre Bedeutung gelernt werden kann, in Situationen geäußert werden müssen, in denen sie wahr sind.

Stand der Technik bzw. relativ zum Stand der Technik und unserer Fertigkeit im Gebrauch dieser Technik. Es kann offenkundig wahr sein, daß auf diese Oberfläche ein Kreis gezeichnet ist, obwohl man eine Lupe braucht, um es zu sehen. Es kann offenkundig wahr sein, daß ein Sprecher eine bestimmte Äußerung von sich gibt, obwohl wir diese Äußerung aus dem Radio hören. Zwei Astronomen können sich darüber einig sein, es sei offenkundig wahr, daß diese mittels Teleskop aufgenommene Photographie einen Doppelstern zeigt. Wenn wir uns weigern, solche Fälle als offenkundige Wahrheiten gelten zu lassen, weil sie komplexe Voraussetzungen involvieren, die sich in Ausnahmefällen als falsch herausstellen können, werden wir uns wieder auf den aussichtslosen Weg des Empirismus oder des Cartesianismus festgelegt haben: Auch die offenkundige Wahrheit, daß man eine Katze vor sich hat, involviert komplexe Voraussetzungen, die sich (wie uns die Befürworter des Täuschungsarguments stets in Erinnerung rufen) in einem Ausnahmefall als falsch erweisen könnten. Aus genealogischer Sicht können wir ohne weiteres eine Trennlinie ziehen zwischen offenkundigen Wahrheiten, die technikrelativ sind, und offenkundigen Wahrheiten, die es nicht sind. Und was diese Betrachtungen betrifft, können wir bei unseren Überlegungen von einem Begriff absolut offenkundiger Wahrheiten ausgehen, denn im Naturzustand gibt es keine technischen Beobachtungsinstrumente, es sei denn, man rechnet dazu auch Verfahren wie das Klettern auf einen Baum, um weiter sehen zu können.

Es gibt noch eine andere Relativität, über die wir uns Gedanken machen müssen. Welche Sätze für die Angehörigen einer fremden und weniger komplizierten Gesellschaft offenkundig wahr sein können, wird von ihrer Sprache abhängen, insbesondere von den klassifizierenden Ausdrücken, die in dieser Sprache vorkommen. Das wird nicht deutlich werden, solange wir einfach über diese Menschen nachdenken, denn dabei betrachten wir bloß ihre in Sätzen ihrer eigenen Sprache zum Ausdruck kommende Einsicht offenkundiger Wahrheiten, und dabei wird das Vokabular dieser Sprache – die Art und Weise, in der es die Dinge einteilt – einfach vorausgesetzt. Sobald wir uns jedoch als Sprecher einer anderen Sprache in das Bild hinein (oder neben es) begeben, stellt sich tatsächlich eine Frage. Gewiß gibt es für uns, die wir in einer komplexeren Gesellschaft leben und über Artefakte und Institutionen verfügen, die auch bei uns vor ganz kurzer Zeit unbekannt waren und in unkomplizierten Gesellschaftsformen erst recht unbekannt sind, offenkundige Wahrheiten (»Das Telefon steht dort drüben«), die den Fremden nicht zu Gebote stehen. Aber genausogut kann es sein, daß die Fremden offenkundige Wahrheiten kennen, die uns nicht zur Verfügung stehen, und zwar nicht bloß deshalb, weil sie Dinge beobachten können, die wir nicht zu beobachten gelernt haben (obwohl auch das zweifellos der Fall sein wird), sondern deshalb, weil sie manche Sachen in ihrer Umwelt mit Hilfe von Prinzipien klassifizieren, mit denen wir nicht vertraut sind. Das kann durchaus bedeuten, daß es, was einige ihrer Äußerungen betrifft, in unserer eigenen Sprache nichts zu sagen gibt, was diesen Äußerungen äquivalent wäre. In solchen Fällen werden wir ihre Äußerungen allenfalls paraphrasieren können, wobei uns eine Erklärung der Gründe ihrer Äußerungen helfen wird, d.h. eine Erklärung, aus der hervorgeht, welches der springende Punkt ihrer Klassifikation der Dinge ist. Damit kommen wir also auf eine explizite Interpretation dessen, was sie tun, indem sie so reden; und diese Interpretation wird bestimmt keine für uns offenkundige Wahrheit artikulieren, obwohl der von ihnen gebrauchte Satz, den wir zu verstehen versuchen, dazu verwendet werden kann, eine für sie offenkundige Wahrheit auszudrücken. Sobald wir durch diesen Verstehensprozeß hindurchgegangen sind, kann es jedoch sein, daß wir ihre Sprachverwendung erfassen und lernen, so zu sprechen wie sie. Dann werden wir auch dazu fähig sein, dieselben offenkundigen Wahrheiten als solche zu erkennen. Insofern wir uns mit der Welt der anderen nur zum Teil identifizieren, wird dieses Verfahren ein Element der Vorspiegelung oder des Schauspielerns enthalten. Wir sehen ein, wie es bei ihnen zugeht, wenn sie ihre Sprache in diesem Bereich verwenden, aber wir gehören ihrer Welt nicht (wirklich) an, es sei denn, wir gehen völlig in ihrem Leben auf, vergessen unsere früheren Voraussetzungen und Einstellungen und werden zu »Eingeborenen« (um einen Ausdruck mit signifikant imperialistischen Nebentönen zu gebrauchen).

Selbst wenn wir uns mit der Welt der anderen nur teilweise und vorübergehend identifizieren, und selbst wenn unsere eigene Perspektive – also die, mit der wir wirklich leben – kein Klassifikationssystem der anderen enthält, brauchen wir nicht zu bestreiten, daß die von ihnen (oder von uns selbst beim Sprechen ihrer Sprache) geäußerten Behauptungen wahr sind – und mitunter sogar offenkundig wahr. Es kann allerdings auch andere Aussagen geben, die von ihnen geäußert und mitunter als offenkundig wahr behandelt werden, während wir sie für falsch erachten. So halten sie es z. B. vielleicht für offenkundig wahr, daß eben ein Gott vorbeigekommen sei oder daß eine (wie wir sagen würden) »übernatürliche Kraft« sonstiger Art am Werk sei.[10] Hier hängt alles von der Interpretation ab, die wir den Äußerungen der Fremden angedeihen lassen. Um zu sagen, einige ihrer Behauptungen seien falsch – und zwar nicht nur in dem beiläufigen Sinn falsch, in dem jeder einmal falsche Behauptungen aufstellt, sondern systematisch falsch –, müssen wir eine Interpretation liefern, welche die Möglichkeit einräumt, daß diese ganze Dimension ihres Redens unfundiert ist, und zur gleichen Zeit erklärt, wie es kommt, daß die Fremden mit Hilfe dieser Begriffe aus ihrer Umwelt klug werden.

Wichtig ist, daß wir dies in keinem wirklichen Fall allein dadurch zu leisten vermögen, daß wir an die Sprache der Fremden mit einem »Prinzip der Nachsichtigkeit« herangehen, das von uns verlangt, die Äußerungen dieser Leute so zu deuten, daß in unserer eigenen Sprache ein möglichst großer Teil davon als wahr gilt. Sobald wir uns auf diese Leute einen Reim zu machen versuchen, müssen wir uns zur selben Zeit einen Reim auf ihre Beziehungen zu uns und somit auch auf uns selbst im Verhältnis zu ihnen machen.[11] Dieser Vorgang hat wahrscheinlich eine bedeutende historische Dimension. Für unsere Behauptung, einige Äußerungen der Fremden bezögen sich auf »Götter« oder ähn-

10 Der Begriff des Übernatürlichen wirft einige Probleme auf; hierzu siehe Williams (1993), Kapitel 6.

11 Das »Prinzip der Nachsichtigkeit« oder »der wohlwollenden Interpretation« ist vor allem mit Bezug auf die Schriften Davidsons viel besprochen worden. Aus Gründen, die mit den im Text dargelegten Überlegungen zusammenhängen, hat man vorgeschlagen, ein »Prinzip der Menschlichkeit« wäre angemessener. Siehe Grandy (1973), insbesondere seine Feststellung, es sei »besser, dem Sprecher eine falsche, aber erklärbare Aussage zuzuschreiben als eine rätselhafte Wahrheit« (S. 445).

liche Agenzien und alle derartigen Aussagen seien falsch, könnten wir z. B. den Grund anführen, ihre Äußerungen implizierten bestimmte Formen der Erklärung von Ereignissen (deren Vorkommen wir unsererseits nicht bestreiten), und diese Formen der Erklärung würden von uns abgelehnt. Warum sollen wir annehmen, daß derartige Erklärungsformen impliziert sind? Ein Grund könnte der sein, daß die Fremden, sobald wir bei ihnen eingetroffen sind, unsere Erklärungen dieser Geschehnisse und die durch unsere Erklärungen ermöglichte Technik kennenlernen und anschließend jene Aussagen zum alten Eisen werfen oder zumindest verdrängen. Außerdem – und dies ist ein wichtiger Zusatz – gibt es Gründe, diesen Wandel nicht bloß als den sozialen Sieg einer Verfahrensweise oder einer Ordnung über eine andere Verfahrensweise oder Ordnung zu deuten, sondern als einen geistigen Lernprozeß. Diese Deutungen sind zweifellos bestreitbar. Aber das gleiche gilt auch für die Alternativinterpretationen, und sofern wir überhaupt irgendwie aus diesen Menschen und ihren Äußerungen klug werden wollen, können wir nicht umhin, die eine oder andere Deutung solcher Veränderungen zu akzeptieren.

An diesem Punkt macht sich häufig ein müßiger Relativismus bemerkbar, der darauf hinausläuft, daß die Äußerungen der anderen »für sie« wahr seien, während unsere Äußerungen »für uns« wahr seien. Sofern man diese Auffassung überhaupt kohärent wiedergeben kann, stellt sie *eine* Form der Interpretation dar, die in unserem speziellen Fall die Behauptungen der Fremden und unsere eigenen so deutet, daß sie keine einander widerstreitenden Erklärungen implizieren. Diese Form der Interpretation mag einigen Fällen angemessen sein, aber wenn dem so ist, muß es nachgewiesen werden, und zwar im Licht eines allgemeineren Bildes, das wir uns von dem Verhältnis zwischen uns und den anderen machen. Die genannte Form von Relativismus geriert sich oft ganz selbstzufrieden als Zeugin der Gleichheit aller Menschen und als Weigerung, den anderen unsere eigenen Vorstellungen aufzuzwingen, aber in Wirklichkeit setzt sie, sofern sie überhaupt etwas leistet, *eine* unserer Vorstellungen gegen andere durch. Sie gibt auf, ehe die eigentliche Arbeit des Verstehens der Ähnlichkeiten und Unterschiede zwischen den Menschen auch nur beginnt.

Alle diese Fragen betreffen unser Verhältnis zu wirklichen Gesellschaften. Doch in welcher Beziehung stehen sie zur Fabel vom Naturzustand? Was diesen Zustand anlangt, sind wir keine Sozialanthropologen. Niemand kann dort als Übersetzer hingehen, und es ist kein Ort, an dem man zum Eingeborenen werden kann. Wir selbst kreieren diesen Zustand, und indem wir das tun, legen wir bereits die Interpretation der Äußerungen und Handlungen der in diesem Zustand lebenden Personen fest. Aber aus eben diesem Grund ist es wichtig, beim Erzählen einer Geschichte vom Naturzustand an die Probleme der Interpretation realer Gesellschaften zu denken. Diese Probleme erinnern uns daran, wieviel man einfach als gegeben hinstellt, wenn man die Geschichte so oder anders erzählt, und was alles vorausgesetzt wird, wenn man einige Elemente mit aufnimmt und andere ausschließt. So ist es beispielsweise überaus naheliegend anzunehmen, was auch ich selbst beim Erzählen dieser Geschichte voraussetze, nämlich daß viele der im Naturzustand anerkannten offenkundigen Wahrheiten dies nicht nur im Sinne von »einleuchtend« wie in »einleuchtend kontra unverständlich« sind, sondern auch im Sinne von »schlicht« wie in »schlicht kontra farbenprächtig«. Ich gehe davon aus, daß viele dieser wahren Aussagen alltägliche Merkmale der Umwelt betreffen, die wir selbst ohne weiteres herausgreifen können: Personen, Tiere, Früchte, Gewässer, Sonne und Mond und dergleichen mehr. Dagegen nehme ich in die Basisdarstellung keine Hinweise auf Götter oder übernatürliche Agenzien auf.

Dieses Vorgehen involviert eine bestimmte Annahme. Dabei handelt es sich natürlich nicht um eine Annahme über den Naturzustand – denn der Naturzustand ist eben das, was wir als solchen ausgeben –, sondern um eine Annahme über die Relevanz eines in diesem Sinne konstruierten Naturzustands für unser Verständnis irgendwelcher sonstiger Dinge. Diese Annahme besagt, daß die Ermittlung jener alltäglichen Dinge (die nicht allesamt in jeder Umwelt in Erscheinung treten) im menschlichen Denken eine derart grundlegende Rolle spielt, daß sie bei unseren Interpretationen anderer wirklicher Gesellschaften – und folglich auch bei unserer Deutung der Menschen im allgemeinen – einfach als gegeben vorausgesetzt werden darf. Es mag zwar zutreffen, daß zumindest in der Vergangenheit jede menschliche Gesellschaft Ansichten über Götter oder andere übernatürliche Instanzen gehabt hat, doch wir gehen von der Annahme aus, daß diese Ansichten getrost aus unserer abstrakten Konstruktion – dem Naturzustand – herausgehalten werden können, denn die genealogische Erklärung wird später auf sie zu sprechen kommen. So kann es z. B. sein (doch dies ist nur eine Möglichkeit unter vielen), daß man sie am besten als Versuche begreift, alltägliche Ereignisse, die auch wir selbst als solche anerkennen, zu erklären. Das sind inhaltlich gewichtige Annahmen. Sie gehören mit zu der allgemeinen, naturalistischen Einstellung, auf die das genealogische Projekt, wie ich im vorigen Kapitel dargelegt habe, festgelegt ist.

3. Raum, Zeit und Unbestimmtheit

Nun stellt sich eine weitere Frage im Hinblick auf den Naturzustand und die Sprachverwendung, die wir den in diesem Zustand lebenden Personen zuschreiben sollten, und diese Frage betrifft einen kritischen Punkt in unserem Verhältnis zur erzählten Geschichte. Diese Geschichte handelt von einer kleinen Gesellschaft menschlicher Wesen. Damit ist für uns sogleich implizit die Vorstellung gegeben, daß sie an diesem und nicht an jenem Ort der Erde leben, und zwar in dieser Zeit im Gegensatz zu jener. Die Geschichte sagt nicht, wo und wann es war, und da die Geschichte bestimmt, welche Fragen beantwortet werden können, gibt es keine Antwort auf die Frage nach dem Wo oder Wann. Das bedeutet aber nicht, daß die Geschichte von einer Gesellschaft handelt, die erstaunlicherweise zu keiner Zeit und an keinem Ort existiert, und das bedeutet es ebensowenig wie das Fehlen einer Antwort auf die Frage »Wie viele Kinder hatte Lady Macbeth?« bedeutet, Lady Macbeth werde im Stück als eine Frau dargestellt, die eine unbestimmte Zahl von Kindern hat. Wenn wir den Personen in unserer Geschichte Begriffe und Meinungen zuschreiben, brauchen wir nicht zu verlangen, daß sie sich von Raum und Zeit als Bereichen, in denen alle gegebenen Menschen existieren, genau die gleiche Vorstellung machen wie wir selbst. Wir brauchen nicht anzunehmen, daß sie nach ihrem Selbstverständnis an dieser und nicht an jener Stelle der Erdoberfläche leben, denn sie brauchen gar keine geeignete Vorstellung von der Erdoberfläche zu haben. Ebensowenig müssen sie eine sonderlich präzise Vorstellung davon haben, daß sie zu dieser und nicht zu jener Zeit leben. Wir können sagen, daß ihre Vorstellungen von diesen Dingen *lokaler* Art sind. Damit meine ich nicht bloß, daß ihre Auffassungen von den unseren verschieden sind, sondern ich meine, daß in einem noch zu klärenden Sinn der Inhalt ihrer Auffassungen lokal, also auf eine durch ihren Lebensraum und ihre Lebenszeit bestimmte Perspektive beschränkt ist.

Indem wir diese Menschen mit den sei's auch wenigen Fähigkeiten und Praktiken ausstatten, die wir bisher betrachtet haben und die (in meiner Terminologie formuliert) den Begriff von einem rein positionsbedingten Vorteil beinhalten, gehen wir von der Annahme aus, daß sie über gewisse Vorstellungen von Raum und Zeit verfügen. Sie können manche Dinge als Gegenstände begreifen, die weiter entfernt sind als andere, und zwar nicht nur weiter entfernt von ihnen selbst oder einer Gruppe ihresgleichen, sondern von dem Ort, an dem sie alle leben. Sie können Ereignisse als Vorgänge in der Vergangenheit begreifen, und sie haben einen Begriff davon, daß einige länger zurückliegen als andere. Allerdings können wir uns vernünftigerweise vorstellen, daß ihre Gedanken durch solche Begriffe nur bis zu einem bestimmten Punkt getragen werden. Ihre Vorstellungen von dem, was jenseits einer bestimmten Entfernung liegt, sind verschwommen oder gar nicht vorhanden, und obwohl sie Geschichten über Ereignisse erzählen, die sich vor der Zeit ihrer Großväter abgespielt haben sollen, besitzen diese Geschichten kein hohes Maße an zeitlicher Struktur (wie wir sagen würden). Wir können festlegen, daß der Naturzustand nun einmal so beschaffen ist, und für ein solches Vorgehen gibt es tatsächlich Gründe – wir wissen nämlich, daß es sich im Fall wirklicher Gesellschaften so verhält oder verhalten hat. Menschen können mit überaus lokalen Vorstellungen vom eigenen Aufenthaltsort und von bisherigen Geschehnissen leben.

Die wichtige Frage lautet: Was würden wir über diese Sachlage und die Menschen in dieser Situation sagen? Eine Bemerkung, die wir machen würden, wäre die, daß es diesen Leuten an Wissen mangelt: Es gibt in einiger Entfernung von ihnen und zu früherer Zeit Dinge, von denen sie keine Ahnung haben. (Wieder lohnt es sich zu betrachten, was geschieht, wenn eine wirkliche Gesellschaft isoliert lebender Menschen zum erstenmal Personen begegnet, die aus anderen Gegenden kommen.) Vielleicht werden wir bereitwillig – ja allzu bereitwillig – fortfahren und sagen, daß die Fremden, insofern sie vernunftbegabte und zum Nachdenken fähige Wesen sind, von sich aus einsehen müssen, daß es einfach an mangelndem Wissen liegen muß, wenn ihre Vorstellungen von räumlich oder zeitlich weit entfernten Dingen verschwommen sind. Schließlich operieren sie im lokalen Bereich mit Vorstellungen wie *das weiter Entfernte* und *die weiteste Entfernung, die bisher zurückgelegt wurde*. Dementsprechend werden wir vielleicht nachfragen: Was außer einem fehlenden Gedankenschritt kann sie daran hindern, sich eine Vorstellung zu machen von *einem Ort, der weiter entfernt ist als die größte Entfernung, die bisher von jemandem zurückgelegt wurde*, und einzusehen, daß es, wenn ihre Vorstellung von einem solchen Ort vag ist, einfach daran liegt, daß niemand von ihnen bisher an diesem Ort gewesen ist?

Im Fall des Räumlichen wirkt dieser Gedankengang überaus zwingend. Es fällt schwer, die Betrachtungsweise der Fremden nicht in der genannten Form zu deuten, denn die Vorstellungen von Entfernung, über die sie verfügen müssen, stehen in engem Zusammenhang mit dem Gedanken, es sei vorstellbar, daß jemand – einerlei, wie weit er tatsächlich gereist ist – noch ein wenig weiter hätte marschieren können, sowie mit dem Gedanken, es sei vorstellbar, daß er, einmal angelangt, zurückkehren könnte. Im Fall des Raums scheint die Vorstellung von einem rein positionsbedingten Nachteil, der implizit schon in den Begriffen unserer Leute enthalten ist, beim Nachdenken ganz natürlich zu der Idee zu führen, jeder Ort liege – einerlei, wie weit er entfernt sein mag – in einer bestimmten Entfernung vom eigenen Aufenthalt. Aber steht es mit der Zeit genauso? Die Leute müssen über die Begriffe *vor* und *nach* verfügen sowie über Vorstellungen von *früher als* und (wie man vernünftigerweise annehmen darf) *gestern*. In dem Fall kennen sie auch den Begriff *gestern vor gestern* oder *vorgestern*. Damit kommt gewiß auch die Idee *so und so viele Tage vor gestern* ins Spiel. Da sie nicht nur Erinnerungen an Ereignisse haben, sondern auch mit dem Begriff der Erinnerung umgehen können, wenn es darum geht, Berichte über die Vergangenheit zu verstehen und zu beurteilen, kennen sie auch die Vorstellung von *einem Tag, an den er sich erinnern kann.* Wenn sie dies alles zusammenfügen, müssen sie dazu imstande sein, zu der Vorstellung *frühere Tage als alle, an die sich einer von uns erinnern kann,* zu gelangen. Daraus jedoch sollte sich für sie ein Begriff ergeben wie *frühere Tage als jeder Tag, an den sich irgend jemand, an den sich einer von uns erinnern kann, erinnern kann* – usw. Dann, so wird man zum Schluß vielleicht geltend machen, verfügen sie wirklich (und sei es nur implizit) über die gleiche Vorstellung wie wir, nämlich daß etwas, sofern es wirklich in der Vergangenheit passiert ist, im Rahmen einer bestimmten Frist der Vergangenheit geschehen sein muß, und zwar im Rahmen einer Frist, die so und so viele Tage, Jahre oder sonst eine Zeitspanne früher liegt als der jetzige Augenblick. (Diese Vorstellung bezeichne ich in meiner Terminologie als den »objektiven« Vergangenheitsbegriff.) Wenn unsere Leute dann nur verschwommene Vorstellungen von einem früheren Geschehen haben, muß es daran liegen, daß sie nicht Bescheid wissen; und sofern sie vernunftbegabte und zum Nachdenken fähige Menschen sind, werden sie einsehen, daß ihre Schwierigkeit wie folgt zu beschreiben ist: Sie befinden sich an einer bestimmten Stelle der Zeit, an der es angesichts ihrer Erkenntnisquellen natürlich ist, daß sie manche Dinge wissen und andere nicht.

Einige dieser Argumente können wir akzeptieren. Es ist vermutlich vernünftig zu behaupten, daß unseren Leuten schon allein aufgrund der lokalen Vorstellungen, über die sie mit Notwendigkeit verfügen, auch alle bisher erwähnten Ideen bis hin zu und einschließlich *frühere Tage als alle, an die sich einer von uns erinnern kann* oder dergleichen zu Gebote stehen, aber wir sollten nicht geltend machen, daß sie schon allein aufgrund ihrer lokalen Vorstellung wirklich (sei's auch implizit) den gleichen »objektiven« Vergangenheitsbegriff haben müssen wie wir selbst.[12] Es ist sehr verlockend, unsere eigenen Vorstellungen von Vergangenheit in den Naturzustand einzubringen, und natürlich

12 Mit dem Gebrauch dieses Ausdrucks beziehe ich mich natürlich auf die Alltagsvorstellungen von Zeit, die wir auf historische Ereignisse und generell auf Geschehnisse im menschlichen Bereich anwenden. Keinerlei Fragen der Relativitätstheorie spielen in diese Erörterung hinein.

steht es uns frei, so zu verfahren – schließlich sind wir selbst die Erzähler der Geschichte. Allerdings geht es bei dieser Geschichte darum, Aufschluß über unsere eigene wirkliche Auffassung von Wahrheit und Wahrhaftigkeit zu bekommen, indem wir eine abstrakte Grundlage anbieten, der wirkliche historische Entwicklungen hinzugefügt werden können. Darum müssen wir bei der Entscheidung, welche Vergangenheitsbegriffe in den Naturzustand eingebracht werden sollen, berücksichtigen, welche wirklichen historischen Entwicklungen stattgefunden haben. Wir müssen herausfinden, ob wir uns, was unsere Auffassung der Vergangenheit betrifft, womöglich von anderen Menschen unterscheiden, die wirklich gelebt haben. Wenn wir davon ausgehen, daß die Geschichte vom Naturzustand – die einfachste und grundlegendste Darstellung menschlicher Tätigkeiten – unsere eigenen Vorstellungen enthalten muß, werden wir dazu bewogen, Menschen, denen diese Vorstellungen offenbar fremd waren (und vielleicht auch jetzt lebende Menschen mit anderen Vorstellungen), auf ganz bestimmte Weise zu kennzeichnen. Wahrscheinlich werden wir sagen, diese Leute würden zu unserem objektiven Vergangenheitsbegriff gelangen, wenn sie vernünftig genug wären und ausreichend nachdächten. Aber mit derartigen Formulierungen tun wir nichts weiter als uns selbst zu beglückwünschen. Wir müssen fragen, was tatsächlich zur Entstehung der objektiven Auffassung erforderlich ist, und diese Frage können wir nicht untersuchen, wenn wir davon ausgehen, daß diese Auffassung von vornherein vorhanden sein muß und daß die Menschen nur durch Dummheit oder mangelndes Nachdenken daran gehindert werden, diese Auffassung anzuwenden. Daher werden wir nicht mehr in den Naturzustand einbringen als das, was die bereits angenommenen Fähigkeiten und Interessen ohne weiteres nach sich ziehen. Und dazu gehört auch eine lokal eingeschränkte oder perspektivische Auffassung der Vergangenheit.

Es gibt mehrere Gründe, warum wir dem Personal einer Geschichte vom Naturzustand womöglich weniger bestimmte Vorstellungen als unsere eigenen zuschreiben wollen. Um welche Vorstellungen es sich handeln könnte und in welchen Hinsichten sie von unserem Standpunkt eventuell unbestimmt wirken, wird davon abhängen, aus welchen Gründen diese Geschichte erzählt wird. Im vorliegenden Fall habe ich einen besonderen Grund dafür, unsere Vorstellungen von der Vergangenheit herauszugreifen. Sobald wir (in Kapitel 7) dahin gelangen, den Ursprung des objektiven Vergangenheitsbegriffs zu betrachten, wird es sich herausstellen, daß dieser Begriff eng mit Vorstellungen von wahren Äußerungen über die Vergangenheit zusammenhängt, und diese Vorstellungen sind dazu geeignet, die Geschichtsschreibung entstehen zu lassen. Doch die Historie steht (in einer Art und Weise, die ich im 10. Kapitel untersuchen werde) ganz im Mittelpunkt der Auffassung, die wir uns in politischer und kultureller Hinsicht von unserer Welt machen. Dieses Merkmal des Naturzustands hängt also damit zusammen, wie wir uns schließlich den Anliegen stellen, von denen ich ausgegangen bin: den Aussichten der Wahrhaftigkeit im Bereich der Geisteswissenschaften.

Es ist wichtig festzuhalten, daß eine lokale Vorstellung ebenso wie der objektive Begriff eine Auffassung von *der Vergangenheit* beinhaltet. Der objektive Begriff involviert – nicht anders als die lokale Vorstellung – Tempora: Man denkt dabei in Begriffen, wonach seit einem gegebenen Ereignis etliche Jahre vergangen sind, wonach das Ereignis etliche Jahre vor der Jetztzeit stattgefunden hat. Der Unterschied liegt darin, daß die objektive Auffassung darauf besteht, es sei eine Wahrheitsbedingung einer Behauptung über ein reales Ereignis der Vergangenheit, daß zwischen seinem Geschehen und dem jetzigen Augenblick eine bestimmte Zeitspanne liegt, während die lokale Auffassung das nicht verlangt. Wie es ihr möglich ist, auf diese Forderung zu verzichten, wird klarer werden, wenn wir im 7. Kapitel eine Lektion aus der echten Historie lernen und nachschauen, wie es gekommen ist, daß der objektive Vergangenheitsbegriff des abendländischen Denkens in einem bestimmten historischen Augenblick zum Vorschein gekommen ist. Es wird sich zeigen, daß der objektive Begriff mit einer bestimmten Auffassung vom Sprechen der Wahrheit über die Vergangenheit einhergeht – und das ist eine Auffassung, die über die im Naturzustand gegebene Minimalvorstellung hinausgeht. Auch in dieser Hinsicht wird der Bericht über das wirkliche historische Geschehen ebenfalls mit zur Genealogie der Tugenden der Wahrheit gehören.

4. Werte – was bisher erzählt wurde

GENAUIGKEIT und AUFRICHTIGKEIT habe ich als »Tugenden der Wahrheit« bezeichnet. Soweit die Geschichte vom Naturzustand bisher erzählt wurde, hat sie Gründe dafür nahegelegt, daß man diesen Tugenden und dem Umstand, daß manche Menschen diese Tugenden besitzen, Wert zuschreibt. Sie sind nützlich, ja wesentlich, wenn es um Ziele wie das Zusammentragen von Informationen geht, und diese Ziele sind im Hinblick auf beinahe jeden von Menschen verfolgten Zweck wichtig.

Bisher hat uns die Geschichte ein Stück weiter gebracht auf dem Weg zu der Vorstellung, daß Wahrhaftigkeit einen Wert besitzt. Allerdings ist das bisherige Resultat der Geschichte in mehr als einer Hinsicht begrenzt. Erstens ist nicht klar, ob die Tugenden der Wahrheit, soweit wir sie bisher begriffen haben, Werte repräsentieren, die von einem unpersönlichen oder allgemeinen Standpunkt anerkannt werden können. Es besteht ein Mißverhältnis zwischen dem Wert dieser Eigenschaften für die Gemeinschaft und ihrem Wert für die Träger der Eigenschaften. Im Fall der GENAUIGKEIT ist das nicht sonderlich bedeutsam, doch der Wert der AUFRICHTIGKEIT ist erheblich davon betroffen. Die Gemeinschaft hat ein Interesse am Besitz korrekter Informationen über die Umwelt, über deren Risiken und Chancen, und das gleiche gilt für jedes Individuum. Daher hat jeder einzelne (grob gesprochen) ein Interesse daran, die Eigenschaft der GENAUIGKEIT zu besitzen, und außerdem liegt es (noch grober gesprochen) ebenfalls im Interesse des einzelnen, daß andere diese Eigenschaft haben. Das läßt sich allerdings nicht auf Einzelinformationen übertragen. Schon im vorigen Kapitel sind wir der uralten Feststellung begegnet, der einzelne benötige zwar korrekte Informationen, aber für ihn könne es durchaus ratsam sein, diese Informationen für sich zu behalten.[13] Es ist dieser Umstand, der

13 Wenn ich hier und an anderen Stellen sage, *Individuen* hätten derartige Interessen im Gegensatz zur Gemeinschaft, gebrauche ich solche Formulierungen nur als abgekürzte Redeweise. Ich möchte damit nicht implizit sagen, es gehe dabei unbedingt um Einzelpersonen oder das Problem sei bloß eine Frage des Egoismus – die gleichen Probleme ergeben sich auch im Fall einer Reihe konkurrierender Sippen oder sonstiger Gruppen. Aufgrund dieser gleichartigen Interessenkonflikte ist es wirklich sehr

sich auf den Wert der Aufrichtigkeit auswirkt. Der Wert, der dem Vorhandensein dieser Neigung auf seiten gegebener Einzelpersonen anhaftet, ist nach der bisherigen Darstellung offenbar weitgehend ein Wert für andere. Es kann für den einzelnen offensichtlich nützlich sein, wenn er von den korrekten Informationen anderer Personen profitiert, während es für ihn selbst gar nicht nützlich ist, wenn die anderen über seine Informationen verfügen. Damit haben wir ein klassisches Beispiel für die in der Spieltheorie vielfach untersuchte »Trittbrettfahrer-Situation«, in der jeder Beteiligte ein Verfahren wünscht, an das sich die meisten anderen halten, ohne daß er seinerseits sich danach richtet, sofern das ohne Selbstschädigung möglich ist. Es gibt hier also ein Problem, und das besteht darin, daß sich der kollektive Wert der Aufrichtigkeit (und in *diesem* Sinn auch ihr Wert für jede Einzelperson) nicht ohne zusätzliche Hilfe in einen Grund übersetzen läßt, den jede Person dafür hätte, auch ihrerseits diese Eigenschaft zu besitzen. Auf dieses Problem und die Frage, wie es aus genealogischer Sicht zu überwinden ist, gehen wir im 5. Kapitel ein.

Ebenfalls in diesem Kapitel werden wir eine weitere Begrenzung des bisher Gesagten betrachten, nämlich den Umstand, daß die Werte Genauigkeit wie auch Aufrichtigkeit *instrumentell* sind. Sie werden ausschließlich im Hinblick auf andere Güter erklärt, insbesondere mit Bezug auf Werte wie: kriegen, was man haben will, Gefahren meiden, die Umwelt in den Griff bekommen usw. Wir werden in diesem Kapitel erkennen, daß die beiden genannten Beschränkungen miteinander zusammenhängen. Vor allem im Hinblick auf die Aufrichtigkeit rührt der Umstand, daß sie für Trittbrettfahrer anfällig und ihr Wert in dieser Hinsicht instabil ist, großenteils daher, daß ihr Wert, soweit er bisher ermittelt wurde, rein instrumentell ist. Dabei geht es in erster Linie um Fragen der Konstruktion des Naturzustands

grob gesprochen, wenn ich – wie eben geschehen – sage, es liege generell im Interesse der Gemeinschaft, daß jede Person die Eigenschaft der Genauigkeit besitzt. Sobald wir uns mit Fragen unterschiedlicher Machtverteilung befassen, stellt sich wirklich die Frage, ob es nicht im Interesse einer Gruppe liegen könne, wenn andere Gruppen, was das Herausfinden der Wahrheit anlangt, nicht besonders geschickt sind. Derlei Fragen werden im 9. Kapitel aufgeworfen.

selbst, also darum, wie wir uns einen Begriff von der imaginären Gemeinschaft und ihren Tätigkeiten machen können. Auf dieser Ebene lautet die Frage: Was braucht diese Gemeinschaft, um zu funktionieren? Diese Probleme stehen in unmittelbarem Zusammenhang mit dem bereits genannten Sachverhalt, daß der Naturzustand selbst der Zustand einer Gesellschaft sein soll, während keine Gesellschaft (wie ich geltend machen werde) mit einer rein instrumentellen Auffassung der Werte der Wahrheit auskommen kann.

Bei der Frage, ob Wahrhaftigkeit einen über das Instrumentelle hinausgehenden Wert haben sollte, geht es nicht nur darum, was wir in den Naturzustand – und damit in den Ausgangspunkt unserer Erörterung – einbringen. Diese Frage bezieht sich auch auf unsere derzeitige Situation. Manche Menschen, insbesondere einige der »Verneiner« (wie ich sie im 1. Kapitel nannte), werden es frohgemut bei der Instrumentalität der Wahrhaftigkeitswerte belassen und sich damit abfinden, daß diese Eigenschaften gar keinen inneren Wert besitzen sollen. Sie werden getrost ohne einen solchen Wert auskommen wollen. Allerdings kann man hier die ernstzunehmende Frage aufwerfen, ob sie wirklich ohne diesen Wert auskommen können. Sie wünschen, daß jeder ebenso wie sie die Meinung vertritt, die Tugenden der Wahrheit besäßen nur einen rein instrumentellen Wert. Aber aus welchem Grund nehmen sie an, daß die Tugenden der Wahrheit, wenn jeder ihre Meinung teilte, immer noch den gleichen Wert hätten – ja, überhaupt existieren würden? Der Grund, weshalb sich aus dem beharrlichen Verlangen der Menschen, ihre Überzeugungen sollten wahr sein, nützliche Konsequenzen ergeben haben, hat oftmals sicher darin gelegen, daß sich ihr Begehren nicht auf diese Konsequenzen richtete, sondern auf die Wahrheit – daß es nicht gewinnorientiert, sondern unbeirrt war.

Zuallermindest sollten sich diese frohen Gemüter mit der genannten Frage auseinandersetzen, und es ist überraschend, wie selten sie das tun. Die Arbeiten von Richard Rorty[14] liefern frap-

14 Siehe z.B. »Solidarität oder Objektivität?«, »Pragmatismus, Davidson und der Wahrheitsbegriff« (besonders S. 128, 140f.) und weitere Artikel in Rorty (1991 [1988 u. 1990]); »Ist Wahrheit ein Ziel der Forschung?«, »Hilary Putnam und die relativistische Bedrohung« (vor allem S. 53f. [Übers., S. 78]) und weitere Artikel in Rorty (1998 [2000]). Rortys Stand-

pierende Beispiele für ein Vorgehen, das man in dieser Hinsicht als Fahren mit leerem Tank bezeichnen könnte. Diejenigen, die in Rortys Texten unter der Bezeichnung »wir Pragmatisten« auftreten, ermuntern uns dazu, kein Brimborium um die sogenannte »Wahrheit« zu machen: Wir sollten uns ausschließlich um technisch und sozial nützliche Dinge kümmern, um Solidarität, Demokratie, die Abschaffung von Grausamkeiten und sonstige lobenswerte Ziele. Diesen Leuten kommt es offenbar nicht in den Sinn, daß die Ideale des Entdeckens und Äußerns der Wahrheit selbst dann, wenn sie als solche nichts weiter als Illusionen wären – wenn also die Idee der »Wahrheit« an und für sich ohne Gehalt wäre –, auch als Illusionen dennoch eine ausschlaggebende Rolle bei der Ermittlung und Verfolgung jener Ziele spielen könnten. Der Anspruch der Pragmatisten, sie hätten die traditionelle, zwanghafte Beschäftigung mit dem Unterschied zwischen Sein und Schein, Wahrheit und Täuschung usw. überwunden, wird in einem Kontext erhoben, der sich nicht nur seinerseits auf solche Ideen stützt – in Kapitel 6 werden wir sehen, inwiefern es sich so verhält[15] –, sondern der auch den mit diesen Ideen assoziierten, ganz elementaren Aufklärungsoptimismus spiegelt. Diese Pragmatisten glauben, wir könnten ohne derlei Illusionen auskommen und durch Verzicht auf sie genauso gut oder noch besser vorankommen; doch das meinen sie nur deshalb, weil sie in Wirklichkeit annehmen, daß wir durch die Wahrheit (ihre Wahrheit) befreit werden. Hätten sie ihren Nietzsche genauer studiert, hätten sie ein feineres Gefühl dafür, wie weit sie gehen müssen, um von dieser Annahme loszukommen.

Eigentlich sind die meisten Menschen in dieser oder jener Weise der Ansicht, daß diese Eigenschaften einen über das Instrumentelle hinausgehenden Wert haben (und das gilt auch für die Pragmatisten, wenn sie das Gefühl haben, frei reden zu dürfen). Die Menschen halten Ehrlichkeit ceteris paribus für besser als Unehrlichkeit – man dürfte also sagen, daß AUFRICHTIGKEIT zumindest in positiver Umgebung an und für sich etwas Gutes

punkt veranschaulicht einen bekannten und tiefschürfenden Witz, der Sydney Morgenbesser zugeschrieben wird: »Natürlich ist der Pragmatismus wahr; das Mißliche ist, daß er nicht funktioniert.«

15 S. u., Kapitel 6, Abschnitt 2.

ist. Ähnlich steht es bis zu einem gewissen Grade mit der GENAUIGKEIT. »Man hat jeden Schrittbreit Wahrheit sich abringen müssen, man hat fast Alles dagegen preisgeben müssen, woran sonst das Herz ... hängt« – das ist eine plastische Formulierung, doch sie besagt etwas, was die meisten Menschen immer noch gelten lassen können.[16] Eine Einstellung dieser Art gehört zu dem, was als (echter) Glaube an den Wert der Wahrhaftigkeit gilt. Unsere Geschichte vom Naturzustand enthält bisher noch nichts, was eine solche Einstellung ergibt oder, wie es scheint, eine solche Einstellung auch nur ahnen läßt, doch indem wir die Geschichte weiter entfalten und uns über sie hinausgehend im Bereich der echten Historie bewegen, können wir hoffen, Aufschluß über das Wesen dieses Werts zu gewinnen und einzusehen, warum wir ihn anerkennen müssen.

Die Begrenzungen, die ich erwähnt habe, stehen in Zusammenhang mit dem, was unsere Geschichte bisher über den Wert der Wahrheitstugenden GENAUIGKEIT und AUFRICHTIGKEIT berichtet hat. Der Einwand, sie besäßen und brauchten einen über das Instrumentelle hinausgehenden Wert, läuft darauf hinaus, daß über den Wert *dieser Eigenschaften* noch nicht genug gesagt worden ist. Manche werden allerdings bemängeln, daß es eine weitere und drastischere Beschränkung gebe: Es seien nämlich einfach diese Eigenschaften, die bisher den Wert tragen sollen. Man hat in dieser Beziehung vom Wert der *Wahrheit* gesprochen – ist es das, was den Kritikern dabei vorschwebt? Haben wir recht, wenn wir nur bestimmte menschliche Einstellungen zur Wahrheit betrachten, etwa den Hang der Menschen, die Wahrheit herauszufinden und zum Ausdruck zu bringen? Meine Antwort lautet ja – es ist richtig, ausschließlich menschliche Einstellungen zu berücksichtigen. Es gehört sogar zur naturalistischen Haltung dieser Untersuchung, daß sie als Versuch der Selbstverständigung des Menschen gesehen werden sollte. Es mag sein, daß bestimmte metaphysische Auffassungen die Wahrheit und das Gute in einer Weise miteinander verknüpfen, bei der diese Dinge so dargestellt werden, daß sie dem menschlichen Interesse an ihnen völlig vorgeordnet sind. In Wirklichkeit ist es schwieri-

16 Nietzsche, *Der Antichrist*, § 50, vollständig zitiert in Kapitel 1, Abschnitt 2.

ger, eine solche Auffassung ausfindig zu machen, als man vielleicht vermutet. Platons Darstellung der Idee des Guten im *Staat* sieht tatsächlich so aus wie das Paradebeispiel einer metaphysischen Erklärung, von der die Gegenstände unserer Erkenntnis und deren Wert als etwas hingestellt werden, was von unseren Gedanken oder Einstellungen völlig unabhängig ist. Aber dabei muß man berücksichtigen, daß »wir« nach Platons Darstellung, soweit es um Aspekte unserer Vernunft geht, mit jenen Gegenständen wesensgleich sein sollen und im tiefsten Grunde nach Einheit mit ihnen streben. Sofern das über das menschliche Leben hinausgeht, liegt es daran, daß »wir« nach Platon nur zufällig und zeitweilig Menschen sind. Um diese Anschauung geht es mir hier jedenfalls ebensowenig wie um andere Auffassungen, von denen die Wahrheit und das Gute in noch höher über uns stehenden Bereichen angesiedelt werden. Ich kann hier, ebenso wie Nietzsche, nur annehmen, daß solche Anschauungen gerade durch ihre Preisgabe menschlicher Interessen eine Äußerung menschlicher Interessen sein müssen.

Bei dieser Untersuchung geht es demnach um menschliche Anliegen bezüglich der Wahrheit. Eine Grundform eines solchen Anliegens ist in den Tugenden der Wahrheit enthalten. Daraus folgt aber nicht, daß wir beim Nachdenken über menschliche Einstellungen zur Wahrheit nur die Tugenden der Wahrheit berücksichtigen sollten. Meine Untersuchung wird sich auch auf andere Gegenstände richten und z. B. Themen behandeln wie: Glauben, Behaupten, Kommunikation und die bereits erwähnten Veränderungen in unseren Vorstellungen von der Vergangenheit. Eine Sache, auf die ich jedoch nicht eingehen werde, ist die Geschichte des *Wahrheitsbegriffs*, denn nach meiner Überzeugung gibt es keine solche Geschichte. Der Begriff der Wahrheit selbst – d. h. die ganz grundlegende Rolle, welche die Wahrheit im Verhältnis zu Sprache, Bedeutung und Meinung spielt – wechselt nicht von Kultur zu Kultur, sondern ist immer und überall gleich. Würden wir diese Rolle nicht einfach voraussetzen, könnten wir uns von der Verschiedenheit der Kulturen gar kein Bild machen. Es gibt zwar gelehrte Bücher, die sich selbst als historische Darstellungen des Wahrheitsbegriffs beschreiben, doch im Regelfall schildern sie im Laufe der Zeit wechselnde Auffassungen der Meinungsbildung, der Erkenntnis oder der metaphysischen Struktur der Welt. Vielfach handelt es sich um historische Darstellungen der philosophischen Wahrheitstheorien. Einige dieser philosophischen Theorien sind ihrerseits Versuche auf dem Gebiet der Metaphysik oder der Erkenntnistheorie; andere halten sich möglichst eng an die Aufgabe einer Erläuterung der wesentlichen Rolle, welche die Wahrheit im Verhältnis zu Behauptungen, Überzeugungen und dergleichen spielt. Mir geht es hier zunächst darum, daß philosophische Wahrheitstheorien – einerlei, ob sie ehrgeizig oder anspruchslos sind – mit Sicherheit eine Geschichte haben, während der Wahrheitsbegriff selbst keine hat.[17]

Ich werde weder versuchen, eine historische Darstellung der Wahrheitstheorien zu liefern, noch werde ich der umstrittenen Frage, wieviel derartige Theorien (wenn sie sich eng an ihr Thema halten) zu sagen haben können, sonderlich weit nachgehen. Doch indem ich die Geschichte vom Naturzustand bis hierhin erzähle und die Tugenden der Wahrheit ins Spiel bringe, nehme ich die Begriffe des Glaubens und des Behauptens bereits in Anspruch. Diese Begriffe und die verschiedenen Hinsichten, in denen sie wesentlich mit dem Wahrheitsbegriff verknüpft sind, werde ich mir genauer anschauen müssen, und das wird das Thema des nächsten Kapitels sein.

17 R. Campbell (1992) ist ein Buch, das eine Geschichte des Wahrheitsbegriffs zu sein beansprucht und explizit eine Geschichte der Philosophie enthält. Der Gedanke der universellen Bekanntheit des Wahrheitsbegriffs wird in der »Schlußbemerkung« am Ende meines Buchs anhand einer Erörterung altgriechischer Ausdrücke für die Wahrheit veranschaulicht.

4
Wahrheit, Behauptung und Überzeugung

1. Die Wahrheit selbst

Wie steht es mit der Wahrheit selbst? Wenn wir sagen wollen, daß Überzeugungen und Behauptungen in einem gewissen Sinn darauf abzielen, wahr zu sein, oder daß die Wahrheit von Überzeugungen und Behauptungen gemäß den Voraussetzungen der Geschichte vom Naturzustand (zumindest vom Standpunkt mancher Beteiligten) etwas Positives ist, sollten wir dann nicht auch etwas darüber sagen, was es für sie heißt, wahr zu sein?

Etwas sollten wir schon darüber sagen, aber nicht sonderlich viel. Insbesondere sollten wir uns gegen jede Forderung nach einer *Definition* der Wahrheit wehren, und zwar vor allem deshalb, weil der Wahrheitsbegriff zu einer verzweigten Menge miteinander verknüpfter Begriffe – wie z. B. Bedeutung, Bezugnahme, Überzeugung usw. – gehört und es für uns eine bessere Beschäftigung ist, die Beziehungen zwischen diesen Begriffen zu erkunden, als den Versuch zu unternehmen, den einen oder anderen dieser Begriffe als Grundlage der übrigen zu deuten. Ebenfalls richtig ist: Sofern überhaupt einer dieser Begriffe Anspruch darauf hat, verglichen mit den anderen als grundlegender und klarer zu gelten, ist es wahrscheinlich der Wahrheitsbegriff selbst. Davidson hat es so formuliert:

> Wir können nicht darauf hoffen, [den Wahrheitsbegriff] durch etwas zu fundieren, was durchsichtiger oder leichter zu verstehen wäre. Die Wahrheit ist – wie von G. E. Moore, Bertrand Russell und Gottlob Frege behauptet und von Alfred Tarski bewiesen wurde – ein undefinierbarer Begriff. Das heißt nicht, daß wir nichts Aufschlußreiches darüber sagen können, sondern das können wir durchaus, und zwar indem wir den Wahrheitsbegriff zu anderen Begriffen wie Überzeugung, Wunsch, Ursache und Handlung in Beziehung setzen. Die Undefinierbarkeit des Wahrheitsbegriffs impliziert auch nicht, daß er rätselhaft, mehrdeutig oder unzuverlässig wäre.[1]

1 Davidson (1996), S. 265.

Bei der Erörterung der Wahrheit von Überzeugungen und Behauptungen werde ich außerdem über die Wahrheit von Sätzen (die zur Äußerung von Überzeugungen und zur Aufstellung von Behauptungen benutzt werden) reden sowie über die Wahrheit von Propositionen (die ihren Inhalt bilden). Die meisten neueren Erörterungen des Wahrheitsbegriffs akzeptieren eine Forderung, die Tarski in den Mittelpunkt seiner Theorie gerückt hat.[2] Nach dieser Forderung muß jede adäquate Darstellung die Richtigkeit von (häufig als »W-Sätzen« bezeichneten) Sätzen des folgenden Typs in einem gewissen Sinn erklären:

(W1) »Schnee ist weiß« ist genau dann wahr, wenn Schnee weiß ist.

Über die Forderung, eine Analyse des Wahrheitsbegriffs müsse die Richtigkeit von W-Sätzen erklären, besteht weitgehende Einigkeit, aber längst nicht so einig ist man sich über die Frage, was das bedeute. Manche Autoren haben angenommen, wir sollten die W-Sätze im Lichte der Vorstellung lesen, in jedem Einzelfall bringe die linke Seite etwas Sprachliches ins Spiel (im Fall (W1) den deutschen Satz »Schnee ist weiß«), während die rechte Seite eine Tatsache vorführe, so daß W-Sätze eine Beziehung der *Übereinstimmung* zwischen Sprache und Welt darstellen.[3] Der Haupteinwand gegen diese Analyse des Wahrheitsbegriffs besagt zum einen, daß es kein systematisches Verfahren zur Ermittlung der den betreffenden Satz angeblich wahr machenden Tatsache gibt, und zum anderen, daß die Vorstellung, eine bestimmte Tatsache mache einen gegebenen Satz wahr, keinen nützlichen Inhalt hat.[4] Das leuchtet ein, wenn man den Hinweis

2 Tarski (1956). Die Literatur zu diesem Thema ist gewaltig angeschwollen. Siehe z.B. die Artikel in den von Platts (1980) und Soames (1984) herausgegebenen Sammelbänden.

3 Diese Ansicht wurde von Karl Popper (1935/82, 1963) vertreten. Siehe auch Searle (1998), der eine Spielart nennt, die möglichst trivial, aber dennoch interessant sein soll.

4 Zu diesem Einwand siehe z.B. Davidson (1990). Das Problem, das sich für eine Übereinstimmungstheorie ergibt, tritt in zwei Phasen auf. In der ersten Phase liegt das Problem in der Schwierigkeit, Tatsachen überhaupt für irgendeinen Zweck zu individuieren. Stephen Neale schreibt: »Die Tatsachenfreunde haben die Aufgabe, eine Theorie aufzustellen, derzufolge die Tatsachen nicht so feinkörnig sind, daß sie satzähnlich werden, und

berücksichtigt, daß W-Sätze, wenn sie uns die Vorstellung von einer »übereinstimmenden Tatsache« vermittelten, dies in ganz trivialer Form leisten müßten. Dementsprechend würde

(W2) »Ilse ist in der Küche oder Ilse ist im Garten« ist genau dann wahr, wenn Ilse in der Küche ist oder Ilse im Garten ist

auf eine disjunktive Tatsache verweisen, die den disjunktiven Satz wahr machen soll. Es ist jedoch klar, daß die Übereinstimmungstheorie, um überhaupt interessant oder intuitiv ansprechend zu wirken, sagen muß, daß der Satz »Ilse ist in der Küche oder Ilse ist im Garten«, sofern er bei einer bestimmten Gelegenheit wahr ist, von einer Tatsache wahr gemacht wird, die durch eines der beiden Disjunktionsglieder (und nicht durch das andere) wahr gemacht wird, beispielsweise durch die Tatsache, daß Ilse im Garten ist. Dieselbe Tatsache wird darüber hinaus den Satz »Jemand ist im Garten« wahr machen. In bezug auf diesen Satz fragt es sich ferner, ob wir, wenn mehr als eine Person im Garten ist, sagen sollen, er werde von *jeder* der folgenden Tatsachen wahr gemacht, nämlich daß Ilse im Garten ist, daß Maria im Garten ist usw. Ebenso wird jede dieser Tatsachen den Satz »Niemand ist im Garten« falsch machen. Doch was diesen Satz wahr machen würde, wenn er wahr wäre, wird vermutlich schlicht die Tatsache sein müssen, daß niemand im Garten ist. Und so weiter. Es gibt keine Analyse des Tatsachenbegriffs, die für diesen Zweck allgemein genug ist und zugleich mehr leistet, als den Inhalt der Sätze, deren Wahrheitsbedingungen dadurch geklärt werden sollen, in trivialer Form zu wiederholen. Das heißt also, daß es keine interessante Übereinstimmungstheorie geben kann.

Andere Autoren haben – ganz im Gegensatz zu den Vertretern der Übereinstimmungstheorie – gemeint, die Bedeutung der W-Sätze für das Verständnis des Wahrheitsbegriffs liege in dem

nicht so grobkörnig, daß sie alle zusammenklappen, bis nur noch eine einzige Tatsache übrig ist« (Neale [1995], S. 816). In der zweiten Phase stellt sich das im Text betonte Problem, daß eine Übereinstimmungstheorie, die an die genannte Aufgabe herangeht, unter dem spezifischen Zwang steht, vermeintlichen intuitiven Urteilen darüber gerecht zu werden, welche bestimmte Tatsache bei welcher bestimmten Gelegenheit einen bestimmten Satz wahr macht.

mit Hilfe dieser Sätze erbrachten Nachweis, daß eigentlich nur ganz wenig dran ist an der Idee der Wahrheit. Nach ihrer Auffassung bringen W-Sätze einfach die Beziehung zwischen zwei *Sätzen* zum Ausdruck, von denen sich einer (nämlich der linke) auf den Satz bezieht, der auf der rechten Seite steht. Das kann man im Sinne des Hinweises deuten, »wahr« sei nichts weiter als ein Mittel zur Zitattilgung oder das Wort werde gebraucht, um Zustimmung zu einer zufällig oder absichtlich nicht geäußerten Behauptung oder Klasse von Behauptungen zu signalisieren (»Was Müller gesagt hat, ist wahr«). Manche Autoren artikulieren ihre Anschauung, indem sie sagen, die Wahrheit sei keine Eigenschaft. Andere räumen ein, sie dürfe zwar als Eigenschaft gelten, dies allerdings nur trivialerweise. Solche Theorien werden »minimalistisch« genannt.[5] Auf die Einzelheiten dieser Theorien brauchen wir nicht einzugehen. Was hier eine Rolle spielt, sind bestimmte vermeintliche Konsequenzen, die man aus solchen Theorien gezogen und auf den Wert der Wahrheit übertragen hat. So hat man geltend gemacht: Da es diesen Theorien zufolge mit der Wahrheit nicht viel auf sich hat, kann es auch mit dem Wert der Wahrheit nicht viel auf sich haben. Insbesondere der Wert der Wahrheit »als solcher« sei nichtig, und daher müsse das, was manchmal »der Wert der Wahrheit« genannt wird, der Wert von etwas anderem sein: Der sogenannte Wert der Wahrheit müsse rein instrumentell sein.[6] Diese Folgerung ist ganz und gar nicht schlüssig. Die minimalistische Theorie verlangt bloß, daß

5 Diese Bezeichnung wird u. a. von Horwich (1990, 1998) verwendet, der die Wahrheit zwar als Eigenschaft gelten läßt, aber nur als völlig uninteressante Eigenschaft. Radikalere Spielarten dieser Theorie werden häufig »deflationär« genannt. Die »performative« Spielart einer solchen Theorie geht auf Ramsey zurück, siehe Ramseys Artikel »Facts and Propositions«, abgedruckt in Ramsey (1990). Quine (1970, 1990) hat die Rolle betont, die »wahr« als Mittel zur Zitattilgung spielt. Siehe die wichtige Erörterung dieser Fragen in Wright (1992). Zur Kritik siehe insbesondere Davidson (1996) und Wiggins (1980, 2001).

6 In diese Richtung ging die Argumentation in Horwich (1990), doch in Horwich (1998) ist der Autor ebenfalls der Auffassung, daß sich aus seiner Theorie keine spezielle Einstellung zum Wert der Wahrheit ergebe. Dem fügt er hinzu: Falls es im Hinblick auf den Gedanken, die Wahrheit sei ein intrinsisches Gut, ein Problem gebe, liege dieses nicht im Wahrheitsbegriff, sondern im Begriff des intrinsischen Guts (S. 62).

Vorkommnisse des Worts »wahr« eliminiert und durch Bezugnahme auf Sätze oder Propositionen ersetzt werden können. Nehmen wir um der Argumentation willen an, dieses Vorhaben lasse sich durchführen. Dann könnte man die These

(V1) Es gibt Dinge, in bezug auf die wir der Wahrheit ganz unabhängig von etwelchen instrumentalistischen Interessen einen recht hohen Wert beilegen

wie folgt wiedergeben:

(V2) Für einige P gilt: Wir interessieren uns erheblich für die Frage, ob P, und wollen überzeugt sein, daß P, wenn P der Fall ist, und überzeugt sein, daß nicht-P, wenn nicht-P der Fall ist, und zwar ganz unabhängig von irgendwelchen sonstigen Vorteilen, die sich aus dieser Fragestellung oder dieser Überzeugung ergeben.

Von Kritikern derartiger Formulierungen ist der überzeugende Einwand erhoben worden, in ihnen spiele der Buchstabe »P« eine verhängnisvoll inkohärente Rolle.[7] Sollte dieses Problem nicht lösbar sein, scheitert der Minimalismus sowieso; doch wenn er sich über solche Probleme hinwegretten kann und wirklich eine Möglichkeit besteht, Sätze wie (V2) kohärent zu deuten, dann wird (V2) eine adäquate Wiedergabe von (V1) sein. Es gibt nichts, was den Minimalismus an eine instrumentalistische Auffassung des Werts der Wahrheit fesselt.

Die Art der Einstellung, die in (V1) zum Ausdruck gebracht wird, setzt natürlich voraus, daß die fraglichen Dinge interessant sind. Selbst wenn wir von reiner Neugier getrieben werden, richtet sich unsere Neugier nicht auf alles. Außerdem muß, ob eine bestimmte Frage interessant ist, in weitem Sinne relativ zu unseren Anliegen sein, doch das impliziert nicht, daß unser Interesse an jener Frage instrumentell oder in Wirklichkeit auf etwas anderes gerichtet sein muß. Ein Interesse an Musik, und zwar an einer bestimmten Form von Musik, ist offensichtlich relativ zu der Herkunft des Betreffenden, zu seinem Temperament, seiner Er-

7 Bei der Quantifikation »Für einige P ...« umfaßt der Gegenstandsbereich Propositionen, und offene Sätze wie »Φ(P)« werden in angemessener Form geschlossen, indem man »P« durch einen Namen ersetzt. Aber in »... überzeugt sein, daß P, wenn P der Fall ist« usw. vertritt »P« einen Satz. Siehe Davidson (2001), S. 39f., Wiggins (2001).

fahrung usw. Aber es wäre schlicht ein reduktionistischer Zaubertrick, wollte man daraus den Schluß ziehen, ein Interesse an Musik sei in Wirklichkeit ein Interesse an etwas anderem als Musik.[8]

2. Behauptungen und Wahrheit

> A sentence uttered makes a world appear
> Where all things happen as it says they do;
> We doubt the speaker, not the words we hear;
> Words have no words for words that are not true.
> – *W. H. Auden*[9]

Im vorigen Kapitel habe ich gesagt: Ganz unabhängig von der Frage, ob GENAUIGKEIT und AUFRICHTIGKEIT eventuell einen über das Instrumentelle hinausgehenden Wert haben, müsse eine Erklärung des instrumentellen Werts ihrerseits auf Begriffen der Überzeugung und der Behauptung beruhen, die irgendwie wesentlich mit dem Wahrheitsbegriff verknüpft sind. Jetzt müssen wir die Frage betrachten, in welcher Weise sie mit diesem Begriff verknüpft sind und in welchem Verhältnis sie zueinander stehen.

Philosophen bedienen sich häufig der Formulierung, daß Behauptungen auf die Wahrheit »abzielen« bzw. daß Sprecher, indem sie Behauptungen aufstellen, auf die Wahrheit abzielen. Im gleichen Sinne wird auch gesagt, Wahrheit sei die »Norm der Be-

8 Jane Heal (1978/88) hat geltend gemacht, daß wir, wenn wir der Wahrheit einen Wert beilegen, auch unserem Verhältnis zur Wahrheit – beispielsweise dem Glauben an sie – einen Wert beilegen müssen. Daher müßten wir, sofern wir der Wahrheit einen intrinsischen Wert beilegen, irgendeine wahre Aussage schon allein deshalb, weil sie wahr ist, glauben wollen. Also müßten wir jede Wahrheit glauben wollen, und das sei absurd. Hier wird »intrinsisch« (als Gegensatz zu »instrumentell«) so aufgefaßt, daß damit »an und für sich« oder »um seiner selbst willen« in einem Sinne mitgemeint ist, der alle sonstigen das Interesse determinierenden Faktoren ausschließt. Das ist unvernünftig. »Er liebt die Musik an und für sich« oder ». . . um ihrer selbst willen« impliziert nicht, daß es keine Musik gibt, die der Betreffende nicht hören will.

9 Auden (1976), S. 473, »Words«.

hauptung«. Genausogut kann man auch sagen, bei Behauptungen gehe man davon aus, daß sie wahr seien, oder – eine hilfreiche Mehrdeutigkeit ausnutzend – bei Behauptungen erwarte man, daß sie wahr seien.[10] An diesen Formulierungen muß etwas dran sein. Sie deuten auf etwas für die Sprache Fundamentales hin, auf ein Merkmal der Sprache, das wir bereits in der Geschichte vom Naturzustand vorausgesetzt haben: In diesem Zustand muß es Sprecher geben, die Sätze unter Umständen äußern, unter denen sie beanspruchen oder so verstanden werden, als beanspruchten sie, daß ihre Sätze wahr sind (oder so ähnlich). Zur selben Zeit besagt der Zusammenhang zwischen Behauptung und Wahrheit etwas über den Witz der Unterteilung der Sätze in wahre und falsche. Dies ist nicht bloß eine Klassifizierung neben anderen, denn wo das Wahre und das Falsche überhaupt zur Debatte stehen, muß das Ziel des Sprechens in einem gewissen Sinn darin bestehen, nicht das Falsche, sondern das Wahre zu äußern und zu behaupten.[11]

Doch welches ist eigentlich der Zusammenhang zwischen Behauptung und Wahrheit? Sofern es für Behauptungen konstitutiv ist, daß sie Normen – insbesondere Normen der Wahrheit – unterliegen, fragt es sich, welche Normen das sind und in welcher Weise die Behauptungen ihnen unterstehen.[12] Hier können wir von einem einleuchtenden Gegensatz ausgehen. Auch von Überzeugungen kann man sagen, daß sie auf die Wahrheit abzie-

10 Betont und entfaltet werden solche Vorstellungen in Brandom (1994), siehe vor allem S. 16f. und Kapitel 3. Es gibt eine Argumentation, die zeigen soll, daß es falsch oder nichtssagend sei zu sagen, daß wir bzw. unsere Behauptungen oder Untersuchungen »auf die Wahrheit abzielen«. Diese Argumentation beruht auf folgendem Gedanken: Abstrakt gesehen, scheinen wir zwar in der Lage zu sein, einen Unterschied zu machen zwischen einer Situation, in der es wahr ist, daß P, und einer Situation, in der man lediglich glaubt, daß P wahr ist, doch im Einzelfall können wir diese Unterscheidung nicht wirksam durchhalten, denn unsere Meinung, daß eine Situation der ersten Art gegeben sei, ist nichts weiter als ein Spezialfall der zweiten Situation. Um diese Form der Argumentation geht es hier nicht. Darauf zu sprechen komme ich im 6. Kapitel, Abschnitt 2.

11 Darauf hat Michael Dummett schon vor langer Zeit hingewiesen, siehe »Truth« (1959), abgedruckt in Dummett (1978).

12 Diese Fragen stellt Timothy Williamson (1996). Anmerkungen zu seinem speziellen Vorschlag findet der Leser weiter unten in Abschnitt 3.

len, daß ihnen Wahrheit unterstellt wird, daß sie Normen der Wahrheit unterliegen. Es ist ein Einwand gegen eine Überzeugung, wenn man sagt, sie sei falsch. Ja, im Fall einer Überzeugung ist es sogar ein *verhängnisvoller* Einwand, denn wenn der Träger der Überzeugung den Einwand gelten läßt, gibt er diese Überzeugung damit preis – zumindest zieht sie sich in sein Unterbewußtsein zurück: Wenn jemand einsieht, daß der Inhalt seiner Überzeugung falsch ist, hört er schon allein deshalb auf, daran zu glauben. Es gibt jedoch keine vergleichbare Hinsicht, in der Falschheit ein verhängnisvoller Einwand gegen eine Behauptung wäre.

Im Hinblick auf »Behauptung« besteht, ebenso wie im Hinblick auf »Überzeugung«, eine Doppeldeutigkeit in puncto Akt/Gegenstand. Das Wort kann sich auf das beziehen, was jemand behauptet (den Inhalt seiner Behauptung) oder auf sein Behaupten dieses Inhalts. Im Akt-Sinn von »Behauptung« kann es viele sonstige Einwände gegen eine Behauptung geben, etwa daß sie grob, taktlos, dekuvrierend usw. ist. Falschheit ist gewiß ein Einwand gegen eine Behauptung. Intuitiv gewinnt man vielleicht den Eindruck, daß Falschheit ein fundamentalerer Einwand sei als jene anderen Einwände, und genauso muß es sich offenbar verhalten, wenn der hier untersuchte Gedankengang richtig ist. Man könnte meinen, es gebe eine einfache Erklärung dafür, weshalb dieser Einwand fundamentaler ist: Falschheit sei eine Eigenschaft, die nicht dem Akt, sondern dem Inhalt zukomme, und daher sei der Einwand der Falschheit ein Einwand, der sich nicht gegen den Akt, sondern gegen den Inhalt richte. Das wäre jedoch ein klarer Irrtum. Was A behauptet – der Inhalt seiner Behauptung – kann genausogut das sein, was von B vermutet oder von C bestritten wird. Es ist nichts weiter als ein Inhalt – es ist das, was Frege den »Gedanken« genannt hat. Wenn der Inhalt falsch ist, ist er es in allen diesen Zusammenhängen oder Darstellungsformen. Ein Einwand ist die Falschheit des Inhalts jedoch nur im Fall von A, aber nicht im Fall von B und (erst recht) nicht im Fall von C. Der Einwand gegen A's Behauptung gründet zwar in einer Tatsache, die den Inhalt der Behauptung betrifft, aber der Einwand richtet sich dagegen, daß der Betreffende diesen Inhalt behauptet. Ebenso kann man nicht sagen, die übrigen Formen von Einwänden gegen die Behauptung einer Person gründeten nicht im Inhalt, sondern richteten sich nur gegen den Akt der Behauptung – schließlich ist es der Inhalt, durch den die Behauptung unter den gegebenen Umständen beleidigend, taktlos oder sonst etwas wird.

Ist Falschheit der Haupteinwand gegen eine Behauptung, weil sie der einzige universelle Einwand ist – der Einwand, den jede Behauptung einfach deshalb, weil sie eine Behauptung ist, gelten lassen oder widerlegen muß? Oder, um es ein wenig anders zu formulieren: Ist sie der einzige absolute Einwand, während die anderen in unterschiedlicher Form relativ sind und von Hörern, Umständen usw. abhängen? Was taktlos oder grob ist, wenn man es zu einem Hörer sagt, ist nicht taktlos oder grob, wenn man es zu einem anderen sagt; aber was falsch ist, bleibt falsch – egal, wer zuhört.[13] Doch jetzt hängt alles davon ab, was als »Einwand« gilt. Niemand kann die Ansicht vertreten, daß A, wenn seine Behauptung als falsch erkannt wird, diese Behauptung folglich nicht hätte aufstellen sollen. Es kann ja sein, daß er sie in gutem Glauben, aufgrund überzeugender Indizien oder dergleichen geäußert hat. Im Fall der Überzeugung gab es eine solche Implikation ebenfalls nicht: Wenn sich etwas, was man geglaubt hat, als falsch erweist, folgt daraus nicht, daß man es nicht hätte glauben sollen. Was tatsächlich daraus folgt, ist, daß man, sofern man die Falschheit einsieht, die Überzeugung nicht länger vertritt – eben darin bestand das Verhängnisvolle des Einwands. Wird sich also der Einwand der Falschheit insofern verhängnisvoll auf eine Behauptung auswirken, als jemand, der die Falschheit einer seiner Behauptungen einsieht, diese hinfort nicht mehr äußern kann? Nein, denn es ist leider wahr, daß er sie durchaus weiter äußern kann. Vielleicht *sollte* er es nicht tun, aber das erinnert uns bloß an etwas, was wir ohnehin schon wußten, nämlich daß Falschheit ein möglicher Einwand gegen Behauptungen ist, aber es zeigt keineswegs, daß dieser Einwand verhängnisvoll wäre. Allenfalls könnte man geltend machen, daß der Sprecher nicht fortfahren könne, diese Behauptung vor denselben Hörern

13 Ein variabler oder relativer *Inhalt*, der unter verschiedenen Umständen zu verschiedenen Wahrheitswerten führen könnte, steht hier nicht zur Debatte. In diesem Zusammenhang ist vorausgesetzt, daß der Inhalt einer gegebenen Behauptung hinsichtlich Bedeutung und Bezug feststeht (auch wenn der Inhalt in diesen Hinsichten von Indikatoren herrührt).

zu wiederholen oder vielmehr (und das ist eine erhebliche Einschränkung): vor Hörern, von denen er weiß, daß sie die Falschheit ebenfalls erkannt haben. Zumindest wäre (wie man vielleicht sagen kann) in diesem Fall das, was er vorbrächte, keine Behauptung mehr. Doch sofern dies der springende Punkt ist, wird uns die Vorstellung von der Absolutheit des Einwands der Falschheit abhanden gekommen sein.

Es gibt keine Hinsicht, in der die Falschheit – in der gleichen Weise wie bei Überzeugungen – einen verhängnisvollen Einwand gegen Behauptungen darstellt. Im Grunde müssen wir erst noch herausfinden, in welchem präzisen Sinn Falschheit überhaupt einen Einwand darstellt.

Michael Dummett schreibt an einer Stelle:

> Die Wurzeln von Wahrheit und Falschheit liegen in der Unterscheidung zwischen den beiden folgenden Möglichkeiten: Ein Sprecher kann, wenn er eine Behauptung aufstellt, objektiv *recht* oder *unrecht* haben mit dem, was er sagt. Gerade weil der Begriff der Behauptung tatsächlich so fundamental ist, fällt es schwer, ihn auf eine Weise zu erklären, die nicht voraussetzt, daß andere Begriffe, die mit Sprache zu tun haben – oder zumindest psychologische Begriffe wie Absicht und Überzeugung –, bereits verstanden sind. Es liegt jedoch auf der Hand, daß im Hinblick auf alles, was sich als Behauptung klassifizieren läßt, das Verständnis der Kraft der Äußerung davon abhängt, daß man eine Vorstellung davon hat, was es heißt, der Sprecher habe recht oder unrecht, indem er das und das sagt [...]. Nehmen wir an, eine assertorische Äußerung sei derart, daß es innerhalb einer endlichen Zeitspanne effektiv möglich ist zu ermitteln, ob der Sprecher mit seiner Äußerung recht oder unrecht hatte; und nehmen wir ferner an, er habe nicht recht gehabt, so daß er nun gezwungen ist, seine Aussage zurückzunehmen. Welchen möglichen Inhalt könnte dann die Annahme haben, die jene Aussage regulierenden Konventionen seien trotzdem so beschaffen, daß [...] der Sprecher in Wirklichkeit nicht *unrecht* hatte? Wie hätte er sich schlimmer irren können als dadurch, daß er etwas gesagt hat, dessen Unrichtigkeit stichhaltig nachgewiesen wurde – als dadurch, daß er gezwungen wurde, das Gesagte zurückzunehmen?[14]

Was mich interessiert, sind die Umstände, von denen Dummett an dieser Stelle wie selbstverständlich voraussetzt, daß es diejenigen seien, unter denen eine Behauptung bewertet werde.[15] Es

14 Dummett (1978), Vorwort, S. XVII. Die Hervorhebungen stammen von Dummett selbst.

15 Dummett macht eine weitere Voraussetzung, die er nicht wirklich aus-

ist bemerkenswert, daß er die Frage, ob der Sprecher »mit dem Gesagten recht gehabt hat«, mit der Frage gleichsetzt, ob der Sprecher »recht hatte, indem er es sagte«. Die Frage, um die es Dummett geht, ist die erstere. Ihm schwebt eine Situation vor, in der »die Unrichtigkeit des vom Sprecher Gesagten stichhaltig nachgewiesen« wurde, um es im Sinne des letzten Satzes des angeführten Zitats zu sagen. Diese Formulierung deckt zwar mehrere Möglichkeiten ab, aber ich fasse sie so auf, daß damit gemeint ist, der Sprecher werde zumindest mit einleuchtenden Beweisen dafür konfrontiert, daß das vom ihm Gesagte falsch ist. Dann, so behauptet Dummett, ist er »gezwungen, das Gesagte zurückzunehmen«. *Gezwungen*? Wie? Von wem? Wozu?

In diesem Reden von Zwang und Druck steckt offenbar eine Mischung verschiedener Notwendigkeiten. Machen wir zunächst folgende Annahme: Ein Sprecher wird mit Informationen konfrontiert, die offenkundig beweisen, daß seine Äußerung falsch ist; er räumt die Wahrheit der vorgelegten Informationen ein, gibt aber trotzdem nicht zu, daß das von ihm Gesagte falsch ist, und kann überhaupt nicht erläutern, wie das möglich sein soll. Dadurch kann in Frage gestellt werden, was der Sprecher eigentlich gemeint hat, denn jetzt ist vielleicht unklar, was er als Verifizierung oder Falsifizierung seiner Aussage gelten lassen würde. Die gleiche Feststellung träfe aber auch dann zu, wenn es um etwas ginge, was der Sprecher vermutet, vorschlägt usw. Es ist eine Feststellung bezüglich der Zusammenhänge zwischen Bedeutung, Wahrheit und Inhalt, ohne daß sie speziell die Behauptung beträfe. Allerdings ruft sie uns dies in Erinnerung: Wenn wir nach Normen suchen, die Wahrheit und Behauptung miteinander verbinden, werden wir sie nicht finden, indem wir uns darauf beschränken, den Wahrheitsbegriff und den Begriff der Äußerung eines Satzes zusammenzubringen. David Lewis hat einmal gesagt, die Konvention, mit deren Anerkennung ein Sprecher eine bestimmte Sprache $\mathfrak{L}$ gebrauche, sei die Konvention der Wahrhaftigkeit in $\mathfrak{L}$, was soviel heiße wie »sich bemü-

formuliert, und zwar: Wenn im Rahmen einer endlichen Zeitspanne herausgebracht wird, daß der Sprecher mit dem, was er gesagt hat, unrecht gehabt hat, soll dieser Sprecher immer noch präsent sein, um seine Aussage zurückzunehmen.

hen, nie Sätze von 𝔏 zu äußern, die in 𝔏 nicht wahr sind«.[16] In Lewis' Begriff der Wahrhaftigkeitskonvention steckt mehr, als diese Worte implizieren, aber sicher ist, daß diese Formulierung nicht richtig sein kann. In allen möglichen Kontexten kann es angemessen sein, falsche Sätze zu äußern, d. h. von sich zu geben.

Wir kommen dem Begriff der Behauptung näher, wenn wir einige der anderen Notwendigkeiten aufgreifen, die implizit in Dummetts Beschreibung enthalten sind. Bereits festgehalten haben wir folgenden Punkt: Wenn der Sprecher zugibt, daß er sich geirrt hat, und dann fortfährt, das gleiche gegenüber Personen zu sagen, die ihm selbst gezeigt haben, daß seine Äußerung falsch war, kann leicht unverständlich werden, worauf es der Sprecher abgesehen hat. Ist der Sprecher hingegen aufrichtig, verantwortungsbewußt usw. und ist überzeugt worden, daß er sich geirrt hat, wird er das gleiche gegenüber niemandem mehr behaupten, auch nicht gegenüber Personen, die nicht wissen, daß es falsch ist; und es kann sein, daß er diese Hemmung unter manchen Umständen als Notwendigkeit erlebt: Dieser Person (zumindest) *kann* er *nicht* sagen, was er für unwahr hält. (Er besitzt die Tugend der Aufrichtigkeit in einer ihrer Formen.) Außerdem wird er, wenn er etwas nach eigener Überzeugung Unwahres behauptet und dabei erwischt wird, recht häufig – wenn auch nicht immer – zum Gegenstand der Kritik. Im Extremfall wird er, sofern er zu Schamgefühlen imstande ist, beschämt sein, und diese Möglichkeit kann den Vorstellungen von Zwang und Druck einen weiteren, einen sozialen Sinn verleihen.

Den Begriff der Behauptung können wir nur dann so verstehen, daß wir uns auf diese verschiedenen Reaktionen einen Reim machen können, wenn wir Dummetts Vorschlag folgen und psychologische Begriffe wie Überzeugung und Absicht ins Spiel bringen. Nehmen wir uns das erste Phänomen vor, nämlich daß

16 Lewis (1983), S. 167. Ähnliche Probleme stellen sich ein, wenn man das Wort »sagen« gebraucht. Jennifer Hornsby setzt »Hanne sagt etwas zu Lene, indem sie einen Satz äußert, der P bedeutet« mit »Hanne sagt, daß P, zu Lene« gleich, doch diese Gleichsetzung muß vorschnell sein, denn »sagen, daß« ist eine Variante von »behaupten, daß« (Hornsby [2000], S. 91 ff.). Ein Grund, weshalb derartige Formulierungen womöglich attraktiv wirken, wird weiter unten in Abschnitt 2 genannt, siehe auch Anm. 20.

man im Regelfall aus niemandem klug wird, der offenbar etwas behauptet, was er selbst nicht glaubt, und seine Äußerung an Personen richtet, von denen er genau weiß, daß sie wissen, daß er es nicht glaubt. Hier könnte eine Erklärung wie folgt lauten: Eine Behauptung ist eine Äußerung, mit der man es herbeizuführen beabsichtigt, daß der Hörer von ihrem Inhalt überzeugt ist; und das ist eine Absicht, die der Sprecher unter diesen Umständen nicht sinnvoll haben kann. Damit wird die Behauptung entschieden in einen Kontext eingeordnet, in dem eine Person einer anderen etwas *mitteilt*. Diesen Gedanken könnten wir zu erfassen versuchen, indem wir sagen: Wenn P von A gegenüber B behauptet wird, besagt die Grundidee, daß A einen an B gerichteten Satz mit der Absicht äußert, es herbeizuführen, daß B glaubt, daß P. Damit ist noch nicht alles geliefert, was für eine solche Erklärung benötigt wird, denn es sagt nicht genug über den von A geäußerten Satz. Um dies anhand eines Beispiels von John Searle[17] zu erläutern: Ein im Zweiten Weltkrieg gefangener Amerikaner möchte seine italienischen Wärter glauben machen, er sei Deutscher, indem er den einzigen ihm bekannten deutschen Satz äußert: »Kennst du das Land, wo die Zitronen blühn?« Das macht es aber nicht wahr, daß er, indem er dies sagt, behaupte, er sei Deutscher. Um mit diesem Einwand fertigzuwerden, können wir folgende zusätzliche Bedingung einführen: Der von A geäußerte Satz müsse *bedeuten, daß P*. (Freilich, wenn es hier darum ginge, den Bedeutungsbegriff zu erklären, wäre diese Bedingung nicht hilfreich. Wir versuchen aber gar nicht, den Bedeutungsbegriff zu erklären, sondern wir bemühen uns bloß um eine Klarstellung des Behauptungsbegriffs.)

Im Rahmen dieses Vorschlags können wir einen Ort für die AUFRICHTIGKEIT ausfindig machen: Eine aufrichtige Behauptung wird eine sein, die von jemandem aufgestellt wird, der selbst glaubt, daß P. Damit wird uns immerhin eine Klasse von Behauptungen geliefert, die aufrichtig sind, obwohl hinzugesetzt werden muß, daß es von sich aus nichts dazu beiträgt, zu erklären, warum die AUFRICHTIGKEIT offenbar so grundlegend mit dem

17 Searle (1969), S. 44. Searles Beispiel richtete sich gegen einen komplexeren Vorschlag von Grice, mit dem erklärt werden sollte, was es mit dem Begriff »was der Sprecher meint« auf sich hat. Die (noch komplexere) Replik von Grice findet sich in Grice (1989), S. 100ff.

Gedanken der Behauptung verknüpft ist. Es wären weitere, über diese Darstellung des Behauptungsbegriffs hinausgehende Überlegungen nötig, um zu erklären, warum von Behauptungen Aufrichtigkeit erwartet wird oder warum sogar von ihnen erwartet wird, daß sie wahr sind (um meine Anfangsformulierung zu gebrauchen).

Es wäre nicht unmöglich, wenn auch vielleicht nicht sonderlich reizvoll, derartige Überlegungen an diese Darstellung anzuheften. Aber in dieser Richtung sollten wir überhaupt nicht weitermachen, denn es gibt einen Einwand, der sich generell gegen diese Art der Darstellung richtet: Es trifft einfach nicht zu, daß jemand, der eine Behauptung aufstellt, glauben muß, damit informiere er seinen Hörer. Was Searle »eine Vorbedingung« für die Behauptung von P genannt hat – nämlich daß es für Sprecher und Hörer nicht auf der Hand liegen dürfe, daß der Hörer weiß, daß P[18] –, ist in Wirklichkeit gar keine für Behauptungen geltende Bedingung, wenn auch zweifellos eine Bedingung für einige andere Sprechakte, wie z. B. jemanden über etwas informieren. Schon im vorigen Kapitel wurde darauf hingewiesen, daß die Menschen ständig Wahrheiten äußern, von denen sie wissen, daß sie für ihre Hörer genauso offenkundig sind wie für sie selbst; und wenn P eine solche offenkundige Wahrheit ist, hat der Sprecher dennoch behauptet, daß P. Dabei geht es nicht bloß darum, ein nebensächliches Gegenbeispiel zu nennen. Daß Sprecher das völlig Offensichtliche behaupten, ist, wie wir ebenfalls schon gesehen haben, überaus wichtig, vor allem für jene Vorgänge, durch die Sprache gelernt wird. Wenn ein kompetenter Sprecher eine durch den Satz »S« ausgedrückte offenkundige Wahrheit gegenüber einem die Sprache lernenden Kind äußert, ist es nur selten hilfreich, sein Tun mit den Worten zu kennzeichnen, er informiere das Kind über diese Wahrheit. In manchen Fällen könnte man sagen, der Sprecher könne das gar nicht, denn das Kind sei noch gar nicht dazu in der Lage, die Sache zu begreifen. Das Ziel der Äußerung des Sprechers besteht darin, dem Kind zum Verständnis zu verhelfen und es so in eine Lage zu versetzen, in der es über dergleichen Dinge informiert werden kann. In vielen anderen Fällen können wir die interessantere

18 Searle (1969), S. 65.

Feststellung treffen, in dieser oder jener Form sei das Kind bereits von der durch »S« ausgedrückten Wahrheit überzeugt, und gerade weil dem Kind vorreflexiv klar ist, daß dieselbe Wahrheit auch für den Sprecher offenkundig ist, können dem Kind durch die Äußerung des Sprechers Wörter zur Äußerung dieser Überzeugung beigebracht werden. Der Sprecher sagt z. B.: »Eben ist die Katze von der Mauer gesprungen«, und damit bringt er dem Kind Wörter für eine Überzeugung bei, die das Kind, indem es die Katze von der Mauer springen sah, in irgendeiner Form bereits hat.

Daneben erfüllen offenkundig wahre Aussagen auch noch andere Funktionen. Sie erinnern uns daran, daß wir an derselben Welt teilhaben und dieselben Dinge hervorstechend finden, und sie helfen uns ermitteln, wo wir der gleichen und wo wir geteilter Meinung sind. Man denke etwa an die Gespräche, die wir in unserem Leben führen, wenn wir einen Jahrmarkt, eine Ausstellung oder ein Wahrzeichen besuchen, und ähnliche Unterhaltungen finden in jeder Gesellschaft statt. Freilich, wie die Geschichte vom Naturzustand von Anfang an deutlich gezeigt hat, sind Weitergabe und Aufdeckung von Informationen eine Grundfunktion der Sprache, aber daraus folgt nicht – und das ist sehr wichtig –, daß diese Funktion in der Erläuterung des Behauptungsbegriffs selbst vorkommen muß. Diese Erläuterung muß nichts weiter leisten als uns verstehen helfen, in welcher Form die Behauptung bei diesem Vorgang ihre Rolle spielt.

Lassen wir den Hinweis auf die Beeinflussung der Überzeugungen des Hörers fallen. Dann könnte es so aussehen, als laufe die Grundidee der Behauptung schlicht darauf hinaus, daß der Sprecher eine Überzeugung ausdrückt, indem er einen angemessenen Satz äußert. Strikter formuliert, könnte man sagen: A behauptet, daß P, indem er einen Satz äußert, der bedeutet, daß P, und damit zugleich seine Überzeugung ausdrückt, daß P. Das kann aber nicht die einzige Art von Behauptung sein. A kann seine Überzeugung, daß P, nur dann ausdrücken, wenn er diese Überzeugung wirklich hat, d. h. dann, wenn er aufrichtig ist. Eine Erläuterung des Behauptungsbegriffs muß aber auch für unaufrichtige Behauptungen Platz lassen, und der bisherige Vorschlag tut das nicht.

Was tut jemand, der unaufrichtig Behauptungen aufstellt? In einem gewissen Sinn tut er so, als bringe er seine Überzeugung zum Ausdruck, und das bedeutet ebenso wie im Fall aller übrigen Vorspiegelungen, daß er bis zu einem bestimmten Punkt genau dasselbe tut wie jemand, der die echte Handlung vollzieht: So äußert er z. B. den gleichen Satz in der gleichen Manier wie jemand, der eben diese Überzeugung zum Ausdruck bringt. Bei Homer steht eine Formulierung, die diesen Gedanken auf ganz natürliche Weise erfaßt und – indem sie ihn (zu Recht) als ganz unkompliziert hinstellt – einige der implizit darin steckenden Komplexitäten andeutet. Als Odysseus in verkleideter Gestalt nach Hause zurückkehrt und Penelope eine Menge Lügen auftischt, heißt es im Gedicht: »Er sprach und sagte viele falsche Sachen, die wie wahre Sachen waren.«[19] Das bedeutet sowohl, daß er wie jemand redete, der diese Sachen glaubt, als auch daß es sich um Sachen handelte, im Hinblick auf die er den Eindruck erweckte, es sei vernünftig, sie für richtig zu halten.

Es ist verlockend zu sagen, daß jemand, der unaufrichtig behauptet, daß P, *so tut, als ob* er die Überzeugung, daß P, ausdrücke. Diese Formulierung träfe aber genausogut auf jemanden zu, der sich beispielsweise ironisch äußert. Dabei geht es nicht nur darum, daß Ironie etwas anderes ist als Täuschung, sondern auch darum, daß eine ironische Behauptung keine Behauptung ist. Wenn jemand apropos eines peinlichen Versuchs, witzig zu sein, sagt: »Das war höchst amüsant«, behauptet er weder, der Versuch sei amüsant gewesen (denn er meint ja nicht, was er sagt), noch behauptet er, der Versuch sei nicht amüsant gewesen (denn das sagt er nur implizit). Die genannte Formulierung träfe auch auf jemanden zu, der nur *so tut, als stelle er eine Behauptung auf*. Das von beiden Einwänden aufgeworfene Problem besteht darin, daß der Begriff »so tun, als ob« als solcher nicht ausreicht, um die beabsichtigte Wirkung auf den Hörer präzise genug zu erläutern. Meiner Ansicht nach ist klargeworden, daß wir zur Erläuterung des Begriffs der unaufrichtigen Behauptung auf die Vorstellung zurückgreifen müssen, der Sprecher mache den

19 Odyssee XIX, 203. Diese Formel kommt auch bei Hesiod vor, *Theogonie*, 27. Siehe West (1966) zu dieser Stelle. Zur Kraft des hier mit dem Wort »wahr« wiedergegebenen griechischen Worts (*etymos*) siehe die »Schlußbemerkung«.

Versuch, die Überzeugungen des angesprochenen Hörers zu beeinflussen. Ich habe bereits darauf hingewiesen, daß aufrichtige Behauptungen nicht unbedingt das Ziel haben müssen, den Hörer zu informieren; aber unaufrichtige Behauptungen haben durchweg das Ziel, den Hörer falsch zu informieren. In erster Linie zielen solche Behauptungen darauf ab, den Hörer mit Desinformationen über die Sachlage – die Wahrheit der vom Sprecher geäußerten Behauptungen – zu versorgen. In zweiter Linie kann es sein, daß sie nur darauf abzielen, den Hörer falsch über die Meinungen des Sprechers zu informieren: Vielleicht weiß der Sprecher, daß der Hörer die falschen Behauptungen des Sprechers nicht glauben wird, aber dennoch möchte er den Hörer glauben machen, der Sprecher selbst sei davon überzeugt. Demnach sollten wir sagen, folgendes seien die Standardbedingungen dafür, daß A behauptet, daß P:

A äußert einen Satz »S«, der seinerseits bedeutet, daß P, womit A entweder seine Überzeugung, daß P, ausdrückt oder der angesprochenen Person weiszumachen beabsichtigt, er glaube, daß P.

Das soll keine strenge Aufstellung hinreichender und notwendiger Bedingungen sein. Gerade auf diesem Gebiet ist es meiner Ansicht nach unmöglich, etwas Derartiges zu liefern, ohne zirkulär zu argumentieren. Allerdings halte ich diese Formulierung für eine adäquate Erläuterung des eigentlichen Wesens der Behauptung. Sie erklärt den Zusammenhang zwischen Behauptung und Wahrheit und stellt der Aufrichtigkeitserwartung einen natürlichen Ort zur Verfügung. Außerdem paßt sie gut zu einem Gedanken, den Williamson wie folgt ausdrückt: »Der in natürlichen Sprachen automatisch unterstellte Gebrauch von Aussagesätzen ist das Aufstellen von Behauptungen.«[20] Das fasse ich wie folgt auf: Wenn ein Sprecher einen Aussagesatz so äußert, daß er nicht als Bestandteil eines umfassenderen Satzes (sondern, wie man sagen könnte, allein) vorkommt, ohne daß die Umstände irgendwie besonders wären, wird er so verstanden, als habe er das, was mit diesem Satz gemeint ist, behauptet. Etwas in dieser

20 Williamson (1996), S. 511. Einen ähnlichen Gedanken könnte man bei wohlwollender Interpretation mit den bereits kritisierten Formulierungen von Lewis und Hornsby in Verbindung bringen, siehe oben und Anm. 16.

Richtung ergibt sich aus der bisher gegebenen Darstellung. Wenn wir die gleiche Sprache sprechen wie ein Sprecher, der unter solchen Umständen »S« von sich gibt, werden wir davon ausgehen, daß er eine Überzeugung ausdrückt, die wir als Überzeugung, daß S, beschreiben werden; zumindest werden wir annehmen, daß er das gleiche tut wie jemand, der auf diese Weise eine solche Überzeugung ausdrückt. Welchen besseren Ausdruck könnte es für diese Überzeugung geben als diesen Satz? Und welche andere Überzeugung könnte durch eine Äußerung dieses Satzes besser ausgedrückt werden? Natürlich gibt es darüber hinaus weitere Möglichkeiten, die eigenen Überzeugungen zum Ausdruck zu bringen. Man darf wohl sagen, daß jemand, der behauptet, daß P, und dabei aufrichtig ist, etwas sagt, was ein *unmittelbarer Ausdruck* seiner Überzeugung, daß P, ist.

Man mag sich fragen, warum die Erläuterung disjunktive Form annehmen soll. Könnte man nicht in einfacherer Form sagen, ein Sprecher – einerlei, ob aufrichtig oder nicht – behaupte, daß P, wenn er mit der Äußerung »S« (wo »S« bedeutet, daß P) beabsichtigt, sein Hörer möge glauben, er (der Sprecher) sei überzeugt, daß P?[21] Doch damit deutet man die aufrichtige Behauptung in zu hohem Maße im Licht der Unaufrichtigkeit und schenkt damit den Wirkungen zuviel Aufmerksamkeit. Der Sprecher kann aufrichtig und auch mit bestimmter Absicht behaupten, daß P, ohne anzunehmen, sein Hörer halte ihn für aufrichtig, und ohne sich darum zu scheren, ob der Hörer ihn dafür hält oder nicht. Wenn wir eine einheitliche Formel wollen, werden wir vielmehr sagen müssen, der Sprecher behaupte, daß P, wenn er beabsichtigt, seine Äußerung möge als Ausdruck der Überzeugung, daß P, aufgefaßt werden. Doch derartige Formulierungen setzen den Begriff »Ausdruck der Überzeugung« voraus und versetzen uns zurück in eine Lage, in der wir anerkennen, dieser Begriff müsse als erster verstanden werden, während der Begriff der Unaufrichtigkeit parasitär davon zehre.

Ganz allgemein gesprochen, ist es richtig, daß wir verstehen müssen, was »x tun« heißt, ehe wir verstehen können, was es

21 Vgl. Grice (1989), S. 123. Der von Grice gemachte Vorschlag ist komplizierter als dieser, denn er beruft sich auf die komplexere Art von Absicht, die seiner Bedeutungstheorie als Grundlage dient.

heißt, so zu tun, als tue man x. Aber im Fall der Überzeugung (und umfassender ausgedrückt: in Fällen, in denen ein Gefühl oder eine Einstellung ausgedrückt wird) kommt ein weiterer und höchst wichtiger Punkt hinzu, nämlich daß Äußerungen von Überzeugungen in ihrer elementarsten Form spontan sind. Das heißt nicht, daß die Äußerung unwillkürlich ist, obwohl auch das unter manchen Umständen richtig sein kann. Im grundlegendsten Fall bezieht sich die Unwillkürlichkeit der Äußerung zwar nicht, wie man sagen könnte, auf das *Ob*, wohl aber auf das *Was*: In erster Linie und in den einfachsten Fällen sind wir geneigt, spontan vorzubringen, was wir glauben.[22] Dieser Umstand trägt nicht nur dazu bei, Behauptung und Überzeugung miteinander zu verknüpfen, sondern er hilft auch, die Verbindung zwischen Überzeugung und Wahrheit herzustellen. Die Neigung, den Satz »S« vorzubringen, ist eine angemessene und der Norm entsprechende Reaktion meinerseits auf eine Situation, in der dieser Satz eine offenkundige und sinnfällige Wahrheit ausdrückt, so z. B. eine Situation, in der man mich als jemanden kennzeichnen kann, der »sieht, daß S«.

Die Zusammenhänge zwischen Überzeugung und Wahrheit erklären, warum im Fall der aufrichtigen Behauptung die Absicht des Sprechers, den Hörer über die Wahrheit zu informieren, und seine Absicht, den Hörer über die Überzeugungen des Sprechers zu informieren, auf natürliche Weise zusammenpassen – es handelt sich um zwei Seiten ein und derselben Absicht. Ein Sprecher, der eine unaufrichtige Behauptung äußert, hat keine dieser beiden Absichten. Außerdem kann es, wie wir bereits gesehen haben, sein, daß die Absicht, den Hörer über diese beiden Dinge zu täuschen, zerbröckelt. Ein Sprecher, der täuschen will, möchte mit seiner Behauptung, daß P, den Hörer womöglich gar nicht zu der Überzeugung bringen, *daß P*; vielleicht weiß er, daß der Hörer fest vom Gegenteil überzeugt ist, und will ihm nur einreden, er (der Sprecher) glaube, daß P.

Auf der elementarsten Ebene ist Aufrichtigkeit schlicht Offenheit, das Fehlen von Hemmungen. Unaufrichtigkeit verlangt, daß man den Inhalt des Gesagten anpaßt. Das wiederum heißt

22 Eine aufschlußreiche Erörterung dieses Bereichs von Fällen findet der Leser in Hampshire (1959), Kapitel 2.

natürlich nicht, alles Anpassen oder Reflektieren über das, was man sagen soll, sei Unaufrichtigkeit, obwohl einige Puritaner oder Romantiker vielleicht dieser Meinung sind. Im Hinblick auf das, was man sagt, bestehen andere Forderungen; und außerdem gilt, daß man Gründe haben kann, die zwar nicht für ein Verbergen der Wahrheit sprechen, wohl aber dafür, die Wahrheit sehr vorsichtig auszudrücken.

Aus der grundlegenden Spontaneität der Behauptung folgt, daß AUFRICHTIGKEIT im Regelfall keinen speziellen Einsatz der GENAUIGKEIT verlangt, d.h. GENAUIGKEIT bei der Ermittlung dessen, was ich selbst glaube. Vielmehr stehe ich im einfachsten Fall meiner Überzeugung als dem gegenüber, was ich spontan würde behaupten wollen. Natürlich gibt es auch andere Fälle, in denen ich tatsächlich durch eine Untersuchung herausbringen muß, was ich glaube. Zum Teil wird die Untersuchung in Nachdenken bestehen, und ein Teil der reflektierenden Untersuchung nimmt vielleicht sozusagen die Form des Ausprobierens verschiedener Behauptungen an. In anderen Fällen kann es sein, daß ich über die Reflexion hinausgehen und mich an andere Leute halten muß, um mir Indizien zu verschaffen. Einige dieser Komplexitäten werden uns später beschäftigen – zunächst einmal im Schlußabschnitt des vorliegenden Kapitels, in ausführlicherer Form jedoch im 8. Kapitel. Ebenfalls in diesem Kapitel werden wir uns überlegen müssen, was die AUFRICHTIGKEIT beinhaltet, wenn es darum geht, andere psychische Zustände (beispielsweise Wünsche und Absichten) auszudrücken oder zu beschreiben. Aber gewiß trifft es zu, daß nicht alle Fälle der Bekundung eigener Überzeugungen eine Untersuchung verlangen; und wo eine Untersuchung stattfindet, muß sie letzten Endes auf einer elementaren Situation beruhen, in der man einfach dazu neigt, nicht diese, sondern jene Behauptung vorzubringen.

3. Behauptungen und Wissen

Man hat geltend gemacht, die der Behauptung anhaftende Norm sei Wissen, und zwar insofern, als man mit der Behauptung, daß P, sich selbst als jemanden hinstelle, der wisse, daß P.[23] Man könnte meinen, diese These wirke vielleicht deshalb überzeugend, weil man kritisiert werden kann, wenn man etwas behauptet, was man nicht weiß (»Das hättest du nicht sagen sollen, wenn du es nicht wußtest«). Damit wird die Kritik als Kritik an der die Behauptung äußernden Person hingestellt, aber es kann doch sein, daß der Sprecher gar nicht dazu in der Lage ist, die Norm in effektiver Form zum Einsatz zu bringen, weil er zum Zeitpunkt der Behauptung, daß P, vernünftigerweise meint, er wisse, daß P, obwohl er es in Wirklichkeit nicht weiß. In einem solchen Fall ist es nicht angebracht, den Sprecher zu kritisieren, jedenfalls nicht in dem Sinn, daß man ihm den *Vorwurf* machen könnte, nicht geschwiegen zu haben, anstatt die Behauptung auszusprechen, oder P nicht in eingeschränkter oder in Frage gestellter Form geäußert zu haben.

Hier kann man – ebenso wie bei vielen anderen Regeln – sagen, der Sprecher habe zwar gegen die Norm verstoßen, aber unter diesen Umständen könne man ihm daraus keinen Vorwurf machen. Doch dann müssen wir immer noch in Erfahrung bringen, in welcher Form die vermeintliche Norm gilt und welches

23 Williamson (1996); dort wird auf Unger (1975) und Slote (1979) verwiesen. Der Autor meint damit nicht, es sei eine ausschließlich für Behauptungen geltende Forderung, daß sie Wissen ausdrücken sollen – derselben Forderung unterliegen offensichtlich auch andere Sprechakte (z. B. schwören, daß P wahr ist). Was er meint, ist, es sei charakteristisch für Behauptungen, daß für sie die exakte Forderung gilt, sie sollten Wissen – weder mehr noch weniger – ausdrücken (es dürfe z. B. nicht verlangt werden, daß sie Gewißheit ausdrücken). Williamson beansprucht natürlich nicht, jemand stelle nur dann eine Behauptung auf, wenn er die Norm *einhält*; vielmehr komme es darauf an, daß jemand, der eine Behauptung aufstellt, der Norm *unterliegt*, und zwar in genau dem Sinne, in dem man gegen die Regeln eines Spiels nur verstoßen kann, wenn man das Spiel wirklich spielt. Im folgenden mache ich geltend, es sei durchaus nicht klar, was es heißen soll, daß Behauptungen dieser Norm »unterliegen«, und daß es nicht nötig ist, sich auf diese Vorstellung zu berufen, um zu erklären, was Behauptungen sind.

die Konsequenzen ihres Geltens sein sollen. Hier erscheint es ratsam, nach ähnlichen Fällen zu suchen und deshalb andere Arten von Sprechakten zu betrachten, in deren Bereich Begriffe wie »Autorität«, »Rechtfertigung« usw. offensichtlich anwendbar sind. Sofern der Gedanke, den wir gerade untersuchen, stichhaltig ist, sollte es einige derartige Ähnlichkeiten geben, die uns helfen können, diesen Gedanken in den Griff zu bekommen, und so sollte es sich besonders dann verhalten, wenn dieser Gedanke die Anwendung einer ziemlich allgemeinen Theorie über die für die Ausführung von Sprechakten einer bestimmten Art nötige Autorität auf den Spezialfall der Behauptung darstellt.[24] Das einleuchtendste Beispiel, das man hier betrachten kann, ist das Beispiel der Befehle oder Anordnungen. Hier handelt es sich um Fälle, in denen A dem B autoritativ mitteilt, er solle etwas tun, und diese Fälle lassen sich mit denen vergleichen, in denen A dem B autoritativ mitteilt, etwas sei der Fall.

Die Formulierung dieser Analogie deutet jedoch sogleich darauf hin, daß hier etwas nicht stimmt. Wenn man jemandem den Befehl oder die Anweisung erteilt, er solle etwas Bestimmtes tun, handelt es sich um eine spezielle Art der Soll-Mitteilung, die mit einer gewissen Autorität ausgesprochen wird und im Gegensatz steht zu einer bloß elementaren Soll-Mitteilung, die ohne besondere Autorität erfolgt. Beispiele für diese elementare Form wären der aggressive Verkehrsteilnehmer, der einem anderen mitteilt, er solle sich aus dem Weg scheren, oder der hilfsbereite Verkehrsteilnehmer, der einem anderen mitteilt, er solle aufpassen. Diese elementare Form der Soll-Mitteilung entspricht der elementaren Daß-Mitteilung: Hier wird ohne jede besondere Befugnis einem anderen mitgeteilt, daß P. Aber die elementare Daß-Mitteilung ist mit Sicherheit *schon* eine Behauptung.

Sofern hier eine Ähnlichkeit besteht, verhält es sich damit vermutlich wie folgt: Wenn A dem B mitteilt, er solle etwas tun, ohne daß A die Autorität zu einer solchen Mitteilung hat (obwohl er diese Autorität, wie man hinzufügen darf, ganz vernünftigerweise zu besitzen glaubt), so folgt daraus, daß B keinen

24 Siehe Williamson (1996), S. 509, 520 ff. Diese Ähnlichkeiten scheinen die besten Hinweise darauf zu geben, worin nach Williamson die Konsequenzen von Verstößen gegen die Norm liegen.

Grund hat, dem A zu gehorchen. Das bedeutet nicht unbedingt, B habe überhaupt keinen Grund, die betreffende Handlung zu vollziehen – es kann ja sein, daß er einen anderen Grund dafür hat. Was es hingegen bedeutet, ist, daß B keinen Grund für diese Handlung hat, *die allein in der Tatsache liegt, daß A ihm gesagt hat, er solle es tun*. Ähnlich, mag man sagen, verhält es sich, wenn A dem B mitteilt, daß P, ohne die entsprechende Autorität zu haben (d. h. ohne zu wissen, daß P); diese Mitteilung werde B keinen Grund liefern zu glauben, daß P. B mag zwar einen anderen Grund dafür haben, überzeugt zu sein, daß P, aber er wird keinen Grund dafür haben, der allein in der Tatsache liegt, daß A ihm gesagt hat, daß P.

Hier wird man vielleicht anmerken, für die Überzeugung, daß P, habe der Hörer nie einen Grund, der ausschließlich in der Tatsache liege, daß ein bestimmter Sprecher ihm gesagt hat, daß P. Außerdem müsse der Hörer glauben, daß der Sprecher (was dieses Sachgebiet betreffe usw.) ein zuverlässiger Gewährsmann sei. Das allein reicht nicht, um der Analogie den Garaus zu machen, denn B's Grund für die Ausführung der ihm von A befohlenen Handlung liegt nicht bloß in der Tatsache, daß A diese Anweisung gegeben hat, sondern darin, daß diese Anweisung mit B's Überzeugung zusammengeht, A besitze die relevante Autorität. Diese Überlegungen verweisen jedoch auf eine tiefer liegende Unähnlichkeit, die von der signifikanten Gegebenheit herrührt, daß es im Bereich des Handelns nichts gibt, was dem Begriff der Wahrheit im Bereich der Überzeugungen entspräche. Im Fall der Befehle ist es ein *spezieller* Einwand gegen die Ausführung der von einer anderen Person angeordneten Handlung, wenn man sagt, der Betreffende habe gar nicht die nötige Autorität für das Erteilen solcher Befehle. Der Akt, durch den einer anderen Person mitgeteilt wird, sie solle etwas tun, kann insofern »einer spezifischen Autoritätsnorm unterliegen«, als es viele Situationen gibt, in denen der Hörer keinen Grund hat, der Mitteilung entsprechend zu handeln, es sei denn, der Sprecher hat die nötige Autorität. Im Fall der Behauptung ist es so: Wenn B (der Hörer) es bezweifelt, daß A auf diesem Sachgebiet ein zuverlässiger Gewährsmann ist, dann hat er ceteris paribus keinen Grund, das zu glauben, was A ihm mitgeteilt hat. Das bedeutet jedoch, daß B es bezweifelt, daß die von A ausgedrückte Überzeugung wahr ist;

vielleicht bezweifelt er auch, daß die von A artikulierte Behauptung wirklich das ist, was A glaubt. Diese Zweifel oder Einwände implizieren keine die Vorstellung der Autorität involvierende spezifische Norm, die mit dem Sprechakt der Behauptung einherginge. Die Angemessenheit des Einwands, der vermeintliche Ausdruck der Überzeugung sei unaufrichtig, oder des Einwands, die ausgedrückte Überzeugung sei vielleicht nicht wahr, rührt einfach daher, daß es im Wesen der Behauptung liegt, unmittelbarer Ausdruck der Überzeugung zu sein. Es gibt also nichts zu rütteln an dem anfänglichen Eindruck, die Behauptung sei schlicht eine elementare Daß-Mitteilung; und das ist sie einfach deshalb, weil sie als unmittelbarer Ausdruck einer Überzeugung aufgefaßt wird.

Ein damit zusammenhängender Punkt wird deutlich, wenn wir die Rolle betrachten, welche die Behauptung bei der Übertragung von Wissen spielt. Diese Rolle muß die Erläuterung des Behauptungsbegriffs, wie schon gesagt, sinnvoll deuten können, aber der Behauptungsbegriff selbst braucht nicht durch Bezugnahme auf diese Rolle erklärt zu werden. Wenn A dem B mitteilt, daß P, und B wiederum dem C das gleiche mitteilt, wünschen wir, daß es ein mögliches Ergebnis dieses Vorgangs ist, daß dann, wenn A weiß, daß P, auch C dies weiß. Es liegt auf der Hand und ist von zentraler Bedeutung für die Geschichte vom Naturzustand, daß Wissen durch Berichte weitergegeben werden kann. Dieser Vorgang impliziert, daß zumindest C – und normalerweise auch B – Gründe dafür hat, das Mitgeteilte zu glauben, und das impliziert, wie wir eben gesehen haben, die Überzeugung oder Annahme auf seiten dieser Hörer, daß ihre Gewährsleute zuverlässig seien. Damit der am Ende der Kette stehende C wissen kann, daß P, muß außerdem eine weitere Bedingung erfüllt sein: Nach manchen Darstellungen läuft sie darauf hinaus, C müsse wissen, daß diese Informationskette zuverlässig ist; nach anderen (und vermutlich vernünftigeren) Darstellungen besagt die Bedingung lediglich, daß die Kette zuverlässig sein muß. Das impliziert nur die Übertragung wahrer Überzeugungen durch zuverlässige – oder ermittelbar zuverlässige – Gewährsleute. Behauptungen spielen ihre Rolle bei der Übermittlung von Wissen einfach deshalb, weil sie als unmittelbare Äußerungen von Überzeugungen aufgefaßt werden und die Sprecher als zuverlässig gelten. Daran liegt es, daß der Hörer in Vertrauenssituationen, in denen er sich auf den Sprecher verläßt, davon ausgeht, daß die jeweilige Behauptung des Sprechers ihm die betreffende Information wirklich *gibt*.

Eine Botschaft kann zuverlässig von einer Person an die nächste übermittelt werden und dabei eine Kette von Personen passieren, die Sätze weitergeben, ohne daß sie ihrerseits diese Sätze verstehen. Das bestätigt den Grundsatz, daß Wissen durch die Äußerungen von Personen weitergetragen werden kann, die ihrerseits gar nicht über dieses Wissen verfügen. Der üblichere Fall ist jedoch der, in dem jeder Beteiligte gegenüber dem nächsten dasselbe behauptet.[25] Sofern der letzte Empfänger der Botschaft ein reflektierter und kritischer Mensch ist, mag er sich überlegen, wie zuverlässig dieser Prozeß gewesen ist. Was er sich im Zuge dieser Reflexionen überlegt, ist die Frage, ob er das Gehörte glauben oder nicht glauben soll, und ähnliche Betrachtungen kann jeder Hörer auf dem Übermittlungsweg anstellen. Diese Überlegungen sind schon aufgrund der Tatsache angebracht, daß Behauptungen unmittelbare Äußerungen von Überzeugungen sind; und dieselbe Tatsache ist auch der Grund dafür, daß eine Kette von Behauptungen Wissen übermitteln kann.

4. Überzeugungen und Wahrheit

Wer gegenüber einer anderen Person eine Behauptung äußert, gibt dem Hörer im Regelfall zu verstehen, daß er sich auf die Wahrheit der behaupteten Aussage verlassen könne, und insbesondere, daß er bei seinen Handlungen von dieser Basis ausgehen dürfe. Das erinnert an einen anderen Sprechakt, mit dem

25 Es lohnt sich, darauf hinzuweisen, daß dieser Sachlage im Fall der Befehle nichts entspricht. Wenn der Kapitän »Hart backbord!« ruft und dieser Befehl über eine Kette von Sprechern an den Steuermann weitergeleitet wird, besteht diese Kette nicht aus Personen, *die diesen Befehl erteilen*. Der Kapitän befiehlt dem Steuermann, den Kurs des Schiffs zu ändern, aber niemand auf dem Übermittlungsweg befiehlt dem nächsten, dementsprechend zu handeln. Niemand außer dem Kapitän hat die nötige Autorität, um den Befehl zu erteilen, und niemand außer dem Steuermann kann den Befehl ausführen.

man die Behauptung vergleichen könnte: das Versprechen.[26] Genauso wie es Versprechen gibt, deren Erfüllung juristisch durchsetzbar ist, so gibt es auch juristisch abgesicherte, beeidigte Tatsachenaussagen. Auch ohne juristische Sanktionen gibt es zeremoniell betonte Tatsachenaussagen, die sprachlich manches mit Versprechen gemeinsam haben: »Ich gebe dir mein Wort darauf, daß ...«, ja auch: »Ich verspreche dir, daß ...« Diese Formeln sind als solche kaum dazu angetan, einen Zweifler mit größerer Wahrscheinlichkeit dazu zu bewegen, daß er dem Sprecher glaubt. Ihre Kraft liegt vielmehr im Bereich der inoffiziellen Sanktionen: Beschuldigungen, Reputationsverlust, Entschuldigungen und gewisse Formen der Entschädigung werden angebracht sein – mit Sicherheit, wenn der Sprecher unaufrichtig war; wahrscheinlich, wenn er fahrlässig war; möglicherweise, wenn er sich schlicht geirrt hat. Behauptungen ohne die zeremoniellen Formeln – also bloße Behauptungen – bringen häufig einige der gleichen Konsequenzen mit sich. Das hat zweifellos zu der Vorstellung beigetragen, es liege im Wesen der Behauptungen, eine Norm des Wissens zu beinhalten. Richtig ist vielmehr, daß Behauptungen eine ihrer besonders grundlegenden Funktionen – die Mitteilung von Informationen an einen Hörer, der sich sodann darauf verläßt – unter Vertrauensumständen erfüllen; und wer unter Vertrauensumständen gewissenhaft handelt, wird nicht nur sagen, wovon er selbst überzeugt ist, sondern er wird sich auch Mühe geben und nach Möglichkeit durch Überprüfung sicherstellen, daß seine Überzeugung zutrifft. Damit werden, wie ich bereits angemerkt habe, keine Anforderungen an die Erklärung des Behauptungsbegriffs gestellt, die mehr verlangen, als daß die Behauptung als unmittelbarer Ausdruck der Überzeugung aufgefaßt wird, doch implizit steckt eine ganze Menge darin, was die Rolle der GENAUIGKEIT und der AUFRICHTIGKEIT in bestimmten Standardformen der Kommunikationssituation betrifft.

Diese Überlegungen werden uns im nächsten Kapitel beschäftigen, sobald wir dort auf das grundlegende Thema »Vertrauen«

26 J. L. Austin hat auf Parallelen zwischen »ich weiß es« und »ich verspreche es« hingewiesen, und aus diesen Ausführungen ergeben sich ähnliche Konsequenzen. Siehe »Other Minds«, in Austin (1961), S. 66 ff.

eingehen. Hier ist es jedoch relevant, auf eine ganz fundamentale *Unähnlichkeit* zwischen Behauptung und Versprechen hinzuweisen, denn sie erinnert uns wieder an die Zusammenhänge zwischen Überzeugung und Wahrheit. Das Versprechen hat sogar in seinen weniger formellen und nicht vertraglich abgesicherten Formen eine besonders wichtige Funktion; es soll nämlich den Versprechensempfänger davor schützen, daß sich der Akteur eventuell einfach deshalb nicht an seine Abmachung hält, weil er seine Meinung geändert hat. Absichten können stets wechseln, wenn sich die Wünsche wandeln; und Wünsche verändern sich überaus leicht. Seine Absichten kann der Akteur sogar aus einer Laune heraus willkürlich ändern. Versprechen sollen einen Schutzwall gegen solche Veränderungen errichten. Bei Überzeugungen jedoch ist – gerade weil sie auf die Wahrheit abzielen oder einer Wahrheitsnorm unterliegen – die Möglichkeit einer willkürlichen Änderung unverständlich.[27] Wenn ich also meine Überzeugung ehrlich zum Ausdruck gebracht habe, steht die Möglichkeit, *einfach so* meine Meinung zu ändern, nicht mehr zur Debatte. Meine Meinung kann ich ändern, weil ich annehme, jetzt mehr zu wissen; und dann habe ich womöglich einen Grund dafür, jemanden zu warnen, der sich auf meine ursprüngliche Aussage verläßt. Aber ich kann nicht einfach so – nach Belieben, weil ich es mir einbilde oder gern möchte – meine Meinung ändern; und daraus folgt, daß diejenigen, die sich auf meine Behauptung verlassen, keinen Schutz benötigen, den im Bereich der Absichten und Handlungen zu bieten eine Hauptaufgabe des Versprechens ist.

Es ist eine Tatsache, daß Überzeugungen nicht willkürlich zu eigen gemacht oder verändert werden können, und es ist auch eine Tatsache, daß die Äußerung von Überzeugungen im grundlegenden Fall ebenfalls unwillkürlich ist (und zwar im Hinblick auf das *Was*, um meine obige Formulierung zu gebrauchen, aber nur selten im Hinblick auf das *Ob*), und diese Fakten sind, was die Beziehungen zwischen Überzeugung und Wahrheit betrifft, von größter Wichtigkeit. Das hängt auch mit dem früher genannten Sachverhalt zusammen, daß der Einwand der Falsch-

27 Daß Überzeugungen nicht willkürlich gewählt werden können, mache ich in meinem Artikel »Deciding to Believe« geltend, siehe Williams (1973).

heit, wenn er gegen eine Überzeugung erhoben wird, verhängnisvoll ist. Alle drei Tatbestände wirken zusammen. Nehmen wir den einfachsten Fall, die offenkundig wahren Wahrnehmungsaussagen: Wenn jemand, der eine Sprache spricht, die ihm die Bildung des Satzes »S« erlaubt, einer Situation gegenübersteht, in der »S« offenkundig wahr ist,[28] wird er in einen Zustand eintreten, in dem er dazu neigt, »S« zu sagen, wenn man ihn beispielsweise nach dieser Situation fragt. Das ist eine Neigung, die er unterdrücken muß, wenn er andere irreführen will, und an dieser Neigung kann er willkürlich nichts ändern. Ferner gilt: Wenn der Inhalt dessen, was er in dieser Weise zu behaupten neigt, einer anderen Behauptungsneigung seinerseits oder dem Inhalt von Behauptungen widerstreitet, die von anderen kompetenten Sprechern vorgebracht werden, deren Äußerungen eigentlich nur zu erklären sind, wenn sie ihre Überzeugungen zum Ausdruck bringen, wird er z. B. noch einmal hinschauen oder sonstige Schritte unternehmen, infolge deren seine Neigung durch eine andere ersetzt wird, deren Inhalt mit jenen anderen Neigungen (seinerseits oder auf seiten der anderen Personen) in Einklang steht. Für dies alles gibt es eine Erklärung, die im Grunde ganz einfach ist, wie sehr sie auch der philosophischen und psychologischen Verfeinerung bedürfen mag. Diese Erklärung besagt, daß die Situationen, in denen sich die Menschen befinden, ihrerseits auf die Wahrnehmungs- und Sprachfähigkeiten dieser Menschen einwirken und dort diese Neigungen verursachen. Vorreflexiv weiß das jeder erwachsene und kompetente Sprecher, und außerdem ist es gemeinsames Wissen, d. h. jeder weiß, daß jeder es weiß.[29] Nimmt man das alles zusammen, wird deutlich, warum die genannten Fakten bezüglich Überzeugung

28 Fragen, die mit dieser Formulierung zusammenhängen, wurden im 3. Kapitel, Abschnitt 2, besprochen. Dieser Gebrauch des Worts »gegenüberstehen« impliziert natürlich, daß bestimmte Bedingungen auf seiten des Sprechers erfüllt sind, etwa daß seine Sinnesorgane funktionieren, daß seine Augen offen sind usw. Diese Gegebenheiten gehören zu den Bedingungen dessen, was es heißt, durch Beobachtung etwas über die Welt herauszubekommen, und müssen im Naturzustand vorreflexiv unterstellt werden.

29 Siehe Peacocke (1999). Dort gibt der Autor eine gründlich ausgearbeitete Darstellung der Zusammenhänge zwischen Wahrheitsbedingungen und Fähigkeiten, insbesondere begrifflichen Fähigkeiten.

nicht bloß das Wort »Überzeugung« oder dessen Äquivalente betreffen. Werde ich beispielsweise mit einem Einwand gegen den Inhalt meiner Überzeugung konfrontiert, verhält es sich nicht so, daß ich nach wie vor dieselbe Neigung mit demselben Inhalt habe, diese allerdings nicht mehr als Überzeugung *bezeichne*, sondern zumindest im einfachsten Fall wechselt die Neigung selbst.

So verhält es sich im einfachsten Fall, aber der einfachste ist bei weitem nicht der einzige Fall. Das Behaupten habe ich hier durch Bezugnahme auf den unmittelbaren Ausdruck der Überzeugung beschrieben, doch das soll nicht implizieren, daß es sich um eine nur in eine einzige Richtung gehende Beziehung handelt, bei der man zum Verständnis des Überzeugungsbegriffs gar nicht auf den Behauptungsbegriff zurückgreifen muß.[30] Aufrichtige Behauptungen sind tatsächlich Äußerungen von Überzeugungen; aber welche Überzeugungen man hat, kann oft davon abhängen, was man zu behaupten geneigt oder bereit ist. Ein ganz offensichtlicher Grund hierfür ist der, daß der begriffliche Inhalt der Überzeugungen von Sprachbenutzern in signifikantem Maße der gleiche ist wie der begriffliche Inhalt ihrer Sprache und mithin dessen, was sie zu behaupten vermögen.[31] Es gibt aber noch einen weiteren Grund, und der ist interessanter. Es trifft durchaus nicht zu, daß jeder Gedanke, der im Geist herum-

30 Michael Dummett schreibt: »Durchweg haben wir uns gegen die Anschauung ausgesprochen, die Behauptung sei der Ausdruck eines inneren Urteilsakts; das Urteil ist vielmehr die Verinnerlichung des äußeren Behauptungsakts« (Dummett [1973], S. 362). Wenn man das Wort »vielmehr« beiseite läßt, besteht nach meinem Dafürhalten gar kein Gegensatz zwischen den beiden Anschauungen.

31 Selbst für Sprachbenutzer gilt das nicht in vollem Umfang. Abgesehen von den nicht artikulierten Überzeugungen der Erwachsenen, die nötig sind, um ihre Weltorientierung zu erklären, mag man hier an die oben (im 2. Abschnitt) genannten Überzeugungen derjenigen denken, die die Sprache erst noch lernen. Es gibt auch noch andere Tiere, die Überzeugungen haben, deren Inhalt wir mit Hilfe unserer Erklärungen ihres Verhaltens ermitteln. Das gleiche gilt auch für die Überzeugungen, die wir anderen Menschen zuschreiben. Der entscheidende Unterschied besteht darin, daß der Inhalt, den wir den Überzeugungen anderer Personen zuschreiben, in erheblichem Maße dem Inhalt jener Überzeugungen entsprechen muß, die sie sich selbst zuschreiben.

schwimmt, bereits ein Überzeugungsinhalt ist, also der Inhalt einer Überzeugung im Gegensatz zu einem anderen geistigen Zustand, etwa einer Vermutung, einer Einbildung oder einem Wunsch (einer sehr wichtigen Kategorie). Es mag sein, daß wir uns ein Bild machen, wonach einzelne Überzeugungen im Geist einer Person untergebracht sind und dort der Äußerung harren. In den einfachsten Fällen ist das, wie schon gesagt, ein ungefähres Bild einer realen Gegebenheit: Wir haben tatsächlich ganz entschiedene Neigungen, bestimmte Dinge zu behaupten. Aber in vielen anderen Fällen ist es nicht nur so, daß wir gar nicht wissen, wovon wir überzeugt sind (was natürlich oft vorkommt), sondern vielfach hat sich ein gegebener Inhalt noch gar nicht zur Überzeugung gemausert. Zur Überzeugung entwickelt er sich vielleicht dadurch, daß wir nach der betreffenden Sache oder Überzeugung gefragt werden und dann entscheiden müssen, ob wir zu der entsprechenden Behauptung bereit sind oder nicht. Wie ist das möglich, wenn Behauptungen Äußerungen von Überzeugungen sind? Die Antwort lautet, daß Behauptungen (wie wir gesehen haben) häufig anderen Personen einen Grund dafür liefern, sich auf das von uns Gesagte zu verlassen, sei es im Sinne einer Aussage über gegebene Dinge oder im Sinne einer Äußerung darüber, wie uns die Dinge vorkommen. Wenn ich bei einer derartigen Gelegenheit die Forderungen akzeptiere, die an jemanden unter Eid gestellt werden, oder darauf bedacht bin, mich nützlich zu machen, oder meinem Freund zu verstehen geben möchte, wie ich die Dinge sehe, werde ich mir also überlegen müssen, was ich aufrichtig und verantwortlich zu behaupten bereit bin. Ich frage mich, wovon ich überzeugt bin, und das läuft in einem solchen Kontext auf dieselbe Frage hinaus. Die Frage sollte jedoch nicht bloß so verstanden werden, als ginge es um etwas, was ich bereits glaube. Indem ich sie zu beantworten versuche, verschaffe ich mir nicht nur einen Überblick über meine Neigungen, sondern ich betrachte meine Gründe dafür, einen gegebenen Inhalt für wahr zu halten, und bei dieser Frage geht es darum, wovon ich überzeugt sein *sollte*. Die Formel, Behauptungen seien Äußerungen von Überzeugungen, wirkt sich in beide Richtungen aus: Was ich schließlich, d. h. zu guter Letzt glaube, hängt oft davon ab, was ich, nachdem alle relevanten Dinge erwähnt sind und sofern es sich um einen mir am Herzen liegenden Kontext handelt, zu behaupten bereit bin. Auf solchen Wegen tragen die Tugenden GENAUIGKEIT und AUFRICHTIGKEIT sowie unsere wechselseitigen Beziehungen dazu bei, die Überzeugungen jedes einzelnen von uns aufzubauen. (Mehr darüber werden wir im 8. Kapitel erfahren.)

Es gibt auch noch andere Hinsichten, in denen wir über den einfachsten Fall hinausgehen müssen. Es mag sein, daß die in meinem Geist herumschwebenden Inhalte, wenn man alles bedenkt, keine regelrechten Überzeugungen sind, sondern womöglich, wie ich eben angedeutet habe, die Inhalte von Wünschen. Allein schon deswegen haben sie vielleicht eine gewisse Tendenz, sich in Überzeugungen zu verwandeln oder dies zumindest dann zu tun, wenn sich nichts dagegen wehrt. Das Phänomen des Wunschdenkens ist überaus grundlegend und stellt kein tiefes Geheimnis dar: Wenn es erfreulich ist, an P zu denken, führt ein Schritt zu der Situation, in der es erfreulich ist zu denken, daß P, und ein weiterer Schritt zu dem Gedanken, daß P, und mit diesen Schritten legt man keine großen psychischen Entfernungen zurück. Die interessante Frage betrifft die Disziplin und die Strukturen, deren es bedarf, um sich diesem Prozeß zu widersetzen. Diese Fragestellung wird einen erheblichen Teil der Geschichte über AUFRICHTIGKEIT und GENAUIGKEIT prägen.

Nach meiner These ist es eine grundlegende Tatsache, daß Überzeugungen nicht dem Willen unterliegen. Das paßt zu dem Sachverhalt, daß sich Überzeugungen, wenn sie aus Wunschdenken hervorgehen oder auf andere Weise von Wünschen und Begierden gefesselt werden, so nur infolge verborgener und indirekter Prozesse verhalten, gegen die sich die Disziplin der Wahrheitstugenden richtet. Das ist zwar so, und es ist auch wirklich eine begriffliche Wahrheit, daß Überzeugungen nicht willkürlich verändert werden können, aber es ist keine begriffliche Wahrheit bzw. womöglich überhaupt keine Wahrheit, daß wir außerstande seien, uns bewußt eine Strategie zu eigen zu machen, um einige Überzeugungen zu kultivieren oder andere preiszugeben. Eine solche Strategie hat Pascal bekanntlich im Lichte seiner Argumentation bezüglich der Wette empfohlen.[32]

32 Dargestellt und erörtert wird diese Argumentation Pascals in Hacking (1972).

Ein derartiges Unterfangen ist allerdings nur bei manchen Arten von Überzeugungen möglich. Eine Bedingung besteht z.B. darin, daß es möglich sein muß, zu vergessen, daß man sich die betreffende Überzeugung auf diese oder jene Weise zu eigen gemacht hat, oder man braucht, sofern man sich an die Art des Überzeugungserwerbs erinnert, eine Erklärung, aus der hervorgeht, wie die Art des Überzeugungserwerbs mit der Wahrheit der Überzeugung zusammenhängen soll. In Pascals eigenem Beispiel ist es so: Wenn der *libertin* auf solch einem Weg zum Glauben an Gott gelangt (indem er sich für eine entsprechende Konditionierung entscheidet, weil er vor dem sei's auch geringen Risiko der Existenz einer Hölle Angst hat), wird er auch zu der Überzeugung gelangen, daß es die Weisheit und die Güte Gottes waren, die ihn auf diesen Weg gebracht haben. Neben den solche Vorhaben einengenden Zwängen gibt es diesbezüglich allerdings auch tiefes Mißtrauen, Verachtung und sogar Furcht – es besteht ein starker Widerwille dagegen, Überzeugungen mit Hilfe von Methoden zu erwerben, die nichts mit ihrer Wahrheit zu tun haben. Warum es sich so verhält, ist ebenfalls etwas, zu dessen Verständnis unsere Deutung der Wahrheitstugenden beitragen sollte.

5
Aufrichtigkeit
Lügen und andere Formen der Täuschung

1. Wert. Ein innerer Zusammenhang?

Das vorige Kapitel hat gezeigt, daß die Wahrheit in einem inneren Zusammenhang zu Überzeugungen und Behauptungen steht. In gewissem Sinne spielt die Wahrheit in diesem Zusammenhang die Rolle eines Werts. Wenn man wirklich eine Frage aufwirft und darüber nachrätselt, wie sich die Dinge verhalten, zielt man auf eine wahre Antwort ab. Behauptungen können im Hinblick auf ihre Wahrheit beurteilt werden, und sie wären keine Behauptungen, wenn das nicht ginge. Werden Überzeugungen und Behauptungen als wahr beurteilt, ist die Einschätzung positiv. Diese Fakten beinhalten Wertungen, die auf Wahrheit abheben. In einer Richtung bringen uns alle diese Überlegungen recht weit voran auf dem Weg zur Wahrheit als Wert. Die Situationen, in denen diese Dinge ihren Ort haben und gut funktionieren, bilden mit Notwendigkeit einen wichtigen Teil der Erfahrung jeder menschlichen Gesellschaft, und insofern können wir erkennen, daß die Wahrheit als Wert betrachtet werden muß.

In einer anderen Richtung bringt uns das alles jedoch überhaupt nicht vorwärts. Wenn man das Überzeugung-Behauptung-Kommunikationssystem mit Hilfe möglichst strikt funktionalistischer Begriffe definiert, erzählt uns die Geschichte bisher einiges darüber, wie dieses System arbeitet; sie zeigt, wie die Wahrheit in diesem System in gewissem Sinne die Rolle eines Werts spielen kann; und sie erinnert uns daran, daß das System sehr oft tatsächlich funktioniert. Das bedeutet außerdem, daß die Leute in vielen Fällen schlicht die Wahrheit sagen und keine Tugend der Aufrichtigkeit benötigen, um das zu tun: Unter den richtigen Umständen rücken sie eben mit ihren Überzeugungen heraus. Aber sobald sich eine *Frage* stellt, bei der es darum geht, ob ein einzelner oder eine Gruppe bei einer bestimmten Gelegenheit weiterhin mit diesem (nach wie vor in jenem strengen

Sinn aufgefaßten) System arbeiten soll – ob man z.B. eine Lüge erzählen soll –, nützt uns der bisher ermittelte Sinn, in dem die Wahrheit ein Wert ist, überhaupt nichts. Freilich, diese Leute könnten keine Lüge erzählen, wenn es keine Behauptungen gäbe; Äußerungen wären keine Behauptungen, wenn man nicht mit ihrer Wahrheit rechnete; und mit ihrer Wahrheit würde man nicht rechnen, wenn sie nicht sehr häufig wahre Überzeugungen zum Ausdruck brächten. Dies alles mag richtig sein, und vielleicht wissen diese Leute auch, daß es richtig ist, aber es beantwortet ihre Frage nicht. Sie wissen, daß sie eine Lüge erzählen können, wie sie tagtäglich von Millionen von Menschen erzählt wird, ohne daß der Himmel einstürzt. Würde der Himmel deswegen einstürzen, wäre es längst passiert.

Es ist sehr wichtig, daß uns die interne Rolle der Wahrheit im Überzeugung-Behauptung-Kommunikationssystem auf dem Weg zu den Werten der Wahrhaftigkeit *überhaupt nicht weiterbringt*, sobald sich jene Fragen stellen, zu deren Beantwortung der Begriff der Wahrhaftigkeit beiträgt: Fragen, die unweigerlich auftauchen, sofern die am System Beteiligten Personen sind, also reflektierte Akteure, denen derartige Fragen in den Sinn kommen können. Hier wird man vielleicht anmerken: Einerlei, welche Implikationen sich für Individuen und deren Gründe ergeben – Fehlschläge beim Sprechen der Wahrheit sind zumindest Fehlschläge *des Systems*, soweit dieses bisher im Rahmen der Geschichte vom Naturzustand beschrieben wurde. Auch das trifft nur zu, wenn »das System« (entsprechend unserer anfänglichen Darstellung) mit Hilfe der striktesten und elementarsten Begriffe als ein System zum Zusammentragen der Informationen der Beteiligten hingestellt wird. Aus dieser Sicht ist eine Lüge, ja bereits eine nicht ausreichende Offenlegung, ein Defekt der gleichen Art wie ein Defekt in irgendeinem beliebigen Kommunikationssystem. Aber kein soziales System, nicht einmal das System des Naturzustands, ist bloß *dieses* System; und die in der Gesellschaft lebenden Menschen interessieren sich auch für andere Dinge außer ihrem Dasein als möglichst leistungsfähige Kommunizierer. Vielleicht stehen sie überdies in Beziehungen zu Personen, die dieser Gesellschaft nicht angehören. Innerhalb der Gesellschaft werden einige Mitglieder Rivalen und manche womöglich Feinde sein. Die Beziehungen unserer Leute zu Personen, die keiner dieser Gruppen angehören, beinhalten viele Ziele außer der Mitteilung von Informationen und stehen eventuell in Widerspruch zu diesem Ziel. Selbst innerhalb der engstmöglichen Gruppe – in jenem Rahmen elementaren Vertrauens, den man wohl Familie nennen darf – gibt es viele Dinge, die nicht geteilt werden, und neben Informationen gibt es viele sonstige Dinge, die geteilt werden müssen.

Obwohl es Normen gibt, die bestimmen, daß Behauptungen wahr sein sollen, sind viele Behauptungen einfach nicht wahr, und das liegt häufig an mangelnder Aufrichtigkeit. Geht man von dieser Voraussetzung aus, ist es eine gute Frage, wenn man wissen will, wie dem Behauptungssystem die Fortpflanzung gelingt. Manche Moralphilosophen haben sich gern der Phantasievorstellung hingegeben, die Regeln gegen das Lügen und das Brechen von Versprechen würden von der Überlegung getragen, jede einzelne Lüge bzw. jeder einzelne Bruch eines Versprechens habe die Tendenz, die Institutionen des Behauptens und des Versprechens zu beschädigen.[1] Äußerstenfalls trifft es vielleicht zu, daß Versprechen und Behauptungen wertlos werden könnten, wenn die betreffenden Institutionen von regelwidrigem Verhalten erdrückt würden. Aber ganz abgesehen von der Frage, wie diese Überlegung jeden einzelnen Akteur betreffen soll, ist völlig unklar, an welcher Stelle der Punkt des Zusammenbruchs als erreicht gelten soll, und ohne eine gewisse Vorstellung von diesem Ort und den kausalen Prozessen, die dabei ins Spiel kommen, trägt dieser Gedanke nicht viel dazu bei, daß wir verstehen, wie diese Formen der Sprachpraxis jenen Grad an Mißbrauch überstehen, der ihnen jahraus, jahrein angetan wird.

Die Antwort liegt zum Teil in der Tatsache, daß die Fälle, in denen gegen die Normen verstoßen wird, in gewissem Maße von den übrigen getrennt werden können und daß es mehr als bloß eine Möglichkeit gibt, diese Trennung vorzunehmen. Dies wiederum ist von einem ganz grundlegenden und bedeutsamen

1 Dieser Gedanke, der von Harry Frankfurt (1992) überzeugend kritisiert wird, gehört zum Repertoire einiger Spielarten des Utilitarismus. Nicht beschworen wird er dagegen von kantianischen Argumenten, die sich auf *ideale* Konsequenzen berufen. Die Frage »Wie wäre es, wenn jeder das (ständig) täte?« wird mit den Worten »Hinreichend viele werden es nicht tun« nicht relevant beantwortet.

Umstand abhängig, nämlich davon, daß die betreffenden Normen nicht von nur einer einzigen Art von Gründen oder Motiven getragen werden. Die Normen sind trivialerweise »gesellschaftlicher« Natur, doch das sagt uns nicht viel über die sie stützenden Motive. Hier ist es verlockend zu glauben: Weil Behauptungen für die Sprache und Wahrheitsnormen wiederum für Behauptungen wesentlich sind, erhalten sich diese Normen im Verhalten der Sprachbenutzer in der gleichen Weise wie sonstige Sprachnormen. Da alle diese Normen zu jener Form kollektiven Verhaltens beitragen, die für die Existenz von Sprache konstitutiv ist, möchte man meinen, jene Normen würden durch die bloße Existenz der Sprache getragen.[2] Im Hinblick auf viele sprachliche Normen – beispielsweise die lokalen lexikalischen und syntaktischen Regeln – gilt tatsächlich, daß die Sprache ihre Sprecher mitzieht, und hier stellt sich nur selten die Frage, warum sich die Sprecher an die Regeln halten: Ihre Gründe dafür sind einfach die gleichen wie die Gründe, die sie für das Sprechen dieser Sprache haben. (Das schließt natürlich nicht aus, daß sie gelegentlich interessante und kreative Gründe für Verstöße gegen diese Regeln haben können.) Für die Normen der Behauptung gilt insofern etwas Ähnliches, als die Menschen meistens schlicht die Wahrheit sagen (wie ich es oben formuliert habe). Es gibt allerdings auch etliche inhaltliche und alltägliche Gründe für die Entscheidung, die Regeln einzuhalten oder zu verletzen; und sobald sich die Frage erst einmal gestellt hat, gibt es keine Möglichkeit, sie durch Hinweis auf die bloße Tatsache zu beantworten, daß jeder Sprecher per definitionem in die Praktiken der Sprache eingebunden ist. Es gibt zwar tatsächlich eine traditionelle Richtung, die inhaltliche Normen der Wahrhaftigkeit – insbesondere eine bestimmte Interpretation der AUFRICHTIGKEIT – aus der bloßen Tatsache hervorzuzaubern versucht, daß wir alle auf die sprachliche Praxis des Behauptens festgelegt sind, aber in Abschnitt 5 dieses Kapitels werde ich geltend machen, daß dieser Gedanke auf einer Illusion beruht. Ehe wir darauf zu sprechen kommen, müssen wir jedoch die Bedeutung

2 Ich werde davon ausgehen, daß die gemeinschaftliche Einhaltung bestimmter Normen für die Existenz *einer Sprache* – also einer über Idiolekte hinausgehenden Instanz – konstitutiv sein kann. Diese Frage ist strittig, siehe Chomsky (1995), Wiggins (1997).

des Faktums betrachten, daß es viele verschiedene Motive für das Sprechen der Wahrheit gibt und daß die Tugend der Aufrichtigkeit im Kreis dieser Motive eine wichtige Rolle spielt. Zu diesem Zweck müssen wir uns mit dem Begriff des Vertrauens befassen.

Im vorliegenden Kapitel werden wir uns hauptsächlich mit einer der beiden Wahrheitstugenden befassen, und zwar mit der Aufrichtigkeit. Hier lohnt sich jedoch folgender Hinweis: Ebenso wie die Behauptung und Wahrheit verbindenden Normen als solche nicht ausreichen, um die Tugend der Aufrichtigkeit zu liefern, so genügen die internen Zusammenhänge zwischen Wahrheit und Überzeugung nicht, um die Tugend der Genauigkeit zu liefern. Sobald sich, wie ich es oben ausgedrückt habe, eine Frage stellt, geben die internen Zusammenhänge keine Antwort. Natürlich werden die Fragen in den beiden Fällen nicht die gleichen sein, ja sie werden einander nicht einmal genau entsprechen. Hier denkt man vielleicht an die im vorigen Kapitel festgestellten Unterschiede zwischen Überzeugung und Behauptung und deren jeweiligen Beziehungen zur Wahrheit. Im Bereich der Aufrichtigkeit bedarf es nur eines Augenblicks der Reflexion – des Gedankens an das Zurückhalten oder Ausformulieren einer Behauptung –, um Raum zu schaffen für Fragen wie »Soll ich die Wahrheit sagen?« oder »Einen wie großen Teil der Wahrheit soll ich aussprechen?«. Auf dem Gebiet der Genauigkeit hingegen gibt es keine Frage wie »Soll ich die Wahrheit glauben?«. Überzeugungen zielen notwendig auf die Wahrheit ab, und das ist keine bloß verbale Sache. Eine Frage, die sich tatsächlich stellt, lautet: »Soll ich hierzu eine Meinung haben?«, und das ist in der leichter wiederzuerkennenden Form »Soll ich mich bemühen, etwas darüber herauszubekommen?« ein harmloser und notwendiger Teil des Systems, ein Aspekt der Teilung der Erkenntnisarbeit. Diese Frage bringt den (im nächsten Kapitel genauer zu betrachtenden) Gedanken der sogenannten *Untersuchungsinvestition* ins Spiel, also den Gedanken, daß eine Information – der Erwerb einer wahren Überzeugung bezüglich einer bestimmten Frage – ein Kostenpunkt sein kann im Hinblick auf Zeit, Kraft, vergeudete Chancen und vielleicht auch Gefährdungen. Hier stellen sich also Fragen wie: »Wieviel Mühe ist es wert, hierüber etwas herauszufinden?« Außerdem können

Fragen auftauchen, die sich auf etwas beziehen, was man bereits glaubt oder zu glauben geneigt ist: »Bin ich davon wirklich überzeugt? Sollte ich es sein?« Es sind Fragen dieser Art, welche die Notwendigkeit der Tugend GENAUIGKEIT signalisieren. Das ist die Tugend, von der die Menschen dazu angeregt werden, mehr Mühe, als sie sonst aufgewendet hätten, in den Versuch der Wahrheitsfindung zu investieren, anstatt einfach mit irgendeinem überzeugungsartigen Etwas vorliebzunehmen, das ihnen in den Sinn kommt. Die Fragen, die das Bedürfnis nach GENAUIGKEIT signalisieren, tun das in besonderem Maße deshalb, weil sie häufig gar nicht erst aufgeworfen werden. Der Sinn der GENAUIGKEIT liegt zum Teil darin, daß sie die Menschen dazu ermuntert, solche Fragen zu stellen. Dagegen wird die Anregung zum Stellen der Frage »Soll ich die Wahrheit sagen?« auf den ersten Blick nicht wie eines der Ziele der AUFRICHTIGKEIT wirken. Aber wie wir sehen werden, steckt darin mehr von einem Ziel als nach dem Eindruck jener Moralisten, die annehmen, der Triumph der AUFRICHTIGKEIT würde darin bestehen, daß es niemandem mehr in den Sinn käme, eine Lüge zu erzählen.

2. Vertrauen

Vertrauen ist eine notwendige Bedingung der Kooperation, wobei Vertrauen beinhaltet, daß eine Seite dazu bereit ist, sich darauf zu verlassen, daß eine andere Seite in bestimmter Weise handelt. Dies impliziert, daß die erste Seite bestimmte Erwartungen hinsichtlich der Motive der zweiten Seite hegt, aber (im elementarsten Sinn) impliziert es nicht, daß es sich dabei um Motive einer bestimmten Art zu handeln braucht. Vielleicht vertraut A darauf, daß B etwas Bestimmtes tun wird, weil A weiß, daß B andernfalls mit Bestrafung rechnet. In diesem Fall sind B's Motive für kooperatives Verhalten in ungeschminkter und unmittelbarer Form egoistisch. Es kann aber sein, daß sie in weniger ungeschminkter und unmittelbarer Form egoistisch sind: Womöglich hat B ein Interesse an langfristigem kooperativem Umgang mit A und meint vielleicht, daß A, falls B ihn bei dieser Gelegenheit enttäuscht, ihm nie wieder vertrauen wird. Das ist die Motivation, die Adam Smith bekanntlich so beruhigend fand, als er das

Beispiel seines Bäckers erörterte.[3] Das impliziert natürlich, daß A und B einander wiedersehen werden und daß A dazu imstande sein wird, B wiederzuerkennen. Es kann auch sein, daß A Grund hat zu der Überzeugung, B sei ein vertrauenswürdiger Mensch, was bedeutet, daß B in Situationen, in denen es auf Vertrauen ankommt, generell dazu neigt, das von ihm Erwartete einfach deshalb zu tun, weil es von ihm erwartet wird.[4] In diesem Abschnitt werden wir uns mit Vertrauen und Vertrauenswürdigkeit im allgemeinen befassen. Im nächsten Abschnitt werden wir dann auf die Zusammenhänge zwischen Vertrauen und Wahrheit zu sprechen kommen.

Es gibt einige allgemeine Formen des Vertrauens, von denen jegliche soziale Interaktion abhängt, und zu ihnen gehört vor allem die Erwartung, daß sich andere Personen nicht ohne Anlaß aggressiv verhalten. Es mag sein, daß sich diese Formen des Vertrauens unter recht aussichtslosen Umständen[5] nur durchhalten lassen, wenn man im Hinblick auf die kurz- oder mittelfristigen eigennützigen Interessen der jeweils anderen Seite bestimmte

3 *The Wealth of Nations*, 1. Buch, 2. Kapitel, § 2 (S. 26f. in der Ausgabe von Campbell, Skinner und Todd [1976]).

4 Bei allen diesen verschiedenen Erwartungen verläßt man sich auf Zeichen dafür, daß die Seite, der man Vertrauen schenkt, Motive dieser oder jener Art hat. Hierzu siehe den Aufsatz von Bacharach u. Gambetta (2001), dem ich manche Hinweise verdanke. Eine ausführlichere Erörterung der Voraussetzungen von Vertrauen findet sich in meinem Aufsatz »Formal Structures and Social Reality«, abgedr. in Williams (1995), sowie in anderen Beiträgen zu dem Band, in dem mein Aufsatz zuerst erschienen ist: Gambetta (1988). Dieser Aufsatz macht ebenso wie die Erörterung im vorliegenden Kapitel Gebrauch von einigen elementaren spieltheoretischen Formulierungen. Es wird hoffentlich offenkundig sein, daß man sich damit keineswegs auf Annahmen zugunsten ausschließlich egoistischer Motive festlegt; siehe Anm. 3 zum Wiederabdruck des genannten Artikels (Williams [1995], S. 122).

5 Wie man sie sich z. B. in manchen Westernfilmen ausmalt. Allgemeiner gesprochen, läßt sich aus den besten Westernfilmen eine eindringliche Anthologie der politischen Philosophie zusammenstellen. Clint Eastwoods bemerkenswerter Film *Unforgiven* etwa wirft folgende Frage auf: Verleiht das Gewaltmonopol, mit dessen Hilfe die von Gene Hackman gespielte Figur den Frieden in der Stadt sichert, diesem Menschen zugleich Autorität über die Stadt?

Meinungen hat, doch zu besseren Zeiten und an besseren Orten kann man darauf zählen, daß die meisten Menschen die eingefleischte Neigung haben, ihre Mitbürger nicht anzugreifen. Diese Neigung sorgt zwar für die Basis des Vertrauens, aber es wäre irreführend zu behaupten, dabei handele es sich bereits um eine Neigung zur *Vertrauenswürdigkeit*. Es ist unwahrscheinlich, daß man sich sicher fühlt, wenn der andere sagt: »Ich verspreche dir, dich nicht zu ermorden.« Vielleicht gibt es in der Mafia Personenkreise, in denen ein solches Versprechen Sinn hat, aber im allgemeinen gilt: Wenn man sich nicht darauf verlassen kann, daß der andere einen nicht umbringt, kann man sich erst recht nicht darauf verlassen, daß er sein Wort hält. Vertrauenswürdigkeit als *spezifische* Neigung kommt erst vor einem weitgehend eingespielten Hintergrund zum Tragen: in einer Situation, in der Muster der Kooperation schon etabliert sind und darauf vertraut wird, daß die Leute ihr Soll zu einem Unterfangen beisteuern, bei dem sie ihren Beitrag erst leisten, nachdem die übrigen Teilnehmer das Ihre getan haben.

Beziehungen, die Vertrauen beinhalten, werfen spieltheoretische Probleme hinsichtlich der Herstellung von Sicherheit auf. Dabei brauchen wir nicht von den niedrigststufigen Annahmen zugunsten des Egoismus auszugehen, wonach jede Seite eigentlich ein Ergebnis bevorzugt, bei dem sie selbst nichts leistet, während die andere Seite liefert. Wir wollen annehmen, jede Seite bevorzuge eine Situation, in der beide kooperieren, und nicht eine Situation, in der man selbst auf Kosten des anderen profitiert.[6] Nach wie vor gilt, daß jede Seite am wenigsten von der Situation hält, in der die andere Seite nichts leistet, während man selbst liefert. Daher benötigt jeder von ihnen Sicherheit. Das impliziert, daß die Situationen, in denen man sich auf die andere Seite verlassen kann, von jenen Situationen getrennt werden müssen, in denen triftige Gründe dafür sprechen, daß man sich nicht auf sie verlassen kann. In manchen Fällen spricht das kurz- oder mittelfristige eigennützige Interesse je-

6 Spieltheoretisch ausgedrückt, heißt das: Es handelt sich nicht um das Gefangenendilemma, sondern gespielt wird das Versicherungsspiel, wobei wir allerdings die realistische Annahme machen, daß die Beteiligten unvollständige Informationen über die Präferenzen des jeweils anderen haben.

der Seite so offensichtlich für Kooperation, daß sie sich nicht weiter umzusehen brauchen. Aber allgemeiner gesprochen gilt, daß die angemessenen Erwartungen nur gesichert werden können, wenn alle Beteiligten wissen, daß sie das kooperative Ergebnis bevorzugen und die verinnerlichte Neigung zu Handlungen haben, die zur Herbeiführung eines solchen Ergebnisses angetan sind.

Hier müssen wir uns erneut einen Sachverhalt ins Gedächtnis rufen, der für die Geschichte vom Naturzustand durchweg von zentraler Bedeutung gewesen ist: Die Beteiligten sind keine Instrumente, die nur insofern Neigungen haben, als ihr Verhalten zuverlässig prognostiziert werden kann. Es sind Menschen, die voneinander wissen, daß sie Wünsche haben, Verlockungen kennen, ein Gespür für die wichtigsten Anliegen besitzen usw. Das impliziert, daß weitere Fragen gestellt werden können hinsichtlich der Möglichkeiten, die Neigung zur Vertrauenswürdigkeit zu gewährleisten. Eine wichtige Möglichkeit, diese Neigung zu gewährleisten, besteht darin, daß die Beteiligten zu der Überzeugung gelangen, vertrauenswürdiges Verhalten – beispielsweise das Halten von Versprechen – habe *intrinsischen Wert*: Es sei (sofern viele sonstige Bedingungen gleich bleiben) etwas Positives, so zu handeln wie eine vertrauenswürdige Person, und zwar einfach deshalb, weil es sich um eine Handlung der gegebenen Art handelt. Da diese Denkweise der Beteiligten zum gemeinschaftlichen Wissen gehören muß, ist es außerdem notwendig, daß die Vorstellung von diesem intrinsischen Wert überall verbreitet ist und daß ihre allgemeine Geltung als Element der Kultur begriffen wird.

Diese Überlegung wirft sogleich eine überaus wichtige Frage auf: In welchem Maße ist das Intrinsische intrinsisch? Wenn der Vertrauenswürdigkeit (oder irgendeiner anderen Sache) ein intrinsischer Wert zugeschrieben wird, besteht die Gefahr, daß man annehmen möchte, über ihren Wert sei nichts weiter zu sagen: Sie sei gut, weil sie etwas Gutes ist, und weitere Auskünfte gebe es nicht. Erläutert man hingegen, wie sich ihr Wert eventuell zu anderen und womöglich elementareren Werten und Bedürfnissen verhält (indem man etwa auf die Gewährleistung einer im Interesse aller liegenden kooperativen Tätigkeit abhebt), scheint man jenen Wert auf reduktionistische und instrumentalistische Weise zu erklären, woraus doch (wie es dann heißt) hervorgehe, daß es eigentlich gar kein intrinsischer Wert sei. Aber diese Art der Gegenüberstellung kann nicht wirklich vernünftig sein. Sie läßt uns nur die Wahl zwischen einem unerklärbaren und in sich ruhenden intrinsischen Gut, dessen Wert sich von selbst erklärt, einerseits und einem Gut, das ausschließlich instrumentalistisch begriffen werden muß, andererseits.[7] Was wir statt dessen brauchen, ist ein gewisses Verständnis dieser Werte, eine Erklärung ihrer Beziehungen zu anderen Dingen, von denen wir wissen, daß wir sie brauchen und hochschätzen, aber dieses Verständnis soll sie nicht auf die Ebene des bloß Instrumentellen reduzieren. Was wir wollen, ist – um es zu wiederholen – Erklärung ohne Reduktionismus, und ein Ziel der genealogischen Methode besteht, wie ich weiter oben angedeutet habe, eben darin, zu einer solchen Erklärung beizutragen.

Vielleicht wird man einwenden, es gebe keine von einer spieltheoretischen Formulierung der Probleme des Vertrauens ausgehende Argumentation, die nachweisen könne, daß der Vertrauenswürdigkeit innerer Wert zukommt. Allenfalls könne die Argumentation zeigen, daß es für die Menschen nützlich sei, sie so zu deuten, als habe sie einen intrinsischen Wert. Vielleicht wird man sogar behaupten, es komme in Frage, daß die Leute *so tun, als ob* die Vertrauenswürdigkeit einen intrinsischen Wert habe. Richtig ist, daß dieser Einwand berechtigt ist, wenn die Basisressourcen, mit deren Hilfe man zum Verständnis gelangen will, zu begrenzt sind. Falls ein Akteur über nichts weiter verfügt als den Gedanken, es sei instrumentell nützlich für ihn zu glauben, ein bestimmter Wert sei nicht bloß instrumentell nützlich, wird bei der ganzen Sache tatsächlich nicht mehr herauskommen als eine Vorspiegelung, und aus diesem Grunde wird sie sich bei weiterem Nachdenken als instabil erweisen. So ergeht es etwa dem indirekten Utilitarismus. Damit ist eine Theorie gemeint, die aufgrund streng utilitaristischer Prinzipien Regeln oder Neigungen empfiehlt, die uns zur Entscheidung für bestimmte Handlungen veranlassen, die als solche so beschaffen

7 Dieser Gegensatz hat natürlich etwas ausgeprägt Platonisches. Er entspricht beispielsweise den beiden Seiten des Kampfs zwischen Göttern und Giganten (*Sophist*, 246 a). Zur Genealogie als einer Möglichkeit, derartige Gegensätze zu überwinden, s. o. Kapitel 2.

sind, daß sie ein Utilitarist nicht wählen würde. Das Mißliche daran ist, daß ein Akteur, der über eine Situation nachdenken muß, in der er zu einer solchen Handlung neigt, lediglich auf den Gedanken zurückgreifen kann, es sei utilitaristisch gesehen wertvoll, daß er diese Neigung hat, doch dann hat die Neigung keinen Inhalt mehr: Der Akteur kennt keine Gedanken, die er der Überlegung entgegenhalten könnte, in dieser Situation gebe es eine Alternativhandlung, die vom utilitaristischen Standpunkt die besten Konsequenzen nach sich ziehe.[8]

Dieses Problem betrifft nicht nur den indirekten Utilitarismus. Die gleiche strukturelle Schwierigkeit wohnt auch der von David Gauthier[9] vorgeschlagenen vertragstheoretischen Argumentation inne, die von einer Situation ausgeht, in der ganz und gar eigennützige Akteure darüber nachdenken, daß jeder von mehreren Spielern, die unter den Gegebenheiten des Gefangenendilemmas ihren unmittelbaren Vorteil zu maximieren versuchen, nicht mehr bekommt als seine dritte Präferenz. Dabei sollen diese Spieler allein aufgrund dieser Überlegung einsehen, daß es eine rationale Basis dafür gibt, sich zu »eingeschränkten Maximierern« zu mausern, anders ausgedrückt: Es sei ratsam, sich einige vom Gerechtigkeitsdenken geprägte Neigungen zuzulegen. Es fällt jedoch, wie Gauthiers Kritiker betont haben, äußerst schwer zu erkennen, warum ein mit dieser Überlegung und sonst nichts ausgestatteter eigennütziger Akteur, der außerdem weiß, daß sich die übrigen Teilnehmer in der gleichen Situation befinden, nicht einfach zum Gefangenendilemma zurückkehrt: Jeder Beteiligte wird befürchten, daß die andere Seite nicht als eingeschränkter Maximierer handelt, und daher wird er vernünftigerweise auch seinerseits nicht so handeln. Das Problem liegt beim indirekten Utilitarismus ebenso wie bei der Konstruktion von Gauthier darin, daß der Mangel an Übereinstimmung zwischen der zu rechtfertigenden Gesinnung und der rechtfertigenden Gesinnung so einschneidend ist, daß die Konstruktion auseinanderbröselt, sobald sie einem Mindestmaß an Reflexion ausgesetzt wird.

8 Diese Kritik habe ich bereits mehrfach ins Feld geführt, siehe z. B. Williams (1985), Kapitel 6.

9 Siehe Gauthier (1986).

Was also erforderlich ist, damit Vertrauenswürdigkeit einen intrinsischen Wert bekommt, ist, daß diejenigen, die sie besitzen, nicht nur in jenem inhaltsleeren Verhältnis zu ihr stehen, das durch den indirekten Utilitarismus und Gauthiers Argumentation veranschaulicht wird. Wer so mit der Vertrauenswürdigkeit umgeht, als habe sie einen intrinsischen Wert, muß seinerseits dazu imstande sein, sie als eine Sache mit intrinsischem Wert zu deuten. Das heißt, ihm muß ihr Wert sozusagen von innen heraus sinnvoll erscheinen. Es muß ihm möglich sein, die Vertrauenswürdigkeit zu anderen Dingen, die er hochschätzt, und zu seinen ethischen Gefühlen in Beziehung zu setzen. Als im Grunde hinreichende Bedingung dafür, daß etwas (z.B. die Vertrauenswürdigkeit) einen intrinsischen Wert hat, möchte ich erstens vorschlagen, es müsse für menschliche Zwecke und Bedürfnisse notwendig (oder nahezu notwendig) sein, daß dieses Etwas von den Menschen als intrinsisches Gut behandelt wird, und zweitens müsse es kohärent möglich sein, dieses Etwas als intrinsisches Gut zu behandeln. Das bedeutet, daß es bei fortwährender Reflexion stabil bleibt, was für die vorhin genannten Beispiele nicht galt. Dafür ist es wesentlich, daß der Akteur über Materialien verfügt, unter Bezugnahme auf die er den betreffenden Wert im Hinblick auf andere Werte, die er vertritt, verstehen kann; und das wiederum impliziert, daß das intrinsische Gut (in diesem Fall: die Vertrauenswürdigkeit) bzw. das Verhältnis des Akteurs zu diesem Gut eine innere Struktur aufweist, in deren Licht es zu anderen Gütern in Beziehung gesetzt werden kann. Falls diese Bedingungen erfüllt sind, haben wir uns nach meiner These nicht bloß eine Illusion oder Vorspiegelung der Existenz eines intrinsischen Guts zu eigen gemacht. Wenn diese Bedingungen gegeben sind, wäre es im Grunde sogar sehr merkwürdig, dergleichen zu behaupten, denn das hieße ja, daß es darüber hinaus etwas anderes gibt, das *eigentlich* den intrinsischen Wert verleihe und wofür die genannten Bedingungen bloß einen Ersatz oder eine Attrappe böten. Wenn die Bedingungen erfüllt sind, haben wir ein intrinsisches Gut *konstruiert*. Das läßt sich auch so formulieren: Im Rahmen einer genealogischen Darstellung läßt sich der Wert als etwas darstellen, das aus elementaren Bedürfnissen und Wünschen hervorgeht; und sobald wir über diese Geschichte nachdenken, können wir den Wert verständlich finden, ohne daß er sich zur gleichen Zeit unserem Griff entzieht.[10]

Freilich muß die Konstruktion mehr sein als die bloße Vorstellung von einer Konstruktion. Um über die Vertrauenswürdigkeit als intrinsisches Gut Klarheit zu schaffen, müssen wir zweierlei Fragen beantworten: Erstens müssen wir ermitteln, welche Neigung bzw. welche Menge von Neigungen die Vertrauenswürdigkeit ausmacht; man könnte auch sagen, daß wir herausbekommen müssen, was sie sein muß. Sie muß beispielsweise die Neigung eines Akteurs zur Zuverlässigkeit sein – allerdings nicht in dem Sinn, daß man sich auf Hilfe seinerseits verlassen kann (das wäre eine andere Neigung, nämlich Hilfsbereitschaft), sondern in dem Sinn, daß er helfen wird, wenn er Hilfe zugesagt hat oder, eventuell, wenn er zu verstehen gegeben hat, daß er helfen wird. (Diese zuletzt angedeutete Unterscheidung wird sich als wichtig erweisen, wenn es um die AUFRICHTIGKEIT geht.) Zweitens müssen wir erkennen, welches jene anderen Werte im Umkreis der Vertrauenswürdigkeit sind, also jene Werte, die die Struktur formen, durch Bezugnahme auf die man sich von ihr einen Begriff machen kann. Diese beiden Fragen hängen miteinander zusammen, denn die psychologische und die ethische Unterstützung, die der Neigung zur Vertrauenswürdigkeit zuteil wird, beeinflußt bis zu einem gewissen Grad ihrerseits den Inhalt dieser Neigung. Wir haben eine allgemeine Vorstellung davon, welche Art von Inhalt hier ins Spiel kommt, und ohne diese Vorstellung hätten wir keine Ahnung, ob von der Vertrauenswürdigkeit oder irgendeiner anderen Neigung die Rede ist; aber die genauen Anforderungen und Erwartungen, die hier eine Rolle spielen, werden je nach dem Rahmen der Werte und Gefühle variieren, der die Begriffe für die Deutung der Vertrauenswürdigkeit liefert.

Dieser Rahmen fällt unter verschiedenen kulturellen Umständen verschieden aus. Überall haben die Vertrauenswürdigkeit und ihre spezifischeren Anwendungsfälle (wie z. B. der uns besonders interessierende Fall der AUFRICHTIGKEIT) einen im großen und ganzen ähnlichen Inhalt – wir wissen, wovon wir re-

10 In der Terminologie des 2. Kapitels ausgedrückt, ist die Genealogie rechtfertigend. S. o., 2. Kapitel, Abschnitt 5.

den –, und überall muß die Vertrauenswürdigkeit in psychologischer, sozialer und ethischer Hinsicht zu einem umfassenderen Gebiet der Werte in Beziehung gesetzt werden. Um welche Werte es sich dabei handelt, das variiert jedoch von Zeit zu Zeit und von Kultur zu Kultur, und die verschiedenen Spielarten lassen sich nicht durch allgemeines Nachdenken ermitteln. Das ist der Punkt, an dem die fiktive Historie der Genealogie mit ihrem Ziel der Verdeutlichung notwendiger, struktureller Merkmale von der echten Historie spezifischer kultureller Bestimmungen verdrängt wird. Allgemeines Nachdenken kann zeigen, daß es etwas geben muß, das die Neigung zur Aufrichtigkeit unterstützt, und daß der Akteur dazu in der Lage sein sollte, die Struktur, in die die Aufrichtigkeit eingebettet ist, von innen heraus zu begreifen. Doch die Frage, welches spezifische Gebiet der Werte einer gegebenen kulturellen Situation diese Aufgabe erfüllen wird, ist eine Sache der realen Historie, und diese historische Entwicklung ist recht mannigfaltig und dicht.[11] In der heutigen Zeit erachten wir es für natürlich zu meinen, das Täuschen der Menschen (oder zumindest bestimmter Menschen unter bestimmten Umständen) sei ein Beispiel dafür, daß Leute benutzt oder manipuliert werden, und eben dies sei daran auszusetzen. Es hat aber auch andere Betrachtungsweisen gegeben: Die Aufrichtigkeit hat eine Geschichte, und es ist der Niederschlag dieser Geschichte, auf den wir stoßen, wenn wir darüber nachdenken, welche Rolle die Tugenden der Wahrheit in unserem eigenen Leben spielen. Das ist der Grund, warum die Philosophie an einem bestimmten Punkt der Historie Platz machen muß oder warum sie sich, wie ich es lieber formuliere, in die Historie einspinnen muß.

11 Ich konzentriere mich auf den historischen Bereich, aber natürlich lassen sich die lokalen Bestimmungen der Vertrauenswürdigkeit auch mit Hilfe anderer Methoden untersuchen, beispielsweise mit den Methoden der Sozialanthropologie. Relevantes Material erörtert Barnes (1994).

3. Sprachliche Aspekte der Vertrauenswürdigkeit

Die Wahrheit steht in Zusammenhang mit Vertrauen, und das gilt insbesondere für die Tugenden der Wahrheit. An der englischen Sprache lassen sich diese Zusammenhänge beobachten. Das Wort »truth« (also das heutige Wort für »Wahrheit«) und seine Vorgänger im Alt- und Mittelenglischen bedeuteten ursprünglich soviel wie Treue, Loyalität oder Zuverlässigkeit.[12] (Ganz ähnlich läßt sich die moderne Hauptbedeutung von »honesty« [»Ehrlichkeit«] zusammenfassend mit Worten wie »lügt nicht, stiehlt nicht, hält, was er verspricht« wiedergeben.)[13] Wahrhaftigkeit ist eine Form von Vertrauenswürdigkeit, nämlich die Form, die sich insbesondere auf sprachliche Äußerungen bezieht. »Wahrhaftigkeit« kann sich (genauso wie das englische Wort »truthfulness«) sowohl auf die Aufrichtigkeit als auch auf die Genauigkeit beziehen, was ja auch ganz naheliegend ist. Damit wir uns auf die Äußerungen anderer verlassen können, sollten diese anderen nicht nur aufrichtig sein, sondern auch das Richtige sagen; und wir unsererseits müssen (um sozusagen die

12 Siehe die Belege im *Oxford English Dictionary*, s. v. 1.1.a, z. B. Shakespeare, *Cymbeline* v, 5, 107: »Briefly dye their ioyes, That place them on the truth of Gyrles, and Boyes.« [»Sein Glück kann bald begraben, Wer's baut auf Treu von Mädchen oder Knaben« – Übers. Erich Fried.] Am ehesten kennt man diese Bedeutung heute noch aus der altmodischen Wendung »plighting one's troth« [»sich verloben«]. Im vierzehnten Jahrhundert war der Wandel zur modernen Bedeutung vollzogen. Man hat gemeint, der Wandel hänge mit der Ausbreitung des Schreibens und Lesens zusammen – wobei die Richtigkeit des Texts an die Stelle der Zuverlässigkeit des persönlichen Worts tritt (Green [1999]) –, doch in bezug auf diese Hypothese gibt es gravierende chronologische Schwierigkeiten, siehe die Bemerkungen von Saul (1999) in seiner Rezension des genannten Buchs von Green. Auf jeden Fall finden sich auch in noch nicht alphabetisierten Gesellschaften Wörter, die in etwa das gleiche bedeuten wie »wahr« im heutigen Sinn. Ein Beispiel wird hier in der »Schlußbemerkung« genannt.

13 Dies ist »Hauptbedeutung 1« in Empsons »Lexikoneintrag« für dieses Wort im 10. Kapitel seines Buchs *The Structure of Complex Words* (Empson [1952], S. 204). In Kapitel 9 dieses Buchs werden Belege für den Gebrauch von »honest« und »honesty« seit der Mitte des sechzehnten Jahrhunderts zusammengetragen. Kapitel 11 enthält Empsons klassische Untersuchung des Gebrauchs von »honest« im *Othello*.

andere Richtung zu nennen) uns selbst gegenüber ehrlich sein, wenn wir uns bemühen, das Richtige zu sagen.[14] Natürlich involvieren auch andere Formen der Vertrauenswürdigkeit Sprachliches, denn sie verlangen, daß die Handlungen dem Gesagten entsprechen. Wenn jemand »Ich werde es tun« sagt und vertrauenswürdig ist, dann tut er es auch und macht das Gesagte wahr. Diese ganz allgemeine Beziehung zwischen Sprache und Vertrauen ist nicht die Hauptsache, um die es im vorliegenden Kapitel geht. Wir interessieren uns vor allem für die sprachlich geäußerte und für die AUFRICHTIGKEIT konstitutive Form der Vertrauenswürdigkeit. Die Frage lautet: Welche Neigungen muß ein Sprecher haben, damit man darauf vertraut, daß er in bezug auf eine Sache, die nicht in seiner Macht steht, sagt, was er glaubt?

Ebenso wie bei anderen Formen des Vertrauens können die Gründe dafür, daß man sich auf die Äußerungen einer anderen Person verläßt, mannigfaltiger Art sein. Ausschlaggebend ist, daß es bei vielen Gelegenheiten offensichtliche, auf Eigennutz oder Gruppeninteresse zurückgehende Gründe dafür gibt, daß die Sprecher sagen, was sie aus ihrer Sicht für die Wahrheit halten. Das kann in Situationen elementarer Offenheit zutreffen, aber daneben gibt es viele weitere Gelegenheiten, bei denen die Beteiligten die Sprache instrumentell und den eigenen – möglicherweise gemeinsamen – Interessen entsprechend benutzen, wenn es für alle Seiten auf der Hand liegt, daß es ihren Interessen dient, die Wahrheit zu sagen. Auf solche Weise tragen ständige Injektionen offensichtlich eigennütziger Handlungsgründe dazu bei, die Adern des normativen Kreislaufsystems zu wärmen.

Das läßt sich vielleicht auch auf die Beziehungen zwischen Fremden übertragen, sofern es um Situationen geht, in denen es für den einen keinen offensichtlichen Grund gibt, den anderen zu täuschen. Dieses Gebiet ist allerdings in höherem Maße problematisch. Es kann sein, daß sich die Menschen an manchen Orten Fremden gegenüber nicht entgegenkommend, womöglich sogar niederträchtig verhalten, ohne daß im Wesen der Sprache etwas die Normen der Wahrheit Betreffendes liegt, woraus

14 Einzelheiten hierzu werden im nächsten Kapitel genannt. Auch Nietzsche hat uns in prägnanter Form daran erinnert, s. o., Kapitel 1, Abschnitt 3.

hervorginge, ob sie sich so verhalten oder nicht. Eine weitere Komplikation besteht darin, daß man nicht unbedingt davon ausgehen kann, daß eine entgegenkommende Einstellung die Menschen dazu veranlaßt, die Wahrheit zu sagen. Über manche Gegenden wird berichtet, daß der Fremde, wenn er sich nach dem Weg erkundigt, nicht die richtige, sondern eine besonders ermutigende Antwort erhält. Falls das kein Märchen ist und dieser Gebrauch auch weiterhin existieren kann, muß es auf einen der beiden folgenden Gründe zurückzuführen sein: Entweder gibt es genügend Fremde, bei denen damit zu rechnen ist, daß sie den Gebrauch nicht durchschauen, oder die Antworten sollen gar nicht als auf die Wahrheit abzielende Behauptungen verstanden werden, sondern als tröstliche Bilder einer anderen Welt, so als würde man dem Reisenden ein Liedchen vorsingen, damit er sich frohen Muts auf den Weg begibt.

Wir brauchen einen Bereich zwischen den Fällen, in denen es gemeinsame Interessen gibt, und jenen anderen Fällen, in denen Abhängigkeit von anderen Personen erkennbar riskant ist. Wir müssen uns auf die Aufrichtigkeit von Behauptungen auch dort verlassen können, wo das nicht durch offensichtliche – sei es kurz- oder mittelfristige – eigennützige Interessen garantiert ist, sondern wo der Bereich der Interaktionen weiter ist als dort. Was wir brauchen, ist, daß die Menschen die Neigung zur AUFRICHTIGKEIT haben, und das impliziert, daß sie die AUFRICHTIGKEIT als etwas deuten, was intrinsischen Wert hat.[15] Dadurch werden, wie wir mit Bezug auf die Vertrauenswürdigkeit generell gesehen haben, zwei Fragen aufgeworfen: Was muß die AUFRICHTIGKEIT sein? Und: Was für eine Struktur sonstiger Tugenden und Werte wird sie in solcher Weise umgeben, daß der reflexive Akteur dazu imstande ist, sie als einen intrinsischen Wert zu begreifen? Wie wir ebenfalls schon erkannt haben, besteht zwischen diesen beiden Fragen ein Zusammenhang: Die Umgebung aus

15 Ebenso wie im Hinblick auf Vertrauenswürdigkeit generell müssen wir auch hier bis zu einem akzeptablen Grad imstande sein, diese Personen als solche zu erkennen, während die Täuscher bemüht sind, das zu erschweren. Bacharach und Gambetta (2001) beziehen sich an einer Stelle auf »den unermüdlichen semiotischen Kampf zwischen Imitatoren [d. h. möglichen Täuschern] einerseits und ihren vertrauenswürdigen Modellen andererseits« (S. 176).

anderen Werten wirkt sich ihrerseits darauf aus, was die AUFRICHTIGKEIT sein muß.

Die Antworten auf beide Fragen sind unter verschiedenen historischen Umständen ganz verschieden ausgefallen. Eine geschichtliche Darstellung dieser historischen Verschiedenheiten kann ich nicht geben – ich wünschte, ich könnte es.[16] Im vorliegenden Kapitel bemühe ich mich, einige Grundzüge der Struktur nachzuzeichnen, aus denen solche Verschiedenheiten hervorgehen. Außerdem werde ich einige der historischen Verschiedenheiten nennen und Vorschläge machen, wie sich der Begriff der AUFRICHTIGKEIT so interpretieren ließe, daß wir heute daraus klug werden. Dabei werde ich von den allgemeinsten Anforderungen an die Struktur der AUFRICHTIGKEIT zu einigen uns besonders vertrauten Werten übergehen, in deren Licht *wir* die AUFRICHTIGKEIT als etwas sehen, was einen intrinsischen Wert hat, mithin etwas an und für sich Gutes ist. Gerade weil wir – d. h. ich selbst und vermutlich auch der Leser – dieses Verständnis von AUFRICHTIGKEIT haben, hat sie aus unserer Sicht einen Wert, der über alles hinausgeht, was ihr im Rahmen der Geschichte vom Naturzustand zugeschrieben wird, wo sie (grob gesprochen) zunächst als Lösung einer Koordinationsaufgabe in Erscheinung tritt. Zur gleichen Zeit erkennen wir, daß man sie in der Vergangenheit ganz anders interpretiert hat. Einige dieser Interpretationen möchten wir vielleicht kritisieren, so wie ich für mein Teil den in meiner Terminologie so genannten »Behauptungsfetischismus« kritisieren werde: Wir sind hinsichtlich der Vergangenheit keineswegs an ein relativistisches Schweige-

16 Eine geschichtliche Darstellung, die genau diesen Zweck verfolgt, ist mir nicht bekannt. Es gibt historische Abhandlungen über kasuistische Formen des Lügens, z. B. Zagorin (1990). Das Buch von Jonsen und Toulmin (1988) ist eine allgemeine Geschichte der Kasuistik und enthält einen informativen Abschnitt über Äquivokation, den ich hier heranziehe (s. u. Anm. 30). Der Anhang des Buches von Bok (1978) enthält eine Textauswahl. Sieht man jedoch von MacIntyres knapper, aber eindringlicher Interpretation ab (s. u. Anm. 25), haben historische Darstellungen vielleicht die Tendenz, sich nicht unmittelbar auf die Frage einzulassen, welche Vorstellungen von Sprache und Vertrauenswürdigkeit involviert sind und wie diese Vorstellungen mit sonstigen zeitgenössischen Werten zusammenhängen.

gelöbnis gebunden, aber obligatorisch sind Anmerkungen zur Vergangenheit ebensowenig. Alle diese Elemente – die Basiskonstruktion der AUFRICHTIGKEIT, unsere eigene Interpretation dieses Begriffs, die historische Darstellung anderer Interpretationen und unsere Auffassung dieser Interpretationen – lassen sich in einer genealogischen Geschichte zusammenbringen.

4. Neigungen zur Aufrichtigkeit

Was also muß die AUFRICHTIGKEIT sein? Und diese Frage bedeutet hier zunächst: Was muß die AUFRICHTIGKEIT aus *jedermanns* Sicht sein? Seit den frühesten Stadien der Geschichte vom Naturzustand ist unsere Vorstellung die: AUFRICHTIGKEIT ist eine Neigung, die dafür sorgt, daß die Behauptungen einer Person deren wirkliche Überzeugungen ausdrücken. Das streng und funktional aufgefaßte Behauptungssystem zielt darauf ab, Überzeugungen mitzuteilen; daher wird ein Sprecher mit seiner Äußerung nicht nur seine Überzeugung zum Ausdruck gebracht haben, sondern er wird auch seinen Hörer, sofern dieser ihm vertraut, dazu bewogen haben, die eine oder andere Überzeugung zu übernehmen. Welches Verhältnis besteht zwischen den Überzeugungen des Sprechers und jenen Meinungen, die der Hörer schließlich vertritt? Wenn wir wie im 4. Kapitel verfahren und die (sofern der Sprecher aufrichtig ist) in der Behauptung zum Ausdruck gebrachte Überzeugung mit dem Inhalt der Behauptung gleichsetzen, werden die vom Hörer erworbenen Überzeugungen gewiß auch diese Überzeugung einschließen. Aber der Sprecher hat außerdem Überzeugungen, die in seiner Behauptung nicht zum Ausdruck kommen; überdies wird der Hörer mehr glauben, als der Sprecher gesagt hat – und letzteres ist sehr bedeutsam.

Der Sprecher sagt: »Maria war in Paris, als sie anrief, oder sie war in Rom«, und dieser Äußerung entnimmt der Hörer einleuchtenderweise, daß der Sprecher nicht weiß, welche der beiden Teilaussagen wahr ist. Das war jedoch gar kein Bestandteil der vom Sprecher aufgestellten Behauptung – was er sagte, wird genau dann wahr sein, wenn eines der beiden Disjunktionsglieder wahr ist, einerlei, ob er weiß oder nicht weiß, welches von ihnen wahr ist. Was der Hörer den Äußerungen des Sprechers vernünftigerweise entnehmen darf, kann zu Schlußfolgerungen aller möglichen sonstigen Arten führen. Vielleicht will sich deine Gesprächspartnerin nützlich machen und sagt zu dir: »Irgendwer hat deine Post geöffnet«, und da du ihr vertraust, gehst du davon aus, daß es nicht die Sprecherin selbst war. Wenn du dann herausbekommst, daß es doch die Sprecherin selbst war, wirst du (wenn auch zähneknirschend) einräumen müssen, daß ihre Äußerung wahr war. Also mußt du auch zugeben, daß sie dir keine Lüge aufgetischt hat. Nach meinem Dafürhalten ist eine Lüge eine Behauptung, deren Inhalt vom Sprecher für falsch gehalten wird und die mit der Absicht aufgestellt wird, den Hörer im Hinblick auf diesen Inhalt zu täuschen.[17] Außerdem glaube ich, daß diese Formulierung dem entspricht, was die meisten Leute unter dem Wort »Lüge« verstehen. Das ist nach meinem Eindruck ganz eindeutig die richtige Definition, auch wenn es Theoretiker gibt, die das Wort äußerst locker verwenden. Natürlich handelt es sich um eine andere Frage, wenn es darum geht, wie klar eine gegebene Äußerung der Definition entspricht. So kann es völlig ungewiß oder tatsächlich unbestimmt sein, ob der Sprecher wirklich eine Behauptung aufstellt, ob er sie für falsch hält und ob er die Absicht hat, den Hörer zu täuschen. So verhält es sich insbesondere bei Kindern, die erst noch lernen, was es mit allen diesen Dingen auf sich hat, und denen beigebracht werden muß, welche Bewandtnis es mit dem Lügen hat. Das wiederum bringt man ihnen zum Teil dadurch bei, daß man sie lehrt, wann man es nicht tun darf.

In diesen Hinsichten kann es unbestimmt sein, ob jemand lügt, aber die Sprecherin, die dir etwas über die Post gesagt hat, hat eindeutig keine Lüge erzählt, obwohl es durchaus sein kann, daß sie dich getäuscht, irregeführt oder absichtlich dazu verleitet hat, etwas Unwahres zu glauben. Was den Inhalt ihrer Behaup-

17 Das dürfte auch den Absichten von Sissela Bok (Bok [1978], S. 15) entsprechen, doch ihre eigene Formulierung (»eine absichtlich trügerische Botschaft in behauptender Form«) ist zu umfassend, es sei denn, das Wort »Form« leistet eine nachgerade heroische Menge Arbeit. Auf die Sprecherin, von der die Post geöffnet wurde, würde diese Formulierung passen. Einen Überblick über interessanten Stoff, der das Lügen und die Sozialisierung betrifft, bietet Barnes (1994), Kapitel 8.

tung betrifft, war diese einwandfrei, denn damit wurde eine wahre Überzeugung der Sprecherin ausgedrückt. Zugegeben – eine andere Überzeugung der Sprecherin (ja, eine Information aus ihrem Wissensbestand), die sehr eng mit ihrer Behauptung zusammenhing, wurde nicht zum Ausdruck gebracht. Das gilt zwar für jede Behauptung, doch in diesem Fall wurde der Umstand, daß sie so viel und nicht mehr sagte, von ihr ausgenutzt, um dich in die Irre zu führen. Wenn Aufrichtigkeit Vertrauenswürdigkeit im sprachlichen Bereich sein soll, muß sie also offenbar mehr sein, als wir zunächst angenommen haben, d. h. mehr als die Neigung sicherzustellen, daß jede aufgestellte Behauptung eine echte Überzeugung ausdrückt. Vertrauenswürdigkeit ist mehr als die Vermeidung des Lügens, und sofern wir wollen, daß Aufrichtigkeit die im sprachlichen Bereich ausgeübte Tugend der Vertrauenswürdigkeit ist, muß mehr darüber zu sagen sein. Wir müssen die Frage aufwerfen, von welchen Überzeugungen und einem wie großen Anteil der eigenen Überzeugungen erwartet werden darf, daß sie in einer bestimmten Situation artikuliert werden.

In derlei Zusammenhängen sieht es so aus, als passe die Unterscheidung zwischen Lügen und einigen anderen Formen irreführenden oder täuschenden Redens genau zu der sprachphilosophischen Unterscheidung zwischen dem Inhalt einer Behauptung und den von Paul Grice so bezeichneten »Gesprächsimplikaturen«,[18] also jenen Implikationen, die daraus resultieren, daß sich ein Sprecher entscheidet, einen Sprechakt mit diesem Inhalt und nicht mit jenem zu vollziehen. Implikaturen sind keine Implikationen im strengen Sinn. Wenn eine echte Implikation, die sich im Sinn der logischen Folgerung aus der Behauptung der Sprecherin ergibt, falsch ist, dann gilt das auch für das Behauptete selbst. Aber das ist, wie wir gesehen haben, nicht der Fall, wenn es sich um Dinge handelt wie die von der Sprecherin gemachte Andeutung, mit ihrem Gebrauch des Worts »irgendwer« sei nicht sie selbst gemeint – diese Andeutung ist ein

18 Siehe Grice (1989), Kapitel 1-7, 15 und 17. Nach Grice sind Gesprächsimplikaturen eine Teilmenge der nichtkonventialen Implikaturen (S. 26), aber diese zusätzlichen Unterscheidungen sind in diesem Zusammenhang nicht relevant, daher werde ich hier meistens einfach von »Implikaturen« sprechen.

Beispiel für eine Implikatur. Wir haben ein ziemlich ausgeprägtes Gefühl dafür, wovon man sagen darf, es sei wirklich behauptet worden, und dieses intuitive Gefühl beschränkt sich nicht auf den Terminus technicus »behaupten« (denn als ein solcher Terminus wird das Wort hier weitgehend verwendet). Auf die Frage, ob die vermeintlich hilfreiche Person mit ihrer Äußerung über die Post »wirklich *gesagt* hat, daß sie selbst die Post nicht geöffnet hat«, müßte man mit nein antworten. Was sie (im Sinn von *sagen, daß* ...) gesagt bzw. was sie behauptend geäußert hat, wird unserem normalen Verständnis entsprechend mit den Wahrheitsbedingungen der Äußerung gleichgesetzt, während die Implikaturen einem Bereich außerhalb der Wahrheitsbedingungen angehören.

Diese naheliegende Auffassung vom Inhalt einer Behauptung hilft uns herauszufinden, in welchen Hinsichten man bezüglich des vom Sprecher Behaupteten unsicher sein kann. Vielleicht ist der von ihm benutzte Satz in lexikalischer Hinsicht mehrdeutig, wie z. B. »Sie war klein und hilflos, und er nahm sie auf den Arm«. Vielleicht ist der Satz aber in struktureller Hinsicht mehrdeutig, wie z. B. »Ich habe die Pralinen in der Schachtel in der Garage gelassen«. Vielleicht besteht aber auch eine Mehrdeutigkeit in puncto Bezug: »Paul gab Jürgen den Befehl, in den Laden zu gehen, und sobald er eingetreten war, erschoß er den Verkäufer.« Wenn wir in solchen Fällen nicht wissen, welche Bedeutung oder welchen Bezug der Sprecher im Sinn hat, wissen wir auch nicht, welche Überzeugung er mit dem Gebrauch des Satzes ausgedrückt hat, und wissen daher auch nicht, welche Behauptung er aufgestellt hat. Im Beispiel mit der Implikatur können wir genauso unsicher sein in bezug auf das, »was sie gemeint hat« (wie man es ganz naheliegenderweise formuliert). Man könnte im unklaren darüber sein, ob die Frau, die »Irgendwer ...« sagt, damit beabsichtigt, wir sollten das so auffassen, als wolle sie sich selbst ausnehmen. In diesem Fall können wir allerdings trotzdem genau ermitteln, welche Überzeugung es ist, die von ihrer Behauptung ausgedrückt wird: Wir kennen zumindest eine ihrer Überzeugungen, und das Problem betrifft andere Überzeugungen, die sie vielleicht außerdem hat.[19] Alle diese Möglichkeiten der

19 Es gibt viele Auseinandersetzungen darüber, was als Teil des Inhalts (als Beitrag zu den Wahrheitsbedingungen) eines Satzes zählt und welche

Ungewißheit und des Mißverstehens können zu Täuschungszwecken ausgenutzt werden. Im nächsten Abschnitt werden wir diesbezüglich noch mehr zu sehen bekommen.

Auch wenn der vom Sprecher gebrauchte Satz nicht mehrdeutig ist, sollten wir nicht annehmen, daß wir von den Worten des Satzes unmittelbar zum Behaupteten gelangen können. Im vorigen Kapitel[20] habe ich gemeint, eine ironische Behauptung sei gar keine Behauptung, denn der wirkliche Inhalt – das, wovon der Sprecher möchte, daß man es glaube – werde nur implizit ausgesprochen. Es gibt aber noch andere Fälle, in denen ein Satz tatsächlich zur Aufstellung einer Behauptung gebraucht wird, obwohl sein Inhalt den Worten nicht ohne weiteres zu entnehmen ist. Es kann z. B. sein, daß er metaphorisch gemeint ist. Ein ehemaliger Dozent an einem Oxforder College, der einen Brief an die College-Zeitschrift schrieb und darin sagte: »Seit ich im Ruhestand bin, habe ich mich buchstäblich im Garten vergraben«, hat nur deshalb etwas Falsches geäußert, weil er das Wort »buchstäblich« benutzte. Ohne dieses Wort hätte er eine wahre, mit Hilfe einer Metapher ausgedrückte Behauptung aufgestellt.[21] Vielleicht ist es unklar, ob wir es mit einer Metapher zu tun haben oder einer ausgefallenen, womöglich speziellen Be-

Tests angemessen sind, um über diese Frage zu entscheiden. Grice selbst meint, die Vorstellung von einer zeitlichen Abfolge wie z. B. in »Sie gab ihm den Schlüssel, und er öffnete die Tür« sei eine Implikatur, während die Wahrheitsbedingung auf die Konjunktion im Sinne der entsprechenden Wahrheitsfunktion beschränkt bleibe. Das ist bestritten worden (beispielsweise von Carston [1988]), zum Teil mit der Begründung, dieser Satz könne so verneint werden: »Nein, er öffnete die Tür, und dann gab sie ihm den Schlüssel.« Bei diesem Meinungsstreit wird allerdings übersehen, daß die Negation auf *jede* Dimension einer Äußerung angewandt werden kann, sogar auf die Aussprache. Man denke etwa an das Beispiel »No, it isn't a *tomahto*, it's a *tomayto*.« (Diesen Hinweis verdanke ich dem kürzlich verstorbenen David Lewis.)

20 Kapitel 4, Abschnitt 2.

21 Einen konträren Metaphernbegriff, wonach Metaphern suggestive, aber falsche Sätze oder auch suggestive, buchstäblich wahre Sätze sind (»Kein Mensch ist eine Insel«), vertritt Davidson (in Davidson [2001]). Michael Dummett möchte ich für das im Text genannte Beispiel danken sowie für den nachdrücklichen Hinweis auf die Bedeutung der Tatsache, daß wir über das Wort »buchstäblich« verfügen.

deutung eines Ausdrucks oder einer bloßen Andeutung. Eine andere, ebenfalls wahre Geschichte handelt von einem Philosophen, der von seiner Frau gebeten wurde, er möge nachsehen, was die auf dem Herd kochende Suppe mache, und der die Suppe, als die Frau wieder nach Hause kam, aufmerksam beim Überkochen beobachtete. Damit hatte er offensichtlich nicht das getan, was sie gewünscht hatte. Er selbst jedoch sagte, er habe genau das getan, worum sie ihn gebeten habe. Doch sofern wir einräumen, er habe nicht einmal das getan, sollen wir dann sagen, das liege daran, daß er ihre Äußerung zu Unrecht *buchstäblich* genommen habe? Gewiß nicht, jedenfalls nicht, wenn das der Gegensatz zu *metaphorisch* sein soll. Falls das heißt: eine Metapher buchstäblich nehmen, fragt es sich, was er getan hätte, wenn ihn seine Frau gebeten hätte, ein Auge auf die Suppe zu werfen. Hier ist zwar eine Menge Platz für theoretische Ausführungen, doch diese Dinge werden wir beiseite lassen.

Nicht alles, was man aus der Äußerung einer spezifischen Behauptung seitens eines Sprechers erschließen kann, ist eine Implikatur. So handelt es sich beispielsweise nicht um Implikaturen, wenn man aufgrund des Tonfalls eines Sprechers zu dem Schluß kommt, Deutsch sei nicht seine Muttersprache, oder wenn man dem Zeitpunkt seiner Unterbrechung entnimmt, daß er taktlos, beleidigend oder in Unkenntnis der Tatsache ist, daß er es mit der Witwe des Verstorbenen zu tun hat. Aus den Äußerungen der Menschen und der Art und Weise, in der sie sich äußern, kann man alle möglichen Schlüsse ziehen. Implikaturen gleichen eher Fällen, in denen es um Sprachregeln geht, und es ist ein frappierender Umstand, daß kompetente Sprecher im Regelfall eine Implikatur erkennen können, wenn ihnen ein Satz mit der Aufforderung vorgelegt wird, sie sollten sich vorstellen, er sei in einer normalen Situation geäußert worden (wobei es sich allerdings, wie wir sehen werden, um eine Voraussetzung handelt, die nicht so simpel ist, wie sie klingt). Um zwei Beispiele von Grice anzuführen: Wenn jemand sagt: »Gestern betrat ich ein Zimmer und sprach mit einer Frau . . .«, wird man normalerweise annehmen, der Sprecher habe damit implizit gesagt, diese Frau sei nicht seine Gattin und das Zimmer gehöre nicht zu seiner eigenen Wohnung. Anderseits würde man, wenn jemand sagt: »Gestern habe ich einen Finger gebrochen«, davon ausgehen, daß es sein eigener Finger war. (Der Satz klingt ganz ungewöhnlich, wenn man ihn als das Selbstlob eines Ringers hört.)

Diese Erwartungen erklärt Grice durch Bezugnahme auf Regeln, die nach dem Verständnis der Sprecher dem effizienten sprachlichen Austausch zugrunde liegen. Eine ungefähre Formulierung der allgemeinsten Regel lautet bei Grice: »Richte deinen Beitrag zum Gespräch so ein, wie es [...] von dem akzeptierten Zweck oder der anerkannten Richtung des sprachlichen Austauschs, auf den du dich eingelassen hast, verlangt wird.« Ein besonderer, wenn auch nicht der einzige Zweck besteht in der Gewährleistung »eines möglichst erfolgreichen Informationsaustauschs«. Die Grundregel könne man, wie Grice meint, das »Kooperationsprinzip« nennen.[22] Dabei leuchtet sofort ein, daß Implikaturen nicht bloß voraussetzen, daß es Sprache gibt im Sinne einer semantische und syntaktische Regeln beinhaltenden Praktik mit der zusätzlichen Norm, daß bestimmte Arten von Äußerungen für wahr erachtet werden, sondern Implikaturen sind auf den Gebrauch der Sprache unter günstigen sozialen Bedingungen angewiesen, die es ermöglichen, daß Kooperation tatsächlich stattfindet. Es sind eben *Gesprächs*implikaturen – aber nicht jeder, der mit einer anderen Person redet, ist im erforderlichen Sinne an einem Gespräch beteiligt. Damit das der Fall sein kann, muß ein bestimmtes, den Beteiligten bekanntes Vertrauensniveau gegeben sein.

22 Grice (1989), S. 26, 28. Hier handelt es sich um den Text »Logic and Conversation«, der zunächst die Grundlage der William James Lectures bildete, die Grice 1967 in Harvard hielt. In einer späteren, 1987 geschriebenen Arbeit anerkennt Grice diverse Probleme, die damit zusammenhängen, daß es im Gespräch häufig an Kooperation fehlt. Dort schlägt er vor, die Regeln der Implikatur könnten unerachtet spezieller Gesprächsinteressen mit »der Rationalität oder Irrationalität der Gesprächsführung« in Verbindung stehen (S. 369). Diesen Gedanken hat Grice allerdings nicht weiter entfaltet. Sperber und Wilson (z. B. [1995]) haben angedeutet, alle von Grice herausgestrichenen Unterscheidungen ließen sich auch mit Hilfe ihrer eigenen Relevanztheorie erklären. Es liegt auf der Hand, daß Relevanzvorstellungen in vielen Fällen eine Rolle spielen – so beruht das Beispiel mit dem Öffnen der Post auf dem Vorenthalten von Informationen, die für das Situationsverständnis des Hörers offensichtlich relevant sind –, aber zumindest der von diesen Autoren dargelegte Relevanzbegriff ist für die Erklärung solcher Phänomene nicht ausreichend.

Die Erörterung der Implikaturen trägt zur Verdeutlichung eines grundlegenden Sachverhalts bei, nämlich der Einsicht, daß die Hörer der spezifischen Behauptung eines Sprechers mehr entnehmen als den Inhalt dieser Behauptung. Oben habe ich es einmal so formuliert: Der Sprecher bringt eine Überzeugung zum Ausdruck, aber für die Hörer ergeben sich daraus viele Überzeugungen. Die Sprecher haben zahllose Meinungen und viele verschiedene Möglichkeiten, sie zu äußern. Es wäre ihnen stets möglich gewesen, etwas anderes zu sagen, eine andere Sache zu erwähnen und ihrer Aussage mehr oder weniger Bestimmtheit zu verleihen. Der Umstand, daß der Sprecher in einem gegebenen Kontext nicht jenes, sondern dieses sagt, versorgt den Hörer mit Informationen, und dies wiederum ist natürlich ebenfalls ein Kommunikationsmittel. Außerdem ist es ein wesentliches Merkmal der Sprache. Es kann besondere Umstände geben, unter denen Einverständnis darüber herrscht, daß der Hörer alles an der Behauptung unberücksichtigt lassen muß außer ihrem Inhalt, doch das sind Umstände ganz besonderer Art. Im allgemeinen gilt, daß man, wenn man sich auf das von einer Person Gesagte verläßt, unweigerlich auf mehr verläßt als das, was sie *sagt*.

5. Behauptungsfetischismus

Betrachten wir Fälle, in denen ein Sprecher die Absicht hat zu täuschen. Die vertraute Unterscheidung zwischen Lügen und anderen Formen irreführender Rede ist die Unterscheidung zwischen dem Fall, in dem der Sprecher eine Behauptung aufstellt, deren Inhalt von ihm selbst für falsch gehalten wird, und dem Fall, in dem er selbst das von ihm Behauptete für wahr hält, es jedoch – insbesondere die allseits bekannte Funktionsweise von Implikaturen ausnutzend – in solcher Weise behauptet, daß der Hörer dazu verleitet wird, etwas Falsches zu glauben. Diese Unterscheidung ist, wie nicht anders zu erwarten, nicht ganz eindeutig, aber die Unbestimmtheiten sind nicht das, was hier von Interesse ist. Die interessante Frage ist vielmehr die, ob die Unterscheidung in moralischer Hinsicht relevant ist. Wenn jemand durch seine Äußerungen bewußt dafür sorgt, daß der Hörer etwas Falsches glaubt und dazu bewogen wird, sich auf etwas zu verlassen, wovon der Sprecher weiß, daß es nicht wahr ist, stellt sich folgende Frage: Macht es einen Unterschied – und wenn ja, welchen? –, ob der Sprecher es durch eine Lüge bewerkstelligt oder dadurch, daß er sich auf eine Implikatur verläßt?

Daß dies die eigentliche Frage ist, ist wichtig. Wenn jemand einen moralischen Standpunkt auf eine Unterscheidung gründet und ihm dann vorgeworfen wird, diese Unterscheidung sei »unvernünftig« oder »grundlos«, kann damit zweierlei gemeint sein. Zum einen kann damit gemeint sein, die Unterscheidung als solche sei ohne Realitätsbezug oder bis zur Unbrauchbarkeit verschwommen oder subjektiv. Geht es beispielsweise um eine Handlung, die zum Tod einer Person führt, berufen sich die Moralphilosophen manchmal auf eine Lehre von der »doppelten Wirkung«. Diese Lehre ist bestrebt, verschiedene Möglichkeiten des kausalen und absichtlichen Zusammenhangs zwischen Tod und Handlung auseinanderzuhalten. Ist der Tod eine unmittelbare Folge oder ein Nebeneffekt der Handlung? Wird die Handlung absichtlich als Mittel zur Herbeiführung des Tods vollzogen, oder wird damit ein anderes Ziel angestrebt?[23] Diese Lehre wird oft mit der Begründung kritisiert, die von ihr angebotene Unterscheidung sei unzulänglich, denn es sei zu leicht, die einzelnen Fälle in solcher Form neu zu beschreiben, daß sie mal dem einen, mal dem anderen Muster entsprechen. Andererseits kann es vorkommen, daß eine Unterscheidung im Rahmen der von praktischen Angelegenheiten ausgehenden Anforderungen zwar klar und robust genug, dafür aber dem Einwand ausgesetzt ist, sie sei nicht relevant. Jemand, der in Kenntnis der Sachlage dasitzt und zuschaut, wie ein Blinder auf einen steilen Abhang zumarschiert und herabstürzt, obwohl er das ohne weiteres hätte verhüten können, hat den Blinden zwar gewiß nicht umgebracht, aber welchen Unterschied macht das? Vielleicht ist ihm unter diesen Umständen der Tod des Blinden genauso vorzu-

23 Es gibt eine enorm umfangreiche Literatur zu dieser Frage, und diese Literatur ist natürlich vor allem für die medizinische Ethik relevant. Eine einfühlsame, außerordentlich sorgfältige und letztlich vernichtende Erörterung der Lehre von der doppelten Wirkung bietet McIntyre (2001).

werfen, als hätte er ihn hinuntergestoßen.[24] Im vorliegenden Fall müssen wir Einwände dieser zweiten Art in Betracht ziehen. Im normalen Denken ist die Unterscheidung zwischen einer Lüge und anderen Formen irreführender Sprachverwendung recht robust, wenn man die in solchen Zusammenhängen üblichen Maßstäbe zugrunde legt. Die Frage lautet: Eine wie große Rolle spielt der Unterschied in jenen zahlreichen Fällen, in denen es auf der Hand liegt, ob eine täuschende Äußerung eine Lüge ist oder nicht?

Überraschend viele und verschieden orientierte Moralphilosophen sind der Meinung, dieser Unterschied sei für die Moral der Wahrhaftigkeit ganz grundlegend. Insbesondere seien Lügen niemals wirklich zu rechtfertigen (wenn auch vielleicht verzeihlich), während bei anderen Formen täuschender Rede eine Rechtfertigung möglich sei.[25] Bei Thomas von Aquin heißt es:

> Alle Lügen sind per definitionem falsch: Handlungen, die mit der Sache nicht in Einklang stehen, denn Worte sollten definitionsgemäß das bezeichnen, was wir denken, und es ist verkehrt und falsch, wenn sie bezeichnen, was wir nicht im Sinn haben. Da Lügen als solche also nicht zu billigen sind, dürfen sie selbst bei größter Gefahr nicht benutzt werden, um andere zu retten, sondern dann muß die Wahrheit in irgendeiner Form schlau verhüllt werden.[26]

24 Diesen Sachverhalt betont Jonathan Bennett in Bennett (1995) und weiteren Arbeiten. Aus solchen Fällen zieht Bennett in der gleichen Weise wie andere Autoren den Schluß, die Unterscheidung zwischen dem Herbeiführen von Geschehnissen und dem Geschehenlassen sei *niemals* relevant bzw. sie sei »an und für sich« irrelevant. Das ist nicht stichhaltig. Wie wir im vorliegenden Fall sehen werden, gibt es einige spezielle Umstände, unter denen die Unterscheidung zwischen dem Lügen und anderen Formen der Täuschung tatsächlich einen Unterschied macht; und wenn es sich so verhält, ist es eben *diese* Unterscheidung, auf die es ankommt.

25 Über diesen Traditionsstrang gibt MacIntyre (1995) einen hilfreichen Überblick, den ich dankbar benutzt habe. Zum Teil überschneiden sich unsere Schlußfolgerungen, doch er läßt sich – in sehr viel höherem Maße als ich selbst – von den vermeintlichen moralischen Konsequenzen beeindrucken, die sich aus dem Wesen des Behauptens ergeben.

26 Summa Theologiae IIa IIae, Q 69, 1 und 2. Die von Thomas vertretene Auffassung geht sogar noch weiter, als aus dem angeführten Zitat hervorgeht, denn nach seinem Dafürhalten ist die Täuschungsabsicht nicht in der Definition der Lüge enthalten, unter die bei ihm jede absichtliche Behauptung

Kant vertritt in einem ganz anderen sozialen und religiösen Kontext und aus moralischen Gründen, die zumindest an der Oberfläche ebenfalls völlig andere sind, praktisch die gleiche Anschauung und stellt die berühmte These auf: Wenn ein Mörder an die Tür käme, um einen unschuldigen, im Haus versteckten Flüchtling zu suchen, und sich nach dem Aufenthalt des Flüchtigen erkundigte, würde man im Fall einer Lüge gegen das moralische Gesetz verstoßen.[27] (Das Beispiel selbst geht auf Augustinus zurück.) Manche Autoren, die in der katholischen Tradition stehen und diese Unterscheidung befürworten, haben eine Vorliebe für die folgende erbauliche Legende von St. Athanasius:

> Wenn wir in den Lebensgeschichten der Heiligen nachlesen, sehen wir, wie es ihnen gelang, in Krisensituationen Lügen zu vermeiden. So ruderte St. Athanasius auf einem Fluß, als seine Verfolger ihm aus der entgegengesetzten Richtung in ihrem Boot entgegenkamen. »Wo ist der Verräter Athanasius?« »Ganz in der Nähe«, erwiderte der Heilige in heiterem Ton und ruderte, ohne in Verdacht zu geraten, an ihnen vorüber.[28]

Alasdair MacIntyre sagt völlig zu Recht: Die Art, wie man auf diese Geschichte reagiert, gibt grundlegenden Aufschluß über die jeweilige Einstellung zum Lügen.

Diese Autoren sind keineswegs der Meinung, an anderen Formen der irreführenden oder hinterlistigen Rede sei nichts auszusetzen. Sie glauben nicht unbedingt, daß alle Lügen gleichermaßen von Übel sind, obschon zumindest Kant offenbar meint, im ausschlaggebenden Bereich der Pflicht seien sie alle gleich, nämlich die »größte Verletzung der Pflicht des Menschen gegen sich selbst, bloß als moralisches Wesen betrachtet«.[29] Der springende

einer falschen Aussage fällt. Augustinus, der die gleiche moralische Unterscheidung trifft, erklärt das Lügen auf die übliche Art (vgl. Anm. 17). Siehe Bok (1978), S. 32 f. sowie die dort angeführten Zitate, S. 250-255.

27 »Über ein vermeintes Recht aus Menschenliebe zu lügen« (1797). Dieser Aufsatz wurde als Replik auf Benjamin Constant geschrieben.

28 Geach (1977), S. 114. MacIntyre (1995), S. 336.

29 *Die Metaphysik der Sitten*, 1. Teil, 1. Buch, 2. Hauptstück, I, § 9, Akademieausgabe VI, S. 429. Wichtig ist, daß Kant die Lüge nicht als Verletzung der Pflicht gegenüber dem Hörer, sondern der Pflicht gegen sich selbst auffaßt. Im Gegensatz dazu steht die Anschauung von Constant, auf die

Punkt ist, daß in dieser Tradition eine moralische Globalunterscheidung getroffen wird zwischen dem Lügen und anderen Formen der bewußt unredlichen Rede. Dieser Unterscheidung zufolge ist das Lügen uneingeschränkt falsch (selbst wenn wir aus menschlicher Schwäche und in der Gefahr mitunter dazu verleitet werden), während andere Formen der irreführenden Rede nicht uneingeschränkt falsch (wenn auch stets unliebsam und mitunter von Übel) sind. In dieser Tradition hat man mehrere verschiedene Formen der Lügenvermeidung auseinandergehalten. Neben den offenkundigen – harmlosen, aber nicht immer zu Gebote stehenden – Mitteln der Antwortverweigerung, des Themenwechsels, der Beantwortung einer Frage durch eine Gegenfrage usw. gibt es die Möglichkeit der »Äquivokation«, die im engsten Sinne des Wortes darin besteht, daß man einen mehrdeutigen Satz verwendet, der in einer seiner Bedeutungen eine wahre Proposition ausdrückt, indes der Sprecher hofft, der Hörer möge den Satz in einer anderen Bedeutung verstehen, in der das damit Gesagte falsch ist. Im Grunde ist es eine gute Frage, ob dieser ehrwürdige Ausweg den Sprecher wirklich davor bewahrt, eine Lüge zu äußern. Nehmen wir an, der vom Sprecher geäußerte Satz könne aufgrund einer Mehrdeutigkeit des Sinns oder des Bezugs etwas Wahres bedeuten, aber auch etwas anderes, und zwar etwas Falsches. Der Sprecher sagt etwa: »Der Mann, den ihr sucht, ist in diesem Jahr noch nicht hier gewesen.« Nach naheliegender Auffassung bedeutet »hier« soviel wie »in diesem Haus« (und in diesem Sinn wäre das Gesagte falsch), aber das Wort könnte auch genau die Stelle bedeuten, an der der Sprecher gerade steht (und in diesem Sinn wäre das Gesagte wahr). Als ich weiter oben auf die Möglichkeit der Mehrdeutigkeit zu sprechen kam, habe ich darauf hingewiesen, daß der Hörer, wenn er nicht weiß, welche Bedeutung oder welcher Bezug gemeint ist, keine Ahnung hat, welche Behauptung der Sprecher aufgestellt hat. In diesem Sinne würden wir gewiß sagen, daß der Sprecher des äquivoken Satzes, sofern er überhaupt eine Behauptung aufgestellt hat, etwas Falsches behauptet hat, nämlich, daß sich der Flüchtling in letzter Zeit nicht in diesem

ich in Abschnitt 6 eingehe. Auf Kants Einstellung komme ich weiter unten noch einmal zu sprechen.

Haus aufgehalten hat. Immerhin gibt es einen Grund für die Feststellung, der Sprecher wolle es erreichen, daß der Hörer die Äußerung in dieser Bedeutung und nicht in der anderen versteht. Doch sofern er dies behauptet, hat er gelogen. Eine Alternative wäre die, zu sagen, er habe gar nichts behauptet, sondern im Grunde nur so getan. Bei dieser Interpretation hat er zwar nicht gelogen, aber es ergibt sich eine merkwürdige Konsequenz: Die Proposition, welche den nicht offenkundigen Sinn des Satzes darstellt, wollen wir die »zweite« Proposition nennen. Das ist die Proposition, von der der Sprecher des äquivoken Satzes hofft, der Hörer möge sie seiner Äußerung *nicht* entnehmen (in unserem Beispiel also die Proposition, der Flüchtling habe nicht an genau dieser Stelle gestanden). Die Lehre von der Äquivokation verlangt, daß die zweite Proposition wahr ist. Aber warum soll sie eigentlich wahr sein? Sofern die richtige Erklärung darauf hinausläuft, daß der Sprecher des äquivoken Satzes deshalb eine Lüge vermeidet, weil er gar nichts behauptet, spielt es doch keine Rolle, wenn die zweite Proposition ebenfalls falsch ist.

Daraus geht deutlich hervor, daß die Lehre von der Äquivokation die Meinung vertreten muß, der Sprecher behaupte tatsächlich die eine und nicht die andere Proposition, und diejenige, die er *eigentlich* behaupte, sei die zweite, also die wahre Proposition. Wenn man das Verhältnis zwischen Sprecher und Hörer betrachtet, spricht nicht sonderlich viel für diese Deutung, denn der Sprecher des äquivoken Satzes hat doch wirklich die Absicht, der Hörer möge den Satz in jenem Sinn verstehen, in dem das Gesagte falsch ist. Was könnte einen also zu der Feststellung veranlassen, *eigentlich* behaupte er die Wahrheit? Zu einem gewissen Verständnis dieser Sache können wir gelangen, wenn wir uns ein extremeres Mittel anschauen, das von manchen Kasuisten vor allem den katholischen Priestern als Möglichkeit empfohlen wurde, um im Fall der Verfolgung die Beichtgeheimnisse wahren zu können. Das war das Mittel der »Reservatio mentalis« – der Mentalreservation oder des stillen Vorbehalts: Was der Sprecher sagt, ist in der gegebenen Form falsch, doch im Geist fügt er einen Zusatz oder eine Einschränkung hinzu, so daß das Gesagte unter diesem Vorbehalt wahr ist. In einem 1606 abgefaßten Bericht über einen gewissen Pater Ward heißt es: »Als erstes schwor er, kein Priester zu sein, und zwar [wie er später erklärte] kein Priester des Apoll in Delphi. Zweitens behauptete er, niemals den Ozean überquert zu haben, was, wie er meinte, insofern richtig war, als er niemals den Indischen Ozean überquert habe.«[30] Und so fort. Mit diesem Hilfsmittel läßt sich offenbar jede Lüge legitimieren; im Grunde läuft seine Anwendung auf das gleiche hinaus wie die Handlung des Kinds, das hinter dem Rücken die Finger kreuzt. Später wurde es scharf kritisiert und im Jahr 1679 zusammen mit anderen Übertreibungen von Innozenz XI. verdammt. Die Begründung für dieses Mittel ist allerdings aufschlußreich: Gott weiß, was man behauptet, auch wenn es der Hörer nicht weiß, denn wenn man spricht, ist Gott stets anwesend. Er weiß, was man *eigentlich* behauptet, denn er kennt die Absichten des Sprechers. Welche Absichten jedoch? Täuschung ist doch eine Beziehung zwischen dem Sprecher und seinem irdischen Hörer, und die Frage, was der Sprecher meint, muß unter Berufung auf die hörerbezogenen Absichten beantwortet werden. Gott mag zwar meine Absichten im Sinne meiner guten Absichten kennen, aber die im Hinblick auf die sprachliche Bedeutung ausschlaggebenden Absichten können nicht unabhängig von dem in der Welt bezweckten Verständnis Gott vorbehalten bleiben. Allenfalls wäre seine Auffassung des von mir Gemeinten dann allein maßgeblich, wenn ich ihn anspräche. Doch wenn Gott der Angeredete ist, ist für Täuschung gar kein Platz.[31]

Sowohl die Äquivokation als auch die Mentalreservation wur-

30 Dieses Beispiel und den Hinweis auf die unten angeführte Abhandlung von Garnet (*A Treatise of Equivocation; or, Against Lying and Fraudulent Dissimulation*) entnehme ich der Arbeit von Jonsen und Toulmin (1988), in der sich genauere Angaben und weiteres einschlägiges Material finden.

31 Die Vorstellung, das Verhältnis zu Gott spiele eine wesentliche Rolle, kommt bei Grotius explizit zum Vorschein, wenn er den (unten in Abschnitt 6 genannten) recht ähnlichen Fall interpretiert, in dem jemand ein Erpressern – beispielsweise einer Piratenbande – gegebenes Versprechen bricht. Grotius weist die von Cicero vertretene Meinung (*De officiis* III, 29, 107) zurück, ein solcher Versprechensbruch sei völlig berechtigt: »Selbst wenn die Person keinen Anspruch [auf Äußerung] hat, steht man in einem Verhältnis zu Gott [cum Deo negotium est]« (*De iure belli et pacis* II, 13, 15, Abschnitte 1 f.).

den unter der Voraussetzung, daß man verfolgt wird, von dem Jesuiten Henry Garnet verteidigt, der 1595 anonym einen »Traktat über Äquivokation oder Wider Lüge und betrügerische Heuchelei« veröffentlichte. Nach Garnet gilt:

> Eine Lüge besteht darin, daß man die im Bewußtsein erfaßte Wahrheit mit Worten bestreitet. In unseren Fällen verhält es sich aber nicht so, denn hier widerspricht man nicht der selbst erfaßten Wahrheit, sondern man bekundet eine andere Wahrheit . . ., wobei es nicht darauf ankommt, ob die Angesprochenen sie falsch verstehen oder nicht, solange ich von ihnen zu Unrecht, voreilig oder böswillig befragt werde.

Die Gedanken über das, was der Sprecher »selbst erfaßt« bzw. »bekundet«, sind kein wirklicher Beleg für die These, das in dieser Form antwortende Opfer der Verfolgung lüge eigentlich gar nicht. Es ist jedoch klar, wo das Gewicht der Argumentation wirklich ruht. Die zuletzt genannte Einschränkung bezüglich der befragenden Personen legt nicht nur die Bedingungen fest, unter denen man sich zu Recht der Mentalreservation bedienen darf, sondern sie verleiht dem Vorbehalt auch den signifikantesten Inhalt: »Ich weiß es nicht [in solcher Weise, daß ich es öffentlich darlegen kann]«, »Der Priester ist nicht da [jedenfalls nicht so, daß ich es euch mitteilen darf]«. Diese Überlegung als solche, wonach aller Grund besteht, diesen Leuten nicht die Wahrheit zu sagen, ist völlig vernünftig, und der Gedanke, daß manche Menschen »kein Recht auf die Wahrheit« haben, ist eine Vorstellung, auf die ich in Abschnitt 6 zurückkomme. Doch wer heutzutage Verständnis für diesen Gedanken aufbringt, wird ihn wahrscheinlich in dem Sinn auffassen, daß es zumindest in Extremfällen und mit Sicherheit unter den Umständen, denen sich die verfolgten Kirchenmänner ausgesetzt sahen, erlaubt ist, nicht zu ihrer Tätigkeit befugte Fragesteller zu belügen. Das ist die Schlußfolgerung, zu der wir durch diese Überlegung gelangen, und nicht ein von desperater Verschlagenheit gekennzeichneter Versuch, die Grenzen dessen, was als Lüge gilt, neu zu ziehen.

Der eigentliche Zweck dieser kasuistischen Manöver und, allgemeiner gesprochen, jener Lehre, die einen moralischen Unterschied machen wollte zwischen Lügen und sonstigen Formen täuschender Rede, ist hinreichend klar. Er bestand darin, daß das Lügen ohne jede Ausnahme verboten werden sollte. Wenn die

Regel des Verbots der Lüge ausnahmslos gelten soll und die Welt um des höheren Guts willen dennoch manchmal verlangt, daß den Menschen falsche Überzeugungen vermittelt werden, dann muß dies mit anderen Mitteln als denen der Lüge erreicht werden. Aber warum sollte man überhaupt damit rechnen, daß die Regel ohne Ausnahme gilt? Viele andere Verbote, darunter manche von höchster Bedeutung, gelten gewiß nicht ohne Ausnahme. Auf jeden Fall erachtete die Tradition diesen Zweck – die ausnahmslose Geltung der Regel zu gewährleisten – nicht für durch sich selbst oder durch bloße Bezugnahme auf Konsequenzen gerechtfertigt. (Manchmal sagen die Leute: Wenn die Regel nicht ohne Ausnahme gilt, bilden die Ausnahmen einen glitschigen Abhang, auf dem man abrutscht, bis zum Schluß gar keine Regel mehr vorhanden ist.) Vielmehr meinte man, es gebe eine unabhängige Basis für die Unterscheidung zwischen Lügen und sonstigen Formen der Täuschung, aus der sich das nützliche Resultat ergeben werde, daß das Verbot der Lüge ohne Ausnahme gelten könne. Die Rechtfertigung lag in dem Gedanken, daß die Definition oder das Wesen der Behauptung Wahrhaftigkeit beinhalte: Eine Behauptung sei rein als solche »so gemeint, daß sie wahr sei«. Von diesem Kommunikationsmittel, das für die Beziehungen zwischen den Menschen als Vernunftwesen unerläßlich ist, nahm man an, es habe ein inneres Wesen, das von sich aus bestimme, wie es zu verwenden sei. Das entspricht dem in dem angeführten Thomaszitat ausgedrückten Gedanken, und die gleiche Vorstellung ist trotz aller Unterschiede zwischen diesen Autoren auch bei Kant am Werk. Kant hebt dabei auf die Beziehung des Sprechers zu sich selbst als einem vernunftbegabten Wesen ab (wobei man vielleicht den Eindruck erhält, daß er sich einer zunehmend hysterischen Ausdrucksweise bedient):

> [...] aber die Mitteilung seiner Gedanken an jemanden durch Worte, die doch das Gegenteil von dem (absichtlich) enthalten, was der Sprechende dabei denkt, ist ein der natürlichen Zweckmäßigkeit seines Vermögens der Mitteilung seiner Gedanken gerade entgegengesetzter Zweck, mithin Verzichttuung auf seine Persönlichkeit und eine bloß täuschende Erscheinung vom Menschen, nicht der Mensch selbst.

Des weiteren heißt es:

> Der Mensch als moralisches Wesen (homo noumenon) kann sich selbst als physisches Wesen (homo phaenomenon) nicht als bloßes Mittel (Sprachmaschine) brauchen, das an den inneren Zweck (der Gedankenmitteilung) nicht gebunden wäre [. . .].[32]

Die Erklärung des Behauptungsbegriffs, auf der diese Vorstellung beruht, akzeptiere ich; und ich habe auch schon eingeräumt, daß es einen Sinn gibt, in dem Behauptungen »als wahre gemeint sind«. Aber daraus ergeben sich keine Folgerungen hinsichtlich des Gebrauchs, den man zu Recht von Behauptungen machen darf. Das ist es, was ich meinte, als ich im 1. Abschnitt dieses Kapitels sagte, der »Wert der Wahrheit«, der sich der Erklärung von Behauptungen entnehmen lasse, bringe uns auf dem Weg zu den Werten der Wahrhaftigkeit *überhaupt kein Stückchen weiter*, sobald jene Fragen gestellt sind, die mit Hilfe des Begriffs der Wahrhaftigkeit beantwortet werden sollen. Sofern eine Verlokkung besteht zu glauben, dadurch werde man doch ein Stück weiter gebracht, rührt sie wahrscheinlich von einem Überbleibsel einer teleologischen Annahme her, die so alt ist wie Platon oder noch älter und wonach gewisse Wesenheiten – beispielsweise die Natur der Behauptung als ein Etwas, das für unser Leben als vernunftbegabte Wesen unabdingbar ist – zeigen können, wie wir uns zu verhalten haben, wenn eine Entscheidung über das eigene Verhalten möglich ist. Diese Vorstellung ist allerdings tot (auch wenn die Nachricht von ihrem Tod noch nicht zu allen vorgedrungen ist), und ihr Tod sollte zu den Voraussetzungen jeder angemessen naturalistischen Darstellung gehören. Sofern man überhaupt sagen kann, Wesenheiten schlössen irgend etwas aus, kann ihnen diese Fähigkeit nur insofern unterstellt werden, als sie die betreffende Sache unmöglich machen; und wenn sie die Möglichkeit einer Handlungsweise vom Typ des Lügens zulassen, ist es zu spät, wenn man sie durch Signale, die auf dem Weg der Moral übermittelt werden, aufzuhalten versucht.

Es überrascht nicht, daß die teleologische Annahme im Denken eines Thomas von Aquin oder auch eines Kant am Werk ist, und es liegt nicht so sehr gerade *daran*, daß ihre Betonung dieser

32 *Die Metaphysik der Sitten*, ebd., S. 429 f. Vor allem wenn es um »Pflichten gegen sich selbst« geht, ist Kant geneigt, zu Vorstellungen der teleologischen Tradition zurückzukehren. Das gleiche gilt auch für seine Einstellung zum Selbstmord und seine heftige Verurteilung der Masturbation.

Lehre so unvernünftig erscheint, wie sie etwa Benjamin Constant vorgekommen ist. Seltsamer ist der Gedanke, daß die Teleologie der Behauptung gerade diese Konsequenz nach sich ziehen soll. Es mag zwar sein, daß die »Definition« der Behauptung wirklich bloß darauf Bezug nimmt, daß sie der Ausdruck einer Überzeugung ist, doch sobald man die Rolle von Behauptungen im Rahmen der informativen Kommunikation betrachtet – und das ist doch der Kontext, in dem diese Probleme entstehen, und vermutlich auch ein Kontext, in dem man ihre Aufgabe im Leben rationaler Lebewesen untersuchen sollte –, liegt es auf der Hand, daß die Funktionsweise einer Behauptung wesentlich davon abhängt, welche Behauptung der Sprecher zu äußern beschließt. Sofern das Lügen im Grunde ein Mißbrauch der Behauptung ist, dann gilt das auch für die bewußte Ausnutzung der vom Hörer zu erwartenden Deutung der vom Sprecher getroffenen Entscheidung für eine bestimmte Behauptung. Die genannte Lehre verwandelt die Behauptung in einen Fetisch, indem sie die Behauptung aus dem Kontext ihrer üblichen Funktionsweise herauslöst und die ganze Kraft der Forderung nach Wahrhaftigkeit auf die so isolierte Behauptung projiziert.

Kant selbst gibt eine informelle Erklärung des Begriffs der Lüge und zitiert dabei einen lateinischen Spruch, der soviel bedeutet wie »Das eine offen im Munde, das andere verschlossen im Herzen tragen«,[33] und das ist eine Formel, die, natürlich aufgefaßt, mehr abdeckt als bloß das Lügen. Außerdem trifft er die substantiellere Feststellung, das Lügen mache den Betreffenden in den Augen der anderen zu einem Gegenstand der Verachtung und – »was noch mehr ist« – in seinen eigenen Augen. Ferner sagt er, Liebedienerei sei eine weitere Neigung, die in ähnlicher Form die Pflicht gegen sich selbst verletze. Diese Vorstellungen von Ehre sind vortrefflich (und sogar noch großartiger, wenn sie nicht in der wenig hilfreichen Terminologie der Pflichten gegen sich selbst präsentiert werden). Auf diese Vorstellungen werden wir zurückkommen. Doch sofern Täuschung überhaupt einmal – wie im Fall der Verteidigung des unschuldigen Flücht-

33 »Aliud lingua promptum, aliud pectore inclusum gerere« (Sallust, *De coniuratione Catilinae*, 10, 5). Kants Zitat dieses Spruchs findet sich an der in Anm. 32 genannten Stelle.

lings – gerechtfertigt ist, dann stimmt etwas nicht, wenn man glaubt, es sei ehrenhafter, sich auf Ausflüchte zu verlegen, als eine Lüge auszusprechen.

Bei manchen Autoren der Tradition, unter anderem bei Kant, ist mitunter von einer Aufteilung der Verantwortung die Rede: Ich habe die Verantwortung, die Wahrheit zu sagen – nicht mehr und nicht weniger –, aber es ist *Sache des Hörers*, ob er die Implikaturen meiner Äußerung akzeptiert. Daher gilt, daß ich – anders als im Fall der Lüge – seine Freiheit respektiere und es ihm anheimstelle, seine eigenen Schlüsse zu ziehen. Allerdings ist etwas Richtiges an der Vorstellung, daß die Täuschung von Personen ein Angriff auf ihre Freiheit sein kann, und diese Vorstellung wird uns im nächsten Abschnitt wiederbegegnen. Aber dieser Gedanke betrifft die Täuschung generell und trägt nichts zu der Unterscheidung zwischen einer Lüge und sonstigen Formen der Täuschung bei. Wenn die Umstände die des »normalen Vertrauens« sind (und auf die Frage, was für Umstände das sein mögen, werden wir ebenfalls zurückkommen), dann wird der Hörer das von mir implizit Gesagte ebenso selbstverständlich gelten lassen wie das von mir Behauptete. Hat er Grund zum Mißtrauen, steht ihm die Verdächtigung meiner Behauptung genauso frei wie die Verdächtigung dessen, was ich implizit gesagt habe. Auch dies ist keine Sache, auf die man jenes bekannte moralische Hilfsmittel der Unterscheidung zwischen Tun und bloßem Geschehenlassen anwenden kann. Es ist nicht so, daß ich den Hörer im Fall der Lüge dazu bewege, sich eine falsche Überzeugung zu eigen zu machen, während ich es im Fall der Irreführung einfach ihm überlasse, sich eine falsche Überzeugung zuzulegen. So etwas gibt es zwar – beispielsweise dann, wenn ich jemanden in einem falschen Glauben lasse, obwohl ich korrigierend eingreifen könnte –, aber in den hier betrachteten Fällen verhält es sich anders: Ich führe es bewußt herbei, daß der andere etwas Falsches glaubt, einerlei, ob ich das durch die absichtliche Äußerung einer falschen Behauptung bewerkstellige oder durch die absichtliche Wahl einer irreführenden Behauptung.

Die Fälle, die wir hier betrachten, sind solche, in denen die zu täuschende Person ein Mörder, ein Verfolger oder sonst ein Missetäter ist, und da macht es, wie mir scheint, keinen Unterschied, ob die Täuschung die Form der Lüge oder eine andere Gestalt annimmt. Das bedeutet allerdings nicht, daß das Lügen in allen Hinsichten auf derselben Stufe steht wie sonstige Formen verbaler Täuschung. Viele Menschen haben übereinstimmend das Gefühl, daß der »direkten Lüge« unter bestimmten Umständen und im Kreis von Personen, die im allgemeinen Grund zu wechselseitigem Vertrauen haben, etwas besonders Abscheuliches oder Beleidigendes anhaftet – daß eine derartige Lüge eine spezielle Form der Kränkung ist. Im nächsten Abschnitt werde ich einen Ort für diesen Gedanken zu finden versuchen. Außerdem gibt es einige mit Institutionen verknüpfte Spezialumstände, unter denen die traditionelle Unterscheidung zwischen Lüge und Irreführung tatsächlich sinnvoll ist. Wenn wir uns anschauen, um welche Umstände es sich handelt, wirft das vielleicht ein gewisses Licht auf die ethische Geistesverfassung, aus der die traditionelle Lehre ebenso hervorgegangen ist wie der verfehlte Versuch dieser Konzeption, das Lügen überhaupt auszuscheiden.

Im britischen Parlament gilt eine Konvention, wonach Minister nicht lügen dürfen, wenn sie Fragen beantworten oder Erklärungen abgeben, aber zugleich ist es ihnen freilich gestattet, Dinge auszulassen oder auszuwählen, und sie dürfen Antworten geben, die weniger als die ganze relevante Wahrheit erkennen lassen und generell einen irreführenden Eindruck vermitteln. (Es gibt zwar einen Verstoß, der »Irreführung des Hohen Hauses« heißt und keine direkte Lüge beinhaltet, doch im großen und ganzen entspricht der Grundgedanke der traditionellen Unterscheidung.) Als im Jahre 1963 ein Minister dem Parlament eine Lüge über seine Affäre mit einer Frau namens Christine Keeler auftischte, zirkulierte der folgende Limerick:

> What on earth have you done, said Christine,
> You have wrecked the whole party machine;
> To lie in the nude,
> That is just rude,
> But to lie in the House is obscene.[34]

Worum es bei dieser Konvention geht, ist klar. Niemand kann damit rechnen, daß die Regierung über alles vollständig Aus-

34 Verbesserte Fassung von T.R. Harrison nach einer verstümmelten Vorlage in Barnes (1994), S. 32.

kunft gibt, und vielfach ist gar nicht ohne weiteres zu erkennen, was eine vollständige Auskunft wäre. Ebensowenig ist zu wünschen, daß sich die Regierung ungestraft alles beliebige herausnehmen kann, um die Öffentlichkeit zu täuschen. Die genannte Regel macht es schwieriger, mit einem Täuschungsmanöver durchzukommen, denn Antworten werden argwöhnisch beäugt und Nachfragen mit einem gewissen Druck gestellt, und Minister, die nicht lügen dürfen, können in eine Lage gedrängt werden, in der sie entweder die Wahrheit sagen (sofern sie ihnen bekannt ist) oder in ernsthafte Verlegenheit geraten und nicht mehr wissen, was sie sagen sollen.

Dies sind recht spezielle Umstände, denn die Situation ist antagonistisch und zugleich regelgeleitet. Die Regel funktioniert zumeist deshalb, weil sie einen Sinn hat und weil Verstöße streng geahndet werden. Es gibt auch noch andere Situationen mit ähnlicher Struktur, wie z.B. Gerichtshöfe und Bereiche kommerzieller Tätigkeit zwischen nobler Gesinnung einerseits und völliger Skrupellosigkeit andererseits. Doch wenn man von solchen Fällen absieht, gibt es nicht viele Lebensbereiche, die genau diese Struktur der Erwartungen aufweisen. In den meisten Bereichen ist man entweder besser oder schlechter daran. Besser stehen die Dinge, wenn man sich auf das, was die Menschen implizit sagen, mehr oder weniger genauso verlassen kann wie auf das, was sie behaupten; schlechter stehen sie, wenn man sich nicht einmal auf das verlassen kann, was die Leute behaupten. Vielleicht beruhte die Tradition auf einem Bild der Welt, demzufolge letzten Endes oder im Grenzfall alles antagonistisch, aber zugleich regelgeleitet ist. Diesem Bild zufolge ist ein großer Teil des Lebens antagonistisch und beinhaltet nur wenig Verläßliches; dennoch sei es zur Gänze von Regeln bestimmt. Ebenso wie die Minister, die auch unter Druck nicht lügen, zum Schluß mit weißer Weste dastehen, so seien auch wir, wenn wir uns an die Regel halten, dazu imstande, am Ende des ganzen Lebens eine passable Antwort zu geben. Dieses Bild impliziert eine Dimension jenseits dieses Lebens. So ähnlich, wie die Vorstellung von dem, was man »eigentlich behauptet«, einen Gott impliziert, der dabei zuhört, so impliziert dieses Bild der Dinge gewiß ein Jüngstes Gericht. Kants vermeintlich säkularisierte Lesart derartiger Ideen hatte, wie Nietzsche und andere Kritiker bemerkt haben, geborgte Zeit in

Anspruch nehmen müssen. Aber selbst für diejenigen, die an ein Jüngstes Gericht im eigentlichen Sinne glauben, stellt sich hier immer noch folgende Frage: Woher könnte ihr großes Vertrauen darauf herrühren, daß die von ihnen unterstellten Regeln auch vor Gericht Bestand haben würden? Athanasius bediente sich seines kleinen Tricks, um sich zu retten, und ging damit ein ihn selbst betreffendes Risiko ein, aber es kann durchaus sein, daß andere, die seinem Beispiel gefolgt sind und darauf verzichtet haben, zur Verhütung von Übel zu lügen, sich aufgrund einiger sogar in der Bibel enthaltener Hinweise (wie z. B. dem Gleichnis von den anvertrauten Pfunden) gefragt haben, ob sie ihre Verantwortung nicht womöglich ein wenig zu eng gesehen hatten.

6. Wer die Wahrheit verdient

Die soeben betrachtete Tradition bietet eine Regel, die im Fall des Lügens ohne Ausnahme gelten soll, während hinsichtlich der Irreführung anderer Menschen dem eigenen Urteilsvermögen viel Spielraum gelassen wird. Sehen wir jedoch von den etwaigen Vorzügen dieser Regel ebenso ab wie von der Frage, ob überhaupt eine Regel ohne Ausnahme gelten kann, stellt sich hier ein tieferes Problem, nämlich die Frage, ob das, was wir brauchen, überhaupt eine *Regel* ist. Anfangs haben wir doch nach einer Neigung gesucht, die dazu geeignet ist, als Neigung zur AUFRICHTIGKEIT zu fungieren. Vielleicht geht es hier gar nicht darum, eine Regel zu befolgen, sondern darum, daß man eine bestimmte Menge von Werten hat, welche die Einstellung des Sprechers zu seinen möglichen Hörern prägt.

Bei der Erörterung des von Grice entwickelten Begriffs der Implikatur habe ich mich auf die Umstände des »normalen Vertrauens« bezogen. Das sind die Umstände, die ihm und anderen Theoretikern vorschweben, wenn von den Voraussetzungen der kooperativen Kommunikation die Rede ist. Aber was für Umstände sind das? Genauer gefragt: Aus welchem Bereich werden sie herausgegriffen? Haben wir hier eine Gesellschaftsform im Sinn – eine in diesen Hinsichten relativ gut funktionierende Gesellschaft im Gegensatz zu einer, die nahe daran ist, in Konflikt und Mißtrauen à la Hobbes zu versinken? Oder meinen wir bestimmte, innerhalb der uns vertrauten Gesellschaft herrschende Beziehungen, wie sie zwischen uns und einigen (den meisten?) Leuten im Gegensatz zu jenen etwa bestehen, denen wir aus besonderen Gründen mißtrauen? Sind womöglich bestimmte Situationen oder Bereiche gemeint, wie z. B. in dem häufig geäußerten Spruch, kein vernünftiger Mensch rechne damit, beim Gebrauchtwagenkauf vom Händler die Wahrheit zu erfahren? Oder hat man bestimmte Aspekte der eigenen Beziehung zu anderen Personen im Sinn, die beispielsweise von besonderen sozialen Rollen bestimmt werden? Dem entspräche etwa der Fall des mit einem Minister befreundeten Oppositionsabgeordneten, der zwar mit der Verschlossenheit seines Freundes rechnet, wenn es um die Beantwortung parlamentarischer Anfragen geht, und vielleicht auch dann, wenn man in der Privatunterhaltung auf Regierungsgeschäfte zu sprechen kommt, der dagegen bestürzt wäre, wenn sich der Freund im Gespräch über persönliche Angelegenheiten ausweichend verhielte. Alle diese Dinge sind gemeint, und das impliziert, daß wir, wenn wir uns auf »normales Vertrauen« beziehen, nicht wirklich nach Umständen einer speziellen Art suchen. Die Implikaturen im Sinn von Grice gleichen, wie bereits festgestellt, Merkmalen der Sprache: Kompetente Sprecher sind dazu in der Lage, solche Implikaturen zu ermitteln, wenn sie dazu aufgefordert werden, einen Satz zu betrachten und dabei an normale Äußerungsumstände zu denken. Wenn sie über diese Umstände nachgrübeln, werden sie sich eine Situation ausmalen, in der sie an einem kooperativen und vertrauensvollen Gespräch teilnehmen. Aber wie schon gesagt, nicht jeder Teil des sprachlichen Verkehrs ist in diesem Sinne ein »Gespräch«.

Vielleicht wird man sagen, der Gedanke, daß es sich bei einem sprachlichen Austausch um ein »Gespräch« handele, sei so etwas wie eine *automatische* Annahme.[35] Was damit gemeint ist, ist je-

35 Die Vorstellung von einer solchen automatisch unterstellten Position wird von Tyler Burge verteidigt, der sich für das folgende Prinzip ausspricht: »Der Hörer ist dazu berechtigt, etwas als wahr zu akzeptieren, das als wahr präsentiert wird und dem Hörer verständlich ist, es sei denn, es gibt stärkere Gründe, die dagegen sprechen« (Burge [1993], S. 467). Dieses Prinzip könnte meinen im Text gemachten Ausführungen zu widersprechen scheinen, aber ich bin nicht sicher, ob das stimmt. Es hängt

doch alles andere als klar. Es könnte bedeuten, daß wir dem anderen zunächst vertrauen sollten, wenn wir über ihn gar nichts wissen, außer daß wir die gleiche Sprache sprechen. Das ist keine theoretische Annahme, sondern ein schlechter Rat. Andererseits kann es auch bedeuten, daß ein großer Teil des in einer wohlgeordneten Gesellschaft stattfindenden Sprachverkehrs aus »Gesprächen« besteht und nicht aus anderen Dingen, die ebenfalls möglich wären, wie z. B. Beiträgen zu einem Verhältnis, das zwar von Regeln bestimmt, aber antagonistisch ist. Diese Interpretation mag zwar richtig sein, aber sie untermauert keine interessante Annahme – wenn auch einen besseren Rat, nämlich herauszufinden, mit welcher Art von Sprachverkehr man es jeweils zu tun hat. Auch die folgende Möglichkeit kann gemeint sein: Wenn man (ohne unbedingt zu unterstellen, alles sei berechnet oder bewußt bedacht worden) vernünftigerweise annehmen darf, daß man zu dem anderen Sprecher in einem vertrauensvollen Verhältnis steht und es daher wirklich mit einer Gesprächssituation zu tun hat, dann hat man Grund zur Stützung dieses Vertrauensverhältnisses und zu einem diesem Verhältnis entsprechenden Redeverhalten. Diese Auffassung ist richtig und stellt eine Verpflichtung dar, die zugleich eine zentrale Äußerung der ethischen Neigung zur Aufrichtigkeit ist. Wenn wir allerdings gerade den Begriff der Aufrichtigkeit verstehen wollen, können wir ein solches Verhältnis nicht einfach voraussetzen. Wir müssen die verschiedenen Kommunikationserwartungen betrachten, die zwischen Personen mit unterschiedlichen Beziehungen zueinander gegeben sind – sei es nun im allgemeinen

davon ab, was als »stärkere Gründe« gilt, denn es könnte sein, daß mangelnde Vertrautheit mit dem Gesprächspartner bereits einen solchen Grund ausmacht. Burge räumt ein, daß sein Prinzip (das keine empirische Prämisse, sondern eine Rechtfertigungsnorm ist) im wirklichen Leben auf ganz unterschiedliche Weise angewendet werden kann. In den beiden Fällen, die er zur Veranschaulichung der Geltung des Prinzips anführt – nämlich Spracherwerb und vertraute institutionelle Einrichtungen –, würde ich es auch meinerseits gelten lassen. Außerdem macht Burge einige überzeugend wirkende Bemerkungen über den Zusammenhang zwischen seinem Prinzip und dem Rationalitätsbegriff. Mir ist schlicht nicht klar, ob diese Bemerkungen mit den obigen Ausführungen über Behauptungen und Wissen (Kapitel 4, Abschnitt 3) in Einklang zu bringen sind.

oder in speziellen Situationen, die durch die Rollen der Beteiligten definiert sind (wie im Fall der beiden befreundeten Politiker, die einander im Parlament gegenüberstehen). Sobald wir einige dieser Möglichkeiten in Augenschein genommen haben, werden wir vielleicht erkennen können, welche allgemeinen Vorstellungen bei der Beschreibung der abweichenden Fälle eventuell hilfreich sind.

Jene speziellen Fälle, in denen die Beziehungen zwischen den Sprechern antagonistisch, aber regelgeleitet sind, habe ich bereits erwähnt und hinzugefügt, daß die meisten Beziehungen (unter dem Gesichtspunkt der Kommunikation) besser oder schlechter sind als diese speziellen Fälle. Hier können wir einige der besseren Fälle betrachten, und zwar zuerst diejenigen, die von einem gewissen Maß an Freundschaft und Bekanntschaft geprägt sind. Schon im vorigen Kapitel wurde gesagt, es sei verfehlt, Behauptungen als solche der Kategorie der Versprechen anzuähneln, doch es gibt einen für Versprechen und Absichten geltenden signifikanten Punkt, dem im Bereich des Sagens und der impliziten Mitteilung tatsächlich etwas entspricht. Von Philosophen und Moralisten ist der Unterschied zwischen Versprechen und bloßen Absichtsäußerungen übertrieben worden. In juristischen Zusammenhängen gilt eine wichtige Unterscheidung zwischen dem, was ich im Sinne der Vertragsbedingungen zugesagt habe, und dem, wozu ich mich nicht verpflichtet habe. Dabei herrscht die Vorstellung, daß derlei von vornherein so klar wie möglich festgelegt werden sollte. Doch wenn ich zu einem Freund, einem Kollegen oder einem wohlmeinenden Nachbarn sage, daß ich das und das tun werde, und weiß, daß sich der andere in wichtiger Hinsicht darauf verlassen wird, indes er weiß, daß ich es weiß, gibt es Spielraum für Vorwürfe und Rückzug aus dem vorher bestehenden Verhältnis, falls ich die Zusage nicht einhalte und überdies keinen Versuch mache, die Auswirkungen auf den anderen nach Möglichkeit zu verhüten. Darauf mag man erwidern, dies zeige, daß Versprechen auch ohne die Formalitäten des offiziellen Versprechens gegeben werden können. Doch dabei würde man den ausschlaggebenden Punkt übersehen, nämlich daß sich derartige Überlegungen vielleicht erst *nach* der fraglichen Äußerung einstellen: Man findet heraus, daß der andere auf eine (vernünftig gedeutete) implizite Konsequenz des Gesagten zählt, während man selbst das Gefühl hat, in dieser Sache etwas unternehmen zu müssen. Ebenso haben Versprechen in informellen Zusammenhängen einen geringeren Rang als Verträge, denn weder der Akteur noch der Empfänger des Versprechens müssen sich auf jedes einzelne Wort im Sinne der ursprünglichen Abmachung berufen. Flexible Reaktionen und Deutungen dieser Art können dazu beitragen, ein ganzes Gebiet der Freundschaft, der vertrauensvollen Bekanntschaft und vieler sonstiger Verhältnisse zu definieren. Die menschlichen Beziehungen wären extrem viel ärmer und kaum noch wiederzuerkennen, wenn in derartigen Situationen nur die folgenden beiden Maximen in Kraft wären: »Halte deine Versprechen« und »Caveat auditor«.[36]

Einige dieser Punkte gelten für einen umfassenderen Bereich sprachlicher Äußerungen. In welchem Maße es vernünftig sein kann, sich auf die Implikaturen und Voraussetzungen von Behauptungen und, allgemeiner gesprochen, nicht nur auf ihren Inhalt, sondern auch auf das mit ihrer Äußerung Angedeutete zu verlassen, und in welchem Maße der Sprecher Grund zur Fürsorge hat, wenn sich die anderen wirklich darauf verlassen, hängt von den speziellen Beziehungen zwischen diesen Personen und dem Sprecher ab. Der Grad, in dem man sich auf derlei sowie auf die Bedeutung des Schweigens verlassen kann, ist banalerweise ein Kriterium dafür, wie eng die Beziehungen zwischen den Personen sind (allerdings ist es ebenfalls eine Banalität, daß es eben nur eines von mehreren Kriterien ist, und nicht einmal ein besonders sicheres – es gibt z. B. Paare, die von den Täuschungen des jeweils anderen zehren). Ebenso wie im Fall der Absichten wird es häufig einen Unterschied machen, wovon sich *herausstellt*, daß der Hörer darauf baut, was ja erst ans Licht kommt, nachdem die Äußerung heraus ist. Unter bestimmten Umständen kann es ein Zeichen von Freundschaft sein, deutlich zu machen, was eigentlich gesagt und was verstanden worden ist; aber ein anderes, häufigeres und entspannteres Zeichen ist die Unterlassung weiterer Fragen und Ansprüche. Das ist die Welt, in der Vertrauen und Zutrauen die Grundidee ausmachen.

36 Cavell (1979), S. 298, betont die Kontinuität zwischen Versprechen und anderen Formen der Verpflichtung. Er weist darauf hin, daß Versprechen und andere »Rituale« dieser Art eine Rolle spielen, sobald »es wichtig ist, explizit zu sein«.

In dieser Welt, könnte man vielleicht sagen, werde Täuschung nicht gebraucht, nicht erwartet oder sei ausgeschlossen – aber das wäre ein Fehler. Auch unter von Freundschaft und Vertrauen bestimmten Verhältnissen kommt es, wie uns von Psychologen und Romanciers in Erinnerung gerufen wird, häufig vor, daß die Leute einander belügen, irreführen oder falsche Eindrücke vermitteln, um die anderen nicht zu verletzen oder um sich selbst nicht bloßzustellen, d. h. um, allgemein gesprochen, Systeme wechselseitiger Wertschätzung aufrechtzuerhalten. Inwiefern sich derartige Mitteilungen von unrichtigen Angaben, Übertreibungen, vorgetäuschten Zustimmungen, konventionellen Falschaussagen usw. zu *Täuschungen* summieren – d. h. inwieweit überhaupt jemand glaubt, was gesagt wird, oder damit rechnet, daß Gesagtes geglaubt wird –, ist von Ort zu Ort verschieden, und in hohem und nützlichem Maße gibt es keine eindeutige Antwort auf diese Frage. In einigen besonders raffinierten Gesellschaften, wie z. B. in den von Rousseau verabscheuten Pariser Salons des achtzehnten Jahrhunderts, rechnet niemand damit, daß irgend etwas geglaubt wird, doch in solchen Fällen haben wir es nicht mehr mit Verhältnissen freundschaftlichen Vertrauens zu tun. Hier ist vertrauensvolles Verhalten, wie *Les liaisons dangereuses* in entmutigender Form vorführt, nichts weiter als eine verhängnisvolle Idiosynkrasie.

Abgesehen von dem (wie auch immer gearteten) Niveau sozialer Unwahrheit, das zur Stützung der Welt des freundschaftlichen Vertrauens selbst nötig ist, wird diese Welt außerdem klare Verstöße gegen die normalen Erwartungen enthalten. Diese Verstöße können gerechtfertigt sein, wie z. B. dann, wenn das Geheimnis einer anderen Person gewahrt bleiben soll; und sofern es in derartigen Fällen zu Täuschungen kommt, besteht kaum ein Grund zur Annahme, daß Ausflüchte wie im Athanasius-Beispiel besser dastehen als Lügen – ja, es kann sein, daß sie schlechter dastehen. Das kann auch für eine andere, mitunter gerechtfertigte Form des Verstoßes gelten, bei der man häufig von einer »paternalistischen« Täuschung spricht. Man nimmt etwa an, daß nichts als sinnloses Leid die Folge sein wird, wenn man dieser alten Dame die Wahrheit über die Krankheit ihrer Tochter oder die Schande ihres Sohns mitteilt; und da sie eine gewitzte Zuhörerin ist, gibt es vielleicht keine wirksame Alternative zur Lüge.

Aber wäre es unbedingt besser, wenn es gelänge, sie durch Implikaturen hinters Licht zu führen? Hier werden die Menschen, wie ich vermuten möchte, unterschiedlich reagieren. Manche werden meinen, in einem derartigen Fall sei eine Lüge eine besondere Form der Kränkung. Andere werden das Gefühl haben, daß sie, wenn sie an der Stelle der alten Dame wären und die Lüge entdeckten, zwar vielleicht empört wären, ihre Empörung aber nicht auf die eingesetzten Verfahren, sondern naheliegenderweise auf den Paternalismus selbst richten würden sowie auf den Wunsch dieser wohlmeinenden Person, die Realität überhaupt vor ihr zu verbergen.

Wir können weder mit jedermann befreundet sein noch zu allen im Verhältnis wohlwollender Bekanntschaft stehen, und kein vernünftiger Mensch würde dergleichen wollen. Es gibt jedoch darüber hinaus noch andere Verhältnisse, die – zumindest im Hinblick auf die Kommunikation – besser dastehen als jene, die antagonistisch, aber regelgeleitet sind. Eines ist das Verhältnis der offensichtlich mit hereinspielenden Eigennützigkeit, von dem oben bei der Betrachtung des Vertrauens im allgemeinen bereits die Rede war.[37] Ein weiteres, von MacIntyre besonders hervorgehobenes Beispiel ist der Fall des gemeinsamen Bemühens um Ermittlung der Wahrheit, in dem jeder Beteiligte einsieht, daß es schlicht witzlos wäre, nicht freiheraus zu reden oder die anderen in die Irre zu führen. Ein zusätzliches Beispiel wäre jenes für die moderne Welt so typische Phänomen der durch ein wohlgeordnetes, unpersönliches Unterfangen erzeugten Erwartungen, wie sie beispielsweise gegeben sind, wenn man damit rechnet, von einem Beamten oder Angestellten, den man noch nie gesehen hat, nicht absichtlich hinters Licht geführt zu werden.

Manche Beziehungen zwischen den Menschen sind hingegen bemerkenswert schlecht: aggressiv, erpresserisch, mit Drohungen durchsetzt. In einem derartigen Fall (und hier könnte der Mörder an der Tür als Beispiel dienen) kann die Lüge eine notwendige Form der Verteidigung sein. Die meisten Menschen

37 Vgl. Humes charakteristisch wohlberechnete Provokation: »Das [eigene] Interesse ist die *erste* Pflicht beim Erfüllen von Versprechen« (*Treatise*, III, 2, 5, Hervorhebung von Hume).

dürften heute den Eindruck haben, daß Constant hier recht hatte und daß es ein Zeichen für Ungereimtheiten in den eigenen Vorstellungen von den Forderungen der Wahrhaftigkeit ist, wenn man mit Bezug auf das Lügen in einer solchen Situation »ein Problem hat« (außer vielleicht in dem Sinne, daß man kein besonders guter Lügner ist). Es ist naheliegend, ebenso wie Constant zu sagen, eine Person mit derartigen Zielsetzungen habe die Wahrheit nicht verdient, sie habe kein Recht darauf, und in ethischer Hinsicht mache es nicht den geringsten Unterschied, in welcher Form man diesen Menschen täusche. Diese Einsicht gehört zu den Voraussetzungen einer richtig geprägten Neigung zur Aufrichtigkeit. Außerdem ist es, wenn das Lügen angebracht ist, in einem derartigen Fall kein Zeichen einer positiven Neigung, wenn man darüber Reue empfindet; und wieder ist es so, daß bei jedem, der wegen der diesem Mörder erzählten Lüge einen schlaflosen Augenblick verbringt, eine Deformation der Aufrichtigkeit zu konstatieren ist. Dieser zusätzliche Punkt gilt nicht in allen Fällen, in denen Täuschung gerechtfertigt ist. Die der alten Dame aufgetischte Lüge mag zwar aus freundlicher Gesinnung und zu Recht erzählt worden sein, aber man hat dennoch Grund zur Reue, zu unbehaglichen Gefühlen und zu dem Gedanken, es sei etwas verlorengegangen, weil die eigenen Beziehungen zu ihr generell von dem Empfinden geprägt waren, jeder von uns beiden verdiene es, vom anderen die Wahrheit zu erfahren.

Das Unbehagen wird hier eine Art von Schuldgefühl sein. Es ist zwar kein regelrechtes Schuldgefühl und keine wirkliche Reue, denn man ist ja nach wie vor der Meinung, richtig gehandelt zu haben, wohl aber ein ethisches Bedauern darüber, daß man etwas tun – in diesem Fall einen Verstoß begehen – mußte, von dem man wünscht, man hätte ihn sich ersparen können. Freilich besteht im Fall des Mörders kein Grund, dergleichen zu fühlen, denn ihm gegenüber braucht man überhaupt kein Bedauern zu empfinden. Aber Schuld und die damit verwandten Gefühle sind nicht die einzigen unbehaglichen Empfindungen, die mit der Neigung zur Aufrichtigkeit verknüpft sind. Daneben gibt es die Scham, also das Gefühl, daß selbst dann, wenn eine Lüge oder sonst eine Täuschung unter den gegebenen Umständen angebracht ist, und selbst dann, wenn sie überdies genau das ist, was der Hörer verdient hat, diesem Ausweg etwas Niedriges oder Verachtenswertes anhaftet. Adam Smith meint, diese Reaktion sei sogar in Fällen wie dem des Mörders angebracht. Er bespricht die Lage eines Mannes, der von einem Wegelagerer überfallen und zu einem Versprechen gezwungen wird, und im Rahmen dieser Erörterung räumt er ein, es stehe gar nicht zur Debatte, daß der Mann das Versprechen erfüllen müsse; fraglos habe der Wegelagerer kein Recht auf Einhaltung, aber dennoch habe der Bruch des Versprechens gewisse unehrenhafte Konsequenzen für den, der das Versprechen gegeben hat.[38]

Die Anwendung dieses Gedankens auf einen derartigen Fall mag zwar entschieden seltsam wirken, aber der Gedanke selbst ist wichtig. Eine herkömmliche und wichtige Hinsicht, in der eine innere Struktur für den Wert der Aufrichtigkeit seit langem kulturell verfügbar ist, führt über den Weg gewisser Vorstellungen von Ehre oder Edelmut. So glaubt der edle Jüngling Neoptolemos im *Philoktetes* von Sophokles, es sei eine Schande, durch einen schäbigen Trick zum Ziel zu gelangen, und das läßt er sich auch nur vorübergehend ausreden. Diese Motive stehen natürlich mit Furcht und Mut in Zusammenhang. Dabei ist eine solche Person dazu in der Lage, sich selbst zu verteidigen, und sie ist nicht so abhängig von anderen, daß sie verbergen muß, was sie ist und was sie erreichen will. Die Vorahnung von Scham spielt zwar eine Rolle, doch das ist gerade nicht jene Art von Scham, die sich in Befürchtungen vor dem äußert, was die Leute im allgemeinen denken werden. Vielmehr handelt es sich um Angst davor, in den eigenen Augen schimpflich dazustehen sowie in den Augen derjenigen, die wir selbst respektieren und von denen wir hoffen, daß sie uns ihrerseits achten.[39] Es war etwas von dieser Art, was Maynard Keynes im Sinn hatte, als er seine prächtige Bemerkung über einen amerikanischen Beamten machte und sagte, dieser habe sein Ohr so nahe am Boden der Volksstimmung, daß er gar nicht hören könne, was ein aufrechter Mann sage.

Die Motive Ehre und Vermeidung von Schande haben in der

38 *The Theory of the Moral Sentiments*, Raphael und MacFie (1976), S. 332; zitiert in Scanlon (1998), S. 324.

39 Derartige Motive erörtere ich in Williams (1993), insbesondere in Kapitel 4 und Schlußanmerkung 1.

historischen Entwicklung eine bedeutende Rolle gespielt, was die Neigung zur Aufrichtigkeit betrifft, und auch heute noch haben sie eine gewisse Rolle zu spielen. Aber wenn man sie ganz sich selbst überläßt, bieten sie eine unzuverlässige Stütze der Wahrhaftigkeit, denn sie enthalten eine gewisse Ambivalenz, die in der Literatur der griechischen Antike, bei Nietzsche und bei Autoren wie Yeats zum Vorschein kommt. Die Ehre, welche die Täuschung verachtet, repräsentiert eine Form von Unabhängigkeit: das Vermögen, sich nicht um jene Gefälligkeiten kümmern zu müssen, zu denen man durch Täuschung gelangen kann. Aber das Gefühl, man müsse anderen gegenüber freimütig sein, kann seinerseits als ein Bedürfnis gesehen werden, als Ausdruck von Furcht oder Erniedrigung, und dann kann es sein, daß edle Unabhängigkeit die Form der Durchkreuzung der von anderen gehegten Erwartungen annimmt: ein alles andere als entgegenkommendes, irreführendes oder ironisches Verhalten oder ein Anlegen von Masken. Die in diesem Sinne anderen dargebotene Persönlichkeit ist niemand im besonderen. Die vorrangige Betonung der Motive eines unabhängigen Edelmuts im Verhältnis zur Aufrichtigkeit ist, ebenso wie die eben gekennzeichnete Form ihrer Zurücknahme, am ehesten in hierarchischen oder aristokratischen Gesellschaften verwurzelt oder besteht in Zusammenhang mit einer besonders hoch kultivierten Ästhetik. (Hier darf man vielleicht an Oscar Wildes Bemerkung denken, schlechte Poesie sei stets das Ergebnis echten Gefühls.)

In einer Hinsicht spricht die von Adam Smith ausgedrückte Vorstellung von der Unehrenhaftigkeit des falschen Versprechens gegenüber dem Wegelagerer ein Gefühl an, das auch wir Heutigen noch kennen, denn in dieser Situation steckt etwas Demütigendes. Aber die Demütigung rührt daher, daß man zu diesem Versprechen genötigt wird, und sie würde sich ebenso einstellen, wenn man zur sofortigen Preisgabe des eigenen Gelds gezwungen würde. Sie rührt nicht daher, daß man das Versprechen bricht, und ebensowenig hat es etwas Demütigendes, wenn man den Mörder belügt. Vielleicht hat Adam Smith gemeint, ein hochgestellter Gentleman dürfe nicht in die widrige Lage gebracht werden, ein Versprechen brechen zu müssen, auch wenn es nur einem Räuber gegeben worden ist. Falls er das tatsächlich gemeint hat, ist es vielleicht ein Überbleibsel aus einer Zeit vor dem Anbruch jener modernen Welt, zu deren Entstehung er selbst soviel beigetragen hat. Allerdings hätte diesem Gedanken selbst unter dem *Ancien régime* ein Anflug des Luxuriösen angehaftet, und dieser Luxus steht uns, sofern es ihn je gegeben haben sollte, heute nicht mehr zu Gebote. Wir verfügen über einen bedeutenderen Luxus (oder glauben darüber zu verfügen), nämlich daß wir in einer Welt leben, die als Gemeinschaft moralisch Gleicher aufgefaßt wird. Wir möchten gern glauben, daß das, was den Menschen zusteht oder geschuldet wird, nicht anhand von Einschätzungen ihrer gesellschaftlichen Position bestimmt wird, sondern – auf den besonders grundlegenden Stufen der Moral – aus einer Position der Gleichheit heraus. Das bedeutet nicht, daß Erwägungen bezüglich Ehre oder Scham überhaupt wegfallen. Besonders eindringlich wurde der Begriff der moralischen Gleichheit von Kant ausgedrückt, und Kant war zutiefst von der Vision Rousseaus beeinflußt. Das war, wie man nicht vergessen darf, die Vision von einer Gesellschaft, in der jeder ein Edelmann ist, weil es keine Adligen mehr gibt. Die Motive der Ehre und der Scham müssen zu Vorstellungen von dem, was wir verdienen und voneinander erwarten können, in Beziehung gesetzt werden, doch nun hängen diese Vorstellungen nicht mehr von gegebenen Hierarchien ab, sondern von den spezifischen Verhältnissen, in denen wir uns in sozialer und persönlicher Hinsicht jeweils befinden. Zum Teil hängt das, was wir voneinander erwarten, von sozialen Rollen ab, in deren Rahmen wir uns bewegen. Ein anderer Teil hängt – und das ist überaus wichtig – davon ab, wie sich die einzelnen Personen verhalten.

Wie ist es möglich, solche Vorstellungen durch eine Neigung zur Aufrichtigkeit zum Ausdruck zu bringen? Gewiß hat es nicht jeder im gleichen Maße verdient, die Wahrheit zu erfahren. Man kann von den Menschen in eine Lage versetzt werden, in der Täuschung eine notwendige Abwehr- oder Vorsichtsmaßnahme gegen ihre Drohungen, Machenschaften oder sonstige schädliche Absichten darstellt. Es kann anderseits aber auch so sein, daß man durch ihre aufdringlichen Forderungen nach Informationen in die Ecke gedrängt wird. Selbst im Naturzustand hat nicht jeder das Recht, alles zu wissen. Natürlich ist es möglich, daß der Naturzustand die Form des Dorflebens annimmt, und es kann, wie John Stuart Mill festgestellt hat, ein lästiges

Merkmal mancher Dörfer sein, daß sich alle für alles interessieren. Ja, es ist typisch für traditionelle Kleingesellschaften, daß es in ihnen von Lügen wimmelt, denn dort fällt es schwer, irgend etwas geheimzuhalten. In unserer eigenen Welt, in der es viele private Freiräume und viele Einzelverträge gibt, fällt es leichter, ein Geheimnis zu bewahren, ohne Lügen zu erzählen, und zwischen diesen beiden Dingen besteht ein prononcierter Unterschied. Wenn jemand zuviel wissen möchte, besteht die erste Zuflucht, wie die Kasuisten zu sagen pflegten, in der Verweigerung einer Antwort; und ein durch die Motive Ehre und Scham gestützter, angemessener Stolz kann in dieser Hinsicht eine große Hilfe sein. Aber unter Druck und insbesondere dann, wenn andere Interessen geschützt werden müssen, ist es vielleicht nötig, daß sich das Schweigen in eine Ausrede und die Ausrede in Täuschung verwandelt.[40] Diese vertraute Entwicklungsreihe trägt vielleicht etwas zur Diagnose der hier abgelehnten traditionellen Lehre bei: Zwischen dem Lügen und sonstigen Formen der Täuschung wird schärfer unterschieden als zwischen den übrigen Formen der Täuschung und solchen Arten des Vorenthaltens von Informationen, die gar keine Täuschung beinhalten, und daher kann es leichter fallen, die übrigen Formen der Täuschung so aufzufassen, als handelte es sich bloß um ein Verschweigen. Das ist das dunkle Gebiet, in dem der Begriff der Ausflucht zu Hause ist, und dieses Gebiet umfaßt einen großen Bereich, an dessen einem Ende man sich durch eine Ausrede der Frage entzieht und an dessen anderem Ende die Frage mit einer Ausrede in Behauptungsform beantwortet wird.

In diesen Fällen ist es nicht nötig, Reue zu empfinden. Es ist der Fragesteller, der sich in der einen oder anderen Hinsicht schuldig macht und es nicht mehr verdient, die Wahrheit zu erfahren. In anderen Situationen, in denen Täuschung nötig sein mag – aus Freundlichkeit, wie im Fall der alten Dame, oder aus einem anderen Grund, wie z. B. im Fall der Wahrung eines fremden Geheimnisses –, hat man vielleicht das Gefühl, es gebe Spielraum für ein Bedauern, für das Gefühl, es sei etwas verlorengegangen oder man habe einen »Verstoß« begangen, wie ich es

40 Auf einige politische Implikationen dieses Punkts gehe ich in Kapitel 9 kurz ein.

oben formuliert habe. Das ist im Hinblick auf viele Fälle ein starkes Wort, doch in manchen Fällen ist es angebracht und in vielen sonstigen Fällen trifft es das richtige Gebiet. Ein Verstoß gegen was? Offenbar ist es eine Verletzung des Vertrauens: Ich bringe den Hörer dazu, sich auf das zu verlassen, was ich sage, wenn er einen triftigen Grund dafür hat, und indem ich diesen Mißbrauch begehe, mißbrauche ich auch das Verhältnis, das darauf beruht.[41] Selbst wenn ich aus triftigen Gründen und im Interesse des anderen handele, gebe ich ihm in dieser spezifischen Hinsicht keine Chance, in eigener Weise auf die Tatsachen (wie sie sich meiner Ansicht nach darstellen) zu reagieren, während ich ihm eben diese Chance einräumen würde, wenn ich mich aufrichtig ausdrückte. Statt dessen vermittle ich ihm ein Weltbild, das meinem Willen entspringt. Indem ich die Wirkung der Welt auf ihn durch meinen Willen ersetze, bringe ich ihn insofern in meine Gewalt und schränke somit seine Freiheit ein oder beraube ihn dieser Freiheit.

Erst recht gilt das für eine Handlung, die jemand vollzieht, der aus rein eigennützigen Gründen[42] ein Opfer anlügt, das ihm vertraut. Vermutlich ist es vor allem dieser Fall – der Fall des reinen Verrats –, der Raum schafft für den Gedanken, die Lüge habe gegenüber sonstigen Formen der Täuschung etwas besonders Abscheuliches oder Kränkendes an sich. Das Opfer gerät natürlich vor allem wegen der Täuschung in Zorn, aber es kann durchaus sein, daß es die Form der direkten Lüge ganz besonders und zusätzlich übelnimmt. Wenn dem so ist, liegt es daran, daß die Behauptung der unmittelbare Ausdruck einer Überzeugung zu sein und somit dem Hörer die Wahrheit zu *schenken* bean-

41 Mit meiner Meinung, daß dann, wenn die Lüge (oder der Bruch eines Versprechens) etwas Falsches ist, nicht einer Gepflogenheit oder einer Institution, sondern der anderen Person oder Personengruppe Böses getan wird, stimme ich Scanlon zu, dem ich manchen Hinweis verdanke, siehe Scanlon (1998), Kapitel 7.

42 Diese Formulierung ist zu simpel, aber es wäre ein schwieriges Unterfangen, einen weiteren Bereich von Fällen genau zu umreißen. Ein Fall, der offensichtlich hinzukommt, ist der eines Menschen, der als Spion oder dergleichen seine Freunde aus Motiven anlügt, die mit seiner Loyalität gegenüber einer anderen und verborgenen Instanz zusammenhängen, die auf die Sympathien der Freunde keinen Anspruch hat.

sprucht. In jedem Fall manipuliert der Täuscher die Überzeugungen seines Hörers, aber im Fall der Lüge nimmt diese Verdrängung der Welt durch den Willen eine Gestalt an, die direkter gar nicht denkbar ist. Wenn man die Wahrheit vernimmt, ist das natürlich nicht das gleiche wie eine Vorführung der Realität, und dementsprechend ist das Lügen etwas anderes als der Fall, in dem der Täuscher eine fingierte Szenerie vorspiegelt, die – ähnlich wie in einer Barocktragödie oder einem Film von David Mamet – im Opfer die Überzeugung weckt, vor ihm spiele sich ein bestimmtes Ereignis ab, das in Wirklichkeit gar nicht stattfindet. Aufgrund dieses Unterschieds gilt: Der vertrauensvolle Hörer weiß zwar die ganze Zeit über, daß er durch sein Vertrauen auf die Äußerungen des Sprechers von diesem und in gewissem Sinne auch vom Willen des Sprechers abhängig ist; aber indem er auf ihn vertraut, meint er lediglich durch ein von diesem Willen offengehaltenes Tor gegangen zu sein. Indem er es sich gestattet, die Überzeugung des anderen als seine eigene zu akzeptieren und dabei anzunehmen, durch die Behauptung des Sprechers sei ihm die Wahrheit geschenkt worden, wird er das Gefühl haben, der Realität so nahe gekommen zu sein, wie es in seiner Situation überhaupt nur möglich wäre. Sobald er erkennt, daß er hintergangen wurde, kommt es zu einer völligen Umkehrung: Anfangs stand der Wille des Sprechers gänzlich außerhalb des Bilds, doch jetzt ist das Bild nichts weiter als ein Produkt dieses Willens. Der Betrogene begreift die ungeschminkte Lüge als nackte und unmittelbare Ausübung von Macht über ihn selbst, ohne daß von seinem eigenen Standpunkt irgend etwas für diese Anwendung der Macht spräche, und das ist eine mustergültige Ursache von Groll: Es handelt sich nicht nur um Enttäuschung und Zorn, sondern um Demütigung und die Einsicht, daß man in ganz buchstäblichem Sinne zum Narren gehalten wurde.

Täuschung beinhaltet Manipulation, insbesondere die Manipulation der Überzeugungen der Menschen, und sie kann ihrerseits Bestandteil einer Handlung sein, bei der jemand in allgemeinerem Sinne »benutzt« wird. Kants Formulierung, man solle den Menschen als Zweck und »niemals bloß als Mittel« behandeln, wirkt ganz naheliegend, sobald wir uns bemühen zu sagen, was an der Täuschung auszusetzen ist. Doch wenn wir diese Formulierung zu verwenden versuchen, müssen wir uns deutlicher als Kant selbst darüber im klaren sein, daß es einen großen Unterschied macht, ob ich, wie im Falle eines Verrats, einen unschuldigen Hörer in meinem eigenen Interesse täusche, oder ob ich es zugunsten von Menschen tue, deren Interessen ich mit Recht verteidige, oder auch im Interesse des Hörers selbst. Vor allem in diesem letzteren Fall wird die berühmte Formulierung bekanntlich irreführend und deutet darauf hin, es müsse stets verkehrt sein, andere Menschen »bloß als Mittel« zu ihrem eigenen Wohlergehen zu »benutzen«.

Eine der Fragen, die sich stellen werden, ist die, ob ein gegebener Hörer wirklich unschuldig oder vielmehr jemand ist, der es gar nicht mehr verdient, die Wahrheit zu erfahren. Hier ist es verlockend, mit dem Begriff der Gegenseitigkeit an die Sache heranzugehen. Der Grund, weshalb dem Mörder oder auch dem aufdringlichen Fragesteller die Wahrheit nicht zusteht, liegt darin, daß diese Personen nicht mehr in einem Verhältnis zu uns stehen, das von den normalen Erwartungen eines vertrauensvollen Austauschs geprägt ist. In diesem Lichte betrachtet, wird die Aufrichtigkeit in bestimmter Hinsicht den Gerechtigkeitssinn involvieren, und es ist zweifellos richtig, daß hier manche Vorstellungen von Gerechtigkeit und Ungerechtigkeit ins Spiel kommen. Ein ganz natürlicher Gedanke läuft beispielsweise darauf hinaus, daß es vielleicht völlig *fair* sei, den aufdringlichen Fragesteller zu täuschen, denn er ist selbst aus der Reihe getanzt. Das ist jedoch in keinem unmittelbaren Sinn eine Sache der Gegenseitigkeit. Andernfalls wäre der Umstand, daß jemand ein unverbesserlicher Lügner ist, eine vollständig ausreichende Rechtfertigung dafür, ihn seinerseits zu belügen – aber die meisten von uns sind wahrscheinlich nicht dieser Ansicht. Wenn uns das Faktum, daß er ein Lügner ist, wirklich betrifft und nicht bloß, wie im Fall mancher Mythomanen, wie ein ausgefallener Charakterzug erscheint, ist es wahrscheinlich, daß wir reagieren, indem wir die Beziehungen zu ihm abbrechen und nichts mehr mit ihm zu tun haben wollen. Hier spielen die Motive der Ehre und der Scham meines Erachtens wirklich eine wichtige Rolle. Der intrinsische Wert, welcher der Aufrichtigkeit zukommt, macht es zu einer unschönen Vorstellung, sich in einen Lügner zu verwandeln, auch wenn es sich um das Verhältnis zu jener Person handelt. Außerdem ist es unwahrscheinlich, daß man sich ausschließlich im Verhältnis zu dieser einen Person zum Lügner entwickelt. Das liegt nicht so sehr daran, daß das Lügen zur Gewohnheit wird, sondern daran, daß sich die Nachricht von der Lüge verbreitet und der Sprecher als Lügner gesehen wird. Wir würden uns schämen, in diesem Licht gesehen zu werden, und es daher nach Möglichkeit vorziehen, uns von einer solchen Person fernzuhalten.

Für diejenigen, die das Aussprechen der Wahrheit und das Halten von Versprechen ethisch erklären und dabei auf den Mißbrauch des Vertrauens der Menschen abheben wollen, ist es immer schon ein Problem gewesen, daß eine Person, die als Lügner oder als Brecher von Versprechen bekannt ist, bei Zugrundelegung derartiger Erklärungen offenbar nicht zur Verantwortung gezogen wird. Da niemand einer solchen Person vertraut, wird auch niemand benachteiligt oder im Stich gelassen. Hier wird man einwenden, dieser Mensch habe doch sicher etwas Böses getan! Nun ja, er hat es freilich versucht, denn vermutlich wußte er nicht, daß der Hörer ihm kein einziges Wort abnahm. Aber das Wichtige an diesem Menschen ist doch, daß es sich hier um eine bestimmte Art von Person handelt. Was die Wahrhaftigkeit anlangt, ist er nicht so, wie wir es uns von einem Menschen wünschen. Tadel – die von dem Wort »falsch« getragene moralische Waffe – ist in einem Fall wie dem seinen längst obsolet. Es ist zu spät, um Zorn oder Enttäuschung zu zeigen. Nach Möglichkeit wird man diesen Menschen ignorieren; außerdem wird man unter anderem vielleicht Dritte vor ihm warnen und ihn generell mit weniger Respekt behandeln. Das ist eine Äußerung der Motive Ehre und Scham, denn man selbst würde nicht als eine solche Person gesehen werden wollen – als jemand, der sich nicht genügend um die Wirkung der eigenen Äußerungen auf die Vertrauenskomponente seiner Beziehungen zu anderen Personen kümmert und der nichts dagegen hat, diese anderen leichtfertig oder bewußt zu manipulieren.

Die Aufrichtigkeit ist eine Neigung, und sie kann nicht einfach als Neigung, einer Regel zu folgen, begriffen werden. Natürlich muß es einige allgemeine Erwägungen geben, die von der Aufrichtigkeit beachtet werden, denn sonst hätte die Neigung keinen Inhalt. Einige dieser Erwägungen haben wir soeben betrachtet. Aber sie summieren sich nicht zu einer Regel im traditionellen Sinn einer relativ unkomplizierten Forderung, die den größten Teil der Arbeit nicht dem Urteilsvermögen überläßt. Gäbe es eine Regel, wie würde sie lauten? Wäre es bloß eine Regel, die das Lügen oder das Täuschen im allgemeinen untersagt, würde es sich um eine Regel mit vielen und mannigfaltigen Ausnahmen handeln, denn es gibt alle möglichen Fälle, in denen es keine bessere Handlung gibt als das Täuschen, und in manchen dieser Fälle ist es nicht einmal angebracht, sich deshalb zu grämen. Wesentlich für diese Neigung ist es, ein gutes Gespür dafür zu haben, um welche Fälle es sich hierbei handeln mag – also welche Fälle als Ausnahmen von der Regel gelten würden –, und zu diesem Gespür gelangt man nicht durch bloße Neigung zum Befolgen der Regel. Außerdem könnte die Regel, wenn es sie denn gäbe, nicht bloß eine Vorschrift gegen das Belügen von Personen sein, die dem Sprecher vertrauen, denn das würde tatsächlich zu dem alten Problem führen, daß die Regel um so weniger Geltung hätte, je bekannter man für seine Verstöße gegen sie wäre. Doch daß man sich um das Vertrauen und den Mißbrauch des Vertrauens kümmert, muß offenkundig den Kern der Neigung ausmachen.

Wir haben den Wunsch, daß die Menschen eine Neigung zur Aufrichtigkeit haben, bei der es vor allem um die Aufrechterhaltung und Entwicklung von Beziehungen zu anderen geht, die verschiedene Arten und Grade von Vertrauen mit sich bringen. Wenn sie über diese Neigung nachdenken, werden sie sich Gedanken über die in verschiedenen Beziehungen implizit enthaltenen Arten von Vertrauen machen und sich überlegen, inwiefern der Mißbrauch dieser Arten des Vertrauens eventuell anderen und vielleicht krasseren Formen der Manipulation und Beherrschung ähnelt, denn er rückt ja den Willen des Akteurs an die Stelle der Realität – mithin jener Realität, in deren Rahmen alle Beteiligten gleichermaßen leben müssen. Die Neigung selbst verleiht dem Akteur die Fähigkeit, klar und ohne Selbsttäuschung über die Anlässe nachzudenken, bei denen Täuschung erforderlich ist, und sich ein Gefühl für jene Untergruppe dieser Anlässe zu bewahren, bei der im Fall der Täuschung etwas verlorengeht. Ein großer Teil dieses Denkens richtet sich, wenn man ein solcher Akteur ist, nach außen, auf die anderen Beteiligten und deren Verhältnis zu einem selbst, aber zur gleichen Zeit und ohne Paradoxie beinhaltet es ein Gefühl für einen selbst und die Achtung, die einem auf seiten derjenigen, die man selbst respektieren kann, womöglich entgegengebracht oder entzogen wird.

Diese Struktur der wechselseitigen Achtung und der Fähigkeit, sich selbst und anderen gegenüber Scham zu empfinden, ist eine traditionelle, nachgerade archaische Hilfsquelle der Ethik, die aber auch heute noch ganz unerläßlich ist. Einige der Vorstellungen, auf die sie sich richtet und die ihr im Bereich der Neigung zur AUFRICHTIGKEIT Substanz verleihen, haben ebenfalls eine weit zurückreichende Geschichte, wie z. B. die Vorstellung, manchen Menschen stehe in puncto Wahrheit mehr zu als anderen – und das ist eine Vorstellung, die etwa in der Welt des Odysseus die weniger komplizierte Form einer Unterscheidung zwischen Freunden und Feinden annahm. Das, was diese Neigung für uns sein muß, beinhaltet allerdings eine neuzeitliche Auffassung von dem, was den Menschen zusteht, und dabei handelt es sich um Vorstellungen, die in der Anfangszeit dieser Auffassung noch gar nicht existierten. Einesteils muß diese Auffassung auf soziale Verhältnisse reagieren, die in einer kommerziellen Gesellschaft ständig neu definiert werden: auf die Verhältnisse der Privatheit und der Intimität ebenso wie auf die Verhältnisse der beruflichen Kooperation und Rivalität. Andernteils muß es im philosophischen Raum zu einer Verschiebung dieser Auffassung kommen. Festhalten sollten wir an Kants Einsicht, daß wir die tieferen Implikationen des Vertrauens und dessen Wert im Hinblick auf individuelle Freiheit und das Vermeiden von Manipulation verstehen müssen, aber zugleich sollten wir uns gegen Kants (im Grunde dieser Einsicht widerstreitende) Zwangsvorstellung wehren, wonach uns diese Belange in der Gestalt einer ohne Ausnahme geltenden und unkomplizierten Regel ansprechen sollten, die zu einem Sittengesetz gehört, das uns alle gleichermaßen und ohne Rückgriff auf Macht regiert. Eine solche Regel gibt es nicht. Ja, es gibt kein Sittengesetz, aber wir verfügen über die nötigen, zum Teil zweifellos erst noch zu entdeckenden Mittel, um im Leben mit dieser Tatsache zurechtzukommen.

6
Genauigkeit – der Sinn für Realität

1. Mehr über den Begriff der Genauigkeit

Von der fiktiven Genealogie haben wir uns entfernt und den Weg in Richtung echte Geschichte eingeschlagen, als wir zu betrachten begannen, was unter realistischeren Bedingungen mit der Tugend Aufrichtigkeit passiert. Jetzt müssen wir im Hinblick auf die Tugend Genauigkeit einem ähnlichen Kurs folgen. Gleich zu Anfang der Geschichte vom Naturzustand haben wir angenommen, daß die Personen, von denen die Geschichte handelt, eine gewisse Denkfähigkeit besitzen. Man könnte sie nicht als Personen – insbesondere nicht als Träger einer sei's auch minimalen Tugend Genauigkeit – begreifen, wenn sie nicht bis zu einem gewissen Grade imstande wären, über ihr eigenes Tun nachzudenken. Auf den besonders elementaren Stufen waren die Anforderungen an das Denkvermögen der Leute allerdings nicht sonderlich hoch. Jetzt sollten wir den Personen, von denen unsere Geschichte handelt, ein besseres und diffizileres Denkvermögen zubilligen. Die Personen, die Informationen sammeln und als Gewährsleute fungieren, entwickeln nun ein Gefühl für strategisches Verhalten. Sie waren immer schon mehr als zuverlässige oder unzuverlässige Sammler und Vermittler von Informationen (und insofern verschieden von künstlichen Satelliten), doch sobald ihnen eine raffiniertere Denkfähigkeit zugestanden ist, nimmt ihre Überwachung der eigenen Bemühungen komplexere Gestalt an. Vor allem kommt nun eine bewußte Wahl von Untersuchungsverfahren ins Spiel. Unsere Leute fangen jetzt an, den Wert möglicher Informationen den Kosten ihres Erwerbs gegenüberzustellen. Das kann sowohl kollektive als auch individuelle Entscheidungen beinhalten, die dann in einen bewußteren Prozeß der Teilung der Erkenntnisarbeit eingebracht werden können. Es kann gemeinschaftliches Wissen werden, daß bestimmte Erkunder es für lohnend bzw. nicht lohnend erachten, Informationen einer speziellen Art an Land zu ziehen.

Die besondere Bedeutung dieser Entwicklung liegt darin, daß

wir zum erstenmal bei der Erzählung unserer Geschichte den Eindruck erhalten, für den Erwerb von Informationen über ein bestimmtes Thema werde ein Preis festgesetzt. Hier findet der Begriff der Untersuchungsinvestition Eingang. Zugegeben, die Rede von »Investitionen« ist eigentlich nicht dazu angetan, alle Gründe für die Fortführung der Forschung in den Griff zu bekommen. Eine Einzelperson, die unter Umständen des Vertrauens gewissenhaft handelt, um andere Personen mit Informationen zu versorgen, wird sich bemühen, bis zu einem vernünftigen Grad zu gewährleisten, daß die weitergegebene Überzeugung wahr ist. Das läuft auf das gleiche hinaus wie die Feststellung, eine Untersuchungsinvestition könne im Namen einer anderen Person oder im Namen der Gruppe getätigt werden. Es ist aber ebenfalls richtig (und wird ein vorrangig behandeltes Thema des vorliegenden Kapitels sein), daß das Interesse an der Ermittlung der Wahrheit sehr viel weiter von reduktionistischen Auffassungen entfernt sein kann als in diesem Fall. Es kann geschehen, daß die Befriedigung der Neugier nicht bloß als Beitrag zum Gewinn praktischer Erfahrung oder als spekulative Investition im Hinblick auf künftige Bedürfnisse gilt, sondern selbst als Belohnung für die angestellte Untersuchung aufgefaßt wird. (Freilich, wenn man derartige Belohnungen im Sinne einer Kosten-Nutzen-Analyse begreift, wird es schwerfallen, sie gegen sonstige – sei es privat oder öffentlich empfangene – Belohnungen anderer Art abzuwägen, doch das trifft auf viele Erwägungen zu.) Ebenso wie im Fall der AUFRICHTIGKEIT sollten wir nicht annehmen, aus dem Ansatz bei ganz unkomplizierten entscheidungstheoretischen Überlegungen folge bereits, daß es an jedem Punkt der kulturellen Ausgestaltung einen reduktionistischen Rückweg zur primitiven Basis gibt (oder aus Vernunftgründen geben sollte). Das trifft auf die historische und kulturelle Entwicklung der Menschheit einfach nicht zu; und es ist, wie schon gesagt, ein Vorzug der genealogischen Methode, daß sie uns diesen Sachverhalt in Erinnerung ruft, indem sie das Erklären nicht mit einem reduktionistischen Vorgehen verwechselt.

Der Gedanke der Untersuchungsinvestition sowie damit verwandte Vorstellungen von strategischen Untersuchungsverfahren implizieren, daß die Forschung auf Hindernisse stößt. Der Entdeckung der Wahrheit stehen sowohl innere als auch äußere

Hindernisse entgegen, und sogar die äußeren Hindernisse werden von inneren Repräsentationen wiedergegeben und verweisen auf innere Einstellungen zu ihrer Bewältigung. Das ist der Hauptgrund dafür, daß die GENAUIGKEIT zu Recht als eine *Tugend* – und nicht nur als eine Neigung zum Aufsammeln zuverlässiger Informationen – gedeutet werden kann, wie ja auch die AUFRICHTIGKEIT nicht bloß eine verläßliche Neigung zur Äußerung innerer Informationszustände ist, sondern eine Tugend, denn sie operiert in einem von Motiven zum Verstecken und Verhehlen geprägten Raum. (A. E. Housman hat einmal gesagt, in der Tätigkeit des Gelehrten sei Genauigkeit keine Tugend, sondern eine Pflicht. Worauf man wie Gloucester im *King Lear* erwidern kann: »Und das ist gleichfalls wahr.«)

Die äußeren Hindernisse des Entdeckens der Wahrheit sind ein Beispiel dafür, wie sich die Welt unserem Willen widersetzt. Natürlich wehrt sie sich dagegen, auf diese oder jene Art verändert zu werden, aber ebenso wehrt sie sich auch dagegen, aufgedeckt, interpretiert oder aufgedröselt zu werden; und diese beiden Formen von Widerstand – gegen Veränderung und gegen Entdeckung – stehen in engem Zusammenhang miteinander, was vor allem zu erkennen ist, wenn man dem Begriff des Experiments auf den Grund geht.[1] Die Tatsache, daß dem Streben nach Wahrheit äußere Hindernisse entgegenstehen, ist eine Grundlage unserer Vorstellung von Objektivität, sofern man darunter versteht, daß unsere Überzeugungen einer jenseits unserer eigenen Festsetzungen liegenden Ordnung der Dinge Rechenschaft schulden. Daneben gibt es eine andere Bedeutung des Worts »Objektivität«, in der damit eine Tugend der Forscher gemeint ist, und so aufgefaßt hängt sie vielmehr mit inneren Hindernissen zusammen, die Entdeckungen und wahren Überzeugungen im Wege stehen. Das bewußte Streben nach der Wahrheit verlangt Widerstand gegen Selbsttäuschung, Wunschdenken und dergleichen, und eine Komponente der Tugend GENAUIGKEIT – die ebenfalls einen Grund dafür liefert, daß sie nicht bloß eine Neigung zur Zuverlässigkeit, sondern wirklich eine Tugend ist – besteht in den Fertigkeiten und Einstellungen, die sich dem Lustprinzip in allen seinen Formen widersetzen: vom plumpen

1 Siehe Hacking (1983).

Bedürfnis nach Glauben an erfreuliche Dinge bis hin zur schieren Faulheit beim Überprüfen der eigenen Untersuchungsergebnisse. Zu den Vorzügen der Genauigkeit gehören in erster Linie Neigungen und Strategien zur Stützung der Verteidigungsmöglichkeiten unserer Überzeugungen gegen das Wünschen sowie gegen eines der Produkte des Wünschens, nämlich die Selbsttäuschung.

Hier gibt es eine Überlegung, die relevant ist für die Art und Weise, in der wir über Selbsttäuschung nachdenken sollten. Es ist eine wohlbekannte Frage, ob man die sogenannte »Selbsttäuschung« im Ernst überhaupt als eine Spielart der Täuschung begreifen kann. Da die übliche Form der Täuschung voraussetzt, daß der Täuscher Dinge weiß, die dem Getäuschten nicht bekannt sind (und zu diesen Dingen gehört auch die Täuschungsabsicht des Täuschers), fragt es sich, wie es möglich ist, daß ein und dieselbe Person sowohl Täuscher als auch Opfer der Täuschung sein kann. Dieses Problem wollen wir überspringen, obwohl sich der Hinweis lohnt, daß wir aus anderen Fällen durchaus vertraut sind mit der Vorstellung, daß beim reflexiven Gebrauch von Wörtern für Handlungen einige der üblichen Implikationen verlorengehen, man denke z.B. an »Selbstbedienung« oder »Selbstunterricht«.[2] Der Argumentation halber wollen wir es gelten lassen, daß jemand in mehr oder weniger buchstäblichem Sinn dazu imstande sein kann, sich selbst zu täuschen. Sodann stoßen wir auf eine andere Frage, über die weniger diskutiert wird, und zwar: Wo ist der Defekt zu finden, der diese Transaktion verschuldet? Das übliche Bild besagt, die Schuld liege beim Ich als der täuschenden Instanz, was im Grunde bedeutet, daß wir uns in erster Linie um die Selbsttäuschung als Mangel an Aufrichtigkeit kümmern sollten. Betrachtet man jedoch die Weise, wie das Täuschen in normalen zwischenmenschlichen Situationen funktioniert, dann ist bekanntlich der Versuch, die Täuscher, mit denen man es zu tun hat, zu besserem Benehmen zu bekehren, nicht das einzige relevante Vorhaben. Zumindest ebenso wichtig ist es, dafür zu sorgen, daß die Vorsichtsmaßnahmen der möglichen Täuschungsopfer ver-

2 Die allgemeine Bedeutung dieses Sachverhalts betont Richard Moran (2001).

schärft werden, und wahrscheinlich ist dieser Aspekt wichtiger, vor allem wenn man vermutet, daß der eine oder andere Täuscher unverbesserlich ist. Wenn es so etwas wie Selbsttäuschung wirklich gibt, sollte in diesem Fall sicher das gleiche gelten. Unsere Defekte als Selbstgetäuschte finden sich zumindest im gleichen Maße in dem uns als Opfern anzulastenden Mangel an epistemischer Vorsicht wie in der uns als Tätern vorzuwerfenden Unredlichkeit.

Das ist überaus wichtig, wenn wir die Selbsttäuschung als einen jener Mängel begreifen, die der Akteur vermeiden muß, wenn es darauf ankommt, sich selbst oder anderen, die sich auf ihn verlassen, zutreffende Informationen zu verschaffen. Doch sobald wir uns, wie es in diesem Kapitel geschehen wird, mit jener Fortentwicklung der GENAUIGKEIT befassen, die im Streben nach Wahrheit »um ihrer selbst willen« besteht – also im leidenschaftlichen Verlangen nach *Richtigkeit* –, müssen wir ebenso die Rolle bedenken, welche die AUFRICHTIGKEIT im Umgang mit dem eigenen Ich spielt. »Und hiermit sind wir auf dem Boden der Moral«, sagt Nietzsche[3] über dieses leidenschaftliche Verlangen und meint damit genau dies: daß das Pochen auf Richtigkeit eine Sache des Gewissens, der Ehre oder der Selbstachtung sein kann. Diese Eigenschaften sind im jetzigen Zusammenhang im großen und ganzen genauso am Werk, wie sie gemäß den Erkenntnissen des vorigen Kapitels wirksam werden, um die Tugend AUFRICHTIGKEIT im Umgang mit anderen Personen zu prägen und zu stützen.

2. Methoden und Hindernisse

Von Anfang an habe ich die GENAUIGKEIT und die AUFRICHTIGKEIT gleichermaßen als »Tugenden der Wahrheit« bezeichnet, und die bisherige Erörterung hat gezeigt, warum das angebracht ist. Auf der elementarsten Ebene empfängt jede der beiden ihren Sinn letztlich aus dem individuellen wie kollektiven menschlichen Interesse am Erlangen und Austauschen wahrer Informationen.

3 Er sagt es an einer im 3. Abschnitt des 1. Kapitels angeführten Stelle aus der *Fröhlichen Wissenschaft*.

Was ihren Witz oder Zweck betrifft, stehen sie in gleicher Weise in Beziehung zur Wahrheit. Allerdings gibt es folgenden Unterschied: Schon bei der bloßen Begriffsbestimmung der GENAUIGKEIT müssen wir *die Wahrheit* nennen, während bei der AUFRICHTIGKEIT die Bezugnahme auf die Wahrheit dem nächsten Stadium vorbehalten bleibt. Zur Definition der AUFRICHTIGKEIT genügt es, die Überzeugungen der Menschen zu erwähnen – unmittelbar impliziert AUFRICHTIGKEIT lediglich, daß der Sprecher sagt, wovon er überzeugt ist. Die Wahrheit kommt nur deshalb ins Spiel, weil Überzeugungen auf die Wahrheit »abzielen«. Mit diesem Ziel der Überzeugungen ist die GENAUIGKEIT unmittelbar verknüpft: Sie impliziert Sorgfalt, Zuverlässigkeit usw. bei der Ermittlung der Wahrheit und auf dem Weg zum Glauben an die Wahrheit.

Dieses Merkmal der GENAUIGKEIT beinhaltet zwei Aspekte: Der eine betrifft den Willen des Forschers – seine Einstellungen, Bestrebungen und Wünsche, die seine Bemühungen prägende Gesinnung und die Sorgfalt, mit der er verfährt. Dabei kommt sein Widerstand gegen Wunschdenken, Selbsttäuschung und Hirngespinste zum Tragen. Der andere Aspekt der GENAUIGKEIT involviert die Methoden, welche der Forscher benutzt. Diese beiden Aspekte sind natürlich wechselseitig miteinander verbunden. Vielleicht sind wir versucht, die GENAUIGKEIT nur im Hinblick auf Faktoren der ersten Art eine Tugend zu nennen, doch das wäre ein Fehler. In dem Maße, in dem die GENAUIGKEIT gewürdigt, gelobt, kultiviert wird usw., wird sie auch für wirksam erachtet, und die Berücksichtigung dieses Aspekts muß auch ein Interesse an den Methoden des Forschers mit einschließen.

Diese Sachlage habe ich durch Bezugnahme auf die Tugenden der Einzelperson artikuliert, doch das ist ein zu simples Vorgehen. Es gibt kollektive Unternehmungen, die nicht nur die Tugenden verschiedener Einzelpersonen zusammenführen, sondern auch kollektive Tugenden zum Vorschein bringen, etwa die Vorzüge eines Teams oder einer Gruppe mit gemeinsamer Kultur oder Einstellung. Das Verhältnis zwischen den Tugenden des Individuums und der Kultur der Gemeinschaft hat außerdem eine politische Dimension: Wie wir später sehen werden, kann die Verpflichtung des einzelnen auf die Tugenden der Wahrheit zum Widerstand gegen eine politische Kultur beitragen, von der die Wahrheit vernichtet und besudelt wird. (Hier erweist es sich, wie auch sonst häufig, daß intrinsische Werte ihren Nutzen haben. Umgekehrt kann es sein, daß die Wahrhaftigkeit des Individuums gestützt wird durch sein bewußtes Gefühl der Zugehörigkeit zu einer anderen Gruppe – beispielsweise einer wissenschaftlichen Berufsgruppe –, deren Praxis als Verkörperung jener Maßstäbe aufgefaßt wird.

Die GENAUIGKEIT impliziert die Vorstellung von einer effektiven Untersuchung, und dies wiederum bringt den Gedanken mit sich, es gebe hier eine echte Eigenschaft, die manchen Methoden der Forschung zukommt und anderen fehlt, nämlich die Eigenschaft, zu wahren Überzeugungen zu führen. Zusammenfassend darf man sagen, einige Forschungsmethoden seien *wahrheitsakquirierend*.[4] Hier wird man vielleicht die Frage aufwerfen, ob es eine derartige Eigenschaft überhaupt geben kann und ob wir wirklich recht haben mit der hier von mir unterstellten Annahme, das Ziel unserer Untersuchungen bestehe darin, zur Wahrheit zu gelangen. Hier sollten wir – obwohl es uns nicht lange aufzuhalten braucht – eine Argumentation betrachten, die beliebter ist, als ihr gebührt, und die zeigen soll, daß dieses Bild der Forschung und ihrer Methoden grundverkehrt ist.

Diese Argumentation macht sich eine Idee zunutze, der zufolge die Forschung, wenn die »Wahrheit« in irgendeinem substantiellen oder interessanten Sinn ihr Ziel wäre, keine Aussicht auf Erfolg hätte, weil die »Wahrheit« unerreichbar sein müßte. Richard Rorty gehört zu denen, die gern polemische Großbuchstaben verteilen, um die schlichte Wahrheit in »die WAHRHEIT« oder »die REALITÄT« zu verwandeln, bei denen es sich um vermeintliche metaphysische Gegenstände handeln soll, die durch den Schleier der Erfahrung oder der Sprache vor uns verborgen

4 Mit meiner Ansicht, daß dieser Gedanke kohärent und von zentraler Bedeutung ist, stelle ich mich auf den gleichen Standpunkt wie Alvin Goldman, der ihn in Goldman (1999) als »Veritismus« bezeichnet. Natürlich ist es möglich, daß manche »Forschungsmethoden« zur Akquisition der Wahrheit dermaßen ungeeignet sind, daß man vielleicht sagen möchte, es handele sich bei ihnen gar nicht um Methoden der Forschung. Das ist jedoch eine völlig allgemeine, Methoden jeglicher Art betreffende Feststellung und in diesem Zusammenhang daher ohne besonderes Interesse.

sind. (Hier kommen uns vielleicht die Probleme des frühen Nietzsche in den Sinn, auf die wir im 1. Kapitel gestoßen sind.) Da solche Gegenstände per definitionem unerreichbar sind, kommt Rorty zu dem Schluß, wir sollten die Idee, daß unsere Untersuchungen auf die Wahrheit abzielen, nicht ernst nehmen, im Gegensatz zu der Vorstellung etwa, daß sie einer sozialen Bestimmung dienen, beispielsweise einer möglichst umfassenden Übereinstimmung der Meinungen.[5]

Bei der vielleicht wohlwollendsten Deutung dieses Gedankengangs stellt er sich als eine Lesart des *Ununterscheidbarkeitsarguments* dar, welche die folgende Form annimmt: Wir gehen davon aus, das Ziel der Forschung sei das Erreichen der Wahrheit; außerdem empfehlen wir einige Behauptungen und Überzeugungen wegen ihrer Wahrheit und lehnen andere aufgrund ihrer Unwahrheit ab. Wann können wir annehmen, wir seien am Ziel der Wahrheit oder an einem Ort angelangt, wo wir eine spezifische Behauptung »P« empfehlen und als wahr hinstellen dürfen? Die Antwort muß lauten: Sobald wir einen psychischen oder sozialen Zustand erreicht haben, mit Bezug auf den wir sagen dürfen »Es ist gerechtfertigt zu glauben, daß P« oder »Wir alle sind vernunftgemäß und übereinstimmend der Meinung, daß P«. Rorty und seine pragmatistischen Gesellen brauchen nicht zu sagen, diese Ausdrücke *bedeuteten* das gleiche wie »es ist wahr, daß P« – ja, sie sollten es besser unterlassen, dies zu sagen, sofern sie darauf dringen wollen, daß wir uns zwar nicht um

5 Siehe insbesondere »Ist Wahrheit ein Ziel der Forschung? Donald Davidson versus Crispin Wright«, in Rorty (1998 [2000]). Hier werden mehrere Ziele der Forschung genannt, unter anderem »die Überredung möglichst vieler Hörer« auf S. 38 [Übers., S. 57]. Sofern hier nicht unterstellt wird, »überreden« habe etwas mit Wahrheit zu tun, ist nicht klar, warum gerade die Anzahl der Bekehrten als Ziel der Forschung oder überhaupt als Ziel irgendeiner Art ausgewählt wird.
Vielleicht steckt hinter der ablehnenden Haltung gegenüber der These, daß die Forschung auf die Wahrheit abziele, ein anderer Grund wie z. B. der folgende Gedanke: Falls die Forschung es überhaupt auf Wahrheit abgesehen hat, müßte ihr Ziel *die* Wahrheit sein, und zwar in einem Sinne des Wortes, der – zumindest was eine gegebene Thematik betrifft – die Existenz einer einzigen Wahrheit impliziert. In dieser Vorstellung liegt ein Fehler, auf den ich unten am Schluß des 3. Abschnitts des 10. Kapitels kurz eingehe.

Wahrheit, wohl aber um Übereinstimmung der Meinungen kümmern sollen. Ferner lautet die Argumentation: Wenn wir (uneingeschränkt) glauben oder (vollständig) darin übereinkommen, daß Schnee weiß ist, gibt es für uns in Richtung Wahrheit sozusagen keinen weiteren Weg, den wir gehen könnten. Zwischen dem Weißsein des Schnees und unserer (vollständig usw.) übereinstimmenden Meinung, daß Schnee weiß ist, können wir keinen Unterschied angeben. Also könnten wir genausogut sagen – oder sollten besser sagen[6] –, unser Ziel sei die Herstellung des betreffenden psychischen oder sozialen Zustands, anstatt zu behaupten, wir strebten die Wahrheit als Ziel an.

Wenn wir diese Argumentation betrachten, sollten wir zunächst einmal bedenken, welcher völlig umfassende Allgemeinheitsanspruch damit erhoben wird. Natürlich gibt es viele schwierige Fragen hinsichtlich der Beziehungen zwischen den Wahrheitsbedingungen spezifischer Arten von Aussagen und unseren triftigsten Gründen dafür, von diesen Aussagen überzeugt zu sein. Das ist das Gebiet der Erkenntnistheorie, zum Teil auch der Metaphysik, und zwar ganz besonders dann, wenn das Verhältnis zwischen Wahrheitsbedingungen und der Existenz von Beweisen an systematischer Unklarheit krankt, wie es etwa in der Mathematik der Fall ist. Das ist aber nicht die Sorte Fragen, um die es den Pragmatisten mit ihrer Argumentation geht. Sie soll in ganz allgemeiner Form im Hinblick auf jede beliebige Proposition oder Überzeugung dartun, daß wir außerstande seien, zwischen ihrem Wahrsein und unserer Akzeptanz oder Zustimmung zu unterscheiden; und das wird für die offenkundigsten und schlichtesten Wahrheiten genauso gelten wie für irgendwelche sonstigen Aussagen.

Ein zweiter einleitender Punkt: Wenn es heißt, *wir* seien außerstande, diese beiden Dinge auseinanderzuhalten, kann allenfalls beansprucht werden, daß wir nicht in der Lage seien, diese Unterscheidung im gegenwärtigen Augenblick im Hin-

6 Davidson meint, das Ununterscheidbarkeitsargument habe genug zu bieten, um uns zu der zustimmenden Meinung zu veranlassen, es sei »witzlos« zu behaupten, daß die Wahrheit ein Ziel sei oder etwas, was man anstreben sollte (»Truth Rehabilitated«, in Brandom [2000b]). Nach meinem Dafürhalten wird dem Argument damit mehr zugestanden, als ihm gebührt.

blick auf uns selbst zur Geltung zu bringen. Ich kann sie auf dich und du kannst sie auf mich anwenden; und jeder von uns kann sie mit Bezug auf seine eigenen früheren oder künftigen Überzeugungen anwenden. Da könnte man meinen, daß die richtige Verallgemeinerung, zu der man anhand dieser Fakten gelangen sollte, nicht besagt, daß *wir* zu dieser Unterscheidung nicht imstande seien, sondern vielmehr, daß *wir* sie sehr wohl anwenden können.

Gegen dieses Argument gibt es einen ganz grundsätzlichen Einwand: Wenn die fraglichen psychischen Zustände solche Bezeichnungen tragen wie »gerechtfertigte Überzeugung, daß P« oder »unsere vernunftgemäße und übereinstimmende Meinung, daß P«, stellt sich sogleich folgendes Problem: Diese Kennzeichnungen nehmen bereits den Begriff der Wahrheit in Anspruch. Eine gerechtfertigte Überzeugung ist eine, zu der man mit Hilfe einer Methode gelangt oder die von Überlegungen gestützt wird, die nicht einfach insofern für sie sprechen, als sie sie anziehender erscheinen lassen, sondern in dem spezifischen Sinn, daß sie Gründe dafür angeben, sie für wahr zu halten. Das wird deutlich, wenn wir uns Überzeugungen anschauen, zu denen man nicht auf einem solchen Weg gelangt. Was heißt es für eine Methode der Akquisition von Überzeugungen, sie spreche für das Wahrsein dieser Überzeugungen? Diesbezüglich lassen sich zwar tatsächlich manche Fragen aufwerfen, aber wir haben gewiß klare Vorstellungen im Hinblick auf Verfahren des Erwerbs von Überzeugungen oder der Zustimmung zu ihnen, die nicht für ihr Wahrsein sprechen – beispielsweise das Einnehmen halluzinogener Drogen, das Erdulden einer Gehirnwäsche oder die Zustimmung aufgrund eines Mehrheitsentscheids über eine mit verbundenen Augen aus dem Hut gezogene Hypothese. Wenn wir den Zustand betrachten, aus dem heraus die Frage bezüglich »P« gestellt wird, zählen Überzeugungen oder Zustimmungen, zu denen man in solcher Weise gelangt, gar nicht. »Warum nicht?« ist eine Frage, auf die uns der Pragmatist noch eine Antwort schuldet.

Damit ist eine Frage aufgeworfen, die das Ununterscheidbarkeitsargument in allgemeiner Form betrifft. Es mag sein, daß diejenigen, die in einer der eben genannten Weisen zu ihren Überzeugungen gelangen, der Wahrheit ihrer Meinungen ebenso sicher sind wie andere Menschen. Entweder wissen sie nicht, wie sie zu ihnen gekommen sind, oder sie sind im extremeren Fall womöglich und im Gegensatz zum Rest der Menschheit fest davon überzeugt, daß diese Methoden völlig einwandfrei sind. Sollen wir nun wirklich sagen, daß wir – so wie wir gebaut sind – nicht angeben können, in welchem Verhältnis unsere Überzeugungen zur Wahrheit stehen, weil sie – so wie sie gebaut sind – nicht angeben können, in welchem Verhältnis ihre Überzeugungen zur Wahrheit stehen? Das hieße, daß man sich auf ein altes und in keinem guten Ruf stehendes Mittel der philosophischen Skepsis berufen möchte, nämlich die Symmetrieannahme, die (auf ein Beispiel bezogen) besagt, daß ich, da ich im Normalfall des Träumens nicht angeben kann, daß ich träume, im Wachzustand auch nicht angeben kann, daß ich wach bin. Das ist ein Argumentationsmuster, das man genausogut zu dem Nachweis benutzen könnte, daß ich, da ich im Zustand des Totseins nicht angeben kann, daß ich tot bin, im Zustand der Lebendigkeit auch nicht angeben kann, daß ich lebe.[7]

Häufig sagen die Pragmatisten, es sei gerade ihr Vorgehen, das uns aus dem philosophischen Skeptizismus herausführen könne: Sobald man einsehe, daß es im Hinblick auf die Wahrheit keine Fragen gebe, die über das Übereinstimmen der Meinungen, die Solidarität usw. hinausgingen, erkenne man auch, daß es hier nichts gibt, worauf sich die Skepsis richten könne. Die Pragmatisten werden die Vorstellung ablehnen, daß man sich – wie ich es eben formuliert habe – fragen könne, »in welchem Verhältnis unsere Überzeugungen zur Wahrheit stehen«. Damit verfehlt man jedoch den Kern der Sache. Das Ununterscheidbarkeitsargument findet Eingang in die Diskussion, ehe die Pragmatisten ihren Anspruch auf Überwindung des Skeptizismus angemeldet haben; es wird in erster Linie dazu benutzt, uns von der Ansicht zu überzeugen, daß sich die Frage nach dem Verhältnis unserer Überzeugungen zur Wahrheit gar nicht erst stelle. Die Pragmatisten werden einräumen, daß in dem Fall, in dem es zwei Seiten mit einander widerstreitenden Meinungen gibt, jede der beiden versuchen darf, die jeweils andere Seite zu überzeugen. Sie können dann aus rein soziologischer Sicht einige Überzeugungsme-

7 Zur Kritik der Symmetrieannahme siehe Williams (1978), Anhang 3.

thoden von anderen unterscheiden, z. B. Diskutieren, Argumentieren, Experimentieren usw. im Gegensatz zu fortgesetzter Gehirnwäsche. Wir Nichtpragmatisten haben einiges über das Thema zu sagen, warum diese Unterscheidungen wichtig sind; und unsere Ausführungen sollen zeigen, daß uns manche Methoden auf dem Weg zur Wahrheit weiter bringen als andere. Darauf erwidern die Pragmatisten, solche Ausführungen seien ihrerseits nichts weiter als ein Bestandteil der Meinungen einer Seite, und allenfalls könne man letzten Endes sagen, die Seite, welche diese Ausführungen darlegt, sei am Ruder (oder dergleichen).[8] Aber warum sollten wir dieser These zustimmen? Dies ist bereits der Punkt, an dem das Ununterscheidbarkeitsargument zum Einsatz kommen wird, und zwar so: Die gehirnwaschende Seite hält ihre Meinungen für wahr, und wir halten unsere Überzeugungen (einschließlich unserer Meinungen über die gehirnwaschende Seite) für wahr; und es gibt keinen darüber hinausgehenden Fortschritt, denn die Situation ist symmetrisch. Das ist ein sehr schlechtes Argument; und ein Grund, es für schlecht zu halten, besteht darin, daß die gleiche Argumentation unplausible, ja ungereimte Formen des philosophischen Skeptizismus motivieren kann. Der Umstand, daß die Pragmatisten ihrerseits nichts für den philosophischen Skeptizismus übrig haben, schließt nicht aus, daß sie einige der gleichen Fehler begehen.

Die ganz allgemeine Argumentation gegen die Vorstellung, manche Untersuchungsmethoden besäßen die Eigenschaft, wahrheitsakquirierend zu sein, können wir damit beiseite lassen. Nach wie vor bleibt ernsthaft zu fragen, welche Eigenschaft das sein kann. Die Römer bedienten sich der Weissagung als einer Methode zur Prognose des Ausgangs ihrer Schlachten. So bot man etwa Hühnern Getreide als Futter an, und wenn sie die Körner fraßen, galt das als günstiges Vorzeichen. Von einem rö-

8 Es ist durchaus fair, hier an die im 1. Kapitel (Abschnitt 2) geschilderte frivole Einstellung zu erinnern, die von politisierten Geisteswissenschaftlern in bezug auf »die Wahrheit« und verwandte Kategorien an den Tag gelegt wird. Falls die von ihnen verachteten Kategorien wirklich nichts leisten außer der Verhüllung elementarer gesellschaftlicher Kräfte, fragt es sich, warum sie erwarten, mit ihren akademischen Diskussionsbeiträgen im Geschäft zu bleiben.

mischen Admiral wird berichtet, er habe, als sich die Hühner zu fressen weigerten, ausgerufen: »Dann laßt sie saufen!«, woraufhin er sie ins Meer warf. Die Weissagung ist allerdings kein leistungsfähiges Verfahren zur Vorhersage des Ausgangs von Schlachten, und der Umstand, daß dieser Admiral die Schlacht verlor, kann als Unglück nicht nur für ihn selbst, sondern für die prognostische Rationalität überhaupt angesehen werden. Um zu wirklichem historischem oder anthropologischem Verständnis zu gelangen, sollten wir nicht annehmen, daß diejenigen, die sich der Weissagung bedienten, schlicht dumm oder nicht gut unterrichtet waren. Vielmehr bleibt es hier wie bei Orakeln und weiteren »übernatürlichen« Quellen dieser Art einigermaßen im dunkeln, welche Überzeugungen von ihnen legitimiert wurden und was sie im einzelnen zu ihrer Legitimation beitrugen. Gewiß bedeutete eine günstige Weissagung nicht, daß man die Schlacht gewinnen würde, ohne sich überhaupt darum zu bemühen.[9] Eher dürfte man sie als Ermunterung der Truppen gesehen haben, und wenn man trotz einer ungünstigen Weissagung handelte, war die Wahrscheinlichkeit der Schuldzuweisung im Falle des Scheiterns höher. Doch soweit Verfahren wie das der Weissagung als prognostische Methoden gedeutet werden können, handelte es sich bei ihnen um unzulängliche Methoden, und wir können erklären, warum.

Das ist offenbar ein gutes Beispiel für eine schlechte prognostische Methode. Aber was ist eine gute Methode? Welches Merkmal besitzt eine Methode, wenn sie dazu tendiert, wahre Überzeugungen hervorzubringen? Diese Frage scheint eine Antwort zu verlangen, die allgemein und zugleich sachhaltig ist, und darin könnte man ein Problem vermuten. Allgemein muß die Antwort deshalb sein, weil der Begriff der Wahrheitsakquisition eindeutig ist, denn die Behauptung, eine bestimmte Methode sei mit Bezug auf einen bestimmten Gegenstandsbereich wahrheitsakquirierend, versteht man auch dann, wenn man nicht erfahren hat, um welche Methode und welche Gegenstände es sich handelt. Zugleich muß die Antwort sachhaltig sein, denn es ist offensichtlich ein informatives Urteil, daß z. B.

9 Zu den hiermit zusammenhängenden Fragen in puncto Orakel und Fatalismus siehe Williams (1993), S. 136ff.

Weissagungen im Hinblick auf Schlachten nicht der Wahrheitsakquisition dienen. Zusammengenommen könnten diese Forderungen darauf hindeuten, daß es eine Erklärung der *Wahrheit selbst* geben sollte, die sowohl allgemein als auch sachhaltig genug ist, um diese Schlußfolgerungen zu liefern, und es wäre zuallermindest unklug anzunehmen, daß es eine derartige Erklärung gibt. Aber das brauchen wir gar nicht anzunehmen. Wir benötigen zwar eine Erklärung, aus der hervorgeht, was es heißt, eine Methode sei wahrheitsakquirierend, doch das Niveau, auf dem diese Erklärung sachhaltig sein muß, ist nicht dasselbe wie das, auf dem sie allgemein sein muß. Sachhaltig muß sie sein, weil die Leistungsfähigkeit der Methode mit dem Inhalt der Aussagen zusammenhängt bzw. mit der Klasse von Aussagen, um die es jeweils geht. Wenn eine Methode ein gutes Verfahren ist, um herauszubekommen, ob »P« wahr ist, dann ist sie auch ein gutes Verfahren, um ausfindig zu machen, ob P; und die Frage, ob eine Methode ein gutes Verfahren ist, um festzustellen, ob P, hängt ganz entscheidend vom Inhalt von »P« ab. Daß die Erklärung der Eigenschaft, wahrheitsakquirierend zu sein, außerdem allgemein ist, geht auf den formalen Punkt zurück, daß wir über mehrere Aussagenschemata dieser Art generalisieren können (wie wir es mit unserem Gebrauch des Platzhalters »P« faktisch getan haben).

Manche Allgemeinheiten, die man über Methoden zur Ermittlung der Wahrheit zu sagen versucht sein könnte, erweisen sich als trivial. So könnte man etwa die folgende These für nützlich halten: Eine Methode wird die erwünschte Eigenschaft nicht besitzen, wenn ihre Fähigkeit zur Hervorbringung der Überzeugung, daß P, auch die Fähigkeit zur Hervorbringung der Überzeugung, daß nicht P, umfaßt. Diese These hat jedoch keinen Nutzen. In vielen Fällen ist es so, daß die Methode, welche der Hervorbringung der Überzeugung, daß P, dient (wenn P), tatsächlich auch die Überzeugung, daß nicht P, hervorbringt (wenn nicht P): Ein und dieselbe Methode beantwortet die Frage »P?«, einerlei, ob die Antwort Ja oder Nein lautet. Statt dessen werden wir sagen müssen, daß die gewünschte Eigenschaft solchen Methoden abgeht, welche die Überzeugung, daß P, *sogar dann* hervorbringen, *wenn nicht P* (und umgekehrt). Doch das läuft bloß darauf hinaus, daß eine solche Methode Überzeugungen hervorbringt, ohne die Wahrheit zu berücksichtigen, womit lediglich gesagt ist, daß die Methode unwirksam ist – was uns abermals nicht voranbringt. Dennoch gibt es einige relevante Eigenschaften, die vielen Untersuchungsmethoden und zahlreichen Gegenstandsbereichen gemeinsam sind. So ist es beispielsweise eine überhaus allgemeine, wiewohl nicht sonderlich interessante Wahrheit, daß eine Methode nicht dazu taugt, falsche Überzeugungen zu meiden und wahre zu akquirieren, wenn sie die betreffenden Überzeugungen rein zufällig auswählt; und es gibt einige sehr allgemeine Merkmale, die eine Zufallsauswahl begünstigen, so z. B. das Herausgreifen von Hypothesen aus einem Hut oder bloßes Raten.

Die eigentlichen Probleme in bezug auf Untersuchungsmethoden und die Frage, welche dieser Methoden wahrheitsakquirierend sind, liegen nicht auf dieser überaus allgemeinen Ebene, sondern gehören, wie bereits angedeutet, in die Erkenntnistheorie und die Metaphysik. Auf eine gegebene Klasse von Aussagen bezogen, lautet die Frage: Wie hängen die Verfahren, durch die man herausfinden will, ob diese Aussagen wahr sind, damit zusammen, was es für sie heißt, wahr zu sein? (Eine wichtige Frage lautet dann: Was gilt aus dieser Perspektive als eine spezifische Klasse von Aussagen?) Das sind aber nicht die Probleme, die uns gegenwärtig beschäftigen. Uns geht es um die Tugenden der Wahrheit, und dieses Anliegen führt uns zu einer anderen Fragestellung: Angenommen, es gibt wirklich Untersuchungsmethoden, die im Hinblick auf verschiedene Arten von Aussagen wahrheitsakquirierend sind – welches sind dann die Eigenschaften der Personen, von denen man erwarten kann, daß sie solche Methoden auf zuverlässige Weise zum Einsatz bringen? Eine unmittelbar auf der Hand liegende Überlegung ist die, daß solche Personen wirklich bestrebt sein sollten, die Wahrheit über die gestellte Frage herauszubringen. (Das heißt nicht, daß die Vorstellung von der Ermittlung der Wahrheit bezüglich dieser Frage ihnen Vergnügen bereitet; wir werden uns schon bald mit Fällen beschäftigen, in denen es sich nicht so verhält.) Daher sollten wir uns genauer anschauen, was das Streben nach der Wahrheit über eine bestimmte Frage eigentlich beinhaltet, und uns auch die Eigenschaften vornehmen, die mit dem entsprechenden Wunsch und dem ernsthaften Bemühen um seine Erfüllung einhergehen. Wenn jemand ernsthaft die Wahrheit über ein Problem herauszufinden wünscht, kann man sagen, das sei gleichbedeutend mit dem Wunsch, einen Zustand zu erreichen, in dem er:

wenn P, überzeugt ist, daß P, und wenn nicht P, überzeugt ist, daß nicht P.[10]

Ein Vorteil dieser Formel besteht in folgendem: Aus ihr geht deutlich hervor, daß es bei dem Vorhaben des ernsthaften Strebens nach Wahrheit darum geht, die Entwicklung der Überzeugung zu steuern. Aufgrund ihrer schematischen Form kann uns die Formel daran erinnern, daß die geeigneten Wege zur Überzeugungsakquisition von der jeweiligen Sache abhängen.

Wenn man die Wahrheit über ein Thema anstrebt, sind vielleicht Dinge nötig wie Beharrlichkeit, Anstrengung usw. Es kann sein, daß die Wahrheit verborgen oder schwer ausfindig zu machen ist, was zunächst einmal bedeutet, daß es schwerfällt, zu einer Überzeugung zu gelangen, die man aus triftigem Grund für wahr halten kann. Dabei handelt es sich, wie man wohl sagen darf, um äußere Hindernisse. In manchen Hinsichten gleichen äußere Hindernisse der Wahrheitsermittlung äußeren Hindernissen, die der Erfüllung anderer Aufgaben im Wege stehen, und insoweit werfen sie, obwohl sie in der Praxis natürlich überaus wichtig sind, vielleicht keine besonderen Prinzipienfragen auf. Allerdings haben äußere Hindernisse der Wahrheitsermittlung ein besonderes Merkmal: Typischerweise weiß man nämlich nicht genau, um welche Hindernisse es sich eigentlich handelt. Mag sein, daß es ganz einfache Fälle gibt, in denen der Beantwortung einer Frage ein völlig bestimmtes physisches Hindernis im Weg steht, wie z. B. dann, wenn ich weiß, daß die Wahrheit (in einem wasserdichten Behälter) am Grunde dieses Brunnens hier ruht. Im allgemeinen ist es jedoch so: Wenn ich keine Ahnung habe, wie ich eine bestimmte Frage beantworten soll, weiß ich nicht ganz genau, was mich an der Beantwortung hindert. Daraus ergeben sich einige Konsequenzen, die in der Tat in allgemeinerer Form für äußere Hindernisse gelten. Die Auseinander-

10 Erörtert wird diese Formel in Williams (1978), S. 37ff.; im gleichen Zusammenhang bespreche ich auch den Wunsch zu wissen, ob P.

setzung mit ihnen wird oft Probleme der Wahrheitsermittlung involvieren, auch wenn dies nicht das Hauptziel des Akteurs ist. Zwischen mir und meinem Ziel klafft eine tiefe Schlucht – soviel liegt auf der Hand –, doch zum Teil besteht mein Problem darin, daß ich nicht weiß, welche Alternativen zur Überquerung der Schlucht sich womöglich anbieten. Die praktischen Hindernisse, die der Erreichung eines Ziels im Weg stehen, sind vielleicht ihrerseits unbestimmt, weil unbestimmt ist, welche Fragen beantwortet werden müssen, damit man die Hindernisse umgehen kann.

Wenn wir nicht genau wissen, welche Hindernisse der Beantwortung einer Frage über einen bestimmten Gegenstand im Wege stehen mögen, dann bedeutet das, daß es andere Fragen gibt, auf die wir Antworten brauchen, ohne genau zu wissen, welche Fragen das sind. Daraus ergibt sich eine wichtige Konsequenz hinsichtlich der Forschungsökonomie. In der wirklichen Welt durchgeführte Untersuchungen über wenigstens einigermaßen schwierige Fragen ergeben im Regelfall keine Gewißheit, und das Streben nach Gewißheit wäre entweder unmöglich oder, was den Aufwand an Mühe und Zeit betrifft, absurd kostspielig.[11] Daher geschieht es sehr häufig, daß wir verschiedene Wege unerkundet lassen; und das bedeutet – ebenfalls sehr häufig –, daß wir nicht genau wissen, welche Wege unerkundet geblieben sind. Das wiederum bedeutet ferner, daß es womöglich schwierig ist zu entscheiden, wann man genügend Mühe aufgewendet hat, um über eine bestimmte Sache die Wahrheit herauszufinden, weshalb es dann leichtfällt, sich selbst davon zu überzeugen, daß man genug Anstrengungen unternommen hat, während die Lage in Wirklichkeit die ist, daß man irgendeinen anderen Grund dafür hat, sich keine weitere Mühe zu geben. Daher kommt es, daß sich die äußeren Hindernisse, die der Ermittlung der Wahrheit im Wege stehen, oftmals als Verbündete innerer Hindernisse erweisen. Besonders offensichtlich ist das, wenn das innere Hindernis Trägheit ist, aber in interessanteren Fällen gibt es auch Bestrebungen und Wünsche, die dazu neigen, den Erwerb wahrer Überzeugungen zu untergraben.

11 Aus diesem Grund setzt die philosophische Suche nach Gewißheit, wie auch Descartes deutlich erkannt hat, ganz spezielle Ziele und Bedingungen voraus. Siehe Williams (1978), 2. Kapitel, insbesondere S. 61 ff.

An mehr als einer Stelle haben wir bereits festgestellt, daß die Genauigkeit einen Widerstand gegen Selbsttäuschung, Wunschdenken usw. umfassen muß, doch jetzt müssen wir uns ein wenig genauer anschauen, was eigentlich alles zu dem Wunsch gehört, etwas anderes als die wahre Überzeugung möge wahr sein. Wie ist ein solcher Wunsch überhaupt möglich? Er kann zwei verschiedene Formen annehmen. Die eine der beiden besteht darin, daß ich will, eine bestimmte Meinung oder Theorie möge wahr sein, und zwar nicht unmittelbar wegen ihres Inhalts, sondern wegen eines anderen Merkmals, das dieser Überzeugung oder Theorie zukommt, insbesondere weil es sich um *meine* (eine von mir vertretene, von mir veröffentlichte usw.) Überzeugung handelt. Wichtig ist diese erste Möglichkeit im Hinblick auf die Vorstellung, wissenschaftliches Vorgehen sei unvoreingenommen. Auf diese Vorstellung werden wir später zurückkommen.

Daneben gibt es eine zweite Form, die dieser Wunsch annehmen kann, und diese Form ist grundlegender und vertrauter. Dabei handelt es sich um den Fall, in dem ich wünsche, die Meinung, daß P, möge wahr sein, weil das, was ich möchte oder wünsche, darauf hinausläuft, daß P. Da mir die Wahrheit, daß P, verwehrt ist, ist es bekanntlich möglich, daß ich mich mit der motivierten Überzeugung, daß P, zufriedengebe.[12] Natürlich ist es mir, wie wir bereits im 4. Kapitel gesehen haben, nicht möglich, es durch unmittelbares Wollen der Überzeugung herbeizuführen, daß ich glaube, daß P. Der Hauptgrund dafür besteht einfach darin, daß meine Überzeugungen der Welt Rechenschaft schuldig sind, und wenn mir bewußt wäre, daß ich mir bloß aufgrund meiner Wünsche eine Meinung gebildet hätte, wäre mir schon allein durch dieses Bewußtsein klar, daß diese Meinung nicht der Welt entspricht. Meine Überzeugungen zielen auf Wahrheit ab, und eben deshalb muß ich davon ausgehen, daß sie von meinem Willen unabhängig sind. Sobald meine Überzeugungen motiviert, also das Ergebnis solcher Wunscherfüllung sind, sind sie nicht mehr unabhängig von meinem Willen; doch das ist ein Umstand, der mir seinerseits nicht unmittelbar einleuchten kann.

12 Siehe Pears (1984). In diesem wichtigen Buch wird eine ganze Reihe von Phänomenen dieser Art erörtert.

Es gibt natürlich noch eine andere – eine harmlose – Bedeutung des Wortes »unabhängig«, in der die Wahrheit einiger meiner Überzeugungen nicht von meinem Willen unabhängig ist. Das ist die Bedeutung des Worts, in der einige tatsächlich gegebene Sachverhalte von meinem Willen abhängig sind.[13] Sofern die Zustände in der Welt, die meine Überzeugung wahr machen, der Steuerung durch meinen Willen unterliegen, werden meine Überzeugungen in diesem indirekten und unstrittigen Sinn den Veränderungen entsprechen, die von meinem Willen bewirkt werden können. Was nun dem Forscher als Bedingung vorschweben muß, damit er sich selbst und seine Überzeugung in das richtige Verhältnis zur Welt und zu seinem Willen setzen kann, läßt sich wie folgt resümieren: Auf manche Dinge in der Welt kann er einwirken, auf die meisten übrigen dagegen nicht; im Hinblick auf das, was er nicht beeinflussen – und zwar seiner eigenen Einsicht zufolge nicht beeinflussen – kann, kann ein Wollen nichts weiter sein als ein Wunsch; und eine Überzeugung kann eigentlich nicht von einem Wunsch abhängen.[14] All dies summiert sich zu einem Sinn für die Realität, der seinerseits einen Gegensatz zur Einbildung bietet. Selbsttäuschung – eine Sache, die der auf Genauigkeit bedachte Akteur vermeiden muß – ist der Ehrentribut, den die Einbildung dem Realitätssinn zollt.

3. Realismus und Einbildung

Vorhin habe ich gegen die pragmatistischen Verneiner geltend gemacht, wir sollten die Alltagsvorstellung akzeptieren, wonach die Forschung und die Tugend GENAUIGKEIT auf *die Wahrheit* gerichtet sind. Jetzt wird man aber vielleicht meinen, die eben in

13 Im Rahmen dieser Erörterung fasse ich die Vorstellung, einige Sachverhalte seien von meinem Willen abhängig, in dem alltäglichen und (hoffentlich) unstrittigen Sinn auf, daß es einige Sachverhalte gibt, deren Bestehen von mir selbst hervorgebracht werden kann. Metaphysische Streitfragen hinsichtlich der Willensfreiheit stehen dabei nicht zur Debatte.

14 Für eine Überzeugung gibt es mehr als nur eine einzige Möglichkeit, von einem Wunsch »abhängig« zu sein. Eine ganz elementare – vielleicht die elementarste – Form des Wunschdenkens untersuche ich weiter unten im 4. Abschnitt des 8. Kapitels.

Zusammenhang mit dem Thema »Überzeugung und Wille« gemachten Ausführungen implizierten nicht nur eine Vorstellung von der Wahrheit, sondern eine spezifisch *realistische* Vorstellung von der Wahrheit, wonach es eine unabhängige Ordnung der Dinge gibt, der unser Denken Rechenschaft schuldet. Nun müssen wir fragen, inwiefern es sich wirklich so verhält. Die elementarsten Fälle von offenkundig wahren Aussagen implizieren eine unkomplizierte Form des empirischen Realismus. So können die in derartigen Behauptungen genannten Gegenstände in kausalen Beziehungen zu uns stehen und bei der Entstehung unserer wahren Überzeugungen eine kausale Rolle spielen, während umgekehrt unsere Gedanken über diese Gegenstände und insbesondere unsere Wünsche keinen Einfluß auf das Dasein dieser Gegenstände haben, es sei denn, unsere Gedanken werden durch kausal wirksame Eingriffe umgesetzt.

Daß die Idee einer von uns unabhängigen Realität den Gedanken an Widerstand – Widerstand gegen den Willen – nach sich ziehen kann, ist schon oft erkannt worden. Im Fall der physischen Gegenstände wird das in klassischen Texten mit dem Begriff »Widerständigkeit« in Verbindung gebracht, also mit der Fähigkeit der physischen Gegenstände, unseren Bewegungen standzuhalten und sie zu hemmen. Eben das hat sich Dr. Johnson (in recht optimistischer Manier) zunutze gemacht, als er Berkeleys Idealismus zu widerlegen suchte, indem er gegen einen Stein trat. In diesem Fall bedeutet Widerstand gegen meinen Willen soviel wie Widerstand gegen mich, Widerstand gegen die Anstrengungen meines Körpers. Außerdem heißt Widerstand gegen den Willen in diesem Fall typischerweise, daß ich etwas zu tun (etwas zu bewegen, etwas zu durchdringen) versuchen kann, während es der Widerstand dieses Etwas ist, der mich daran hindert, mit meinen Versuchen Erfolg zu haben. Der Begriff »Widerständigkeit« ist jedoch zu eng, wenn es darum geht, einen hinreichend umfassenden Zusammenhang herzustellen zwischen Wahrheit und Widerstand gegen den Willen. In vielen Fällen ist es nämlich nicht nur so, daß die Welt ein Hindernis darstellt, sobald ich etwas Bestimmtes zu tun versuche, sondern der Widerstand gegen meinen Willen reicht mitunter so tief, daß es nicht einmal etwas gibt, was als Versuch gelten würde. Wenn mir jemand befiehlt: »Finde dich in dreißig Sekunden auf dem

Mond ein!« und ich einwende, dazu sei ich nicht imstande, ist seine Replik »Du kannst es doch immerhin versuchen« fruchtlos, denn es gibt keine Richtung, in der ich mich auch nur darum bemühen könnte. (Wie würde ich's versuchen? In die Höhe hüpfen? Zum Telefon greifen und die NASA anrufen?) Es gibt auch Fälle, die sogar noch extremer wirken als diese. Nehmen wir an, jemand fordere mich dazu auf, das Ergebnis eines gestern durchgeführten Experiments zu ändern. Hier, wo es um den Gedanken einer Veränderung der Vergangenheit geht, haben wir uns offenbar noch weiter entfernt von der Vorstellung, was es heißen könnte, einen Versuch zu machen.

Jetzt sieht es allerdings so aus, als wäre jeder Fall von Notwendigkeit ein Beispiel für extremen Widerstand gegen den Willen. So sind wir ja auch außerstande, die Wahrheiten der Mathematik zu verändern – es mag sogar sein, daß ihre Notwendigkeit wie ein Paradebeispiel für Unveränderlichkeit wirkt. Der Begriff des Widerstands wurde jedoch in die Diskussion eingebracht, als es darum ging, unsere Vorstellung von einer Realität zu erklären, der unsere Überzeugungen Rechenschaft schulden. Müssen wir nun sagen, daß wir die Wahrheit der wahren mathematischen Aussagen schon allein deshalb, weil unser Wille keinen Einfluß auf sie hat, realistisch interpretieren sollten? Nein, gewiß nicht. Der Realismus in der Philosophie der Mathematik – also die Frage, ob wir mathematische Überzeugungen so auffassen sollten, als schuldeten sie einer unabhängig von unseren Gedanken existierenden Ordnung der Dinge Rechenschaft – ist eine vielfach umstrittene Sache. Wie immer es um diese Frage bestellt sein mag, es kann nicht richtig sein, daß eine positive Antwort auf sie unmittelbar aus dem von allen geteilten Gedanken folgt, die Mathematik unterstehe nicht unserem Willen.

Manche Philosophen unterbinden den Schritt in diese Richtung mit Hilfe der These, unsere Vorstellungen von realistisch gedeuteter Wahrheit seien in paradigmatischer Form mit empirischen Gegenständen verknüpft, die kausale Kräfte besitzen, mit denen sie uns und die jeweils anderen Gegenstände beeinflussen können. Andere Theoretiker replizieren, dies sei bloß eine willkürliche Einschränkung.[15] Hier stellen sich komplexe Fragen,

15 In diese Richtung gehende Andeutungen finden sich bei Wright (1992). Im Zusammenhang mit moralischen Überzeugungen ist dieser Gedanke

bei denen es darum geht, was es heißt, eine Menge wahrer Aussagen in realistischer Form zu deuten. Dazu gehört auch die Frage, wie und inwieweit unser Gefühl, ein Sachverhalt widerstehe dem Willen, wirklich mit metaphysischen Problemen wie der unabhängigen Existenz mathematischer Gegenstände zusammenhängt. Die gegenwärtige Erörterung hat nicht die Absicht, solche Fragen zu beantworten. Allerdings möchte ich folgenden Hinweis geben: Da zwischen unseren Auffassungen von Realität und dem Gedanken des Widerstands gegen den Willen eine Verbindung besteht, können wir damit rechnen, daß uns der Begriff eines Sachverhalts, *zu dem es eine denkbare Alternative gibt*, die Vorstellung von einer unabhängigen Realität vermittelt. Was das in metaphysischer Hinsicht bedeutet, ist eine andere Frage; doch zumindest können wir unsere Eindrücke, wie ich meine, mit Hilfe einer »Phänomenologie des Wünschens« erklären. Sie könnte sogar zu einer Diagnose jener metaphysischen Fragen beitragen. Und wenn das zuträfe, wäre dies einer der Punkte, an denen die Reflexion über die Tugenden der Wahrheit indirekt dabei helfen kann, die mit der Wahrheit selbst zusammenhängenden Probleme zu verstehen.

Ansetzen wollen wir beim Gedanken der Untergrabung einer rationalen Überzeugung durch einen Wunsch (wobei es sich freilich gerade um eine jener Möglichkeiten handelt, vor denen die GENAUIGKEIT auf der Hut sein muß). Nun stellen wir die Frage, welche Wünsche die Kraft haben, Überzeugungen zu untergraben und eine motivierte Überzeugung hervorzubringen, die letzten Endes als Realitätsersatz dienen kann. Angenommen, »Q« sei eine wahre Aussage über die Vergangenheit, z. B. daß ich den Zug nach Venedig versäumt habe. Den Gedanken, daß nicht-Q, kann ich verstehen; ebenso kann ich widerspruchsfrei und mit einer gewissen Bitterkeit wünschen, daß nicht-Q. Nicht recht verstehen kann ich dagegen den Gedanken, *es jetzt zuwege zu bringen, daß nicht-Q*. Kann ich wünschen, imstande zu sein, es zuwege zu bringen, daß nicht-Q? In gewisser Weise ja, könnte man erwidern; aber nicht in einem sonderlich bestimmten Sinn. Eine Mischung aus bloßem Wünschen, daß nicht-Q, und einem

in besonders prägnanter Form von Harman (1977) zur Geltung gebracht worden.

unscharf gekennzeichneten Märchenfragment über Zeitreisen ist so ungefähr das Beste, was man hier zustande bringen kann.

Nun wollen wir annehmen, »M« sei eine wahre Aussage der Mathematik. Auch in diesem Fall ist *es herbeiführen, daß nicht-M* unverständlich, jetzt allerdings aus dem gravierenderen Grund, daß nicht-M schon an und für sich ungereimt ist. Man kann sich kein klares oder bestimmtes Bild davon machen, was es beinhalten würde, wenn nicht-M der Fall wäre. Das hemmt offenbar sogar den Wunsch, nicht-M möge eintreten. Allem Anschein nach gibt es weder für den Wunsch, nicht-M möge der Fall sein, noch für den Wunsch, ich möge imstande sein, nicht-M zuwege zu bringen, den geringsten Ansatzpunkt. Möglich ist es, einen Wunsch zu haben, der von dieser Art zu sein *scheint*. So könnte ein Mathematiker glauben, er habe ein mathematisches Ergebnis bewiesen, dessen Falschheit anschließend gezeigt wird; und ebenso könnte er (um eine mögliche Formulierung zu gebrauchen) wünschen, das Resultat, das er bewiesen zu haben geglaubt hatte, sei wahr. Aber eigentlich richtet sich sein Wunsch gewiß auf etwas ganz anderes, und zwar auf etwas durch und durch Verständliches: Er wünscht, einen Beweis für ein richtiges Ergebnis geführt zu haben. Es hätte ebenfalls sein können, daß er ein tatsächlich richtiges Resultat bewiesen hätte, allerdings mit Hilfe eines nicht stichhaltigen Beweises (wie es vor kurzem bei Wiles erster veröffentlichter Fassung des Beweises der Fermatschen Vermutung vorgekommen ist). In diesem Fall hat der Mathematiker den Wunsch, er hätte einen richtigen Beweis geführt, was nicht heißt, ebendieser – im mathematischen Sinn gleiche – Beweis möge gültig gewesen sein (das ist unmöglich), sondern seine Arbeit möge zu einem gültigen Beweis geführt haben.

Doch wenn wir die Wünsche enttäuschter Mathematiker beiseite lassen, bleibt die Frage: Ist es wirklich nicht möglich zu wünschen, daß es sich mit einer bestimmten mathematischen Einzelwahrheit anders verhielte? Angenommen, ich muß eine Rechnung über 3000 Euro bezahlen, und ich habe nur 2500 Euro auf meinem Konto, das ich nicht überziehen darf. Kann ich da nicht wünschen, 2500 minus 3000 möge keine negative Zahl sein? Freilich werde ich in einem solchen Fall eine Menge Wünsche haben, aber der Wunsch nach dieser überaus abstrakten Unmöglichkeit gehört sicher nicht dazu. Meine Wünsche richten sich auf eine Disjunktion der kontingenten Merkmale dieser Situation, also auf die tatsächlichen Gegebenheiten, deren Anderssein bedeuten würde, daß ich mehr Geld besäße. Durch sie erhält das Wünschen einen Ansatzpunkt, der nicht gegeben ist, wenn man eine mathematische Notwendigkeit bestreitet. Da das Wünschen hier keinen Ansatzpunkt findet, bekommt auch die Einbildungskraft nichts in den Griff: Es ist der dicht bewachsene Boden des Kontingenten, auf dem das Wunschdenken seine Arbeit verrichten muß.

Vielleicht gibt es einige ausgefallenere Beispiele, in denen sich die Wünsche womöglich bis auf den Inhalt einer mathematischen Aussage selbst erstrecken. So wird etwa berichtet, die Pythagoräer seien ganz niedergeschlagen gewesen, als sie entdeckten, daß die Länge der Diagonalen eines Quadrats nicht als ganzzahliges Verhältnis der Länge seiner Seiten ausgedrückt werden kann (heute würden wir sagen, daß $\sqrt{2}$ eine irrationale Zahl ist). Dieses Ergebnis verstieß gegen die pythagoräischen Vorstellungen von der Harmonie der Welt, und vermutlich hatten die Pythagoräer den Wunsch, es wäre etwas anderes herausgekommen. Eine Bedingung dafür, diesen Wunsch haben zu können, ist die, daß sie nicht in sonderlich bestimmter oder eindeutiger Weise darüber nachdachten, was dieser Wunsch beinhaltete. Wäre es anders gewesen, hätten sie alsbald festgestellt, daß sie wünschten, ein und dieselbe natürliche Zahl möge sowohl gerade als auch ungerade sein (das ist der Punkt, von dem der relevante Beweis abhängt). Das wiederum bedeutet, daß ihr Wunsch sehr wenig Spielraum für die Untergrabung von Überzeugungen hatte. Sobald der Beweis der Irrationalität von $\sqrt{2}$ gefunden ist, kann die Überzeugung, es sei nicht so, nicht in einer Gesellschaft überleben, in der es eine wichtige Rolle spielt, was man in der Mathematik glauben soll (und die Pythagoräer bildeten offenbar eine Gesellschaft dieses Typs). Natürlich hätten sie den Beweis überhaupt verdrängen und vergessen können, was bedeutet hätte, daß sie diese Frage und damit zusammenhängende Fragen unterlassen hätten; vielleicht hätten sie die mathematische Forschung ganz und gar aufgeben müssen. Zumindest nach Verstreichen einer gewissen Zeit wäre das allerdings kein Beispiel, sondern ein Ersatz für Wunschdenken gewesen.

In anderen Fällen, in denen es verlockender ist zu sagen, man könne sich etwas logisch oder metaphysisch Unmögliches wünschen, liegt die Erklärung dafür, wie der Wunsch zu einem Objekt kommen kann, darin, daß es für das Unmögliche einen Ersatz gibt, der denkbar ist und einige Elemente der Verlockung verkörpert. Ein früherer Bekannter von mir pflegte zu sagen, er wünschte, er sei zur selben Zeit mit vier Frauen in monogamer Ehe verheiratet; und man kann durchaus einsehen, wie er zu diesem Wunsch gelangt ist. Generell gilt: Je eher der Ersatz des Unmöglichen als Wunschobjekt einleuchtet, desto mehr Platz gibt es für wirksame Einbildungen und desto größer ist die Wahrscheinlichkeit, daß der Aufbau einer Überzeugung von der Einbildung untergraben wird.

Von seiten der psychoanalytischen Theorie wird behauptet, daß unsere tiefsten Wünsche und Einbildungen logisch unmögliche Inhalte mit sich bringen, und zwar Inhalte, die vom Unbewußten im Sinne Freuds verarbeitet werden. Das betrifft die gegenwärtige Problematik allerdings nicht wirklich. Wenn rationales Verhalten – sei es im Hinblick auf Überzeugungen oder in anderer Hinsicht – auf dieser Ebene durch Einbildungen gestört wird, kann das nur auf dem Weg über eine symbolische Umwandlung geschehen: Der Einfluß der Einbildungen ist unweigerlich indirekt. Doch die von der Disziplin der Wahrheit kontrollierten Einbildungen und Selbsttäuschungen sind auf einer sehr viel höheren Ebene wirksam, die man die Ebene des Unterbewußten nennen könnte. Auf dieser Ebene stehen Einbildungen – mit denen sich die Tugend Genauigkeit im Alltag auseinandersetzen muß – in einem inhaltlich weitaus engeren Begriffszusammenhang mit dem, was sie zu verdrängen trachten. Der Wunsch selbst – wenn auch nicht die zur Überzeugung führende Tätigkeit des Einbildungsvermögens – kann sich sogar offen dem Bewußtsein präsentieren. So ist sich etwa die leidtragende Mutter von vornherein im klaren darüber, daß sie den Wunsch hat, ihr Sohn möge den Unfall überlebt haben. Was hingegen der Umleitung über unbewußte Umwege bedarf, ist der Übergang von diesem Wunsch zu der motivierten Überzeugung, der Sohn habe den Unfall tatsächlich überlebt. Im Fall der tiefen Einbildungswünsche des Unbewußten à la Freud ist es ausgeschlossen, daß sich die Wünsche in derartiger Weise dem Bewußtsein präsentieren.

Nun ist es das Gefühl einer denkbaren Alternative, das nach meiner Vermutung speziell mit dem Realismus zusammenhängt. Der Realismus beruft sich auf den Gedanken einer von uns unabhängigen Ordnung der Dinge, was insbesondere bedeutet, daß diese Ordnung von unserem Willen unabhängig sei. Ein Musterbeispiel hierfür ist das bekannte Phänomen der »Widerständigkeit«, also die Situation, in der die materielle Wirklichkeit unseren Bemühungen einfach im Wege steht. Der Gedanke reicht aber darüber hinaus und bezieht sich auf einen umfassenderen Bereich von Fällen, in denen sich etwas als faktisch unmöglich erweist: Man kann den kohärenten und eventuell bildhaften Wunsch hegen, die Realität möge anders sein; und dieser Wunsch kann einen Prozeß in Gang bringen, der dann die wahren Überzeugungen untergräbt. Diese Möglichkeit ist so bedeutsam, daß eine der beiden Haupttugenden der Wahrheit, nämlich die GENAUIGKEIT, das Ziel hat, den Widerstand gegen die Untergrabung durch solche Wünsche zu stärken. Gerade dies ist eine der Voraussetzungen, die erfüllt sein müssen, um die Wirklichkeit im Griff zu halten. Aber in Anspruch genommen zu werden braucht dieser Widerstand nur in den Fällen, in denen sich ein möglicher Wunsch einstellt und somit auch die Möglichkeit einer durch diesen Wunsch ausgelösten Gefährdung. Unter manchen Umständen ist es zwar möglich, das logisch oder metaphysisch Unmögliche zu wünschen, doch die schädlichen Auswirkungen des Wünschens, vor denen die GENAUIGKEIT schützen soll, kommen bei eindeutigen und gerichteten Wünschen in besonders signifikanter Form zum Vorschein. Und gerichtete Wünsche sind diejenigen, die aus einer deutlich umrissenen Alternative zum Wirklichen hervorgehen.

4. Wahrhaftigkeit und Freiheit

Die Tugend GENAUIGKEIT spielt bei der Leitung und Stützung einer kollektiven Teilung der Erkenntnisarbeit eine wichtige Rolle. So verhielt es sich bereits im Naturzustand, und es gibt hier natürlich eine wirklich historische Geschichte zu erzählen, eine überaus komplexe Geschichte über die zunehmend diffizile Entwicklung dieser Idee im Raum der Kultur und schließlich der

Industrie bis hin zu dem, was wir heute »Wissenschaft« nennen. Ein wichtiges Merkmal dieses Prozesses ist die Art und Weise, in der das Verständnis der Natur seinerseits beeinflußt, was als geeignete und wirksame Arbeitsteilung gilt. Wir können uns ausmalen, daß es schon im Naturzustand ein gewisses Maß an Spezialisierung gibt. Dabei ist es nicht nur so, daß zwei Personen in verschiedene Richtungen gehen, sondern überdies erkennen sie, daß der eine beim Ausschauen nach Fischen mehr Geschick beweist, während sich der andere bei der Suche nach Wild hervortut oder eine Nase für den Geruch von Wild hat, während sich jener durch seinen scharfen Blick für die Spuren des Wilds auszeichnet. Ein langer, aber durchweg verständlicher Weg führt von dieser Sachlage zur Entdeckung der Struktur der DNS, bei der die Grundlage des Faktums, daß Tiere ihren Eltern ähneln, durch eine Einsicht in kristallographische Zusammenhänge aufgedeckt wurde.

Ein weiterer bedeutsamer Teil dieses Vorgangs besteht darin, daß er bei den Tugenden der Wahrheit selbst zu Verfeinerungen geführt hat, die sich in Form einer Hingabe an die Wissenschaft und die Maßstäbe der wissenschaftlichen Wahrhaftigkeit äußern, bei denen nicht nur die Genauigkeit eine Rolle spielt, sondern auch die Aufrichtigkeit, und zwar gegenüber anderen ebenso wie gegenüber sich selbst.[16] Im Zuge dieser Umgestaltung wird der Begriff der Untersuchungsinvestition abstrakter, und die Motive, die mit dem Streben nach der Wahrheit um ihrer selbst willen zusammenhängen (sofern es sich um die Wahrheit über eine wichtige oder interessante Frage handelt), gewinnen immer mehr an Bedeutung. Das Streben nach Wahrheit wird in diesen Beziehungen zum intrinsischen Gut. Der Umstand, daß die GENAUIGKEIT in kohärenter Weise als Trägerin eines intrinsischen Werts gedeutet werden kann, trägt ebenso wie bei der AUFRICHTIGKEIT in wichtigen Hinsichten dazu bei, daß ihr darüber hinaus ein instrumenteller Wert zukommt. Das gilt nicht nur in dem bekannten Sinn, daß technisch nützliche wissenschaftliche Wahrheiten sehr häufig aus der »reinen« Forschung hervorgehen, son-

16 Max Webers berühmter Vortrag »Wissenschaft als Beruf« (1918) ist hier nach wie vor enorm aufschlußreich, obwohl der Text in manchen seiner Voraussetzungen überholt ist. Zum Gebrauch des Worts »Wissenschaft« siehe Anm. 16 in Kapitel 1.

dern, wie wir sehen werden, auch in dem eher persönlichen Zusammenhang, daß das Streben des Wissenschaftlers nach der Entdeckung der Wirklichkeit und dem Festhalten an ihr Widerstand leisten kann gegen Kräfte wie politische Korrumpierung und Terror.

Viele sind der Ansicht, die Motive der Wissenschaftler stünden – im Gegensatz zu der im politischen Bereich üblichen Postenstreberei und Ellbogentaktik – für ein Ideal der Unvoreingenommenheit. Diese herkömmliche, auf Platon zurückgehende Auffassung bringt uns heute womöglich zum Schmunzeln. Hier ist neben anderen Untersuchungen wenig tugendhafter Motive von Wissenschaftlern und einer immer noch zunehmenden Menge soziologischer Forschungen zu diesem Thema vor allem die von James Watson verfaßte Darstellung zu nennen, in der er schildert, wie Francis Crick und er selbst die Struktur der DNS entdeckt haben.[17] Dort wird von Watson fröhlich zugegeben, ja in übertriebener Weise beschrieben, inwiefern die Gier nach Ruhm, die Hoffnung auf den Nobelpreis und der schlichte Wunsch, Linus Pauling eins auszuwischen, ihre Tätigkeit angeregt haben. Watsons Bericht offenbart zweifellos den in der heutigen Forschung vielfach herrschenden Geist, und man darf sicher sein, daß dieser Geist nichts gänzlich Neues ist. Doch was die Wahrhaftigkeit betrifft, ist es völlig verfehlt, wenn man viel Aufhebens macht von der Tatsache, daß die individuellen Motive der Wissenschaftler weltlicher sind, als der platonische Mythos suggeriert. Das Ziel der Wissenschaftler ist Ruhm, vor allem Ruhm und Ansehen innerhalb der wissenschaftlichen Gemeinschaft selbst, und dieser Ruhm rührt daher, daß ihre hervorragende wissenschaftliche Leistung Anerkennung findet.

Wollte man die Wissenschaftler wegen ihres Strebens nach Ruhm verachten, hieße das, selbst wieder einem platonischen Mißverständnis zu erliegen. Das Verlangen nach Ruhm ist weder schädlich noch verderblich für das Streben nach Wahrheit, sofern sich die (bei positivem Ausgang) errungene Berühmtheit dem Finden der Wahrheit verdankt. Damit verhält es sich genauso wie mit denen, die in der Antike oder in der Renaissance

17 Watson (1968). Eine eher nüchterne Darstellung der heroischen Zeit der Molekularbiologie gibt Judson (1979).

durch das Schreiben bemerkenswerter Dichtungen nach Ruhm strebten und einsahen, daß es ihnen ohne bemerkenswerte dichterische Leistungen nicht gelingen würde. Hier verhält es sich ebenso wie auch sonst immer: Die Selbstachtung und die Achtung von seiten derjenigen, die man selbst respektiert, sind miteinander verbunden. Vielleicht achtet die Wissenschaft unnachgiebiger auf die Einhaltung der Maßstäbe für bemerkenswerte Leistungen, als es seit eh und je in der Dichtung und heute bei den Erfolgsromanen der Fall ist, aber das ist eben der springende Punkt. Es hätte wenig damit auf sich, wenn die wissenschaftliche Anerkennung ihrerseits von gesellschaftlicher Stellung, Macht, Beredsamkeit, Fähigkeit zum Ränkeschmieden usw. abhängig wäre, vor allem was die Akzeptanz neuer Theorien oder Modelle betrifft, die dann als richtig oder ihren Vorgängern überlegen gelten. Manche wissenssoziologischen Vorhaben vermitteln den Eindruck, genau dies sei die Schlußfolgerung, zu der sie gern gelangen würden, doch sofern dies wirklich ihr Ziel ist, haben sie es bestimmt noch nicht erreicht, ja sie sind nicht einmal annähernd dorthin gelangt.[18]

Daneben gibt es eine subtilere Version des Platonismus, die den Gedanken nahelegt, der Grund, weshalb die abstrakteren Arten von Naturwissenschaft ein Gefühl der Reinheit und Befreiung vermitteln können, bestehe darin, daß ihr Inhalt und Interesse die menschlichen Angelegenheiten überhaupt übersteigt. Inhaltlich sollen sie eine Darstellung der Natur bezwecken, die in möglichst hohem Maße von den wahrnehmungsbezogenen und sonstigen Besonderheiten der Menschen absieht.[19] Interessiert man sich dermaßen für einen solchen Inhalt, daß man völlig darin aufgeht, wird man dadurch zwar gewiß von den Beschrän-

18 Siehe Jardine (1991), der solche Vorhaben mit bemerkenswerter Geduld untersucht, aber letzten Endes zu einem negativen Urteil kommt.

19 Das steht in Zusammenhang mit der von mir an anderer Stelle erwähnten »absoluten Auffassung der Wirklichkeit«, vgl. Williams (1978). Ob die Vorstellung von einer absoluten Auffassung kohärent ist, ist nach wie vor umstritten. Viele kritische Äußerungen schießen allerdings am Ziel vorbei, indem sie fälschlich unterstellen, es handele sich um eine Darstellung, die ganz ohne Begriffe auskommen soll. Eine verständnisvolle Analyse der Probleme (sowie eine Reihe frappierender metaphysischer Vorschläge) findet sich bei Moore (1997).

kungen der Politik befreit, aber vielleicht geht diese Befreiung zu weit, jedenfalls zu weit, um ein Gefühl der Befreiung auszudrücken, das noch irgend etwas mit Politik zu tun hätte. An und für sich ist sie keine Äußerung der Befreiung des Menschen, sondern eine Lossagung vom Menschsein. Sie vermittelt kein spezifisches Gefühl für die Kräfte, welche von Menschen, die keiner korrumpierten politischen Ordnung mehr unterworfen sind, im Alltag besser genutzt werden könnten.

Platon selbst war ein Gefangener eben dieser Doppeldeutigkeit. Im *Staat* zeichnet er das berühmte Bild der Sonne und der Höhle und bietet damit das Bild einer Flucht aus dem Dunkel und der Oberflächlichkeit des Alltags und namentlich des politischen Lebens in eine geistige Welt der Klarheit und des Lichts. Schon das dualistische Bild als solches enthält notgedrungen eine Doppeldeutigkeit. Es stellt dem Alltäglichen eine metaphysische Verheißung gegenüber, doch der Inhalt der Verheißung wird unausweichlich mit Hilfe von Alltagsbegriffen geschildert. Durch Beschwörung der Sonne werden wir daran erinnert, daß es in der natürlichen Welt bereits etwas gibt, das wir wertschätzen. Alle Werke Platons, in denen er die Verheißung seines Dualismus verkündet, sind von diesem nicht ausgetragenen Konflikt geprägt. Manchmal wird nahegelegt, wirkliche Schönheit und wirklicher Wert seien in dieser Welt gar nicht zu finden; was es hier gebe, sei nichts weiter als ein Bild oder eine Vorstellung davon. Es sieht so aus, als enthielte die Welt statt der Geliebten nur ihre Photographie oder als existierte hier keine Liebe, sondern nur die Madeleine. An anderer Stelle dagegen ist Platon wahrhaftiger und deutet an, daß es das, was wir wirklich brauchen, zwar schon hier gebe, aber nur in einer unvollständigen und niemals völlig befriedigenden Form.[20]

Im Hinblick auf die Höhle stellt sich der im *Staat* enthaltene Konflikt mit umgekehrter Tendenz dar: Warum beschäftigen die Unvollkommenheiten, Grausamkeiten und Kompromisse der Welt den Philosophen, der schon nach draußen geschaut hat (und der Forscher ist bei Platon Philosoph)? Nur weil Platon ein

20 Besonders nachdrücklich wird die erste Bedeutung im *Staat* herausgestrichen. Die zweite Bedeutung findet sich – ganz im Gegensatz zur These vieler Interpretationen – an sehr vielen Stellen des *Gastmahls*.

gewisses Maß an Hoffnung hegt, die autoritäre Vernunftherrschaft könne die Verhältnisse in der Welt bessern, kann es für den Erforscher der geistigen Realität überhaupt einen Grund geben, dorthin zurückzukehren. Selbst wenn sich aus dem dualistischen Traum eine politische Theorie ergeben könnte, würde es keine Politik der Freiheit sein. Außerdem ist es wahrscheinlich, daß sich die Hoffnung, welche vom Traum auf eine politische Theorie übergehen könnte, verflüchtigt. Und viele Philosophen der nachplatonischen Antike sind (zumal nach dem Zusammenbruch des Stadtstaats) tatsächlich zu dem Schluß gekommen, die richtige Reaktion sei ein möglichst weitgehender Rückzug. Der Forschende hält sich von der Höhle fern und überläßt die politische Welt den für sie natürlichen und unheilbaren Einflüssen von Gier, Gewalt und Betrug.

In den Erinnerungen Primo Levis ist von einer 1939 geführten Unterhaltung mit seinem Kollegen Sandro die Rede, in der Levi von der »neuen Würde und Herrlichkeit« spricht, die das Studium der Chemie und der Physik zu dieser Zeit gewonnen habe. Es war ein Mittel gegen »den Schmutz des Faschismus, der den Himmel verfinsterte«, denn diese Forschung »war klar und deutlich, bei jedem Schritt verifizierbar und nicht – wie das Radio und die Zeitungen – ein Geflecht aus Lügen und Leere«.[21] Dabei war es gewiß kein platonischer Weg, den Levi hier im Sinn hatte: Die Wissenschaft mochte manches erträglicher machen und ihm den Rücken stärken, aber sie diente nicht der Flucht. Ausschlaggebend war nicht, daß sich die Naturwissenschaft mit dem Über- oder Untermenschlichen befaßte, sondern daß sie die Redlichkeit in besonders kraftvoller Form verkörperte. Die Antworten waren zwar verborgen, die Arbeit war anstrengend, und die Tugenden der Wahrheit wurden immerfort in Anspruch

21 Levi (1975), S. 44 f. Vgl. außerdem S. 54 f., wo Levi (neben dem weiter unten erwähnten Hinweis auf das Bergsteigen) sagt, später habe er festgestellt, die Physik erfülle seine Bedürfnisse besser als die Chemie mit ihrem Durcheinander unvereinbarer Verfahrensregeln und ihren verdächtigen Ursprüngen bei den Alchimisten und »ihren levantinischen Schwindeleien, wie sie bei Scharlatanen oder Zauberkünstlern vorkommen«. Den Hinweis auf Levi verdanke ich in diesem Zusammenhang einem nützlichen Artikel von Cora Diamond (1993), obwohl ich den Text Levis womöglich ganz anders lese als Diamond selbst.

genommen, doch solange man wirklich Wissenschaft trieb, konnte man die Resultate nicht verfälschen: Man mußte zum richtigen Ergebnis gelangen.

Damit diese Forschungstätigkeit den Sinn erhielt, den sie in Levis Augen besaß, mußte mit der Natur gerungen werden. Obwohl Levi mit Sandro in einem recht hochfliegenden, an Platon gemahnenden Ton von Klarheit und Deutlichkeit redete, hörte Sandro laut Levis Schilderung mit einer gewissen Ironie zu. Sandro lernte zwar daraus, aber er teilte seinerseits Levi etwas Lehrreiches mit, das aus seiner eigenen Erfahrung als Bauer stammte. »Hatte ich denn eine Ahnung, wie man einen Herd anzündet? Wie man einen Fluß überquert? Hatte ich schon einen Schneesturm im Gebirge erlebt? Das Aufgehen der Saat? Nein, und daher hatte auch er mir etwas Entscheidendes beizubringen.« Die Erfahrung der Hartnäckigkeit, der Unwiderlegbarkeit einer Naturtatsache war etwas, was ihnen dann beim Erlebnis des Bergsteigens gemeinsam klar wurde: »Ein Kletterhaken drang entweder ein, oder er drang nicht ein; das Seil hielt, oder es hielt nicht. Das waren die Quellen der Gewißheit.« Es hätte keinen Sinn gehabt, wenn Levi seine Zeit mit sei's noch so schwierigen Akrostichen[22] oder mit raffinierten Schachproblemen verbracht hätte. Was not tat, war etwas, was keine beliebig wählbare Anstrengung kostete und wobei sich der Kampf nicht gegen den Willen eines anderen richtete. Die Wissenschaft ist, spieltheoretisch gesprochen, kein Zweipersonenspiel. Was dem Forscher gegenübersteht, ist kein konkurrierender Wille, und das ist der Schlüssel zu dem Gefühl der Freiheit, das die Wissenschaft vermitteln kann.[23]

22 Steht allerdings das Ende der eigenen Zivilisation bevor, kann die Beschäftigung mit Akrostichen immerhin eine anständigere Reaktion sein als die inkohärente metaphysische Verzweiflung. Darauf weist Auden in seinem Gedicht »The Epigoni« hin: »To their lasting honour, the stuff they wrote / Can safely be spanked in a scholar's footnote«, Auden (1976), S. 460.

23 Hier besteht ein Zusammenhang mit der Unterscheidung zwischen »sozialer« und »nichtsozialer« Intelligenz (Cheney und Seyfarth [1990]). Diese Unterscheidung beruht auf der Fähigkeit eines Tiers, sein Verhalten in Abhängigkeit von den erwarteten Reaktionen anderer Individuen zu verändern, und diese Fähigkeit ist die Grundlage für ein flexibles Leben in der Gesellschaft. Außerdem bietet sie die Möglichkeit wirklicher

Frei sein heißt im grundlegendsten, traditionellsten und verständlichsten Sinn des Wortes: nicht dem Willen eines anderen unterworfen sein. Es besteht nicht darin, daß man aller Hindernisse ledig ist. Im Gegenteil, die Freiheit hat nur dann Wert, wenn es etwas gibt, was man tun will, und wenn dieses Wollen überdies nicht eines ist, das man nach Belieben für ein anderes eintauschen kann. Eine Hauptform der Freiheit besteht also darin, beim Streben nach einem wertgeschätzten Ziel nicht dem Willen eines anderen unterworfen zu sein. Levi strebte nach etwas, was ihm als Wert galt – er war auf Entdeckungen aus –, und zum Teil lag dieser Wert eben darin, daß die Schwierigkeiten und Hindernisse nicht vom Willen irgendeiner Person ausgingen und daß es nicht möglich war, sie durch Beschwichtigungsstrategien, Ausreden oder Feilschen zu umgehen. Gerade aus diesem Grund wäre eine Verfälschung der Ergebnisse schlicht witzlos gewesen. Die Aufgabenstellung bezog sich auf die Wahrheit, die als Objekt des Strebens überhaupt nicht reagiert und sich nur insofern entzieht, als der Forschende in die falsche Richtung gehen kann. Daher brauchen sich die Tugenden der Wahrheit nicht durch die Kalkulationen des Wettbewerbs mit einem anderen Willen beschränken zu lassen. Freiheit im Gegensatz zu Willkür und Wahrhaftigkeit im Gegensatz zu Täuschung konnten Äußerungen von Levis wissenschaftlicher Forschung sein, und der Grund war in beiden Fällen derselbe, nämlich daß die Wahrheiten der Natur keinen Willen haben und daß die Tugenden der Wahrheit – im Bündnis mit dem Erkenntnisvermögen, der Erfahrung und dem Glück – bei der Entdeckung dieser Wahrheiten auf sich selbst gestellt sind.

Primo Levi war Naturwissenschaftler, und die Naturwissenschaft diente ihm zur Verdeutlichung des Gemeinten. Es liegt, wie Levi selbst es formulierte, eine gewisse Bedeutung in der Wirkung experimenteller Ergebnisse, die es besonders eindringlich klarmachen, daß man mit einer anderen Instanz ringt als der eigenen Person. Wäre es möglich, in den Geisteswissenschaften einen ähnlichen Sinn zu finden? Vielleicht könnte man die glei-

Täuschung (im Gegensatz zur Mimikry). Ein anderer Ausdruck, der statt »sozial« gelegentlich zur Kennzeichnung dieser Form von Intelligenz benutzt wird, ist das Wort »machiavellistisch« (Byrne und Whiten [1988]).

che Bedeutung in einer Tätigkeit finden, die das Gespür für kleine, störrische und unbequeme Fakten anregt, eventuell für jene philologischen Fakten, auf die sich Nietzsche bezieht: »Alle Voraussetzungen zu einer gelehrten Kultur [...] waren bereits da, man hatte die große, die unvergleichliche Kunst, gut zu lesen, bereits festgestellt [...] der *Tatsachen-Sinn*, der letzte und wertvollste aller Sinne.«[24] Die Philologie hat es in der Tat mit störrischen Fakten zu tun, und bei der Auseinandersetzung mit ihnen bedarf sie namentlich der Wahrheitstugenden. Das gleiche gilt auch für andere Formen der historischen Forschung. Vermögen sie das gleiche auszudrücken, was Levi in der experimentellen Naturwissenschaft fand? Die Einzelfakten, die harte Mühe des Entdeckens – die gibt es dort genauso, aber das Interesse an der Ermittlung von Fakten, irgendwelchen beliebigen Fakten, um ihrer selbst willen, hat in den Geisteswissenschaften genausowenig Sinn wie in den Naturwissenschaften. Die antiquarische oder literaturwissenschaftliche Neugier hat ihre Reize und ihre nützlichen Seiten, sie kann auch das Leben einer einzelnen Person tragen, aber im größeren Rahmen hat die historische Forschung nur dann Sinn, wenn sie von einer Frage und letztlich von der Aussicht auf eine Interpretation getrieben wird. Wenn man die Ebene der Wörter, der Sätze oder auch der einzelnen Werke außer acht läßt und einen großen Maßstab anlegt, fragt es sich, ob die einschränkenden Bedingungen der Interpretation in den Geisteswissenschaften wirklich so problematisch sind, daß es einem tüchtigen Forscher schwerfiele, ebenso wie Primo Levi das Gefühl durchzuhalten, unmittelbar auf Entdeckungen auszusein. Es liegt auf der Hand, daß wechselnde Interpretationen – wie z. B. unterschiedliche historische Darstellungen – auf konkurrierende Richtungen, auf Ideologien oder Idiosynkrasien zurückgehen können. Auch wenn das nicht unbedingt etwas Schlimmes und womöglich diesen Themen angemessen ist, heißt es, daß solche Studien niemals die gleiche Art von Befreiung und Sinnhaftigkeit bieten können, die Levi in der Naturwissenschaft fand? Und heißt es das deshalb, weil auf dieser den störrischen philologischen Fakten übergeordneten Ebene rivalisierende Willen ihren Schatten werfen, auch wenn sie noch weit entfernt

24 *Der Antichrist*, § 59.

sind – und dies besonders zu einer Zeit, da die Sonne in den Geisteswissenschaften niedrig am Horizont steht? Das ist eine der Fragen, von denen die vorliegende Untersuchung ausgegangen ist; und im letzten Kapitel werden wir abschließend auf sie zurückkommen.

Das Gefühl der Freiheit, das Levi in seiner Forschungstätigkeit fand, gründete in ihrer Wahrhaftigkeit, denn die »Vorschriften« der Natur sind nicht das Ergebnis von Machtausübung. Aus genau dem gleichen Grund ist es ein ganz grundlegender Gebrauch der Macht über eine andere Person, wenn man ihr Überzeugungen einflößt, ohne auf deren Wahrheit oder Falschheit Rücksicht zu nehmen, beispielsweise wenn man dem anderen absichtlich falsche Überzeugungen eingibt, einfach weil sie falsch sind. Das hat Orwell in seinem Roman *1984* deutlich gemacht. Dort schreibt Winston, eine der Figuren dieses Romans, in sein Tagebuch: »Freiheit ist die Freiheit, sagen zu dürfen, daß zwei plus zwei gleich vier ist. Ist das gestattet, folgt auch alles übrige.« Bedeutsam ist, daß es darauf ankommt, es *sagen* zu dürfen: Die Freiheit, das Wahre glauben zu dürfen, muß mit anderen geteilt werden. An anderer Stelle schreibt Orwell, die bloß »innere« Freiheit sei keine wirkliche Freiheit, weil unsere Meinungen niemals ganz unsere eigenen sind (und das ist ein Gedanke, dem die Geschichte vom Naturzustand Platz einräumt, und im 8. Kapitel werden wir mehr darüber zu hören bekommen). Darauf, daß es sich in diesem Fall um etwas Arithmetisches handelt, kommt es hier nicht an. Die Streitfragen zum Thema Realismus, die uns weiter oben beschäftigt haben, spielen hier keine Rolle. Es geht ausschließlich darum, daß die gemeinte Überzeugung so offensichtlich wahr ist wie nur möglich. Und da es keine Welt gibt, in der zwei plus zwei nicht gleich vier ist, heißt die Herbeiführung des Glaubens, es verhalte sich doch so, daß dem Betreffenden der Verstand ausgetrieben wird – oder vielleicht sollte man eher sagen: Er wird aus der Welt hinaus- und in sein Inneres hineingetrieben.

Der Parteichef O'Brien sorgt durch Folter dafür, daß Winston eine Zeitlang glaubt, zwei mal zwei sei fünf. Im Rahmen seiner interessanten Erörterung von Orwells Buch behauptet Richard Rorty,[25] für den ethischen oder politischen Sinn dieser Ge-

25 Rorty (1989), 8. Kapitel.

schichte sei es unerheblich, daß es wahr sei, daß zwei mal zwei gleich vier ist. Ausschlaggebend sei die Freiheit, es sagen zu dürfen. Wären die gleichen Methoden angewandt worden, um Winston zum Glauben an etwas Wahres zu bringen, wäre das genausoschlimm gewesen. In einem gewissen Sinn ist das, was Rorty sagt, richtig; es geht nicht an, irgendwelche Überzeugungen durch Folter einzuflößen. Dagegen kann es nicht richtig sein, wenn man wie Rorty von dieser Feststellung ausgeht und behauptet, daß »Wahrheit und Falschheit ausscheiden«. Rorty meint, unsere Darstellung der hier ins Spiel gebrachten Werte brauche die Unterscheidung zwischen Wahrheit und Falschheit nicht anzuführen – und das ist doppelt falsch.

Erstens müssen wir nicht nur zwischen der Folter und anderen Verfahren zur Herbeiführung von Überzeugungen unterscheiden, sondern darüber hinaus in allgemeinerer Form zwischen akzeptablen und nicht akzeptablen Verfahren zur Überzeugung anderer, und ganz besonders brauchen wir die Unterscheidung zwischen verschiedenen Arten von Überredung. Es besteht kein Grund zur Annahme, diese Unterscheidungen seien möglich, ohne *die Wahrheit* zu erwähnen. Wir müssen z. B. imstande sein, jene autoritativen Formen der Überredung zu kennzeichnen, die unter die Rubrik »Erziehung« fallen und dadurch legitimiert sind. Kein Grund spricht für die Ansicht, das sei möglich, ohne die Begriffe der Wahrheit und der Falschheit zum Einsatz zu bringen. Wie wir bereits gesehen haben, müssen wir *die Wahrheit* nennen, um die Tugend der GENAUIGKEIT verständlich zu machen, und ganz Ähnliches gilt auch für die Erziehung, die ja ein recht einleuchtendes Beispiel für Arbeitsteilung darstellt. Die einzige Alternative dazu, Vorstellungen von Wahrheit und Falschheit in eine Analyse des Erziehungswesens einzubeziehen, scheint mir die Annahme zu sein, daß legitime – der Erziehung dienliche – Formen der Überzeugung von anderen (illegitimen) Formen allein durch ihre Methoden zu unterscheiden seien. Das hieße beispielsweise, daß man annimmt, jene Formen seien besonders rational oder als einzige darauf gerichtet, den Interessen der zu Überzeugenden zu dienen, wobei weder die Rationalität noch der Nutzen der Schüler im Sinne eines Interesses an der Wahrheit aufgefaßt werden. Nun mag es zwar sein, daß einige Erziehungsverfahren den Versuch gemacht haben, sich auf solche Ideen zu stützen, aber es bedarf keines langen Nachdenkens, um einzusehen, daß derartige Vorschläge keine oder inakzeptable Resultate ergeben bzw. ihr etwaiges Gelingen, sofern sie in begrenztem Maße die nötigen Trennlinien an den richtigen Stellen anbringen, doch wieder den Begriffen Wahrheit und Falschheit verdanken.

Es gibt noch einen zweiten Grund, Rortys verwunderliche Darstellung abzulehnen, und dieser Grund steht in direktem Zusammenhang mit der Einsicht Orwells. Viele Fälle von Machtausübung *konfrontieren* ihr Opfer mit einer Notwendigkeit, und zwar mit einer Notwendigkeit, die vom Opfer in jenem Rahmen wahrer Aussagen begriffen werden kann, der seinen Realitätssinn prägen hilft. Die Folter, die sich Orwell ausmalt, verfährt jedoch nicht so (und das gleiche wird auch für viele Formen von Überredung gelten). Vielmehr untergräbt sie wahre Überzeugungen, um auf diese Weise die Beziehung des Opfers zur Welt überhaupt zu zerstören und die Unterscheidungen zwischen Einbildung und Wirklichkeit aus den Angeln zu heben. Sie bindet Winston in ein Hirngespinst ein, das von O'Brien bzw. seiner Partei geschaffen wurde. Das ist, wie Orwell erkannt hat, eine äußerste Bestätigung der Macht; und Rorty beraubt sich, indem er Wahrheit und Falschheit »ausscheiden« läßt, der Möglichkeit, das zu begreifen. Er schreibt über Winstons »Schmerz und Demütigung«, und von dieser Art sind die Dinge, die Rorty unter anderem vorschweben, wenn er sagt: »Grausamkeit ist die schlimmste Handlung, die wir begehen.« Den Schmerz und die Demütigung erklärt er einfach, indem er schildert, wie die eine Überzeugung durch Zwang von einer anderen verdrängt wird. Das kann aber nicht ausreichen, denn wir benötigen den Gedanken, daß einige Überzeugungen des Betreffenden wahr sind und die Möglichkeit dieses Sachverhalts letztlich damit zusammenhängt, daß manches in seiner Macht steht und manches nicht. Fehlt das, haben wir weder eine angemessene Vorstellung von seiner Freiheit noch letzten Endes von dem, was als Demütigung dieser Person gilt.

Indem Rorty bestreitet, daß der Wert der Wahrheit als solcher ausschlaggebend sei für die liberalen Gedanken, die er im Zusammenhang mit Orwells Text zu artikulieren bemüht ist, verfehlt er dessen Sinn, was im übrigen auch daraus hervorgeht, daß er O'Briens Feststellung »Der Zweck der Folter ist die Folter« aufgreift und so erklärt, als besagte sie das gleiche wie »Der Zweck der Folter ist Lust«. Es ist überaus wichtig, daß das nicht gemeint ist. Diese Feststellung bedeutet in *1984* ebenso wie in der Wirklichkeit, daß der Zweck der Folter darin besteht, Macht zur Geltung zu bringen. Daher ist es zutiefst angemessen, daß sie von O'Brien gegen den Realitätssinn eingesetzt wird sowie gegen die Fähigkeit, Wahres zu glauben.

7
Was war an Minos auszusetzen?

1. Einleitung

In den beiden vorigen Kapiteln haben wir uns, ausgehend von der Geschichte über den Naturzustand, in mehrere Richtungen voranschreitend in die echte Historie vorgewagt. Bei der AUFRICHTIGKEIT kam es vor allem darauf an, daß eine nicht als Trägerin eines intrinsischen Werts gesehene Neigung zur Äußerung der wirklichen eigenen Überzeugungen nicht kräftig genug wäre, um auch nur die ihr im Naturzustand zugeschriebene Funktion zu erfüllen; und als Trägerin dieses Werts könnte man sie nicht sehen, wenn sie nicht mit einer anderen, ebenfalls einen Wert tragenden Neigung verbunden wäre oder eine solche Neigung zum Ausdruck brächte. Was es mit dieser Neigung – und daher in einem gewissen Sinne auch mit der AUFRICHTIGKEIT – auf sich hat, wechselt von Epoche zu Epoche und von Ort zu Ort. Einem Teil dieser Entwicklungsgeschichte habe ich in begrenztem Maße und überaus umrißhaft zu folgen versucht, wobei ich einige der Formen kritisiert habe, welche die mit der AUFRICHTIGKEIT in Verbindung gebrachten Neigungen angenommen haben (insbesondere bestimmte Formen, die ihnen einige Theoretiker aufzuoktroyieren versucht haben). Kritisiert habe ich diese Formen vor allem deshalb, weil sich aus ihnen keine vernünftige Interpretation des grundlegenden Zusammenhangs zwischen AUFRICHTIGKEIT und Vertrauen ergibt.

Sobald die AUFRICHTIGKEIT in einem vernünftigen Verhältnis zum Vertrauen begriffen wird, beeinflußt das nach meinem Vorschlag auch den der GENAUIGKEIT zugeschriebenen Wert. Wenn andere sich auf das verlassen sollen, was man ihnen sagt, muß man nicht nur auf Irreführung hinsichtlich der eigenen Überzeugungen verzichten, sondern man muß sich darüber hinaus auch die Mühe machen sicherzustellen, daß die eigene Überzeugung wahr ist. Das hat womöglich Auswirkungen auf die Untersuchungsinvestition, die man für angebracht hält. Soweit man anderen Personen die Wahrheit schuldet (im Sinne der alltagssprachlichen Auffassung, die meines Erachtens für derlei Verhältnisse die richtige ist), schuldet man ihnen insoweit auch die entsprechende Mühe, die es kostet, um der Wahrheit habhaft zu werden. In einem bestimmten Sinn gibt dies der GENAUIGKEIT bereits einen über das Instrumentelle hinausgehenden Wert. Wenn das Verhältnis, in dem man zu bestimmten Leuten steht, von der richtigen Art ist, kann es sein, daß das empfundene Bedürfnis nach Vergewisserung, ob man die Wahrheit spricht, schon durch die Erwartungen der anderen hervorgerufen wird – also nicht bloß bzw. nicht notwendig durch eine wechselseitig verstandene Form von Arbeitsteilung.

Doch die Arbeitsteilung kann nach meinem Dafürhalten ihrerseits dafür sorgen, daß die Bedürfnisse und Leidenschaften der GENAUIGKEIT vom rein Instrumentellen ausgehen, beispielsweise in Gestalt der Maßstäbe, der Ehre und der wechselseitigen Achtung, die einem wissenschaftlichen Beruf angemessen sind. Einzelpersonen werden – einerlei, ob sie als Angehörige eines solchen Berufsstands handeln oder nicht – diese Form der Verpflichtung auf die GENAUIGKEIT an den Tag legen, wenn sie es bei der Beschäftigung mit einer bedeutenden Aufgabe beschämend finden, die Sache zu verpfuschen, mit einer unzulänglichen Antwort vorliebzunehmen, wenn man ohne zwanghaften oder unvernünftigen Aufwand an Mühe zu einer besseren hätte gelangen können, oder sich selbst weiszumachen, die verfügbare Antwort tauge mehr, als nach eigenem Wissen der Fall ist. Diese Neigung ist schon an und für sich von hoher politischer Bedeutung. Die genannten Entwicklungen des Begriffs der GENAUIGKEIT haben eine echte Geschichte; zum Teil ist es die Geschichte der Wissenschaften, in allgemeinerem Sinne aber auch die Geschichte der geistigen Integrität. In diesem Fall, der sich insofern vielleicht von den üppigeren Ausgestaltungen der AUFRICHTIGKEIT unterscheidet, können die Keime dessen, was wirklich gewachsen ist, recht deutlich aufgespürt werden, wenn wir auf jene Form der GENAUIGKEIT zurückblicken, die schon im Naturzustand zum Vorschein gekommen ist. Ebenfalls richtig ist aber auch, daß bei bloßer Betrachtung des Naturzustands und der dessen Konstruktion prägenden Erwägungen niemand die speziellen ethischen, psychischen und organisatorischen Strukturen hätte vorhersagen können, die sich in Verbindung mit unserem Ideal der GENAUIGKEIT tatsächlich herausgebildet haben.

Jetzt möchte ich nochmals zur Geschichte vom Naturzustand zurückkehren und von dort aus wieder in eine völlig andere Richtung aufbrechen. Im letzten Abschnitt des 3. Kapitels habe ich gemeint, wir sollten nicht annehmen, daß die Personen, von denen diese Geschichte handelt, die Vergangenheit im Rahmen einer sozusagen »objektiven« Vorstellung begriffen, der zufolge jedes frühere Ereignis einen feststehenden Ort in der Zeitordnung einnimmt. Diese Annahme sollten wir deshalb nicht machen, weil triftige Gründe für den Gedanken sprechen, daß diese Vorstellung ihrerseits einen historischen Ursprung hat. Im vorliegenden Kapitel werde ich mich bemühen, diesen Ursprung (zumindest in seiner abendländischen Form) zu beschreiben und ihn an einem bestimmten Punkt der Entwicklung des griechischen Denkens im fünften Jahrhundert v. Chr. zu lokalisieren. Außerdem werde ich die These vertreten, daß dieser Wandel in engem Zusammenhang mit einer neuen Auffassung von dem stand, was es heißt, die Wahrheit über die Vergangenheit zu berichten (oder vielmehr, wie wir sehen werden, über die weiter zurückliegende Vergangenheit).

Falls ich recht habe, bringt dieser Fall eine Beziehung zwischen der Geschichte vom Naturzustand und der echten Historie ins Spiel, die anderer Art ist als die Beziehungen, auf die wir bisher gestoßen sind. In diesem Fall finden wir es vielleicht schwierig, uns Personen vorzustellen, die ohne einen Begriff auskommen können, der uns selbst im Hinblick auf die Vorstellung von der Vergangenheit ganz grundlegend erscheint. Da dies überdies eine Hinsicht ist, in der die Schilderung der Leute im Naturzustand unmittelbar auch für viele wirkliche Menschen der Vergangenheit und vielleicht auch für manche heutige Menschen gilt, stellt sich die Frage, wie wir diese Menschen von unserem Standpunkt sehen. Es handelt sich also nicht bloß um einen Fall, in dem wirkliche historische Entwicklungen die Möglichkeit zu einer aufwendigeren oder spezifischeren Artikulierung der im Rahmen der Geschichte vom Naturzustand skizzierten Sachverhalte bieten. Das historische Auftauchen einer »objektiven« Vorstellung von der Vergangenheit fügt dem, was dort geboten wurde, ein ganz eigenes Element hinzu. Außerdem wirkt diese Entwicklung auf manche Betrachter wie ein Fortschritt, der von weniger rationalen zu rationaleren Gedankenprozessen, von der Verwirrung zur Klarheit führt, während andere die Sache eher relativistisch sehen. Ob diese Entwicklung als Steigerung der Rationalität gelten sollte, ist eine Frage, auf die wir am Schluß dieses Kapitels eingehen werden. Bis dahin wird allerdings hoffentlich klar sein, daß es sich nicht um *eine* Frage handelt.

2. Thukydides

David Hume schrieb: »Die erste Seite im Thukydides ist meiner Meinung nach der Beginn der wirklichen Geschichtsschreibung. Alle früheren Berichte sind dermaßen von Legenden durchsetzt, daß die Philosophen sie weitgehend preisgeben und der schmükkenden Rede der Dichter und Redner zurechnen sollten.«[1] Es ist ein vertrautes Urteil, doch was bedeutet es genau? In einer Fußnote meint Hume außerdem: »Im allgemeinen findet sich bei den antiken Historikern mehr Offenheit und Aufrichtigkeit [d. h. sie seien weniger parteiisch], dafür aber weniger Genauigkeit und Sorgfalt als bei den Modernen.« Dem fügt er hinzu, die Verbreitung gedruckter Bücher in der Neuzeit habe »die modernen Historiker dazu genötigt, sich mehr Mühe zu geben, um Widersprüche und Ungereimtheiten zu vermeiden«. Im Lichte dieser Bemerkungen fragt es sich, was Thukydides nach Humes Überzeugung eigentlich genau geleistet hat, um die wirkliche Geschichtsschreibung in Gang zu bringen. Angedeutet wird, grob gesprochen, daß er der erste war, der die Wahrheit gesprochen hat. Heißt das lediglich, daß er der erste war, der so verfuhr und dem es gelang, Tatsachen und Dichtung auseinanderzuhalten? Oder heißt es außerdem, daß er der erste war, der es auch nur versucht hat? War er vielleicht der erste, der über diese Begriffe – Tatsache und Dichtung – verfügte, die ihm die Möglichkeit gaben, es immerhin zu versuchen?

1 »Of the Populousness of Ancient Nations«, in: Hume, *Essays. Moral, Political and Literary* (1741); Miller (1985), S. 422. Kant war der gleichen Meinung.

Der Stil des Thukydides weist bestimmte Merkmale auf, die ganz offenkundig sind und auf die Hume zweifellos angesprochen hat. Diese Merkmale betreffen nicht nur Thukydides' historische Verfahrensweisen, sondern auch die an den Tag gelegte unsentimentale Einstellung und seinen politischen Realismus in jenem Sinne des Wortes, der auch auf Thomas Hobbes zutrifft, der freilich ein Bewunderer des Thukydides war und dessen Schriften übersetzte. Diese Merkmale gehören mit zur bezwingenden Wirkung Thukydides', und diese Wirkung kann frappierend modern erscheinen oder der Moderne zumindest frappierend vertraut vorkommen. Er selbst hat diese Wirkung sorgfältig inszeniert, was ihm zum Teil dadurch gelang, daß er auf eine Reihe von Gegensätzen zwischen seinen eigenen Arbeiten und den weniger strikten, aber offensichtlicher sympathischen Schriften seiner Vorgänger abhob. (Zu diesen Vorgängern gehörte mit Sicherheit auch Herodot, obwohl Thukydides ihn an keiner Stelle namentlich erwähnt.) Zu den Gegensätzen, die er klarstellt, gehört tatsächlich auch der von Hume so gekennzeichnete Kontrast zwischen Tatsache und Dichtung oder, um mit Thukydides selbst zu reden, zwischen dem Wahren und dem Mythischen. Er gibt sich als jemand, der etwas Neues anfängt, indem er die Wahrheit erzählt. Wir müssen uns überlegen, was damit gemeint sein könnte.

Nach allgemein akzeptierter Anschauung gibt es signifikante methodologische Unterschiede zwischen Herodot und Thukydides. Allerdings dürfte es heute weniger Autoren geben, die behaupten würden, aus diesen Gründen habe Thukydides als der erste wirkliche Historiker zu gelten.[2] Man pflegte zu sagen, Thukydides habe diese Wirkung erzielt und unsere Hochachtung verdient, weil er der erste *wissenschaftliche* Historiker gewesen sei. Das ist ein Thema, über das sich ein früherer Kollege von mir, ein altgedienter Marxist, gern zu sagen erlaubte, die häufig aufgestellte These, Herodot sei der Vater der Geschichtsschreibung, sei zwar richtig, doch das müsse in dem Sinne verstanden werden, daß die eigentliche Historie in der nächsten Ge-

2 Noch weniger, ja vielleicht niemand würde heute dem erstaunlichen Urteil Collingwoods zustimmen, der meinte, Herodot habe die wissenschaftliche Geschichtsschreibung erfunden, während Thukydides überhaupt kein Historiker gewesen sei. Siehe Collingwood (1946), Teil 1.

neration begann.[3] Die krudeste der in diesem Stil gehaltenen Anschauungen verband eine bewundernde Meinung über Thukydides als Wissenschaftler mit einer positivistischen Auffassung der Wissenschaft. Nach dieser Darstellung war Thukydides der Pionier einer Form der Geschichtsschreibung, die aus rein faktenbezogenen Aussagen mitsamt kausalen Erklärungen besteht. Es ist aber nicht sonderlich schwer zu erkennen, daß die Schriften Thukydides', was immer ihr Wesen ausmachen mag, nicht dieser Beschreibung entsprechen – und sei es auch nur wegen der ausschlaggebenden Rolle, welche die Reden bei ihm spielen. Vermutlich darf man die positivistische Thukydides-Interpretation heute für tot erklären. Es gilt weithin als ausgemacht, daß die von ihm erzielten Wirkungen – und zwar gerade die Wirkung der nüchternen Objektivität – ein Produkt seiner Kunst sind, einer Kunst, die seinen Bericht durch eindringliche Grundgegensätze strukturiert, beispielsweise durch den Gegensatz zwischen Gnome und Tyche – Vernunft und Schicksal – sowie zwischen Logos und Ergon: den komplexen Kontrasten zwischen dem, was die Menschen sagen, planen, denken und hoffen einerseits und dem häufig abscheulichen und unvorhersagbaren Ergebnis der Ereignisse andererseits.[4] In gewissem Sinne ist es eine tragische Sichtweise. Es war sicher kein positivistischer Wissenschaftler, auf den ein Autor die von Yeats stammende Formulierung »as cold and passionate as the dawn« beziehen konnte; und Nietzsche, der über Thukydides' »starke, strenge, harte Tatsächlichkeit« schreibt, erwähnt ihn außerdem im gleichen Zusammenhang wie Sophokles.[5]

Es besteht die Gefahr, daß man sich, indem man diese alte Darstellung ablehnt, von einer eher modischen Idee mitreißen läßt, der zufolge Thukydides nicht minder als Herodot ein rhetorischer Geschichtenerzähler ist, dessen Legenden an der Oberfläche allerdings weniger reizvoll wirken. Diese Auffassung ist jedoch auch nicht hilfreicher. Sie krankt in diffizilerer Form an einem falschen Gegensatz, dessen sich bereits F.M.

3 Siehe Geoffroy de Ste Croix (1977), S. 130-148.

4 Siehe Edmunds (1975); Parry (1981); Hunter (1982); Macleod (1983).

5 Yeats, »The Fisherman«, zit. in Egan (1978). Nietzsche, *Götzendämmerung*, »Was ich den Alten verdanke«, § 2; *Morgenröte*, § 168. Siehe ferner Williams (1993), S. 161-164 und Anm. 59.

Cornford bediente, als er im Rahmen einer der ersten Erwiderungen auf die positivistische Interpretation behauptete, Thukydides habe eine Tragödie à la Aischylos geschrieben, weil ihm die Mittel fehlten, um eine im eigentlichen Sinn positivistische historische Darstellung zu verfassen.[6] Die neuere Spielart dieser Auffassung geht zwar, anders als Cornford, nicht mehr davon aus, daß es eine im eigentlichen Sinn positivistische Geschichtsschreibung überhaupt geben könnte, aber sie teilt seine Voraussetzung, wonach die Historie, sofern sie das nicht sein kann, nichts weiter zu bieten hat als diese oder jene Lesart des Mythos, irgend etwas Fiktives. Doch selbst wenn man das Vokabular zum Teil gelten läßt – nicht »Mythos«, aber immerhin »erzählte Geschichte« und vielleicht sogar »Fiktion« –, bleibt die ganze interessante Deutungsarbeit erst noch zu leisten, denn man muß doch zunächst begreifen, welche Art von Geschichte es ist, die den speziellen Charakter der Historie aufweist.

Jeder, der unbefangen und noch nicht von der Fachliteratur verdorben ist, würde sagen, es handele sich um eine Geschichte, die insbesondere etwas mit dem Erzählen der Wahrheit zu tun habe. Diese unschuldige Antwort muß, soweit sie etwas besagt, sicher richtig sein. Der Grund, weshalb Thukydides eine in diesen Zusammenhängen derart interessante Figur ist, besteht nicht bloß darin, daß er, was das Abendland betrifft, ganz am Anfang des Verfassens solcher Geschichten steht (ja am Anfang des Erzählens irgendwelcher Prosa-Geschichten überhaupt), sondern der Grund besteht auch darin, daß der von ihm ersonnene Stil und seine Zielsetzungen in ganz besonders deutlicher Form einige der grundlegendsten Beziehungen, welche die erzählende Geschichtsschreibung zur Wahrheit pflegt, zum Ausdruck bringen und ihr Verständnis erleichtern. Die alte, positivistische Interpretation dieser Beziehungen – wonach es um nichts weiter gehe als einen Bericht darüber, »wie es eigentlich gewesen« – hat die Sache völlig verfehlt, aber es gibt hier eben *etwas*, was sie verfehlt hat.

Der Stil, den sich Thukydides ganz bewußt zu eigen machte, unterscheidet sich in markanter Weise besonders vom Stil Herodots und trägt in mehr als einer Hinsicht zu der von ihm ange-

6 Cornford (1907).

strebten Wirkung des schlichten Erzählens der Wahrheit bei. Es ist allgemein anerkannt, daß die signifikante Verschiedenheit in der Haltung dieser beiden Autoren mit der Tatsache zusammenhängt, daß Thukydides fest in einer alphabetisierten Kultur verwurzelt war, während sich Herodot »in jener Situation befand, die sich einstellt, sobald sich die Alphabetisierung anschickt, in einer immer noch wesentlich oralen Gesellschaft die Rolle eines wichtigen Werkzeugs zu spielen«.[7] In bezug auf Fragen wie die, was dieser Wandel eigentlich beinhaltete und wie er am besten zu beschreiben ist, gibt es allerdings viel weniger Übereinstimmung oder Klarheit. Ich für mein Teil werde geltend machen, daß diesen Unterschieden ein Schritt von der im 3. Kapitel »lokal« genannten Auffassung der Vergangenheit zu einer »objektiven« Auffassung[8] zugrunde liegt und daß es sich dabei im Grunde um einen Wandel handelt, der die Vorstellungen von dem betrifft, was es heißt, die Wahrheit über die Vergangenheit zu erzählen. Mir geht es nicht darum, einen weiteren Beitrag zur ohnehin schon umfangreichen Literatur über das Verhältnis zwischen mündlicher Überlieferung und Geschichtsschreibung zu liefern. Was ich vorlegen möchte, ist eine Darstellung des Wandels, den wir in diesem speziellen Fall erkennen können – eine Darstellung, die Zeit, Wahrheit und kausale Erklärung miteinander verbindet.

Jeder hat – egal, wo er lebt – irgendeine Vorstellung von der Vergangenheit. In einem bestimmten Alter kann das Kind erkennen, daß die erwachsene Person eben hinausgegangen ist; später begreift es, daß die Person vor einer Weile verschwunden ist; und noch später, daß es gestern geschehen ist. Dies sind Konstanten der kognitiven Psychologie und der Entwicklungspsychologie, und wir können verstehen, warum es sich so verhält. Für uns besteht die Zeitreihe darüber hinaus aus Intervallen, die sich unbegrenzt aneinanderreihen lassen. Wer alt genug ist, um sich noch

7 Thomas (1988). Goody (1977) spricht im Hinblick auf derartige Situationen von »begrenzter Alphabetisierung«. Siehe Murray (1987), der Herodot im Hinblick auf anthropologische Fragestellungen bezüglich oraler und alphabetisierter Überlieferung erörtert. Zur allgemeinen Thematik siehe auch Goody und Watt (1963); dort finden sich auf S. 321-326 spezielle Hinweise zum Thema Mythos und Historie.

8 S. o., Kapitel 3, Abschnitt 3.

an Gian Carlo Menottis Oper *Der Konsul* zu erinnern, wird sich einer Figur entsinnen, die ständig vor sich hinsingt: »Gestern, vorgestern, ...«, und dabei weiß man, daß der Sänger mit dieser Formel unbegrenzt fortfahren kann. Zumindest seit es Tage gibt (und Tage hat es gewiß schon lange vor den ersten Menschen gegeben), hat es zu jedem Tag (vage gesprochen) einen ihm vorausgehenden Tag gegeben. Außerdem hat alles, was Menschen wirklich widerfahren ist, an einem dieser Tage oder an mehreren von ihnen stattgefunden. Dementsprechend sind wir anzunehmen geneigt, daß jeder, der in seinem Denken etwas mit dem Begriff »gestern« anfangen kann – und das heißt: jeder einigermaßen erwachsene und intelligente Mensch – die gleichen Vorstellungen haben muß wie wir. Aber stimmt das wirklich?

3. »Sagenhafte Zeiten«

Die entscheidende Textstelle, die ich betrachten möchte, steht bei Herodot (3.122.2). Dort ist die Rede von Polykrates, dem (522/521 v. Chr. verstorbenen) Herrscher von Samos, über den Herodot sagt:

> [Er] war der erste, von dem wir wissen, daß er die Seeherrschaft anstrebte; abgesehen von dem Kreter Minos oder einem noch Früheren als diesem, der über das Meer geherrscht hat. Aber aus dem sogenannten Menschengeschlecht war Polykrates der erste.

Die zentrale Frage bezüglich dieser Textstelle lautet: Was ist mit der sonderbaren Formulierung gemeint, die ich hier mit den Worten »aus dem sogenannten Menschengeschlecht« (*tēs de anthrōpēiēs legomenēs geneēs*) wiedergegeben habe? Und diese Frage wird aufgeworfen, um festzustellen, aus welchem Grund Minos – einerlei, ob er über eine Flotte verfügte oder nicht – für Herodot nicht zählt. Was war los mit Minos?

In den heutzutage maßgeblichen Deutungen wird diese Formulierung nicht so übersetzt, wie ich es getan habe, sondern man bedient sich zeitlicher Begriffe. Ein neuerer, durchaus typisch verfahrender Autor benutzt zunächst den Ausdruck »die ›menschliche Epoche‹«, sodann »›das zu Recht so bezeichnete Menschen-Zeitalter‹«, und daraus wird fünfzig Seiten später »in der normalen menschlichen Geschichte«.[9] Es gibt jedoch keinen Grund zu glauben, irgend etwas Derartiges könne wirklich gemeint sein. Am häufigsten wird das Wort *geneē* bei Herodot zwar tatsächlich in zeitlichem Zusammenhang gebraucht, doch dann steht es für eine Zeitspanne und bezeichnet eine Generation – eine Wortbedeutung, mit der hier nichts anzufangen ist.[10] An anderen Stellen bedeutet das Wort so etwas wie »Geburt«, »Nachkommen« oder »Stammbaum«, und an einer Stelle sind damit die sieben Klassen oder Kasten der ägyptischen Gesellschaft gemeint.[11] Der Ausdruck, den Herodot an der zitierten Stelle verwendet, kann nichts anderes heißen als »das Menschengeschlecht«. Dann ist allerdings völlig unklar, was das Wort *legomenēs* leistet, eine Formulierung, die sich üblicherweise darauf bezieht, wie etwas »genannt« oder als was etwas »hingestellt« wird, wobei entweder die Angemessenheit der Bezeichnung in Frage gestellt wird oder der betreffende Name so etwas wie ein Titel oder ein Spitzname ist.[12] Warum sollte es Herodot irgendwie fragwürdig oder bemerkenswert vorkommen, daß man das Menschengeschlecht »das Menschengeschlecht« nennt?

Minos, der König von Kreta, ist natürlich jene Gestalt, nach der man die minoische Kultur benannt hat. Schon in der Antike

9 Lateiner (1989), S. 17, 63, 118. Auf S. 63 verweist der Autor auf Herodot 2.15.3, doch an dieser Stelle bedeutet der Ausdruck ἀνθρώπων γένος mit Sicherheit »das Menschengeschlecht«. Die Übersetzung mit Hilfe zeitlicher Begriffe hat eine lange Geschichte, s. u. Anm. 19.

10 An der Stelle 2.142 heißt es, drei Generationen kämen auf ein Jahrhundert, aber Herodot gebraucht das Wort nicht immer gleich. Siehe Mitchel (1956).

11 2.164.1. Powell (1938) unterscheidet eine weitere Bedeutung, nämlich »Volkszugehörigkeit«, doch es liegt auf der Hand, daß die angeführten Formulierungen (1.35.1, 2.134.3) schlicht »durch Geburt« bedeuten.

12 So heißt es in 3.23.4 über einen kostbaren Metallgegenstand bei den Äthiopiern: τὴν τοῦ ἡλίου λεγομένην τράπεζαν, und hier deutet der Ausdruck die bei ihnen übliche Bezeichnung an (wie es sehr viel häufiger bei καλεόμενος der Fall ist). An der Stelle 6.127.1 ist mit den Worten Ἀμύριος τοῦ σοφοῦ λεγομένου vermutlich der Spitzname oder Beiname dieser Person gemeint; es geht also wohl nicht um etwas, was zu Recht oder Unrecht von ihr ausgesagt wurde. Die Formulierung τῶν ὀκτὼ τῶν πρώτων λεγομένων θεῶν (2.145.1 und 2.156.4) dagegen bedeutet »worüber [von den Ägyptern] gesagt wurde, es seien die ersten acht Götter«.

wurde bezweifelt, ob man ihn für eine rein menschliche Person hielt oder nicht. Üblicherweise hieß es, er sei der Sohn des Zeus und einer Sterblichen, nämlich der Europa, gewesen und mithin ein Halbgott; aber in einem Hesiod zugeschriebenen Vers wird er »der königlichste aller sterblichen Könige« genannt.[13] Es ist nach wie vor strittig, ob die über ihn erzählten Geschichten eine historische Basis haben. Am Schluß einer ausführlichen Erörterung kommt das maßgebliche Nachschlagewerk zu dem umsichtigen Urteil: »So erscheint nichts von allen bedeutsamen Zügen im Bilde des Minos (Königtum, Meeresherrschaft, Gesetzgebung und staatliche Ordnung, Feldzüge) so phantastisch, daß dem nichts Historisches zugrunde liegen könnte.«[14] Aber welche Bewandtnis es im einzelnen mit ihm gehabt haben mag, seine Zeit soll vor der unseren und, wie die zitierte Stelle klarmacht, vor der Zeit des Polykrates gelegen haben. An anderen Stellen wird er von Herodot, ohne daß dieser etwas über seinen Status sagt, in »der Frühzeit« bzw. in »archaischer Zeit« angesiedelt; und an einer Stelle weist er ihm einen bestimmteren Zeitraum zu, indem er sagt, der Trojanische Krieg habe sich in der dritten Generation nach ihm zugetragen.[15]

Sofern Minos ein Halbgott war, hat es also eine frühere Zeit gegeben, in der solche Gestalten auf Erden wandelten. Herodot hat allerdings keine klare Vorstellung davon, wann das gewesen sein mag; und wenn er unter Erklärungsdruck gerät, scheint er sich zu widersprechen. »Meines Erachtens existieren die Ägypter nicht erst, seit das von den Ioniern so bezeichnete Delta entstanden ist«, schreibt er, »sondern sie haben, seit Beginn des Menschengeschlechts, immer schon existiert« (2.15.3). Nach seiner Vermutung waren die Ägypter nach Norden gezogen, um sich dann im Delta niederzulassen, das sich indessen durch alluviale Ablagerungen bildete (2.11). Dieser Vorgang habe sich, wie er schätzt, in einem Zeitraum von zehn- bis zwanzigtausend Jahren abgespielt; er könne aber auch länger gedauert haben. Sehr beeindruckt hatten ihn bekanntlich das Alter Ägyptens und die Königsverzeichnisse, aus denen hervorging, daß zwischen

13 Hes. frag. 144 M-W, aus ps-Plato, *Minos* 320D.

14 PWK XV-2, Spalte 1926.

15 τὸ [...] παλαιὸν (1.171.2); τὠρχαῖον (1.173.1); Trojanischer Krieg (7.171).

dem ersten König und seiner eigenen Zeit 11 340 Jahre verstrichen waren. »In dieser ganzen Zeit, sagten sie, habe bei ihnen kein König geherrscht, der ein Gott in Menschengestalt war«, obwohl Ägypten von Göttern regiert worden sei, ehe Menschen dies Amt übernahmen (2.144). Nach Herodots Ansicht bilden die Chronologie Ägyptens und die Chronologie Griechenlands ein und dasselbe System, und in sehr hohem Maße interessiert er sich für Zusammenhänge zwischen den historischen Vorgängen, die sich bei diesen beiden Völkern abgespielt haben. Im Rahmen einer komplizierten Argumentation deutet er an, die Griechen irrten sich, wenn sie meinten, ihre Götter seien jüngeren Datums: Falls sie wirklich vor relativ kurzer Zeit zu ihnen gekommen seien, habe es sich wahrscheinlich um Menschen gehandelt, die nach altägyptischen Göttern benannt worden waren. Daneben gibt es eine Menge Material, das mit der neueren Geschichte Ägyptens zusammenhängt und den Trojanischen Krieg betrifft. Wenn man alle Berechnungen Herodots zusammennimmt, sieht es so aus, als sei er auf die Annahme festgelegt, die Welt habe sich drei Generationen vor dem Trojanischen Krieg, also zur unterstellten Regierungszeit des Minos, schon seit sehr langer Zeit ausschließlich in menschlicher Hand befunden.

Der Autor, den ich oben bereits in Zusammenhang mit der Übersetzung von Herodots Formulierung erwähnt habe, sagt an einer Stelle, die ich etwas ausführlicher zitieren möchte, folgendes:

> Herodot [. . .] erachtet die sagenhaften Entstehungsgeschichten der meisten Stadtstaaten Griechenlands nicht für würdig, in seine Darstellung aufgenommen zu werden, und auch mit den Göttergeschichten hält er sich nicht auf, denn die Götter und eher der Sagenüberlieferung zuzurechnende Gestalten wie Minos gehören einem Bereich jenseits der Belege an, die von der Historie beigebracht oder erklärt werden können. Das Wirken dieser Gestalten ist im allgemeinen unklar und gehört nicht zur »menschlichen Epoche«.[16]

Das ist, rundheraus gesagt, konfus. Hier werden zwei für uns Heutige verschiedene Antworten auf die Frage, was an Minos auszusetzen war, miteinander vermischt: Einerseits wird gesagt, daß er eine Sagengestalt bzw. eine mehr oder weniger legendäre

16 Lateiner (1989), S. 16f.

Figur war – und das ist eine Sache des Status, der ihm und den von ihm handelnden Geschichten zukommt. Andererseits heißt es, unklar sei lediglich, welche Behauptungen wir über ihn aufstellen können, weil seine Zeit zu weit zurückliege – und das ist eine Sache unserer Erkenntnismöglichkeiten. Natürlich kann der zweite Umstand insofern auch den ersten betreffen, als unsere Kenntnisse womöglich so gering sind, daß wir nicht einmal wissen, ob eine bestimmte Gestalt der Sage angehört; und genau das ist der Fall bei Minos. Dennoch handelt es sich um zwei grundverschiedene Erwägungen. Es gibt Tausende von Personen des klassischen Altertums, deren Namen wir kennen, die gewiß nicht der Sage angehören und über die wir trotzdem nur sehr wenig aussagen können. Daneben gibt es andere, die – wie z. B. Zeus – zwar legendär sind, über die wir aber sehr viel aussagen können. Da dies aus unserer Sicht zweierlei ist, schafft es nach unserer Meinung ein Durcheinander, wenn man diese Dinge so miteinander vermischt wie der eben zitierte Autor. Herodot selbst hat diese Verwechslung allerdings nicht begangen, denn für ihn bestand die Möglichkeit einer Verwechslung noch gar nicht. Für ihn gab es hier, bei seiner Betrachtungsweise, vielmehr so etwas wie eine Unbestimmtheit hinsichtlich der Vergangenheit; und diese Unbestimmtheit sollten wir zu beschreiben versuchen, ohne ihm diese Verwechslung zu unterstellen oder sie unsererseits zu begehen.

Die Frage, was wir wissen können, hat bestimmt etwas mit der Zeit zu tun, und das gilt vor allem für Herodot. Er macht viel Aufhebens davon, daß er sich auf Indizien aus mündlicher Überlieferung stützt, wenn es sich um Dinge handelt, die er nicht selbst beobachtet hat.[17] Er behauptet, daß er in höherem Maße

17 Siehe insbesondere 2.29 über seine ägyptischen Forschungen, und viele weitere Stellen. Es ist sogar behauptet worden (Immerwahr [1966], S. 6), Herodot sei dazu imstande gewesen, seine Quellen der mündlichen Überlieferung zuzurechnen, wenn sie in Wirklichkeit schriftlich vorlagen. So benutzt er in 2.73, also in der Geschichte vom Phönix, die Formulierung »sie sagen«, dabei stammt diese Geschichte von Hekataios und enthält sogar Zitate (FGH 1, F324B). Was die Quellen Herodots angeht sowie seine Ansprüche, bestimmte Dinge selbst gesehen zu haben, und seine Zuverlässigkeit insgesamt, gehen die Meinungen weit auseinander. Ein Resümee findet sich bei Dewald und Marincola (1987), Abschnitte 3 und 4.

Dingen vertraut, bei denen eine zuverlässige mündliche Überlieferung vorliegt; und im Regelfall stützt er sich stärker auf Berichte über Ereignisse, die sich ungefähr während des Jahrhunderts vor seiner Forschungstätigkeit abgespielt haben. Das wird dann als Berufung auf die *mnēmē anthrōpōn* signalisiert, als Vertrauen in das Gedächtnis der Menschen; und dieses Verfahren ist in einer noch nicht alphabetisierten Kultur stichhaltig zu begründen, denn damit greift man, ganz vage gesprochen, auf Dinge zurück, an die sich die ältesten Zeitgenossen gerade noch erinnern können.[18]

18 Von Shimron (1973) sowie im Anschluß daran von Vadiver (1991), Moles (1993) und anderen Autoren wird sogar behauptet, eben dies werde durch die Worte angezeigt, die Herodot an der hier betrachteten Stelle über Polykrates verwendet: πρῶτος τῶν ἡμεῖς ἴδμεν. Die Formel τῶν ἡμεῖς ἴδμεν (»von dem/worüber wir wissen«) beziehe sich, wie es heißt, auf Personen und Ereignisse, die der Zeit seit Kroisos angehören, also der Periode seit ungefähr 550 v. Chr. Dem liegt der Gedanke zugrunde, eigentlich kümmere sich Herodot – zumindest wenn es um Fragen dieser Art gehe – nur um das, was »in unserer Zeit« geschehen sei, d. h. ungefähr in der Zeit der letzten drei Generationen. Er benutzt die Formulierung, wenn von Kroisos selbst die Rede ist (1.6.2). Dort heißt es, er sei »unter den Barbaren, von denen wir wissen, der erste gewesen, der einige Griechen unterdrückt hat«. Im Kapitel davor sagt Herodot, über bestimmte Ereignisse aus der Zeit vor dem Trojanischen Krieg, bei denen die Meinungen der Perser und der Phönizier auseinandergehen, werde er kein Urteil abgeben; und hier geht es ihm darum, daß er darüber nichts weiß, während er über Kroisos tatsächlich Bescheid weiß. Allerdings verwendet Herodot diese Formel nicht durchgängig in dieser Weise. Vielleicht die berühmteste Stelle, an der sie vorkommt, ist die Beschreibung des von Xerxes angeführten Feldzugs gegen Griechenland: »Unter den Feldzügen, von denen wir wissen, war dies bei weitem der größte, so daß andere im Vergleich damit für gar nichts galten – weder der des Dareios gegen die Skythen noch der dadurch ausgelöste der Skythen, noch laut diesbezüglicher Aussagen der der Griechen gegen Troja, noch vor dem Trojanischen Krieg [...]« (7.20.2). Diese sehr weit zurückliegenden Feldzüge werden, ebenso wie die anderen, durch die Formel »von denen wir wissen« abgedeckt. Wenn wir nun von hier aus zurückblicken auf unser Zitat, sehen wir, daß die Formulierung »Polykrates war der erste, von dem wir wissen, [...] abgesehen von (πάρεξ) Minos« soviel bedeutet wie »... von dem wir wissen, sofern wir ... nicht berücksichtigen«, also nicht »... von dem wir wissen, was heißt: ohne Rücksicht auf ...« Ja, die hier bespro-

Man hat auch die Ansicht vertreten, daß die Zeit außerdem in die andere Vorstellung hineinspiele, wonach das Mißliche an Minos nicht die Verschwommenheit seiner Person, sondern sein Status als Sagengestalt ist. Dieser Gedanke geht, mit Bezug auf die Worte Herodots, zumindest auf Ph.-E. Legrand zurück, der schon 1932 schrieb: »Les générations ›que l'on appelle humaines‹ s'opposent aux générations mythiques, les événements ›humains‹ [. . .] aux événements fabuleux.« Zahlreiche spätere Autoren haben diesen Gedanken ebenfalls zum Einsatz gebracht, beispielsweise Moses Finley, der schrieb: »Im Grunde spaltete das griechische Denken die Vergangenheit in zwei Teile auf, in zwei Abteilungen – das heroische Zeitalter und das nachheroische Zeitalter (bzw. die Zeit der Götter und die Zeit der Menschen).«[19] Diese zuletzt angeführten Worte klingen an eine berühmte, von Pierre Vidal-Nacquet benutzte Formulierung an (»temps des dieux et temps des hommes«).[20] Diese Formulierung impliziert, daß die legendären oder sagenhaften Gestalten Götter oder enge Verwandte der Götter waren, was genaugenommen einen zusätzlichen Schritt beinhaltet, denn es kann Mythen oder Sagen ohne göttlichen Inhalt geben. Doch das spielt im gegenwärtigen Zusammenhang keine Rolle. In der Welt der griechischen Mythen wimmelte es gewiß von Göttern; und wenn Minos der Legende angehörte, war er, wie wir gesehen haben, wahrscheinlich auch ein Halbgott.

Die von Vidal-Nacquet gebrauchte Formulierung ist in mehr als einer Hinsicht irreführend. Sie ermuntert dazu, den Unterschied zwischen Menschen einerseits und göttlichen oder halbgöttlichen Wesen andererseits allzu ausschließlich unter Bezugnahme auf verschiedene Zeitalter zu begreifen; und tatsächlich gehört Vidal-Nacquet zu den hervorstechenden Autoren, von denen Herodots Verweis auf das Menschengeschlecht falsch

chene einschränkende Formulierung »aus dem Menschengeschlecht« hätte noch weniger Sinn, wenn Herodot bereits jeden Vorgänger des Polykrates von seinem Vergleich ausgenommen hätte.

19 Legrand (1932), S. 39, zit. in Hunter (1982), S. 19. Finley (1965), S. 294. Mitunter werden auch die Ausdrücke *spatium mythologicum* und *spatium historicum* zur Kennzeichnung solcher Unterscheidungen verwendet. Hunter verzeichnet diverse Gebrauchsweisen dieser Ausdrücke.

20 Vidal-Nacquet (1960).

übersetzt und auf eine Epoche bezogen wird.[21] Außerdem könnte diese Formulierung (was von Vidal-Nacquet allerdings nicht beabsichtigt ist) den Gedanken nahelegen, daß diese beiden Klassen von Lebewesen zeitlich voneinander getrennt waren. Aber natürlich war die Welt, in der die Götter nach wie vor handelten und sich offenbarten, zugleich eine Welt der Menschen, was schon daraus hervorgeht, daß Gestalten mit einem göttlichen und einem menschlichen Elternteil vorkamen – aber selbst in grauer Vorzeit verlangte der Koitus ein gewisses Maß an Gleichzeitigkeit. Außerdem erinnern uns diese halbgöttlichen Wesen und wechselnden Geschichten über den Status solcher Figuren wie Minos daran, daß manche Gestalten, obwohl es auch rein göttliche und rein menschliche Wesen gab, in ganz unterschiedlichem Grade durch ihre Geburt mit den Göttern verbunden waren. Und häufig kam es bezeichnenderweise vor, daß Minos und ihm ähnliche Figuren in manchen Kontexten göttlich waren, während ihnen diese Züge in anderen Zusammenhängen völlig abgingen.

Eine andere neuere Autorin, die ihrerseits von Vidal-Nacquet beeinflußt wurde, schreibt: »Herodot war [aufgrund seiner ägyptischen Forschungen] dazu in der Lage, *le temps des hommes* um Jahrtausende zurück zu erweitern, so daß sich diese Periode bis in ein Zeitalter erstreckte, in dem sich Götter und Menschen miteinander vermischten – ein Zeitalter, das von der Gegenwart aus gesehen so weit zurücklag, daß man sich keine Vorstellung davon machen konnte; ein Zeitalter, das den Begriff *temps des dieux* in dem von den Griechen akzeptierten Sinn vor eine Herausforderung stellte.«[22] Das ist nicht von der Hand zu weisen, aber nach meinem Dafürhalten bringt diese These zugleich ein in diesem Ansatz implizit enthaltenes Mißverständnis – ein tiefreichendes Mißverständnis – zum Ausdruck. Solche Formulierungen erwecken den Eindruck, die Schriften Herodots behandelten ein paläontologisches Thema, so als wäre einst ein anderes menschenartiges Wesen, der Homo semi-divinus, auf Erden gewandelt, und nun ginge es um die Frage, wie man

21 »[...] du temps qu'on appelle le temps des hommes«, Vidal-Nacquet (1960), S. 67. Jacqueline de Romilly hatte schon früher und ganz untypischerweise denselben Fehler gemacht – Romilly (1956), S. 275.

22 Hunter (1982), S. 74.

das Zeitalter, in dem es sich so verhielt, datieren könnte. Aber die zitierte Autorin selbst läßt durch die von ihr gebrauchten Worte »es lag so weit zurück, daß man sich keine Vorstellung davon machen konnte« erkennen, daß ihr bei dieser Art, die Zeit und das Mythische aufeinander zu beziehen, nicht ganz wohl ist. Wieder erkennen wir Zeichen einer gewissen Spannung zwischen zwei verschiedenen Antworten auf die Frage, was an Minos auszusetzen war – unsere Unkenntnis oder sein Status; und ebenfalls gibt es Anzeichen von Bedenken hinsichtlich der Art und Weise, in der diese beiden Antworten mit den zeitlichen Gegebenheiten zusammenhängen sollen. Ich möchte darauf hinaus, daß Herodot selbst anfing, diesbezüglich Bedenken zu hegen.

Gewiß hat Herodot, vor allem in seinen Ausführungen über die Ägypter, in gewissem Sinne das Gebiet der Historie erweitert, und zwar im Sinne dessen, was auf der Grundlage zuverlässiger Belege, zu denen nunmehr auch schriftliche Dokumente gehörten, als wahr behauptet werden konnte.[23] Es ist jedoch ein Mißverständnis, wenn man annimmt, Herodot habe einen Standpunkt eingenommen, von dem er, um mit Finley zu reden, »die Vergangenheit in zwei Teile, in zwei Abteilungen aufspaltete«. Damit liest man in seine frühzeitliche Denkweise jenes abstrakte und nichtsituierte Klassifikationsschema hinein, das ihm gerade gar nicht entspricht. Herodot denkt nicht im Sinne einer Grenze zwischen zwei Welten – der historischen Welt und der Welt des Mythos –, im Verhältnis zu denen es zwei Zeitalter gebe: das historische Zeitalter und das »Zeitalter der Sagen«, von dem früher in Schauspielmanuskripten und Libretti die Rede zu sein pflegte. Um sich einen Begriff von einer solchen Grenze zu machen und zu glauben, er habe sie weiter zurückgerückt, würde er einen Ausblick auf beide Seiten dieser Grenze benötigen, und es gibt keinen Ort, vom dem er einen solchen Ausblick hätte genießen können. Er und die meisten seiner Zeitgenossen sowie die Generationen vor ihnen, von denen diese Geschichten über Götter und Menschen erzählt wurden, gingen im wesentlichen von dort aus, wo sie selbst sich befanden; und um sie zu verstehen, müssen wir erkennen, was das beinhaltet.

23 Herodot berichtet (2.100), die ägyptischen Priester hätten ihm die Namen von 330 Königen aus einer Papyrusrolle vorgelesen. Hartog (1980)

Zur Zeit Herodots wurde vielerlei gesagt, und es wurden viele Geschichten erzählt. Im Hinblick auf manche dieser Geschichten, die sich zumeist auf die jüngere Zeit bezogen, konnte er aus gutem Grund sagen, daß sie schlicht wahr waren, und zwar in jenem Sinne wahr, in dem alle Menschen allerorten es verstanden haben, daß manche Aussagen über kürzlich stattgefundene Ereignisse (z. B. über das, was *gerade eben* geschehen ist) wahr sind. Andere Geschichten waren, ähnlich aufgefaßt, schlicht falsch. Sobald die Geschichten weiter in die Zeit zurückgingen, kamen vage Verwandtschaftsbeziehungen zwischen ihnen zum Vorschein; man wußte nur wenig darüber, wie es kam, daß sie erzählt wurden; und nur selten bezogen sie sich auf irgendeinen bestimmten Zeitpunkt der Vergangenheit. Ihr Zeitalter war lediglich ein früheres, es war lange her, hatte vor alters stattgefunden. Außerdem hatten viele von ihnen, verglichen mit der Gegenwart, einen recht seltsamen Inhalt, denn diese Geschichten handelten von Göttern, Heroen und Ungeheuern. Der Umstand, daß die Geschichten mit diesem sonderbaren Inhalt – oder doch die meisten von ihnen – von der Vergangenheit handelten, war ein Grundzug der griechischen Welt und gilt natürlich nicht für alle Mythen aus anderen Gegenden: Von den griechischen Göttern nahm man an, sie hätten sich davongemacht; und das wiederum ist der Grund, weshalb das »Zeitalter der Götter« überhaupt in die Debatte hineinspielt.

Über solche Geschichten konnten die Leute sagen, daß sie erzählt wurden und daß auch sie selbst dergleichen erzählen könnten. Sie konnten sie miteinander vergleichen und sich sogar bemühen, sie miteinander in Einklang zu bringen, wie etwa Hesiod es versucht hatte.[24] Es konnte wichtig sein zu fragen, ob eine ge-

macht geltend, Herodot habe ein ambivalentes Verhältnis zum Wert schriftlicher Dokumente gegenüber der mündlichen Überlieferung.

24 Was gilt als ein Konflikt, der der Versöhnung bedarf? Hier beruft man sich naheliegenderweise auf das, was in der Welt der Geschichte zu erwarten ist – beispielsweise das bei Göttern übliche Verhalten. Ähnlich verfahren auch wir selbst, wenn wir es mit sogenannten fiktiven Geschichten zu tun haben. Das ist etwas anderes als eine Kritik, die auf Erklärungsprinzipien basiert, die für die Alltagswelt gelten. Solche Prinzipien wurden etwa von Thukydides verwendet (s. u.) sowie, was die Kohärenz der Mythen betrifft, auch von Hekataios.

gebene Fassung einer Geschichte wirklich die üblicherweise oder die von den am höchsten geachteten Geschichtenerzählern erzählte Geschichte war, und das verlieh der Frage »Ist diese Fassung richtig?« einen Sinn. Aber im Grunde lief die Frage »Ist dies eine Geschichte, die wir erzählen sollten?« auf das gleiche hinaus wie die Frage »Ist dies eine Geschichte, die man jetzt – vor diesem Publikum – erzählen sollte?«. Würde sie diesen Leuten – wie man es vielleicht formulieren darf – *zusagen*? Die Praxis dieser Menschen enthält nichts, aufgrund dessen wir sagen sollten, daß es, wenn sie im Hinblick auf eine solche Geschichte die Frage »Ist sie wahr?« stellten, eine *zusätzliche* Überlegung gab, die man hier hätte ins Spiel bringen können. Denn diese Frage war, wenn sie gestellt wurde, keine unabhängige Frage. Freilich ist es eine Frage, die sich allerorten mit Bezug auf Vertrautes und kürzlich Geschehenes stellt. Damit hängt auch zusammen, daß sie allerorten einen möglichen Grund dafür liefert, manchen Leuten manche Geschichten nicht zu erzählen, von denen man weiß, daß sie nicht wahr sind. Aber diese Überlegungen kamen gar nicht zum Tragen, wenn es um jene Geschichten über die alte Zeit ging, deren Inhalt so seltsam war und die in unbestimmter Weise weit in die Zeit zurückreichten. In diesem Sinne schreibt Paul Veyne im Rahmen einer seiner Antworten auf die Titelfrage seines Buches »Glaubten die Griechen an ihre Mythen?«: »Man hielt diese Sagenwelten insofern für wahr, als die Leute keine Zweifel an ihnen hatten; aber sie glaubten nicht in der gleichen Weise daran, in der die Menschen an die Realitäten der eigenen Umwelt glauben.«[25] Eine derartige Praxis ist nicht

25 Veyne (1986), S. 28. Dies ist, wie auch der Autor selbst erkennt, keine in jeder Hinsicht geeignete Fragestellung. An anderen Stellen seines Buchs (z. B. S. 11) ersetzt er sie durch eine andere Frage, die im Hinblick auf den Wahrheitsbegriff einen überspannten Relativismus oder noch Schlimmeres impliziert: »Es ruft zunächst eine seltsame Wirkung hervor, wenn man annimmt, nichts sei wahr oder falsch, aber schon bald gewöhnt man sich daran. Und zwar aus einem triftigen Grund, denn der Wert der Wahrheit ist nutzlos [...] ›Wahrheit‹ ist der Name, den wir jenen Optionen geben, an denen wir unbedingt festhalten wollen. Wir hätten auf [die Nazis] antworten können, sie hätten unrecht, doch welchen Sinn hätte das gehabt? Ihre Wellenlänge war nicht die gleiche wie die unsere« (S. 137). Die vielen interessanten Ideen, die in diesem Buch dargelegt werden, sind von dieser Rhetorik unabhängig.

aus inneren Gründen instabil; sie kann sich über lange Zeiträume hinweg halten. Aber sie wird instabil, wenn die dem Alltag angemessene Fragestellung auf die Geschichten über die alte Zeit überzugreifen beginnt und sich keine natürliche und unreflektierte Möglichkeit mehr bietet, von einer Auffassung oder Erzählweise der Geschichten zur anderen überzugehen. Dies war der Wandel, der sich zur Zeit Herodots abzuzeichnen begann.[26] Im Rahmen der herkömmlichen Praxis, in dem er sich immer noch meistens bewegt, genügte der Umstand, daß sich eine Geschichte auf eine weit zurückliegende Zeit bezog, um sie in spontaner und unreflektierter Weise von Fragen zu trennen, die sich gewiß ebenfalls stellten und z.B. die gestrigen Handlungen der Nachbarin betrafen. Doch aufgrund der von Herodot selbst wie auch von anderen Leuten gestellten Fragen – und insbesondere aufgrund seiner ägyptischen Forschungen – wurde es zunehmend heikler, diese Praxis fortzusetzen. Eine Geschichte wird vorgelegt, und es wird hinzugefügt, daß sie von einer weit zurückliegenden Zeit handelt; doch jetzt geschieht es zum erstenmal, daß die Frage »Welchen Unterschied soll das machen?« eine Antwort verlangt. Von Herodot wird diese Frage nicht formuliert, aber es ist die nächste Frage, die man im Anschluß an die vielen, die er bereits formuliert hat, aufwerfen würde; und der Boden, der die alte Praxis trägt, die nach wie vor die seine ist und in deren Rahmen sich diese Frage nicht stellen würde, beginnt unter seinen Füßen zu schwanken. Eben darin liegt meiner Meinung nach die Erklärung für den sonderbaren Ausdruck »das sogenannte Menschengeschlecht«. Die Frage »Wodurch wird Minos ausgeschlossen?« bietet sich an, und wenn sich Herodot dieser Frage stellen würde, wüßte er keine Antwort.

26 Vgl. Thomas (1988), S.62: »Daß Herodot zwischen mündlicher Überlieferung und Alphabetisierung stand, bedeutete, daß er über die mit beiden Mentalitäten einhergehenden Fertigkeiten verfügte; und die Disparität zwischen ihnen ist in den *Historien* unschwer zu erkennen.« Des weiteren schreibt Thomas allerdings: »Thukydides registriert, ebenso wie Herodot, eine Unterscheidung zwischen Gegenwart und Vergangenheit; aber im Gegensatz zu Herodot deutet er die beiden als getrennte Entitäten« (S.63). Diese Formulierung könnte man so auffassen, daß sie nachgerade das Gegenteil der von mir vertretenen These bedeutet.

4. Die Vergangenheit und die Wahrheit

In der Nähe des Anfangs seiner eigenen historischen Darstellung geht auch Thukydides auf die Frage ein, was es mit Minos und seiner Flotte auf sich hatte. In forschem Ton sagt er: »Minos war unter denen, die wir vom Hörensagen kennen, der erste [...] Herrscher über das Meer, das heute das Hellenische heißt« (1.4). Die Worte »die wir vom Hörensagen kennen« (*hōn akoēi ismen*) gemahnen an Herodot, und die Editoren einer Herodotausgabe meinen, wahrscheinlich äußere Thukydides hier »implizit Kritik an Herodot«. Dem fügen sie hinzu: »Dieses eine Mal verhält sich Herodot eigentlich kritischer als Thukydides.«[27] Das geht jedoch an der Sache vorbei. Mag sein, daß Thukydides die Existenz der Seemacht des Minos nicht ohne Einschränkungen hätte behaupten sollen. Aber Herodot seinerseits hat sie weder mit Einschränkungen behauptet noch die Behauptung ihrer Existenz abgelehnt. Wie wir gesehen haben, *zählt* sie für ihn einfach nicht, und zwar aus Gründen, die aus unserer Perspektive eigentlich unklar sind. Unsere Perspektive ist die gleiche, aus der auch schon Thukydides die Dinge sieht. Für ihn ist es, nicht anders als für uns, eine Tatsachenfrage, ob ein bestimmtes Meeresgebiet[28] vor einer bestimmten Anzahl von Jahren von Schiffen beherrscht wurde oder nicht; und ebenso ist es für ihn eine Tatsachenfrage, ob es damals der Fall war oder nicht, daß eine wirkliche Person jenem Minos entsprach, von dem die Sagen berichten – und das konnte auch jemand sein, der nicht unbedingt »Minos« heißen mußte. Wenn man sagt, Minos sei eine Gestalt der Sage oder des Mythos, wird Thukydides erwidern, daß man natürlich eine Geschichte über diese Figur erzählen darf, diese aber nicht in genau der gleichen Weise erzählen kann, in der man Behauptungen über das gestrige Geschehen aufstellt. Die Geschichte ist ein Mythos oder eine Sage, und wenn man sie in genau der gleichen Weise behauptet – wobei erst noch zu ermitteln

27 How and Wells (1912), S. 295.

28 Das Vorgehen des Thukydides beruht, wie man nicht vergessen sollte, darauf, daß er das in den Minos-Geschichten erwähnte Meer mit einem wirklichen, den Geschichtenerzählern wie auch ihm selbst bekannten Meer gleichsetzt. Es ist allerdings ein wichtiges Merkmal vieler Mythen – ebenso wie vieler heutiger Fiktionen –, daß sie von realen Orten berichten.

ist, was »genau die gleiche Weise« beinhaltet –, so behauptet man etwas Unwahres. Das hat Thukydides, anders als Herodot, durchaus begriffen; und sofern nicht schon ein Früherer als einer dieser beiden ähnliche Vorstellungen gehabt hat (was jedoch unwahrscheinlich ist[29]), können wir sagen, daß Thukydides, indem er es begriffen hat, die historische Zeit erfunden hat.

Die historische Zeit sorgt dafür, daß die Vergangenheit eine starre und bestimmte Struktur erhält. Für zwei beliebige Ereignisse der Vergangenheit muß entweder gelten, daß eines von ihnen vor dem anderen stattgefunden hat, oder es muß gelten, daß sie beide gleichzeitig geschehen sind.[30] Auf das Mythische –

29 Es besteht kein Grund, Hekataios derartige Vorstellungen zuzuschreiben, obwohl er offenbar eine kritischere Einstellung vertrat als Herodot. Am Anfang seiner *Genealogien* sagt er: »Ich, Hekataios, werde sagen, was ich für die Wahrheit halte (ὥς μοι δοκεῖ ἀληθέα εἶναι): Die Geschichten der Griechen sind zahlreich und lächerlich« (*FGH* 1.1.fr 1). Zu Herodot merkt Momigliano (1990) milde an, ihm habe »das lodernde Feuer einer skeptischen Einstellung gefehlt«. Die diversen Versuche, Herodot in dieser Hinsicht zu rehabilitieren, betonen seine häufig geäußerte Weigerung, Dinge zu behaupten, über die er nichts weiß; aber Leichtgläubigkeit kann sich auch an dem erweisen, was man immerhin zu erwägen bereit ist. Häufig wird angenommen, Hekataios habe den Ton des 2. Buchs beeinflußt.

30 Natürlich steht die genaue zeitliche Reihenfolge der Ereignisse unter den Bedingungen der Vagheit – historische Ereignisse geschehen nicht in Augenblicken. Das betrifft aber nicht speziell die Historie, sondern das haben wir begriffen, sobald wir verstanden haben, was es mit Ereignissen bestimmter Art auf sich hat – einerlei, wann sie geschehen. (Dem sollte man vielleicht hinzufügen, daß wir bei unseren Gedanken über die historische Zeit die Dinge nur in irdischem Maßstab betrachten. Fragen, bei denen es um Bezugsrahmen im Sinne der Relativitätstheorie geht, sind nicht von Belang.)
Ich gehe davon aus, daß die historische Zeit im hier angedeuteten Sinn linear ist, doch dies ist nach meiner Auffassung nicht der gleiche Sinn, in dem der Begriff »linear« bei vielen Erörterungen griechischer Ideen dem Begriff der »zyklischen« Zeit gegenübergestellt wird. Diese Unterscheidung betrifft nicht die Struktur der Zeit, sondern den Inhalt der (Geschehnisse in der) Zeit: Sofern es »Zyklen« gibt, ist jeder von ihnen ein eigenes Glied innerhalb einer Abfolge von Zyklen. Ein von Simplikios zitiertes Fragment aus der *Physik* des Eudemos (DK^{6} 58 [45], B 34) scheint stichhaltig zu argumentieren, eine »ewige Wiederkehr« im strikten (hier den Pythagoräern unterstellten) Sinn wäre gar keine Wiederkehr, son-

oder, allgemeiner gesprochen, das Fiktive oder Imaginäre – trifft das nicht zu. Genauso wie es keine Antwort gibt auf die Frage nach der Zahl der Kinder von Lady Macbeth (was aber nicht heißt, daß man zu Recht sagen darf, sie sei eine Shakespeare-Figur mit bösartigem Temperament und einer unbestimmten Zahl von Kindern), so kann man im Hinblick auf viele Ereignisse aus Mythos oder Sage keine Angaben darüber machen, wann sie sich zugetragen haben sollen. Aus diesem Grund besteht eine enge Verbindung zwischen der historischen Zeit und dem Begriff der historischen Wahrheit. Wenn man sagt, eine Aussage über ein historisches Ereignis sei wahr, so impliziert das, daß es im Rahmen der Zeitstruktur einen bestimmten Ort einnimmt. Hat es keinen Ort, so läßt ihm die historische Zeit kein Schlupfloch, außer sofern es überhaupt aus der Historie hinaus- und in den Mythos oder den Bereich schlichter Irrtümer hineinführt.

Als zum erstenmal jemand – und dieser Jemand war meiner Meinung nach Thukydides – klardenkend und zuversichtlich im Rahmen dieser Einstellung tätig wurde, war es nicht so, daß er eine neue Definition der Wahrheit oder eine neue Theorie über die Wahrheit ins Spiel brachte. Zunächst einmal bestand seine Leistung darin, daß er darauf pochte, man solle im Hinblick auf Geschichten über die weiter zurückliegende Vergangenheit die gleichen Fragen stellen, mit denen die Leute im Alltag an Geschichten über die unmittelbare Vergangenheit herangehen: Ist das wahr? Ist es bloß eine Geschichte? Jeder hat – einerlei, wo er sich befindet – schon einen Begriff von der Wahrheit; ja, alle haben den gleichen Begriff von der Wahrheit. (Das Faktum, daß die Wahrheitstheorien der Leute völlig verschieden sein können, zeigt nur, inwieweit ihre Wahrheitstheorien ihr Verständnis dieses Begriffs falsch wiedergeben.)[31] Allerdings wenden sie den

dern bloß ein Zeitzyklus. (Im Gegensatz zu der von Vidal-Nacquet [1960] vorgeschlagenen Lesart ist εὔλογον keine einschränkende Angabe zu χρόνον, sondern hier bedeutet der Ausdruck soviel wie »vernünftigerweise ist anzunehmen ...«.)

31 Das ist der gleiche Punkt, auf den ich im 3. Kapitel mit der Bemerkung hingewiesen habe, der Wahrheitsbegriff habe keine Geschichte – s. o. Kapitel 3, Abschnitt 4 sowie dort Anm. 17. Paul Veyne schreibt: »Wir sind ebenso wie Foucault der Meinung, daß die Ideengeschichte recht eigentlich dann beginnt, wenn man die philosophische Vorstellung von der

Begriff der Wahrheit nicht alle in der gleichen Weise auf die Vergangenheit an – jedenfalls nicht, wenn es um die weiter zurückliegende Vergangenheit geht. Insoweit sie nicht gleich verfahren, dürfen wir sagen, es habe zwar jeder allerorten einen Begriff von der Vergangenheit, aber es haben nicht alle den gleichen Begriff von der Vergangenheit. Thukydides drang auf eine neue Auffassung von der Vergangenheit, indem er darauf pochte, die Menschen sollten eine im Verhältnis zur unmittelbaren Vergangenheit bereits geübte Praxis auf die weiter zurückliegende Vergangenheit übertragen und die diesbezüglichen Äußerungen als im Ernst wahr oder falsch deuten. Diesen Wandel habe ich als Wechsel von einer »lokalen« zu einer »objektiven« Auffassung der Vergangenheit bezeichnet. Das ist immer noch eine Auffassung *der Vergangenheit*, denn es geht nicht darum, völlig aus der Reihe Vergangenheit–Gegenwart–Zukunft herauszutreten und im Denken nur noch die Begriffe des (zeitlosen) Voreinander oder Nacheinander der Ereignisse zu gebrauchen. Ausschlaggebend ist, daß wir, sobald wir über die objektive Auffassung verfügen, nicht nur im Sinne *der* Vergangenheit denken, sondern auch an *unsere* Vergangenheit denken können, womit nicht unser eigenes Leben gemeint ist, sondern das, was im Verhältnis zu uns oder zum Jetzt vergangen ist. Es wird uns bewußt, daß wir zeitlich gesprochen Personen neben anderen Personen sind, und damit geht die Vorstellung einher, daß ein Teil unserer Vergangenheit die Gegenwart anderer Personen war, daß unsere Gegenwart für andere Leute die Zukunft gewesen ist usw. Insbesondere wird uns klar, daß das, was für uns heute die weit zurückliegende Vergangenheit ist, für frühere Menschen die unmittelbare Vergangenheit oder die Gegenwart war. Sobald diese Vorstellung gegeben ist – nämlich daß jeder Tag eines Menschenlebens, einerlei, wie weit er zurückliegt, das Heute einer anderen Person gewesen sein muß –, kommt man nicht umhin einzusehen, daß es ausgeschlossen ist, die weiter zurückliegende Vergangenheit als einen eigentümlichen Bereich aufzufassen, in dem

Wahrheit historisiert« (Veyne [1986], S. 39). Hier hängt viel davon ab, wie das Wort »philosophisch« gemeint ist. Im Grunde betrifft ein großer Teil der Schriften Foucaults epistemologische Fragen, bei denen es darum geht, was zu verschiedenen Zeiten und auf verschiedenen Gebieten als Nachweis der Wahrheit gilt.

unbestimmte Geschehnisse und unbestimmte Personen existieren konnten. Wenn man nur unbestimmte Dinge über sie sagen kann, dann liegt das an unserem Verhältnis zu diesen Geschehnissen und Personen. Entweder es hat keine Zeit gegeben, in der sie existiert haben – und das hieße, daß es sie gar nicht gegeben hat und daß es sich bloß um Geschichten handelt; oder sie waren real und zu ihrer Zeit genauso bestimmt wie ähnliche Dinge in unserer Zeit – und das hieße, daß unsere Kenntnisse über sie einfach nicht ausreichen.

Das ist sozusagen die metaphysische Substanz des Wandels von der lokalen zur objektiven Auffassung der Vergangenheit. Aber dieser Wandel hat sich natürlich nicht im Sinne dieser Begriffe angekündigt, also nicht als eine metaphysische Entdekkung. Zum Ausdruck kam er vielmehr durch eine Veränderung in der Praxis der Menschen (und eigentlich hätte es, wenn er nicht in dieser Form zum Ausdruck gekommen wäre, nichts gegeben, was eine metaphysische Substanz hätte haben können). Was ging also mit dieser neuen Praxis einher? Hier ist es wesentlich, daß dieser Wandel mehr beinhaltet als bloß eine Veränderung der Redeweise der Leute. Es geht nicht bloß darum, daß sie jetzt Wörter, die sich als »wahr« und »falsch« übersetzen lassen, auf Aussagen über die weiter zurückliegende Vergangenheit einschließlich der Geschichten über die Götter anwenden. Das haben sie früher auch schon getan.[32] Das, worauf es ankommt, ist die Kraft, mit der solche Wörter geäußert werden: Was hängt davon ab, daß man nicht »falsch«, sondern »wahr« sagt? Außerdem kann es nicht schon genügen, daß es nach Eintritt dieser Entwicklung zwei Stilformen des Erzählens über die Vergangenheit gibt, daß also in manchen Fällen die Leute einfach Geschichten über die Vergangenheit vorbringen und dabei genauso verfahren wie bei sonstigen Dingen, die sie zu behaupten beabsichtigen, wogegen sie in anderen Fällen ihre Erzählung ein-

32 Siehe z. B. die Einleitungsverse zu den beiden Dichtungen Hesiods: *Werke und Tage*, 10: »Und ich, Perses, möchte von wahren Dingen [ἐτήτυμα] berichten«; *Theogonie*, 27 f.: »Wir [die Musen] wissen, wie man viele falsche Dinge [ψεύδεα] redet, die wie wahre Dinge [ἐτύμοισιν] sind, doch wir wissen, wenn wir wollen, wie man Wahres [ἀληθέα] sagt.« Zur Formulierung in *Theogonie*, 27 s. o. Kapitel 4, Abschnitt 2 sowie dort Anm. 19. Zu den altgriechischen Wörtern für »wahr« siehe die »Schlußbemerkung«.

klammernd mit einer dem Mythos angemessenen dementierenden Formel versehen, etwa mit jenem natürlichen Vermächtnis der Welt Herodots: »Es war einmal ...« Es mag zwar sein, daß sich diese Verfahrensweisen durchsetzen, aber derlei Unterscheidungen zwischen Sprechakten sind nicht unabhängig. Wir müssen ebenso wie diese Sprecher wissen, was davon abhängt, daß man Geschichten in diesen verschiedenen Modi erzählt, d. h. inwiefern sich die sozialen Konsequenzen unterscheiden. Welche Verantwortung übernimmt man, wenn man eine Geschichte nicht im Modus des Mythos erzählt, sondern (wie man es in diesem Stadium vielleicht nennen darf) im Modus der Wahrheit?

Von diesen Verantwortlichkeiten macht sich Thukydides ein völlig klares Bild. Gleich zu Anfang des Buchs legt er in zwei berühmten Kapiteln, die in einem charakteristischerweise verzwickten und unschönen Griechisch geschrieben sind, seine methodischen Grundsätze dar (1.21-1.22, also im sogenannten Vorwort) und gebraucht dort den Begriff des »Mythischen« (*to mythōdes*). Seinen bereits gegebenen Überblick über die Frühzeit stellt er den Darstellungen der Dichter ebenso gegenüber wie den Berichten der sogenannten Logographen (denen er nach verbreiteter Interpretation auch Herodot zurechnet[33]). Von diesen sagt er: »Da sie eher ihrem Publikum gefallen als die Wahrheit entdecken wollen, haben sie ihre Darstellungen aus Stoffen zusammengebastelt, die nicht überprüft werden können und die in vielen Fällen aufgrund der zeitlichen Distanz nicht glaubwürdig sind und als Mythen eingestuft werden« (1.21.1). Was das impliziert, wird im folgenden Kapitel (1.22.4) deutlich, in dem Thukydides von seiner eigenen Darstellung sagt, aufgrund des Fehlens des mythischen Elements wirke sie vielleicht weniger angenehm auf den Hörer, aber es sei schon ausreichend, wenn sie diejenigen interessiere, die sich einen klaren Überblick über diese Ereignisse verschaffen wollen.[34] Und dann spricht er jene unvergeßlichen Worte, die sich tatsächlich bewahrheitet haben,

33 Diese Deutung ist allerdings strittig, siehe Connor (1984), S. 66, Anm. 37.

34 Sowie über ähnliche Ereignisse, die in der Zukunft stattfinden. Ich stimme den Interpreten zu, nach deren Auffassung die im Verhältnis zu Thukydides zukünftigen Ereignisse gemeint sind, nicht die im Verhältnis zu seinen künftigen Lesern zukünftigen Ereignisse. Er offeriert seine historische Darstellung nämlich nicht als Handbuch für Prognosen.

wonach sein Werk »nicht als Prunkstück fürs einmalige Hören, sondern zum dauernden Besitz« gedacht ist.

Diese Sätze enthalten nicht nur Bemerkungen über seinen Stil und eine stolze Äußerung über seine Absichten. Sie helfen uns überdies verstehen, was es mit dem Mythischen auf sich hat. Ein Mythos – oder zumindest ein griechischer Mythos – ist neben vielen anderen Dingen eine gelungene Geschichte, die unterhalten, warnen, in Erinnerung rufen und frappieren kann.[35] Das heißt weder, daß die Thematik jedes Mythos angenehm ist, noch daß jede wahre Geschichte von unangenehmen Dingen handelt – das hat nicht einmal Thukydides geglaubt. Es beinhaltet allerdings, daß die Frage, ob die Geschichte erzählt werden sollte, im Modus des Mythos lediglich auf die Frage hinausläuft, ob die Geschichte in angemessener Form an ihr Publikum gerichtet ist, also ob sie den Hörern (wie ich es oben formuliert habe) zusagt. Mit der Wahrheit verhält es sich, wie schon gesagt, anders; im Modus der Wahrheit sind stets zweierlei Fragen möglich darüber, ob die Geschichte erzählt werden sollte. Beim Verfahren der Logographen konnte man, wie Thukydides sagt, nicht darauf zählen, daß mehr als eine Frage zu stellen war.

Wahrheit ist nicht hörerrelativ. Vor allem hat die Wahrheit einer Aussage nichts damit zu tun, ob sich ein bestimmtes Publikum darüber freut, die Wahrheit zu hören.[36] Das ist ein Spezialfall einer impliziten und vortheoretischen Einsicht in die Wahrheit, über die alle verfügen (selbst wenn das ihrem Verhalten ziemlich häufig nicht ohne weiteres zu entnehmen ist). Allerorten gibt es Wünsche, darunter auch unerfüllte; und im Grunde ist es das Schmerzliche des unerfüllten Wunsches, das Wünsche ins Auge fallen läßt und die Kluft zwischen Wünschen und

35 Es gibt viele verschiedene Klassifikationen mündlich überlieferter Geschichten. Einschlägige Literatur nennt Murray (1987), der auch darauf hinweist, daß Herodot das Wort μῦθος nur zweimal verwendet (2.23, 2.45), und zwar zur Bezeichnung von »*logoi*, die Herodot nicht nur für falsch, sondern auch für lächerlich hält« (S. 100).

36 Hier gibt es uninteressante Gegenbeispiele (»Es wird Sie freuen zu hören, daß ...«); und in einem anderen Sinn kann die Wahrheit tatsächlich hörerrelativ sein, nämlich dann, wenn die betreffenden Sätze Indikatoren enthalten. Warum solche Fälle für meine Argumentation belanglos sind, ist hoffentlich klar.

Wahrheit registriert. Gerade weil die Kluft so schmerzhaft sein kann, müssen wahre Überzeugungen, wie wir in früheren Kapiteln gesehen haben, gegen die Untergrabung durch Wünsche geschützt werden. Das wiederum ist der Grund, warum beide Tugenden der Wahrheit im Regelfall Schutzmaßnahmen gegen das Lustprinzip enthalten, einerlei, ob es um die Ermittlung der Wahrheit und die Abwehr solcher Dinge wie Trägheit und Selbsttäuschung geht oder ob man es – wie wir an dieser Stelle – mit der Verkündung oder Wiederholung der Wahrheit zu tun hat, so daß sich die Schutzmaßnahmen gegen solche Dinge wie Feigheit, Ehrgeiz und das Verlangen, geliebt zu werden, richten müssen. Das sind die Vorstellungen, von denen Thukydides am Anfang seiner historischen Darstellung ausgeht, und mit diesem Vorgehen ist eine Hinsicht gegeben, in der er der Unterscheidung zwischen dem Modus des Mythos und dem Modus der Wahrheit Inhalt verliehen hat. Es ist völlig angebracht, daß er die Tugenden der Wahrheit auch als politische Werte sieht und an späterer Stelle seiner Geschichte die Führer der athenischen Demokratie verurteilt, weil sie – im Gegensatz zu Perikles – der Menge nach dem Mund redeten. Außerdem besteht hier ein Zusammenhang mit dem Nutzen der Alphabetisierung. Über den athenischen General Nikias, der den Athenern seine Lage mitteilen mußte, berichtet Thukydides:

> Er fürchtete, die Boten würden die Tatsachen womöglich nicht so übermitteln, wie sie wirklich waren, sei es aufgrund mangelnder Redefähigkeit, schlechten Gedächtnisses oder des Wunsches, etwas zu sagen, das der allgemein verbreiteten Meinung gefallen würde. Darum schrieb er einen Brief, da er glaubte, auf diese Weise würden die Athener über seine nicht von Übermittlungsverzerrungen entstellten Ansichten in Kenntnis gesetzt, so daß ihnen in dieser Sache die Wahrheit vorläge, über die sie dann diskutieren könnten.[37]

Daneben gibt es noch eine zweite Hinsicht, in der Thukydides einen Unterschied zwischen dem Modus des Mythos und dem Modus der Wahrheit nicht nur ankündigt, sondern auch durch-

37 Über die Politiker nach Perikles: 2.65.10. Zum Gegensatz πρὸς ἡδονήν ... πρὸς ὀργήν siehe Connor (1984), S. 60, Anm. 24. Über Nikias: 7.8.2; diese Stelle zitiert auch Thomas (1988), S. 65, der dazu anmerkt: »Die Gedanken, die hier dem Nikias unterstellt werden, sind sicher die Gedanken des Historikers selbst.«

setzt und dabei deutlich macht, welche Art von Verantwortung der Modus der Wahrheit mit sich bringt. Wenn jemand von sich selbst ebenso wie von anderen ernst genommen und als jemand angesehen werden will, der die Wahrheit über die Vergangenheit berichten möchte, muß er einen Grund für die Überzeugung haben, daß etwas nicht unterblieben, sondern wirklich geschehen ist. Einen solchen Grund wird er nur haben, wenn es im Hinblick auf die verfügbaren Belege und seine sonstigen Meinungen über die Vergangenheit sinnvoll erscheint, daß dieses Ereignis stattgefunden hat. Das kann allerdings nur dann sinnvoll erscheinen, wenn Dinge dieser *Art* sinnvoll sind. Um anhand gegenwärtiger Indizien Ereignisse in den Rahmen der Vergangenheit einzuordnen, müssen wir dazu in der Lage sein, sie mit Hilfe von Begriffen, die sie verständlich machen, zueinander und zu uns in Beziehung zu setzen. In gewissem Maße ist diese Möglichkeit eigentlich schon in der Anwendung allgemeiner Begriffe auf verschiedene Zeitalter enthalten: Wenn wir sagen, zu einem früheren Zeitpunkt habe eine Schlacht stattgefunden, ein König habe Befehle erteilt oder eine Flotte sei in See gestochen, dann muß das, was nach unserer Überzeugung den damaligen Menschen passiert ist, in relevanten und verständlichen Hinsichten dem heutigen Geschehen gleichen, sofern so etwas auch bei uns existiert. Kraft dieses Umstands können wir diese Dinge häufig erklären; und wenn wir sie nicht erklären können, müssen wir zumindest erklären, warum bestimmte Belege vorliegen und warum sie uns Grund zur Annahme geben, diese unerklärliche Sache sei wirklich geschehen. Diese allgemeine Bedingung wird von verschiedenen Historikern und von verschiedenen Formen der Geschichtswissenschaft ganz unterschiedlich interpretiert, aber die Tatsache, daß eine derartige Bedingung wirklich besteht, folgt einfach aus zwei substantiellen Forderungen an das im Modus der Wahrheit unternommene Erzählen einer Geschichte über die Vergangenheit. Dies sind Forderungen, die an und für sich völlig transparent sind, und auch sie sind jedem – egal, wo er sich befindet – als Forderungen an Aussagen über die jüngere Vergangenheit vertraut: Man kann die Geschichte nicht einfach erfinden; und der Umstand, daß jemand anders die betreffende Geschichte erzählt hat, ist nicht unbedingt ein hinreichend triftiger Grund dafür, sie auch selbst weiterzuerzählen.

Thukydides selbst interpretiert die Erklärungsbedingung in überaus anspruchsvoller Weise. In den Kapiteln, die von der frühesten Zeit handeln, geht er auf die *Ilias* und damit auf die berühmteste aller griechischen Geschichten ein, wobei er nüchterne Urteile über die Dinge abgibt, die sich in militärischer, ökonomischer und geopolitischer Hinsicht im Trojanischen Krieg abgespielt haben müssen. Auch hier wird er von modernen Historikern getadelt,[38] weil er in naiver Form von dichterischem Material Gebrauch mache, doch abermals ist das Prinzip stärker als das einzelne Beispiel. Das, wovon wir behaupten, es sei in der Vergangenheit wirklich geschehen, muß sinnvoll erklärbar sein, und auf irgendeiner Allgemeinheitsebene müssen die Erklärungen die gleichen sein, mit denen wir an heutiges Geschehen herangehen. Außerdem dient das Prinzip in unentbehrlicher Form der Verknüpfung von Vergangenheit und Gegenwart, denn aus ihm ergibt sich die Vorstellung von einer Belege konstituierenden Spur, für die man die Ruinen antiker Gebäude als Beispiele anführen kann (1.10). Auch Herodot hatte die materiellen Überbleibsel früherer Zeiten – beispielsweise die vielen wundervollen Dinge, die ihm in Ägypten zu Gesicht gekommen waren – in scharfsinniger Weise erörtert. Doch Thukydides verleiht der Sache eine besondere und überaus typische Pointe: Er bildet sich ein Urteil über die Überbleibsel der uralten Stadt Mykene, wie sie zu seiner Zeit zu sehen waren, und vergleicht sie mit den Ruinen der zeitgenössischen Städte Athen und Sparta, die seiner Ansicht nach künftigen Generationen erhalten bleiben könnten. Hier verknüpft die in puncto Erklärung bestehende Einheit der Welt nicht nur Vergangenheit und Gegenwart, sondern auch Gegenwart und Zukunft; und zugleich wird der Vorstellung, daß unser Heute die weit zurückliegende Vergangenheit anderer Menschen sein wird, konkreter Ausdruck verliehen.

De facto bevorzugt Thukydides tendenziell, wenn auch keineswegs ausschließlich prosaische, auf den Machtbegriff abhebende Erklärungen sozialer und politischer Ereignisse; aber das Prinzip, dessen er sich bedient, ist keineswegs auf derartige Erklärungen beschränkt.[39] Wenn ein Ereignis der Vergangenheit

38 Finley (1965).

39 Dabei geht es um politische Macht, die auf ökonomischen Ressourcen und, wie Jacqueline de Romilly betont, vor allem auf Seeherrschaft be-

beispielsweise durch den Hinweis auf das Vorliegen einer bestimmten Absicht auf seiten dieser oder jener Person erklärt wird, sollten wir dazu imstande sein, uns das Wirken einer solchen Absicht in unserer eigenen Zeit verständlich zu machen. Andernfalls, also wenn das nicht gelingt, benötigen wir eine Erklärung dafür, die z. B. darauf verweist, daß unsere Situation in kultureller Hinsicht von der damaligen abweicht. Wir selbst lassen uns von der Wichtigkeit kultureller Verschiedenheiten sehr viel stärker beeindrucken als die meisten Menschen vor dem neunzehnten Jahrhundert, und auch in sonstigen Hinsichten kommen andere Kausalkräfte und Ereignisarten ins Spiel, aber die Frage nach der möglichen spezifischen Ähnlichkeit der zwischen verschiedenen Zeiten und Kulturen vermittelnden Erklärungen ist sekundär gegenüber dem Gedanken, daß die Welt auf irgendeiner Ebene in puncto Erklärung homogen ist.

Sobald wir jedoch die Möglichkeit zulassen, die Welt könne zu verschiedenen Zeiten in wichtigen Hinsichten grundverschieden gewesen sein, ohne zu verlangen, daß sich die Erklärungen von Handlungen und Ereignissen immer durch besonders spezifische Ähnlichkeit auszeichnen, fragt man sich vielleicht, ob es nicht doch ein Zeitalter der Götter gegeben haben könnte. Ebenso wie uns die für alle Zeiten geltende Theorie der Evolution durch natürliche Selektion die Möglichkeit gibt zu glauben, früher habe es einmal Dinosaurier gegeben, während es heute keine mehr gibt, so sollten uns unsere Erklärungen grundsätzlich vielleicht auch die Chance geben, es zumindest für möglich zu halten, daß einst Götter auf Erden wandelten, während sie es heute nicht mehr tun. Mag sein, daß es in dünner Luft eine äußerst abstrakte Ebene des Prinzipiellen gibt, auf der das zu-

ruht. Sie weist darauf hin, daß Thukydides in der »Archäologie« (zweifellos durch das Beispiel Athen beeinflußt) die Verknüpfung dieser beiden Faktoren wiederholt erwähnt, beispielsweise auch mit Bezug auf Minos (Romilly [1956], S. 263). Die Autorin legt außerdem dar, inwiefern das Pochen auf derartige Erklärungen den Text auch inhaltlich beeinflußt: »La première des originalités du texte – et non la moindre – est en effet de renouveler la matière même de l'histoire« (S. 241). Zu Konstanz und Wechsel vgl. 3.82, wo es um στάσις geht: Derartige Ereignisse werden immer wieder geschehen – ἕως ἂν ἡ αὐτὴ φύσις ἀνθρώπων ᾖ –, aber ihre spezifische Form wird von den Umständen bestimmt.

treffen könnte, aber in Wirklichkeit verhält es sich nicht so. Jene Götter sind uns durch diese Geschichten gegeben, und sobald wir den Begriff der historischen Zeit akzeptieren, ist es völlig klar, daß die Götter in vielen Hinsichten ganz wesentlich unbestimmt sind und in keinem festen oder klaren Verhältnis zur historischen Zeit stehen könnten. Ist die Struktur der historischen Zeit erst einmal verankert, werden sich die Götter letzten Endes verabschieden. Natürlich verschwinden sie nicht völlig, denn die von ihnen handelnden Geschichten werden zu ganz anerkannten Mythen, und im Mythos beeinflussen sie uns – doch der Mythos ist weder eine Zeit noch ein Ort.

Mythische oder sonstige fiktive Gestalten haben Einfluß auf unsere Gedanken und Gefühle, ja sie können sogar auf unsere Überzeugungen einwirken. Es ist wahr, daß Zeus in Schwanengestalt Leda liebte, daß Anna wegen Wronskij ihren Mann Karenin verließ, daß Sherlock Holmes in der Baker Street wohnte. Nicht wahr ist es hingegen, daß sich Odysseus die Ohren verstopfte, um den Sirenengesang nicht zu hören.[40] Wenn man Fragen über derlei Dinge beantwortet und sich beispielsweise daran zu erinnern versucht, was M. de Charlus über die Führung des Krieges gesagt hat oder um welchen ihrer Brüder Antigone soviel Aufhebens gemacht hat, dann gleichen diese Dinge Ereignissen und Gestalten der Vergangenheit, und unsere geistige Einstellung paßt sich eine Zeitlang der Einstellung einer Welt an, in der es keine klare Unterscheidung zwischen Historie und Mythos gab. Diese Einstellung ist uns vertraut, und es sollte uns nicht schwerfallen, sie wiederzubeleben. Aber insgesamt genommen ist unsere Einstellung grundverschieden von dieser, denn da wir in einer Kultur leben, in der das Vorhandensein schriftlich niedergelegter Fiktionen überall eine Selbstverständlichkeit ist, kehren wir unverzüglich zu der Einsicht zurück, daß alles, was wahrheitsgemäß über solche Gestalten gesagt werden kann, von den betreffenden Texten gesteuert wird, und diese Texte können wir im vollen Bewußtsein ihrer Fiktionalität konsultieren.[41]

40 In dieser Sache spielt Nietzsche, sofern er nicht einen unerklärlichen Irrtum begangen hat, dem Leser einen Streich; *Jenseits von Gut und Böse*, §230.

41 Natürlich gibt es auch Zwischenstufen der geistigen Einstellung. So wird

Daneben gibt es einen weiteren Unterschied, und der ist ein unmittelbarer Ausdruck der Einstellung des Thukydides. Wir wissen, daß es auf Sherlock Holmes zutrifft, daß er in der Baker Street wohnte; und in einem leichten Quiz könnte man mit dieser Antwort einen Preis gewinnen. Aber ebensogut wissen wir, daß es auf die Baker Street nicht zutrifft, daß Sherlock Holmes dort wohnte. Man könnte es allerdings auch ein wenig behutsamer ausdrücken und sagen, daß es in einem gewissen Sinn doch auf die Baker Street zutrifft. Das ist der Sinn, der einem Quiz angemessen ist, und in diesem Sinn sieht man es dem Ort auch an (an den Wänden der U-Bahn-Station ist überall das Profil des Detektivs zu sehen). Aber genausogut verstehen wir es, daß man, wenn man eine Geschichte der Stadt London schriebe, Holmes nicht zu den Einwohnern rechnen und nicht einmal seine vermeintliche Adresse finden würde. Zwischen diesen verschiedenen Redeweisen können wir uns ohne weiteres hin- und herbewegen, und das Nachdenken über eine von ihnen kann uns verstehen helfen, was es mit der einstigen Einstellung zu Mythen auf sich gehabt haben mag. Dabei müssen wir jedoch bedenken, daß es damals weder zwei getrennte Redeweisen gab noch eine bestimmte Weise, sich zwischen ihnen hin- und herzubewegen, ehe sie von Thukydides erfunden wurde.

Vielleicht trägt die Darstellung dieses im fünften Jahrhundert v. Chr. eingetretenen bedeutenden Wandels – also die Darstellung der abendländischen[42] Erfindung der historischen Zeit – dazu bei, die Philosophen von einer Möglichkeit zu überzeugen, die manche von ihnen kaum glaublich finden, nämlich daß Menschen ohne den Begriff der historischen Zeit leben können. Ebenso mag es dazu beitragen, die Vertreter des Kulturrelativismus davon zu überzeugen, daß es Gründe gibt, warum ein solcher Begriff zum Vorschein gekommen ist, und daß es, sobald Entwicklungen wie etwa die Alphabetisierung stattgefunden haben, unvermeidlich wird, daß die Menschen in dieser Hinsicht

berichtet, daß die Hörer und Zuschauer von Soap Operas an deren Autoren schreiben, um ihre Niedergeschlagenheit über den bevorstehenden Tod einer Figur zu bekunden und um Rettung zu bitten.

42 In China entwickelten sich die entsprechenden Begriffe vielleicht schon viel früher; außerdem war die Geschichte der Alphabetisierung dort eine andere.

zur gleichen Betrachtungsweise der Welt gelangen wie Thukydides. Hier stoßen wir auf jene Fragen, die ich zu Beginn dieses Kapitels aufgeworfen habe: Stellt dieser Wandel einen geistigen Fortschritt dar? Ging er mit wachsender Rationalität einher oder daraus hervor? Hier gibt es, wie man wohl kaum zu betonen braucht, eine ganze Reihe von Fragen.

War dieser Wandel unvermeidlich? Nein – sehr wenig ist unvermeidlich, nicht einmal die Erfindung der Schrift war es. War der Wandel unvermeidlich, sobald die Schrift erfunden war? Ja, freilich, sofern man ein Interesse an der Vergangenheit und daher an der Erklärung von Überresten der Vergangenheit voraussetzt. Hat der Wandel die Erklärungsmöglichkeiten vermehrt? Ja, ganz bestimmt, und zwar unabhängig davon, *wessen* Erklärungsbegriff zugrunde gelegt wird. Im Hinblick auf jene antiken Bauwerke, die man »Kyklopenmauern« zu nennen pflegte, ist es nicht bloß eine Frage des Geschmacks oder der Mode, ob man eine Erklärung à la Thukydides bevorzugt oder eine Erklärung, die besagt, sie seien von einem Riesengeschlecht erbaut worden. Natürlich besteht ein kultureller Unterschied zwischen einer Situation, in der die letztere Form der Erklärung noch gang und gäbe ist, und einer Situation, in der sie keine Geltung mehr hat. Aber außerdem gibt es eine Zeit des kulturellen Übergangs, in der eine dieser beiden Situationen von der anderen verdrängt wird, und in dieser Periode wird völlig deutlich, daß es viele Fragen und Antworten à la Thukydides gibt, auf die die traditionelle Darstellung überhaupt nicht zu reagieren vermag. Was solche Themen betrifft, hüllt sich die traditionelle Darstellung in Schweigen, und genauso verhält sich die immer geringer werdende Zahl derjenigen, die an dieser Geschichte festhalten.

Geht es hier um Macht? Ja, und es gibt soziale Äußerungen dieses Sachverhalts: Jene Fragen, auf welche die alte Einstellung keine Antwort zu geben vermochte, sind nunmehr die Fragen, die gestellt werden; und der alte Stil wirkt kraftlos, wird mit altmodischen Dingen in Verbindung gebracht und gerät immer weiter in eine Außenseiterposition.[43] Das steht allerdings nicht

43 Vgl. mit Bezug auf einen etwas anderen Zusammenhang die folgende Stelle, an der Thukydides über Nikias sagt, er habe »eine zu starke Neigung zu Wahrsagerei und derlei Sachen« gehabt (7.50.4).

in Gegensatz zu der manchmal so bezeichneten »Macht der Vernunft«. Damit es eine Macht der Vernunft geben kann, wäre es gut, wenn ihre Macht deutlich zu erkennen wäre; und wenn sie tatsächlich erkennbar ist, wird sie auf die gleiche Weise funktionieren, in der manche Menschen das Verhalten anderer Menschen beeinflussen.[44]

Bedeutet das also, daß diejenigen, die den neuen Stil praktizieren und über die »objektive« Zeitauffassung verfügen, rationaler oder etwa besser unterrichtet sind als die anderen? Nein, sofern das (wie es üblicherweise gemeint ist) impliziert, daß diejenigen, die in der traditionellen Praxis standen, konfus waren oder etwas Falsches glaubten. Die spätere Praxis bringt (wie ich es oben formuliert habe) die Überzeugung zum Ausdruck, daß jedermanns weiter zurückliegende Vergangenheit einst die Gegenwart eines anderen gewesen ist; und die Menschen werden dahingelangen, daß sie diese Überzeugung in der einen oder anderen Weise explizit als wahre Aussage formulieren – und wahr ist sie ja tatsächlich. Aber von der früheren Praxis ist diese Wahrheit nicht bestritten worden, sondern sie ist bloß nicht darauf eingegangen. Außerdem bedeutet die Tatsache, daß sie nicht darauf eingegangen ist, keineswegs, daß die im Rahmen dieser Praxis lebenden Menschen konfus waren. Insbesondere sollten wir nicht behaupten, daß sie etwas notwendig Falsches glaubten, nämlich daß der Unterschied zwischen dem Realen und dem Mythischen ein Unterschied der Zeitalter sei. Die Erfindung der historischen Zeit war ein geistiger Fortschritt, aber nicht jeder geistige Fortschritt besteht darin, daß man Irrtümer widerlegt oder Verwirrungen aufdeckt. Ebenso wie viele andere Erfindungen hat sie den Menschen die Möglichkeit gegeben, Dinge zu tun, von denen sie sich vorher keinen Begriff machen konnten.

44 Ein paar Autoren scheinen zu glauben, die ganze Vorstellung von einem sequentiellen Zeitverlauf in der Geschichte gehe auf den hegemonialen Druck des Abendlands zurück und sollte preisgegeben werden. Um die Worte eines Kritikers dieser Ansicht zu benutzen, ist es jedoch so, daß ein Autor, der behauptet, daß »die historische Zeit eine Sache der Vergangenheit« sei, vielleicht die eine oder andere Ironie verkannt hat. Hinweise und kommentierende Ausführungen bei Evans (1997), S. 141 f.

8
Von der Aufrichtigkeit zur Authentizität

1. Eine mehrdeutige Erfindung

Durch die Erfindung der historischen Zeit im fünften Jahrhundert v. Chr. kam ein Vergangenheitsbegriff auf, der vorher nicht zu Gebote gestanden hatte. Auch in der Geschichte vom Naturzustand war dieser Begriff noch nicht antizipiert worden, obwohl man ihn, wenn man die Erfindung der Schrift voraussetzt, rückblickend als nachgerade unvermeidliche Erweiterung von Vorstellungen sehen kann, die universell existieren und schon im Naturzustand vertreten sind. Diese Erfindung mit ihrer neuen Auffassung dessen, was es heißt, die Wahrheit über die Vergangenheit zu berichten, war zugleich eine neue Entwicklung im Bereich des Begriffs der GENAUIGKEIT.

Im vorliegenden Kapitel wende ich mich einer weiteren und völlig anderen Erfindung zu, die diesmal das Gebiet der AUFRICHTIGKEIT betrifft. Sie besteht aus einer Vorstellung oder einer Reihe von Vorstellungen, von denen AUFRICHTIGKEIT mit persönlicher Authentizität in Verbindung gebracht wird, und diese Verknüpfung kam im achtzehnten Jahrhundert zu eigenständiger Existenz. Zum Naturzustand steht diese Erfindung in einem anderen Verhältnis. Sie kann nicht als (unter Voraussetzung bestimmter technischer Entwicklungen) unvermeidliche oder auch nur sonderlich wahrscheinliche Entfaltung menschlicher Bedürfnisse, Anliegen und Interessen gesehen werden. Vom Naturzustand und den im Rahmen dieser Fiktion repräsentierten allgemeinen Erwägungen ist sie durch eine weitaus dichtere und komplexere Menge realhistorischer Zufälligkeiten getrennt. Das bedeutet nicht, daß es keine wirkliche Genealogie dieser Vorstellungen gibt, sondern es ist einfach so, daß eine historische Darstellung ihrer Entstehung sehr viel mehr und sehr viel mannigfaltigere Phänomene anführen müßte, als der Naturzustand im entferntesten vermuten läßt. Das Aufkommen dieser Auffassung hat unsere heutigen Vorstellungen von Wahrhaftigkeit und deren Beziehungen zum Ich zutiefst beeinflußt, und diese Vorstellungen gehören zu denen, die in erheblichem Maße Anlaß zu philosophischer Verwirrung und Beunruhigung geben. Also muß die Philosophie, um ihre Aufgabe zu erfüllen, auch hier wieder das Gebiet der Historie betreten, doch diesmal geschieht es aufgrund einer historischen Entwicklung, die sich zu dem in der Geschichte vom Naturzustand dargelegten abstrakten Rahmen autonom verhält (wie ich es gegen Ende des 2. Kapitels formuliert habe).

Die Geschichte dieser Erfindung ist äußerst komplex. Sowohl die Umstände ihrer Entstehung als auch die von ihr angenommenen Formen – die geistigen, sozialen und ethischen Entwicklungen der letzten drei Jahrhunderte, in deren Mittelpunkt diese Vorstellungen gestanden haben – legen eine dichte und komplizierte Darstellung nahe, doch ich kann nur einen winzigen Teil dieser Geschichte erzählen.[1] Der Grundgedanke, den ich darlegen möchte, besagt, daß diese Erfindung mehrdeutig war und daß diesen neuen Vorstellungen von Authentizität zwei verschiedene Auffassungen des Ich und der Ich-Deutung zugrunde liegen, die ihrerseits verschiedene Vorstellungen von der Aufrichtigkeit und deren Verhältnis zur Gesellschaft implizieren. Diese beiden verschiedenen Auffassungen lassen sich – freilich nicht ausschließlich oder ohne Einschränkung, aber doch recht deutlich – mit zwei grundverschiedenen Autoren in Verbindung bringen, nämlich mit Rousseau und Diderot, die Zeitgenossen und eine Zeitlang Freunde waren, aus denen später jedoch Feinde wurden (zumindest empfand Rousseau es so). Das ge-

1 Ich beschränke mich auf den Versuch einer ganz partiellen, philosophisch ausgerichteten Deutung zweier Autoren. Die hier in Frage stehende historische Entwicklung hat gewiß etwas mit christlichen Traditionen der Selbsterforschung zu tun, und es ist verlockend zu vermuten, daß das Aufkommen von Authentizitätsvorstellungen nicht nur durch die im Text genannte Schwächung feststehender sozialer Identitäten, sondern auch durch die protestantische Ablehnung der Ohrenbeichte geprägt wurde. Der Priester konnte mir auf der Grundlage dessen, was er für mein äußerstes Bemühen um Ehrlichkeit erachtete, Absolution erteilen und versichern, ich hätte genug getan. Sobald ich dann jedoch allein vor einem schweigsamen Gott stehe, kann es so aussehen, als wäre absolute Ehrlichkeit – eine totale Selbst-Gegenüberstellung – das einzige, was hülfe.

schah nach einem Zerwürfnis, bei dem es im Kern vor allen Dingen um diese beiden verschiedenen Vorstellungen vom Wesen einer wahrhaftigen Person ging.[2]

2. Rousseau

> – Excuse me, I wanted to ask you, do you believe
> that Jean Jacques Rousseau was a sincere man?
> Stephen laughed outright ...
> – He was like you, I fancy, said Stephen, an emotional man.
>
> – *James Joyce*[3]

Am Anfang der *Bekenntnisse* berichtet Rousseau von einem Vorfall aus seiner Kindheit, bei dem er zu Unrecht beschuldigt wurde, einen Kamm zerbrochen zu haben, und feststellen mußte, daß man seiner wahren Unschuldsbeteuerung keinen Glauben schenkte. Diesen Vorfall stellt Jean Starobinski[4] in seinem faszinierenden Buch über Rousseau in den Mittelpunkt seiner Analyse der Psyche des Autors. »Von diesem Moment an war das Paradies verloren, denn das Paradies war die wechselseitige Transparenz des Bewußtseins der Menschen – eine totale und vertrauensvolle Verständigung zwischen ihnen.« Aus Starobinskis Sicht sind alle späteren Bemühungen Rousseaus, ein besserer Mensch zu werden, nichts anderes als Versuche, diese verlorengegangene Transparenz wiederzuerlangen.

> Es genügt, aufrichtig zu sein, man selbst zu sein, und von diesem Zeitpunkt an ist der natürliche Mensch nicht mehr nur ein weit entferntes Urbild, auf das ich mich beziehe, sondern er fällt mit meiner eigenen Ge-

2 Im 10. Buch der *Bekenntnisse* schreibt Rousseau zwar, Diderot werde »stets mein alter Freund« bleiben, doch in späteren Schriften finden sich Bemerkungen über Diderot und »die Holbach-Clique«, die darauf hindeuten, daß er es nicht mehr so empfand. (Verweise auf Rousseau beziehen sich auf Band und Seitenzahl der Pléiade-Ausgabe, hier 1, S. 536.) Diderot sagt in einem nach dem Bruch geschriebenen Brief an Sophie Volland (20. Dezember 1765, France [1972], S. 152), über einen Besuch Rousseaus würde er sich sehr freuen. Dazu ist es aber nicht gekommen, und soweit man weiß, haben sich die beiden nicht mehr wiedergesehen.

3 Joyce (1942), S. 228.

4 Starobinski (1971).

genwart, meinem eigentlichen Dasein zusammen. Die alte Transparenz rührte von der naiven Präsenz der Menschen unter den Augen Gottes her; die neue Transparenz ist ein inneres Verhältnis zum Ich, eine Beziehung, in der das Selbst zum Selbst steht. Sie entsteht in der Klarheit des Blicks auf das eigene Selbst, die es Jean-Jacques gestattet, sich als derjenige zu schildern, der er wirklich ist.[5]

Rousseau gibt sich nicht der Illusion hin, jede in den *Bekenntnissen* aufgestellte Behauptung über seine eigene Vergangenheit könne wahr sein. Gleich zu Beginn des zweiten Teils schreibt er: »Den ersten Teil meiner Bekenntnisse habe ich völlig aus dem Gedächtnis niederschreiben und daher wohl manchen Irrtum darin begehen müssen. Da ich gezwungen bin, diesen zweiten gleichfalls aus dem Gedächtnis zu schreiben, wird mir das wahrscheinlich noch öfter widerfahren.« Das spielt jedoch, wie sich herausstellt, im Hinblick auf den eigentlichen Sinn der *Bekenntnisse* keine große Rolle.

Ich kann Tatsachen vielleicht auslassen und mich, was die Zeiten anbetrifft, vielleicht irren, aber in dem, was ich empfunden und was meine Empfindungen mich haben begehen lassen, kann ich mich nicht täuschen, und darum handelt es sich ja auch vornehmlich. Der eigenste Zweck meiner Bekenntnisse besteht in dem Wunsche, genau mein Inneres in allen Umständen meines Lebens zu enthüllen. Ich habe die Geschichte meiner Seele versprochen, und um sie getreulich zu schreiben, bedarf es keiner anderen Hilfsmittel, ich brauche nur, wie ich es auch bis hierher getan, tief in mich selbst zu blicken.[6]

Unter Voraussetzung dieser Klarheit des Blicks und Rousseaus Hang zu völliger Offenherzigkeit hätte es ihm nicht im mindesten schwerfallen dürfen, anderen seine Motive deutlich zu machen; aber in Wirklichkeit hatte er nie Erfolg mit seinen Erklärungen, und diese Mißerfolge standen in wesentlichem Zusammenhang mit seiner zunehmenden Paranoia: »Niemand außer mir selbst kennt mich. Wie ich sehe, bin ich den Menschen, mit denen ich am engsten zusammenlebe, unbekannt, und sie führen die meisten meiner Handlungen, ob gut oder schlecht,

5 Starobinski (1971), S. 32.
6 I, S. 276, 278, Übers., S. 349 f.

auf Motive zurück, die von den wirklichen Handlungsgründen ganz verschieden sind.«[7] Starobinski formuliert es so:

> In erster Linie sind die *Bekenntnisse* ein Versuch, den Irrtum der anderen zu korrigieren; es handelt sich nicht um eine Suche nach einer »verlorenen Zeit«. Rousseaus Bemühungen setzen bei der folgenden Frage an: Warum findet das unmittelbar evidente innere Gefühl kein Echo in unmittelbar gewährter Anerkennung? Warum ist es so schwierig, das, was man für sich selbst ist, mit dem in Einklang zu bringen, was man für die anderen ist?

Es mag sein, daß Starobinski die Bedeutung übertreibt, die dem besonderen Vorfall mit dem Kamm im Leben Rousseaus und in den *Bekenntnissen* zukommt. Man hat darauf hingewiesen, daß Rousseau dazu neigt, jedes Kindheitsereignis als entscheidend für seine Entwicklung hinzustellen; und die Interpreten haben sich die Vorfälle ausgesucht, die sie betonen wollten.[8] Aber wie immer Rousseau im einzelnen auf sein Vorhaben gekommen sein mag, der Zweck der *Bekenntnisse* bestand darin, daß er sich seinen Lesern offenbaren wollte. Die vorgängige Aufgabe, sich selbst zu verstehen, war bereits vollendet bzw. gar keine richtige Aufgabe: Er stand sich, um mit Starobinski zu reden, immer schon sehr nahe. Wie er eigentlich war, das, so meinte er, sei für ihn selbst völlig offensichtlich; und sein Ziel war es, die Welt darüber aufzuklären. In diesem Sinne schrieb er an Malesherbes: »Ich werde mich Ihnen darstellen, wie ich mich selbst sehe und wie ich bin, denn da ich mein Leben mit mir selbst zubringe, muß ich mich kennen, und ich ersehe aus der Art, wie diejenigen, die mich zu kennen vermeinen, meine Handlungen und meine Aufführung auslegen, daß sie nichts davon wissen.«[9] In den *Be-*

7 Diese Stelle wurde aus dem Manuskript der *Bekenntnisse* gestrichen. Siehe Starobinski (1971), S. 218.

8 Beaudry (1991), S. 82; Kelly (1987), S. 85, Anm. 15. Als Gründe für den Wunsch, über sich selbst Auskunft zu geben, hebt Rousseau selbst den weiter unten genannten Vorfall mit dem Band hervor sowie seine Entscheidung, die eigenen Kinder ins Findelhaus zu stecken (eine Entscheidung, die man ihm besonders übelgenommen hat).

9 Der erste von vier Briefen an M. Le Président de Malesherbes, 4. Januar 1762, I, S. 1133, Übers., S. 480.

kenntnissen sagt er über seine Entscheidung, das Buch zu schreiben:

Obgleich [die Denkwürdigkeiten meines Lebens] bis dahin nicht allzu interessant waren, so empfand ich doch, daß sie es durch die Offenheit werden konnten, mit der ich sie zu erzählen gewillt war. Ich beschloß, daraus ein durch seine bespiellose Wahrhaftigkeit einziges Werk zu machen, damit man wenigstens einmal einen Menschen so zu sehen bekäme, wie er innerlich wirklich war.[10]

Als er in *Les rêveries du promeneur solitaire* – seinem letzten, mitunter gestörten und überaus rührenden Werk der Selbsterforschung – auf die *Bekenntnisse* zurückblickt, spürt er, daß er die Schwierigkeit der Aufgabe unterschätzt hatte: Das »Erkenne dich selbst« am Tempel von Delphi war eine Maxime, die weniger leicht einzuhalten war, als er angenommen hatte; die eigentlichen und grundlegenden Motive seiner Handlungen waren ihm nicht so klar, wie er geglaubt hatte. Seine freilich ganz ehrlich gemeinte Selbstdarstellung hatte zweifellos unter dem Einfluß seiner Wünsche gestanden. Im Vierten Spaziergang der *Rêveries* gibt er zu, gelegentlich sei es vielleicht vorgekommen, daß er einen Makel verdeckt habe, indem er sich im Profil gezeichnet habe. Genau diesen Vorwurf hatte er in einem Entwurf der *Bekenntnisse* gegen Montaigne erhoben, und er hatte sich vorgenommen, es anders zu machen.[11]

In den *Bekenntnissen* war es darum gegangen, daß er über sich selbst die Wahrheit erzählte – in erster Linie sich selbst, anschließend dann, um von anderen verstanden zu werden. Er sah jedoch ein, daß er den Menschen im Laufe seines Lebens viele Unwahrheiten gesagt hatte, und das sogar dann, wenn man ihm einen besonders ausgeprägten Hang zur Wahrhaftigkeit unterstellen durfte:

Da wurde ich bei der sorgfältigen Zergliederung meiner mit Erstaunen einer Menge Dinge gewahr, die meine Erfindung waren und die ich, wie ich mich erinnere, zu derselben Zeit als Wahrheit ausgegeben hatte, als

10 *Bekenntnisse*, 10. Buch, 1, S. 516. Übers., S. 656.

11 *Rêveries*, Vierter Spaziergang, 1, S. 1024; Sechster Spaziergang, 1, S. 1051; Dritter Spaziergang, 1, S. 1017. Selbstporträt im Profil: Vierter Spaziergang, 1, S. 1036. Montaigne, 1, S. 1150, vgl. 1, S. 516.

ich, stolz auf meine Wahrheitsliebe, ihr meine Sicherheit, meine Interessen, meine Person mit einer Unparteilichkeit, für die ich kein anderes Beispiel unter den Menschen kannte, aufopferte.[12]

Er ruft sich mehrere Gelegenheiten in Erinnerung, bei denen er andere angelogen hat. Meistens war es aus Scham oder Verlegenheit geschehen; die Ursache war soziale Unbeholfenheit gewesen. Diese soziale Unbeholfenheit – gegen die er an und für sich vielleicht nicht viel einzuwenden hatte – war, wie er sagt, ein Grund für den Wunsch, auf dem Lande zu leben, wo ihn die Anforderungen des gesellschaftlichen Lebens und insbesondere der eleganten Geselligkeit nur selten tangieren würden. In seinen gewundenen Reflexionen, die er in den *Rêveries* über das Lügen und das Erzählen der Wahrheit anstellt, kommt er wieder zurück auf den Vorfall, über den er schon im zweiten Buch der *Bekenntnisse* berichtet (und bei dem es sich im Grunde um ein Spiegelbild des Vorfalls mit dem Kamm handelt): Er hatte ein Band gestohlen und blieb bei seiner Beschuldigung, die im selben Haus beschäftigte Marion habe es genommen, woraufhin die junge Frau ohne Zeugnis entlassen wurde.[13] Eigentlich waren sie gute Freunde gewesen, und dann sagte sie nichts weiter als: »Rousseau, ich hatte dich für einen guten Menschen gehalten. Jetzt machst du mich sehr unglücklich, aber ich möchte nicht an deiner Stelle sein.« Diese Handlung bereute er sein ganzes Leben lang. Niemandem hatte er je davon erzählt, und das Bedürfnis, seine Tat endlich einmal zu beichten, trug, wie er sagt, zu der Entscheidung bei, die *Bekenntnisse* zu schreiben.

Seine Reue bringt er eindringlich zum Ausdruck, doch zugleich fügt er einige Überlegungen ein, die mildernd wirken sollen. Er meint, schon in der Beichte des Vorfalls liege etwas Tugendhaftes, und er behauptet, seine Reue habe ihn davon abgehalten, jemals in seinem späteren Leben wieder ein solches Verbrechen zu begehen. Darüber hinaus hält er es für einen mildernden Umstand, daß weder Gehässigkeit noch Bosheit (*méchanceté*) zu seinen Motiven gehörten. Es sei nur so gewesen,

12 Vierter Spaziergang, I, S. 1025; Übers., S. 675.

13 I, S. 84-87. Darauf, daß hier ein Spiegelbild vorliegt, hat Lejeune (1975) hingewiesen.

daß ihn angesichts der Aussicht auf Entlarvung Scham und Verlegenheit überkommen hätten. Es wirkt entschieden sonderbar, daß er glaubt, dies könne seine Leser verwundern oder beruhigen. Ein anderes Moment ist noch seltsamer: Er sagt, die Wurzeln seiner Beschuldigung Marions hätten in ihrer Freundschaft gelegen. Seine Absicht sei es gewesen, ihr das Band zu schenken, und deshalb sei ihr Name das erste gewesen, was ihm in den Sinn kam, sobald man ihn der Tat bezichtigte. Psychologisch gesehen, ist das eine erstaunliche Beobachtung; aber die offenbar wirklich im Text enthaltene Andeutung, das lasse ein gutgemeintes und milderndes Motiv dafür erkennen, daß er sie beschuldigte, ist ein ergreifendes Meisterstück der Selbsttäuschung.[14]

David Hume sagt über Rousseau: »Ich glaube, er will sein Selbstporträt wirklich lebensecht zeichnen, doch zugleich bin ich der Überzeugung, daß es niemanden gibt, der sich selbst weniger kennt.«[15] Paul de Man schreibt: »Rousseau gehört zu jener Gruppe von Schriftstellern, die stets systematisch fehlgedeutet werden«, und dem fügt er hinzu, daß diese Fehldeutungen fast immer mit einem Unterton geistiger und moralischer Überlegenheit einhergehen.[16] Mir scheint, daß Hume und de Man beide recht haben und daß diese beiden Wahrheiten miteinander zusammenhängen. Viele, die Rousseau kannten, konnten sich nur schwerlich des – gewiß durchweg zutreffenden – Eindrucks erwehren, daß er nicht bloß unangenehm, launisch, argwöhnisch und undankbar war, sondern irgendwie kam er ihnen auch wie ein Scharlatan oder Schaumschläger vor; und diesen Eindruck haben seine späteren Leser übernommen. Der Verdacht der Unaufrichtigkeit wiegt natürlich deshalb besonders schwer, weil Rousseau von anderen ebenso wie von sich selbst als jemand gesehen wurde, der in erster Linie für Aufrichtigkeit und auch für die Vorstellung stand, in gewisser Hinsicht könne Aufrichtigkeit *die* Tugend sein. Das Bild Rousseaus als Apostel der Aufrichtigkeit wurde zu Lebzeiten vor allem von dem Briefroman *La nouvelle Héloïse* projiziert. Das war ein Bestseller, der ein bis dahin unbekanntes Maß an Interesse für seinen Verfasser weckte. Aus

14 Überraschenderweise scheint Wollheim (1999), S. 165, die Äußerung Rousseaus jedoch für bare Münze zu nehmen.

15 Zitiert in Cranston (1997), S. 160.

16 de Man (1983), S. 111 f.

der Sicht späterer Leser ist dieses Bild am engsten mit den *Bekenntnissen* verbunden. Aber die *Bekenntnisse* sind ihrerseits ein Buch, das Zweifel an der Wirksamkeit von Rousseaus vermeintlicher Aufrichtigkeit aufkommen läßt und den Leser leicht in den von de Man genannten mißbilligenden Deutungen dieses Buchs und der übrigen Schriften bestärken kann.

Abgesehen davon, daß er sich lächerlich machte, indem er unermüdlich Ratschläge über Kindererziehung erteilte, obwohl er sich geweigert hatte, die eigenen Kinder großzuziehen, richtete sich das Mißtrauen gegenüber Rousseau vor allem auf seine Einstellung zum Ruhm. Angeblich hatte er sich durch den Rückzug in ländliche Einsamkeit von den Hinterhältigkeiten und den Kompromissen des gesellschaftlichen Lebens gelöst, aber wie es schien, bewahrte er sich sein Gespür für öffentliche Wirkung. Saint-Lambert (der Geliebte einer Frau, die Rousseau seinerseits leidenschaftlich, aber erfolglos begehrt hatte) meinte: »Er braucht uns nicht allzu leid zu tun, denn er reist mit seiner Mätresse namens *Prestige*.«[17] Das war bis zu einem gewissen Grade unfair, denn Rousseau hatte recht, wenn er sagte, daß ein großer Teil der ihm zuteil gewordenen Aufmerksamkeit unerwünscht war. Daß ihm diese Aufmerksamkeit geschenkt wurde, war allerdings kein Zufall, sondern ein Ergebnis seines eigenen Vorhabens. Er war ein Schriftsteller, der verständlicherweise wollte, daß seine Bücher viel gelesen und seine Grundsätze allgemein bekannt wurden; und seine Schriften lenkten die Aufmerksamkeit selbst dann, wenn sie nicht autobiographischer Art waren, auf ihn als Person, was einesteils daran lag, daß es sich um ungewöhnliche Werke handelte, andererseits daran, daß sie im allgemeinen Individualität und Authentizität thematisierten. Niemals gelangt es Rousseau, die Konsequenzen der Veröffentlichung seiner Schriften mit den Voraussetzungen in Einklang zu bringen, von denen er behauptete, sie lägen ihrer Abfassung zugrunde.

Allgemeiner gesprochen, haben seine Kritiker das Gefühl gehabt, er präsentiere sich als jemand, der nicht nur tugendhafter ist als die anderen, sondern sogar tugendhafter, als irgend jemand – einschließlich seiner eigenen Person – es jemals sein

17 Darüber berichtet Diderot in seinem oben (Anm. 2) zitierten Brief.

könnte. Dieser Eindruck ist ebenfalls nicht ganz fair, aber auch in diesem Fall sind die Wurzeln tief in seinem Vorhaben, insbesondere in seinem Begriff von Aufrichtigkeit angelegt. Dieser Begriff beruht auf mehreren Voraussetzungen. Wie wir bereits gesehen haben, verlangt er die Autorität der Selbsterforschung: die Vorstellung, eine ehrliche, spontane, nicht trügerische Bekundung – das Ergebnis seiner Selbstvergegenwärtigung – werde ein wahres Verständnis seiner Motive garantieren. Außerdem werde das, was in dieser Weise bekundet und verstanden wird, einen Charakter, eine ganze Persönlichkeit darstellen, was wiederum impliziert, daß dieser Charakter kohärent oder, wie man sagen könnte, gefestigt ist. Wahre Selbstbekundung wird natürlich einander widerstreitende Stimmungen und flüchtige Gemütsregungen offenbaren; und Rousseau ist sich ganz besonders im klaren darüber, daß seine eigenen emotionalen Reaktionen oft hitzig und von kurzer Dauer waren. Doch unter dieser Oberfläche soll, wie er annimmt, ein echter Charakter stecken, eine zugrundeliegende Menge konstanter Motive, in der sein wahres Ich zum Ausdruck kommt.

Was seinen eigenen Fall betraf, war Rousseau sicher, daß diese Motive im Grunde gutartig und anderen wohlgeneigt waren. Dieser Eindruck ist fundamental für Rousseaus Beschwichtigungsvorhaben: die Beseitigung von Mißtrauen durch Erklärungen in der ersten Person. Das Resultat dieser Erklärungen soll darin bestehen, daß die anderen ihm Vertrauen entgegenbringen, und dazu ist mehr erforderlich, als daß sie sich im Sinne des Fürwahrhaltens auf seine Äußerungen verlassen. Es kann schließlich sein, daß die Äußerungen einer Person aufrichtig ihren bösartigen und kooperationsfeindlichen Egoismus zum Ausdruck bringen. Natürlich kommt es nicht sehr häufig vor, daß die Leute dergleichen äußern, denn bösartige und kooperationsfeindliche Menschen haben triftige Gründe, ihre Motive nicht offenzulegen. Diese Einsicht spricht in gewissem Maße für einen Gedanken, der Rousseau nicht nur im Hinblick auf die eigene Person vorschwebte, sondern der seine Auffassung der menschlichen Natur allgemein artikulierte, nämlich daß Aufrichtigkeit (und damit ist weitgehend eben jene Aufrichtigkeit gemeint, die uns hier durchweg beschäftigt) an und für sich das innerste Wesen der Tugend ausmacht. Wenn man offenherzig und spontan mit anderen reden kann, muß es sich so verhalten, daß man keinen Grund hat, die eigenen Motive vor ihnen zu verheimlichen, was wiederum – zumindest wenn man nicht wie ein Wilder, sondern in Gemeinschaft mit anderen lebt – normalerweise bedeutet, daß es sich bei diesen Motiven um solche handelt, die auch von anderen gewürdigt, geteilt oder zumindest anerkannt werden können, ohne daß diese anderen sich fürchten oder gekränkt fühlen. Wolmar formuliert diesen Gedanken in *La nouvelle Héloïse* wie folgt: »Ein einziges Gebot der Sittenlehre kann aller andern Stelle vertreten, dieses nämlich: Tue und sage niemals etwas, was nicht die ganze Welt sehen und hören könnte.«[18] Was wir in vertrauenswürdiger Form bekunden, muß seinerseits insofern die Grundlage für unser wechselseitiges Vertrauen bilden, als es die Substanz des Gemeinschaftslebens liefert. Da die ehrlich bekanntgegebenen Motive die Grundlage eines gemeinschaftlichen Lebens abgeben müssen, ist es notwendig, daß sie im wesentlichen moralisch sind oder sich selbst transzendieren.

Hier bestehen erhebliche Spannungen. Rousseau hat beim Schreiben der *Bekenntnisse* sorgfältig darauf hingearbeitet, daß das angesprochene Interesse idiosynkratischen Verhaltensweisen gilt, dem Leben und Charakter einer bestimmten Person, die sich von den anderen entschieden abhebt. Das, so erklärte er, würde auch die Mängel dieses Menschen einschließen. Indem er sich weigerte, sein Selbstporträt im Profil zu zeichnen, würde er sich mitsamt allen Schönheitsfehlern präsentieren. Bis zu einem gewissen Grade hat sich Rousseau daran gehalten, und das Buch kann tatsächlich frappierend offenherzig sein. (In seiner Offenherzigkeit über andere Personen und seine Beziehungen zu ihnen, vor allem zu Frauen, sollte es dann vielfach verletzend wirken.) Doch diesem Impuls sind enge Grenzen gesetzt, und Rousseaus Darstellung des Vorfalls mit dem Band läßt diese Grenzen trotz aller schonungslosen Selbstvorwürfe deutlich erkennen. Die Handlungen, bei denen er anderen Schaden zufügt,

18 Teil IV, 6. Brief, II, S. 424, Übers., S. 443 f. Hier darf man freilich nicht vergessen, daß dies von Wolmar gesagt wird, der ein leidenschaftsloser Rationalist ist und sich zum großen Kummer seiner Gattin Julie als irreligiöser Mensch entpuppt. Dennoch wird eingeräumt, daß er überaus tugendhaft ist, obwohl »er im Grunde seines Herzens den schrecklichen Frieden der Gottlosen hegt« (Teil V, 5. Brief, II, S. 588, Übers. S. 617).

bringen keine eingefleischte Neigung zum Ausdruck, sondern erweisen sich als bloße Episoden. Außerdem werden sie nicht durch aktives Streben nach Schädigung hervorgerufen, sondern durch Schwäche. Beide Mittel tragen dazu bei, einen großen Abstand zwischen diese Handlungen und sein wirkliches Ich zu legen, dem er ein hohes Maß an moralischer Achtung entgegenbringt.[19] Doch dabei vereiteln diese Mittel das Vorhaben der Beruhigung durch Autobiographie. Die eigenwilligen Besonderheiten, die in erheblichem Maße das Interesse anstacheln sollten, werden, sobald sie einen ungünstigen Eindruck machen, in den Bereich des Episodischen und des Oberflächlichen verwiesen, was wiederum darauf hindeutet, daß das Vorhaben qua Autobiographie fehlschlagen muß: Sofern die Autobiographie die Geschichte des wirklichen Ich sein soll, wird unter diesen Voraussetzungen gar nichts ganz Besonderes und Idiosynkratisches herauskommen, sondern eine Geschichte, die im Grunde nicht sonderlich verschieden ist von einem Bericht über eine beliebige andere tugendhafte Person. Aber auch sofern es um ethische Beruhigung geht, kann diese Darstellung der eigenen Person kein Erfolg werden, denn jemand, der zu Schwächen dieser Art tendiert, ist keineswegs zuverlässiger als ein bösartiger Mensch, und in mancher Hinsicht ist er es sogar weniger als dieser. Diese Spannung zwischen dem Idiosynkratischen und dem Ethischen trägt dazu bei, daß die *Bekenntnisse* ein heikles Buch sind, und zugleich nährt sich daraus der Eindruck, daß man es mit einem heiklen Autor zu tun hat.

Unter Druck gerät Rousseaus Vorhaben auch durch die Implikationen, die sich aus seinen Ansichten über andere ergeben. Seine Aufgabe bestand laut Starobinski darin, die Hindernisse zu überwinden, auf die er beim Versuch, sich anderen zu erklären, gestoßen war. Er hatte ihnen deutlich gemacht, daß er lautere Absichten verfolgte, aber sie hörten nicht hin, schienen ihn nicht zu verstehen oder glaubten ihm nicht. Wie war das möglich? Es ist beängstigend leicht, die Gedankengänge zu begreifen, in die sich Rousseau verstrickte, sobald es ihm, wie er meinte, mißlang,

19 Vor allem im 12. Buch der *Bekenntnisse* (1, S. 639 f.). Vgl. auch den Schluß dieses Buchs (1, S. 656), wo er darüber berichtet, was er zu einigen Personen gesagt habe, denen er die *Bekenntnisse* vorgelesen hatte, und dabei das eisige Schweigen erwähnt, mit dem diese Personen darauf reagierten.

sich verständlich zu machen. Wenn dem unmittelbaren Verständnis der eigenen Person nichts im Wege stehe, würde doch nur der reine Betrug – der vorsätzliche Wunsch nach Irreführung – anderen dieses Verständnis vorenthalten. Da er selbst die anderen nicht täuschte und nichts mehr wünschte, als sich selbst zu offenbaren, konnte ihr Unverständnis seiner Person nichts anderes repräsentieren als Böswilligkeit ihrerseits. Er vermochte keinen Grund zu erkennen, warum sie so arglistig waren; doch das mußte daran liegen, daß sie es ihm unmöglich gemacht hatten, ihr Tun zu begreifen, was wiederum bewies, daß sie bösartig waren. Die Alternative bestand darin, die anderen als bloße Automaten zu sehen, die gar keine verständlichen Motive hatten; und das war in der Tat eine Vorstellung, mit der er sich in den *Träumereien* kurzfristig zu trösten versuchte.[20] In seinen letzten Lebensjahren jedoch hielt er stets die Schlußfolgerung durch, daß diejenigen, die ihm systematisch ihr Verständnis verweigerten, übel gesinnte Menschen und arglistige Verschwörer waren. Unweigerlich erhielt er den ihm im Grunde vielleicht unliebsamen, andere Menschen jedoch verärgernden Eindruck, tugendhafter zu sein als die meisten Leute, mit denen er zurechtkommen mußte.

Daraus folgte, daß es praktisch niemanden gab, mit dem Rousseau gemeinschaftlich leben konnte. Seine Aufrichtigkeit würde ihn verwundbar machen für die Bösartigkeit der anderen, und es könnte sich sogar ergeben, daß er seinerseits dieser Aufrichtigkeit würde Gewalt antun wollen. Ein Motiv für seinen Rückzug aus dem gesellschaftlichen Leben war, wie wir gesehen haben, sein Wunsch, Begegnungen zu vermeiden, die ihn angesichts seiner Schwäche und Verlegenheit zur Lüge verleiten könnten. So kommt es, daß der ehrliche und feinfühlige Mensch letztlich der Gesellschaft völlig entfremdet ist, wobei »Gesellschaft« offenbar schlicht das gleiche bedeutet wie »alle anderen«. Aber Aufrichtigkeit sollte doch den Kern der Tugend ausmachen, und für diesen Gedanken wäre es katastrophal, wenn die uneingeschränkte Schlußfolgerung hieße, Aufrichtigkeit müsse das gemeinschaftliche Leben mit anderen Personen ausschließen. Sofern der Aufrichtige unter den derzeitigen Gegebenhei-

20 Achter Spaziergang, I, S. 1078.

ten der Gesellschaft entfremdet ist, muß es eine Erklärung der »Gesellschaft« geben, aus der hervorgeht, was an ihr auszusetzen ist und inwiefern sie die im Menschen angelegten Möglichkeiten, die sonst zur Entfaltung gelangen könnten, pervertiert. Damit ist die Aufgabe bestimmt, ausfindig zu machen, welche Form der Gesellschaft echte Aufrichtigkeit ermöglichen könnte, und eben darin liegt ein Hauptziel der politischen Theorie Rousseaus. In der *Abhandlung über den Ursprung und die Grundlagen der Ungleichheit* betont er vor allem die Rolle, welche die übermäßige Ungleichheit der Eigentumsverteilung bei der Korrumpierung der Gesellschaft spielt – den Einfluß des Lebens im Überfluß und die Entstehung des *amour-propre*, der konkurrierenden Anmaßungen. Gleich zu Anfang der Schrift über den Gesellschaftsvertrag heißt es bezeichnenderweise, er werde »die Menschen nehmen, wie sie sind, und die Gesetze, wie sie sein könnten«, und hier versucht er verschiedenen Orten und Völkern angemessene Formen der politischen Organisation zu ermitteln, die die Äußerung eines allgemeinen Willens gestatten, der notwendig tugendhaft ist und den privaten Eigennutz zwar überwindet, es aber dennoch jedem erlaubt, frei zu sein. Ein solches Gemeinwesen bringt es mit sich, daß das eigentliche Ich, das unter seinem Einfluß zum Vorschein kommt, tugendhaft ist. Freiheit wird darin bestehen, daß man in Einklang mit seinem eigentlichen Ich lebt, so daß Gesetze, welche dieses eigentliche Ich ans Licht bringen und der Tugend die Möglichkeit geben, sich zu äußern, ohne von den schlimmen Seiten einer verdorbenen Umwelt unterdrückt zu werden, den Menschen »dazu zwingen, frei zu sein«, wie es an einer berühmten Stelle heißt.

Da kommt es nicht völlig überraschend, daß Rousseau manchmal mit den besonders gewaltsamen Aspekten der Französischen Revolution in Verbindung gebracht worden ist. Das seinen Ideen anhaftende Merkmal von »Bürgertugend« soll den Terror mit angefacht haben. Nach Auffassung einiger leninistischer und sonstiger Autoren spricht das für ihn, aber die meisten Interpreten lehnen diese Seite ab.[21] Rousseaus Name ist während der Revolution tatsächlich oft beschworen worden, und seinem Andenken wurde manche Ehre zuteil. Robespierre lobte

21 Eine extreme Lesart bei Talmon (1952).

ihn in seiner am 18. Floréal des Jahres II (7. Mai 1794) gehaltenen Rede über das höchste Wesen. Es gibt eine Anekdote, der zufolge Napoleon als Erster Konsul in Ermenonville ein Zimmer, in dem Rousseau gegen Ende seines Lebens gewohnt hatte, besucht und dann gesagt haben soll: »Er war ein Verrückter, euer Rousseau. Er war es, der uns dahin gebracht hat, wo wir jetzt stehen.« Von neueren Autoren ist klargestellt worden, daß sich die eher gemäßigten Elemente ebenso auf Rousseau beriefen wie die radikalsten und daß die Jakobiner sehr gut wußten, daß einige ihrer markantesten Positionen seinen Ideen widersprachen. Dennoch ist man sich darüber einig, daß es eine seinen Schriften entnommene allgemeine Atmosphäre, einen gewissen Ton gibt, der auf das Denken und die Rhetorik der Revolution großen Einfluß gehabt hat. Insbesondere berief man sich auf jenes von ihm angestrebte – ja aufgrund seines Begriffs der Aufrichtigkeit notwendig angestrebte – Bündnis zwischen den Vorzügen des Bürgers und den Gefühlsqualitäten des individuellen Privatlebens. Bei Rousseau nimmt die Tugend, wie Bernard Marin schreibt, »die Eigenschaften eines Mucius Scaevola und gleichzeitig die einer Julie an [...]. Die Vermischung dieser beiden Vorstellungen verleiht der spartanischen Tugend die Reize von Subjektivität und Empfindung.«[22]

Zwischen diesen Elementen besteht ein offenkundiges Spannungsverhältnis, und es ist die gleiche Spannung, die in den *Bekenntnissen* zu spüren ist. Falls es so etwas wie das »eigentliche Ich« eines Individuums wirklich gibt, fragt es sich, welcher Grund zu der Annahme besteht, es müsse mit einem zugrundeliegenden Charakter zusammenfallen, der sich durch Ehre, Rücksichtnahme und Mitgefühl auszeichnet. Wenn wirkliche Aufrichtigkeit das wirkliche Ich offenbart, braucht es sich nicht, wie Rousseau annahm, um ein staatsbürgerliches Ich zu handeln; und die Aufrichtigkeit ist vielleicht nicht das, was das politische Gemeinschaftsleben verlangt – womöglich eher das Gegenteil, wie die Zyniker des *Ancien régime* voraussetzten. Auf jeden Fall fragt es sich – und dies ist eine weitere Frage –, was denn verbürge, daß aufrichtige Selbstbekundungen das eigentliche Ich

22 Siehe Marins Artikel über Rousseau in Furet und Ozouf (1988), Zit. S. 884. Diesem Artikel verdanke ich manche Einsicht.

offenbaren. Rousseau selbst ist letzten Endes zu der Vermutung gelangt, man könne völlig im dunkeln sein über die glühendsten Wünsche und die tiefsten Bedürfnisse des eigenen Ich. Falls es einen Zustand gibt, in dem sich das eigene Leben oder die eigene Tätigkeit mit diesen Realitäten deckt, kann es durchaus sein, daß er einem Bereich jenseits der Aufrichtigkeit im Sinne der ehrlichen Selbstbekundung angehört. Es kann aber auch sein, daß sein Bereich der Selbstbekundung vorgelagert ist, wie Lionel Trilling in seinem brillanten und immer noch unentbehrlichen Buch über diese Fragen dartut. Trilling weist dort auf den Schäfer in dem Gedicht »Michael« von Wordsworth hin. Dieser Schäfer ist von Kummer darüber ergriffen, daß sein Sohn das Land verlassen hat und in die Stadt gegangen ist; und nun offenbart er diesen Zustand ohne Äußerung oder Selbsterforschung in einer Form, welche die Frage nach seiner *Aufrichtigkeit* ungebührlich und unangemessen erscheinen läßt. »Wir sind genötigt, ein Wort zu gebrauchen, welches das Wesen dieses Zustands bezeichnet und den hohen Wert, den wir ihm zuschreiben, erklärt«, schreibt Trilling. »Das Wort, das wir zu diesem Zweck benutzen, ist ›Authentizität‹.«[23] Authentizität braucht allerdings nicht, wie im Fall des Schäfers, unartikuliert zu bleiben. Vielmehr liegt der springende Punkt der Authentizität als eines spezifisch modernen Werts darin, daß man in reflektierter Form die nicht ausgedrückten Gewißheiten zurückzugewinnen trachtet, von denen man annimmt, sie hätten die vormoderne Welt geprägt. Aber wie immer die Authentizität als Ideal ausgedrückt werden mag – klar ist, daß sich ihre Forderungen nicht unbedingt mit den Forderungen einer anderen Person oder der Authentizität einer anderen Person decken.

Man hat geltend gemacht, daß Julie, die Heldin des Romans *La nouvelle Héloïse*, Rousseaus eigene Einsicht in diese Sachlage verkörpert.[24] Das Interessante an diesem Buch sind im Grunde nicht die ausführlichen und wenig glaubwürdigen philosophischen Exkurse, sondern die vielschichtigen Mehrdeutigkeiten im

23 Trilling (1972), S. 93. Dieses Buch hat vor langer Zeit sehr viel dazu beigetragen, mein Interesse an diesen Fragen zu wecken, und ich bin sicher, daß es vielen anderen ähnlich ergangen ist.

24 In extremer Form findet diese Interpretation bei Ferrara (1993) Ausdruck, siehe dort Kapitel 5.

Hinblick auf die von Julie empfundene Leidenschaft für ihren Liebhaber Saint-Preux, die Forderungen, die sie akzeptiert, indem sie ihn preisgibt und einen anderen heiratet, und die Beziehungen zwischen dieser fortglühenden Leidenschaft und ihren Gefühlen für ihren nüchtern tugendhaften Ehemann sowie ihrer Religion. Die im letzten Teil des Buchs wiedergegebenen Briefe zwischen ihr und Saint-Preux, zu denen auch das Schreiben gehört, das sie auf dem Sterbebett verfaßt, lassen es auf bezwingende Weise unbestimmt, wie ihre Gefühle zu beschreiben sind. Die Geschichte legt in der Form, in der sie uns in diesen Briefen erzählt wird, eine versöhnliche und edelmütige Antwort nahe, aber nichts wird emphatisch klargestellt. Gewiß wird die Frage aufgeworfen, wer Julie eigentlich ist. Zum Zeitpunkt ihrer Heirat sagt sie, das Erlebnis des Gottesdiensts habe sie von der »Vergessenheit ihrer selbst« geheilt, die das Verhältnis mit Saint-Preux mit sich gebracht hatte; die »hilfreiche Hand« des Höchsten Wesens sei dieselbe, die »sie wider ihren Willen sich selbst zurückgibt«.[25] Dieses Erlebnis durchzieht den ganzen Roman als ausschlaggebender Augenblick der Selbsterkenntnis, aber zum Schluß bleibt dennoch Spielraum (wenn nicht sogar mehr als Spielraum) für die Vorstellung, die »eigentliche« Julie sei weder die tugendhafte Ehe- und Hausfrau noch die fromme Dame mit ihren sanften Ekstasen, sondern die Trägerin einer gefährlichen und unheilbaren Leidenschaft für ihren einstigen Geliebten. Diese Vorstellung würde die Authentizität nicht nur von dem lösen, was als Tugend gilt, sondern auch von der ehrlichen Selbstbekundung, denn wir sollen die Sache gewiß nicht so auffassen, als verhielte sich Julie so aufrichtig wie möglich, wenn sie die Position der tugendhaften Ehefrau in Anspruch nimmt und die Leidenschaft für den früheren Geliebten bestreitet.

Bei Rousseau bleiben nach wie vor Spannungen bestehen zwischen der Individualität und den Anforderungen der Tugend, aber gewiß wollte er eine Verbindung haben zwischen der Aufrichtigkeit als Authentizität und der Tugend mit den in ihrem Begriff liegenden vertrauten Implikationen Vertrauenswürdigkeit, Ehre und Wohlwollen. Trilling schreibt: »Das Ideal der authentischen Persönlichkeit steht im eigentlichen Mittelpunkt

25 Teil III, 18. Brief, II, S. 355 f., Übers. S. 370 f.

von Rousseaus Denken. Doch nach meinem Eindruck ist die Gegenwart dieses Ideals dort . . . zu abstrakt oder zu gedämpft, um die moderne Vorstellungskraft in Anspruch zu nehmen.« Daneben verweist er auf Rousseaus »bleibendes Festhalten am Ideal der patrizisch-bürgerlichen Gesinnung«.[26] Es gibt jedoch spätere Ideen, von denen die Authentizität in einer stärker ausgeprägten Form hingestellt wird, in der sie als heroisches Ideal der alle sonstigen Forderungen ausschließenden Übereinstimmung des Selbst mit seinen tiefsten und wie immer gearteten Bedürfnissen oder Regungen aufscheint. Es gibt keinen Grund, warum aus diesen Bedürfnissen oder Regungen Motive hervorgehen sollten, die anderen wohlgeneigt sind – sie sind so, wie sie nun einmal sind. Außerdem besteht für die Authentizität jetzt nicht einmal mehr ein Grund, eine Verbindung zur Aufrichtigkeit im Sinne des wahrhaftigen Verhaltens gegenüber anderen aufrechtzuerhalten: Daß man anderen die Wahrheit sagen soll, kann nicht in höherem Maße als irgend etwas sonst den Anspruch geltend machen, die Forderungen der Selbstäußerung einzuschränken. Es nimmt nicht wunder, daß dies in seinen besonders grandiosen und eher literarischen Ausprägungen im wesentlichen der Lebensform einer Minderheit entsprach, einer Form des aristokratischen, typischerweise ästhetischen Libertinismus.

Als Ideal fürs Individuum existiert die Authentizität zwar auch weiterhin, doch viele ihrer heutigen Formen sind entschieden heruntergekommen. Aufs Korn genommen wird sie in diesen Formen oft von Neokonservativen, die es auf Einstellungen abgesehen haben, von denen Engagement, Einsatz für öffentliche Anliegen und Gerechtigkeitssinn preisgegeben werden, um sich statt dessen dem »Ich« und narzißtischen Arten der Befriedigung zu widmen.[27] Es ist allerdings völlig unklar, ob das, was

26 Trilling (1972), S. 93 f.

27 Den Ausdruck »neokonservativ« übernehme ich in diesem Zusammenhang der Studie von Ferrara (1993), die sich mit dem Verhältnis zwischen Rousseaus Denken und der Moderne beschäftigt und einige dieser kritischen Tendenzen darstellt, die vor allem mit Daniel Bell, David Riesman, Richard Sennett und Christopher Lasch in Verbindung gebracht werden. Die weiter unten zitierte Bemerkung, Heuchelei sei schlimmer als egozentrisches Verhalten, stammt von Riesman (1980), S. 21, zit. in Ferrara,

von diesen Kritikern angegriffen wird, wirklich eine bestimmte Sache ist, oder ob es dasselbe ist wie jener ästhetische Antinomismus, der tatsächlich eine Spielart des Ideals der Authentizität darstellte. Es heißt, die attackierte Einstellung beinhalte den Gedanken, Heuchelei sei ein besonders schlimmes Laster, schlimmer noch als egozentrisches Verhalten. Dieser Gedanke hat tatsächlich etwas mit Authentizität zu tun und repräsentiert ganz bestimmt ein neuzeitliches Ideal, das ich im 1. Kapitel als einen der Ausgangspunkte des vorliegenden Buchs genannt habe. *Heuchelei* ist jedoch ein Verstoß im Hinblick auf öffentliche oder zwischenmenschliche Verhältnisse, eine Verletzung der Redlichkeitsregel. Nun ist ein gegen Heuchelei gerichtetes Ideal zwar mit einer egozentrischen Einstellung vereinbar (denn ich kann es dem anderen freimütig klarmachen, daß es mir um mich selbst geht), doch es beinhaltet eine Forderung nach zwischenmenschlicher Wahrhaftigkeit, die mit Sicherheit über bloßen Narzißmus oder Egoismus hinausgeht. In dieser Hinsicht hält das Ideal seinem Ursprung bei Rousseau die Treue.

Im 5. Abschnitt des vorliegenden Kapitels werde ich versuchen, die Authentizität als persönliches Ideal schärfer in den Blick zu bekommen. Dort werde ich eine Frage aufgreifen, die in der bisherigen Diskussion im Hintergrund geblieben ist, nämlich: Inwieweit kann man die Forderungen des authentischen Lebens als eine Sache der *Selbstenthüllung* betrachten? Dieser Begriff ist etwa dann angebracht, wenn wir uns vorstellen, wie die sterbenskranke Julie bemerkt, daß sie sich selbst verraten hat, als sie ihren Liebhaber fallenließ, um statt dessen an der Seite Wolmars ein tugendhaftes Leben zu führen. Doch wenn es hier wirklich auf Enthüllung ankommt, welche Art von Enthüllung ist das? Welche Art von Wahrheit wird hier enthüllt? Und in welcher Beziehung steht die Enthüllung dieser Wahrheit (sofern es tatsächlich darum geht) zur Aufrichtigkeit, ja zur Aufrichtigkeit in der Form, für die wir uns bisher interessiert haben, näm-

S. 13. Bei Bloom (1979) kommt im Zuge der Betrachtung des vermeintlichen Vermächtnisses Rousseaus ein ähnlicher Wirrwarr kritischer Gedanken zum Vorschein. Die Einsicht, daß Authentizität nicht bloß als Deckmantel für die Launen des Konsumdenkens dient, sondern wirklich ein Ideal darstellt, wird in gelungener Weise von Charles Taylor (1992) herausgearbeitet.

lich als Tugend der freien Bekundung von Überzeugungen? Die Authentizität – oder zumindest das Streben nach der Authentizität als einem reflektierten Ideal – scheint auf einem Begriff der Redlichkeit zu beruhen, der Aufrichtigkeit und ein mutiges Sich-der-Wahrheit-Stellen miteinander verbindet; und da müssen wir die Frage aufwerfen, wie das möglich ist. Ehe wir jedoch auf diese Frage eingehen können, müssen wir ein weiteres Bild des Ich betrachten, das, obwohl es historisch gesehen aus derselben Welt stammt wie das Bild Rousseaus, von diesem grundverschieden ist.

3. Diderot und »Rameaus Neffe«

Im 1. Kapitel war die Rede von einem Bild der Aufklärung, das die Tyrannei der Theorie betont und die Theorie wiederum mit einer äußerlichen, »panoptischen« Betrachtungsweise der Dinge – auch der Gesellschaft – gleichsetzt. Natürlich gab es solche Tendenzen der Aufklärung, und einige ihrer Vertreter, insbesondere Voltaire, wurden, um zunächst einmal nur das Politische zu nennen, mit einer despotischen Einstellung identifiziert.[28] Aber nur wenn die Aufklärung mit ihren besonders szientistischen Selbstporträts oder vielmehr mit der für das neunzehnte Jahrhundert typischen Aneignung dieser Porträts gleichgesetzt wird, sollten wir uns aufgrund jener Merkmale dazu bewegen lassen, die Aufklärung selbst zu verwerfen. Es sind die Debatten des neunzehnten Jahrhunderts, aus denen wir die Dichotomien »mechanisch versus organisch«, »instrumentelle Vernunft versus Gefühl«, »diskursive Beschreibung versus Ausdruck« usw. übernommen haben. Zweifellos gibt es manche Zusammenhänge, in denen wir an diesen Dichotomien festhalten müssen, vor allem wenn es darum geht, die jeweils rechte Seite zu stärken, aber gewiß sollten wir aufhören, sie zu Angriffen auf die Aufklärung – ein Phänomen, das weit über sie hinausgeht – zu benutzen.

28 Es lohnt sich, darauf hinzuweisen, daß sich Voltaire gegenüber Rousseau mit spektakulärer Abscheulichkeit verhielt, vor allem im Hinblick auf *La nouvelle Heloïse*. Dieses Buch kennzeichnete Voltaire als »dumm, bür-

Sofern es überhaupt ein Sinnbild der Aufklärung gibt, so ist es die *Encyclopédie*. Deren Zentrum war Denis Diderot. Die *Encyclopédie* war seine Idee, und er war – zusammen mit d'Alembert – ihr Herausgeber, allerdings der fleißigere von beiden. Er setzte sich für sie ein und schützte sie vor der Zensur, schrieb viele Artikel selbst, füllte ihre Seiten, indem er andere Bücher abkupferte, litt um ihretwillen Hunger und Gefängnisstrafen. Trotz allem war die *Encyclopédie* nicht das Werk eines einzigen Mannes, sondern ein gemeinschaftliches Unterfangen, dessen Organisation und Rezeption eine komplexe soziale Tatsache bilden.[29] Es ist allerdings interessant zu erfahren, welches Naturell der Mensch hatte, der in diesem Verhältnis zur *Encyclopédie* stand: Er war lustig, leidenschaftlich, unordentlich, manchmal legte er Sentimentalität an den Tag und manchmal grausame Bösartigkeit (jedenfalls nach heutigen Maßstäben). Außer den zahlreichen Artikeln für die *Encyclopédie* schrieb er einige völlig erfolglose Stücke, an denen er sehr hing; Romane, unter anderem *Jacques le fataliste* – eine Geschichte über katastrophale Inkonsequenz; etliche philosophische Arbeiten; und einige Werke, die formal gesehen in überaus originellen Beziehungen zu ihrem Inhalt stehen, wie z. B. eine Geschichte mit dem Titel »Dies ist keine Erzählung« und der Dialog *Supplément au voyage de Bougainville*, in dem es um Sex, Kolonialismus und Primitivismus geht und die Sprecher wesentlich in den Inhalt des Gesagten integriert sind. Mit seinen *Salons* war Diderot praktisch der Erfinder des Genres der Kunstkritik. Was uns jedoch besonders interessiert, ist *Rameaus Neffe* – ein Meisterwerk, das zumindest in der philosophischen Diskussion womöglich weniger bekannt ist, als es sein sollte.

Zu Lebzeiten Diderots wurde diese Schrift nicht veröffentlicht, sondern erschien zum erstenmal in einer deutschen Übersetzung, die Goethe nach einer von Schiller entliehenen Handschrift angefertigt hatte. Diese Handschrift ist seitdem verschollen. Auf französisch gab es nur eine fehlerhafte Abschrift, bis 1891 in Paris durch einen Zufallsfund bei einem Buchhändler am

gerlich, unverschämt, langweilig« und tat sein Bestes, den Roman verbieten zu lassen. Cranston (1991), z. B. S. 263, 278.

29 Was es mit diesem Unterfangen auf sich hatte, schildert Darnton (1979).

Quai Voltaire ein makelloses Exemplar in Diderots eigener Handschrift auftauchte. Dargestellt wird ein Gespräch. Der eine Sprecher ist »Ich«, der Erzähler, den man, wenn man will, für Diderot halten darf, solange man aus dieser Gleichsetzung nicht zu viele Schlüsse zieht. Der andere Sprecher ist »Er«, nämlich Jean-François Rameau, der Neffe des berühmten Komponisten. Dieser Rameau ist eine ganz außergewöhnliche Figur. Der Erzähler berichtet:

> Da wurde ich von einem der bizarrsten Menschen angesprochen, den dieses Land beherbergt, wo es Gott an dergleichen doch nicht hat fehlen lassen. In ihm verbinden sich Erhabenheit und Niedertracht, Vernunft und Unverstand, und die Begriffe des Ehrbaren und Unehrbaren müssen ganz sonderbar verwirrt in seinem Kopfe sein; denn er zeigt, was ihm die Natur an guten Eigenschaften gegeben hat, ohne Prahlerei, und was er von ihr an schlechten empfangen, ohne Scham.[30]

Er schlägt sich durchs Leben, indem er anderen schmeichelt und sich den Reichen als eine Art Hofnarr verdingt. (Soeben hat man ihm den Stuhl vor die Tür eines Haushalts gesetzt, den ein wohlhabender Beamter namens Bertin zusammen mit seiner Mätresse, der an der Comédie-Française wirkenden Schauspielerin Mlle. Hus, führt. Diese Menage wird gelegentlich auch als Bertinhus bezeichnet.) Rameaus Erscheinung, seine Kleidung und seine Figur sind bei verschiedenen Gelegenheiten völlig verschieden, je nachdem, wie es ihm gerade ergeht. Er grollt gern und ist neidisch, vor allem auf seinen berühmten Onkel,[31] aber zugleich ist er von manischer Fröhlichkeit. Seine Stimmung schlägt sogar im Rahmen dieses einen Gesprächs mehrfach von einem Extrem ins andere um. Seine Stimme ist betäubend laut, und als Imitator besitzt er frappierende Fähigkeiten. Im Laufe des Dialogs wechselt er mehrfach das Register, und gegen Ende spielt er sämtliche Rollen aus mehreren französischen Opern. Zwischen diesen Darbietungen springt der Dialog mit großer

30 S. 395 (die Verweise beziehen sich auf die Ausgabe in der Pléiade-Reihe), Übers., S. 7.

31 Trilling weist darauf hin, daß ihm sein Onkel auch heute noch den Rang abläuft: Das Bild auf dem Umschlag der bei Penguin erschienenen englischen Übersetzung ist (oder war zumindest in der Erstauflage dieser Ausgabe) ein Porträt des großen Rameau (Trilling [1972], S. 29).

Leichtigkeit und Ungezwungenheit von einem Thema zu allen möglichen anderen: Tugend und Laster, Aufrichtigkeit und Heuchelei; philosophischer und naturwissenschaftlicher Materialismus; französische und italienische Oper.

Auf die Interpreten hat *Rameaus Neffe* äußerst beunruhigend gewirkt. Man hat die Frage aufgeworfen, wovon der Dialog eigentlich handeln solle; dabei ist jedoch gar nicht klar, daß er eine ganz bestimmte Thematik hat. Außerdem haben sich die Interpreten nervös gefragt, welchen Standpunkt sich der Leser zu eigen machen soll. Aber schon bei oberflächlicher Betrachtung wird deutlich, daß bei diesem Gesprächsdrama weder Er noch Ich als maßgebliche Figuren auftreten. Ich äußert zwar, wenn er beiseite spricht, ein paar interpretierende und mitunter verurteilende Bemerkungen, aber dennoch trägt er auch seinerseits zu den besonders haarsträubenden Meinungen Rameaus bei. Ehe Er sich wie folgt über die Psychologie der Tugend äußert, hat ihm Ich bereits ermunternd zugeredet:

Ihr glaubt, das Glück sei für jeden gleich beschaffen? Welch wunderliches Hirngespinst! Das Eure setzt eine schwärmerische Denkart voraus, die unsereiner nicht hat; eine sonderbare Seele, einen eigenartigen Geschmack. Diese Wunderlichkeit ziert Ihr mit dem Namen Tugend; Ihr nennt sie Philosophie. Aber Tugend, Philosophie, sind sie für jedermann geschaffen?[32]

[...] warum sind die Frömmler fast immer so schroff, mürrisch und ungesellig? Doch nur, weil sie sich etwas auferlegt haben, das ihrer Natur nicht entspricht. Sie leiden, und leidet man, macht man auch die anderen leiden. Aber das ist nichts für mich, noch für meine Gönner; ich muß lustig sein, wendig, gefällig, närrisch, possierlich. Tugend fordert Ehrfurcht; und Ehrfurcht ist unbequem. Tugend fordert Bewunderung; und Bewunderung ist nicht unterhaltsam.[33]

Ein Motiv, das immer wieder anklingt, ist der Gedanke, daß Rameau gar kein inkonsequenter Mensch ist:

Der Teufel soll mich holen, wenn ich weiß, was ich im Grunde bin. Im allgemeinen bin ich frank und frei, ist mein Charakter gerade und schmiegsam wie eine Weidenrute; niemals falsch, sofern es nur irgend mein Vorteil ist, wahrhaftig zu sein; niemals wahrhaftig, sofern es nur ir-

32 S. 422, Übers., S. 55 f.

33 S. 426, Übers., S. 62.

gend mein Vorteil ist, falsch zu sein. [. . .] Nie im Leben habe ich nachgedacht, weder vor dem Reden, noch beim Reden, noch nach dem Reden.[34]

Und zusammenfassend sagt der Erzähler über die Persönlichkeit Rameaus:

Darin war nun viel von dem, was man wohl denkt, wonach man wohl handelt; was man aber nicht ausspricht. Das ist denn auch der auffallendste Unterschied zwischen meinem Mann und den meisten Menschen, die uns umgeben. Er bekannte sich zu den Lastern, die er hatte, die die anderen auch haben; aber er war kein Heuchler. Er erregte weder mehr noch weniger Abscheu als sie; er war nur offener und konsequenter; und manchmal profund in seiner Verderbtheit.[35]

Wilma Anderson hat einmal gesagt, *Rameaus Neffe* sei ein Text, den jeder Leser auf eigene Weise verarbeiten muß.[36] Daß es sich so verhält, entspricht diesem Text aufs beste. Eine Möglichkeit, wie man mit diesem Text verfahren kann, besteht darin, daß man ihm philosophisch interessante Seiten abgewinnt; und das läßt sich zweifellos auf viele verschiedene Weisen leisten. Hoffentlich wird er bei meiner Deutung fairer behandelt als bei seiner berühmtesten Begegnung mit der Philosophie, nämlich bei seinem Vorkommen in Hegels *Phänomenologie*, in der er allerdings nicht ausdrücklich beim Namen genannt wird.[37] Hegel verachtet Ich, der nach seiner Auffassung für die konventionelle und unreflektierte Moral steht, während Er aus Hegels Sicht das historisch höher stehende Phänomen des unglücklichen Bewußtseins repräsentiert, das die reflektierte Subjektivität der Neuzeit verkörpert und sich ironisch und distanziert von den akzeptierten Verhältnissen der gesellschaftlichen Macht löst. Indem Er bei Hegel als völlig positive Gegenfigur zu Ich gesehen und als der Reflektiertere der beiden hingestellt wird, wird diese Deutung dem Charakter, wie er in diesem Dialog in Erscheinung tritt, einfach nicht gerecht: Er ist in erheblichem Maße offener und spontaner, Er neigt weniger zu lähmender Reflexion als Ich. Hegel

34 S. 434 f., Übers., S. 77 f.

35 S. 464; Übers., S. 127 f.

36 Anderson (1990), S. 252.

37 *Phänomenologie des Geistes*, VI (Der Geist), B, 1.a (Die Bildung und ihr Reich der Wirklichkeit), Hegel (1988), S. 345 ff.

liegt eigentlich nichts daran, innerhalb des dramatischen Gefüges dieses Gesprächs auf diese Weise zu differenzieren. Ihm geht es darum, IHN zu benutzen, um ein Stadium in der Geschichte des Bewußtseins zu veranschaulichen; und dabei werden die beiden Charaktere bloß im Hinblick auf einen von Hegel als historische Aufeinanderfolge gedeuteten Gegensatz interpretiert. Dies ist der Gegensatz zwischen der »ehrlichen Seele« und einem »mit sich selbst zerfallenen, entfremdeten und verwirrten Bewußtsein«, um mit Trilling zu reden.[38] Bei diesem Verfahren muß verlorengehen, was es für den Erzähler heißt, sich auf Rameau einzulassen und gemeinsam mit ihm dieses Gespräch zu entfalten. Indem Hegels Interpretation diesen auch unter schriftstellerischem Gesichtspunkt zu sehenden Aspekt des Werks vernachlässigt, geraten dabei auch einige philosophische Grundgedanken dieses Texts aus dem Blick; und das ist ein Verlust, der Hegels eigene Absichten tangiert, denn diese Gedanken könnten zu einer Deutung der Geschichte des Bewußtseins beitragen.

Zu den Gedanken, die ich diesem Text entnehme, gehören die folgenden: Rameau ist sich selbst zumindest insofern treu, als er in auffallender Weise auf Selbsttäuschung verzichtet. Man könnte sagen, daß er einen großen Teil der Wahrheit über sich selbst *besitzt*. Außerdem ist er erstaunlich ehrlich. Freilich schmeichelt und lügt er, aber ungewöhnlich ist das Maß, in dem er es zugibt. Er *offenbart* einen großen Teil der Wahrheit über sich selbst. Mit diesen Eigenschaften bietet er ein außerordentlich deutliches Beispiel der Aufrichtigkeit – nicht in der Form des Berichts über die Ergebnisse einer Selbsterforschung, sondern in der Grundform einer ungehemmten Äußerung oder Umsetzung in die Tat. Auch in seinen zweitstufigen oder reflektierten Bemerkungen ist er unverklemmt und spontan. Das Modell der Aufrichtigkeit als ungehemmte Spontaneität gilt sogar für seine Schmeicheleien und Täuschungen. Bei diesen Tätigkeiten sorgen die Erwartungen seines Publikums, wie er klarstellt, dafür, daß er auf Bestellung und eine gewisse Zeitlang wirklich zu dem wird, was seine Hörer verlangen. Daß er für sie verfüg-

38 Trilling (1972), S. 47. Das 2. Kapitel von Trillings Buch enthält eine interessante Darstellung von Hegels Verhältnis zu Diderots Text und zu Goethe.

bar ist, nimmt nicht die Form einer systematisch falschen Schilderung seines Befindens an, sondern die Form einer sofortigen Personifikation, einer improvisierten Darstellung einer anderen, nur kurzfristig vorhandenen Persönlichkeit. Andererseits bildet er keine Einheit; er ist nicht aus einem Guß. In höherem Maße als ICH ist er »mit sich selbst zerfallen«.

Diese Merkmale Rameaus lassen sogleich Fragen aufkommen, im Hinblick auf die Rousseau meistens sehr optimistische Antworten unterstellt. Bei diesen Fragen geht es darum, welche Leistungen in moralischer und sozialer Hinsicht durch Aufrichtigkeit oder Authentizität erbracht werden. Das Beispiel Rameaus zeigt gewiß, daß diese Eigenschaften nicht unter Garantie den Zielen der Tugend – Kooperation, Selbstüberwindung, soziale Würde – dienen. Dieses Beispiel wirft allerdings eine tieferschürfende Frage auf, nämlich: Inwiefern kann man überhaupt damit rechnen, daß das Ich für Moral empfänglich ist? Das eigene Verhältnis zu den Interessen anderer Personen ist Temperamentsache, und für viele Temperamente kann es eine Strapaze sein, eine gnadenlose Zufälligkeit. (Was dieses Motiv betrifft, stimmt ICH im Dialog einen an Hume gemahnenden, beruhigenden Refrain an, in dem von dem Vergnügen die Rede ist, das die Tugend Leuten wie ihm bereitet. Der Leser wird hier die gleiche Frage stellen wie Rameau: In welchem Maße wird jemand, der dergleichen sagt, wohl mit sich selbst im reinen sein?)

Es geht auch nicht bloß um einen Charakter, der durch aufrichtige Selbstenthüllung ein für allemal offenbart wird. Es gibt kein Ich, das auf der Stelle aufgedeckt wird. Rameau ist, wie wir erfahren haben, ein konsequenter Mensch und immer der gleiche, doch das liegt daran, daß er ungezwungen und ohne Scham zu verschiedenen Zeiten ganz verschiedene Dinge äußert. Diderot fühlte sich immer zu einem Bild des Ich als einer ständig wechselnden, reagierenden und sich wandelnden Instanz hingezogen. Es erscheint dann als Bienenschwarm oder als Klavichord, Harfe oder sonst ein Instrument, auf dessen Saiten der Wind oder eine andere Elementarkraft spielt. Diese Vorstellung ähnelt dem von Nietzsche gezeichneten Bild, wonach unsere Wünsche und Bedürfnisse wie Polypenarme in unserem Inneren umhertasten und -greifen.[39] Das bedeutet, daß die zu einem be-

39 Morgenröte, § 119.

stimmten Zeitpunkt geäußerte Bekundung des Selbst nichts anderes sein kann als eine Bekundung des zu diesem Zeitpunkt gegebenen Selbst. Rameau, Er, ruft es uns in Erinnerung: In der Wirklichkeit ist es so, daß Gefühle, Bedürfnisse, Leidenschaften und Identifikationen kommen und gehen – bei manchen Leuten mehr als bei anderen, bei den meisten weniger als bei ihm. Diese Menschen sind, wie man sagen könnte, gefestigter. Aber was heißt es, gefestigter zu sein? Wie kommt es dazu, und wie funktioniert es?

Der Umstand, daß wir diese Frage stellen können, zeigt, daß es mehr als nur eine Ebene gibt, auf der wir Diderots Einstellung betrachten müssen. Einerseits ist Rameau wirklich ein bemerkenswertes und ungewöhnliches Individuum, »einer der bizarrsten Menschen, die dieses Land beherbergt«. Nach Hegels Auffassung ist er ein Sinnbild oder Repräsentant eines spezifisch neuzeitlichen, mit sich selbst zerfallenen und unglücklichen Bewußtseins. Diese Auffassung vertrat Hegel nicht deshalb, weil er meinte, neuzeitliche Menschen glichen typischerweise Rameau, sondern deshalb, weil diese Gestalt als extreme Umsetzung der Bedingungen unserer neuzeitlichen Kultur gesehen werden kann: ein Selbstbewußtsein, das sich in seiner sozialen Umwelt nicht mehr unreflektiert zu Hause fühlen kann. Nach dieser Darstellung ist Rameau nicht nur als Individuum, sondern auch in historischer Hinsicht etwas Besonderes, weil er ein spezielles Kulturphänomen repräsentiert. Auf einer Ebene unterhalb dieser sei's individuellen oder historischen Differenzen muß es andererseits eine allgemeinmenschliche Psyche geben, im Hinblick auf die wir uns von diesen Veränderungen einen Begriff machen können. (Hier kommt einem vielleicht die im 2. Kapitel erörterte Vorstellung in den Sinn, wonach kulturelle Verschiedenheit impliziert, daß es eine zugrundeliegende Psyche gibt, die akkulturiert werden kann.) Wenn ich Diderot richtig verstehe, ist es nach seiner Ansicht nicht bloß ein spezielles Merkmal der Neuzeit, sondern eine universelle Wahrheit, daß die Menschen eine unstete geistige Konstitution haben, die von der Gesellschaft und durch Interaktion mit anderen Menschen gefestigt werden muß. Verschiedene Personen und Personen in verschiedenen Situationen werden von diesen Kräften in größerem oder geringerem Maße gefestigt; und es kann sein, daß neuzeitliche Verhältnisse diese Festigung in besonders hohem Grade oder in besonderer Weise erschweren. Dieses Bild des Geistes impliziert, daß es sich hier um Beziehungen zu anderen Personen und zur Gesellschaft handelt, die völlig verschieden sind von allen, die sich Rousseau ausgemalt hat; und das wiederum impliziert einen anderen Begriff von Aufrichtigkeit und Authentizität.

4. Festigung des Geistes

Was Rameau zu einem Zeitpunkt bekundet, ist vielleicht grundverschieden von dem, was er zu einer anderen Zeit bekundet, und dennoch können seine Bekundungen allesamt aufrichtig sein; zumindest bringt er auf spontane und ungehemmte Weise vor, was er im Sinn hat. Doch falls seine Bekundungen zu launenhaft und wetterwendisch sind, stellt sich die Frage, welcher Art das ist, was er im Sinn hat. Insbesondere bei Überzeugungen ist es nicht nur so, daß der Sprecher inkonsequent, widersprüchlich oder unverbesserlich wirkt, wenn es zu oft Veränderungen gibt; hier wird es sich, falls der Wechsel zu häufig eintritt, als daß von inneren Gründen die Rede sein könnte, gar nicht um Überzeugungen, sondern eher um so etwas wie propositionale Stimmungen handeln.

Bei vielen Zuständen, die als Überzeugungen gelten (wie z. B. Erinnerungen an bestimmte Erlebnisse, Erfahrungen über dauerhafte Zustände der Welt und eingeprägte Informationen), verlangt schon ihr Verhältnis zu ihrem Gegenstand – ihre bloße Semantik und Epistemologie –, daß sie gefestigt sind, damit sie überhaupt als Überzeugungen gelten. Man könnte sie gar nicht als Träger und Anbieter von Informationen über diese Sachverhalte begreifen, wenn sie von den Launen des Geistes nicht relativ unbeeinflußt blieben. Das ist der Grund, weshalb wir seinerzeit, als wir in der Geschichte vom Naturzustand den Austausch und das Zusammenbringen von Informationen betonten, davon ausgehen durften, daß die Überzeugungsdispositionen relativ stabil waren. Es gibt allerdings noch andere Zustände, die als Überzeugungen oder Meinungen gelten dürfen, beispielsweise narrative Deutungen der Vergangenheit, Einschätzungen von Personen oder wertende Einstellungen. In diesen Fällen finden wir nicht immer, was die Philosophen oft zu verlangen scheinen, nämlich einen unveränderlichen dispositionalen Zustand, der in stabiler Bereitschaft darauf wartet, durch Bekundungen oder Handlungen aktiviert zu werden. In diesem Sinne sagt Diderot an anderer Stelle, im »Gespräch zwischen d'Alembert und Diderot«: »Unsere wirkliche Meinung ist nicht eine Ansicht, an der wir unverbrüchlich festgehalten haben, sondern eine, zu der wir besonders regelmäßig zurückgekehrt sind.«[40]

Dennoch müssen unsere Bekundungen in bestimmter Weise strukturiert sein, damit sie als Bekundungen von Überzeugungen oder Meinungen *irgendeiner* Art gelten können. Es gibt relativ unproblematische Fälle, wie z.B. den Fall der eingeprägten Informationen, doch sobald wir diese Fälle hinter uns lassen, in denen die Ermittlung von jemandes Überzeugungen in hohem Maße vom Gegenstand und vom Verhältnis des Betreffenden zu diesem Gegenstand gesteuert wird, benötigen wir eine andere Gewähr dafür, daß Aufrichtigkeit in der Form spontaner Bekundung langfristig eine gewisse Geltung haben wird. Meistens, wenn wir es mit gefestigteren Charakteren als Rameau zu tun haben, haben wir diese Gewähr; aber wir haben sie in einer gesellschaftlich geprägten und gestützten Form. Diese Gewähr beruht auf der Praxis, durch die die Menschen so sozialisiert werden, daß sie derartige Überzeugungen haben. Wenn das, was ich zu einem bestimmten Zeitpunkt ungezwungen bekunde, von mir selbst oder sonst jemandem als Bekundung meiner Überzeugung aufgefaßt werden kann, dann liegt das daran, daß es eine Praxis gibt, durch die dem Ausdruck des unmittelbar gegebenen Zustands eine feste Gestalt verliehen wird, die eine Zukunft hat. Das ist es, was uns in den meisten Fällen die Möglichkeit gibt, solche Bekundungen kohärent als Bekundungen von Überzeugungen vorzubringen und die Äußerungen anderer Leute ebenso zu deuten.

Der Grundmechanismus beruht darauf, daß es andere Personen gibt, die sich auf unsere Dispositionen verlassen müssen, während wir unsererseits wünschen, daß sie sich auf unsere Dispositionen verlassen können, weil wir uns wiederum bis zu einem bestimmten Grad auf ihre verlassen können wollen. Wir

40 S. 885.

lernen es, uns anderen und infolgedessen auch uns selbst als Personen mit einigermaßen gefestigten Einstellungen oder Überzeugungen zu präsentieren. Dieses Bild gibt natürlich keine Berechnung wieder, die von Einzelpersonen wirklich angestellt wird. Wie wir bei der Entfaltung des Naturzustands gesehen haben, verhält es sich weder faktisch noch potentiell so, daß diese Entwicklung von einer egoistischen Einstellung ausgeht und dann voranschreitet. Außer in ganz aussichtslosen Situationen wird jeder in einer Welt großgezogen, in der solche Bedürfnisse ihm und anderen gemeinsam sind. Sobald wir es gelernt haben, solche Überzeugungen zu haben, und dann nach unserer Überzeugung gefragt werden, können wir einfach eine Überzeugungsäußerung vorbringen, die im fundamentalsten Sinn aufrichtig, nämlich spontan und ungehemmt ist; und dieser Umstand wird uns von sich aus dazu ermuntern, an dieser Überzeugung festzuhalten und uns jetzt und in Zukunft als Personen zu präsentieren, die diese Ansicht vertreten. Manchmal wird es natürlich vorkommen, daß sich nichts in dieser Form nahelegt. Oder es geschieht, daß wir, sofern sich doch etwas nahelegt, nicht dazu bereit sind, andere darauf bauen zu lassen – d.h. wir wollen uns nicht darauf festlegen. Es kann uns sogar im fraglichen Augenblick unklar sein, wovon wir überzeugt zu sein glauben. Eine Möglichkeit besteht dann darin, daß wir bei der Selbstinterpretation mehr oder weniger das gleiche Verfahren anwenden, das wir bei anderen oder andere bei uns einsetzen, wobei wir allerdings den kleinen, aber realen Vorteil genießen (der zu den vielen zählt, die uns der Behaviorismus streitig macht), ein Gefühl dafür zu haben, was wir in diesem Augenblick zu äußern und welche Äußerungen wir in diesem Augenblick zu unterdrücken geneigt sein könnten. Was wir also preisgeben müssen, ist die Annahme, daß wir zunächst und unmittelbar über eine transparente Selbstdeutung verfügen und anschließend dazu übergehen, anderen Personen entweder aufrichtig Aufschluß über die eigene Überzeugung zu geben, so daß sie uns verstehen (oder mißverstehen, wie Rousseau zu seiner Enttäuschung feststellte), oder uns zu verstellen, so daß die anderen in die Irre geführt werden. Auf einer fundamentaleren Ebene gehen wir alle gemeinsam der sozialen Tätigkeit nach, wechselseitig unsere Bekundungen, Stimmungen und Impulse so zu stabilisieren, daß sie die Gestalt von so etwas wie Überzeugungen und relativ gefestigten Einstellungen annehmen.

Ausgegangen bin ich hier von sogenannten »Überzeugungen und Meinungen« im Sinne von Werturteilen, narrativen und persönlichen Deutungen und dergleichen. Aber der gleiche Gedanke läßt sich, wie man sagen könnte, von hier aus sowohl vorwärts als auch rückwärts auf weitere Gebiete übertragen: rückwärts hin zu unverkennbar faktenbezogenen Überzeugungen und vorwärts sogar bis hin zu unseren Wünschen. Viele faktenbezogene Überzeugungen werden, wie ich dargelegt habe, schlicht von den Bedingungen gesteuert, unter denen sie erworben werden, und in Verknüpfung damit von ihrer Semantik. Die Unmittelbarkeit, mit der sich eine Behauptung präsentiert – ihr Grad von Spontaneität »im Hinblick auf das *Was*« (wie ich es im 4. Kapitel formuliert habe[41]) –, steht zumeist in zuverlässiger Verbindung mit der Wahrheit der betreffenden Behauptung oder mit der Rechtfertigung, die dem Sprecher für diese Behauptung bekannt ist. Mit Rechtfertigung ist hier gemeint, daß es, wenn sich die Meinung als falsch erweist, eine in puncto Erkenntnis überzeugende Erklärung dafür gibt, wie der Sprecher zu seiner Ansicht gelangt ist (d. h. eine Erklärung, die mit der Möglichkeit in Einklang steht, daß er bei dieser Gelegenheit jene Kräfte zum Einsatz gebracht hat, die ihn, was den Erwerb und die Speicherung diesbezüglicher Informationen angeht, zu einer generell zuverlässigen Quelle machen). Damit ist nicht gesagt, daß der Sprecher selbst darüber befindet, ob eine gegebene Behauptung wahr ist, indem er sich auf die Spontaneität stützt, mit der er sie vorzubringen geneigt ist – obwohl es tatsächlich Fälle gibt, in denen es sich so verhält. Im allgemeinen funktioniert das System dadurch, daß der Sprecher zur Äußerung einer Behauptung neigt, deren Wahrheit aufgrund eben dieser Tatsache wahrscheinlich ist. Das funktioniert jedoch durchaus nicht immer. Abgesehen von den Fällen, in denen der Sprecher zwar überzeugt, aber schlicht im Irrtum ist, gibt es auch Fälle, in denen sich eine Behauptung ohne weiteres nahelegt, der Sprecher aber Grund hat, sich zu fragen, ob die Behauptung wirklich wahr ist. Außerdem gibt es – und das ist überaus wichtig – auch Fälle, in

41 S. o. Kapitel 4, Abschnitt 2.

denen sich zwar keine bestimmte *Behauptung* präsentiert, wohl aber eine Proposition, ein Gedanke oder Inhalt. (In dieser Möglichkeit liegt, wie wir später sehen werden, ein weiterer signifikanter Aspekt.) Hier denkt der Sprecher vielleicht über sonstige sachlich relevante Gründe nach, um zu ermitteln, ob er wirklich dieser Überzeugung ist – was in einem solchen Fall soviel bedeutet wie: ob die betreffende Proposition wahr ist. Dabei mag es sein, daß er lediglich erfahren will, ob sie wahr ist. Sehr häufig jedoch gibt es einen anderen Grund dafür, warum er solche Überlegungen anstellt, nämlich den: daß er sich vertrauensvoll mit einer anderen Person unterhält, die sich auf ihn verläßt, wobei nun die Frage auftaucht, ob es angeht, diese Person zum Glauben an diese Proposition zu bewegen. In einem solchen Fall kann es vorkommen, daß er, indem er den anderen überzeugt, sich selbst ebenfalls zum Glauben an diese Proposition bewegt. Es sind die Gegenwart und die Bedürfnisse anderer Personen, die sogar im Hinblick auf faktenbezogene Meinungen dazu beitragen, daß wir uns solche Überzeugungen zurechtlegen.[42]

Diderots Bild des Geistes impliziert ferner, daß ähnliche Faktoren uns dabei helfen können, unsere Wünsche und Begierden zu formen. Wenn wir uns überlegen, was dabei ins Spiel kommt, kann uns diese Reflexion außerdem einen tieferen Einblick vermitteln, so daß wir das Wesen des Wunschdenkens besser verstehen als bisher.

Seit Platon war man immer anzunehmen geneigt, man müsse, um sich das Faktum des irrationalen Akteurs verständlich zu machen, davon ausgehen, daß im Geist des Akteurs ein Konflikt zwischen verschiedenen Elementen stattfindet, die zumindest bis zu einem gewissen Grade als eigenständige Instanzen agieren. Diese Instanzen kann man zwar ihrerseits als »irrational« kennzeichnen, doch das heißt nichts weiter, als daß sie die Ursa-

42 Zwischen meinen diesbezüglichen Vorschlägen und den Anschauungen von Alan Gibbard (1990), S. 74 f., gibt es eine Menge Gemeinsamkeiten außer insofern, als er implizit zu sagen scheint, daß eine in den Informationsaustausch mit anderen Personen hineinspielende »Norm der Konsistenz« ein zur Neigung zu spontaner Bekundung hinzukommendes Element ist. Bei meinem Ansatz strebt die spontane Bekundung schon von sich aus aktiv nach Wahrheit und ist daher bereits auf Normen der Konsistenz verpflichtet.

che der Irrationalität jener Person sind, in deren Geist sie ihr Wesen treiben. Das Begehren ist nach Platon irrational, weil es der Feind des rationalen Prinzips ist. Betrachtet man die Dinge einfach vom Standpunkt des Begehrens, leuchtet es überhaupt nicht ohne weiteres ein, daß der Versuch, den Einfluß dieser Instanz auf das ganze System auszudehnen, etwas Irrationales ist. Von diesem Standpunkt betrachtet, befindet sich das Begehren in ungefähr der gleichen Lage wie die »eigennützigen« Gene, von denen bei Dawkins die Rede ist.

Es gibt wohlbekannte Probleme, die sich einstellen, wenn man den einzelnen Akteur nach diesem Modell, also nach dem Vorbild einer zerstrittenen Ratsversammlung begreifen will. Eine dauerhafte Schwierigkeit liegt darin, daß die verschiedenen inneren Instanzen eine kompliziertere Form von Intentionalität verlangen, als das Modell zulassen kann: Die Instanzen haben die Tendenz, sich in Personen zu verwandeln, deren Verhalten seinerseits einer Erklärung bedarf. Es gibt aber noch einen weiteren Einwand, der weniger häufig zu hören ist. Der zerrissene, in sich zerstrittene und verwirrte Akteur ist nicht immer – oder nicht einmal im Regelfall – jemand, in dessen Innerem mehrere verschiedene, im gleichen Maße organisierte Stimmen einander widerstreitende Ansprüche geltend machen. Vielmehr sind die geistigen Zustände des Akteurs ihrerseits unklar oder wechselnd ausgerichtet, und ihr Einfluß auf sein Verhalten fällt zu verschiedenen Zeiten und unter verschiedenen Bedingungen unterschiedlich aus. Das politische Bild der Seele impliziert, daß die Ratsversammlung des Geistes aus wiedererkennbaren Mitgliedern besteht, doch im typischen Fall wimmelt es, wie Diderot erkannt hat, im Inneren des Akteurs von vielen Bildern, vielen Regungen, verschmelzenden Ängsten und Phantasievorstellungen, die ineinander aufgehen. Wenn es gelingt, die Einzelelemente so weit auseinanderzuhalten, daß sie wie eine Versammlung bestimmter und wiedererkennbarer Stimmen wirken, so ist das bereits eine Leistung. Eine tieferschürfende Erklärung wird eine weniger klar gegliederte Sachlage darbieten als der Vergleich mit der politischen Versammlung, und Diderots Bilder können uns zu einer solchen Erklärung hinführen.

Es gibt einen Unterschied zwischen Begierden oder Realwünschen einerseits und bloßen Wünschen andererseits. Bei unseren bisherigen (vor allem im 6. Kapitel dargelegten) Ausführungen über Wünsche und Wunschdenken sowie über die disziplinierenden Maßnahmen, deren es bedarf, um den zersetzenden Auswirkungen solcher Wünsche etwas entgegenzustellen, haben wir uns auf die folgende, durchaus vernünftige Vorstellung gestützt: Wenn man weiß, daß eine Sache nicht herbeigeführt oder beeinflußt werden kann, dann kann diese Sache allenfalls ein Gegenstand des Wünschens sein. Diese Vorstellung enthält jedoch eine Komplikation, die bisher keine Rolle gespielt hat. Diese Komplikation besteht darin, daß das, was einem Akteur möglich, d. h. im Sinne des praktisch Realisierbaren möglich ist, zum Teil von seinen Realwünschen abhängig ist. Es gibt viele Dinge, die für jeden bzw. für einen bestimmten Akteur absolut unmöglich sind. Wenn wir diese Dinge unberücksichtigt lassen, wird das, was ich tun *kann*, von Einschränkungen abhängen, die sich aus meinen sonstigen Zielen, meinen Verpflichtungen und meinem Lebensmuster ergeben. Wenn jemand sagt, daß er im Januar keinen Wintersporturlaub machen kann, dürfte er damit nicht meinen, daß es für ihn einfach keine mit den Naturgesetzen zu vereinbarende Möglichkeit gibt, ein solches Ergebnis herbeizuführen. Vielleicht meint er, was ja ganz vernünftig wäre, daß er, um einen solchen Urlaub zu machen, genötigt wäre, seine berufliche Stellung aufzugeben, seine Ersparnisse durchzubringen, seine Familie zu verlassen oder generell sein Leben in einem Maße neu zu organisieren, bei dem die Vorstellung von einem in diesem Leben unterzubringenden Winterurlaub ihren Sinn völlig verlöre.

Betrachten wir den Kontext einer bestimmten Beratschlagung. Ein Realwunsch wird dann ein Zustand eines Akteurs sein, wobei der Inhalt dieses Zustands vom Akteur in den verschiedenen Stadien der Beratschlagung als etwas angesehen wird, was von den sich aus der Beratung ergebenen Handlungen erfüllt werden kann. Ein (bloßer) Wunsch hingegen wird einen Inhalt haben, der in diesem Kontext nicht erfüllt werden kann. Da nun der Prozeß der Beratschlagung selbst darüber entscheidet, was in diesem Kontext erfüllt werden kann und was nicht, wird es einige Zustände geben, die zu Beginn der Beratschlagung Realwünsche sind, am Schluß jedoch (zumindest vorläufig) als bloße Wünsche dastehen. Andere Zustände – wie etwa die bleibenden Ziele, an denen der Akteur alle möglichen Handlungsweisen mißt – bleiben durchweg Realwünsche. Wieder andere jedoch sind niemals mehr als bloße Wünsche. Außer allen diesen Möglichkeiten muß es auch noch psychische Zustände geben, von denen gilt, daß ihre mögliche Erfüllung bisher weder entschieden behauptet noch klar bestritten worden ist; und auch diese Zustände kann man »Wünsche« nennen, ohne daß sie damit implizit als *bloße* Wünsche gekennzeichnet wären, also als Träger eines Inhalts, der zumindest in diesem Kontext nicht in Erfüllung gehen wird.

Von Realwünschen darf man wohl behaupten, daß sie insofern »Festlegungen« beinhalten, als der Akteur in einem gegebenen Kontext der Überlegung darauf festgelegt ist, einen Realwunsch als etwas anzusehen, dem im Ergebnis der Überlegung Anwartschaft auf Erfüllung zugesichert wird. In ganz ähnlicher Form sind die Überzeugungen eines Akteurs Zustände (oder vielmehr: Inhalte von Zuständen), die er im Kontext seiner Überlegung für wahr zu halten festgelegt ist. Diese Wahrheitsfestlegungen wiederum werden nicht alle von vornherein gegeben sein. Wenn sich der Akteur überlegt, was er tun soll, wird er untersuchen, was möglich ist und welches die Konsequenzen und Bedingungen diverser Handlungen sein mögen. Dazu kann er sich der Reflexion oder weiterer Untersuchungen bedienen, doch im einen wie im anderen Fall wird er die Vorstellungen von verschiedenen Ergebnissen oder Vorgängen als möglichen oder relevanten Ergebnissen oder Vorgängen in Erwägung ziehen. Gerade weil es sich hierbei um eine praktische Überlegung handelt, wird er zu diesen Ergebnissen und Vorgängen bestimmte Einstellungen haben, die ihrerseits von den die Überlegungen prägenden Realwünschen und bloßen Wünschen abhängen. Zu den psychischen Zuständen des Akteurs werden auch Befürchtungen oder Hoffnungen gehören. Wenn er einfach nicht weiß, ob P, aber dennoch erkennt, daß es für die Erfüllung seiner Realwünsche hilfreich wäre, wenn P, dann ist P vermutlich eine von ihm gehegte Hoffnung. Seine Befürchtungen haben weitgehend die gleiche Struktur, gehen jedoch in die entgegengesetzte Richtung. Von dem, was er sich erhofft oder befürchtet, ist er noch nicht überzeugt. Vielmehr zieht er die Vorstellung von dem betreffenden Ergebnis oder Vorgang mit positiver oder negativer Einstellung in Erwägung. Einerlei, welchen Wahrscheinlichkeitsgrad er dieser

Vorstellung zuordnet, er wird nicht ausreichen, um seine diesbezügliche Überzeugung zu rechtfertigen. In diesem Sinn ist er nicht darauf festgelegt.

Hoffnungen und Befürchtungen scheinen zumindest eine rudimentäre Form der Wahrscheinlichkeitsschätzung zu beinhalten, doch es gibt einen weiteren Zustand, der primitiver und sogar noch weniger bindend ist. Ein Sachverhalt, ein Ergebnis oder ein Vorgang kann dem Akteur mit dem Ziel der Bewertung oder vielleicht rein zufällig zu Bewußtsein kommen; und da dem Akteur dieser Inhalt im Kontext der Realwünsche und der Überlegung vorschwebt, wird dieser Inhalt wahrscheinlich eine Einstellung mit sich bringen. Ja, der Umstand, daß er dem Akteur vorschwebt, ist wahrscheinlich durch eine Einstellung zu erklären. Wenn diese Einstellung positiv ist, dürfte ein derartiger Inhalt nicht von einem Wunsch zu unterscheiden sein. Falls das richtig ist, scheint dieser Wunsch sowohl unter der Rubrik »Realwunsch« als auch unter der Rubrik »Überzeugung« eine Rolle spielen zu können. Um es genauer auszudrücken: Ein Inhalt, der mit einem für die Überlegung und den emotionalen Zustand, in dem die Überlegung angestellt wird, relevanten Ergebnis oder Vorgang zusammenhängt, tritt vor das Bewußtsein und bringt eine Einstellung mit sich, die einen Bestandteil des emotionalen Zustands ausmacht. Damit ist soweit noch keine Festlegung seitens des Akteurs gegeben, jedenfalls nicht in der bisher gebrauchten Bedeutung des Worts, denn bei diesem Inhalt handelt es sich bis jetzt weder um eine Überzeugung noch um einen Realwunsch. *Er kann jedoch auf dem Weg dahin sein, das eine oder das andere zu werden*. Als Resultat eines Vorgangs der einen Art kann sich ergeben, daß dieses Bild eine Überzeugung des Akteurs verkörpert, beispielsweise die Überzeugung, daß ein Ergebnis wirklich möglich ist. Als Resultat eines anderen Vorgangs wird es den Realwunsch ausdrücken, das Ergebnis möge wirklich eintreten. Diese unterschiedlichen Vorgänge werden im typischen Fall ein gewisses Maß an – je nach Kategorie anders gearteter – bewußter Reflexion einschließen, aber außerdem werden sie bestimmt noch aus vielem anderem bestehen. Es gibt hier zwei Wege: Der eine führt zu festen, von Belegen gestützten Überzeugungen, der andere zu begründet artikulierten, klar durchdachten Realwünschen; und die Grenzen zwischen diesen beiden Wegen werden nicht nur von bewußten Prozessen getragen – doch von vornherein gegeben sind sie erst recht nicht.

Wenn diese Darstellung in die richtige Richtung geht, ergeben sich daraus gewichtige Konsequenzen. Erstens deutet sie darauf hin, daß Wunschdenken gar keine rätselhafte Sache ist. Eigentlich stellt sich heraus, daß die Bezeichnung gut gewählt ist: Es ist ein Denken voller Wünsche, und da alles praktische Denken in jener allgemeinsten Bedeutung des Worts, in der Wünsche sowohl auf dem Weg zur Überzeugung als auch auf dem Weg zum Realwunsch auftreten können, voller Wünsche ist, hat es nichts Mysteriöses an sich, daß der Akteur (grob gesprochen) leicht in eine Lage geraten kann, in der er im falschen Modus auf ihren Inhalt festgelegt ist. Zweitens ist es ein – zweifellos durch politische Modelle der Beratschlagung gefördertes – Mißverständnis des praktischen Denkens im Ein-Personen-Fall, wenn man sich zu seiner Deutung auf eine Menge geformter und feststehender Realwünsche bezieht, die im Lichte geformter und feststehender Überzeugungen beurteilt werden. Es ist vielmehr so, daß der Prozeß, durch den man zu einer praktischen Schlußfolgerung gelangt, im Regelfall eine wechselnde und unbestimmte Menge von Wünschen, Hoffnungen und Befürchtungen beinhaltet, die zu der deutlicher umrissenen Architektur der Realwünsche und Überzeugungen hinzukommt. Wenn wir uns in unserem Denken auf die Begriffe Realwunsch und Überzeugung beschränken, kann es ohne weiteres geschehen, daß wir subtile Probleme übersehen, die zur Ökonomie des Realwunschs selbst gehören, insbesondere die Tatsache, daß die Unterscheidung zwischen einem Realwunsch und einem bloßen Wunsch eine Leistung – und zwar in erheblichem Maße eine kognitive Leistung – darstellt. Aus diesem Grund und, allgemeiner gesprochen, wegen der Disziplin, die nötig ist um die Schranken zwischen dem Weg zum Realwunsch und dem Weg zur Überzeugung aufrechtzuerhalten, können wir erkennen, daß sich die Tugenden, die wir beim Nachdenken über gebotene Handlungsweisen brauchen, auf tieferen Ebenen mit den zur Erforschung beliebiger Dinge benötigten Tugenden – den Tugenden der Wahrheit – decken.

Das Mit-sich-zu-Rate-Gehen des einzelnen ist nicht so etwas wie eine sonderbare Mehr-Personen-Beratschlagung in seinem Inneren, und natürlich ist es keine normale Mehr-Personen-Beratschlagung, bei der wir uns zusammentun, um darüber zu befinden, was *wir* tun sollen. Doch daß es im Wesen der Überlegung des einzelnen liegt, für Wunschdenken anfällig zu sein, und daß sie der Tugenden der Wahrheit ebenso bedarf wie rein faktenbezogene Untersuchungen, hilft die ganz offensichtliche Wahrheit erklären, daß es nützlich sein kann, wenn sich am Nachdenken über das gebotene Handeln einer Einzelperson mehrere Personen beteiligen: Wir können darüber nachdenken, was ich tun sollte. Das liegt nicht nur daran, daß du vielleicht Erfahrungen und Kenntnisse hast, die mir fehlen, sondern auch daran, daß deine Wünsche nicht die meinen sind – sie können inhaltlich verschieden sein, und in ihren Wirkungen gehen sie mit Gewißheit auseinander. Im praktischen Denken ebenso wie auf anderen Gebieten können wir dazu beitragen, den Realitätssinn des jeweils anderen zu stützen, sowohl indem wir Wünsche davon abhalten, sich in unwillkommenen Fällen zu Überzeugungen zu entwickeln, als auch indem wir bestimmten Wünschen (im Gegensatz zu anderen) dabei helfen, Realwünsche zu werden. Natürlich kann es nicht ausbleiben, daß ebendieser Prozeß auch eine negative Seite hat: Indem ich dir bei deiner Entscheidung helfe, kann es sein, daß ich deine Einbildungen verstärke und daß wir gemeinsam darauf hinwirken, Wünsche in ein trügerisches soziales Hologramm zu projizieren.

5. Authentizität und die anderen

Es gibt zwar kollektive Formen des Wahns, doch das bedeutet nicht, daß es in der Einsamkeit am besten gelingt, die Realität im Griff zu behalten. Der Streit zwischen Rousseau und Diderot begann, als Diderot im Februar 1757 ein Exemplar seines neuen Stücks *Le fils naturel* an Rousseau schickte. In diesem Stück sagt eine Figur zu einer anderen, die ebenso wie Rousseau beschlossen hat, als Einsiedler auf dem Lande zu leben: »Prüfe dein Herz, und es wird dir sagen, daß der gute Mensch in der Gesellschaft lebt und daß nur der schlechte Mensch allein ist.« In den *Bekenntnissen* behauptet Rousseau zwar, er habe Diderot mit einem sanften und freundlichen Brief geantwortet, doch er vermittelt einen falschen Eindruck von Diderots reumütiger, wenn auch zugleich recht forscher Replik und macht es überaus deutlich, daß ihn der Vorfall wurmte. Von nun an empfand er nur noch zunehmenden Argwohn und Widerwillen.[43]

Der Anlaß, der diesen Konflikt auslöste, war im Grunde ganz passend. Tatsächlich waren es Rousseaus Verdrehungen seiner eigenen Auffassung von Aufrichtigkeit, die dazu führten, daß er in Einsamkeit lebte. An und für sich folgte aus seinen Anschauungen nicht, daß das Leben einsam sein mußte. Natürlich waren es seine eigenen Selbsttäuschungen und psychischen Sonderbarkeiten, die ihn von anderen Menschen entfernten. Doch Rousseaus Weltbild räumte seinen eigenen Schwächen und Idiosynkrasien ebenso wie denen anderer Menschen nicht den richtigen Platz ein, und das war es, was Diderot im Gegensatz zu Rousseau erkannt hatte. Nach Rousseau mußte das Leben jeder Person in authentischer Form ihr eigenes sein: ein Leben, mit dem sich diese Person zur Gänze identifizierte, und dieses Leben mußte sich mit den Forderungen der Tugend decken. Aber Rousseaus Vorstellung, die Aufrichtigkeit könne in gewisser Weise die übrigen Tugenden gewährleisten, führte – zusammen mit seiner Auffassung, die Aufrichtigkeit sei einfach die spontane Bekundung dessen, was für den Betreffenden selbst unmittelbar evident ist – unweigerlich zu Enttäuschung und Selbsttäuschung und trug mehr als alles andere dazu bei, den allgemeinen Argwohn zu erklären, den seine Ablehnung der Welt hervorrief. Diese Vorstellung repräsentierte nicht mehr nur eine persönliche Beschränkung oder ein entschlossenes Pochen auf die Bedingungen, unter denen er seine Arbeit tun konnte, sondern eine Krise des moralischen Egoismus.

Zusätzlich verstärkt werden diese Befürchtungen und argwöhnischen Ahnungen durch die bedrohliche politische Theorie der staatsbürgerlichen Tugend, die im *Gesellschaftsvertrag* aufgestellt wird. Dieses Buch beansprucht in äußerst emphatischer Form, Individualität und die Anforderungen der gesellschaftlichen Kooperation miteinander zu versöhnen. Doch sein Versuch, das wirklich zu leisten, beruht in letzter Instanz auf der

43 *Bekenntnisse* Buch 9, 1, S. 455 ff. Cranston (1991), S. 47. Siehe Furbank (1992), insbes. S. 151-164 und 175-179, der den Bruch im Zusammenhang von Diderots Lebensgeschichte erörtert.

verzweifelten These, daß ich nur dann mit mir selbst zur Dekkung kommen werde, wenn ich auch mit anderen zur Deckung komme – und das ist nichts weiter als ein Hirngespinst, ein Triumph des Wünschens. Von Huyghens stammt die prächtige Formulierung »ce roman de la physique« zur Kennzeichnung der Cartesischen Theorie der Wissenschaft mit ihrer optimistischen Projektion der reinen Geometrie auf die Welt, und im gleichen Sinn könnte man sagen, der *Gesellschaftsvertrag* sei ein politischer Roman, wenn das Buch nur nicht weniger wahrhaftig wäre als manche von Rousseaus eigenen Dichtungen.

Da Diderots Bild des Geistes und mithin auch der Aufrichtigkeit Idiosynkrasien besser zu deuten vermag, kann es sogar dazu beitragen, die gesellschaftliche und politische Kooperation besser zu deuten. Es gelingt ihm, eine soziale Dimension in den Aufbau von Überzeugungen, Einstellungen und sogar Realwünschen einzubringen. Dies sind die Baustoffe der Idiosynkrasie, und daraus sollte man die Lehre ziehen, daß wir einander brauchen, um überhaupt jemand zu sein. Es gibt allerdings keinen Weg, der von dieser Lehre unmittelbar zu den Anforderungen der gesellschaftlichen Kooperation führt. Wie wir schon an mehreren Stellen dieser Studie gesehen haben und wie uns durch *Rameaus Neffe* anschaulich in Erinnerung gerufen werden sollte, kommt man durch solche theoretischen Erwägungen – einerlei, ob sie von der Konstitution des Geistes, dem Wesen des Behauptens oder sonst etwas handeln – so weit, wie sie einen führen, und kein Stückchen weiter. Wenn jemand durch die Wirkungen der sozialen Welt zu einem kooperationsfeindlichen, egoistischen Eigenbrötler geworden ist, gibt es keine diesem Prozeß abgewonnenen Überlegungen, aus denen sich die rationale Forderung ableiten ließe, er sollte etwas anderes sein. Allenfalls können sie uns zu Ideen darüber anregen, wie man etwas anderes aus ihm machen und eventuell andere Personen davon abhalten könnte, ihm ähnlich zu werden, insoweit wir wirklich den Wunsch haben, alle davon abzuhalten, so zu werden wie er – und hinter dieser Fragestellung verbirgt sich ein echtes Problem.

Eine gefestigte Persönlichkeit kostet ihren Preis – und auch daran werden wir durch *Rameaus Neffen* erinnert –, und manchmal ist der Preis Heuchelei, Enttäuschung oder Bitterkeit. Doch ein gewisses Maß an Festigung ist so wichtig für das zwischenmenschliche Miteinander und die praktische Lebensführung, daß es nicht wundernimmt, wenn große Anstrengungen darauf verwendet werden, aus den wechselnden Klängen von Diderots psychischen Musikinstrumenten relativ gefestigte Überzeugungen und Einstellungen zu formen. Unter verschiedenen historischen und sozialen Umständen können unterschiedliche Strukturen dazu dienen, ein Ich aufzubauen, dem es gelingt, aus episodischen Gefühlen und Gedanken klug zu werden – und dementsprechend das Subjekt stärker zu festigen (um es in meiner Terminologie zu sagen) – und die betreffende Person zur gleichen Zeit in einer Art und Weise zu anderen in Beziehung zu setzen, die den Zwecken Kooperation und Vertrauen dienlich ist. Seit dieses Ziel im achtzehnten Jahrhundert spezifisch moderne Formen angenommen hat, beinhaltet es zwei Probleme, die in ihrer Verbindung besonders akut sind. Das eine ist ein politisches Problem: Wie ist es möglich, eine Grundlage für ein gemeinschaftliches Leben ausfindig zu machen, das weder allzuviel Zwang und Unterdrückung mit sich bringt (Freiheitsbedingung) noch von mythischen Legitimierungen abhängt (Aufklärungsbedingung). Das andere ist ein persönliches Problem: Wie läßt sich das Ich so stabilisieren, daß es eine Form erhält, die wirklich zu diesen politischen und sozialen Vorstellungen paßt, aber zugleich eine Lebensweise schaffen kann, die sich einer reflektierten Einzelperson als lebenswert präsentiert? Dabei geht es insbesondere um eine Form, der das gelingt, indem sie in einer reflektierteren und weniger rätselhaften Welt Gewißheiten neu erfindet, die in früherer Zeit als Notwendigkeiten galten (so stellen wir es uns jedenfalls vor). Rousseau sah das Bedürfnis voraus, aber auf der politischen Ebene lieferte er zur Stillung dieses Bedürfnisses nichts weiter als eine bloße Behauptung, indem er aufrichtige Selbstbehauptung, Moral und die Politik des Allgemeinwillens in einer einzigen Geste miteinander verband.

Auf der politischen Ebene hat das Konzept der Gruppenidentität oder Volksidentität als besonders starker Träger des Begriffs der Authentizität gedient, und diese Rolle spielt es nach wie vor. In diesem Sinne ist Identität etwas, das einer Person als Individuum zukommt, aber zugleich ist sie etwas wesentlich Gemeinschaftliches: Es ist eine Gruppenidentität, beispielsweise ethnische, religiöse oder (in bestimmten kulturellen Umfeldern) geschlechtliche Identität. Wer sich selbst in diesem Sinne begreift, faßt seine Zugehörigkeit – seine Beziehungen zur Gruppe – so auf, daß sie gewissermaßen darstellen, was er eigentlich ist. Ja, wer so denkt, könnte sagen, daß diese Beziehungen darstellen, was er wesentlich ist. Es ist jedoch wichtig für derlei Gedankengänge, daß diese Vorstellung vom eigenen Wesen nicht in unkomplizierter Weise mit der diachronischen Personenidentität des Betreffenden zusammenhängt. Im üblichen metaphysischen Sinn des Wortes ist eine wesentliche Eigenschaft – beispielsweise die Eigenschaft, ein Mensch zu sein – etwas, was denjenigen, die sie besitzen, unmöglich fehlen kann, solange sie wirklich existieren. Sofern ich überhaupt in der Welt bin, habe ich mein Dasein in ihr als Mensch. Manchmal sagt man auch: Wenn eine Volkskultur oder die Lebensform eines Volks vernichtet wurde, haben die Leute, die früher dementsprechend lebten, ihre Identität verloren. Man darf auch behaupten, daß sie als Volk aufgehört haben zu existieren. Das kann allerdings nicht bedeuten, daß jeder einzelne von ihnen aufgehört hat zu existieren – und das ist nicht bloß eine philosophische Spitzfindigkeit, denn die Klage über die Zerstörung ihrer Lebensform impliziert ja gerade, daß die einzelnen Personen wirklich existieren. Die Klage bezieht sich auf die Art und Weise, in der sie existieren, nämlich als kulturell verarmte Personen, denen man die Möglichkeit zur Äußerung ihrer Identität genommen hat.

In der Sozialpsychologie versteht man unter so aufgefaßter Identität im Regelfall eine soziale Kategorisierung, der ein Wert anhaftet; doch das ist eine ziemlich schwache Formulierung. Es kann ja sein, daß jemand seiner Zugehörigkeit zum Golfclub großen Wert beimißt, aber er wäre übel dran, wenn dergleichen für seine Identität konstitutiv wäre. Um identitätsbildend zu sein, muß die betreffende soziale Kategorie reichhaltig genug sein, um viele der wichtigsten Aspekte des Lebens zu durchdringen und zu beeinflussen; im Grenzfall muß sie die Struktur einer ganzen Lebensform prägen. Ebenso wie eine »natürliche Art«, die ja auch keine beliebige Klassifikation, sondern eine signifikante und erklärungskräftige Gruppierung von Eigenschaften darstellt, kann eine Identität als soziale oder kulturelle Art gesehen werden.

Damit hängt es zusammen, daß Gruppenidentität nicht einfach von einer Entscheidung des einzelnen abhängen kann. Wenn ich einer Gruppe nach Belieben beitreten kann, kann das allein nicht ausreichen, um meine Identität zu konstituieren. Bei ihr muß es sich – wie es sich für etwas gehört, das beinahe mein Wesen ausmacht – um etwas handeln, was ich entdecken kann, aber die Entdeckung eines bloßen Faktums wird auch nicht ausreichen. Es könnte sein, daß ich faktisch einer bestimmten Volksgruppe angehöre, ohne daß mich die Vorstellung, daß sie meine Identität stifte oder zu meiner Identität beitrage, im geringsten berührt. In Philip Roths Roman *The Human Stain* sagt der Erzähler über die Hauptfigur Coleman Silk:

> An der Howard-Universität hatte er gemerkt, daß er nicht nur in Washington D. C. als Nigger galt – als ob dieser Schock nicht schon schlimm genug gewesen wäre. Nein, in Howard hatte er herausbekommen, daß er überdies ein richtiger Neger war. Obendrein ein Howard-Neger. Über Nacht war das rohe Ich Bestandteil eines Wir geworden, dem die ganze hochfahrende Festigkeit des Wir anhaftete, und damit wollte er genausowenig zu tun haben wie mit dem nächsten tyrannischen Wir, das daherkommen mochte. Da verläßt man zu guter Letzt das Zuhause, die Urheimat des Wir, und was findet man? *Noch ein* Wir? ... Nein. Nein. Er sah das Schicksal, das seiner harrte, aber er ließ es sich nicht gefallen. Er spürte es intuitiv und prallte spontan zurück. Daß dir das große Sie seine Borniertheit aufhalst, kannst du nicht zulassen, ebensowenig wie du es dem kleinen Sie durchgehen lassen darfst, wenn es ein Wir werden und dir seine Ethik aufpacken will. Weg mit der Tyrannei des Wir und seines Wir-Geredes, weg mit allem, womit dich das Wir überschütten will! Kommt für ihn gar nicht in Frage: die Tyrannei des Wir, das ganz darauf erpicht ist, die Leute in sich aufzusaugen, dieses erdrückenden, umschlingenden, historischen, unentrinnbaren, moralischen *Wir* mit seinem heimtückischen *E pluribus unum*. Weder das Sie von Woolworth noch das Wir von Howard. Statt dessen das rohe Ich mit all seiner Beweglichkeit. *Selbst*-Erforschung – das war der siegreiche Schlag vor den Latz.[44]

Wenn jemand in gutem Glauben und ohne Ausflüchte mit einer solchen Ablehnung leben kann (und ob Coleman Silk dazu in der Lage ist, ist zum Teil die Frage, um die es in diesem Roman geht), dann ist diese Identität in der Tat nicht die seine. Relevant ist hier der Begriff der Anerkennung. Es kann geschehen, daß jemand eine bestimmte Zugehörigkeit als Identität anerkennt,

44 Roth (2001), S. 108.

ohne daß es sich dabei um nichts weiter handelt als eine Entdekkung oder gar eine Entscheidung. Es ist so, als wäre er gezwungen, die Autorität dieser Identität als eine Instanz anzuerkennen, die seinem Leben und seiner Einstellung eine Struktur und einen Mittelpunkt gibt. Es gibt Umstände, unter denen etwas, was zuvor die bloße Wahrnehmung eines Faktums war, nach und nach Anerkennung erzwingt. So ging es vielen assimilierten Juden, die in den dreißiger Jahren eine jüdische und vielleicht auch zionistische Identität anerkannten, weil sie von dem Gedanken beherrscht waren, es gebe keine Möglichkeit, ohne Ausflüchte so weiterzuleben, als ob ihr Judentum keinen Unterschied machte.

Wie sind diese Wahrnehmungen oder Anerkennungen möglich? Welche Wahrheiten über mich selbst finde ich da heraus? Das ist eine Frage, die sich nicht nur im politischen Rahmen sozialer Identität stellt, sondern auch im Bereich persönlicher Bindungen, Loyalitäten oder Lebensformen. Hierhin gehört etwa die Frage, die, wie wir gesehen haben, den Schluß der Geschichte Julies überschattet. Rousseau spürte, daß die Ansprüche der Authentizität mehr als nur eine Entscheidung verlangen, doch das rein persönliche Beispiel vermochte er zwingender zu gestalten als das politische. Nur eine Form von Einsicht oder Anerkennung kann das Gewicht tragen, das nötig ist, um in einem neuzeitlichen Kontext der Freiheit und des Selbstbewußtseins die Stelle der alten sozialen Gewißheiten einzunehmen. Vielleicht sollte man allerdings lieber von den Vorstellungen reden, die wir uns von den alten sozialen Gewißheiten machen, denn es besteht keine Notwendigkeit anzunehmen, daß die üblichen Gegensätze zwischen Neuzeit und alter Welt ohne Einschränkung zutreffen. Diese Bilder von einer vorneuzeitlichen Welt sind zweifellos von einer allgemeinen Sehnsucht geprägt, die in der einen oder anderen Form schon seit der Antike mit zum abendländischen Bewußtsein gehört. Dennoch ist es ein besonderes Merkmal der Neuzeit, daß die Sehnsucht diese spezielle Form annimmt und diese spezifische Art des Kontrasts zwischen Gewißheit und Ungewißheit, Festigkeit und Unbeständigkeit auf die Vergangenheit projiziert.

Beim Versuch, die vom Streben nach Authentizität aufgeworfenen Fragen zu verstehen, werden uns die von Diderot übernommenen Modelle der Aufrichtigkeit und der festen Bindung bessere Dienste leisten als Rousseaus eigene Modelle. Im sozialen oder politischen Fall, in dem die Gegenwart anderer Personen ausschlaggebend ist, trägt die Aufrichtigkeit zur Konstruktion oder Schaffung von Wahrheit bei. Wenn ich mich dazu hingezogen fühle, mich an die gemeinsamen Werte der anderen zu binden und meine eigenen Überzeugungen und Gefühle zu festigen (oder sie im Grenzfall zum erstenmal in Überzeugungen zu verwandeln), werde ich zu dem, was ich mit zunehmender Gefestigtheit aufrichtig bekennen kann. Ich werde zu dem, was ich gegenüber den anderen aufrichtig bekundet habe; oder vielleicht werde ich zu meiner Interpretation ihrer Interpretation dessen, was ich ihnen gegenüber aufrichtig bekundet habe. Das Gefühl, daß ich zu dieser Entwicklung beitrage – daß es hier um ein Projekt geht –, erfüllt die Vorstellung, Anerkennung sei mehr als das bloße Entdecken von Fakten, mit Inhalt, während zur gleichen Zeit das Gefühl, das Entdecken spiele doch eine Rolle, mit der Notwendigkeit zusammenhängt, sich gegen Phantasievorstellungen zu wehren, wenn man in dieser Weise aus den eigenen Überzeugungen und Bindungen klug werden will. Vieles davon läßt sich auf den rein persönlichen Fall übertragen. Hier ist die Gegenwart anderer allerdings weder so insistent spürbar noch so wesentlich. Julie braucht sich, wenn sie ihren letzten Gedanken nachhängt, niemandem zu offenbaren, obwohl sie es in ihren letzten Briefen an Saint-Preux hätte tun können. (Ja, für den aufmerksamen Leser stellt sich die Frage, ob sie es nicht etwa doch getan hat.) Aber selbst wenn es Gründe gäbe, die sie davon abhielten, irgend jemandem mitzuteilen, was sie mit größter Überzeugung sagen würde, bleibt hier doch stets die Frage, was sie sagen würde, wenn sie könnte. Das Gefühl, von einem außerhalb des Willens stehenden Etwas eingeengt zu werden, ist das gleiche. Der Widerstand gegen Einbildungen, das alle echten Untersuchungen auszeichnende Bewußtsein, daß man die Dinge nicht einfach den eigenen Wünschen entsprechend fügen kann, verleiht diesen Anerkennungen im persönlichen wie im politischen Fall ein spürbares Moment von Objektivität. So verhält es sich besonders deshalb, weil hier ein Element der Hoffnung oder der Vorhersage hineinspielt, man werde wirklich dazu in der Lage sein, die eigenen Überzeugungen in dieser Weise zu festigen und die sozialen oder persönlichen Konsequenzen dieser

Identifizierung im Leben zu ertragen. Was man sich hier fragen muß, ist: Wie lange kann ich unter dem Druck dieser Aufgaben leben, ohne mich in Phantasievorstellungen zu flüchten? Wie drückend die Last dieser Festlegung sein mag, hängt von mehreren Faktoren ab. Unter anderem stellt sich hier die Frage, in welchem Umfang und wie tief diese Aufgaben ins eigene Leben eindringen. Außerdem fragt es sich, wie lange diese Aufgaben – selbst wenn man sie anerkannt hat – ihren Druck ausüben sollen. Vermutlich hatte man ursprünglich, als man auf den Begriff von einer solchen Identität kam, die Vorstellung, die Identität währe ein Leben lang, aber heute ist es an manchen Orten zweifellos so, daß sich eine Identität als ein weniger langfristiges Projekt der Stabilisierung des Selbst darstellt, und vielleicht ist es möglich, sogar gegenüber der Identität eine an Rameau gemahnende Einstellung einzunehmen.

Die politischen und die psychologischen Theorien der Authentizität werden sich weiteren Fragen stellen müssen: Gibt es eine soziale Identität, die zu meinen Bedürfnissen und meiner Selbstdeutung in ihrer gegenwärtigen Form in einem verständlichen Verhältnis steht? Sind es gute Absichten, mit denen die politischen, sozialen und institutionellen Äußerungen dieser Identität wirksam werden? In welchem Maße üben die sozialen Kräfte, die mich zur Anerkennung dieser Identität bewegen, Zwang aus? Entsprechen die Personen, zu denen ich in einem Verhältnis stehe, das durch diese Identität geprägt wird, meinen Vorstellungen? Hierin liegt ein prognostisches Element – ein Element, das kontrafaktisch wirksam werden kann, wenn es zum Schluß, wie im Fall Julies, keine Zukunft mehr gibt –, und die Prognose braucht sich nicht auf die Vorhersage von Glück oder Unglück zu beschränken. Manches Glück kann sich in einer Weise ergeben, die für das Projekt des authentischen Lebens ohne Belang ist; und ebenso kann es Enttäuschungen geben, die nicht als Rückschlag gelten. Das Vorhaben, ein in sozialer oder rein persönlicher Hinsicht authentisches Leben zu führen, kann aus äußerlichen Gründen scheitern, ohne daß dieses Resultat die Vorstellung falsifiziert, es wäre ein authentisches Leben gewesen. Es gibt jedoch Umstände, unter denen diese Vorstellung tatsächlich falsifiziert werden kann; und in solchen Fällen werden die Hoffnungen, die sich der Akteur auf ein sinnvolles und befriedigendes Leben gemacht hat, durch das Geschehen nicht nur bestritten, sondern widerlegt.[45]

Das Streben nach einem authentischen Leben wirft stets Fragen auf, und es ist kein Geheimnis, daß es zu einer ethischen und sozialen Katastrophe führen kann. Aus der Struktur der Sache selbst geht hervor, wo die Risiken wahrscheinlich liegen. Da die Aufrichtigkeit hier die Wahrheit schaffen muß, und da die derzeitige Selbstdeutung so erweitert werden muß, daß sie ein fortwährend befriedigendes und sinnvolles Leben umfaßt, sind Risiken von der Art des Wunschdenkens und der Selbsttäuschung – die Gefahr, daß man von den Tugenden der Wahrheit in ihrer flexibelsten und unverwüstlichsten Form im Stich gelassen wird – offenkundig, und das gilt für den sozialen ebenso wie für den rein persönlichen Fall. Das heißt, auf den Seiten dieses Buchs sind die Gefahren in abstrakter Form offenkundig. Hat man es mit einer Situation zu tun, in der wirklich Entscheidungen getroffen oder Gedanken gefaßt werden müssen und das Streben nach Authentizität der Wahrheitstugenden bedarf, kann es zum Scheitern kommen, weil das Bedürfnis nach diesen Tugenden dort, in der Natur der Sache, verborgen bleibt.

45 Diese Formulierung benutze ich an anderer Stelle in Zusammenhang mit dem damit eng verknüpften Thema des moralischen Glücks. Siehe Williams (1981), S. 27.

9
Wahrhaftigkeit, Liberalismus und Kritik

1. Wahrheit und Politik

Welches sind die allgemeinsten Zusammenhänge zwischen Wahrhaftigkeit und Politik? »Es gibt kaum welche, oder sie sind negativer Art«, wird der Stammtischzyniker erwidern, und diese Antwort kann er begründen. In besonders vertrauter Form trifft seine Begründung auf die Täuschung der Bürger durch Regierungen und die Täuschung der Wähler durch Kandidaten zu, aber sie gilt auch dann, wenn Aufrichtigkeit und Authentizität vermutlich ihre eigene Politik hervorbringen, wie es nach meinem Vorschlag auf den Fall der Identitätspolitik zutrifft. Im Grunde hat Diderot die Warnung ausgesprochen, daß es eine Ausnahme sein wird, wenn die Identitätspolitik im Leben rückhaltlos, ohne Selbsttäuschung und ohne allzu große Mühe durchgesetzt werden kann. Das kommunitarische Ich läßt sich normalerweise und häufig in kreativer Weise durch Spontaneität zerrütten. Viele haben schon die Erfahrung gemacht, daß der Weg in die Identitätspolitik oftmals Zwang beinhaltet (es stellt sich heraus, daß die Leute bei der Entdeckung ihrer Identität energischer Hilfe bedürfen). Selbst wenn diese Politik funktioniert, löst sie keineswegs alle Vertrauensprobleme. Das Gefühl einer gemeinsamen sozialen Identität gewährleistet keine zwischenmenschliche Offenheit, auch wenn sie einige Kanäle dafür schafft; und die Vertrauensprobleme müssen im Rahmen der Identitätspolitik erst noch überwunden werden. Außerdem ist es bekanntlich so, daß die Identitätspolitik nicht unbedingt eine Freundin der ungeschminkten Wahrhaftigkeit ist. Es ist nachgerade unvermeidlich, daß sie ihre eigenen Mythen oder, rundheraus gesagt, Lügen hervorbringt.[1] Es kann überaus wichtig sein, die besonders elementaren Tugenden der Wahrheit vor der Authentizität gemeinschaftlicher Bindungen zu retten.

1 Einige Fragen, die das Verhältnis zwischen dem Gemeinschaftsgefühl und

Wieso spielt die Wahrhaftigkeit in der Politik eine Rolle? Ansetzen können wir bei der engeren Fragestellung: Wieso spielt sie im Bereich der Regierung eine Rolle? Eine Begründung für Wahrhaftigkeit im Regierungsgeschäft ist das folgende schlichte Argument für die Wahrhaftigkeit: Wenn es ceteris paribus von Vorteil ist, daß Menschen wahrhaftig sind, dann ist es auch von Vorteil, wenn die Leute in Regierungsämtern wahrhaftig sind. Dieser Gedankengang liefert jedoch eine recht bescheidene Grundlage. Er folgt einem allgemeinen Argumentationsmuster für die Regierungstugend, dem eine moderate Fassung der These von Machiavelli gegenübersteht, wonach die Verantwortlichkeiten der Regierung so verschieden sind von denen der Privatleute, daß Regierungstugend etwas anderes ist als die Tugend der einzelnen. Vor allem ist sie, wie Hobbes zu Recht betont hat, etwas anderes als die Tugend von Personen, die von der Regierung beschützt werden. Jede Regierung hat die Aufgabe, für die Sicherheit ihrer Bürger zu sorgen; dieser Verantwortung kann sie ohne Gewaltanwendung und Geheimhaltung nicht gerecht werden. Sie darf sich glücklich schätzen, wenn sie ihre Aufgabe erfüllen kann, ohne jemanden zu betrügen, und falls die Bürger bisher noch nicht zu dieser Gruppe gehören, wird es höchstwahrscheinlich bald der Fall sein.

Aber die Hinweise Machiavellis liefern auch ihrerseits ein einleuchtendes Argument für die Wahrhaftigkeit, und zwar das *Argument gegen die Tyrannei*: Gerade wegen der den Regierungen eigentümlichen Macht und Handlungsoptionen neigen sie dazu, unrechtmäßige Handlungen zu begehen, die sie ebenso wie ihre Stümpereien gern vertuschen wollen. Daß diese Handlungen einer Kontrolle unterstellt werden, liegt im Interesse der Bürger. Ohne wahre Informationen können sie aber nicht kontrolliert werden. Daraus ergibt sich auf den ersten Blick nur die Schlußfolgerung, eine von der Regierung selbst verschiedene Instanz sollte diese Informationen erhalten, aber nicht unbedingt die Bevölkerung insgesamt. Auf manchen Gebieten empfiehlt sich das aus praktischen Gründen: In vielen Staaten ist es z.B. so, daß Abgeordnete ohne Regierungsamt, graue Eminenzen der Oppo-

insbesondere der Wahrhaftigkeit historischer Darstellungen betreffen, werde ich im 10. Kapitel betrachten.

sitionsparteien und andere außerhalb des Behördenapparats stehende Persönlichkeiten in Sicherheitsgeheimnisse eingeweiht werden. Es genügt aber, die vorige Argumentation zu wiederholen, um zu zeigen, daß das nicht generell ausreichend ist. Denn entweder sind diese anderen Gruppen hinreichend verschieden von der Regierungsseite, damit ihr daran gelegen ist, diese Gruppen zu täuschen, oder sie stehen der Regierung so nahe, daß sie selbst Teil der Tyrannei-Gefahr sind (so daß etwa Tyrannei seitens einer Elite oder einer politischen Klasse droht). Diese Überlegung spricht dafür, daß alle potentiell von der Tyrannei Betroffenen mit gewissen Einschränkungen Zugang zur Wahrheit haben sollten.

Insoweit das Argument gegen die Tyrannei überhaupt ein Argument ist, gehört es offensichtlich zu den besten Argumenten, da es sich auf eine dermaßen anspruchslose Grundlage stützt. Freilich ist es ein »instrumentelles« Argument, aber in diesem Zusammenhang ist das kein Nachteil, vor allem da sowohl die Zwecke als auch die Mittel überall gegeben sind. Jeder hat das Bedürfnis, nicht tyrannisiert zu werden; jeder weiß, was Tyrannei wahrscheinlich mit sich bringt; jeder hat die Vorstellung, daß Regierungen mit geringerer Wahrscheinlichkeit ungestraft davonkommen, wenn ihre Taten bekannt sind. Dabei weiß man natürlich auch, daß Wahrhaftigkeit nicht ausreicht. Eine Tyrannei, die eine unbeliebte oder von den Tyrannen unbeliebt gemachte Minderheit verfolgt, kann durchaus auf Öffentlichkeit erpicht sein, besonders wenn das Risiko internationaler Einmischung nicht sonderlich groß ist. Dennoch ist es normalerweise so, daß Wahrhaftigkeit notwendig oder nützlich ist, um Tyrannen in Schach zu halten. Das Mißliche an diesen Binsenweisheiten über Korrumpierung und Tyrannei und der Grund für Zweifel, ob sich diese Binsenweisheiten zu einem Argument summieren, besteht darin, daß es sich gerade wegen ihrer allgemeinen Bekanntheit fragt, wer unter welchen Umständen einem solchen Argument Gehör schenken könnte. Tyrannen werden sich nicht davon beeindrucken lassen, und ihre Opfer haben es nicht nötig, sich davon beeindrucken zu lassen. Hier muß, wie auch sonst häufig in der politischen Philosophie, die Frage gestellt werden, wer sich das eigentlich anhören soll. Gibt es überhaupt jemanden, der darüber aufgeklärt werden muß und in der Lage ist, vom

Gesagten Gebrauch zu machen? Die politische Philosophie kann zweifellos manches ins Gedächtnis rufen, doch Erinnerungen sind nur dort von Nutzen, wo es wahrscheinlich ist, daß etwas in Vergessenheit gerät.

Was vielleicht in Vergessenheit gerät, ist der Umstand, daß es ein Luxus ist, wenn man über den genauen Wert der Wahrhaftigkeit in der Politik und ihr Verhältnis zu sonstigen politischen Werten diskutieren kann. Politische Wahrhaftigkeit – und speziell die Wahrhaftigkeit der Regierung – ist ein wertvolles Mittel gegen Tyrannei, aber habhaft wird man ihrer nur in Verbindung mit anderen Werten und als etwas, was in einem Komplex von Institutionen und Praktiken zum Ausdruck kommt, die insgesamt gegen Tyrannei gerichtet sind. Bei uns heute nimmt dieser Komplex die Form des Liberalismus an. Liberalen Gesellschaften gelingt es in der modernen Welt besser als anderen, zur Abwendung dessen beizutragen, was die Menschen überall am meisten fürchten, nämlich Folter, Gewaltanwendung, willkürliche Machtausübung und Demütigung. (Das gelingt den liberalen Gesellschaften zumindest auf eigenem Territorium – an anderen Orten ist ihr Einfluß bisher weniger positiv.) Das ist die Grundlage jener Einstellung, die von der verstorbenen Theoretikerin Judith Shklar auf beredte und überzeugende Weise als anspruchsloseste und einleuchtendste Begründung des Liberalismus hingestellt worden ist. Diese Einstellung nannte sie den »Liberalismus aus Angst«.[2] Es lohnt sich in der Tat, die Frage aufzuwerfen, in welcher Beziehung die Wahrhaftigkeit eigentlich zu Praktiken und sonstigen Werten steht, die dem liberalen Komplex angehören, und diese Problematik wiederum kann zu wichtigen praktischen Fragen hinführen, bei denen es darum geht, wie liberale Institutionen beschaffen sein sollten und mit Hilfe welcher Begriffe wir ihren Wert deuten sollten. Aber der Wert des gesamten Unterfangens, einschließlich der politischen Wahrhaftigkeit, muß an den Übeln gemessen werden, denen es widersteht.

Ich werde den Versuch machen, ein wenig über die Stützen und die Wirkungen der Wahrhaftigkeit im Rahmen der inneren

2 Siehe »The Liberalism of Fear«, abgedruckt in dem postumen Sammelband Shklar (1998).

Ökonomie des Liberalismus zu sagen. Das ist eine umfassende Thematik, und viele der bedeutsamsten Fragen werde ich außer acht lassen müssen, und zwar vor allem deshalb, weil sie einer komplexen empirischen Erörterung bedürften. Ein besonders interessantes Thema, das ich ebenfalls unberücksichtigt lassen werde, ist die Rolle der Wahrhaftigkeit beim Übergang von autoritärer zu demokratischer Herrschaft. Institutionen wie die in Südafrika tätige Kommission für Wahrheit und Versöhnung kennzeichnen eine neue und signifikante Entwicklung. Früher wurde der Beginn eines neuen und besseren politischen Lebens typischerweise durch eine »Amnestie« markiert – man wollte die Vergangenheit vergessen und hinter sich lassen. Heute jedoch lautet die Forderung, daß man sich den Ungeheuerlichkeiten der Vergangenheit stellen und diese Ereignisse dokumentieren sollte, und zwar nicht unbedingt um einer Bestrafung willen. Die Fragen »Warum ist das so?« und »Was bedeutet es eigentlich?« sind nicht schlecht gestellt.[3] Eine weitere Frage bezieht sich auf die Beziehung, die zwischen solchen Praktiken und der Gerechtigkeit besteht. In Südafrika zumindest scheint, wie die Bezugnahme auf »Versöhnung« nahelegt, ein bestimmter Begriff von Vergebung am Werk zu sein; und dieser Begriff beinhaltet offenbar, daß man der Wahrheit nicht ausweicht. Außerdem stellt sich hier die Frage, inwieweit dieser Prozeß die Erinnerung an die Opfer des früheren Regimes bewahren soll; und in diesem Zusammenhang wird die eindringlich mit dem Holocaust verknüpfte Vorstellung von der »Zeugenschaft« wirksam. Diese Fragen sind tief mit unserer Vorstellung verknüpft, man müsse sich der Wahrheit stellen und ein redliches politisches Leben führen, aber sie würden uns zu weit in ein Gebiet hineinlocken, von dem ich nicht behaupten kann, daß ich es begriffen habe.

Im nächsten Abschnitt werde ich ein oder zwei allgemeine Punkte aufgreifen, die das Verhältnis zwischen der Wahrhaftigkeit und anderen liberalen Werten betreffen, soweit diese unter modernen Verhältnissen zum Ausdruck kommen. Mein Ziel wird es sein, einige Hinsichten zu verdeutlichen, in denen die

3 Eine hilfreiche Erörterung dieses Themas findet der Leser in dem Artikel »Trials, Purges and History Lessons« von Timothy Garton Ash, siehe Garton Ash (2001).

Forderung nach Wahrhaftigkeit, obwohl sie mit anderen Aspekten des Liberalismus verbündet sein sollte, trotzdem mit ihnen in Konflikt geraten kann. In späteren Abschnitten dieses Kapitels hingegen werde ich mich einer bestimmten Hinsicht zuwenden, in der die Forderung nach Wahrhaftigkeit als Werkzeug des Liberalismus fungieren kann, indem sie als Speerspitze einer Kritik der Ungerechtigkeit dient.

2. Demokratie und Freiheit

Liberale Gesellschaften sind Demokratien, und es kann so aussehen, als wäre es das *demokratische* Element im liberalen Komplex, das zur Forderung nach Wahrhaftigkeit seitens der Regierung in einer besonderen Beziehung steht. Das Volk ist die Quelle der Regierungsautorität und (sofern einige gewichtige Einschränkungen gemacht werden) auch der Regierungspolitik. Das Regieren ist in gewissem Sinn eine treuhänderische Tätigkeit. Zwischen Regierung und Volk besteht eine spezielle Beziehung, und es verstößt gegen diese Auffassung, wenn sich Heimlichkeiten und Unwahrheiten störend zwischen den Treuhänder und das Volk stellen.

Daß die Bürger ihrer Regierung vertrauen können, ist offenbar ein Merkmal der Demokratie. Es fragt sich jedoch, inwieweit das in einer Demokratie bestehende Verhältnis zwischen Volk und Regierung spezifische, nicht im Liberalismus aus Angst enthaltene Erwägungen darbietet, die für die Wahrhaftigkeit sprechen. Versteht man unter Demokratie ein System, in dem den Wählern Chancen garantiert sind, die Regierung wieder loszuwerden, dann wird die Demokratie selbst von jener Konzeption gerechtfertigt, die bereits ein Ideal der Vertrauenswürdigkeit impliziert. Um darüber hinauszugehen, muß die vom Demokratiebegriff ausgehende Argumentation spezielle Gründe dafür anführen, weshalb in einer Demokratie der Wert der Vertrauenswürdigkeit dem Verhältnis zwischen Regierung und Volk wesentlich innewohnen soll. Diese Gründe werden sich auf einen besonderen Begriff von demokratischer Legitimität stützen. Aber gibt es überhaupt einen Begriff von demokratischer Legitimität, der dieses Ergebnis liefert? Anders gefragt: Gibt es einen solchen Begriff, der nicht nur dieses Resultat liefert, sondern von dem auch realistischerweise angenommen werden kann, daß er für moderne Demokratien gilt?

Eine Beziehung, die ihrem inneren Wesen nach jegliche Täuschung ausschließt, ist die Beziehung der Handlungsbevollmächtigung, bei der ein Stellvertreter im Namen oder anstelle eines Mandanten handelt und z.B. Dinge erledigt, zu deren Durchführung der eigentliche Akteur keine Gelegenheit hat oder für die er zu beschäftigt ist. Aber die Auffassung, wonach die Regierung in der Demokratie als *Handlungsbevollmächtigte* des Volkes auftritt, impliziert ein äußerst anspruchsvolles Modell der demokratischen Regierung im Sinne von Selbstregierung, das auf moderne Demokratien unmöglich buchstäblich angewandt werden kann. Es ist aber tatsächlich möglich, ein Modell der demokratischen Legitimität zu konstruieren, bei dem man sagen kann, »das Volk« autorisiere die Handlungen der Regierung (selbst wenn viele – häufig sogar die meisten – Bürger gegen diese Handlungen wären). Dieses Modell läßt sich formulieren, indem man von einem Verhältnis ausgeht, das zwischen einer Regierung und einer fiktiven Instanz namens »Volk« bestehen soll, und sagt, das Handeln der Regierung werde genau dann vom Volk autorisiert, wenn diverse komplizierte Bedingungen erfüllt sind, die sich auf Handlungen wirklicher Staatsbürger beziehen. Ein Beispiel wäre die Existenz eines Wahlsystems, durch das eine Regierung ernannt wird, nachdem von mehreren konkurrierenden Kandidaten diejenigen gewonnen haben, die die Mehrzahl der von den angemessenen Bürgergruppen abgegebenen Stimmen erhalten haben, usw. Wenn man im Rahmen dieses Modells behauptet, das Volk habe die Regierung dazu autorisiert, bestimmte Dinge zu tun, impliziert das nicht, daß sich alle oder auch nur die meisten Bürger für diese Dinge entschieden haben.

Eine Bedingung, die wir in das Modell aufnehmen wollen, besagt, die Regierung dürfe das Volk nicht täuschen. Was immer das im einzelnen heißen mag, es muß die beruhigende Folgerung zulassen, normale Staatsbürger dürften nicht von der Regierung betrogen werden – jedenfalls nicht regelmäßig, es sei denn, aus besonderen Gründen usw. An dieser Folgerung ist nichts auszusetzen. Das Mißliche ist, daß weder das Modell noch die durch das Modell definierten Beziehungen zwischen der Regierung und dem Volk eine zusätzliche Begründung für diese Folgerung liefern. Diese Beziehungen sowie die fiktive Instanz des Volkes selbst sind so konstruiert, daß sie unsere Begriffe von demokratischer Legitimität einschließlich der Wahrhaftigkeitsbedingungen in sich enthalten, während wir über die Beschaffenheit dieser Bedingungen befinden müssen, ehe wir das Modell konstruieren können. Zwischen den Idealen der Demokratie und der politischen Wahrheit bestehen komplexe Beziehungen. Auf einige von ihnen werden wir im nächsten Abschnitt zurückkommen. Aber die These, Forderungen nach wahrhaftigem Regierungsverhalten ergäben sich speziell aus einer Definition der demokratischen Grundbeziehung zwischen Volk und Regierung, ist keineswegs einleuchtend.

Daß man die Demokratie (in ihren modernen konstitutionellen Formen) wertschätzt, geschieht in hohem Maße im Namen der Freiheit. Anstelle der speziellen Berufung auf das demokratische Element können wir für Wahrhaftigkeit auf seiten der Regierung und im politischen Bereich generell argumentieren, indem wir sie direkt zur Freiheit, die nach Ansicht vieler Menschen das zentrale Element des liberalen Komplexes bildet, in Beziehung setzen. Die Fälschung oder Unterdrückung von Informationen ist eine wichtige Beschränkung der Freiheit als solcher und ist der Ausübung der Freiheit auf vielen Gebieten hinderlich. Dabei gibt es stärkere und schwächere Lesarten der vom Freiheitsbegriff ausgehenden Argumentation. Die Minimalversion verlangt lediglich, die Regierung müsse ein Höchstmaß an Freiheit zulassen (sofern das mit anderen Werten – insbesondere mit der Freiheit anderer Personen – zu vereinbaren ist). Verweigert man den Menschen Informationen bzw. das Recht zur Informationsverbreitung, verletzt man in beiden Fällen unmittelbar ihre Freiheit (insbesondere ihre Redefreiheit) und schmälert zumindest die Freiheit auf anderen Gebieten, denn wirksames Handeln setzt Wissen voraus. Eine stärkere Lesart der Berufung auf Freiheit stützt sich – wie etwa bei J. S. Mill – auf den Wert der Entwicklung der eigenen Fähigkeiten. Diese beiden Lesarten der Berufung auf Freiheit werfen eine wichtige Frage auf: Inwieweit geht es dabei um die Freiheit (namentlich um die Freiheit der Rede) und inwieweit um Wahrheit? Die Standardannahme des Liberalismus besagt, daß diese beiden Ziele zusammengehen. In gewissem Maße trifft das auch zu, denn die Entwicklung der eigenen Fähigkeiten wird als Entwicklung im Hinblick auf die Wahrheit gesehen, während Freiheiten ihren Sinn großenteils aus der Möglichkeit wirksamen Handelns beziehen, das seinerseits wahre Informationen voraussetzt. Daraus folgt jedoch nicht, daß jegliche Freiheit – und vor allem die Freiheit der Rede – notwendig zur Verbreitung der Wahrheit beiträgt. Mills optimistische Schlußfolgerung, ein Höchstmaß an Redefreiheit müsse das Erscheinen der Wahrheit auf dem sogenannten »Markt der Ideen« fördern, können wir nicht einfach unterstellen.

Ehe wir auf die allgemeine Frage eingehen, inwieweit die Freiheit der Äußerung der Wahrhaftigkeit im öffentlichen Bereich förderlich ist, lohnt es sich, einen Blick auf einen speziellen und bisher weniger häufig erörterten Anwendungsfall dieser Frage zu werfen.[4] Schon im 5. Kapitel haben wir auf die Binsenweisheit hingewiesen, Geheimhaltung könne gerechtfertigt sein, wo Lügen nicht gestattet sind: Die Menschen haben zwar vielleicht ein Recht auf Mitteilung der Wahrheit (sofern man ihnen überhaupt etwas sagt), aber häufig haben sie gar kein Recht darauf, überhaupt etwas zu erfahren. Das gilt für die Politik, und der Regierung wird von jedermann zugestanden, daß sie Geheimnisse haben darf; aber zumindest die eigenen Bürger soll sie nicht anlügen. Die Journalisten haben ein offensichtliches Berufsinteresse daran, diese Unterscheidung zu verwischen, und dabei berufen sie sich auf ihre Lieblingsformulierung: »Die Öffentlichkeit hat ein Recht darauf, es zu erfahren.« Das ist zwar Rhetorik, doch bestätigt werden sie von einer im Hintergrund stehenden weiteren Binsenweisheit, wonach wir uns nicht auf das Urteilsvermögen der Regierung verlassen können, wenn es um die Frage geht, wer auf welche Wahrheit ein Recht hat – damit würde man der Regierung schon zuviel Vertrauen entgegenbringen. An diesem Punkt steigt jedoch eine weitere Binsenweisheit herab, um in der Form des alten Spruchs »Wer keine Fragen stellt, kriegt keine Lügen zu hören« in die Debatte einzugreifen. Die Frage, wie viele Lügen erzählt werden müssen, ist in erhebli-

4 Siehe allerdings Bok (1978) und (1984).

chem Maße abhängig davon, mit wieviel Nachdruck auf eine Antwort gedrungen wird. Das führt zu der richtigen Schlußfolgerung, daß sich das Mißtrauen gegenüber der Regierung tendenziell selbst rechtfertigt.

Daneben gibt es noch weitere Komplikationen. Das Verhalten der Regierung in puncto Informationssteuerung ist nicht nur vom Grad der Neugier abhängig, sondern auch von den Erwartungen, welche die Öffentlichkeit in die Regierung setzt (wobei diese Erwartungen dann ihrerseits den Grad an Neugier beeinflussen können). Es macht einen Unterschied, ob die Öffentlichkeit mit schlechtem Verhalten seitens der Regierung rechnet, und außerdem spielt es eine Rolle, was sie für »schlecht« erachtet. Was den Umgang mit der Wahrheit betrifft, lassen sich sicherlich keine besonders guten Resultate erzielen, wenn man unbegrenzte Aufdringlichkeit mit unbegrenzter (und auf seiten der Medien zweifellos vorgetäuschter) Rechtschaffenheit bezüglich des von der Regierung erwarteten Verhaltens verbindet. Oft ist es diese – vielen Zeitungen gemeinsame – Einstellung, die unter der Rubrik »Pressefreiheit« verfochten wird. Steuerung der Presse durch die Regierung verbessert die Situation allerdings gewiß nicht. Dennoch müssen die Medien von sich aus einige Grenzen beachten, wenn sie bei ihrem Tun nicht ihren Zweck verfehlen wollen, jedenfalls sofern man ihnen das Ziel unterstellt, Wahrhaftigkeit seitens der Regierung und wahre Überzeugungen auf seiten der Staatsbürger zu fördern, ohne daß sie sich darauf beschränken, die eigenen Geschäftsinteressen zu fördern und (um R. H. Tawney zu zitieren) Papier zu verkaufen, auf dessen einer Seite Unsinn und auf dessen anderer Seite Reklame gedruckt ist.

3. Der Markt der Ideen

Die Minimalversion der Berufung auf Freiheit legt den Gedanken nahe, jeder könne alles beliebige sagen oder fragen; und die einflußreichste Deutung dieses Arguments unterstellt weitgehend, in den Kommunikationsmarkt dürfe nicht eingegriffen werden. Im 6. Kapitel habe ich geltend gemacht, es sei eine Frage der Tatsachen, welche Systeme die Ermittlung der Wahrheit auf einem bestimmten Gebiet begünstigen (es hängt vom Inhalt der betreffenden Wahrheiten ab), und das gleiche gilt auch für die Übermittlung der Wahrheit. Die Menschen haben das Bedürfnis, die Dinge auszuwählen, die es verdienen, betrachtet und geglaubt zu werden. Das setzt eine kohärente Diskussion voraus, und was einmal akzeptiert ist, muß vielleicht im öffentlichen Bewußtsein lebendig gehalten oder auch von neuem erwogen werden. Es liegt auf der Hand, daß die Anforderungen an ein leistungsfähiges System der Billigung, Verbreitung und Übermittlung diverser Überzeugungen komplex sind. Wie wirksam das Marktsystem diesen Anforderungen gerecht zu werden vermag, ist im Hinblick auf viele Arten politisch relevanter Wahrheiten überaus fraglich.

Manchmal heißt es, die Rede vom »Markt der Ideen« könne buchstäblich oder sinnbildlich aufgefaßt werden. Buchstäblich genommen, geht es vermutlich um einen wirtschaftlichen Markt für den Handel mit Ideen: um eine Reihe von Institutionen, durch die Ideen artikulierende Mitteilungen gekauft und verkauft werden – einen Markt für den Handel mit Büchern, Zeitungen, Fernsehsendungen usw. Welches ist der sinnbildliche Gegensatz hierzu? Da kann man vielleicht sagen, ein *idealer* Markt bilde eine Struktur, in deren Rahmen der Erfolg einer gegebenen Idee nicht daran gemessen wird, ob sie gekauft wird, sondern daran, ob sie akzeptiert wird. Die Konkurrenz wird keine kommerzielle Interaktion zwischen Unternehmern sein, sondern eine geistige Interaktion zwischen Vertretern verschiedener Ideen, wobei die auf die Ideen einwirkenden »Marktkräfte« aus Prozessen bestehen werden, die im Verhältnis zur jeweils anstehenden Frage wahrheitsakquirierend sind. Wenn man von speziellen Gegenstandsbereichen absieht, wird es sich bei diesen Prozessen im Regelfall um solche Dinge handeln wie sorgfältig explizierte Argumente, Beachtung empirischer Untersuchungsergebnisse, Prüfung von Belegen usw. Im Hinblick auf einen idealen Markt wird es im Gegensatz zum kommerziellen Markt keine ausschlaggebende Frage sein, ob sein Wirken die Akzeptanz der Wahrheit fördert, denn das Modell ist so entworfen, daß es just jene Prozesse enthält, welche die Wahrheit begünstigen. Allerdings sollte man bei der Idealisierung dieser Struktur nicht zu weit gehen. Wir brauchen nicht davon auszugehen, daß das Wirken dieser Kräfte ohne Reibung vonstatten geht, so daß Untersuchungsinvestitionen notwendig optimiert werden. Vielmehr sollten wir die im wirklichen Leben vorhandene Möglichkeit berücksichtigen, daß ein höherer Zeitaufwand für die Untersuchung einer bestimmten Frage die Wahrscheinlichkeit der Ermittlung der Wahrheit verringern kann, und zwar nicht nur im Hinblick auf andere Fragen, sondern in manchen Fällen sogar im Hinblick auf die hier untersuchte Frage. Es sollte ein Modell wirklicher Menschen sein, die im Rahmen einer gesellschaftlich umsetzbaren Struktur in einer Weise tätig sind, die ein Konkurrenzverhältnis zwischen Theorien, Vorschlägen usw. entstehen läßt (und dieses Verhältnis kann – muß aber nicht – eines der Konkurrenz zwischen Personen sein). Die ausschlaggebende Frage wird dann lauten: Welche wirklichen Strukturen kommen einem idealen Markt einigermaßen nahe? Eine Reihe wissenschaftlicher Laboratorien, die sich miteinander verständigen, ist ein positives Beispiel. In welchem Maße Strafprozesse in einem den Antagonismus der Parteien betonenden Rechtssystem unter die positive Rubrik fallen, ist weniger klar.

Die Vorstellung von einem freien Markt zum Handel mit Ideen als einem zur Wahrheit führenden System hat in der Rechtstheorie der Vereinigten Staaten eine wichtige Rolle gespielt. Zum erstenmal formuliert wurde sie in diesem Sinne von Oliver Wendell Holmes in einem der frühesten und einflußreichsten Beiträge zur Theorie des *First Amendment*.[5] Bei Holmes heißt es: »Die beste Probe auf die Wahrheit ist die Fähigkeit des Gedankens, in einer Situation der Marktkonkurrenz akzeptiert zu werden.« Als Holmes das sagte, kann er nicht bloß einen idealen Markt gemeint haben, denn er argumentierte dafür, bestimmte Formen der Rede sollten im wirklichen sozialen Kontext des politischen und kommerziellen Handelns nicht reguliert werden, und diese Theorie ist seitdem immer wieder angeführt worden, um den Verzicht auf Eingriffe in das wirkliche Marktgeschehen zu verfechten. Bei diesem Ansatz geht man von einer bestimmten Annahme aus, zumindest was die politisch re-

5 *Abrams v. United States*, 250 U.S. (1919), J. Holmes dissenting. Das Zitat steht auf S. 630. [*First Amendment* = Erster Zusatzartikel zur Verfassung der Vereinigten Staaten. Dieser Artikel schreibt Religions-, Rede-, Presse- und Versammlungsfreiheit fest. – Anm. d. Übers.]

levanten Wahrheiten betrifft (und dieser Vorbehalt wirft seinerseits Fragen bezüglich der Interpretation des *First Amendment* auf). Diese Annahme besagt, der Markt im buchstäblichen Sinne des Wortes komme einem idealen Markt nahe. Das Problem ist, daß es kaum einen Grund dafür gibt, diese Annahme gelten zu lassen. Dafür, daß sie vom Standpunkt der ökonomischen Theorie falsch ist, sind überzeugende Argumente genannt worden, und die auf empirischer Ebene bestehenden Gründe zum Zweifel daran sind überaus vertraut.[6] Der reale Markt erzeugt ein hohes Maß an Geräuschen. Jeder weiß, daß die Meldungen unter den Bedingungen des modernen Kommunikationswesens um Aufmerksamkeit konkurrieren und einander auslöschen. Außerdem ist bekannt, daß sie aus Gründen ausgewählt werden, die nichts mit ihrer Wahrheit zu tun zu haben brauchen. Überdies stellt das System im Regelfall keinen strukturierten Rahmen für das Verständnis der Meldungen zur Verfügung. Auf dieser oder jener Ebene weiß der Hörer zwar vielleicht von jedem Satz, welche Botschaft jeweils vermittelt wird, aber er weiß nicht, was diese Botschaften bedeuten.

Wenn man zustimmt, daß dies die Konsequenzen der modernen Kommunikationssituation sind, sollte man sich nicht allzusehr von der Vorstellung beeindrucken lassen, früher sei es besser gewesen. Es ist zwar richtig, daß es im neunzehnten und frühen zwanzigsten Jahrhundert eine Zeit gegeben hat, in der es in wohlgeordneten europäischen Staaten sowie in den USA einige Zeitungen gab, die detaillierten Nachrichten und schwergewichtigen Debatten öffentlicher Streitfragen mehr Platz einräumten, als es heute der Fall ist. Doch das waren bei weitem keine völlig demokratischen Staaten, und selbst unter den Menschen, die als vollgültige Bürger zählten, sprachen solche Blätter durchaus nicht jeden an. Insofern sie bei einer engeren, stark für öffentliche Angelegenheiten engagierten Gruppe (die man wohl die »politische Klasse« nennen darf) Anklang fanden, besteht gewiß kein Grund zu der Annahme, daß der entsprechende Teil der Bevölkerung heute weniger gut informiert ist, wohingegen nun insgesamt sehr viel mehr Leute wenn auch nur bruchstückhaft, so doch immerhin besser informiert sind. Eindringlicher wirkt

6 Zur ökonomischen Argumentation siehe Goldman (1999), Kapitel 7.

da eine andere, ebenfalls pessimistische Überzeugung, der zufolge die Situation immer schlimmer wird. In vielen liberalen Demokratien von heute (und vor allen Dingen in Großbritannien) haben die Zeitungen ihren Nutzen diesbezüglich immer mehr eingebüßt. In manchen Ländern wird das Projekt, die Nachrichten in verständlicher Form zu strukturieren und die Aufmerksamkeit auf öffentliche Angelegenheiten zu richten, bis zu einem gewissen Grad vom Fernsehen getragen. Die Situation ist von Ort zu Ort verschieden – an dem einen dominiert ein verdächtiger Etatismus, während an anderen die Konsumenten in kriecherischer Manier bedient werden –, doch in vielen Ländern haben sich die wichtigsten Fernsehsender ein gewisses Verantwortungsbewußtsein bewahrt und wollen relevante sowie wahre Informationen liefern. Es kann jedoch sein, daß die internationale Vervielfachung der Fernsehkanäle diese Wirkung vermindert. Viele Kanäle werden überhaupt keine Nachrichtensendungen mehr bieten, während diejenigen, die noch Meldungen bringen, wahrscheinlich in immer höherem Maße ganz lokale Neuigkeiten oder fade Nachrichten ohne Struktur senden werden.

Darüber hinaus scheint das Internet nun zum erstenmal das globale Dorf Wirklichkeit werden zu lassen, das MacLuhan schon als Konsequenz des Fernsehens prophezeit hatte. Dieses globale Dorf vereinigt in sich die Nachteile der Globalisierung und des Dorflebens. Freilich bietet es einige zuverlässige Informationsquellen für diejenigen, die das wollen und wissen, wonach sie suchen, doch im gleichen Maße stützt es den Hauptpfeiler jeglichen Dorflebens, nämlich den Klatsch. Es schafft eine fortwährend wachsende Zahl von Treffpunkten für den ungehinderten und unstrukturierten Austausch von Botschaften, die ihrerseits eine Vielfalt von – sei es unterhaltsamen, abergläubischen, skandalträchtigen oder bösartigen – Behauptungen, Hirngespinsten und Verdächtigungen tragen. Die Chance, daß viele dieser Meldungen wahr sein werden, ist gering; die Wahrscheinlichkeit, daß das System zur Auswahl der wahren Nachrichten beitragen wird, ist noch geringer. In diesen wie in vielen anderen Hinsichten hat uns die postmoderne Welt vielleicht auf dialektischem Wege zu einer verwandelten Form der vormodernen Welt zurückgebracht; und die Aussichten auf den Erwerb wahrer Überzeugungen werden – außer bei denen, die bereits über Kenntnisse verfügen, an denen sie sich orientieren können – nicht viel anders sein als im Mittelalter. Zur gleichen Zeit sorgt der globale Charakter dieser Unterhaltungen dafür, daß die Situation schlimmer ist als in einem Dorf, wo es immerhin möglich und vielleicht unumgänglich wäre, Menschen mit anderen Meinungen und fixen Ideen zu treffen und anzuhören. Kritiker, denen die Zukunft der demokratischen Diskussion am Herzen liegt, haben darauf hingewiesen, daß das Internet einer Vielzahl früher isolierter Extremisten die bequeme Möglichkeit verschafft, einander ausfindig zu machen und nur mit Gleichgesinnten zu reden.[7]

Man hat die Vorzüge des Marktsystems als eines Mittels zur Verbreitung wahrer Überzeugungen übertrieben, denn die liberale Geschichtsschreibung hat einen gewissen Hang, schon die Ausbreitung des Expertenwissens – und namentlich die geschichtliche Entwicklung der Naturwissenschaften – als einen Sieg des Marktes über restriktive Praktiken hinzustellen. Diese Auffassung ist jedoch überaus irreführend. Das Aufkommen der wissenschaftlichen Forschung als von kirchlichen Beschränkungen losgelöstes Unterfangen bedeutete einen Wandel in der Rechtfertigung von Ansichten über die physische Natur. Dieser Wandel verbesserte die Wahrheitsermittlung, und mit Sicherheit hatte er die freie wissenschaftliche Forschung zur Voraussetzung. Die internationale wissenschaftliche Forschung stellt eine Annäherung an einen idealen Markt dar, aber so verhält es sich nur deshalb, weil ihre faktische soziale Struktur in wichtigen Hinsichten ein Beispiel für einen gesteuerten Markt ist. Denn hier spielen Dinge eine Rolle wie etwa der durch Ausbildungsvoraussetzungen immer teurere Zutritt und – notwendigerweise – ein wirksamer Filter gegen Narren. Die geregelte Steuerung der wissenschaftlichen Forschung impliziert, daß die überwältigende Mehrzahl von Vorschlägen, die der Unbefangene für Beiträge zur Wissenschaft halten könnte, völlig zu Recht nicht ernst genommen und nicht zur Veröffentlichung angenommen wird. Sehr selten kommt es vor, daß sich die Marotte als richtig erweist, und dann werden die Wissenschaftler, die

7 Zu dieser Frage sowie zu damit zusammenhängenden Sorgen bezüglich der Wirkung der Medien siehe Sunstein (2001).

nicht darauf geachtet hatten, wegen ihrer dogmatischen und voreingenommenen Einstellung angegriffen. Sie können jedoch zu Recht erwidern, daß sie keine Möglichkeit hatten, im voraus anzugeben, daß diese spezielle Marotte hätte ernst genommen werden sollen; die einzige Alternative zu dem von ihnen gepflegten Vorurteil würde darin bestehen, alle derartigen Vorschläge ernst zu nehmen, und dann käme die Wissenschaft zum Stillstand. Dieser Gedankengang läßt sich verallgemeinern: Kritiker der vom Marktbegriff ausgehenden Theorie des *First Amendment* haben darauf hingewiesen, daß die Rede in ausdrücklich zur Ermittlung der Wahrheit bestimmten Institutionen wie Universitäten, Forschungsinstituten und Gerichtsbehörden ganz und gar nicht ohne Regulierung auskommt. Die Leute können nicht von außen hereinspazieren, sie können nicht nach Belieben reden und sich mit endlosen, belanglosen oder beleidigenden Wortmeldungen einmischen usw. Sie können sich auf kein Recht stützen, das ihnen dieses Verhalten zubilligt, und niemand glaubt, daß man auf dem Weg zur Wahrheit besser vorankäme, wenn das möglich wäre.[8]

Werden die Probleme des realen, kommerziellen Marktsystems ernst genommen, stellt sich die Frage, wie dieses System abschneidet, wenn man bei der Beurteilung die verschiedenen Argumente für Wahrhaftigkeit im öffentlichen Bereich als Maßstab anlegt. Geht man von einer auf kurze Zeitspannen bezogenen Lesart des Arguments gegen die Tyrannei aus, ist das Resultat gar nicht so schlecht, denn tyrannische Ausschreitungen kommen höchstwahrscheinlich durch den Markt ans Licht; weniger gut schneidet es ab, wenn es darum geht, den insgesamt gegen die Tyrannei gerichteten Komplex aus Einstellungen und Institutionen zu stützen.[9] Es steht natürlich gut da, wenn man die

8 Siehe beispielsweise Schauer (1982), Kapitel 2, und Post (1995). Robert Post möchte ich vor allem für Gespräche über Fragen bezüglich des *First Amendment* danken.

9 Es gibt natürlich eine Interpretation des Begriffs »Tyrannei«, der zufolge das Marktsystem nichts anderes ist als ein Verbündeter und ein Werkzeug der Tyrannei, da es dazu beitrage, die wirklichen Interessen der Menschen zu verbergen. Diese Interpretation wurde von der Frankfurter Schule vertreten, aber es ist schwierig, diese Deutung von stark ideologisch geprägten Interpretationen der Interessen der Menschen zu lösen.

Minimalberufung auf Freiheit zugrunde legt, doch das liegt daran, daß dieses Argument als solches mehr auf Freiheit als auf Wahrheit abzielt. Geht man von der »anspruchsvollen«, auf die Entfaltung der eigenen Fähigkeiten gerichteten Berufung auf Freiheit aus, wirkt das Marktsystem enttäuschend, zumindest wenn das Ziel nicht bloß eine narzißtische Form der Selbstkonstruktion aus kommerziell verfügbaren Bausteinen ist, sondern (der Auffassung Mills entsprechend) ein kultureller Forschritt durch Experimente mit Lebensformen, die im Lichte einer allmählich zum Vorschein kommenden Klasse vielsagender Wahrheiten durchgeführt werden. Ein liberaler Standpunkt, der die anspruchsvollere und die schwächere Berufung auf die Freiheit miteinander verbindet, läuft unter Voraussetzung der Wirkungen des Marktsystems Gefahr, sich in Widersprüche zu verwikkeln.

Wenn man die Frage aufwirft, in welchem Verhältnis der Markt im buchstäblichen Sinne des Wortes zu Vorstellungen von demokratischer Legitimität steht, ist mehr als nur eine Antwort möglich, und diese Antworten widerstreiten einander auf interessante Weise. In der US-amerikanischen Rechtstheorie gibt es ferner Ansätze zur Lehre des *First Amendment*, denen die Koexistenz mit der Markttradition nicht leichtfällt und die die Bedeutung der Redefreiheit mit Hilfe des Begriffs der demokratischen Partizipation erklären. Einer dieser Ansätze ist vor allem von Alexander Meiklejohn beeinflußt und deutet die für die freie Rede in politischen Zusammenhängen bestimmenden Regeln im Hinblick auf ihren Beitrag zu den Bedingungen einer fruchtbaren und geordneten demokratischen Debatte. Meiklejohns Modell ist eine Stadtratsversammlung, bei der die Rede von einem die Diskussion leitenden Vorsitzenden gesteuert wird, um eine sachkundige und vernünftige Beratung zu erleichtern. Eine bekannte Formulierung von Meiklejohn lautet: »Wesentlich ist nicht, daß jeder zu Wort kommt, sondern daß alles Sagenswerte ausgesprochen wird.« Dieser heutzutage kräftig unterstützte Ansatz zieht natürlicherweise Konsequenzen der folgenden Art nach sich: Es werden mehr interventionistische Maßnahmen erlaubt; Einschränkungen der Finanzierung von Wahlkampfkampagnen werden gefördert; ausgewogene Fernsehdiskussionen werden gefordert; rassistischen und sonstigen von Vorurteilen geprägten Formen der Rede wird der Schutz entzogen. In positiver Hinsicht könnte sich dieser Ansatz für Initiativen einsetzen, die im Dienst der Öffentlichkeit stehende Sendungen unterstützen, und dergleichen mehr. Bis zu einem gewissen Grad überschneiden sich die Vorschläge, die sich ungezwungen mit diesem Ansatz vereinbaren lassen, mit den möglichen Erfordernissen einer weitergehenden Annäherung an einen idealen Wahrheitsmarkt. Das dürfte kaum überraschen, wenn man davon ausgeht, daß genaue Informationen eine Voraussetzung für geordnete und fruchtbare demokratische Debatten sind.[10]

Die von Meiklejohn inspirierte Theorie ist jedoch ihrerseits unter dem Gesichtspunkt der demokratischen Legitimität kritisiert worden, weil sie sich auf einen zu dürftigen Begriff von Partizipation stütze. Aus dieser Sicht setzt das Modell der »geordneten Abwicklung der anstehenden Sache« zu Unrecht voraus, daß es einen Konsens darüber gibt, welches die anstehende Sache ist, ohne dabei zu berücksichtigen, daß gerade die Änderung der Tagesordnung ein mögliches Ziel und eine mögliche Wirkung der politischen Beteiligung ist. Eine Aufgabe des Vorsitzenden der Stadtratsversammlung besteht darin, unplanmäßige und anstoßerregende Äußerungen auszuschließen; doch solche Formen der Rede gehören gewiß mit zum politischen Prozeß und sind von den Gerichtshöfen der Vereinigten Staaten im Rahmen ihrer bisherigen Tradition als Bestandteil der Politik geschützt worden.[11] Andere demokratische Gesellschaften betrachten diese Grundsatzfragen und ihre praktischen Implikationen auf unterschiedliche Weise. Anders als die Amerikaner verfügen sie nicht über den fragwürdigen Vorteil, bei der Diskussion über diese Fragen auf rechtstheoretische Erörterungen des *First Amendment* Bezug nehmen zu können, aber sie alle stehen ähnlichen Konflikten gegenüber. Es ist nicht bloß so, daß die Markttheorie der Redefreiheit deshalb trügerisch ist, weil sie die gewaltigen Unterschiede zwischen einem kommerziellen und einem idealen Markt ausläßt. Auch wenn man die Vorstellung aufgibt, ein realer Kommunikationsmarkt sei auf dem Weg der Annähe-

10 Meiklejohn (1960), Zit. S. 26. Zu den neueren Befürwortern dieser Richtung gehören Sunstein (s. o., Anm. 7) und Owen Fiss (1996).

11 Diese Kritik wird von Post (1993) begründet.

rung an einen idealen Markt der Ideen, gibt es nach wie vor ernstzunehmende Konflikte zwischen den Anforderungen der Wahrheitsübermittlung einerseits und einigen Implikationen des demokratischen Legitimitätsprinzips andererseits. Welche Konflikte das sein werden und welchen Umfang sie annehmen werden, hängt von der vorherrschenden Auffassung der politischen Legitimität ab sowie davon, wie Ideen von der Art des Partizipationsbegriffs im Sinne dieser Auffassung interpretiert werden. Keine liberale Demokratie kann es sich leisten, gegenüber ausdrucksstarken, ordnungswidrigen und sogar schädlichen Formen der Rede eine allzu restriktive oder im Hinblick auf Identität oder Art der veröffentlichenden Instanz eine allzu kleinliche Haltung einzunehmen. Außerdem kann eine solche Demokratie die Menschen nicht dazu zwingen, über öffentliche oder politische Angelegenheiten nachzudenken. Dabei sind die Grundrechte der liberalen Gesellschaft und die demokratischen Freiheiten selbst abhängig von der Entwicklung und vom Schutz der Methoden zur Entdeckung und Übermittlung der Wahrheit, und das wiederum setzt voraus, daß die öffentliche Debatte in der einen oder anderen Form eine Annäherung an einen idealen Markt beinhaltet. Die Quadratur dieses Kreises muß in liberalen Staaten ein Hauptziel einfallsreicher Institutionenplanung sein.

4. Kritik

Im vorigen Abschnitt haben wir uns mit der inneren Ökonomie des Liberalismus befaßt, insbesondere mit dem Verhältnis zwischen Wahrhaftigkeit und Freiheit. Die Wahrhaftigkeit hängt außerdem mit einem weiteren politischen Wert zusammen, nämlich mit der Verteilungsgerechtigkeit. Hier kommt die Idee der Wahrheit im Rahmen einer bestimmten Art von Kritik ins Spiel, und dabei ist es sehr wichtig, daß diese Kritik auch außerhalb des Bereichs der Fragen, die der Liberalismus an sich selbst richtet, zur Geltung kommt. Es ist eine Kritik, die an Institutionen nichtliberaler Gesellschaften geübt werden kann. Nach meiner Überzeugung ist das, wenn es zum Funktionieren gebracht werden kann, eine der wirksamsten Waffen des Liberalismus, denn dieses Vorgehen beruht nicht bloß darauf, daß die eigene Menge von Werten einer konkurrierenden Menge entgegengehalten wird, sondern überdies mobilisiert es die Werte der Wahrheit im Interesse eines spezifischen politischen Anliegens.

Im Regelfall hat der Liberalismus seine universalistische Einstellung nicht nur auf Rechte angewandt – es gibt grundlegende Menschenrechte, und diese Rechte sind überall die gleichen –, sondern auch auf das Gute. Verteilungsgerechtigkeit setzt eine Währung voraus, mit deren Hilfe die in der Gesellschaft gleich oder ungleich verteilten Güter bewertet werden können, und diese Währung wünscht sich der Liberalismus auch wieder allgemeingültig. Ein traditioneller Anwärter auf diesen Posten ist die »Wohlfahrt« im Sinne der utilitaristischen Begriffsverwendung. John Rawls nennt bei der Aufstellung seiner Theorie eine Liste von »Grundgütern«, zu denen auch die Freiheit sowie die Grundelemente der Selbstachtung gehören. Daneben gibt es noch weitere Vorschläge.[12]

Es ist jedoch ganz vernünftig, wenn man diesen universalistischen Neigungen etwas entgegensetzt und annimmt, daß das, was in einer gegebenen Gesellschaft als Vor- bzw. Nachteil gilt, in gewissem Maße von der Kultur dieser Gesellschaft abhängt. Soziale Güter – und das sind die Güter, um die es hier geht – sind Güter mit sozialer Bedeutung, und die soziale Bedeutung hängt von lokalen Vereinbarungen ab. Diesen Gedanken hat Michael Walzer in seinen Ausführungen über Verteilungsgerechtigkeit nachdrücklich betont, und man muß ihm recht geben, wenn er fordert, wir müßten feinfühlig auf die Frage eingehen, was an Ort und Stelle als Vor- und Nachteil gilt, um uns gegen folgenden Vorwurf zu wehren: Wenn wir andere Gesellschaften der strukturellen Ungerechtigkeit bezichtigten, ließen wir durch

12 Rawls (1971), § 15. Zu den übrigen Vorschlägen gehören der Begriff der Ressourcen (Ronald Dworkin) und der Begriff der Grundfähigkeiten (*capabilities*, Amartya Sen); siehe Dworkin (2000) und Sen (1992). Im Brennpunkt der liberalen Erörterungen dieser Thematik steht in erster Linie der Gleichheitsgedanke; und die Frage nach der Währung hat dementsprechend tendenziell die Form »Gleichheit von was?« angenommen. Aber die allgemeine Frage bezüglich einer Währung der sozialen Bewertung ist jener Frage vorgeordnet.

Export eines auf Modernisierung bedachten Liberalismus lediglich eine Ideologie gegen andere Ideologien antreten.[13]

Wir können uns jedoch nicht ohne weiteres auf die lokal akzeptierten Wertungen verlassen. Tun wir es dennoch, werden unsere Überlegungen wahrscheinlich von einem trägen Gemisch aus Relativismus und Konservatismus zugeschüttet. Eine gewisse Kritik an den lokal geltenden Auffassungen muß möglich sein, aber hier müssen wir zweierlei Arten von Kritik unterscheiden. Es kann etwa sein, daß eine Gesellschaft im Sinne einer religiös bestimmten hierarchischen Ordnung strukturiert ist, während wir die Geschichte, die zur Legitimierung dieser Ordnung erzählt wird, ablehnen. Das impliziert nicht unbedingt, daß wir die vorhandenen Institutionen als ungerecht empfinden. Es ist möglich, daß nach unserer Auffassung niemand ungerecht behandelt wird, wir aber der Meinung sind, alle Angehörigen dieser Gesellschaft würden von einem unzutreffenden Bild ihrer Welt gefangengehalten. (Freilich, wenn sie dieses Bild nicht mehr akzeptierten und die gegenwärtige Verteilung der Vor- und Nachteile dennoch in Kraft bliebe, könnte es durchaus sein, daß sie ungerecht ist, denn dann gäbe es keine Geschichte mehr zu erzählen, um diese Verteilung zu legitimieren. Unter diesen Umständen könnte es außerdem geschehen, daß das hierarchische System durch offenen Zwang zur Geltung gebracht wird, und dann wäre es offenkundig ungerecht.)

Also selbst wenn die Legitimation eines allgemein akzeptierten hierarchischen Systems anfechtbar ist, ist es selbst nicht unbedingt ungerecht. Es sind jedoch Verhältnisse denkbar, unter denen ein hierarchisches System vor allem auch von den Benachteiligten akzeptiert wird und trotzdem ungerecht ist. Außer acht lassen wollen wir hier jene außenstehenden Kritiker, die das System bloß deshalb als ungerecht hinstellen und angreifen, weil sie seine Wertsetzungen nicht teilen und seine Legitimierungen nicht bejahen. Andere Kritiker, die es als ungerecht anprangern, meinen etwas Interessanteres als das, nämlich folgendes: Selbst wenn das System akzeptiert wird, kommt schon *seine Akzeptanz* einem Paradigma der Ungerechtigkeit – der unvermittelten Zwangsanwendung – nahe. Diese Kritiker wollen darauf hinaus,

13 Walzer (1983).

daß das System deshalb ungerecht sei, weil seine vermeintliche Legitimation von den Benachteiligten nur aufgrund von Zwangsgewalt akzeptiert werde. Dieser Ungerechtigkeitstest ermöglicht eine Art von Kritik, die nicht bloß auf den Werten des Kritikers basiert. Sie beruht vielmehr auf einem wirklich universellen Prinzip, wonach der Zwang an und für sich nicht legitimationskonstitutiv sein kann; und dahinter steht die Idee, einige Methoden der Überzeugungsbildung seien schlichtweg Zwangsmethoden. Das ist die Art von Argumentation, die uns interessieren wird. Indem wir die Rolle anerkennen, die dieser Gedanke im Rahmen der Gesellschaftstheorie gespielt hat, dürfen wir hier wohl vom *Test der Kritischen Theorie* sprechen.

Wie wäre dieser Test zu formulieren? Was gilt als Situation, in der die betreffenden sozialen Vereinbarungen auf eine bestimmte, nämlich eine Zwang beinhaltende Weise akzeptiert werden, die bedeutet, daß die angeblich legitimierende Rechtfertigung, obwohl sie allgemein anerkannt ist, nicht ausreichen wird, um diese Gesellschaft gegen den Vorwurf der Ungerechtigkeit zu schützen? Von dem folgenden Kritischen Prinzip könnte man annehmen, daß es eine hinreichende Bedingung dafür nennt:

> Angenommen, von zwei in einer Gesellschaft gegebenen Parteien ist die eine gegenüber der anderen bevorzugt, insbesondere im Hinblick auf die Macht. Außerdem werde eine Geschichte erzählt, die diese Verteilung legitimieren soll, und zwar eine Geschichte, die von der bevorzugten Partei zumindest vertreten und von den Benachteiligten im allgemeinen akzeptiert wird. Ferner sei angenommen, die Hauptursache dafür, daß die Benachteiligten die Geschichte und daher auch das System akzeptieren, liege in der Macht der begünstigten Partei. Dann ist die Anerkennung des Systems seitens der Benachteiligten eigentlich keine Legitimierung des Systems, und die Verteilung ist insofern ungerecht.

Daß es nur zwei Parteien geben soll, ist natürlich eine vereinfachende Annahme. In jedem interessanten Fall wird es sich bei ihnen um Klassen, soziale Schichten oder ähnliche Formationen handeln; insbesondere könnten die beiden Geschlechter solche Parteien bilden. Das Kritische Prinzip besagt, daß die bevorzugte Partei die genannte Geschichte »zumindest vertritt«. Mit Sicherheit wird das Kritische Prinzip ganz entschieden auf eine Gesellschaft zutreffen, in der die Geschichte von der mächtigen

Partei nicht geglaubt wird. Das entspräche der gängigen Vorstellung, die z. B. von einigen Religionsdeutungen des achtzehnten und des neunzehnten Jahrhunderts nahegelegt wird, wonach Religion nichts anderes ist als ein von Priestern und Königen gesteuertes Schwindelunternehmen. In gleicher Weise tritt diese Idee im Rahmen vulgärmarxistischer Vorstellungen von den kapitalistischen Verschwörern in Erscheinung. In diesen Beispielen ist das Zwangselement jedoch so offensichtlich, daß man kaum des Kritischen Prinzips bedarf, um die Sache klarzustellen. Der interessante Fall, für den sich die weniger vulgären Marxisten interessiert haben, ist derjenige, in dem sowohl die überlegene als auch die benachteiligte Partei die Geschichte akzeptieren. Das Kritische Prinzip sagt im Grunde, die Geschichte werde von der benachteiligten Partei »im allgemeinen akzeptiert«. Diese Formulierung soll nicht nur dem Fall gerecht werden, in dem die meisten zustimmen und nur wenige anderer Meinung sind, sondern auch den üblicherweise gegebenen Fall, in dem die Geschichte von den meisten meistens akzeptiert wird. Das heißt, die Leute beschweren sich zwar und machen vielleicht eine simple Version des Kritischen Prinzips geltend, doch zu guter Letzt finden sie sich damit ab und erziehen ihre Kinder so, daß auch sie die Geschichte anerkennen, usw.

Auf den ersten Blick wirkt das Kritische Prinzip einleuchtend, und wir können seine Überzeugungskraft an manchen Werken der dystopischen Literatur erkennen, etwa an Huxleys *Schöne neue Welt* und Orwells *1984*. In diesen Büchern manipulieren autoritäre Herrscher absichtlich die Überzeugungen ihrer Untertanen und bedienen sich dabei mancher Mittel, die die Wahrheit oder Rationalität ganz augenfällig nicht aufrechterhalten, wie z. B. Konditionierung, plumpe Propaganda und Drogen. Wir haben jedoch bereits gesehen, daß das Kritische Prinzip nur dann interessant sein wird, wenn wir es auf Fälle anwenden können, in denen die Manipulation nicht beabsichtigt ist und die Methoden weniger kraß sind. Auf diese weniger deutlichen Fälle läßt sich das Kritische Prinzip bestimmt nicht so leicht anwenden – ein Problem, auf das wir später zurückkommen werden. Aber wenn wir schließlich fragen, inwieweit das Kritische Prinzip vor allem mit der Wahrheit zusammenhängt, wird sich herausstellen, daß es eine (durch den Fall des falschen Bewußtseins exemplifizierte) Hinsicht gibt, in der die subtileren Beispiele reichhaltigeren Stoff für das Prinzip liefern können als die simpleren Beispiele.

Zu den vom Kritischen Prinzip angesprochenen Bedingungen gehört die ungleiche Machtverteilung, und dies ist der Gedanke, auf den wir mit unserer ersten Frage eingehen müssen. Dabei wird der Begriff »Macht« nicht so verwendet, daß Macht als etwas von vornherein Illegitimes gilt. Wir gehen auch nicht davon aus, daß eine ungleiche Verteilung der Macht notwendigerweise ungerecht ist.[14] Ich vermute, daß es in Situationen, in denen sich das Kritische Prinzip anwenden läßt, sehr oft so ist, daß niemand die ungleiche Verteilung der Macht bestreitet. Die lokalen Parteien sind darüber einer Meinung, und der außenstehende Kritiker schließt sich dieser Meinung an. Der Unterschied liegt darin, daß die lokalen Parteien den beiderseits anerkannten Machtunterschied im Hinblick auf die lokalen Erwägungen zu rechtfertigen versuchen, während der Kritiker das nicht tut. Daneben gibt es weitere Fälle, in denen die Leute an Ort und Stelle in puncto ungleiche Machtverteilung anderer Meinung sind als der Kritiker und sich statt dessen auf verschiedene Arten von Macht berufen. So habe ich einmal gehört, wie eine Frau (eine Neuseeländerin übrigens) darlegte, inwiefern die Frauen im Iran der Ayatollahs zumindest ebensoviel (nichtpolitische) Macht besäßen wie die Männer – ja, im Grunde besäßen sie mehr Macht als die Frauen in liberalen Gesellschaften. Selbst diese Neuseeländerin wollte allerdings nicht bestreiten, daß die Männer mehr Macht haben als die Frauen, wenn es um die Interpretation der Regeln geht, die dann festlegen, wieviel Macht die Frauen besitzen dürfen.

Die zweite Frage betrifft den Begriff des Vorteils. Das Kritische Prinzip beschreibt die Situation mit Hilfe der Begriffe »Vorteil« und »Nachteil«, doch der von Walzer gegebene Hinweis auf lokale Bedeutungen erinnert uns daran, daß die Parteien im Inneren und der außenstehende Kritiker unterschiedlicher Meinung darüber sein können, was eigentlich als Nachteil zu

14 Der Begriff wird also nicht so verwendet wie in der Tradition der Kritischen Theorie, insbesondere bei Habermas, wenn er von »Herrschaft« spricht. Hierzu siehe Geuss (1981), S. 16f. Zu den Begriffen »Herrschaft« und »ideale Sprechsituation« vgl. unten Abschnitt 5.

gelten hat. Häufig lassen sich die Dinge nicht klar auseinanderhalten, doch es überrascht nicht, daß sich die fremden Vorstellungen und unsere eigenen Ansichten über Vorteilskriterien zum Teil decken; und jemand, der in der Hierarchie weit unten steht, wird die eigene Position zwar nicht genauso sehen, wie er es täte, wenn er die legitimierende Rechtfertigung nicht akzeptierte, aber wahrscheinlich wird er trotzdem den Gedanken begreifen, er sei im Verhältnis zu anderen Angehörigen der Gesellschaft im Nachteil. Manchmal wird die Geschichte, welche die bestehende Ordnung angeblich legitimiert, einräumen, daß manche Güter ungleich verteilt sind, doch dann wird sie andere Güter so definieren, daß sich eine augenscheinlich ungleiche Verteilung im Ergebnis als gar nicht ungleich erweist. So wird von manchen traditionellen Darstellungen behauptet, Männer hätten bessere Berufschancen, aber Frauen erführen mehr persönliche Befriedigung, litten weniger unter Entfremdung usw. Bei einer ganz anderen Deutung wird der gleiche Effekt erzielt, indem man die Bereiche wechselt oder Befriedigung mit Hilfe einer anderen Währungseinheit mißt. So heißt es in einer alten Geschichte, die Arbeiterklasse habe zwar weniger Güter besessen, wäre aber auch gar nicht imstande gewesen, mehr Güter bzw. qualitativ bessere Güter zu schätzen, weshalb die »Befriedigung« eigentlich gleich gewesen sei. Diese Darstellung läßt sich jedoch ohne Ergänzung kaum aufrechterhalten, denn das Kritische Prinzip könnte sogleich erneut zum Einsatz gebracht und auf diesen Mangel an Urteilsvermögen angewendet werden. Nach moderner Auffassung fällt es schwer, in dieser Richtung weiterzumachen, und häufig wird man sich zur Rechtfertigung ungleicher Besitzstände auf Argumente berufen, die auf Effizienz, *Trickle-down*-Effekte und dergleichen abheben.

Das Kritische Prinzip wird behaupten, daß einige lokale Legitimationsansprüche nicht gelten, und zwar sowohl im Hinblick auf das, was nach allgemein übereinstimmender Meinung unterschiedliche Verteilungen – der Macht beispielsweise – sind, als auch im Hinblick auf das, was die Kritiker – vielleicht im Gegensatz zu den Vertretern lokaler Meinungen – als Vorteile ansehen. Diese Behauptung wird damit begründet, daß das Legitimationsmuster sowie die damit einhergehende Bestimmung des Vorteils Ergebnisse der Macht der bevorzugten Gruppe sind.

Damit sind zwei Probleme aufgeworfen: Welches ist der Inhalt der kausalen These? Und welches ist ihre kritische Überzeugungskraft? In den bereits abgehandelten krasseren Beispielen à la *Schöne neue Welt*, in denen die überlegene Partei in absichtlicher und interventionistischer Weise handelt, kann die kausale These in dem Maße einleuchten, in dem eine Hypothese über Möglichkeiten sozialer Kausalität überhaupt nur einleuchten kann. Doch wie wird es sich in den interessanteren Fällen verhalten? Wird das Kritische Prinzip auf solche Fälle angewandt, beruht das Urteil oft einfach auf der Vorstellung, diese Ordnung der Verhältnisse diene dem Nutzen der bevorzugten Partei, während man gleichzeitig die Geltung einer funktionalistischen Analyse unterstellt. Dabei wird angedeutet, die Gesellschaft funktioniere in dieser Weise, um den Vorteil der betreffenden Leute zu sichern. Um diese These überzeugend wirken zu lassen, bedarf es gewiß weiterer Argumente. Sonst ist die funktionalistische These – und vor allem die Wahl *dieser* funktionalistischen These im Gegensatz zu anderen – nichts weiter als eine Petitio principii.[15]

Selbst wenn man annimmt, ein Kausalurteil könne bestätigt werden, dürfte mehr erforderlich sein, um dem Urteil kritische Überzeugungskraft zu verleihen. Gewiß ist das bloße Faktum, daß die eine Partei auf seiten der anderen eine Überzeugung hervorruft, kein Indiz dafür, daß diese Überzeugung nicht stichhaltig ist. Im Grunde sagt das Kritische Prinzip nicht bloß, die eine Partei rufe die Überzeugungen der anderen hervor, sondern die *Macht* der einen Partei sei die Ursache der Überzeugungen der anderen Partei. Dennoch wird mancher hier den Einwand erheben, es handele sich um einen »genetischen Fehlschluß«, womit gemeint ist, daß die Triftigkeit der Überzeugung eine von ihrer Kausalgeschichte völlig getrennte Frage sei: Ausschlaggebend sei lediglich die vermeintliche Legitimierung, während der gesamte kausale Inhalt, der das Prinzip auszeichne, irrelevant sei.

15 Zu dieser Frage gibt es eine umfangreiche Literatur. Siehe insbesondere Cohen (1978) und Elster (1985).

5. Der Test der Kritischen Theorie

Habermas hat mit seinem Modell der Idealen Sprechsituation den Versuch gemacht, den aus der Tradition der Kritischen Theorie stammenden Gedanken zu bewahren, die Gültigkeit einer legitimierenden Überzeugung und die Art der Entstehung dieser Überzeugung ließen sich angemessen miteinander verknüpfen, indem man die kausale Frage auf hypothetische Weise angeht.[16] Habermas nennt ein Gedankenexperiment, das auf einen »herrschaftsfreien«, also auf einen von jeder unzulässigen normativen Macht unberührten Raum Bezug nimmt. Der Grundgedanke dieses Gedankenexperiments läuft darauf hinaus, daß eine Überzeugung dann, wenn sie Geltung besitzt, unter herrschaftsfreien Umständen hätte akzeptiert werden können. Dadurch sollen wir in die Lage versetzt werden, machtbedingte Verzerrungen der Überzeugungsbildung in wirklichen Gesellschaften zu ermitteln. Da dieses Modell verwendet wird, um einen Begriff der Annehmbarkeit von Überzeugungen zu konstruieren, liefert es eine Kritik, die sich insbesondere auf das falsche Bewußtsein bezieht. Geuss paraphrasiert Habermas wie folgt: »Daß eine Aussage wahr sei, bedeutet, daß sie diejenige wäre, auf die sich alle Akteure einigen könnten, wenn sie unter völlig freien und zwanglosen Umständen beliebig lange über die gesamte menschliche Erfahrung diskutieren würden.«[17]

Daneben hat Habermas eine weitere These über das Modell der Idealen Sprechsituation aufgestellt, nämlich daß sie eine transzendentale Voraussetzung jeglichen Diskurses darstelle, denn alle Sprecher und rationalen Akteure seien auf den Gedan-

16 Manche Aspekte dieser Theorie hat Habermas inzwischen modifiziert oder hinter sich gelassen. Das gilt z.B. für die weiter unten genannte »transzendentale« Idee. Ich mache hier keinen Versuch, Habermas' Anschauungen im Detail wiederzugeben, und vor allem lasse ich ihre Wandlungen unberücksichtigt. Es geht nur darum, die hier vorgeschlagene Lesart des Tests der Kritischen Theorie der Abstraktheit und der Fundierungsabsicht des ursprünglichen Modells von Habermas gegenüberzustellen.

17 Geuss (1981), S. 65 ff. Dort findet der Leser Hinweise auf die Literatur.

ken der Wahrheit festgelegt.[18] Alles Reden und Handeln »antizipiere«, insofern es vernünftig sei, die Ideale Sprechsituation. Daß alle Sprecher in gewissem Sinn auf den Gedanken der Wahrheit festgelegt sind, kann man gelten lassen, doch die transzendentale These folgt daraus nur dann, wenn zwei weitere Voraussetzungen gegeben sind, für deren Akzeptanz jedoch in beiden Fällen kein Grund besteht. Die eine Voraussetzung lautet, unsere Vorstellung von dem, was mit der »Wahrheit« gemeint ist, sei regulativ durch die Ideale Sprechsituation bestimmt. Bei der zweiten handelt es sich um die folgende bekannte Voraussetzung: Wenn eine Bedingung – wie z. B. Verpflichtung zur Wahrheit oder Einschränkungen des Lügens – im allgemeinen notwendig ist, damit die Menschen miteinander kommunizieren und sich beratschlagen können, dann besteht für jeden Akteur immer ein Grund, die Norm zu akzeptieren, er müsse in Einklang mit dieser Bedingung handeln. Diesen Gedanken habe ich oben bereits abgelehnt.[19]

Das Modell der Idealen Sprechsituation stößt auf eine ganze Reihe von Problemen, doch was meine jetzigen Absichten anlangt, möchte ich mich auf ein einziges Problem beschränken. Die Grundvorstellung von einem Gespräch, das zwar zu einem Ergebnis gelangt, aber keine Form von Macht beinhaltet (weder die Macht des überredenden Worts noch die zu Recht als »zwingend« bezeichnete Kraft der argumentativen Begründung), beruht wieder auf der falsch konzipierten, aus der platonischen wie aus der kantianischen Tradition bekannten Radikalunterscheidung zwischen Gründen und Ursachen oder Vernunft und Begehren. Freilich, Habermas möchte das ideale Gespräch nur von *Herrschaft* frei wissen – also frei von illegitimen oder nicht angemessenen Machteinflüssen –, und zum Glück haben wir alle eine Ahnung von Gesprächen, die diese Bedingung erfüllen. Allerdings besteht kein Grund zur Annahme, daß es schon vor diesen imaginierten Gesprächen möglich wäre, die Vorstellung von illegitimen oder nicht angemessenen Machteinflüssen in zulängli-

18 In besonders ausgeprägter Form wird dieser Gedanke von Karl-Otto Apel vertreten. Siehe z. B. das Schlußkapitel in Apel (1973).

19 Siehe Kapitel 5, Abschnitt 5. Habermas' eigene Lesart dieses Gedankens klingt ganz ähnlich wie Kants Formulierung des Kategorischen Imperativs.

cher Form ganz allgemein auf den Begriff zu bringen, so daß diese Vorstellung von vornherein als Bedingung solcher Gespräche fungieren könnte.

Wir benötigen einen weniger abstrakten Ansatz: eine Kritik, die nicht im kantianischen Stil, sondern »kontextualistisch« oder »immanent« verfährt. Um den Geist des Kritischen Prinzips überhaupt zu bewahren, müssen wir an dem kausalen Element festhalten, und die Kritik muß sich zur Anfechtung der betreffenden Überzeugung immer noch einer Erklärung bedienen, die zeigt, wie es zu dieser Überzeugung kommt. Zugleich muß sie das Problem des »genetischen Trugschlusses« vermeiden und sich damit abfinden, daß eine Überzeugung nicht allein deshalb in Mißkredit gerät, weil sie einen Urheber hat. Sie sollte sich sogar damit abfinden, daß eine Überzeugung nicht unbedingt schon deshalb in Mißkredit gerät, weil sie durch jemandes Macht bewirkt wird. Bei der Kritik am Modell der Idealen Sprechsituation sind wir nebenbei auf den Gedanken gestoßen, es sei kaum möglich, die »zwingende Kraft der Vernunft« gänzlich von der Überzeugungskraft – der Macht des überredenden Worts – zu trennen; und wie die alten Griechen recht gut wußten, ist die Überzeugungskraft, auch wenn sie wohlmeinend oder rational eingesetzt wird, dennoch eine Art von Macht.[20] Selbst wenn wir die beim Überreden zum Einsatz kommenden *Erwägungen* in rationale und weniger rationale einteilen können, besteht kaum Grund zur Annahme, daß wir imstande seien, rationale von irrationalen *Handlungsformen* der Überredung zu trennen, worauf sich das Kritische Prinzip jedoch stützen müßte, um sein Kriterium durch Bezugnahme auf den Ausschluß von Machtwirkungen zu formulieren. Ganz deutlich wird dieser Sachverhalt am Beispiel der Erziehung. Daß Schüler am Unterricht teilnehmen, geschieht sehr häufig unter Zwang, und manche Schüler bleiben ausschließlich aus solchen Gründen dabei und hören sich die Sache an. Haben sie einen guten Lehrer, fallen derlei Gründe weg, doch dann wird der gute Lehrer die ursprünglich wirksamen Machtinstanzen der Überredung durch andere ersetzt haben.

20 Das hat sogar Platon gelegentlich eingesehen. Siehe Williams (1993), S. 154-158.

Schließlich ist erfolgreiche Erziehung in vielen Fällen nichts anderes als eine wohltätige Form von Verführung.

Wie ließe sich das Kritische Prinzip modifizieren, um diese Realitäten zu berücksichtigen? Von Nutzen ist hier die der Kritischen Theorie sogar kongeniale Vorstellung, man sollte bei den Verweisen auf kausale Vorgänge die betreffende Gesellschaft und ihre Mitglieder nicht bloß von außen begreifen, so als handelte es sich um ein physikalisches System, sondern man sollte sie von ihrem eigenen – womöglich verbesserten – Standpunkt betrachten. Nun können wir den folgenden Test einführen, der sich auf eine Überzeugung einer Gruppe bezieht:

> Wenn sie richtig verstünden, wie sie zu dieser Überzeugung gekommen sind, würden sie diese Überzeugung dann fallenlassen?

Offenbar werden viele Überzeugungen, zu denen man auf eine Weise gelangt ist, bei der die Macht einer anderen Person eine Rolle gespielt hat, diese Probe ganz zu Recht bestehen, darunter z. B. Überzeugungen, die man, der allgemeinen Schulpflicht unterliegend, als unfreiwilliger Schüler angenommen hat. Überdies vermeidet diese Formel die oben angedeuteten Probleme bei der Ermittlung einzelner Ursachen. Wir können eine beliebig ausführliche Geschichte über den Kontext der Überzeugungsbildung erzählen, und wenn die Entstehungsgeschichte ein nicht akzeptables Element enthält, kann es bewertet werden. Ein Problem ergibt sich eher bezüglich der Formulierung »Wenn sie richtig verstünden . . .«. Als wir das Modell der Idealen Sprechsituation ablehnten, haben wir gelten lassen, daß jedes derartige Verstehen immer vor einem Hintergrund zustande kommen muß. Gehen wir davon aus, daß der Hintergrund bloß die Menge der derzeitigen Überzeugungen dieser Menschen ist, wird praktisch alles die Probe bestehen (außer vielleicht einigen Fällen von extremer innerer Widersprüchlichkeit). Unterstellen wir dagegen einen völlig äußerlichen Bezugsrahmen, leistet der Test nichts sonderlich Spezifisches. Was wir brauchen, ist ein Schema, mit dessen Hilfe wir von den derzeitigen Überzeugungen der Betreffenden ausgehen und uns vorstellen, wie sie einen Prozeß der Kritik vollziehen, und zwar einen Prozeß, bei dem der Test eine bedeutsame Rolle spielt. Wir können uns ausmalen, wie die Benachteiligten eine Reihe reflektierter Fragen über ihre eigene Situation stellen. Das Bild, das wir von diesem Vorgang zeichnen, ist natürlich eine künstliche Rationalisierung, aber etwas Ähnliches spielt sich auf der Ebene der Gesellschaft tatsächlich ab. Es ist nicht verwunderlich, daß das oft bei einem Einfluß ansetzt, der von außen auf eine Gesellschaft einwirkt, die bis dahin relativ abgeschlossen war.

Zunächst glauben die Angehörigen der benachteiligten Partei:

(1) Die Verteilung der Machtmittel und Vorteile in diesem System ist im wesentlichen gerecht.

Dann besinnen sie sich auf folgendes:

(2) Von (1) sind die Benachteiligten nur deshalb überzeugt, weil Angehörige der mächtigeren Partei (sie mögen Lehrer heißen) ihnen die entsprechende Schulung angedeihen lassen.

Um die Kraft dieser Überlegung zu erkennen, können wir auf die Opfer eines kruden Systems à la *Schöne neue Welt* zurückkommen. Es könnte sein, daß die Opfer dieses Systems weder (1) noch (2) glauben, weil es der Führung durch ihre Manipulationen gelungen ist, das Denkvermögen bis zu einem Punkt auszuschalten, an dem den Benachteiligten keiner dieser beiden Gedanken je in den Sinn käme. Obwohl das Kritische Prinzip diese Situationen verurteilt, wird sie besser nicht durch Bezugnahme auf falsches Bewußtsein (im Sinne der herkömmlichen Terminologie der Kritischen Theorie) beanstandet, denn Bewußtsein spielt hierbei eine ziemlich geringe Rolle. Jetzt wollen wir jedoch davon ausgehen, daß die Frage der Gerechtigkeit der bestehenden Verhältnisse tatsächlich in der Gesellschaft aufgeworfen wurde und daß ihre Angehörigen im großen und ganzen (1) glauben. Ferner wollen wir annehmen, daß beinahe jeder Angehörige der Gesellschaft (2) in dieser oder jener Form anerkennt, ohne sich allerdings unbedingt genau dieser Begriffe zu bedienen. Nun sehen die Leute zwar ein, daß es hinsichtlich der Macht Unterschiede gibt, aber sie brauchen sich auf dieser Stufe des Denkprozesses noch nicht direkt der Macht-Terminologie zu bedienen, wenn sie über die Autorität der Lehrer nachdenken. Das wird erst geschehen, wenn die Kritik Erfolg hat.

Nun können die Benachteiligten folgende Überlegung anstellen:

(3) Nur wenn (1) wahr ist, sind die Lehrer unanfechtbar in der Lage zu behaupten, daß (1) wahr ist; die einzige Grundlage ihrer Autorität rührt vom System selbst her.

Wieder wird die genaue Form, die diese Überlegung annimmt, von Fall zu Fall variieren, und (3) ist, so wie es dasteht, eine erheblich rationalisierte Lesart. Aber auf die eine oder andere Weise werden die Leute zu der Einsicht gelangen, daß die Gerechtigkeit des Systems, die Autorität der Lehrer und infolgedessen ihre eigenen Gründe dafür, das System als gerecht zu akzeptieren, durchweg zusammenhängen. Nehmen wir an, daß sie sich nun der Frage zuwenden, ob sie über unabhängige Möglichkeiten verfügen, um die Autorität der Lehrer zu beurteilen. (Das ist ein bekannter Weg, und sogar in traditionellen Gesellschaften mit recht stabilen Legitimationsverfahren wird diese Richtung eingeschlagen.) Setzt man die Ausführungen der Lehrer voraus, fragt es sich, ob die Lehrer ihrerseits Eigenschaften besitzen, die die Richtigkeit ihrer Ausführungen mehr oder weniger wahrscheinlich machen. In irgendeiner Form sind die Benachteiligten nun schon mit dem Gedanken vertraut, daß die Lehrer der Partei mit mehr Vorteilen und Macht angehören, und dieser Gedanke wird jetzt prägnanter und dichter artikuliert, so daß sich unschwer folgende Überlegung ergibt:

(4) Es gibt ganz gute Erklärungen dafür, daß die Lehrer von ihrer eigenen Autorität überzeugt sind. Das heißt unter Voraussetzung von (3), daß es dafür, daß sie (1) lehren, gute Erklärungen gibt, die nicht implizieren, daß (1) wahr ist.

Es mag sein, daß auf seiten der Lehrer alle Anzeichen dafür sprechen, daß sie ehrlich von (1) überzeugt sind; aber selbst wenn es sich so verhält, brauchen die Benachteiligten keine sonderlich raffinierte psychologische Theorie, um (4) zu akzeptieren.

In diesem Stadium besteht schon ein Unterschied zu der Macht, die in der Schule eingesetzt wird, um die Schüler und Schülerinnen dazu zu bringen, Mathematik oder Geographie zu lernen. In diesen Fällen gibt es keinen offenkundigen Grund, warum dergleichen gelehrt werden sollte, wenn es nicht zumindest recht wahrscheinlich wäre, daß der Lehrstoff wahr ist. Außerdem wird die Ausbildung in diesen Fällen schon von sich aus wenigstens in groben Zügen Mittel und Wege aufgezeigt haben, wie man zur Erkenntnis mathematischer oder geographischer Wahrheiten gelangen kann, ohne daß einem diese Wahrheiten von Lehrern beigebracht würden. Im Fall der kritischen Reflexion dagegen kann es durchaus sein, daß die Benachteiligten diese Stufe erreichen, ohne daß ihnen eine klare Vorstellung – oder überhaupt eine Vorstellung – von anderen Verfahren vorschwebt, durch die man zur Kenntnis solcher Dinge wie (1) gelangen könnte. Dabei sind die Lehrer ihrerseits vielleicht in der gleichen Lage; daß sie von (1) überzeugt sind, rührt womöglich daher, daß es ihnen auf ähnliche Weise beigebracht wurde. In manchen Gesellschaften (in denen die Lehrer nicht bloß Ältere, sondern etwa auch Priester sind) beanspruchen sie vielleicht, über ein Geheimnis zu verfügen, eine esoterische Erkenntnisquelle, die den anderen nicht zu Gebote steht. Dann stellt die kritische Reflexion die gleiche Frage von neuem: Durch welche Autorität sind sie zu der Behauptung befugt, über eine solche Erkenntnisquelle zu verfügen?

In den auf Platon und Kant zurückgehenden Traditionen beinhalten die Prozesse der kritischen Reflexion den Gedanken, es gebe ein anderes, ein ursprüngliches Verfahren zur Erhärtung wahrer Aussagen über die Gerechtigkeit und ähnliche Dinge – ein Verfahren, das die Reflexion den bloß überlieferten Quellen gegenüberstellt. Dabei handelt es sich um das Verfahren der Vernunft; und die Methode von Habermas ist ein weiteres Beispiel der gleichen Art. Aber der Prozeß, dem wir jetzt folgen, macht keine derartige Annahme, sondern er bedient sich lediglich der schwachen, negativen und völlig einleuchtenden These, daß diese spezifischen Ausbildungsvorgänge unter Voraussetzung von (3) und (4) nicht die Autorität besitzen, die für sie in Anspruch genommen wird. Doch sofern es für die Benachteiligten keinen Grund gibt, die Ausführungen der Lehrer über die Gerechtigkeit des Systems zu akzeptieren, gibt es einen Grund für die Ablehnung dieser Ausführungen. Dabei ist das kein Fall für eine bloß skeptische Überlegung. Schon vorher war den Benachteiligten der Gedanke gekommen, die Lehrer seien in verschiedener Hinsicht bessergestellt als sie selbst. Jetzt, wo es keine Legitimation mehr gibt, springt dieses Faktum noch deutlicher ins Auge: Hat sich die Vorstellung von Vor- und Nachteilen erst einmal geändert, wird es zu *dem* Faktum. Überdies wirken die Ausbildungsvorgänge, denen nun jeglicher Anspruch auf Autorität fehlt, als kaum verhüllte Machtausübung. Je stärker sich die Lehrer und andere Angehörige ihrer Partei den Einwänden gegen den Status quo widersetzen – wie es zweifellos geschehen wird –, desto augenfälliger wird es, daß das System in ganz grundlegender Hinsicht ungerecht ist und unverhohlen Macht zum Einsatz bringt. Insofern das System durch offene Zwangsmittel verteidigt wird, erweist es sich als ein in diesem Sinne ungerechtes System. Aber es gibt auch triftige Gründe für die Behauptung, es sei immer schon ungerecht gewesen. Sobald sich der Gedanke durchgesetzt hat, daß die vermeintliche Autorität der Lehrer jeder Grundlage entbehrt und daß deren Darstellung ohne wirklichen Gehalt ist, wirkt ihr Tun nun wie ein bloßes Kontrollverfahren. Sofern das System unbestreitbar ihrem Vorteil diente und sie ihrerseits keine Neigung verspürten, es in Frage zu stellen, ist das Paradigma der Zwangsanwendung nahe genug gerückt, um sagen zu dürfen, daß diese Ordnung immer schon ungerecht war, auch zu der Zeit, als sie noch akzeptiert wurde.

Der hier skizzierte Prozeß der reflektierten Kritik ähnelt der traditionellen Kritischen Theorie in mehreren Hinsichten. Er beruht zwar nicht auf einer Theorie der moralischen Wahrheit, doch er bringt eine Theorie des Irrtums zum Einsatz: Sobald unter gegebenen Umständen die Frage aufgeworfen wird, ob ein bestimmter sozialer Prozeß die Quelle einer Autorität ist, die zur Legitimierung des Gesellschaftssystems und seiner Verteilung der Vorteile dienen kann, werden überzeugende Gründe für eine negative Antwort genannt. Außerdem wird die Frage in einem Zusammenhang aufgeworfen, in dem die Antwort praktische Konsequenzen hat. Das System wird nicht nur in Frage gestellt, sondern angefochten. Die Benachteiligten wollen wissen, warum die anderen Macht über sie ausüben; und sobald die Frage hinsichtlich der Quelle jener Autorität eine negative Antwort erhält, läuft das Resultat nicht darauf hinaus, daß das System angezweifelt werde, sondern daß es ungerecht sei.

Eine Gemeinsamkeit zwischen dem Gebrauch des Kritischen Prinzips und der Tradition der Kritischen Theorie liegt darin, daß sich beide für Machtfragen interessieren. Der kritische Reflexionsprozeß bringt, wie gesagt, eine Theorie des Irrtums zum

Einsatz. Hier besteht (im Gegensatz zu anderen Fällen, die in den vorangehenden Kapiteln erörtert wurden) bestimmt keine Einigkeit darüber, welche substantiellen Eigenschaften der Forschung oder der Übermittlung im Fall moralischer Ansprüche – oder zumindest im Fall ganz allgemeiner moralischer Ansprüche – die Wahrheit begünstigen.[21] Bei fast jeder Betrachtungsweise gilt hier jedoch folgendes: Wenn man erfährt, daß der einzige Grund, warum man einen moralischen Anspruch akzeptiert, darin liegt, daß die Macht anderer dies herbeigeführt hat, und wenn es überdies im Interesse dieser anderen ist, daß man diesen Anspruch akzeptiert, wird man keinen Grund haben, ihn auch weiterhin zu akzeptieren. Nicht alle moralischen Begriffe stehen in ebenso engem Zusammenhang mit der Verteilung von Macht und der Verteilung sonstiger Vorteile, die ihrerseits durch Macht gestützt werden, wie der Begriff der Gerechtigkeit. Aber das Schema des Kritischen Prinzips läßt sich so verallgemeinern, daß es sich auch auf andere moralische Überzeugungen übertragen läßt. Moralische Überzeugungen bringen im Regelfall eine Art von normativ gestützten Einschränkungen mit sich, und insofern diese Überzeugungen am Test des Kritischen Prinzips scheitern, kann sich herausstellen, daß das System, von dem diese Überzeugungen eingeimpft werden, seinerseits ungerecht ist. Der Begriff der

21 Wenn ich hier von »ganz allgemeinen« Ansprüchen rede, möchte ich damit (in recht vager Form) eine wichtige Einschränkung signalisieren. An anderer Stelle habe ich geltend gemacht, daß Ansprüche, die sich »dichter« ethischer Begriffe bedienen (also solcher Begriffe, die einen reichhaltigen und einigermaßen bestimmten empirischen Inhalt besitzen), ziemlich geradlinige Wahrheitsbedingungen aufweisen und Gegenstände moralischer Erkenntnis darstellen können. Häufig sind wir auch imstande zu erklären, warum sich die Leute hinsichtlich ihrer Anwendung irren. Das Problem liegt darin, daß verschiedene Gesellschaften oder Einzelpersonen nicht einer Meinung zu sein brauchen hinsichtlich der Frage, welche »dichten« Begriffe hier verwendet werden sollten (zum Vergleich denke man an die neuere Geschichte des Begriffs »Keuschheit«). Was »poröse« Begriffe wie »gut« und »recht« angeht, werden sie zwar in der einen oder anderen Lesart von allen Einzelpersonen und Gesellschaften benutzt, doch im Hinblick auf ihre Anwendung besteht weit weniger Übereinstimmung, und hier kommt die im Haupttext aufgestellte These zum Tragen. Siehe Williams (1985), Kapitel 8, und »Truth in Ethics«, in Hooker (1996).

Ungerechtigkeit läßt sich auch auf Überzeugungen anwenden, die ihrerseits gar nicht von Gerechtigkeitsfragen handeln.

Mit der Tradition der Kritischen Theorie teilt die hier vorgelegte Argumentation auch den Gedanken, daß sich das Interesse der Benachteiligten an diesem Prozeß auf Emanzipation richtet, obwohl dieses Ideal hier in einem ganz besonderen Licht gesehen wird. Im Modell der Idealen Sprechsituation ist die Herrschaftsfreiheit diejenige Bedingung, unter der die Wahrheit über die Gerechtigkeit herauskommen wird. Gemäß der hier vorgelegten Analyse liegt das Interesse der Benachteiligten im Streben nach dem fundamentalsten Freiheitsgefühl, nämlich dem Gefühl, nicht der Macht eines anderen ausgeliefert zu sein – vor allem wenn diese nicht erkannt wird; und das Streben nach Wahrheit richtet sich auf diesem Gebiet auf das Ziel, Vorstellungen auszuräumen, die den Effekt haben, Menschen in einer solchen Situation zu halten. Aus dieser Erörterung geht die Wahrhaftigkeit, wie ich meine, mit ungefähr dem gleichen politischen Wert hervor, der ihr auch im Rahmen der höchsten Hoffnungen der Aufklärung zugesprochen wurde. Das Verhältnis zwischen der Aufklärung und den Werten der Wahrheit war, wie ich schon an einer früheren Stelle dieser Studie gesagt habe, zweischneidig. Im zwanzigsten Jahrhundert sind wir bereits vielfach an die destruktiven Eigenschaften erinnert worden, die von der Aufklärung ausgehen, wenn sie bestrebt ist, *social management* so zu betreiben, als ginge es um die Anwendung wissenschaftlicher Wahrheiten, und sich einbildet, menschliche und soziale Beziehungen ließen sich in extrem rationalistischem Geist rekonstruieren. Diese gefährlichen Wahnvorstellungen tragen aber nichts dazu bei, die Verpflichtung der Aufklärung auf Ehrlichkeit und Transparenz sowie auf ihre Ablehnung einer sich selbst zu Unrecht als Autorität in Erkenntnisfragen gerierenden Macht anzufechten. An den Aufklärungsplänen zur Förderung und Anwendung der Wahrheit ist zwar manches zu fürchten, doch an ihrem Hang zur Wahrhaftigkeit ist vieles zu schätzen.

Wir dürfen allerdings nicht vergessen, daß es nicht notwendig unbedarft oder unredlich ist, wenn man meint, diese erfreulicheren Aufklärungsideale seien – obwohl weniger bedrohlich als die anderen – dennoch genauso unbegründet wie diese. Es ist nicht töricht zu glauben, jede soziale und politische Ordnung, die wirksam Macht einsetzt und eine Kultur trägt, die den in ihr lebenden Menschen etwas bedeutet, müsse Undurchsichtigkeit, Mystifizierung und Selbsttäuschung in großem Maßstab mit sich bringen. Vernünftige Menschen müssen nicht den Idealen des Liberalismus anhängen, sondern können, ganz im Gegenteil, davon überzeugt sein, daß es den Menschen zumindest auf einem kulturell anspruchsvollen Niveau nicht gelingt, erfolgreich zusammenzuleben, sofern sie das eigene Tun zur Gänze begreifen. Es ist nicht notwendig töricht, solche Meinungen zu vertreten, aber vielleicht treffen sie nicht zu. Noch können wir in der Hoffnung leben, daß sie nicht zutreffen (und auf diese Hoffnung werden wir im nächsten Kapitel zurückkommen).

10
Sinngebung

1. Erzählungen

Wenn wir einem bestimmten Geschehen Sinn abzugewinnen versuchen, geschieht es oft, daß wir eine Geschichte über eine Ereignisabfolge erzählen, die zu jenem Geschehen hingeführt hat. Wenn es gelingt, der Sache Sinne abzugewinnen (sie zu erklären oder allmählich zu verstehen), müssen wir die einzelnen Elemente der Geschichte für wahr halten. Das reicht aber natürlich nicht aus, denn außerdem muß uns die Ereignisabfolge sinnvoll erscheinen und dem Ergebnis Sinn geben. Eine solche Geschichte ist eine Form von Erzählung. Es kann eine ganz kurze und anspruchslose Erzählung sein, die man als »Mini-Erzählung« bezeichnen kann – ein Typus, der in zwei besonders vertrauten und bedeutenden Formen auftritt. Die eine Form präsentiert ein Beispiel eines natürlichen Vorgangs, und hier erklärt die Mini-Erzählung das Ergebnis, d. h. sie gibt ihm Sinn, indem sie sich auf Regelmäßigkeiten des Naturgeschehens beruft. Sie präsentiert die Abfolge und ihr Ergebnis als ein Beispiel eines allgemeinen Typs von Vorgängen, die von kausalen Beziehungen zusammengehalten werden (ohne daß wir allerdings, wenn wir den jeweiligen Vorgang als solchen erkennen, im Detail wissen müssen, um welche kausalen Beziehungen es sich handelt).

Die andere hervorstechende Art von Mini-Erzählungen präsentiert eine Reihe von Geschehnissen als eine, die von den Absichten eines Akteurs zusammengehalten wird.[1] In manchen Fällen läßt sich eine Sequenz dieser Art, obwohl sie mehrere Handlungen beinhaltet, ohne weiteres als *eine* Handlung beschreiben. Man sagt z. B., eine Frau habe sich ein Haus gekauft, und dieser Hauskauf habe es mit sich gebracht, daß sie diverse Dinge getan habe. In anderen Fällen ist es vielleicht nicht ohne weiteres möglich, die Sequenz als Einzelhandlung zu kennzeich-

1 Der Kontrastbegriff ist »natürlicher Vorgang«. Es soll keinesfalls angedeutet werden, Kausalität spiele bei absichtlichem Handeln keine Rolle.

nen, sondern nur als Ausführung eines Plans oder eines Vorhabens, das viele Handlungen involviere.[2] Die Ausführung längerfristiger Pläne oder Vorhaben beruht jedoch auf zunehmend komplexen Bedingungen. Je länger die Frist zur Verwirklichung eines Vorhabens, desto mehr Spielraum gibt es vielleicht für Skepsis hinsichtlich der Frage, ob es wirklich eine einzige, fortwährende Absicht ist, die der gegebenen Abfolge von Handlungen Sinn verleiht; und hinsichtlich der Frage, ob ein zu Anfang gefaßter, ganz fest umrissener Plan diese Aufgabe erfüllen könne, ist man wohl noch skeptischer. Der Akteur hat die Möglichkeit zu Rationalisierungen und Neubeschreibungen, um sich selbst und andere davon zu überzeugen, daß ein höheres Maß an Weitblick – und weniger Improvisation und Zufall – vorgelegen habe, als es in Wirklichkeit der Fall war, und andere können im Namen des Akteurs das gleiche tun. Beträchtlich eingeschränkt ist diese Möglichkeit in solchen Fällen, in denen der Vorgang von institutionellen oder sonstigen (zur Apparatur des Vertrauens gehörenden) normativen Garantien gestützt und bis zu einem gewissen Grad gegen Störungen geschützt wird. Dort, wo eine Handlungsabfolge zuverlässig versprochen ist oder in einer institutionellen Umgebung abläuft, die (grob gesprochen) für das Erzielen solcher Ergebnisse geplant ist, gibt es so etwas wie ein normatives Analogon zu einem natürlichen Vorgang.

Vorausgesetzt, daß wir es bei einer Mini-Erzählung überhaupt mit einer sei's noch so kurzen Erzählung zu tun haben, läßt sich der von ihr präsentierte Vorgang in Bestandteile zerlegen, obwohl es vor allem bei relativ unkomplizierten oder ungegliederten Prozessen wie dem Schmelzen eines Eisklumpens keine natürlichen Kennzeichnungen der einzelnen Teile gibt, für die man sich im Alltag wahrscheinlich nicht interessiert, es sei denn, einer der Bestandteile eines Vorgangs fehle, so daß die Erzählung selbst ebenso in Zweifel gezogen wird wie ihre Fähigkeit, dem wirklichen Geschehen Sinn zu geben. In die entgegengesetzte Richtung weisen die sehr viel signifikanteren Fälle, in denen es möglich ist, Mini-Erzählungen miteinander zu verbinden und zu längeren und häufig ganz spezifischen und unvorhersehbaren Geschichten zu erweitern, die ebenfalls einem Ergebnis – bei-

2 Zum Begriff des Plans siehe Bratman (1987).

spielsweise einer gegenwärtigen Praktik – Sinn geben. In vielen Fällen ist eine solche Geschichte das einzige, was einer derartigen Praktik Sinn geben kann. Wie kommt es, daß heute, im Jahr 2001, auf den Mauern von Belfast die frappierende Aufschrift »Erinnert euch an 1690« zu lesen ist? Da antwortet der überdrüssige Erläuterer: »Nun, das kommt so ...«[3] Die lange und betrübliche Geschichte, die dann folgt, verleiht einer Sache Sinn, die auf den ersten Blick unverständlich erscheint.

Sofern die Geschichte den Dingen Sinn verleiht, impliziert das, daß wir – die Hörer – den einzelnen Elementen der Geschichte Sinn geben können, beispielsweise jenen Handlungen, von denen die historische Entwicklung in markanter Weise gekennzeichnet und geprägt wurde. Das bedeutet aber nicht unbedingt, daß diese Handlungen nach unserer Auffassung sinnvoll sind, d.h. Handlungen sind, deren Ausführung uns selbst sinnvoll erschiene, noch müssen uns die solche Handlungen auslösenden Gemütszustände – wie z.B. die fanatische Hingabe an eine Form der christlichen Religion – vernünftig vorkommen. Die Bedingung dafür, daß wir dergleichen verstehen, ist vielmehr folgende: Es muß uns sinnvoll vorkommen, daß solche Handlungen den Menschen unter jenen Umständen sinnvoll erscheinen. Außerdem gilt diese Verschiedenheit der Dinge, die den Menschen unter anderen, vor allem in kultureller Hinsicht abweichenden Umständen sinnvoll vorkommen, nicht nur für den Sinn, den sie ihren Handlungen oder Gefühlen beilegen, sondern sie erstreckt sich mit Notwendigkeit auch auf die Ebene der Erklärung bzw. des Verstehens. Nehmen wir ein weiteres Beispiel für die Macht religiöser Überzeugungen: Es ist durchaus möglich, daß es keinem von uns sinnvoll erschiene, uns selbst zu töten und Tausende von anderen Menschen um politischer Ziele willen umzubringen, die mit einer bestimmten Religion zusammenhängen. Keiner von uns würde dergleichen tun, und für keinen von uns wäre es denkbar, Grund zu solchen Handlungen zu haben. Vielleicht erscheint es aber jedem von uns sinnvoll, daß es für eine andere Person mit ganz anderer Erziehung Sinn hat. Ja, so muß es sogar sein, damit wir weiterhin

3 Die Bedeutung dieser »narrativen Erklärungen« betont William Dray schon seit vielen Jahren. Siehe Dray (1957).

die sei es noch so verzweifelte Hoffnung hegen können, es könne gelingen, der Welt, in der wir leben, Sinn zu geben. Vielleicht sind wir jedoch anderer Ansicht über die Begriffe, bei deren Anwendung uns die Handlung sinnvoll erscheint. Du kannst den Taten dieser Leute vielleicht nur deshalb Sinn geben, weil du erfahren hast, daß man ihnen Belohnungen versprochen hat, die sie in einem Leben nach dem Tode erhalten sollen. Ich für mein Teil glaube nicht daran, daß der Lohn in diesem oder in jenem Leben winkt, sondern mir kommt es so vor, als sei es der Tod durch heldenhafte Selbstaufopferung, der diesen Menschen sinnvoll erscheint – sinnvoller jedenfalls als irgendein Leben, das sie sonst zu führen hoffen können.

Vielleicht kommt der Verdacht auf, hier werde der Begriff »Sinngebung« in einer Weise verwendet, bei der mehrere Bedeutungen durcheinandergehen, und zwar vor allem deshalb, weil dabei offenbar Tatsachen und Werte vermischt werden, was nach Ansicht mancher Philosophen ein besonders schlimmer Verstoß ist. Der Begriff hat zwar in verschiedenen Zusammenhängen verschiedene Implikationen, aber dennoch gibt es hier kein Durcheinander. Die Grundidee ist die, daß es einer bestimmten Person (oder Gruppe usw.) sinnvoll vorkommt, *daß P.* Demnach besteht die Möglichkeit, daß wir unter »P« die gegebene Geschichte verstehen; und in dem Fall läuft die Grundidee darauf hinaus, daß es (für die betreffende Person) Sinn hat, daß sich die Dinge so entfalten, wie sie der Geschichte zufolge ablaufen. (Dabei ist es natürlich möglich, daß in der Geschichte nicht nur eine Abfolge verschiedener Ereignisse, sondern auch bleibende oder unveränderliche Faktoren erwähnt werden.) Eine andere Möglichkeit ist die, daß »P« für ein Ergebnis steht; und dann läuft die Grundidee darauf hinaus, daß es (für die betreffende Person) im Lichte der erzählten Geschichte Sinn hat, daß P eingetreten ist. Geht man von dieser Formel aus, kann »P« für die Handlung einer Person stehen. Dementsprechend kann es für A sinnvoll sein, daß B eine bestimmte Handlung ausgeführt hat. Es gibt unterschiedliche Arten von Geschichten, in deren Licht die Handlung B's sinnvoll erscheinen könnte. So könnte es in einem recht ungewöhnlichen Fall dahin kommen, daß eine abwegige Handlung B's für A Sinn erhält, weil A erfährt, daß B unter Hypnose einen entsprechenden Hinweis bekommen hat. Normaler ist der

Fall, in dem B's Handlung nicht durch eine Ursache dieser Art, sondern durch B's eigene Gründe für ihre Ausführung erklärt wird. (Hier spricht man oft von einer »rationalisierenden Erklärung« einer Handlung.) So erscheint es A jetzt z. B. sinnvoll, daß B plötzlich nach Venedig abgereist ist, denn er erfährt, daß sich B für venezianische Malerei interessiert, und bekommt nun eine Erzählung zu hören, in der berichtet wird, B habe von einer Gelegenheit Wind bekommen, in Venedig bestimmte Gemälde zu besichtigen, und sei ausnahmsweise in der Lage gewesen, diese Chance wahrzunehmen, und dergleichen mehr.

Aber wenn es, so betrachtet, für A Sinn hat, daß B in dieser Weise gehandelt hat, dann kommt es B selbst ganz bestimmt sinnvoll vor. Man kann sogar sagen, B's in einer praktischen Entscheidungssituation gefundene Erkenntnis, daß er Grund zu einer bestimmten Handlung hat, sei ein Spezialfall der allgemeineren Situation, in der ihm etwas als gebotene Handlung sinnvoll erscheint.[4] Es geht aber nicht an, die Entscheidungssituation einfach mit einer Situation *gleichzusetzen*, in der ein Akteur den Begriff der sinnvollen Handlung auf sich selbst anwendet. So kann es z. B. sein, daß er diesen Begriff rückblickend auf sich selbst bezieht. Vielleicht kommt er zu der Ansicht, er habe unvernünftig gehandelt, versteht aber trotzdem, warum er es getan hat. In einem solchen Fall wendet er im großen und ganzen die gleichen Raster zur Deutung und Erklärung auf sich selbst an, die er sonst womöglich auf eine andere Person bezöge. Man kann sagen, jetzt erscheine es ihm sinnvoll, daß er in dieser Weise gehandelt hat, obwohl es ihm nicht sinnvoll vorkäme, jetzt in dieser Weise zu verfahren. Sogar mit Bezug auf die Zukunft kann ein Akteur den Begriff der möglicherweise sinnvollen Handlung auf sich

4 Alan Gibbard (1990) benutzt *»makes sense«* als seinen normativen Grundoperator. Auf die Frage, in welcher Beziehung mein informaler Gebrauch des Ausdrucks zu Gibbards Theorie steht, werde ich hier nicht eingehen. [Die zahlreichen Bedeutungen und Bedeutungsnuancen des Ausdrucks *»makes sense«* werden in diesem Kapitel durchweg mit Hilfe deutscher Ausdrücke wiedergegeben, die das Wort »Sinn« enthalten (»Sinngebung«, »Sinn beilegen«, »Sinn ergeben«, »sinnvoll deuten« usw.). Das ist zwar in vielen Fällen nicht die idiomatischste Lösung, aber die einzige Möglichkeit, die von Williams beabsichtigte Zentralität des Begriffs *»makes sense«* im Deutschen durchscheinen zu lassen. – Anm. d. Übers.]

selbst anwenden, ohne daß es sich dabei um eine Entscheidungssituation handelt. So kann es sein, daß ein Akteur in einer prognostischen oder interpretierenden Form über seine Zukunft nachdenkt, die lediglich dahin führt, daß ihn seine letztlich getroffene Handlungsentscheidung nicht verblüfft. In der Entscheidungssituation ist es jedoch nicht bloß so, daß der Akteur seine Überzeugungen, Wünsche usw. in seine Betrachtungen oder Erwägungen einbezieht (obwohl ihn freilich nichts davon abhält), sondern sein Nachdenken über das für ihn sinnvolle Handeln erfolgt aus der Perspektive dieser motivationalen Zustände. Im einfachsten Fall kommt er dann zu der Überzeugung, er habe einen hinreichenden Grund für den Vollzug einer bestimmten Handlung, und aufgrund dieser Überlegung gelangt er sodann zu der relativen Gewißheit, daß er diese Handlung aus jenem Grund vollziehen wird. Das ist ein Spezialfall der allgemeineren Situation, in der ihm die Ausführung einer bestimmten Handlung sinnvoll erscheint. Zu etwas Besonderem wird dieser Fall nicht schon dadurch, daß es sich nicht um eine andere Person, sondern um den Akteur selbst handelt, sondern dadurch, daß der derzeitige motivationale Zustand des Akteurs in der Entscheidungssituation nicht vor allem als Belegmaterial oder Bestätigung für die Überzeugung dient, die gegebene Handlungsweise sei für ihn sinnvoll, sondern daß der Zustand in dieser Überzeugung – ebenso wie in der Handlung selbst – *zum Ausdruck kommt*.[5]

Eine mögliche Art und Weise, in der die Überzeugungen und Wünsche eines Akteurs – allgemein gesprochen: seine motivationalen Zustände – seinen Entscheidungen und Handlungen Sinn geben, besteht darin, daß jene Zustände diese Entscheidungen und Handlungen erklären. Aber zu erklären vermögen sie diese Entscheidungen und Handlungen nur deshalb, weil sie in ihnen zum Ausdruck kommen; und das ist eine Beziehung, die nur zwischen den motivationalen Zuständen eines Akteurs und

5 Das schließt keineswegs die Möglichkeit aus, daß eine Entscheidung für eine später auszuführende Handlung Veränderungen berücksichtigt, die sich im motivationalen Zustand des Akteurs zwischen dem jetzigen Zeitpunkt und dem Zeitpunkt der Handlung ergeben. Wenn der Akteur derlei Veränderungen berücksichtigt, so bringt er damit (andere) Elemente seines gegenwärtigen motivationalen Zustands zum Ausdruck.

seinen eigenen Handlungen und Entscheidungen bestehen kann. Wenn sich dem Akteur eine Handlung als geboten darstellt, ist seine Überzeugung, die Ausführung dieser Handlung sei sinnvoll, eine Äußerung seiner motivationalen Zustände; und diese elementare Ebene der für ihn bestehenden Sinnhaftigkeit liegt der Möglichkeit zugrunde, daß solche motivationalen Zustände in einem Erklärungsrahmen dazu dienen können, anderen – und rückblickend ihm selbst – den Sinn seiner Handlung klarzumachen. Das heißt, damit ist ein Rahmen gegeben, in dem diese Zustände nicht mehr als Triebfedern des Handelns fungieren, sondern bloß als die Triebfedern des Handelns erkannt werden.

Der folgende Punkt ist ganz grundlegend: Wenn ein Akteur aus bestimmten Gründen handelt, dann können diese Gründe im Rahmen einer späteren Erklärung der Art seines Handelns eine Rolle spielen.[6] Wenn B aus bestimmten Gründen handelt, können andere in der Lage sein, seine Handlung mit Hilfe dieser Gründe sinnvoll zu deuten, und das gleiche gilt auch für ihn selbst. Ein weiteres Verfahren, mit dessen Hilfe andere der Handlung Sinn geben können, besteht darin, daß sie sich in die Lage des Akteurs hineinversetzen und sich für diesen Zweck nach Möglichkeit seine Einstellung und seine Vorurteile zu eigen machen. Diese Form des historischen (und, allgemeiner gesprochen, sozialen) Verstehens ist von vielen Autoren zu Recht hervorgehoben worden. Unter den englischsprachigen Autoren gilt das vor allem für R. G. Collingwood, diesen ganz zu Unrecht in Vergessenheit geratenen britischen Philosophen des zwanzigsten Jahrhunderts.[7] Daß dies eine fundamentale Möglichkeit der

6 Diese Punkt ist natürlich – ebenso wie weitere Fragen in bezug darauf, was wem und wie sinnvoll erscheint – von Relevanz, wenn es um eine Erörterung »interner« und »externer« Gründe geht. Zu Betrachtungsweisen dieser Thematik siehe jetzt Millgram (2001).

7 Besonders in Collingwood (1946) vermittelt er, um es milde auszudrücken, mitunter leider den Eindruck, nur bei absichtlichen Handlungen sei historisches Verständnis möglich, und diese Form des Verstehens sei die einzige, mit deren Hilfe man aus ihnen klug werden könne. Allerdings ist Collingwood im Gegensatz zu einer ihm häufig unterstellten Meinung nicht der Ansicht, daß das »Denken der Gedanken des Akteurs« ein Rezept für historisches Verstehen sei. Vielmehr wird damit der Erfolg dieses Verstehens beschrieben. Hierzu siehe Gardiner (1996).

sinnvollen Deutung anderer Menschen darstellt, ist unbestreitbar. Wichtig ist hier, was es *nicht* impliziert. Es impliziert nämlich nicht, daß sich die erklärende Person voll und ganz mit diesen Gründen identifiziert und in derartigen Verhältnissen solchen Gründen entsprechend handeln würde. Die Identifikation mit der Einstellung des Akteurs ist vorübergehend und gleichsam fingiert. Sie überträgt sich nicht auf das Leben des Erklärenden und entspricht insofern nicht den Meinungen mancher Kritiker Collingwoods, nach deren Ansicht seine Äußerungen über das Denken des gleichen Gedankens, dem Cäsar am Ufer des Rubikon nachhing, darauf hinauslaufen müssen, daß der Interpret verblüfft ist, wenn er merkt, daß er sich gar nicht am Ufer des Rubikon befindet. (Um es im Jargon von heute auszudrücken: dieser Vorgang geschieht »offline«.) Auch die Konsequenz, es sei eine vollständige oder adäquate Erklärung einer Handlung, wenn diese mit Hilfe der Gründe des Akteurs erklärt oder verstanden werden kann, läßt sich aus Collingwoods Vorstellungen nicht ableiten. Hinsichtlich des Problems, warum dieser Akteur oder irgendein Akteur bzw. irgendein Akteur in dieser sozialen Umgebung solchen Gründen entsprechend handelt, lassen sich offenbar weitere – beispielsweise psychologische, kulturelle und soziologische – Fragen stellen. Inwieweit derlei Fragen von Interesse sind, hängt von der gewünschten Art von Erklärung ab, also beispielsweise davon, welcher Art die historische Darstellung ist, die man gerade schreibt.

Jede Erzählung – einerlei, ob kurz oder lang – ist etwas anderes als eine Chronik, die ihrerseits nichts weiter ist als eine chronologisch angeordnete Liste von Ereignissen. *Irgend etwas*, was die Chronik zusammenhält, gibt es allerdings durchaus. So kann es z. B. sein, daß es sich um die Geschehnisse an einem bestimmten Ort handelt oder um Ereignisse, die einen bestimmten Ort in der Form meldenswerter Nachrichten erreichten, als es noch nicht der Fall war, daß alles als Nachricht an jeden Ort gelangt.

> Hier ward die Sonne finster. Und Eorcenberht, der über die Einwohner von Kent als König geherrscht hatte, verschied. Und Colan zog mit seinen Gefährten in die Heimat. Im selben Jahr brach unter den Menschen eine schlimme Pest aus. [. . .]
>
> Hier wurde Theodore zum Erzbischof geweiht.

Hier wurde Reculver von König Egbert dem Messe lesenden Priester Bass übergeben, auf daß ein Münster gebaut werde [. . .]

Hier kam es zu einem großen Vogelsterben.[8]

Eine Chronik versucht nicht, irgendeiner Sache Sinn zu verleihen. (Chroniken wurden nicht erfunden, um Ereignisse zu erklären oder auch nur zu datieren, sondern um die Identität gewisser Jahre festzuhalten.) Eine Liste von Ereignissen, die sich an einem bestimmten Ort zugetragen haben, könnte einen solchen Versuch machen, so z. B. wenn sie das Ziel verfolgte, dieses oder jenes Merkmal des Orts zu erklären. Aber eine Chronik macht keinen solchen Versuch. Sie bemüht sich nicht einmal, jedem Ereignis insofern Sinn zu geben, als sie es auf die früheren Ereignisse bezieht, die von ihr genannt werden.

In dem Gedanken, daß eine Erzählung im Gegensatz zu einer Chronik einer Sache Sinn zu geben versucht, ist eine Unterscheidung angelegt, die sich als wichtig erweisen wird. Betrachten wir die Biographie einer Person, die ein entschieden inkonsequentes Leben geführt hat, wie es z. B. in Diderots Roman *Jacques le fataliste* geschildert wird. Hierbei mag der Eindruck entstehen, das Leben, über das da berichtet wird, habe – in gewisser Hinsicht ebenso wie die Geschichte selbst – keinen Sinn. Dieser Eindruck kann zutreffen, insofern die Geschichte als Ganzes keinen Sinn ergibt oder, wie man wohl sagen darf, keinen Gesamtsinn des Lebens erkennen läßt. Hier fehlen die aus Ehrgeiz, Vorsatz und bloßer Gewohnheit gebildeten Muster, die längere Ausschnitte aus dem Leben einer Person erklären helfen. Die in der Geschichte vorkommende Person ist weitgehend ein Opfer des Zufalls. Das heißt allerdings nicht, daß es gar nichts gibt, was durch die Geschichte Sinn erhält. Freilich kann es sein, daß sie der bloßen Möglichkeit eines solchen Lebens Sinn gibt. (In diesem Fall

8 Angelsächsische Chronik, Handschrift (A), Winchester, für die Jahre 664 bis 671, nach Swanton (2000), S. 34. »Hier« heißt soviel wie »in diesem Jahr«. Die »Chronik«, von der im Text die Rede ist, ist ein Idealtypus, der von solchen frühen Beispielen exakt exemplifiziert wird. Es gibt daneben auch Schriften, die den Titel »Chronik« tragen und ein zusammenhängendes Motiv ausbreiten. Das gilt beispielsweise für die eben zitierte angelsächsische Chronik, zu der nach und nach immer mehr ausführlichere Erzählungen hinzukamen.

ist ihr Aufbau wahrscheinlich ironisch gemeint und richtet sich gegen Erwartungen, wonach ein Leben einen Gesamtsinn aufweisen sollte.) Doch wenn wir diese Möglichkeit beiseite lassen, wird die Geschichte an jeder Stelle dem Umstand Sinn geben, daß die betreffende Person bis an diesen Punkt gelangt ist. Wenn man sich in einem realen Fall fragt, warum dieser Mensch jetzt hier und in einem solchen Zustand ist, wird die erzählte Geschichte *dieser Tatsache* Sinn geben, und insofern wird auch die Geschichte selbst Sinn haben: Das bis zu diesem Punkt abgelaufene Nacheinander von Ereignissen mitsamt allen hereinspielenden Zufälligkeiten, Zwischenfällen, Mißverständnissen usw. ist verständlich. Ein darüber hinausgehender Gesamtsinn wird diesem Nacheinander von Ereignissen allerdings nicht gegeben. Die Geschichte des Lebens dieser Person gibt keine auf Erfolg, heroisches Scheitern oder sonst ein Interpretationsschema bezogene Darstellung, sondern sie stellt es nur als ein Kapitel voller Zufälligkeiten hin. Dennoch liegt hier eine Erzählung vor. Wenn man einsieht, daß der Begriff vag bleiben muß, darf man wohl sagen, daß eine Erzählung, die so viel – aber nicht mehr – leistet, eine *minimalistische* Erzählung ist.

Die Bausteine einer Chronik sind zugleich die Bausteine der Erzählungen, und es ist verlockend, eine Erzählung als Auswahl aus den Elementen einer ausreichend umfassenden Chronik zu begreifen. Dieses Modell hat einen Vorteil und zumindest zwei Nachteile. Dies ist der Vorteil: Das Modell erinnert uns daran, daß die Prüfungen zur Feststellung der Wahrheit oder Glaubwürdigkeit der Elemente in beiden Fällen die gleichen sind. Ob der König in einem bestimmten Jahr gestorben ist oder ob zu dieser Zeit die Pest gewütet hat, ist (wenn man vertraute Probleme der Vagheit usw. in Rechnung stellt) eine Frage der Tatsachen, wie wir vielleicht ganz unschuldig – oder inzwischen hoffentlich nicht mehr ganz so unschuldig – sagen dürfen. Damit es sich so verhält, muß es weder eine absolute Grenze hinsichtlich des Umfangs einer Tatsache geben, noch muß eine absolut unerbittliche Forderung hinsichtlich der Härte dieser Tatsache bestehen. Wenn behauptet wird, eine vermeintliche Tatsachenaussage in einer Chronik oder in einer Erzählung interpretiere zu stark oder bringe zu viele Voraussetzungen ins Spiel – wie es etwa der Fall wäre, wenn es hieße, der König sei getötet worden –, können wir uns auf weniger umstrittene Aussagen zurückziehen und von dort aus erneut an die Arbeit gehen. Nichts von alledem braucht das Modell zu lädieren, wonach eine Erzählung eine Auswahl aus den Elementen einer möglichen Chronik darstellt.

Das Modell hat jedoch wirklich Nachteile. Einer dieser Nachteile besteht darin, daß es unabhängig von einem Interesse an Erklärung oder narrativer Berichterstattung kein Kriterium dafür gibt, was in einer »ausreichend umfassenden Chronik« enthalten wäre. Die Vorstellung von einer Chronik, die auch nur im Hinblick auf einen gegebenen Bereich der Raum-Zeit jedes Faktum enthielte, das in einer Erzählung vorkommen könnte, ist unverständlich. Ferner legt das Modell vielleicht den Gedanken nahe, die narrative Auswahl aus dieser in der Imagination umfassenden Liste werde nach Belieben vorgenommen. Darin liegen wiederum zwei Ideen: Erstens, die Tatsachen seien einfach so gegeben, daß man sie auflesen oder liegenlassen kann; zweitens, die Auswahl sei eine Sache des Geschmacks oder der Vorurteile. Beide Ideen sind falsch. Tatsachen müssen ermittelt werden, und die Interessen, welche die Erzählung prägen, prägen zugleich die Forschungsarbeit, durch die sie ermittelt werden. (Das wiederum ist der Grund, weshalb die Tugenden der GENAUIGKEIT gefordert sind, damit es sich bei den aufgenommenen Tatsachen überhaupt um Tatsachen handelt.) Das bedeutet nicht, daß die Tatsachen durch die Forschungsarbeit erfunden werden. E.H. Carr hat sich einmal zu der unklugen Bemerkung hinreißen lassen, ein bestimmtes Ereignis, das sich laut Darstellung des Historikers Kitson Clark im Jahre 1850 abgespielt hatte, sei gar kein historisches Faktum gewesen, ehe es von Kitson Clark (im Jahre 1962) in sein Buch aufgenommen wurde. Diese Bemerkung ist überaus irreführend. Wahr ist sie, wenn sie (in einem Sinn) so zu verstehen ist, damit sei das Ereignis zum erstenmal zu einem Bestandteil der Historie geworden. Diesbezüglich hat Richard J. Evans zu Recht gesagt, es werde zum erstenmal zu einem historischen *Beleg*.[9] Ebenfalls richtig ist, daß das Modell der »Auswahl« von Tatsachen unzulänglich ist, denn es suggeriert,

9 Hinweise bei Evans (1997), S. 76. Das wirklich Mißliche an Kitson Clarks »Tatsache« ist, daß es nun so ausschaut, als habe das fragliche Ereignis womöglich nie stattgefunden.

alle möglichen Anwärter auf Auslese seien präformiert, was jedoch kein kohärentes Bild ergibt. Der Zeitpunkt, zu dem ein gegebenes Faktum für den Historiker zum Beleg wird, kann der Zeitpunkt der ersten Formulierung dieses Faktums sein (obwohl es sich in den meisten Fällen nicht so verhält); und welche Aussagen der Historiker behaupten oder in Frage stellen möchte, wird von seiner Forschungsaufgabe abhängen.[10] Es ist allerdings absurd zu behaupten, der Historiker verwandele etwas in eine Tatsache, wenn damit bestritten werden soll, daß die Wahrheit oder Falschheit einer Behauptung über ein vermeintliches Ereignis des Jahres 1850 davon abhängt, was 1850 passiert ist. In diesem fundamentalsten Sinn werden die Tatsachen nicht von der Forschung geschaffen; und es ist kaum zu glauben, irgend jemand könne (wirklich) anderer Meinung sein.

Ob bestimmte Dinge in eine Erzählung aufgenommen oder aus ihr ausgeschieden werden, ist nicht bloß Geschmackssache. Eine nur willkürliche oder kapriziöse Auswahl von Ereignissen aus einem großen Vorrat oder Repertoire von Fakten wird nichts für niemanden sinnvoll machen. An diesem Punkt sehen wir jedoch allmählich echte Probleme. Das Modell erinnert uns daran, daß möglicherweise Einigkeit über die Tatsachen besteht, während man uneinig ist darüber, was für wen Sinn hat. Ist ein Zeitabschnitt oder ein Ablauf von Ereignissen gegeben, werden bei verschiedenen Hörern ganz unterschiedliche Erzählungen der Sache Sinn geben, und hier kommt vielleicht nicht nur eine Meinungsverschiedenheit ins Spiel, sondern ein regelrechter Konflikt, einerlei, ob es dabei um eine Sache von enormer öffentlicher Bedeutung geht wie z. B. die Französische Revolution oder den Amerikanischen Bürgerkrieg (bei dem schon diese Art der Bezeichnung einen Interpretationsanspruch erhebt) oder um etwas am allgemeinen Maßstab gemessen Winziges wie z. B. die Zerrüttung einer Ehe. Vielleicht sind solche Konflikte zwischen verschiedenen Erzählungen nicht entscheidbar und werden, wenn überhaupt, nur dadurch gelöst, daß sie letzten Endes in der Vergangenheit verschwinden. Außerdem gilt, daß die Antworten auf Fragen wie die nach der Richtung ihres Verschwindens

10 Was Probleme der Individuation von Tatsachen betrifft, s. o. Kapitel 4, Abschnitt 1, sowie die dortige Anm. 4.

oder nach dem etwaigen Fortbestehen einer dieser Erzählungen davon abhängen können, wer die Macht hat über die späteren Hörer der Schilderung dieser Ereignisse oder sich in ihrem Kreis durchsetzen kann. Das ist ein Gebiet, auf dem es so aussieht, als könnten die Verneiner (wie ich sie oben genannt habe) manches zur Begründung ihrer Auffassung anführen.

2. Strukturen und Erklärungen

Daß Mini-Erzählungen dem, was sie berichten, Sinn verleihen, liegt einfach an dem, wodurch sie zu Mini-Erzählungen werden. Freilich gibt es philosophische Fragen in bezug auf natürliche Vorgänge und Muster absichtlichen Handelns – Was ist ihr Wesen? und: Wie können wir sie als solche erkennen? –, aber es wäre bestimmt ein Vorurteil, wenn man annehmen wollte, daß wir sie gar nicht als solche zu erkennen vermögen. Doch sobald sie und sonstige Dinge, die in einer Chronik vorkommen könnten, zu einer anspruchsvolleren Geschichte verknüpft worden sind, stellt sich wirklich die Frage, worauf sich diese Geschichte eigentlich verläßt, um einer Sache Sinn zu geben. Eine Formulierung der Frage betrifft die Einheit der Geschichte: Wovon handelt die Geschichte im weitesten Sinne dieses Wortes? Es ist frappierend, daß die ersten Worte der beiden Urerzählungen der abendländischen Literatur zwei verschiedene und überaus vertraute Antworten auf diese Frage nahelegen: *Andra*, so beginnt die *Odyssee* und berichtet von »diesem Mann«, indem sie die Geschichte eines Lebens bzw. eines Lebensabschnitts erzählt. *Mēnin*, »der Zorn«, so lautet das erste Wort der *Ilias* und verweist auf eine Reihe von Geschehnissen, die ganz verblüffende Konsequenzen für das dargestellte große Unterfangen nach sich ziehen. Wenn wir diesen beiden Themen die Anfangsverse eines bewußter erzählten Epos – nämlich der *Äneis* – hinzufügen, erhalten wir ein drittes Thema der Tradition: die historische Entwicklung eines Volkes.

Das Epos bildet ganz offenkundig nur eine von vielen Arten der Erzählung, sofern es überhaupt eine eigene Art bildet. Es kann eine große Menge äußerst verschiedenartigen Materials umfassen. Außerdem gibt es innerhalb des Epos andere und spezifischere Geschichtenmuster, die für seine Struktur wesentlich sein können. So ist die *Odyssee* eine Geschichte, die von Heimkehr, Rückgewinnung und Rache handelt, während in der *Ilias* ein folgenschwerer Sinneswandel auf seiten des Achilles eine Rolle spielt – ein Sinneswandel, der zusammen mit seinen Wirkungen dafür sorgt, daß das Nichtvorkommen dieser Figur in den ersten Büchern der Dichtung zu einem Bestandteil der erzählten Geschichte wird. Besonders vom formalistischen Standpunkt haben die Theoretiker des Narrativen eine Menge über Formen des Erzählens geschrieben und die Frage aufgeworfen, wie viele Grundarten der Geschichte es wohl geben mag. Der Fragestellung dieser Theoretiker werde ich mich nicht anzuschließen versuchen. Unsere Frage stellt sich auf einer allgemeineren Ebene. Diese strukturellen Merkmale der Erzählungen sind in gewissem Sinn rhetorische Eigenschaften, die ihnen zukommen: Sie sind das, was die Hörer oder Leser fesselt oder bei der Sache hält und ihnen das Gefühl vermittelt, letzten Endes habe sich etwas abgespielt, was sie begreifen können. Wenn es dieselben Merkmale sind, die wahren Geschichten über die Vergangenheit Struktur verleihen, dann werden diese längeren Erzählungen, denen der Rang der historischen Darstellung zukommt und die der Vergangenheit Sinn zu geben versuchen, dies nur aufgrund ihrer rhetorischen Eigenschaften leisten. Doch in welchem Verhältnis wird das zu den Tugenden der Wahrhaftigkeit stehen? Insbesondere fragt es sich, ob die vermeintlichen Errungenschaften des Thukydides, die im 7. Kapitel gepriesen wurden, damit nicht zunichte gemacht werden. Das Erzählen von Mythen hängt, wie schon gesagt, davon ab, was einer Hörerschaft zusagt, während das für das Erzählen der Wahrheit nicht zutrifft: Die Wahrheit ist nicht hörerrelativ. Die Historie kann aber nicht eine bloße Chronik – das laute Verkündigen unverbundener Wahrheiten – sein, und sofern sich die sinnvolle Deutung eines substantiellen Teils der Vergangenheit auf rhetorische Kräfte stützt, scheint die Wahrhaftigkeit vielleicht weniger für uns zu leisten, als wir uns erhofft hatten. In der Tat ist der Ausdruck »Rhetorik« seinerseits ein eindringlicher Anreiz für ein Moment, auf das wir im Laufe der vorliegenden Studie schon mehrfach gestoßen sind, nämlich die Verlockung, eine althergebrachte Unterscheidung zwischen dem »Höheren« und dem

»Niedrigeren« aufzugreifen und sodann voller Trotz auf die niedrigere Seite zu pochen. Das Wort »Rhetorik« ist besonders dazu angetan, diverse Verdächtige zu befreien, die auf der falschen Seite der Platonischen Trennlinie stehen, was wiederum Vorstellungen von Manipulation und Gewalt mit sich bringt sowie die Implikation, daß es – was nachgerade in der Natur der Sache liege – miteinander rivalisierende Sprecher gebe (falls es keine gibt, liege das daran, daß man die übrigen aus dem Wege geräumt habe). Falls also die Rhetorik dafür maßgeblich ist, daß es in größerem Maßstab gelingt, der Vergangenheit Sinn zu geben, gewinnt es vielleicht den Anschein, als habe uns die Wahrhaftigkeit samt ihren Tugenden in diesem Zusammenhang weniger eingebracht, als wir uns erhofft hatten.

Auf die praktische Seite der Geschichtswissenschaft sind wir bereits zu sprechen gekommen, und hier muß ich klarstellen, daß ich bei meiner aufs Narrative abhebenden Erörterung der Historie nicht von der Voraussetzung ausgehe, das Historische sei stets »narrative Geschichte« in einem einschränkenden Sinn des Ausdrucks. Die allgemeine Darstellung des Narrativen enthielt nichts, was die Möglichkeit ausschlösse, daß sich manche erklärende Darstellungen auf dauerhafte Strukturen berufen oder koexistierende Elemente zueinander in Beziehung setzen. Einigen Merkmalen früherer Gesellschaften und ihres Verhältnisses zur Gegenwart kann man durch Bezugnahme auf lange Zeit bestehende Institutionen, Praktiken oder soziale Gebilde Sinn geben. Im umfassenden Sinn des Wortes, der uns hier interessiert, ist das immer noch eine Erzählung, eine zeitlich sequentiell aufgebaute, selektive Darstellung der Vergangenheit, die dieser Vergangenheit Sinn verleihen soll. Es liegt auf der Hand, daß die Dauerhaftigkeit selbst ein zeitliches Phänomen ist (die *longue durée* ist immerhin eine *durée*), und sie kann sowohl etwas erklären als ihrerseits der Erklärung bedürfen.

Der bekannteste Versuch, rhetorische Kategorien in die moderne Theorie der Geschichtsschreibung einzubringen, stammt von Hayden White.[11] White charakterisiert etliche Historiker

11 White (1973). Nach meiner Auffassung ist Whites Buch ein eindringliches Beispiel für Theorien einer bestimmten Art. Auf spätere Schriften Whites, in denen er seine Anschauungen ein wenig modifiziert hat, gehe ich hier nicht ein.

und Geschichtsphilosophen mit Hilfe eines komplexen Schematismus, der seinerseits unter der Führung eines Quartetts rhetorischer Figuren – Metapher, Metonymie, Synekdoche und Ironie – steht. Dieses Quartett wird nicht nur von weiteren Vierfach-Unterscheidungen exemplifiziert, sondern kommt auch zum Einsatz, um das Material, das in diesen stilistisch gesehen mannigfaltigen Weisen bearbeitet wird, zu strukturieren bzw. zu »präfigurieren«. Die Einzelheiten dieses formalistischen Schematismus – wie Whites Gebrauch der rhetorischen Figuren überhaupt – sind nach meinem Eindruck nicht der interessante Teil dieses Unterfangens. Man muß wohl sagen, daß dieser Entwurf mit seiner abwegigen Kompliziertheit und seiner Fähigkeit, praktisch jede Möglichkeit ohne sonderlichen Widerstand zu verarbeiten, nicht wie eine Maschine, sondern eher wie das Bild einer Maschine wirkt. Dennoch wirft Whites Buch ernstzunehmende Fragen auf und liefert manches an Stoff, was bei der Erörterung dieser Fragen hilfreich sein wird. Man hat ihm vorgeworfen, die Geschichte werde dort so behandelt, als wäre der Text ihre Grenze und als sei sie an Wahrheit gar nicht interessiert. Das ist ein Mißverständnis.[12] White erkennt genausogut wie jeder andere, daß die Historie aus Wahrheiten besteht. Ihre Bausteine sind dieselben wie die einer möglichen Chronik, und die von White untersuchten großen Historiker des neunzehnten Jahrhunderts haben dazu beigetragen, jene Praktiken auszubilden, mit deren Hilfe Dokumente und die (von Collingwood betonten) archäologischen Funde geprüft werden können, um solche Wahrheiten ans Licht zu bringen. Doch das ist der Punkt,

12 Dieser Eindruck scheint durch Whites eigenen Text nahegelegt worden zu sein, und zwar nicht nur bei befangenen Lesern. Der Grund ist vermutlich der, daß er sehr wenig über den Gebrauch von Belegmaterial sagt. Evans schreibt: »Whites Argumentation beruhte auf dem Gedanken, daß es keine Rolle spielt, ob die Geschichte, deren wir uns zur Förderung unserer Anliegen bedienen, wahr ist oder nicht« (Evans [1997], S. 139), doch das ist offenbar eine irreführende Wiedergabe der Stelle, auf die sich Evans bezieht. (Auf S. 238 räumt Evans allerdings ein: »White akzeptiert die Möglichkeit, daß historische Wahrheiten auf der Ebene der Einzelfakten bewiesen werden.«) Momigliano (1981) gehört ebenfalls zu den scharfsinnigen und umsichtigen Kritikern, die den gleichen Eindruck gewonnen haben wie Evans.

an dem die Sache problematisch wird, denn die Wahrheiten jeder historischen Darstellung stellen zuallermindest eine Auswahl dar. Das ist allerdings immer noch untertrieben, da diese Wahrheiten nicht einfach darauf warten, ausgewählt zu werden. Bei jedem Text erhebt sich die Frage, was denn ausgelassen wurde, und vor allen Dingen fragt man sich: Was kann als relevant gelten und wurde trotzdem ausgelassen? Ferner stellt sich die Frage, was denn hinzugefügt wurde: Was wurde erschlossen, um die Lücken zu füllen? Und auf höherer Ebene wird die Frage aufgeworfen, welche Geschichte da überhaupt erzählt wird. Es geht nicht um die Möglichkeit, daß Wahrheiten, Realitäten oder frühere Geschehnisse unerwähnt bleiben und eine *losgelöste* Erdichtung geschaffen wird. Hier ist an Clemenceaus berühmte Bemerkung zu denken, die er in Versailles gegenüber einem Deutschen äußerte, der sich gefragt hatte, was die Historiker der Zukunft wohl über alle diese Dinge sagen würden. Clemenceau meinte: »Sie werden nicht sagen, Belgien sei in Deutschland einmarschiert.«

In einer historischen Darstellung kann, ebenso wie in einer Alltagserzählung, jede Aussage wahr sein und dennoch die falsche Geschichte erzählt werden. Es geht nicht um das Problem, ob Wahrheiten – und in welchem Maße die Tugenden der Wahrheit – in die Darstellung Eingang finden, sondern es fragt sich, wie weit sie uns führen. Man kann es wie folgt formulieren: Wenn es heißt, eine Erzählung gebe einer (längeren) Zeitspanne der Vergangenheit Sinn – womit gemeint ist, daß sie ihr den zutreffenden oder richtigen Sinn gibt –, fragt man sich: In welchem Maße ist auch dies wieder von Wahrheit und Wahrhaftigkeit abhängig? Whites Antwort auf *diese* Frage lautet: »In sehr geringem Maße.« Diese Antwort mag – wie ich für mein Teil geltend machen werde – übertrieben sein, aber es ist eine ernsthafte Antwort auf eine wirkliche Frage, und sie impliziert ganz und gar nicht, daß narrative Darstellungen der Geschichte keine Wahrheit enthalten.

Auf diesem Gebiet ist es wichtig, Metaphysik und Geschichtsschreibung nicht miteinander zu vermengen. Es ist verlockend zu sagen, die Vergangenheit sei »eigentlich« oder »an und für sich« nichts weiter als ein Nacheinander von Geschehnissen (zu denen Handlungen und natürliche Vorgänge gerechnet werden dürfen). Dieses Bild einer in ihrem Wesen unstrukturierten Vergangenheit verleiht ihr schon entschieden mehr Struktur als das im 1. Kapitel angetroffene Bild des frühen Nietzsche, wonach alles »eigentlich« ein nicht unter Begriffe gebrachtes Chaos ist.[13] Im Rahmen dieses Bilds ließ sich die »Realität« gar nicht beschreiben, es sei denn mit Hilfe einer Verfälschung. Das jetzt betrachtete Bild der Vergangenheit als eines unstrukturierten Etwas läßt die Möglichkeit zu, die Vergangenheit bis zu einem gewissen Grad zu beschreiben, indem man sich auf Ereignisse bezieht. Darauf können Begriffe angewandt werden. Was das Bild auf dieser Ebene der Beschreibung nicht leistet, ist Sinngebung, außer im kleinen Maßstab der Mini-Erzählungen. (Falls Mini-Erzählungen untersagt sind, geht die Struktur ganz verloren.) In größerem Maßstab sei Sinngebung eine Sache der Interpretation, und die Interpretation sei uns überlassen. Die Vergangenheit werde keinen Sinn ergeben, es sei denn, wir geben ihr einen Sinn.[14] Wenn wir diese Erläuterung mit Vorsicht behandeln, ist sie nicht allzu irreführend. Sie besteht z. B. die folgende Probe: Wenn man Interpretationen liefern soll, muß es wiedererkennbare Geschehnisse geben, die interpretiert werden. Welche Geschehnisse der Interpretation bedürfen, wird allerdings, wie man nicht vergessen darf, von der Interpretation abhängen.

Mit dieser Erläuterung müssen wir zwar behutsam umgehen, aber besondere Vorsicht müssen wir gegenüber der Vorstellung walten lassen, eine derartige Darstellung gebe Auskunft darüber, wie die Vergangenheit »eigentlich« oder »an und für sich« gewesen sei. Diese Vorstellung verleitet nur allzu leicht zu einem der folgenden beiden schlechten Argumente: Das eine besagt, Interpretationen seien alle gleichermaßen willkürlich oder Produkte des Willens, denn sie seien ja nichts anderes als Konstrukte, die einer unstrukturierten Vergangenheit aufoktroyiert werden. Diese Argumentationsweise ist bei vielen Verneinern beliebt, und auf sie werden wir später zurückkommen. Das andere

13 S. o. 1. Kapitel, Abschnitt 3.

14 Ganz ungeschminkt kommt dieser Gedanke im Titel eines Buchs von Theodor Lessing zum Ausdruck: *Geschichte als Sinngebung des Sinnlosen* (1919). Der Philosoph und Essayist Lessing wurde 1933 von Anhängern des Nationalsozialismus ermordet.

schlechte Argument wird von vielen Gegnern der Verneiner favorisiert und besagt, daß wir, da die Vergangenheit eigentlich unstrukturiert sei, die Wahrheit über sie nur dann sagen werden, wenn wir sie in historischer Hinsicht als etwas Unstrukturiertes darstellen. Genaugenommen ist das natürlich unmöglich, denn dann müßten wir schlicht eine Chronik mit willkürlichen Grenzen und ohne Auswahlprinzip vorlegen. Doch so etwas kann es nicht geben, und erst recht kann es nichts Derartiges geben, was als historische Darstellung durchginge. Es gibt jedoch mehrere Formen der Historie, die (grob gesprochen) den Anspruch erheben, so wenig Struktur wie möglich zu bieten. Sie bieten einen minimalistischen Bericht über eine Periode oder eine Reihe von Ereignissen und stellen sie so dar, als komme ihr kaum ein Gesamtsinn zu. Außerdem sind diese Autoren vielleicht darauf bedacht, die These zu verdeutlichen, es gebe überhaupt keinen Gesamtsinn – die Geschichte sei nichts weiter als eine verfluchte Sache nach der anderen. (Das ist vermutlich der historische Stil, den White als »ironisch« bezeichnet.) Diese historischen Stilrichtungen weisen verschiedene Formen auf und sind unterschiedlich raffiniert. Um die Unterschiede zwischen ihnen werde ich mich hier nicht kümmern, sondern ich werde sie unter der Rubrik »minimalistisch« in einen Topf werfen.

Ausschlaggebend ist, daß die minimalistische Form der Vergangenheitsdarstellung einen Interpretationsstil neben anderen exemplifiziert. Jede historische Interpretation muß einräumen, daß die Vergangenheit so etwas wie natürliche Vorgänge und Handlungen umfaßt, und insoweit gibt sie der Sache in kleinem Maßstab Sinn – dergleichen hat in der Gegenwart Sinn, und die Vergangenheit war die Gegenwart anderer Leute (wie uns im 7. Kapitel in Erinnerung gerufen wurde). Das ist der Grund, weshalb es hier etwas zu interpretieren gibt. Außerdem ist jede Erzählung, wie schon gesagt, darauf festgelegt, dem Berichteten zumindest *ein wenig* Sinn zu geben. Ihr Ziel besteht immerhin darin, uns erkennen zu lassen, wie sich die Dinge abgespielt haben. Ein dem Minimalismus verpflichteter historischer Stil beansprucht oder impliziert, daß es, wenn man erst einmal gesehen habe, wie sich die Dinge abgespielt haben, darüber hinaus nicht viel mehr zu sagen gebe. Eine solche Darstellung wird sich natürlich auf Elemente reiner Kontingenz und Zufälligkeit konzentrieren, wie sie etwa in der Geschichte von Hitlers 1933 erfolgter Ernennung zum Kanzler zutage treten. Dies war wahrscheinlich die einzige Chance der Nationalsozialisten, an die Macht zu kommen, und sie hing, wie überzeugend dargetan worden ist, entscheidend von einer Verwicklung individueller Absichten und Fehleinschätzungen ab, die ganz leicht andere Ergebnisse hätte zeitigen können. Freilich muß mehr an der Geschichte dran sein als diese ungeschönten Zufälligkeiten. Es muß z. B. erklärt werden, warum die Nationalsozialisten im Reichstag so viele Sitze hatten, daß Hitler ernst genommen wurde; warum v. Papen gerade diese und keine anderen Zwecke verfolgte, usw.[15] Diese Zufälligkeiten müßten, wenn ihre Wiedergabe überzeugend ist, von jeder redlichen historischen Darstellung anerkannt werden, egal, zu welchem Stil sie sich bekennt. Hier besteht aber dennoch ein Gegensatz zwischen einem Historiker, der in der nationalsozialistischen Machtergreifung eine anspruchsvollere Geschichte zu finden behauptet und der Katastrophe einen Gesamtsinn beilegen will, und einem minimalistischen Historiker, der das nicht vorhat, sondern uns, indem er diese Geschichte erzählt, lediglich eine weitere Reihe von Zufälligkeiten vor Augen führt. Der springende Punkt ist der, daß sich die Darstellung im minimalistischen Stil gegen andere durchsetzen oder behaupten muß. Das stets trügerische Wort »eigentlich« kann suggerieren, eine minimalistische Geschichte erzähle, indem sie schlicht über den Ablauf der Dinge berichtet, nichts weiter als die Wahrheit, und alles sonstige sei nicht bloß Erdichtung, sondern etwas Falsches. Das ist der Irrtum des häufig so genannten »Positivismus«. Die These, es gebe keinen fürs Ganze oder im großen Maßstab geltenden Sinn der Vergangenheit, ist ihrerseits eine im großen Maßstab vorgetragene These, und der damit erhobene Anspruch muß genauso wie jeder andere erst einmal eingelöst werden. Mag sein, daß er sich tatsächlich einlösen läßt, aber das Ergebnis wird der Historie nicht von der Metaphysik gratis frei Haus geliefert. Besonders offenkundig ist dieser Sachverhalt im Fall der bewußten, ironischen Formen des Minimalismus, die gegen anspruchsvollere Stilrichtungen angetreten sind und die *Ansicht geltend machen* wollen, man könne

15 Siehe Turner (1996).

zwar eine Geschichte darüber erzählen, wie es zu einem bestimmten Zustand der Dinge gekommen sei, wobei sich ein wirklicher, vom Früheren zum Späteren führender Weg aufzeigen lasse, doch diesem Weg könne kein darüber hinausgehender oder fürs Ganze geltender Sinn zugeschrieben werden. Indem sie so verfahren, leisten sie vielleicht noch manches andere, beispielsweise auf politischem Gebiet. Womöglich legen sie den Gedanken nahe, die »Realität« der Geschichte sei in einer von ihnen bevorzugten Gruppe von Fakten zu suchen, z. B. im Bereich der politischen Machenschaften; und es kann sein, daß sie, um Heines denkwürdige Worte zu zitieren, einen »gemütlich beschwichtigenden Fatalitätsgedanken« fördern.[16]

Auf diese weiteren Fragen – bei denen es darum geht, warum man nicht diese, sondern jene Geschichte erzählt – werden wir weiter unten, im 4. Abschnitt, zu sprechen kommen. Die unmittelbar anstehende Frage betrifft die Beziehungen zwischen Wahrhaftigkeit und Gestaltung der erzählten Geschichte. Es geht nicht um die Frage, ob historische Geschichten eine Interpretation beinhalten – natürlich tun sie das. Und es geht auch nicht um die Frage, ob es Wahrheiten über die Vergangenheit gibt – es gibt nur zu viele. Die Frage lautet vielmehr: In welchem Maße läßt sich die Gestaltung einer Geschichte von Erwägungen lenken, die irgend etwas mit Wahrheit und Wahrhaftigkeit zu tun haben? Und folgendes ist ein spezieller Anwendungsfall dieser Fragestellung: Läßt sich im Bereich von Wahrheit und Wahrhaftigkeit irgend etwas anführen, was für einen minimalistischen Stil der Interpretation spräche? Doch ehe wir darauf eingehen, müssen wir fragen, welchen Beitrag Wahrheit und Wahrhaftigkeit im allgemeinen zu einer historischen Darstellung leisten können, der über die Bestätigung ihrer grundlegendsten Bausteine, die ihr und einer Chronik gemeinsam sein könnten, hinausginge.

Es gibt keine scharfe Trennlinie zwischen dem, was die Historiker der Überlieferung entnehmen, und dem, was sie »ergänzend einfügen«. Wenn man der Überlieferung Daten entnimmt, beinhaltet das bereits ergänzende Einfügungen. Erklärungen

16 Heinrich Heine, »Verschiedenartige Geschichtsauffassung« (1833), zit. in White (1973), S. 139.

spielen schon hinein, und später werden weitere Erklärungsschritte nötig sein, um zusätzliche Ergänzungen vorzunehmen und herauszubekommen, warum ein Akteur der Vergangenheit etwas Bestimmtes getan hat oder warum ein Gebrauch, der sich früher eingebürgert hatte, aufgehört hat zu existieren. Man hat viel über das »Wesen der historischen Erklärung« geredet, doch auf dieser Ebene – auf der die Historie notgedrungen Erklärungen beinhaltet, damit sie überhaupt eine, sei es noch so minimalistische Geschichte erzählen kann – hat diese Fragestellung sicher nichts zu suchen. Auf dieser Ebene gibt es so etwas wie *historische* Erklärungen gar nicht. Es gibt bloß Erklärungen. Manche von ihnen sind Erklärungen, die auf Geschehnisse oder Sachverhalte der Vergangenheit angewandt werden, aber Dinge, die der weiter zurückliegenden Vergangenheit angehören, erklären wir in der gleichen Art und Weise, in der wir Dinge erklären, die der Gegenwart oder der jüngeren Vergangenheit angehören – und diese Art und Weise hängt von den betreffenden Phänomenen sowie vom Forschungsinteresse ab. Außerdem gibt es hier das Verfahren, ein Phänomen der Gegenwart *durch seine Geschichte* zu erklären; so verhielt es sich etwa im Fall der Graffiti aus Belfast. Das ist eine Form der im engeren Sinn narrativen Erklärung, wie wir sie in kleinerem Zeitmaßstab und im Hinblick auf vertraute Gegenstandsbereiche Tag für Tag zum Einsatz bringen. Ferner gibt es Erklärungen *durch Historiker*, denn die Anwendung von Erklärungsmustern auf die Vergangenheit kann jene Fertigkeiten voraussetzen, die sich die Berufshistoriker im Laufe ihrer Ausbildung aneignen, indem sie alte Dokumente, Ruinen oder Artefakte interpretieren. Im Grunde handelt es sich dabei um Fertigkeiten zur Erklärung der *Gegenwart*, die sich ihnen in Gestalt der vor ihnen liegenden Papiere, Steine oder Scherben darbietet.

Es ist eine bloße Binsenweisheit, daß die Vergangenheit als solche nichts Besonderes an sich hat – sie ist nichts weiter als das, was früher die Gegenwart war. Die klare Einsicht in diese Sachlage, die nunmehr eine Binsenweisheit darstellt, bringt jedoch, wie wir im 7. Kapitel gesehen haben, gewichtige Konsequenzen mit sich. Der Gebrauch von Allgemeinbegriffen zur Beschreibung früherer Geschehnisse hat Implikationen hinsichtlich der Erklärung dieser Geschehnisse. Insofern es sich bei ihnen wirklich um Ereignisse derselben Art handelt, sind sie auch auf die gleiche Weise zu erklären. Nicht minder zutreffend ist, daß die Vergangenheit, jedenfalls in Teilbereichen, insofern etwas Besonderes ist, als das, was früher geschah, heute nicht mehr geschieht. Natürliche Phänomene ändern sich: Früher gab es Dinosaurier, während es heute keine mehr gibt; und der Nil folgte, wie Herodot richtig vermutet, einst einem anderen Lauf. Aber solche Unterschiede zwischen verschiedenen Zeiten können wir erklären, und das gleiche gilt auch für Institutionen, Gepflogenheiten und die den Menschen sinnvoll erscheinenden Handlungen. In manchen Fällen wird es einleuchtend sein, diese Veränderungen im menschlichen Leben ziemlich unmittelbar mit einer zugrundeliegenden Psyche in Verbindung zu bringen, die sich unter verschiedenen Umständen verschieden äußert. In anderen Fällen wird man eine sehr viel längere Geschichte erzählen müssen.

Eine bemerkenswerte Form des Mißverständnisses der Handlungen von Personen der Vergangenheit ist ihre überrationalisierte Deutung. Wenn wir Diderots (im 8. Kapitel betrachtete) Auffassung des menschlichen Geistes zugrunde legen, hat es tatsächlich den Anschein, als würden viele Historiker das Ausmaß überschätzen, in dem die Menschen wußten, was sie taten. In einer Hinsicht ist das kein speziell die Historie betreffendes Problem, denn wir alle verfahren da genauso. Außerdem sind wir normalerweise, ebenso wie der Historiker, mit dem Versuch beschäftigt, den Handlungen der Menschen auf der Grundlage überaus lückenhafter Belege Sinn zu geben; in unterschiedlichem Maße nehmen wir alle »ergänzende Einfügungen« vor. Aber die Historiker stehen im Regelfall besonders unter dem Druck, Handlungen Sinn zu geben und das auf der Basis begrenzter Indizien zu leisten, an denen sich nichts zum Besseren ändern wird. Das wiederum kann dahin führen, daß die Historiker den Handlungen der Vergangenheit im Rahmen ihrer Deutung mehr Sinn beilegen, als sie in Wirklichkeit hatten. Ein weiteres Risiko besteht darin, daß man die Begriffe, in deren Licht die Handlungen den Akteuren sinnvoll erscheinen, mißversteht. Das ist im Fall der Historie eine Form von Anachronismus. Über dieses Thema ist, was unsere jetzigen Absichten betrifft, nicht viel zu sagen, außer daß es sich um einen Irrtum handelt, gegen den man sich mit den Mitteln des Wissens schützen kann. Viele überaus interessante Teile der Geschichte sind nichts anderes als die Geschichte von Handlungsgründen, also von Überlegungen, die zu einer bestimmten Zeit oder an einem bestimmten Ort für oder gegen bestimmte Dinge sprechen konnten. Umstritten bleibt, in wie direkter Form sich diese verschiedenen Gründe auf allgemeinere Motivationstypen beziehen und wie tief die Unterscheidungen zwischen ihren historischen Umgebungen reichen. Es ist, wie schon gesagt, tatsächlich so, daß die Meinungen der Menschen über die Kategorien, in deren Licht ihnen verschiedene Handlungen sinnvoll vorkommen, auseinandergehen können. Manche Menschen sind in höherem Maße als andere auf äußerst reduktionistische Erklärungen erpicht, wie sie z.B. zum Einsatz kommen, wenn man terroristische Selbstmordattentate durch die Hoffnung auf himmlischen Lohn erklärt.

Nach meiner Überzeugung sollten ausreichende historische Kenntnisse vorbeugend dagegen schützen, daß man sich rasch in reduktionistische Erklärungen stürzt. Der Weg zwischen dem Erfassen jener Begriffe, in deren Licht die Welt bestimmten Menschen sinnvoll erschienen ist, und der Verknüpfung dieses Tatbestands mit Wünschen, die man den Menschen verständlicherweise als ihnen allen gemeinsame Bestrebungen unterstellen kann, ist vielleicht lang, voller Überraschungen und gepflastert mit Zufälligkeiten – und dies sogar dann, wenn wir (wie es sich gehört) den Wünschen, die den Menschen gemeinsam sind, auch das Bestreben zurechnen, die Welt möge ihnen im Lichte dieser oder jener Begriffe sinnvoll erscheinen. Aber selbst diejenigen, die den Weg vom Lokalen zum Universellen weniger kompliziert einschätzen als ich, sollten die folgenden zwei Punkte akzeptieren: Der eine Punkt ist der, daß sie trotz allem eines Ausgangspunkts bedürfen; ehe sie sich daranmachen, die Begriffe zu erklären, mit deren Hilfe andere Menschen der Welt Sinn gegeben haben, müssen sie diese Begriffe zunächst einmal verstehen. Zweitens ist das Verhältnis zwischen allen diesen Dingen und der Historie lediglich ein Spezialfall, und die gestellte Frage ergibt sich im Hinblick auf jede Personengruppe, die man zu verstehen trachten kann. An einer früheren Stelle dieses Kapitels und in anderen Teilen dieses Buchs habe ich von »unterschiedlichen kulturellen Umständen« gesprochen. Das ist in einem Sinn gemeint, in dem es unbestreitbar ist, daß es differierende kulturelle Umstände gibt. So ist es z. B. schlicht ein Faktum, daß es zu bestimmten Zeiten und an bestimmten Orten im Gegensatz zu den meisten anderen Zeiten und Orten etwas gegeben hat, was als Ehrenkränkung aufgefaßt wurde und zu einem »Duell« genannten, ritualisierten Kampf Mann gegen Mann führen konnte. Die vorhin aufgeworfenen Fragen in puncto Erklärung können wir auch stellen, indem wir fragen, wie tief der Begriff der »unterschiedlichen kulturellen Umstände« eigentlich reicht. Über einen Gebrauch wie den des Duellierens und die Art und Weise seines faktischen Funktionierens kann man eine Unmenge in Erfahrung bringen; und ein Teil dieser Kenntnisse wird dazu beitragen, daß man versteht, warum dieser Gebrauch zu bestimmten Zeiten in Blüte stand, zu anderen Zeiten hingegen nicht. Und hier können wir fragen: Welche sonstigen verständlichen Zusammenhänge und Verschiedenheiten gab es zwischen diesen verschiedenen Zeiten und Orten? (Das sind Fragen, auf die man gern auch im Hinblick auf die Tugenden der Wahrheit selbst eine Antwort wüßte.)

Was unsere gegenwärtige Erörterung anlangt, ist jedoch folgender Punkt besonders wichtig: Jene Verfahrensweisen, die beim »ergänzenden Einfügen« eine Rolle spielen, stehen in relativ unproblematischem Zusammenhang mit der Wahrheit. Das »ergänzende Einfügen« stützt sich auf verschiedene Formen der Erklärung, und es ist eine Sache der Forschung, ob die Erklärungen und die mit ihnen verknüpften Voraussetzungen Bestand haben. Außerdem kann es hier nichts geben, was ein Spezialproblem der historischen Erklärung wäre (es sei denn vielleicht ein besonderer Mangel an dokumentierten Indizien oder – im Hinblick auf die jüngere Geschichte – ein nicht mehr zu beherrschendes Übermaß an Belegen). Gerade weil es auf dieser Ebene keine spezifisch historische Erklärung gibt, kann es hier auch kein spezielles Problem hinsichtlich der Wahrheit als Ziel geben. Die »ergänzenden Einfügungen« in historische Darstellungen können im gleichen Maß vom Streben nach Wahrheit abhängen und im gleichen Maß die damit verbundenen Tugenden in Anspruch nehmen wie irgendwelche sonstigen Forschungen.

Das läßt sich bis zu einem gewissen Grad auch auf das Thema

»Auslassungen« übertragen. Sofern bestimmte Fakten auf der eben erörterten Ebene ein gegebenes Phänomen erklären helfen und der Historiker diese Fakten ausläßt, steht er mit einer unvollständigen oder nicht überzeugenden Erklärung da bzw. er hat gar keine Erklärung zu bieten. Natürlich kann es Meinungsverschiedenheiten darüber geben, was als Erklärung gilt, und manchmal reichen diese Meinungsverschiedenheiten in die Tiefen dessen, was von verschiedenen Historikern für bedeutsam erachtet wird. In solchen Fällen reicht auch das Problem der Auslassungen in größere Tiefen. Es gibt bestimmte Fakten, die von manchen Historikern im Hinblick auf ihre ganze Sicht eines Themas oder einer Periode als relevant und wichtig angesehen werden. Andere Historiker sind da anderer Meinung. Manche von ihnen werden diesen Umstand vielleicht erwähnen und etwas sagen, um ihn an den ihm aus ihrer Sicht gebührenden Ort zu stellen, während andere womöglich gar nicht darauf eingehen. Sind sie nicht ganz wahrhaftig? Mit dieser Frage kommen wir auf die Belange des 5. Kapitels zurück: Diese Historiker haben zwar nicht gelogen, doch man könnte ihre Darstellung für irreführend halten. Wenn dem so ist, fragt es sich, wer da in die Irre geführt wird.

3. Das Publikum

Damit kommen wir zu einem Bereich der Geschichtsschreibung, dessen Fehlen in Hayden Whites Darstellung auffällig ist. Eine Kritikerin Whites hat darauf hingewiesen, daß er zwar die Tradition der Rhetorik auf die Geschichtsschreibung anwendet, sich dabei aber eigentlich überraschend wenig auf diese Tradition beruft.[17] Im Grunde reduziert er sie auf die Poetik, die Analyse des Stils oder der literarischen Wirkung, aber in der klassischen Theorie der Rhetorik ging es um sehr viel mehr Themen als nur diese. Insbesondere handelte sie von den Mitteln, mit deren Hilfe man sich gegen wirkliche oder mögliche Einwände zur Wehr setzen kann. Whites Historiker scheint als Solist zu arbeiten, dessen Leser zu ihm im Verhältnis des geneigten Publikums

17 Nancy S. Struever, »Topics in History«, in Kellner u. a. (1980).

stehen. Der wirkliche Historiker steht aber darüber hinaus nicht nur in einem Verhältnis zu anderen Historikern, sondern auch in einem Verhältnis zu einem Publikum aus Lesern, die ihn unterbrechen dürfen. Diese verschiedenen Leser bilden eine Gemeinschaft oder auch mehrere Gemeinschaften, in denen der Autor historischer Schriften den Ruf der Vertrauenswürdigkeit genießen oder einbüßen kann. Die Frage »Würden Sie dieser Person eine Interpretation abkaufen?« kann eine Menge bewirken, und selbst wenn man dem Betreffenden die Interpretation am Schluß nicht abkauft, könnte man dennoch hoffen, vieles von dem zu erfahren, was man braucht, um sie zu akzeptieren oder abzulehnen. Das kann auch heißen, daß sich ein Historiker als nicht vertrauenswürdig erweist, wenn er Fakten kennt, die eine konkurrierende Darstellung belegen, diese Fakten aber unerwähnt läßt. Ebenso wie dem Naturwissenschaftler, den wir im 6. Kapitel besprochen haben,[18] brauchen wir auch dem vertrauenswürdigen Erzähler keine im platonischen Sinn lauteren und hochgesinnten Motive zu unterstellen. Freilich kann er nicht genau dem Bäcker von Adam Smith gleichen, denn es gibt einen lebhaften und einträglichen Markt für den Handel mit schlechten und tendenziösen historischen Darstellungen; doch wenn sich die Verhältnisse günstig entwickeln, wäre es durchaus vernünftig, eine gewisse Sicherheit aus dem Umstand zu ziehen, daß er ein berühmter und von anderen Historikern bewunderter Historiker sein möchte. Aus diesem Umstand werden wir allerdings keine Gewißheit ziehen können, wenn sich die Verhältnisse ungünstig entwickeln und die einzigen Historiker, die zu seiner Bewunderung verblieben sind, selbst Mitglieder der Partei sind. Allgemeiner gefragt: An welche Gemeinschaft von Lesern und Kritikern wendet sich der Historiker?

Das ist der Punkt, an dem sich die Frage nach dem Verhältnis zwischen dem Historiker und seinem Publikum stellt. Was fordert dieses Verhältnis – und zwar nicht nur vom Historiker, sondern auch von seinem Publikum –, und inwieweit ist dieses Verhältnis vom Begriff der Wahrhaftigkeit geprägt? Die Begriffe der Wahrheit und der Wahrhaftigkeit haben uns ein Stück des Wegs vorangebracht. Ein Historiker, der bewußt oder unbekümmert

18 S.o. Kapitel 6, Abschnitt 4.

falsche Aussagen in seine Darstellung mischt, ist ein Lügner. Er ist deshalb ein Lügner, weil er im Modus der Historie schreibt; und dies ist jetzt und seit langem schon ein anderer Modus als der der Fabel, des Romans oder des patriotischen Gesangs. Es gilt nicht nur aus Gründen der richtigen Klassifikation oder des professionell richtigen Verhaltens, daß der Historiker die Wahrheit berichten soll, denn er tritt ja als jemand vor sein Publikum, der die Wahrheit sagt; und dazu braucht er die Tugenden der Wahrheit. Nichts hindert ihn daran, einen patriotischen (oder einen kosmopolitischen) Gesang anzustimmen, doch dabei wird von ihm erwartet, daß er sich an den Modus der Wahrheit hält. Hier stellt sich freilich immer noch eine Frage, auf die wir zurückkommen werden: Vorausgesetzt, die Historie ist zur Wahrhaftigkeit verpflichtet, warum ist die *Historie* etwas, was wir brauchen?

Zu den Erwägungen, welche die Neigung zur AUFRICHTIGKEIT prägen, gehört auch, wie wir im 5. Kapitel gesehen haben, die Vorstellung, daß die Hörer vielleicht gar kein Recht auf die Wahrheit haben, weil sie zuviel wissen wollen. Das kann jedoch nicht das Problem im Verhältnis zwischen dem Hörer und seinem Publikum sein. Das Problem dürfte eher in die entgegengesetzte Richtung gehen und darin liegen, daß das Publikum diverse Dinge, die es belanglos, uninteressant oder unnütz findet, gar nicht erfahren will. Falls der Historiker Dinge ausläßt, die aus seiner Sicht zwar wichtig, den Leuten aber unliebsam sind, handelt er aus einem Mangel an Offenheit, denn natürlicherweise unterstellt man ihm, daß er sagt, was er für sagenswert hält. Wenn es sich bei den Dingen, die sein spezielles Publikum – dessen Standpunkt er teilt – nicht hören will, um Sachen handelt, von denen er weiß, daß sie seiner Darstellung im Wege wären, erweist er sich wieder als nicht wirklich vertrauenswürdig, wenn er diese Dinge unerwähnt läßt. Andererseits darf der Historiker natürlich Dinge auslassen, weil er selbst einfach der gleichen Meinung ist wie sein Publikum und derlei für unwichtig und belanglos hält. Was immer es mit diesem Verhalten sonst noch auf sich haben mag, es ist als solches jedenfalls kein Mangel an AUFRICHTIGKEIT. Als solches braucht es überhaupt kein Mangel irgendeiner Art zu sein.

Liberale und pluralistische Gesellschaften verleihen den Problemen, die dem Verhältnis zwischen dem Historiker und seinem Publikum innewohnen, eine besondere Gestalt, denn solche Gesellschaften umfassen mehr als nur ein Publikum. Es herrscht eine Vielfalt von Meinungen über das, was wichtig ist, und es gibt eine Vielfalt von Autoren, die diesen Meinungen zustimmen oder sie bestreiten. Aus diesem Grund ist es ganz naheliegend, z.B. von »konservativen«, »linksgerichteten« oder »feministischen« Historikern zu sprechen. Manche Autoren präsentieren schon von sich aus eine Mehrzahl von Anschauungen. Es werden verschiedene Darstellungen vorgelegt und unter den einschränkenden Bedingungen der Wahrhaftigkeit verteidigt. So wird es sich im Kreis der seriöseren Historiker verhalten und daher hoffentlich auch im Kreis der Berufshistoriker, wobei man allerdings Vorsicht walten lassen sollte hinsichtlich der Vorstellung, die Professionalisierung bringe notwendig eine zureichende Bandbreite an kritischen Stimmen mit sich. Professionelle Historiker können nicht nur Vorurteile haben, sondern sie können sich darüber hinaus in ihren Vorurteilen einig sein. Peter Novick schreibt an einer Stelle: »In den ersten Jahrzehnten des zwanzigsten Jahrhunderts waren die in professioneller Hinsicht vortrefflichsten – von der Zunft als besonders objektiv, ausgewogen und fair bejubelten – Arbeiten über die Neuordnung der Südstaaten nach dem Bürgerkrieg schrecklich rassistisch. Antirassistische Darstellungen waren meistens plump und amateurhaft.«[19] Verschiedene Leserschaften begrüßen unterschiedliche Interpretationen, doch wenn die betreffende Kultur gesund ist, überschneiden sich die Leserschaften so weitgehend, daß die eine Gruppe wissen kann, was von anderen vielleicht gegen sie vorgebracht wird. Die anschließend geführten Kontroversen haben die Tendenz, die Ecken und Kanten der besonders prononcierten Interpretationen abzuschleifen. Wird dieser Prozeß uns als Kollektiv näher an die Wahrheit heranführen? Ist dies ein Beispiel für einen echten Markt der Ideen – eine Annäherung an jenen idealen Wettstreit zwischen verschiedenen Meinungen, den ich im vorigen Kapitel vom ökonomischen Markt für den Handel mit Ideen unterschieden habe?

Was manche Dinge betrifft, verhält es sich bestimmt wirklich

19 Novick (1988), S. 14.

so. Fortgesetzte Forschungen kritischer Historiker führen zur Streichung früherer Interpretationen, die angesichts zusätzlicher Informationen und tieferschürfender Fragen unhaltbar werden. Das gilt offenkundig für partikulare Reihen von Ereignissen. So ist z. B. der traditionell als *Pilgrimage of Grace* bezeichnete Aufruhr im England des sechzehnten Jahrhunderts nach übereinstimmender Meinung aller heutigen Forscher nichts von alledem, als was er in früheren Erklärungen hingestellt wurde.[20] Selbst bei umfassenderen Phänomenen kann es – auch wenn sie erst vor kurzem aus politischen Gründen leidenschaftlich umstritten waren – geschehen, daß die Kontroverse abebbt und Fragen neu gestellt werden. So scheint es sich etwa bis zu einem gewissen Grad mit dem Streit über die sozialen und psychologischen Wirkungen der Sklaverei in Amerika zu verhalten, der in den sechziger und siebziger Jahren aufs heftigste entbrannt war.[21]

Das gleiche kann sich sogar auf bestimmte Interpretationen übertragen lassen, die einen besonders großen Maßstab anlegen. Manche Interpretationsweisen wirken nach und nach antiquiert und nicht mehr diskutierenswert; und das liegt vielleicht nicht nur daran, daß sie aus der Mode sind, sondern daran, daß sie im Lichte der Wahrheit hohl und chancenlos ausschauen. Eine historische Stilrichtung, die sich jetzt diesem Zustand annähert, ist jene Form der teleologischen Geschichtsschreibung, von der eine Nation, eine Klasse oder eine Idee als unvermeidliche und in gewissem Sinn vorherbestimmte Siegerin des historischen Prozesses hingestellt wurde. (Hier muß angemerkt werden, daß es, obwohl heute nur noch wenige Historiker eine derartige Geschichte auszubuchstabieren versuchen, einige über den Liberalismus schreibende Autoren – darunter auch Philosophen – gibt, die eine Auffassung dieser Art zu unterstellen scheinen.) Ein Grund für das Veralten solcher Geschichten liegt darin, daß wahrhaftige Forschungsarbeit immer zeigt, daß der Prozeß ein höheres Maß an Mehrdeutigkeit und Kontingenz enthält, als die erzählte Geschichte zulassen kann. Außerdem besteht hier insofern eine große prinzipielle Schwierigkeit, als derartige Ge-

20 Siehe neuerdings Hoyle (2001) und die aufschlußreiche Rezension dieses Buchs von Collinson (2001).

21 Belege hierzu im 14. Kapitel des Buchs von Novick (1988). Dieses Kapitel trägt die bezeichnende Überschrift »Jeder Gruppe ihr eigener Historiker«.

schichten einen Mechanismus benötigen, um zu erklären, wie ein solcher Prozeß möglich wäre. In günstigen Fällen und bei kleinerem Maßstab gibt es tatsächlich überzeugende Erklärungen vom Typ der »unsichtbaren Hand«, aus denen hervorgeht, wieso ein scheinbar beabsichtigtes oder geplantes Resultat das Ergebnis von Wechselwirkungen sein kann, die keine derartige Absicht und keinen derartigen Plan voraussetzen.[22] Marx hatte das Ziel, gewaltige historische Veränderungen in solcher Weise zu erklären, doch dieses Vorhaben scheiterte, wenn auch nicht so sehr deshalb, weil die Prozesse unverständlich waren, sondern deshalb, weil die Erklärungen nicht zutrafen. In anderen Fällen können teleologische Erklärungen zumindest bei kleinem Maßstab einen Ansatzpunkt finden, weil die Akteure selbst an die Teleologie geglaubt haben: das offenbare Schicksal, um das es geht, offenbarte sich denjenigen, die es dann gemeinschaftlich in die Tat umsetzten. (Auch der Marxismus ist diesbezüglich auf einige bekanntlich heikle Fragen gestoßen, bei denen es darum ging, ein wie großer Teil des Endsiegs der Arbeiterklasse durch die bewußten Bemühungen der von diesem Sieg überzeugten Menschen herbeigeführt werden würde.) Derartige Erklärungen leisten häufig nicht viel, vor allem weil solche Überzeugungen mit ebenso hoher Wahrscheinlichkeit die verkehrten Wirkungen nach sich ziehen; aber insoweit sie funktionieren, funktionieren sie wirklich. Die Vorstellung, ein bewußt von mehreren geteilter Glaube an ein bestimmtes Ergebnis könne zur Herbeiführung dieses Ergebnisses beitragen, hat nichts Mysteriöses an sich, obwohl es wirklich ein Rätsel sein kann, warum es sich in manchen Fällen tatsächlich so verhält, in anderen dagegen nicht.

Hayden White gibt einen Überblick über mehrere überspannte geschichtsphilosophische Theorien – darunter auch die von Spengler und Toynbee – und sagt dazu: »Wenn es darum geht, zwischen diesen alternativen Geschichtsvisionen zu wählen, gibt es ausschließlich *moralische* oder *ästhetische* Gründe für die Entscheidung zwischen ihnen.«[23] Diese Feststellung hat viele Kritiker schockiert, deren Reaktion jedoch genaugenommen vielleicht unangebracht war, denn eigentlich sagt White

22 Erwähnt wurden solche Erklärungen oben im 2. Kapitel, Abschnitt 4.
23 White (1973), S. 433 (Hervorhebungen vom Autor).

nichts weiter, als daß die Kriterien für die Wahl zwischen den *auf dieser Liste* verzeichneten Alternativen moralischer oder ästhetischer Art sind; und das kann durchaus zutreffen, sofern man sich überhaupt für eine dieser Alternativen entscheiden müßte. An anderer Stelle jedoch deutet White an, das gleiche gelte für historische Interpretationen im allgemeinen, und das ist wirklich schockierend. Wenn solche groß und langfristig angelegten geschichtsphilosophischen Theorien nicht bloß inhaltsleere Gebilde sind, umfassen sie mustergültige Beispiele für Erklärungen, die heute nicht mehr überzeugend wirken, weil sie keinen adäquaten Aufschluß darüber geben, wie die vermeintlichen Prozesse funktionieren sollen; und sobald diese Frage aufgeworfen ist, sind historische Darstellungen, die darauf keine Antwort geben, Darstellungen, die eine Antwort verweigern, weshalb sie dann aufgrund der Regeln der Wahrhaftigkeit abgelehnt werden. Sobald man die Frage einmal aufgeworfen hat, gibt es keinen ehrbaren Weg zurück, auf dem man es vermeiden könnte, sich der Frage zu stellen. Das ist die geistige Unumkehrbarkeit der Aufklärung. Natürlich besteht diese Unumkehrbarkeit nur in geistiger Hinsicht, und es gibt nur allzu viele Hinsichten, in denen die Aufklärung im Bereich der historischen Fakten zurückgenommen werden kann, sofern eine hinreichend einschneidende politische oder natürliche Katastrophe stattfindet.

White sagt außerdem, daß ein Historiker, der sich einer bestimmten rhetorischen Verfahrensweise – beispielsweise des Verfahrens der mechanistischen Erklärung – bedient, »keine Autorität vor einem Publikum hat, das vortheoretisch auf eine Präfiguration des historischen Gebiets festgelegt ist«, die einem anderen rhetorischen Modus entspricht.[24] Wenn »hat keine Autorität« auf das gleiche hinausliefe wie »wird nicht viel Aufmerksamkeit finden oder nicht viel ausrichten«, wäre diese Bemerkung kaum mehr als eine Tautologie, aber vermutlich meint White mehr als das, nämlich: daß es keinen Grund – zumindest keinen mit der Wahrheit zusammenhängenden Grund – gibt, weshalb dieses Publikum einem solchen Historiker Beachtung schenken sollte. Das ist wieder falsch, denn manche rhetorische Modi offerieren vermeintliche teleologische Erklärungen, und

24 Ebd., S. 430.

die Forderung nach einer Erläuterung der unterstellten Wirkungsweise des teleologischen Vorgangs ist eine theoretische Forderung, der Genüge getan werden muß. Eben habe ich gesagt, dieser Forderung müsse entsprochen werden, sobald die Frage aufgeworfen ist, doch jetzt sage ich mehr, nämlich daß das Stellen einer solchen Frage – in der sich der Anbruch der Aufklärung äußert – vom Standpunkt der Wahrhaftigkeit einen Fortschritt zum Besseren bedeutet. Jemand, der ohne eine Erklärung der Wirkungsweise solcher Prozesse nicht an sie glaubt und der sich über die vielen Zufälligkeiten im klaren ist, die bei angeblich unvermeidlichen Entwicklungen eine Rolle spielen, ist *besser unterrichtet* als jemand, der sich nicht in dieser Position befindet.

Bedeutet das, wenn die Vorgehensweisen der Kritik in einer liberalen Gesellschaft gegeben sind, es sei wahrscheinlich, daß es hier zu einer konvergierenden Entwicklung kommt, aus der eine Form der minimalistischen Historie hervorgeht? Wenn ja, würde diese konvergierende Entwicklung zur wahren oder richtigen historischen Interpretation hinführen, so daß der minimalistische Stil gerechtfertigt wäre und den anderen Richtungen den Rang abliefe? Die Antwort auf beide Fragen lautet nein. Erstens ist die liberale Gesellschaft selbst, wie wir im vorigen Kapitel gesehen haben, nicht der ideale Markt der Ideen. Der in ihr angesiedelte Bereich der kritischen historischen Diskussion kommt einem solchen Markt schon näher, aber auch hier stellt sich stets eine weitere Frage (von der Art der Ausgangsfrage des 1. Kapitels), und zwar: Welche Autorität hat dieser Bereich innerhalb der Gesellschaft? Wir wollen jedoch annehmen, dieser Bereich habe – insbesondere weil seine Wahrhaftigkeit und sein Widerstand gegen Lügen wahrgenommen werden – genügend Autorität, um die in der Gesellschaft gehegten Meinungen über die Vergangenheit zu beeinflussen. In dem Fall besteht immer noch kein Grund, warum sich eine solche kritische Diskussion stetig einer minimalistischen Darstellung annähern sollte. Es gibt andere Formen der historischen Interpretation, die zwischen diesem Stil einerseits und große Zeiträume umspannenden teleologischen Erzählungen andererseits liegen. Selbst wenn wir Geschichten, die offenkundig ein bestimmtes Schicksal im Visier haben, wegen ihres Mangels an Wahrhaftigkeit ausschließen, müssen wir uns nicht unbedingt auf den Minimalismus zurückziehen. Das wird deutlich, wenn man die auch heute noch eine große Rolle bei uns spielenden Formen der Meinungsverschiedenheit über historische Interpretationen ebenso in Betracht zieht wie die mögliche Signifikanz dieser Meinungsverschiedenheiten. Inwieweit war die Sowjetunion etwas Besonderes? Das bedeutet sowohl »Inwiefern unterschied sie sich von sonstigen autoritären Staaten des zwanzigsten Jahrhunderts?« als auch »Wieviel Kontinuität gab es zwischen ihr und der früheren Geschichte Rußlands?«.[25] Welche Rolle haben im Hinblick auf den Holocaust Hitlers persönliche Zwangsvorstellungen und der bereits existierende europäische Antisemitismus gespielt? Ja, welche Begriffe können bei der Erörterung einer solchen Frage von Nutzen sein? Welchen Einblick in Unterjochungssysteme vom Typus der Sklaverei gewähren die Erfahrungen der Unterjochten? Inwiefern handeln diese Erfahrungen speziell von der Unterjochung? Und das ist eine Frage, die im Rahmen dieser Diskussion verschiedentlich auftaucht, beispielsweise wenn es um die Stellung der Frau in der bürgerlichen Gesellschaft des neunzehnten Jahrhunderts geht. Auf alle diese Fragen gibt es derzeit nicht nur eine Vielfalt von Antworten, sondern es gibt auch äußerst umstrittene Formulierungen der Fragen selbst; und verschiedene Personen erzählen unterschiedliche Geschichten, zum Glück nicht immer oder meistens vor verschiedenem Publikum. Sie erzählen diese Geschichten in einer Gesellschaft, in der sie unter anderem das Ziel verfolgen, die noch nicht Überzeugten zu überzeugen. Die Geschichten versuchen, diesen Zeitläuften und Institutionen in großem Maßstab Sinn zu geben, und dabei bedienen sie sich unterschiedlicher Begriffe. Doch jede Stilrichtung kann, wenn man die jeweils besten Beispiele heranzieht, der Wahrheit in ausreichendem Maß Respekt erweisen.

Es gibt – außer dem Versuch, der Vergangenheit Sinn zu geben – kein bestimmtes Ziel, dem diese verschiedenen Geschichten »dienen« sollen. Es gibt kein bestimmtes Ziel, das verschiedene Teile des Publikums anstreben, wenn sie nach etwas suchen, das ihnen sinnvoll vorkommt. Ein heute hervorstechendes Beispiel ist der Fall von Personen, die sich als Angehörige ei-

25 Eine in die Tiefe gehende und zugleich kontroverse Erörterung dieser Fragen findet sich bei Malia (1999).

ner unterdrückten Gemeinschaft begreifen und jetzt nach Möglichkeiten suchen, diesen Sachverhalt sinnvoll zu deuten – doch das ist nur ein einziges Beispiel von vielen. Außerdem versuchen nicht alle diese Personen, diesen Umstand in der gleichen Weise sinnvoll zu deuten. Sogar die wenigen Fälle, die ich eben genannt habe, legen den Gedanken an andere Formen des Interesses nahe. Nicht jedes Interesse an der Vergangenheit ist aufs (im weitesten Sinne des Wortes) Politische gerichtet. Im Grenzfall besteht immer noch das ehrenwerte Interesse der reinen Neugier, und selbst wenn man von diesem Interesse ausgeht, gibt es – sofern es letzten Endes nicht um geistlose Faktenhuberei geht – etwas, wodurch eine bestimmte Geschichte bzw. ein bestimmter Gegenstand einer Geschichte interessanter wird als andere Themen. Das wiederum kommt in dem zum Ausdruck, was diesen Geschichten Sinn gibt. In manchen Fällen ist es die Leistung oder der Mißerfolg einer bestimmten Person. In anderen Fällen ist es die Funktionsweise eines weit entfernten Gesellschaftssystems.

Es gibt demnach viele Interpretationen und Interpretationsstile, die sich im Bereich zwischen der verfehlten teleologischen Historie einerseits und der minimalistischen Historie andererseits ausfindig machen lassen. Das ist ein Grund, weshalb der kritische Informationsaustausch innerhalb einer liberalen Gesellschaft nicht mit Notwendigkeit auf eine Geschichtsschreibung im minimalistischen Stil konvergiert. Außerdem gilt (und darauf bezog sich die zweite Frage): Selbst wenn die Annäherung an einen solchen Stil tatsächlich stattfinden sollte, würde das nicht zeigen, daß damit die richtige oder wahre Interpretation der Vergangenheit gegeben ist. Der Grund dafür ist ein ganz allgemeines Prinzip. Sobald wir über Forschungsmethoden verfügen, die wahrheitsakquirierend sind (um eine Formulierung des 6. Kapitels zu gebrauchen), haben wir, sofern die Meinungen der mit diesen Methoden arbeitenden Forscher in die gleiche Richtung gehen, einen Grund zur Annahme, sie seien der Wahrheit nahegekommen. Das gilt für den Bereich der historischen Forschung genauso wie für alle sonstigen Gebiete. Aber ein Modell der Annäherung an die Wahrheit gilt nur insoweit, als wir imstande sind, uns einen kohärenten Begriff von dem zu machen, was als »die Wahrheit« über die vorliegende Sache zählen könnte. Im allgemeinen wird diese Bedingung in unmittelbarer

Form erfüllt, weil das von der Untersuchung angestrebte Ziel die Antwort auf eine Frage ist. Ich kann behaupten, es gebe im Hinblick darauf, ob Cäsar seine Truppen über den Rubikon führte, etwas Wahres zu sagen, denn ich meine, daß es eine wahre Antwort auf diese Frage gibt. Das heißt allerdings nicht, daß es so etwas wie die Wahrheit über Cäsar oder gar über den Rubikon gibt. Im Hinblick auf sie gibt es zahllose Wahrheiten, wie es auch zahllose Fragen gibt, die man mit Bezug auf sie stellen könnte. (Das ist der Grund, weshalb Tatsachen – wie wir im 1. Abschnitt dieses Kapitels gesehen haben – nicht individuiert werden, ehe eine Forschungsfrage gestellt ist, was allerdings nicht heißt, die Forschung erschaffe Tatsachen aus dem Nichts.) Wissenschaftstheoretiker streiten sich darüber, ob es so etwas wie »die Wahrheit über das Universum« geben könnte, doch diejenigen, die so etwas für möglich halten, nehmen gewiß nicht an, es gebe genau eine wahre Sache, die über das Universum zu sagen wäre. Was sie meinen, läuft in etwa darauf hinaus, daß es eine endgültige Antwort auf die Frage »Welches sind die fundamentalsten Gesetze des Universums?« geben könnte, wobei diese fundamentalsten Gesetze einige überaus anspruchsvolle Bedingungen an ihre Erklärungsfähigkeit erfüllen müssen. »Alles müssen sie erklären«, wird von manchen gesagt werden, aber der Erfolg des Vorhabens kann wohl kaum davon abhängen, daß man diese These wörtlich nimmt. In dem Sinn, in dem die Naturwissenschaftler nach der Wahrheit über das Universum suchen, werden sie nicht gescheitert sein, weil die von ihnen triumphierend vorgelegte Theorie weder die *Pilgrimage of Grace* noch Susannes Ehescheidung, noch Beethovens Opus 110 erklären kann. Vielmehr wird sie (eine bessere Formulierung dürfte kaum möglich sein) alles erklären müssen, was diejenigen, die an der Suche beteiligt sind, für die Erklärungsaufgabe der Kosmologie und der Physik halten.

In einem solchen Sinn gibt es so etwas wie »die Wahrheit« über die historische Vergangenheit nicht, obwohl es – ebenso wie im Hinblick auf das Universum oder Cäsar – eine Vielzahl von Wahrheiten über sie gibt. So etwas wie »die Wahrheit über die Vergangenheit« gäbe es nur, wenn es eine den betreffenden Forschern am Herzen liegende Fundamentalfrage über die Vergangenheit gäbe – aber eine solche Frage gibt es nicht. Das bedeutet: Selbst wenn es in unserer Gesellschaft eine übereinstimmende Annäherung an den minimalistischen – oder sonst einen – Stil der Vergangenheitsinterpretation gäbe, würde das nicht heißen, daß man die Wahrheit über die Geschichte erreicht hätte, denn es gibt nichts Derartiges zu erreichen. Das wiederum bedeutet (um es zu wiederholen) nicht, daß es keine Wahrheiten über die Vergangenheit gibt; und ebensowenig bedeutet es, daß Interpretationen – welcher Art auch immer – nicht auf die Forderungen der Wahrhaftigkeit einzugehen brauchen. Was es bedeutet, ist folgendes: Wir müssen zwar verlangen, daß Interpretationen der Vergangenheit insofern die Wahrheit sagen, als sie nicht lügen oder in die Irre führen dürfen, doch das, wozu wir sie brauchen, ist nicht, daß sie uns eine Sache namens »die Wahrheit über die Vergangenheit« mitteilen. Wir brauchen sie um der Wahrhaftigkeit willen und um der Vergangenheit einen *uns* verständlichen Sinn zu geben.

4. Bedürfnisse

Was aus unserer Sicht der Vergangenheit Sinn gibt, braucht ihr aus der Sicht anderer keinen Sinn zu geben. Das gilt beispielsweise für Menschen aus früherer Zeit: Wir wissen aus der Geschichte, daß sich ihre Interpretationen der eigenen Vergangenheit von unseren Interpretationen ihrer bzw. unserer Vergangenheit unterschieden. Es gilt auch für Menschen, die in der Zukunft leben werden. Würde »die Wahrheit über das Universum« ermittelt werden, hätten künftige Menschen keinen Grund, daran etwas zu ändern. Die Theorie, welche diese Wahrheit zum Ausdruck brächte, wäre »superassertibel«, um einen Ausdruck von Crispin Wright zu gebrauchen. Diese Theorie wäre verbürgt, und das sie verbürgende Belegmaterial würde jeder Überprüfung unserer Informationen und jeder zusätzlichen Information standhalten.[26] Es mag sein, daß niemand je herausbekommen könnte, ob eine bestimmte Theorie wirklich superassertibel ist; doch diejenigen, die sich »die Wahrheit über das Universum« erhoffen, hegen damit die Hoffnung auf eine Theorie, die superassertibel ist. Ich vermag nicht zu erkennen, wie irgend jemand

26 Wright (1992), S. 44 ff.

vernünftigerweise auf den Gedanken kommen könnte, eine in großem Maßstab gehaltene Interpretation der Geschichte könne je in dieser Lage sein, oder warum jemand gern eine solche Interpretation hätte. Die Annahme, künftige Menschen würden mit den gleichen Bedürfnissen wie wir an eine Interpretation der Vergangenheit herangehen, impliziert doch sicher, daß das Leben, sofern es kulturelle Entwicklung beinhaltet, zum Stillstand gekommen ist. Außerdem steht es, was solche Interpretationen betrifft, mit »unseren« Bedürfnissen auch jetzt schon anders als im Fall der Kosmologie, denn in verschiedenen Hinsichten gibt es hier kein bestimmtes »Wir«.

Wenn es um das Thema Geschichtsschreibung geht, wird jemand, der es akzeptiert, daß verschiedenen Menschen unterschiedliche Dinge sinnvoll erscheinen, oft als »Relativist« bezeichnet. Eine Relativität gibt es hier ganz offensichtlich: Was manchen Menschen sinnvoll vorkommt, wird dem gegenübergestellt, was anderen sinnvoll erscheint. Doch das ist keine Relativität der Wahrheit. Es ist weder möglich, daß sich der Tod des Königs »für« den Verfasser der angelsächsischen Chronik, aber nicht »für« uns hätte ereignen können, noch daß die Deutschen im Jahre 1914 »für« einige Kulturen in Belgien einmarschiert waren, aber nicht »für« andere. Das gleiche gilt für viele Erklärungen im kleinen Maßstab: Wenn der König ermordet wurde, dann hat ihn jemand umgebracht, Punktum! Relativ ist das Interesse, das durch Auswahl eine Erzählung prägt und einem Teil der Vergangenheit Gestalt verleiht. Manche in größerem Maßstab gehaltene Interpretationsmuster können selbst der Wahrheit zum Opfer fallen. So verhält es sich etwa, wie ich bereits angedeutet habe, mit teleologischen Erklärungen sowie mit solchen, die sich auf übernatürliche Kräfte berufen (insofern sie das tatsächlich ernst meinen). In diesen Fällen ist der Unterschied zwischen uns und ihnen in puncto Sinngebung eine Sache der Wahrheit, und wer Interpretationen »relativistisch« auffaßt, sollte das nicht bestreiten. Die den Vertreter des »relativistischen« Standpunkts bezüglich der historischen Interpretation auszeichnende These besagt, daß im Hinblick auf das, was der Vergangenheit Sinn gibt, die eine Seite anderer Meinung sein kann als die andere, ohne deshalb unbedingt zu glauben, die Interpretation der anderen Seite sei falsch.

Der Relativismus – welcher Art auch immer – erfüllt seine Aufgabe, wenn es so aussieht, als gäbe es einen Konflikt; doch hier, möchte man vielleicht sagen, gebe es keine Aufgabe zu erfüllen, denn es habe ja nicht einmal den Anschein, als gäbe es einen Konflikt. Es gebe einfach viele miteinander verträgliche Geschichten, die aus unterschiedlicher Perspektive, mit unterschiedlicher Betonung und mit unterschiedlicher Detailliertheit erzählt würden. Diese Auffassung ist zu simpel. Erstens, was die nach wie vor heftig umstrittenen Themen betrifft – wie z. B. die im vorigen Abschnitt genannten Themen aus der jüngeren Vergangenheit –, machen die verschiedenen Betonungen und Perspektiven den ausschlaggebenden Unterschied zwischen Akzeptierung und Ablehnung einer Geschichte, die das Geschehen sinnvoll zu deuten beansprucht. Außerdem schwelt selbst dann, wenn die Dinge weniger direkt umstritten sind, sehr oft ein verdeckter Konflikt im Hintergrund, bei dem es darum geht, welche Überlegungen der Vergangenheit oder bestimmten Bereichen der Vergangenheit Sinn geben. Zweifellos gibt es einige Fälle, in denen man zwei verschiedene Darstellungen so betrachten kann, als lieferten sie Bilder, die sich nur hinsichtlich des Maßstabs oder des Grads der Auflösung unterscheiden: Man kann sie zwar weder aufeinanderlegen noch beide zugleich betrachten, aber man kann sie als gleichermaßen akzeptable Darstellungen der Szenerie gelten lassen. Diese optische Metapher ist jedoch im Grunde irreführend, denn sie suggeriert, bei dieser Frage gehe es stets darum, wieviel von welcher Art von Merkmalen zu sehen sei. Aber wenn die erste historische Darstellung einer gegebenen Periode die Machenschaften der Regierungen betont, die zweite die Ausbreitung von Ideen und die dritte den ökonomischen Wandel, dann kann es – obwohl alle aufgestellten Tatsachenbehauptungen miteinander vereinbar sind – dennoch einen verborgenen Konflikt darüber geben, welcher Art die Kräfte oder Veränderungen sind, die dieser Periode am ehesten einen Sinn geben.

Der Gebrauch des Ausdrucks »Relativismus« stößt auch auf einen aus der entgegengesetzten Richtung kommenden Einwand: Der Relativismus komme zwar tatsächlich ins Spiel, sobald es einen Konflikt zu geben scheint, doch sein Ziel sei es, den Konflikt auszuräumen und zu zeigen, daß hier nur scheinbar ein

Konflikt vorliege. Im gegenwärtigen Fall, wird man sagen, sollte gerade der Relativist strenggenommen geltend machen, daß *ein* Interpretationsstil der *einen* Personengruppe Sinn vermittle und ein *anderer* Interpretationsstil einer *anderen* Gruppe, so daß es keinen Konflikt zwischen ihnen gebe und die Sache damit beendet sei. Doch im Fall der historischen Interpretation kommt die Sache damit offensichtlich nicht zu einem Ende. Mag sein, daß es sich so verhält, wenn wir die Interpretationen früherer Generationen untersuchen, denn deren Streit hat sich wirklich erledigt. In der Gegenwart kann es sich ebenfalls so verhalten, wenn die fragliche Sache belanglos ist. Aber wie ich schon im vorigen Abschnitt gesagt habe, versuchen diejenigen, die umstrittene Interpretationen vorlegen, häufig nicht bloß ihre eigenen Anhänger um sich zu scharen, sondern auch die noch nicht Überzeugten zu überzeugen. Sie werden sich nicht mit einer strikt relativistisch formulierten Lösung zufriedengeben, die jeder Seite ihre jeweils eigene Historie bietet. Das ist ein starker Einwand, und vielleicht ist es richtig, daß der Ausdruck »Relativismus« (wie üblich) nur zusätzliche Verwirrung stiftet. Wer ihn jedoch verwendet, stellt damit etwas überaus Wichtiges fest, nämlich daß die Dimensionen der Meinungsverschiedenheit, um die es jeweils geht, derart sind, daß zusätzliche Erkenntnisse, weitere Erklärungen oder fortgesetzte historische Forschung keine Lösungsmöglichkeit bieten. Es geht vielmehr um die Bedürfnisse der beteiligten Seiten sowie um deren Verhältnis zu Menschen mit anderen Bedürfnissen. Wir können dazu bewogen werden, die Bedürfnisse anderer Personen zu erkennen, und das wird unsere eigenen Bedürfnisse verändern. Außerdem können wir dazu zum Teil dadurch bewogen werden, daß man uns über ihre historische Entwicklung berichtet; und eben darum kann es sich lohnen, daß die eine Gruppe den anderen ihre Geschichte erzählt. Doch bei allen diesen Dingen geht es um die im weitesten Sinne des Wortes politische Seite ihres Verhältnisses. Letzten Endes geht es vielleicht um die Frage, ob eine Personengruppe mit einer anderen auskommen kann oder nicht; und dabei wird die Frage hineinspielen, ob die eine Gruppe dem Umstand einen Sinn abgewinnen kann, daß der anderen Gruppe andere Dinge sinnvoll erscheinen. Auch in weniger dramatischen Situationen gilt das gleiche. Hier gebrauchen die Leute das Wort »Relativismus« vielleicht deshalb, weil sie zu Recht spüren, daß die den betreffenden Meinungsverschiedenheiten zugrunde liegenden Differenzen im Grunde politischer oder ethischer Art sind oder zuallermindest eine Frage des Temperaments.

Wenn man jedoch tatsächlich von einem Relativismus der historischen Interpretation spricht, sollte man ihn nicht der »Objektivität« gegenüberstellen.[27] Dieser Gegensatz legt den Gedanken nahe, nach relativistischer Darstellung sei jeder Erzähler damit beschäftigt (oder so gut wie damit beschäftigt), andere Personen in die Irre zu führen, zu belügen oder durch Spitzfindigkeiten zu beeindrucken. In eher verstohlener Form legt er den Gedanken nahe, die Erzählung werde, selbst wenn der Erzähler subjektiv in gutem Glauben handelt, unweigerlich »voreingenommen« sein. Was damit gesagt ist, hängt davon ab, welcher Gegensatz zu »voreingenommen« unterstellt wird. Falls sich der Gegensatz auf eine vermeintliche Geschichte über die Vergangenheit bezieht, die sowohl der Vergangenheit in großem Maßstab Sinn gibt als auch so beschaffen ist, daß sie von keiner angemessen informierten und redlichen Person abgelehnt werden könnte, wird der Relativist sagen, der Gegensatz sei irrelevant, denn eine solche Geschichte könne es gar nicht geben. Falls das Wort »voreingenommen« impliziert, daß keine Geschichte nach relativistischer Darstellung je etwas aus einer anderen Geschichte lernen könnte, ist das einfach nicht wahr. Wenn verschiedene Geschichten, die mit unterschiedlichen Anforderungen an Sinnhaftigkeit einhergehen, zur gleichen Zeit und in Kenntnis voneinander erzählt werden, sind sie nicht voneinander isoliert; oder falls sie es doch sind, wird es sich nicht ohne weiteres aus der relativistischen Darstellung ergeben. Es wird ein politisches Faktum sein, das dadurch zustande kommt, daß es zwei Hörerschaften gibt, die nicht so miteinander reden, daß ihnen hinreichend viele Dinge in der gleichen Weise sinnvoll erscheinen. Wie diese Situation überwunden werden kann – ja, ob beide Seiten ihre Überwindung wünschen –, das sind selbst wieder politische Fragen. »Wenn sie sich doch nur den gleichen Begriff von der Vergangenheit machten . . .«, mag ein wehmütig

27 Novicks aufschlußreiches und ansonsten nützliches Buch macht leider von dieser Gegenüberstellung Gebrauch.

gestimmter Vermittler denken. Doch falls es wirklich geschieht, daß sie sich den gleichen Begriff machen, wird dieser Sachverhalt niemals bloß die Ursache, sondern zumindest im gleichen Maße die Wirkung ihrer Versöhnung sein. Helfen kann ihnen dabei allerdings die Einsicht, daß die jeweils andere Seite beim Umgang mit der eigenen Geschichte auf Wahrhaftigkeit bedacht ist.

Vorhin habe ich davon gesprochen, daß eine historische Interpretation »akzeptiert« oder »abgelehnt« wird, doch dabei sollten wir uns gegen den manchmal an diese Thematik herangetragenen Voluntarismus wehren, also gegen die Vorstellung, man könne sich die Art und Weise, in der man die Vergangenheit sieht, aussuchen. (Dieser Vorstellung liegen gleich mehrere philosophische Irrtümer zugrunde, beispielsweise die Voraussetzung, alles, was kein Gegenstand des Verstandes, mithin keine Sache der Wahrheit oder Falschheit sei, müsse dem Willen unterstehen – doch auf diese Fragen werde ich hier nicht weiter eingehen.)[28] Was jemandem sinnvoll erscheint, ist in keinem Zusammenhang vom Willen abhängig. Auch in einer Entscheidungssituation beschließt der Akteur zwar, die Handlung auszuführen, aber er beschließt nicht, daß diese Handlung, diese Art von Handlung oder die dieser Handlung förderlichen Erwägungen ihm sinnvoll vorkommen. Man kann zwar zu der – möglicherweise ganz plötzlichen – Einsicht gelangen, daß eine Ereignisabfolge oder die Handlungsgründe anderer Personen sinnvoll gedeutet werden können, doch diese Einsicht ist eine Entdeckung. Ebenso steht es mit historischen Interpretationen: Die Wahrheit ist zwar nicht ihre ultimative Tugend (obwohl sie wahrhaftig sein müssen), aber man ist – in dem umfassenden Sinn des Wortes, den wir im 8. Kapitel betrachtet haben – von

28 Falsch ist hier nicht nur die Entweder/oder-Voraussetzung, sondern die Vorstellung vom Willen selbst. Es ist ein vertrauter Gedanke, daß ein metaphysischer Begriff des Willens, wonach dieser sich selbst bestimmt oder sich selbst erschafft, nicht einwandfrei ist. Aber das Problem liegt womöglich insofern tiefer, als unsere ererbte Alltagsauffassung des Entscheidungsvorgangs in zu hohem Maße mit dieser Metaphysik befrachtet ist. Aufschlußreich sind hier einige archaische Formeln, die beschreiben, wie man zu einer praktischen Schlußfolgerung gelangt. Vgl. Kapitel 2 in Williams (1993).

solchen Interpretationen überzeugt oder nicht; und wer versucht, andere dazu zu bewegen, daß sie eine Interpretation akzeptieren, versucht sie *zu dieser Überzeugung zu bringen.* Er will es erreichen, daß sie ihre Gesinnung ändern, wenn auch nicht in der gleichen Weise, in der sie später womöglich ihre Nationalhymne ändern. Er will einen Bewußtseinswandel herbeiführen. Damit hängt folgendes zusammen: Wenn bei den Betreffenden wirklich ein Sinneswandel eintritt und dies daran liegt, daß die neue Interpretation ihren Bedürfnissen besser entspricht, kommen ihre Bedürfnisse nicht in den Prämissen eines Schlusses vor. Die Situation ist anders als in dem Fall, in dem man etwa sagen kann: »Ich muß Gewicht verlieren; das und das wird mir helfen, Gewicht zu verlieren; also werde ich das und das tun.« Das gleiche gilt auch für die Mittel zum Überzeugen anderer. Eine Gemeinsamkeit zwischen dem umfassenderen Begriff der Überzeugung und dem wahrheitszentrierten Alltagsbegriff besteht darin, daß man den Menschen eine Überzeugung nicht einreden kann, indem man ihnen zeigt, daß sie ihren Bedürfnissen entspricht.

Eine Reaktion auf unsere derzeitige Situation läuft darauf hinaus, daß man meint, wir brauchten der Vergangenheit überhaupt keinen Sinn mehr zu geben, vor allem nicht mit Hilfe von Begriffen, die zwischen Wahrheit und Mythos unterscheiden. Diese Haltung wird von einigen Theoretikern der »Postmoderne« eingenommen, aber typischerweise geschieht das auf der Grundlage kniffliger Deutungen der Vergangenheit (insbesondere der Fehlschläge teleologischer Geschichtstheorien). Im vorliegenden Buch sind wir gelegentlich auf die Peinlichkeiten gestoßen, die mit einer solchen Position einhergehen müssen, und wir haben gesehen, welch ein Schwall von ironischen Gänsefüßchen dadurch erzeugt wird. Der Gedanke, die Welt (oder ein Teil der Welt) sei an einem Punkt angelangt, an dem man der Vergangenheit nicht mehr bedürfe, besagt mehr, wenn er nicht von Kulturtheoretikern, sondern von denen geäußert wird, die mit den Füßen abstimmen, also von Leuten, die lieber über andere Dinge nachdächten. Derartige Reaktionen gibt es zweifellos, und wenn sie wirklich unsere Situation wiedergäben, wären sie ausschlaggebend: Goethes Faust bringt die fundamentalste Wahrheit der politischen Theorie zum Ausdruck, wenn er sagt: »Im Anfang war die Tat.«[29] Ich glaube allerdings nicht, daß dies der Realität entspricht. Das Bedürfnis, der Vergangenheit Sinn zu geben, setzt sich von neuem durch. So verhält es sich vor allem, wenn der reibungslose und geordnete Gang der Dinge durch Gewalt gestört wird, und sei es auch nur, um die Fragen »Warum?«, »Warum gerade wir?« und »Woher?« zu beantworten. Bereiche der kommunitarischen Politik (und im Grenzfall neue Formen von Stammeskriegen) stellen ein Gebiet dar, auf dem dieses Bedürfnis überaus lebendig ist, das auch in dem Interesse an derzeit ausgetragenen historischen Auseinandersetzungen der oben genannten Art zum Vorschein kommt. Die Forderung nach einer expliziten und eindeutigen Geschichte über das eigene Volk oder die eigene Nation ist nur *eine* Gestalt dieses Bedürfnisses, und diese spezielle Forderung ist an manchen Orten mit mehr Nachdruck gestellt worden als an anderen. Da nimmt es nicht wunder, daß historische Interpretationen – und in neuerer Zeit der Begriff der historischen Interpretation selbst – vor allem in Frankreich und in den Vereinigten Staaten zum Gegenstand hitziger Debatten geworden sind, denn beide Nationen sind seit dem ausgehenden achtzehnten Jahrhundert fortwährend damit beschäftigt, sich über sich selbst Rechenschaft abzulegen. Die Deutschen haben sich im letzten halben Jahrhundert einer besonderen Aufgabe gegenübergesehen, der viele Autoren mit beispielloser Entschlossenheit und Redlichkeit nachgegangen sind. Ihnen oblag es, sich einer Vergangenheit zu entledigen, ohne sie zu vergessen. Aber auch wenn der Druck geringer ist als unter diesen Umständen, besteht das Bedürfnis, die eigene Situation sinnvoll zu deuten, und dazu muß man sich auf die Vergangenheit berufen. Wenn man sich dabei nicht auf die historische Vergangenheit bezieht, wird man an einen Mythos über diese Vergangenheit appellieren.

Aber warum sollte man sich eigentlich nicht auf einen Mythos berufen? Freilich, wenn eine Geschichte als sinnvolle Deutung der derzeitigen Lage aufgefaßt wird, kann sie von den Betreffenden zwar nicht *ohne weiteres* als Märchen angesehen werden, aber diese Menschen könnten aufhören, sich darum zu kümmern und nach Belegen zu suchen. Was die Vergangenheit an-

29 *Faust* I, 1237.

langt, könnte die GENAUIGKEIT mitsamt ihren Anforderungen in Vergessenheit geraten, und Hinweise darauf könnten ignoriert oder verdrängt werden. Eine Kultur der Wahrhaftigkeit, der »Tatsachensinn«, würde verschwinden. Sollte uns das bekümmern?

Es ist das Ziel des vorliegenden Buchs zu zeigen, warum es nicht einen ganz bestimmten Grund gibt, die Wahrheit zu bevorzugen, und zu erklären, warum sich viele Menschen meistens – und ganz zu Recht – nicht einmal nach einem Grund erkundigen. Sofern die Genealogie der Wahrhaftigkeit rechtfertigend ist, kann sie zeigen, warum die Wahrhaftigkeit intrinsischen Wert hat, warum sie guten Gewissens als Trägerin eines solchen Werts gesehen werden kann und warum ein gutes Gewissen bei ihrer Betrachtung etwas Positives ist. Wenn man sagt, das Leben in der Wahrheit sei schlicht eine bessere Daseinsform, so ist das eine völlig zureichende Antwort. Sie wird allerdings nicht jeden beeindrucken, und sie riskiert ebenso wie andere Antworten dieser Art die Implikation, es gebe keine sonstigen Antworten auf die Frage, warum die Historie besser ist als der Mythos, wenn man der Vergangenheit Sinn zu geben versucht. Da es aber tatsächlich noch andere Antworten gibt, können wir ein wenig zurücktreten und uns überlegen, welche es sein könnten.

Eine Antwort auf diese Frage wird sich ihrerseits auf eine historische Darstellung unserer Situation – eine Geschichte über den Ursprung, die Entwicklung und den Charakter der Moderne – berufen müssen. Hier verhält es sich ebenso wie bei allen sonstigen historischen Interpretationen im großen Maßstab: Wir könnten niemanden von dieser Geschichte – oder vom Bedürfnis nach dieser Geschichte im Gegensatz zu anderen Geschichten – überzeugen, ohne sie zu erzählen; und wenn wir sie erzählten, würden wir Wahrhaftigkeit in Anspruch nehmen. Beinhaltet das einen Zirkel? Wenn ja, dann ist es der Zirkel des Horizonts, der alles derartige Reden begrenzt – schließlich kann man den anderen nicht mit einem Knall zur Einsicht bringen. Hier können wir diese Geschichte jedenfalls nicht erzählen, sondern wir können nur zu ihrem Ende oder Resümee springen, und diese Zusammenfassung lautet: Es gibt keine wahre teleologische Geschichte des Liberalismus, denn es gibt (grob gesprochen) keine wahre telelogische Geschichte irgendeines Gegenstands. Außerdem läßt sich die Entstehung des Liberalismus nur in begrenztem Ausmaß als Leistung unserer Erkenntnisvermehrung betrachten (während die Geschichte der Naturwissenschaften von allen außer den Verneinern als eine solche Leistung gesehen wird). Manche kognitive Leistungen haben allerdings tatsächlich eine Rolle gespielt, und zwar insofern, als frühere Legitimationen der Macht von falschen Auffassungen abhingen. Die Aufklärung als kritisches Unterfangen hat ein gewisses Maß an Wahrhaftigkeit mit sich gebracht. Es gibt jedoch keine einleuchtende kognitive Darstellung, die erklärt, warum die Menschen in bestimmten Teilen der Welt die moralische Richtigkeit der Prinzipien einer liberalen Gesellschaft erfaßt haben, worunter ich eine Gesellschaft verstehe, welche die Herrschaft des Rechts mit einem höheren Maß an Freiheit als in den meisten früheren Gesellschaften ebenso zu verbinden sucht wie mit einer gewissen Neigung zur Toleranz und dem Engagement für einige Formen von Gleichheit.

Die Forderung nach einer kognitiven Genealogie des Liberalismus erscheint deshalb so besonders dringlich, weil unser Festhalten an seinen Grundsätzen so oft als Triumph des moralischen Verstehens dargestellt wird. Vieles von dem, was zugunsten der liberalen Gesellschaft und ihrer Prinzipien vorgebracht wird, wird natürlicherweise mit Hilfe der von ihr selbst angebotenen Begriffe gesagt, d.h. mit Hilfe von Begriffen, deren sich der Liberalismus bei verschiedenen Erklärungen seiner selbst bedient hat. (Die Unterschiede zwischen diesen diversen Erklärungen sind der Gegenstand eines großen Teils der politischen Philosophie der Gegenwart.) Das vermittelt den Eindruck von einer in sich abgeschlossenen Sicht des Moralischen, womit sich sogleich die – merkwürdig schwer zu beantwortende – Frage stellt, wie diese Betrachtungsweise überhaupt auf die Erde gelangt ist.[30] Man kann allerdings auch eine Menge zugunsten der liberalen Gesellschaft sagen, wenn man darauf abhebt, inwieweit sie den Menschen jene Dinge zu vermeiden hilft, zu deren Ver-

30 Auf dieses Problem sind wir im 1. Abschnitt des 2. Kapitels bereits in der Form der »Kontingenz« unserer Einstellung gestoßen. An anderer Stelle (Williams [2000a]) habe ich den Versuch gemacht, etwas mehr über die Gründe zu sagen, weshalb uns dieses Problem als solches nicht den Mut rauben sollte.

meidung jeder Mensch an jedem Ort einen Grund hat. Das sind die Erwägungen, die, wie wir uns im 9. Kapitel in Erinnerung gerufen haben, für den »Liberalismus aus Angst« sprechen.[31] Der Kritiker liberaler Gesellschaften kann darauf hinweisen, daß solche Gesellschaften in den genannten Hinsichten ganz unvollkommen sind, daß sie in der Heimat wie in der Fremde selbst manches an Demütigung und Gewalt beigesteuert haben, daß sie auf dem Gebiet der Heuchelei einen Spitzenplatz besetzen – und alle diese Vorwürfe treffen tatsächlich zu. Es mag sein, daß diese Dinge zu anderen Zeiten und an anderen Orten mit anderen politischen Mitteln wirksam gesteuert wurden. Es fällt aber nicht leicht, in der Phantasie – oder gar in der Wirklichkeit – eine grundsätzlich andere Alternative ausfindig zu machen, die unter den Bedingungen der modernen Welt möglich wäre und bei Zugrundelegung dieser universellen Maßstäbe besser abschnitte.

Geht man von dieser Erläuterung aus, steht die liberale Gesellschaft in einer bestimmten Beziehung zur wahrhaftigen Historie – ja eigentlich steht sie in zwei verschiedenen Beziehungen zu ihr. Sie trägt dazu bei, die wahrhaftige Historie zu ermöglichen, indem sie eine Ordnung herstellt, die dafür sorgt, daß verschiedene Erklärungen und verschiedene Erklärungsbedürfnisse einander begegnen können: Neue Fragen können gestellt werden, und es ist möglich, die Motive der historischen Wahrhaftigkeit zu stärken. Gruppen, die ihre eigene Geschichte erzählen wollen, haben Gründe, sie nicht nur sich selbst zu erzählen; und andere Gruppen haben Gründe, weshalb sie diese Geschichten hören wollen. Die liberale Gesellschaft ist, wie wir sagen müssen, wirklich dazu imstande, diese Dinge zu bewerkstelligen. Die kommerzielle Gesellschaft als solche bietet dafür keine Garantie. Wie ich bereits geltend gemacht habe, ist der ökonomische Markt von sich aus kein idealer Markt der Ideen; und wäh-

31 S.o. Kapitel 9, Abschnitt 1, sowie Anm. 2. Dort wird auf einen Artikel von Judith Shklar verwiesen, in dem die Autorin unter Berufung auf eine von Emerson stammende Unterscheidung den Liberalismus aus Angst mit der »Partei der Erinnerung« (im Gegensatz zur »Partei der Hoffnung«) in Verbindung bringt. Ich möchte im vorliegenden Text geltend machen – und Shklar hätte dem in der Tat zugestimmt –, daß diese Bezeichnungen auf ein und dieselbe Gruppe zutreffen können. Es hängt alles davon ab, worauf man hofft und wieviel man sich erhofft.

rend er, was Neuigkeiten betrifft, manchmal eine Menge leistet, hat er wahrscheinlich wenig zu bieten, wenn es darum geht, zur Wahrheit zu gelangen. Die liberale Gesellschaft verfügt jedoch, wenn sie will, über erhebliche Ressourcen zur Förderung der historischen Wahrheit, und sie ist die einzige Gesellschaftsform, die manchen bekannten Feinden der historischen Wahrheit – beispielsweise Staats- oder Religionsmonopolen – Steine in den Weg legt. Dergleichen zu verhindern ist schließlich ihre Spezialität, ein Teil ihres Aufklärungserbes.

Andererseits hat die liberale Gesellschaft ein ganz spezielles Bedürfnis nach wahrhaftiger Historie. Diese Behauptung wirkt vielleicht wie ein Witz, wenn man die Unmenge von Mythen bedenkt, die in der Vergangenheit zur Stützung liberaler Gesellschaften beigetragen haben und heute noch das gleiche leisten. Es ist jedoch die wahrhaftige Forschungsarbeit, von der diese Mythen in die Luft gesprengt wurden, und darin brauchen wir nicht bloß die Schlußszene eines Akts dialektischer Selbstzerstörung zu sehen. Vielleicht hat der Liberalismus einen Teil der für ihn bezeichnenden und seiner eigenen Stützung dienenden Geschichten über sich selbst vernichtet – fest steht, daß sein kritischer Geist sie in Verdacht getränkt hat –, aber es kann dennoch sein, daß die überall funktionierenden Ressourcen des Liberalismus aus Angst ausreichen, um ihn über Wasser zu halten. Eine wahrhaftig erzählte historische Darstellung wird uns an diese Ressourcen ebenso erinnern wie an den Preis, den man in der Münze ganz elementarer menschlicher Verluste bezahlen muß, wenn eine von Mythen bestimmte Ordnung an die Macht kommt. Hier ist es ebenfalls von grundlegender Bedeutung, daß es keinen bewußt gewählten Rückweg gibt – die Aufklärung ist in geistiger Hinsicht unumkehrbar. Selbst wenn die Sehnsucht der Gegenaufklärung mehr Wahrheit enthielte, als ihr wirklich zukommt, würde eine Rückkehr nicht zum Ausgangspunkt heimführen. (Eine nützliche Aufgabe einer wahrhaftigen Geschichtsschreibung bestünde darin, die enorme Falschheit dieser gegenaufklärerischen Sehnsucht in Erinnerung zu rufen.) Versuche, längst diskreditierte Mythen wieder in Kraft zu setzen, werden scheitern, und viele sonstige Werte werden unter einem solchen Versuch zu leiden haben – was ebenfalls eine Wahrheit ist, die bewahrt wird, wenn Historie wahrhaftig verfährt. Freilich, wenn ein Bedürfnis nach Mythen besteht und das Leben ohne sie unmöglich ist, werden sie sich entfalten; und bestimmt gibt es noch andere, zudem brutale Wege, auf denen die Aufklärung den Rückzug antreten kann. Es gibt jedoch weder im Bereich der Wahrheit noch auf dem Gebiet der Vernunft einen Grund, weshalb man darauf pochen müßte, daß es so kommen wird. Wenn man sich an einem Ort befindet, an dem die Verhältnisse gar nicht so übel sind, kann es zweifellos Genugtuung bereiten, wenn man sich angesichts des Weltlaufs einer wehmütigen Resignation hingibt, das Ende von allem und jedem verkündet oder nachplappert, nach Auschwitz könne man kein Gedicht mehr schreiben. Eine zuversichtlichere Geschichte wird für die meisten von uns allerdings wahrscheinlich nutzbringender sein.

Einige Interpretationen und Interpretationsweisen der Vergangenheit sind optimistischer als andere. Darunter verstehe ich eine überaus abstrakte Eigenschaft, denn ich meine nur, daß sie der Hoffnung Spielraum lassen, wobei Hoffnung schlicht das Gegenteil von Verzweiflung ist. Da die Menschen unterschiedliche Dinge wertschätzen, kann das, was sich der eine erhofft, den anderen natürlich zur Verzweiflung treiben. Der reaktionäre Historiker, der voller Eindringlichkeit und Wahrheit die besonders hohlen und selbstzerstörerischen Aspekte der liberalen Gesellschaft aufzeigt, kann Liberale zur Verzweiflung bringen und Reaktionäre hoffen lassen. Das wiederum könnte man so auffassen, als wäre Hoffnung in der gleichen Weise relativ wie »sinnvoll sein«, so daß eine Geschichte, die bestimmten Menschen sinnvoll erscheint, zugleich eine Geschichte ist, die sie zuversichtlich stimmt. Diese Auffassung ist jedoch zu simpel. Es trifft weder aus soziologischer noch aus psychologischer Perspektive zu, daß den Menschen nur optimistische Geschichten sinnvoll erscheinen. Es kann sein, daß sie sich in einer Situation befinden, in der die einzige Geschichte, die ihnen – sei's aus triftigen oder untriftigen Gründen – sinnvoll vorkommt, sie zugleich in Verzweiflung stürzt. Der ausschlaggebende Punkt ist vielmehr seinerseits hoffnungsabhängig, denn es geht um die Hoffnung, daß zuversichtliche, aber wahrhaftige Geschichten auch weiterhin sinnvoll wirken können und daß diese Geschichten, indes sie sinnvoll erscheinen, erzählt werden. Ferner hängen unsere Hoffnungen ebenso wie unsere Ängste davon ab, womit wir uns identifizieren. Wir hoffen, daß sich die Dinge für uns positiv entwickeln; und wer als »wir« gilt, hängt von der Art und dem Umfang der Gefahr oder des Risikos ab, daß sich die Dinge nicht positiv entwickeln. In Friedenszeiten erhofft sich der Politiker meistens Ergebnisse, die ihm selbst oder seiner Partei zusagen und den anderen eine Niederlage bereiten. Im Krieg hingegen richtet sich seine Hoffnung vielleicht auf Ergebnisse, die allen Parteien in seinem Land zusagen und dem Feind eine Niederlage bereiten. (Um zu zeigen, wie übermäßig vereinfacht diese Vorstellung ist, wird schon eine ganz kleine Menge wahrhaftiger Historie genügen.) Liberale und Reaktionäre gehen vielleicht in der Hoffnung einig, es möge auch weiterhin eine Kultur geben, in der sie beide eine Rolle spielen. In vielen Science-fiction-Geschichten ist ganz natürlich von »uns allen« die Rede, und dort wird der Hoffnung Gestalt verliehen, die Menschheit mit all ihren Konflikten und Meinungsverschiedenheiten möge überleben, während den Außerirdischen eine Niederlage bereitet werden soll. Eine Seite von Nietzsches Auffassung scheint den Gedanken zu beinhalten, die letzte Niederlage liefe auf einen Zustand der Dinge hinaus, in dem es kein »Wir« gibt, auf das sich die Hoffnungen eines intelligenten Menschen richten könnten. Das Absterben jeder derartigen Hoffnung – die totale Verzweiflung – ist der Nihilismus. Nach Nietzsches eigener Vorstellung müßte die Hoffnung eines intelligenten Menschen eine Welt verlangen, in der es unabhängig gesinnte Helden, intellektuell und künstlerisch schöpferische Personen gibt. Manche Formen des menschlichen Lebens wie z. B. das zufriedene Dasein in der Konsumgesellschaft – also das Leben des »letzten Menschen« – seien schlimmer als gar keins. Daraus ergibt sich, daß die Möglichkeit des Nihilismus für Nietzsche sehr nahe lag. Die meisten von uns haben jedoch Hoffnungen, die sich auf einen größeren Bereich erstrecken.

Die Frage, ob eine Geschichte Hoffnungen beinhaltet, hängt demnach nicht nur von der jeweiligen Gruppe ab, sondern von der jeweils im Verhältnis zu einem Risiko oder einer Bedrohung herausgegriffenen Gruppe; das gleiche gilt auch für die Verzweiflung. Daraus folgt, daß es womöglich ganz und gar nicht offenkundig ist, ob eine Geschichte im relevanten Sinn optimistisch ist oder nicht. Daß sie zuversichtlich ist, braucht gewiß nicht zu implizieren, daß sie unserer engeren Gruppe gute

Nachrichten zu vermelden hat, denn unsere Hoffnungen können über die engere Gruppe hinausreichen. Es impliziert auch nicht, daß die Geschichte fröhlich ist: Es gibt viele Themen, bei denen eine wahrhaftige und zugleich fröhliche Geschichte nichts als Verzweiflung hervorrufen könnte. Eine optimistische Geschichte bedarf keiner moralisch erbaulichen Anordnung des Materials, die vielmehr – ebenso wie bei manchen Formen der erdichteten Literatur – den begründeten Verdacht des Mangels an Wahrhaftigkeit aufkommen lassen kann. Sie braucht auch nicht eine Art der Erklärung gegenüber einer anderen zu forcieren und beispielsweise idealistische Motive gegenüber eigennützigem Verhalten herauszustreichen. Manche Menschen werden aus der Vorstellung, Eigennutz habe zur Abschaffung des Sklavenhandels beigetragen, mehr Hoffnung schöpfen als aus dem Eindruck, ein derart wichtiges Ergebnis könne vom Triumph guter Absichten abhängig gewesen sein. In diesen und vielen anderen Hinsichten wird ein Interpretationsstil nicht durch das »Was«, sondern durch das »Wie« hoffnungstragend, und das »Wie« wiederum bleibt vielleicht dermaßen im Hintergrund, daß es sich dem Blick entzieht. Das Bedürfnis nach einer zuversichtlichen Interpretation der Vergangenheit gewährleistet den Verfassern hoffnungsseliger Heilsbotschaften keinen Druckkostenzuschuß.

Damit, ob eine Geschichte oder ein Interpretationsraster zuversichtlich ist oder nicht, ist noch kein *Auswahlkriterium* gegeben. Wie schon gesagt: Was uns sinnvoll erscheint, können wir uns nicht aussuchen. Der Grundgedanke ist der, daß die Geschichten, deren wir wirklich bedürfen, in diesem äußerst abstrakten Sinn zuversichtlich sind und daß wir außerdem hoffen müssen, es werde auch künftig so sein. Wer das Objekt der Hoffnung – das in Frage stehende »Wir« – ist, variiert zwar je nach der Gruppe, der die Geschichte sinnvoll erscheint, sowie je nach den drohenden Risiken oder Gefahren, aber es gehört zu den Zielen liberaler Gesellschaften, den Umfang des »Wir« zu erweitern, die in Geschichten für engere Kreise enthaltene Wahrheit mehr Menschen zu Gehör zu bringen und dafür zu sorgen, daß auch kleine Gruppen großangelegte Geschichten sinnvoll deuten können. Diese naheliegenden Bestrebungen bilden einen Bestandteil des vertrauten liberalen Anliegens, eine tolerante und freie Gesellschaft möge den Bereich der anerkannten Vereinbarungen erweitern und nicht in einander bekämpfende Stämme zerfallen, doch jenseits dieser Bestrebungen gibt es ein letztes Anliegen, nämlich daß wir – ein in die Zukunft reichendes »Wir« – auch weiterhin eine hinlänglich wahrhaftige Geschichte erzählen können, die nicht jeden verzweifeln läßt, der überhaupt darüber nachdenkt. Die Hoffnung, eine wahrhaftige und in genügend großem Maßstab gehaltene Geschichte möge keine Verzweiflung hervorrufen, ist bereits eine Hoffnung.

Kein Zweifel, die Menschen werden auch künftig der Welt Sinn geben und dazu Gedanken benutzen, die ihnen helfen, in dieser Welt zu überleben. Die Frage lautet jedoch, wie wahrhaftig diese Gedanken sein können. Inwiefern können sie unsere anspruchsvolleren Wahrhaftigkeitsideale tragen und zusammen mit ihnen jene Institutionen, die solchen Idealen zur Wirkung verhelfen und zugleich ihrerseits in Kenntnis der Wahrheit durchgehalten werden können? Der Hinweis auf Nietzsche am Anfang dieser Untersuchung diente der Erinnerung daran, daß es ganz eindringliche, wahre Darstellungen der Welt gibt, die jeden, der kein Menschenhasser ist, in Verzweiflung stürzen könnten. In Joseph Conrads *Herz der Finsternis* sagt der Erzähler über Kurtz und dessen letzte Worte:

> »Das ist der Grund, warum ich behaupte, daß Kurtz ein bemerkenswerter Mann gewesen ist. Er hatte etwas zu sagen. Er hat es gesagt ... Er hatte resümiert – er hatte geurteilt. ›Das Grauen!‹ Er war ein bemerkenswerter Mann. Es war ja die Äußerung einer Art von Überzeugung, und in dieser geflüsterten Äußerung lag Offenheit, Gesinnung, ein pulsierender Ton von Auflehnung; sie hatte das beängstigende Gesicht einer flüchtig erblickten Wahrheit ...«[32]

Hier wie auch sonst oft zeigt Conrad eine Wahrheit und preist den Mut der Wahrhaftigkeit. Aber diese Wahrheit – also jene, die Kurtz im letzten Moment seines Lebens erblickte – gehört nicht zu denen, die für sich genommen jemanden am Leben erhalten könnten.

Die Hoffnung kann heute nicht mehr dahin gehen, daß wir allein durch die Wahrheit – genügend Wahrheit, die ganze Wahr-

32 Conrad (1946), S. 151.

heit – befreit werden. Sie geht jedoch weit hinaus über die bloße Hoffnung, die Tugenden der Wahrheit mögen fortwirken – in der einen oder anderen Form müssen sie fortwirken, solange Menschen miteinander kommunizieren. Die Hoffnung geht dahin, daß die Tugenden der Wahrheit ungefähr in jenen besonders mutigen, unnachgiebigen und sozial erfolgreichen Formen fortwirken, die sie im Laufe ihrer Geschichte angenommen haben. Sie geht dahin, daß Institutionen existieren können, von denen die Tugenden der Wahrheit gestützt und zum Ausdruck gebracht werden. Sie geht dahin, daß die Art und Weise, in der künftige Menschen den Dingen Sinn beilegen, ihnen die Möglichkeit geben wird, die Wahrheit zu sehen, ohne darunter zu zerbrechen.

Schlussbemerkung
Das Vokabular der Wahrheit

Ein Beispiel

Gegen Ende des 3. Kapitels habe ich darauf hingewiesen, daß der Begriff der Wahrheit keine Geschichte hat, obwohl Wahrheitstheorien natürlich genauso eine Geschichte haben wie die Formen der Wahrheitsermittlung, der Vorstellungen von der wahren Natur der Welt usw. Außerdem gibt es eine Geschichte der speziellen Auffassungen, die mit den Tugenden der Wahrheit in Verbindung gebracht werden – und das ist eine Geschichte, auf die ich im vorliegenden Buch eingegangen bin. Ich habe zu erklären versucht, inwiefern es verschiedene Auffassungen von Genauigkeit und Aufrichtigkeit gegeben hat und wie es kommt, daß voneinander differierende Auffassungen dennoch Auffassungen derselben Eigenschaft sein können (wobei es sich um eine jener Eigenschaften handelt, die im Rahmen der Geschichte vom Naturzustand schematisch identifiziert wurden).

Sofern schriftliche Dokumente überliefert sind, die von einem bestimmten Ort und aus einer bestimmten Periode – wir dürfen auch sagen: aus einer bestimmten Kultur – herstammen, können wir gewisse Wörter herausgreifen, deren Bedeutungen dem allgemeinen Bereich von Wahrheit und Wahrhaftigkeit angehören. Wahrscheinlich wird darunter auch ein Wort sein, das in bestimmten Kontexten als »Wahrheit« oder »wahr« übersetzt werden kann. Vielleicht enthalten die Dokumente ein Wort, das unserem Wort »wahr« praktisch äquivalent ist, doch im interessanteren Fall wird dort kein solches Wort vorkommen. Das heißt nicht, daß die Sprecher der betreffenden Sprache den Begriff der Wahrheit nicht hatten – unseren Begriff der Wahrheit, wenn man es unbedingt so formulieren möchte, obwohl der Begriff uns genausowenig gehört wie ihnen. Es ist der Wahrheitsbegriff aller, jener Begriff, den die Leute, auch wenn sie nicht darüber nachdenken, zur Anwendung bringen, indem sie die Dinge tun, die jede menschliche Gruppe tun kann und muß, wenn sie sich der Sprache bedient. Es kann jedoch sein, daß die

Leute nicht genau ein Wort haben, das zu diesen diversen Dingen im gleichen Verhältnis steht wie unsere Wörter »wahr« und »Wahrheit«. Vielleicht haben sie eine ganze Reihe unterschiedlicher Wörter, die zu diesen notwendigen menschlichen Tätigkeiten und Zwecken in verschiedenen Beziehungen stehen; und indem wir diese Wörter verstehen lernen, werden wir erkennen können, welche Beziehungen das sind.

Hier werde ich ein Beispiel betrachten, und zwar die Sprache, die in den erhaltenen Schriften des archaischen Griechenlands und insbesondere bei Homer verwendet wird. Dabei werde ich einige Hinsichten untersuchen, in denen diese archaischen Ausdrücke mit dem Wahrheitsbegriff zusammenhängen sowie mit jenen grundlegenden wahrheitsbezogenen Praktiken und Eigenschaften, auf die wir zunächst bei der Beschreibung des Naturzustands gestoßen sind. Dabei lege ich keine neuen philologischen Entdeckungen vor. Das Thema ist weitgehend erforscht, und ich verlasse mich auf frühere Erörterungen. Besonders nützlich fand ich einen Artikel von Thomas Cole (1983), der klare Unterscheidungen trifft und – was besonders wichtig ist – manche Verwechslungen vermeidet, die häufig begangen werden, wenn es um jene Fragen geht, die hier einer Antwort bedürfen.

Zum Teil aufgrund falscher Fragestellungen haben manche Forscher einige höchst verwunderliche Thesen über die im archaischen Griechenland herrschenden Vorstellungen von Wahrheit aufgestellt. So wirft Marcel Detienne folgende Frage auf: »Nimmt die Wahrheit [im Denken des archaischen Griechenlands] den gleichen Platz ein wie in unserem Denksystem?« (»La vérité y tient-elle la même place que dans notre système de pensée?« [Detienne (1967), S. 4].) Das kann so nicht stimmen. Wäre dies wirklich die Frage, würde sie sich von selbst beantworten. Wenn man ein antikes Wort zu Recht als »wahr« oder »vrai« übersetzt und einige altgriechische Schriften korrekterweise so interpretiert, daß sich aus ihnen Hinweise auf »die Wahrheit« oder »la vérité« ergeben, dann müssen die betreffenden Ausdrücke in erheblichem Maße die gleiche Rolle spielen, die das Wort »Wahrheit« im Rahmen unseres Denkens spielt. Da Detienne mit seiner Fragestellung gegen dieses ganz grundlegende Prinzip verstößt, ist es nicht verwunderlich, daß er eine wenig einleuchtende Antwort auf seine Frage gibt. Er behauptet, die Dichter seien »Herren der Wahrheit« gewesen, weil sie Lob und Erinnerung steuerten und die Helden und ihre Taten vor dem Vergessenwerden bewahrten. Dies sind zwar bedeutungsvolle Vorstellungen von der Rolle und der Autorität der Dichter in der archaischen Welt, aber sie lassen sich nicht, wie Detienne es versucht, ausdrücken, indem man behauptet, das von ihm mit »la vérité« übersetzte Wort ἀληθεία habe nichts mit Übereinstimmung – mit dem jeweiligen Gegenstand oder sonstigen Äußerungen – zu tun und stehe nicht im Gegensatz zu »lügen«. In Detiennes Resümee heißt es: »Es gibt kein ›wahr‹ als Gegensatz zu ›falsch‹« – der einzige signifikante Gegensatz sei der zwischen Alētheia und Lēthē. Damit wird der allgemeine Punkt ganz deutlich: Nichts, was dem Falschen nicht entgegengesetzt wäre, ließe sich zu Recht mit »das Wahre« wiedergeben.

Nun bleibt natürlich eine echte Frage zu stellen, nämlich ob das in diesen Schriften vorkommende griechische Wort ἀληθής mit »wahr« übersetzt werden kann. Tatsächlich kann es so übersetzt werden, obwohl es nicht das einzige Wort ist, das sich so wiedergeben läßt, und obwohl es, wie wir sehen werden, einige besondere Implikationen mit sich bringt. In Einklang damit kann es sich ebenso wie das entsprechende abstrakte Substantiv auf die Richtigkeit von Mitteilungen beziehen. In der Ilias (XXIII, 360) wird ein Schiedsrichter am Wendepunkt der Rennbahn aufgestellt: ὡς μεμνέῳτο δρόμους καὶ ἀληθείην ἀποείποι. Hier hat ἀληθεία gewisse Nebentöne, doch zumindest bedeutet es, daß der Schiedsrichter bestimmte Arten von Geschehnissen am Wendepunkt genau im Fall ihres Eintretens (wie die Philosophen gern sagen) melden wird. Wie es sich für einen Ausdruck gehört, der »wahr« bedeutet, steht auch das Wort ἀληθής in verschiedenen Gegensätzen zu Falschheit bezeichnenden Ausdrücken wie insbesondere ψεῦδος und den damit zusammenhängenden Formulierungen, die ihrerseits (wie nicht anders zu erwarten) sowohl Irrtum als auch Täuschung abdecken. (Ein nennenswertes Detail ist hier der Umstand, daß das Adjektiv ψευδής bei Homer nicht vorkommt, es sei denn, man akzeptiert die auf Aristarchos zurückgehende Lesart von Il. IV, 235.)

Nach allgemein übereinstimmender Meinung liegt die Etymologie von ἀληθής im Alpha privativum und der Wurzel lath-, die in Wörtern wie λήθη und λανθάνω vorkommt und sowohl Vergeßlichkeit abdeckt als auch Fälle wie die, in denen etwas der Aufmerksamkeit der Menschen entgeht oder von ihnen außer acht gelassen wird. Heidegger macht viel Wesens darum, wenn er von der Unverborgenheit des Seins redet, und eben dadurch scheint dieser Gedanke bei manchen Wissenschaftlern zeitweilig in Ungnade gefallen zu sein, weil man ihn mit sektiererischen philosophischen Meinungen in Verbindung brachte, doch in einem eher alltäglichen Sinn ist er durchaus akzeptabel. Nach Coles Auffassung liegt der springende Punkt hier nicht in einer (relationalen) Eigenschaft mancher Umstände oder Tatsachen – und zwar ihrer Offensichtlichkeit –, sondern in einem Merkmal des Erwerbs und der Übertragung bestimmter Informationen, nämlich: daß sie von Irrtum frei sind, einerlei, ob der Irrtum auf Vergeßlichkeit, auf das Nichtbemerken bestimmter Dinge oder, allgemein gesprochen, auf Mangel an gebotener Sorgfalt zurückgeht. Damit kommt die Bedeutung ganz in die Nähe von Erwägungen, die mit der Eigenschaft GENAUIGKEIT in Verbindung gebracht werden. Es ist jedoch überaus wichtig, daß ἀληθεία nicht das gleiche bedeutet wie GENAUIGKEIT. Um nur einen Punkt zu nennen: Ein Bote kann die Tugend der GENAUIGKEIT besitzen und dennoch ohne eigene Schuld etwas Falsches melden. ἀληθεία bezeichnet tatsächlich die Wahrheit. Außerdem wird ἀληθής in den meisten Fällen nicht auf Personen, sondern auf deren Mitteilungen angewendet. Dabei wird diesen Mitteilungen nicht nur Richtigkeit, sondern darüber hinaus Informativität und Zuverlässigkeit unterstellt. Dementsprechend heißt es bei Cole: »Hier geht es um striktes (bzw. striktes und gewissenhaftes) Wiedergeben oder Berichten – etwas, was Prahlerei, Erfindung oder Belanglosigkeit ebenso ausschließt wie Versäumnisse oder Untertreibungen« (S. 12).

Es gibt seltene Ausnahmen von der Regel, daß sich ἀληθής nicht auf Personen bezieht. So wird das Wort in der Ilias (XII, 433) bezüglich einer Frau gebraucht, die Wolle wiegt, wobei es nicht um eine Äußerung ihrerseits geht, sondern um die Genauigkeit, mit der sie verfährt. Hesiod (Theog. 233) wendet das Wort zusammen mit dem Ausdruck ἀψευδής auf Nereus an, ein prophetisches Wesen; und West (1966) macht im Rahmen seiner Erörterung dieser Stelle geltend, die Griechen hätten den Ursprung des Worts ἀληθής mit seinem der Wurzel von λήθη, λανθάνω usw. vorangestellten Privativum noch herausgehört. Das paßt zu dem häufigen Gebrauch solcher Ausdrücke wie λέληθεν αὐτοὺς ὅτι ..., οὐκ ἐλάνθανεν αὐτοὺς ὅτι ..., wenn es sich um Fälle handelt, in denen die Menschen etwas bemerken bzw. nicht bemerken. Das klingt z. B. an der bereits zitierten Stelle über das Wettrennen (Il. XXIII, 360) an, wo das Wort ἀληθείην vorkommt: Der Schiedsrichter wird sein Augenmerk auf das Geschehen richten. Das impliziert nicht, daß das Wort an dieser Stelle nicht soviel wie »die Wahrheit« bedeutet, sondern »Wahrheit« ist mit Sicherheit die gebotene Übersetzung. Der springende Punkt ist, daß es das im archaischen Griechisch bevorzugte Wort für »Wahrheit« ist, wenn es sich um Kontexte handelt, in denen die Wachsamkeit und das Erinnerungsvermögen eines Beobachters oder Berichterstatters – seine GENAUIGKEIT – besonders im Mittelpunkt stehen.

Die archaischen Wörter, die am ehesten den gleichen Allzweckdienst versehen wie »wahr« (den ἀληθής dann vom ausgehenden fünften Jahrhundert an selbst versieht), sind ἐτεός, ἔτυμος und ἐτήτυμος (ein vollständiger Überblick über das Vorkommen dieser und anderer hier erörterter Ausdrücke bei Levet [1976]; vgl. auch Krischer [1965]). Hier liegt die Betonung einfach auf Richtigkeit, und diese Wörter können auch auf die Zukunft bezogen werden, wie z. B. in der Frage (Il. II, 300): ἦ ἐτεὸν Κάλχας μαντεύεται ἦε καὶ οὐκί. In der Ilias (X, 534 = Od. IV, 140) stellt sich der Sprecher die Frage ψεύσομαι ἦ ἔτυμον ἐρέω – wobei es nicht darum geht, ob er die Sache angemessen darstellen wird, sondern bloß darum, ob er sich irrt oder die Wahrheit sagen wird. Ein dieser Familie angehörendes Wort kann zwar auf einen Boten angewandt werden, dies aber vor allem in solchen Zusammenhängen, in denen es einzig und allein um die Richtigkeit der Botschaft geht. An der Stelle Il. XXII, 438 weiß Andromache noch nichts von Hektors Tod – οὐ γάρ οἵ τις ἐτήτυμος ἄγγελος ἐλθὼν / ἤγγειλ' –, und hier kommt es nicht auf die Vorzüge irgendeines Boten an, sondern bloß darauf, daß die Wahrheit noch nicht zu ihr vorgedrungen ist.

In diesem Zusammenhang ist es interessant, zu der im 4. Kapitel (siehe Anm. 19) erwähnten Stelle Od. XIX, 203 zurückzukehren, an der der Dichter die Lügen des Odysseus beschreibt: Ἴσκε ψεύδεα πολλὰ λέγων ἐτύμοισιν ὁμοῖα. Der Sinn dieser Formulierung läuft, wie ich dort im Text vorschlage, darauf hinaus, »daß er wie jemand redete, der diese Sachen glaubt, [und] daß es sich um Sachen handelte, im Hinblick auf die er den Eindruck erweckte, es sei vernünftig, sie für richtig zu halten«. Daß hier von »Wahrheitsähnlichkeit« die Rede ist (wobei man an die Grundbedeutung des deutschen Worts »wahrscheinlich« oder des französischen Worts »vraisemblable« denken könnte), besagt, daß diese Sachen den Hörern richtig vorkommen werden. Lassen wir das Metrum beiseite und nehmen einmal an, in der zitierten Formulierung habe an der Stelle von ἔτυμος das Wort ἀληθής gestanden. Dann hätte die Stelle, wie ich annehmen möchte, eine andere Bedeutung gehabt. Eine Ähnlichkeit mit Sachen, die wahr sind und denen Erinnerungs- oder Beobachtungsfehler der Hörer nichts anhaben könnten, kommt hier nicht in Frage. Es könnte gemeint sein, daß es um die Art von Sachen geht, denen Erinnerungs- und Beobachtungsschwächen des Sprechers nichts anhaben können, doch darüber wäre nichts Spezielles zu sagen. Die nächstliegende Lesart wäre wohl die, wonach Odysseus Sachen sagt, die denen ähneln, die wirklich nicht von Erinnerungs- oder Beobachtungsschwächen seinerseits tangiert werden können. Das hieße, daß er eine Geschichte erzählt, die zwar falsch ist, einer wahren Erzählung aber möglichst nahe kommt; und diese Situation ist hier natürlich nicht gegeben – die Geschichte, die er erfindet, ist von den Wahrheiten, an die er sich tatsächlich erinnern kann, sehr weit entfernt.

Daneben gibt es noch weitere archaische Wörter, die im Bedeutungsfeld von Wahrheit und Wahrhaftigkeit vorkommen, insbesondere νημερτής (das etymologisch mit dem Nichtverfehlen eines Ziels zusammenhängt) und ἀτρεκής (bei dem eine Verbindung mit der Bedeutung von »gerade« besteht). Diese beiden Wörter können sich auf Botschaften und Boten beziehen; und das erstere kann auch auf einen Plan zutreffen, der ausgeführt wird. Sie bringen in unterschiedlicher Weise Implikationen der Genauigkeit und der Aufrichtigkeit ins Spiel: das eine impliziert, daß eine Mitteilung nicht verfehlt ist; das andere, daß der Sprecher sie nicht verdreht hat. Cole schreibt in seiner detaillierten Erörterung der Beziehungen zwischen diesen Wörtern und des Verhältnisses zwischen ihnen und ἀληθής: »Das Wort *nē-*

mertēs zeichnet sich gegenüber *atrekēs* normalerweise dadurch aus, daß die mitzuteilende Information dringender oder wichtiger ist, während *atrekēs* gegenüber *alēthēs* ein höheres Maß an Zugänglichkeit der Information und leichtere Mitteilbarkeit beinhaltet. Beim Gebrauch von *atrekēs* gilt die selbstverständliche Voraussetzung, daß der Sprecher das Mitzuteilende völlig unter Kontrolle hat [...] und in der Standardformel ἀλλ' ἄγε μοι τόδε εἰπὲ καὶ ἀτρεκέως κατάλεξον leistet das Wort kaum mehr, als ganz banalen Fragestellungen einen Anflug von epischer Gehobenheit zu verleihen« (S. 15).

Mit Bezug auf die Methode dieses Buchs lassen Untersuchungen des altgriechischen Vokabulars drei allgemeine Erkenntnisse zutage treten: Erstens, es gibt eine Vielfalt von Ausdrücken, die Wahrheit implizieren und in manchen Kontexten schlicht als »wahr« übersetzt werden können, während es keinen Ausdruck gibt, der genau das gleiche leistet wie unser Wort »wahr«. Zweitens, diese Ausdrücke (neben anderen, die hier nicht angeführt wurden) tragen Nebentöne oder Anklänge, die allesamt deutlich mit den in der Geschichte vom Naturzustand skizzierten Grundanforderungen an die menschliche Kommunikation zusammenhängen. Drittens, die Reichhaltigkeit und die Komplexität des archaischen Wahrheitsvokabulars bedeutet nicht, daß der Wahrheitsbegriff in einer Form, die wir wiedererkennen würden, fehlt. Was dieses reichhaltige Vokabular bedeutet, können wir eigentlich nur verstehen, indem wir es im Lichte der Präsenz dieses Begriffs betrachten, also im Lichte der Tatsache, daß die Menschen in dieser Kultur manches als wahr behaupten, seine Wahrheit in Frage stellen, es als etwas Wahres weitergeben usw.

Hinsichtlich der Frage, warum sich das Wort ἀληθεία gegen Ende des fünften Jahrhunderts gegen seine »ebenso emphatischen und ebenso ausdrucksvollen Rivalen« als allgemeiner Terminus für »Wahrheit« durchgesetzt hat, stellt Cole eine interessante Überlegung an:

Anders als *akribeia* (vgl. Arist. Rhet. 1413 b 8 f.) verstand man unter *alētheia* nie einen speziell den schriftlichen Diskurs kennzeichnenden Vorzug, sondern dieses Wort war von Anfang an mit Merkmalen der Sorgfalt, der Präzision, der Ordnung und der Kohärenz in Verbindung gebracht worden, die im schriftlichen Diskurs eher zu Gebote stehen und leichter zu verifizieren sind als im mündlichen [...]

Ferner stellt Cole fest:

> Der erste Prosaschriftsteller, bei dem diese Gleichsetzung [von etymon und alēthes] vollständig vollzogen wird, ist Thukydides. Vielleicht ist es auch kein bloßer Zufall, daß er ebenfalls der erste Autor ist, der die Untersuchung der alētheia mit einem Stil und einer Manier der Darstellung verbindet, die vollendeten Gebrauch von einer bestimmten Reihe von Möglichkeiten machen, die eher dem schriftlichen als dem mündlichen Diskurs innewohnen. (S. 27)

Falls das zutrifft, hat die im 7. Kapitel geschilderte Entwicklung einen Wandel mit sich gebracht, der auch das Wahrheitsvokabular selbst betraf.

Gerade weil die verschiedenen Implikationen dieses Vokabulars mit den im Naturzustand in Erscheinung tretenden Grundstrukturen zusammenhängen, läßt sich vorhersagen, daß Wahrheit und Wahrhaftigkeit von frühester Zeit an miteinander verbunden sind (beispielsweise durch einen Teil des Vokabulars, der sowohl auf Personen als auch auf deren Mitteilungen anwendbar ist). Ein Hauptmotiv des vorliegenden Buchs ist die kulturell unterschiedliche Ausprägung der spezifischen Erfüllung oder Bestimmung der Wahrheitstugenden – insbesondere der AUFRICHTIGKEIT –, und das läßt sich auch im Hinblick auf die archaische Welt beobachten, in der es (mit bestimmten wichtigen Einschränkungen) als bewundernswerte Eigenschaft galt, wenn man ein geschickter und einfallsreicher Lügner war. Welche Einschränkungen das im einzelnen waren und wo die Täuschung nicht mehr akzeptiert werden konnte, das sind interessante Fragen, die ich nicht zu erkunden versucht habe. Im 5. Kapitel hieß es: Die in der Welt des Odysseus im Hinblick auf Täuschung und viele sonstige Dinge maßgebliche Unterscheidung war die zwischen Freund und Feind, und diese Auskunft ist, soweit sie etwas nutzt, richtig, doch sie läßt viele Fragen unbeantwortet, so z. B. die Frage, wer wann als Feind galt. An einer Stelle scheint Achilles sogar jemanden schlicht deshalb als Feind betrachten zu wollen, weil er ein Lügner ist: An Odysseus gewandt, hält er eine große Ansprache und sagt etwas, was Odysseus seinerseits bestimmt nie gesagt hätte: »Verhaßter als die Pforten des Hades ist mir der Mann, der eines im Herzen birgt und etwas anderes ausspricht« (Il. IX, 312 f., das »verhaßt« entsprechende Wort ist ἐχθρός, das auch »Feind« bedeutet).

Walcott (1977) weist darauf hin, daß die Bewunderung des geschickten Lügners in bäuerlich geprägten Gesellschaften häufig vorkommt, und er führt Belege an, die das verständlich machen. Bei Odysseus verselbständigt sich das Geschick im Lügen jedoch in beunruhigender Form. Als mögliches Beispiel für einen Bauern-»Schabernack« erörtert Walcott jene Szene im letzten Buch der Odyssee, in der Odysseus – obwohl die Freier schon besiegt sind und die Verstellung keinem Zweck mehr dient – fortfährt, seinen Vater zu belügen, und nicht zu erkennen gibt, wer er ist, bis der alte Mann vor Kummer zusammenbricht. Das ruft uns in Erinnerung, daß das Aufdröseln der Struktur der AUFRICHTIGKEIT in dieser (wie in jeder anderen) Welt verlangt, daß man neben den Voraussetzungen der Informationsmitteilung viele weitere Dinge versteht, beispielsweise den lokalen Humor.

Danksagung

Sehr viele Personen haben mir bei der Arbeit an diesem Buch geholfen, manche von ihnen durch hilfreiche Bemerkungen zu meinem Manuskript. Ausdrücklich danken möchte ich den folgenden: John Burrow, Donald Davidson, Ronald Dworkin, Raymond Geuss, Stephen Greenblatt, Ariela Lazar, Jonathan Lear, Adrian Moore, Richard Moran, Alexander Nehamas, Derek Parfit, Christopher Peacocke, Robert Post, R. M. Scanlon, Samuel Scheffler, Barry Stroud, David Wiggins und Patricia Williams.

Danken möchte ich ferner Casey Perin und Kirstie Laird für Forschungsarbeiten.

Teile des Buches entstanden an verschiedenen Forschungsinstituten, an denen manche Teile des Texts zum erstenmal vorgestellt wurden. Zu besonderem Dank verpflichtet bin ich (wie so viele andere Wissenschaftler) der außergewöhnlichen Gastfreundschaft des Wissenschaftskollegs zu Berlin und seines Rektors Wolf Lepenies sowie der Mitarbeiter, die es fertigbrachten, mich bei der Durchführung meiner eigenwilligen Pläne während des Jahres 1996/97 zu unterstützen. Außerdem danke ich für die Gelegenheit, 1992 in Princeton das Christian Gauss Seminar in Criticism abzuhalten, und für die Möglichkeit, 1994 als Gastprofessor am Institute of Humanities an der University of Michigan tätig gewesen sein zu können sowie ebenfalls 1994 als Jeannette K. Watson Professor in the Humanities an der Syracuse University, 1998 als Cardinal Mercier Professor am Hoger Instituut voor Wijsbegeerte in Leiden und 1997 als Gastforscher am Institut für die Wissenschaften vom Menschen in Wien.

Teile des Buchs wurden als Vorträge bei folgenden Gelegenheiten vorgestellt: Woodbridge Lectures an der Columbia University (1993); Clark Lectures am Trinity College, Cambridge (1993); Sara H. Schaffner Lectures an der University of Chicago (1995); 54. Werner-Heisenberg-Vorlesung der Carl-Friedrich-von-Siemens-Stiftung, München 1996. Manches wurde auch im Rahmen von Vorlesungen und Seminaren präsentiert, die an den Universitäten von Oxford, Berkeley und Göttingen stattfanden, sowie im Rahmen von Veranstaltungen des Royal Institute of Philosophy, London, der Southern Association for Ancient Philosophy und des »B« Club in Cambridge. Allen, die bei diesen Gelegenheiten an meinen Veranstaltungen teilnahmen, möchte ich hiermit danken.

Aus manchen der genannten Gelegenheiten sind Veröffentlichungen hervorgegangen, die sich mit Teilen des vorliegenden Buchs überschneiden. Teile der Kapitel 1, 3, 6 und 9 finden sich in der Publikation meiner

Wiener IWM-Vorlesungen *Der Wert der Wahrheit*, übers. von Joachim Schulte, Wien: Passagen Verlag 1998. Frühere Fassungen des 7. Kapitels sind unter dem Titel »Did Thucydides Invent Historical Time?« im *Jahrbuch* des Wissenschaftskollegs zu Berlin sowie in der Zeitschrift *Representations* 19 (2001) herausgekommen. Teile des 8. Kapitels finden sich in meinem Artikel »The Politics of Trust«, in: Patricia Yaeger (Hg.), *The Geography of Identity*, Ann Arbor: University of Michigan Press 1996. Eine andere Fassung meiner Münchner Heisenberg-Vorlesung wurde 1996 in Oxford vorgetragen und entspricht Teilen des 2. Kapitels. Dieser Text wurde unter dem Titel »Naturalism and Genealogy« in Harcourt (2000) publiziert. Die folgenden Veröffentlichungen nehmen ebenfalls Gedanken des vorliegenden Buchs vorweg: »Les vertus de la vérité«, übers. von Catherine Audard in *Le respect*, hg. von Catherine Audard, Paris: Editions Autrement 1993; »Truth, Politics and Self-Deception«, *Social Research* 63 (1996); Einleitung zu Josefine Nauchkhoffs Übersetzung von Nietzsches *Die fröhliche Wissenschaft*: *The Gay Science*, Cambridge: Cambridge University Press 2001.

Nachweise und Abkürzungen

Die Mottos

1.
J'ai toujours honoré ceux qui défendent la grammaire ou la logique. On se rend compte cinquante ans après qu'ils ont conjuré de grands périls. – *A la recherche du temps perdu*, Pléiade-Ausgabe, Paris: Gallimard, 1989, Band 4, S. 376 f. *(Le temps retrouvé)*, übers. von Eva Rechel-Mertens, hg. von Luzius Keller: *Die Suche nach der verlorenen Zeit*, Band 7: *Die wiedergefundene Zeit*, Frankfurt a. M.: Suhrkamp 2002, S. 156

2.
Nietzsche, *Menschliches, Allzumenschliches*, Erstes Hauptstück, § 2

Abkürzungen

DK H. Diels u. W. Kranz, *Die Fragmente der Vorsokratiker*, 6. Aufl. in 3 Bänden, Berlin: Weidmann, 1951/52

FGH F. Jacoby u. a., *Die Fragmente der griechischen Historiker*, Leiden: Brill, 1950-1963

M-W R. Merkelbach u. M. L. West, *Fragmenta Hesiodea*, Oxford: Clarendon Press, 1967

PWK Pauly-Wissowa-Kroll, *Realencyclopädie der classischen Altertumswissenschaft*, München/Stuttgart: A. Druckenmüller, 1957-1990

Literatur

Allison, David B. (Hg.) 1985: *The New Nietzsche*, Cambridge: MIT Press

Anderson, Wilma 1990: *Diderot's Dream*, Baltimore: Johns Hopkins University Press

Apel, Karl-Otto: *Transformation der Philosophie*, 2 Bände, Frankfurt a. M.: Suhrkamp 1973

Appleby, Joyce, Lynn Hunt u. Margaret Jacob 1994: *Telling the Truth about History*, New York: Norton

Auden, W. H. 1976: *Collected Poems*, London: Faber and Faber

Austin, J. L. 1961: *Philosophical Papers*, hg. von J. O. Urmson u. G. J. Warnock, Oxford: Clarendon Press, übers. von Joachim Schulte: *Gesammelte philosophische Aufsätze*, Stuttgart: Reclam 1986

Bacharach, M. u. D. Gambetta 2001: »Trust in Signs«, in: Karen Cook (Hg.), *Trust and Social Structure*, New York: Russell Sage Foundation

Barkow, Jerome H., Leda Cosmides u. John Tooby 1992: *The Adapted Mind*, New York/Oxford: Oxford University Press

Barnes, J. A. 1994: *A Pack of Lies. Towards a Sociology of Lying*, Cambridge: Cambridge University Press

Barthes, Roland 1976: *S/Z*, Paris: Editions du Seuil, Übers. Frankfurt a. M.: Suhrkamp 1976

Beaudry, Catherine A. 1991: *The Role of the Reader in Rousseau's Confessions*, New York: Peter Lang

Bennett, Jonathan 1995: *The Act Itself*, Oxford: Clarendon Press

Bloom, Allan 1979: Einleitung zu Jean-Jacques Rousseau, *Émile or On Education*, übers. von Allan Bloom, New York: Basic Books

Bok, Sissela 1978: *Lying. Moral Choice in Public and Private Life*, New York: Pantheon, Übers. *Lügen*, Reinbek: Rowohlt 1980

– 1984: *Secrets*, Oxford: Oxford University Press

Boucher, Donald (Hg.) 1977: *Language, Counter-Memory, Practise*, Ithaca, N. Y.: Cornell University Press

Brandom, Robert 1994: *Making it Explicit*, Cambridge, Mass.: Harvard University Press, übers. von Eva Gilmer u. Hermann Vetter: *Expressive Vernunft*, Frankfurt a. M.: Suhrkamp 2000

– 2000a: »Facts, Norms, and Normative Facts. A Reply to Habermas«, *European Journal of Philosophy* 8, S. 356-374.

– (Hg.) 2000b: *Rorty and His Critics*, Oxford: Basil Blackwell

Bratman, Michael 1987: *Intentions, Plans, and Practical Reason*, Cambridge, Mass.: Harvard University Press

Burge, Tyler 1993: »Content Preservation«, *Philosophical Review* 102, S. 457-488

Byrne, Richard W. u. Andrew Whiten (Hg.) 1988: *Machiavellian Intelligence. Social Expertise and the Evolution of Intellect in Monkeys, Apes, and Humans*, Oxford: Clarendon Press

Campbell, John 1994: *Past, Space and Self*, Cambridge, Mass.: MIT Press

Campbell, R.H., A.S. Skinner u. W.B. Todd (Hg.) 1976: *Adam Smith: An Inquiry into the Nature and Causes of the Wealth of Nations*, Oxford: Clarendon Press

Campbell, Richard 1992: *Truth and Historicity*, Oxford: Clarendon Press

Canary, R.H. u. Henry Kozicki (Hg.) 1978: *The Writing of History. Literary Form and Historical Understanding*, Madison: University of Wisconsin Press

Carston, Robyn 1988: »Implicature, Explicature, and Truth-Theoretic Semantics«, in Ruth M. Kempson (Hg.), *Mental Representations*, Cambridge: Cambridge University Press

Cavell, Stanley 1979: *The Claim of Reason*, Oxford: Oxford University Press

Cheney, Dorothy L. u. Robert M. Seyfarth 1990: *How Monkeys See the World. Inside the Mind of Another Species*, Chicago: University of Chicago Press

Chomsky, Noam 1995: »Language and Nature«, *Mind* 104, S. 1-61

Clark, Maudemarie 1990: *Nietzsche on Truth and Philosophy*, Cambridge: Cambridge University Press

Cloak, F.T. 1975: »Is a Cultural Ethology Possible?«, *Human Ecology* 3, S. 161-182

Cohen, G.A. 1978: *Karl Marx's Theory of History*, Oxford: Clarendon Press

Cole, Thomas 1983: »Archaic Truth«, *Quaderni Urbinati di Cultura Classica* 13, S. 7-28

Colli, Giorgio u. Mazzino Montinari (Hg.) 1988: *Nietzsche, Sämtliche Werke. Kritische Studienausgabe*, München: Deutscher Taschenbuch Verlag

Collingwood, R.G. 1946: *The Idea of History*, hg. von T.M. Knox, Oxford: Clarendon Press [revidierte Neuausgabe von W. Jan van der Dussen 1993], Übers. *Philosophie der Geschichte*, Stuttgart: Kohlhammer 1955

Collinson, Patrick 2001: »What News?«, *London Review of Books* 23, 1. November, S. 19-22 [Rezension von Hoyle (2001)]

Connor, W. Robert 1984: *Thucydides*, Princeton: Princeton University Press

Conrad, Joseph 1946: *Youth. Heart of Darkness. The End of the Tether*, London: J.M. Dent and Sons

Cornford, F. M. 1907: *Thucydides Mythistoricus*, London: Arnold
Craig, E. J. 1990: *Knowledge and the State of Nature*, Oxford: Clarendon Press
Cranston, Maurice 1991: *The Noble Savage. Rousseau 1754-62*, Chicago: University of Chicago Press
– 1997: *The Solitary Self. Jean-Jacques Rousseau in Exile and Adversity.* Chicago: University of Chicago Press

Davidson, Donald 1990: »The Structure and Content of Truth«, *Journal of Philosophy* 87, S. 279-328
– 1996: »The Folly of Trying to Define Truth«, *Journal of Philosophy* 93, S. 263-278
– 2001: *Inquiries into Truth and Interpretation*, 2. Aufl. Oxford: Clarendon Press, 1. Aufl. übers. von Joachim Schulte: *Wahrheit und Interpretation*, Frankfurt a. M.: Suhrkamp 1986
Dawkins, Richard 1976: *The Selfish Gene*, Oxford: Oxford University Press, Übers. *Das egoistische Gen*, Berlin: Springer 1978
de Man, Paul 1983: *Blindness and Insight. Essays in the Rhetoric of Contemporary Criticism*, 2. Aufl. London: Methuen
Detienne, Marcel 1967: *Les maîtres de la vérité dans la grèce archaique*, Paris: Maspero
Dewald, Caroly u. John Maricola 1987: »A Selective Introduction to Herodotean Studies«, *Arethusa* 20, S. 9-40
Diamond, Cora 1993: »Truth. Defenders, Debunkers, Despisers«, in: Toker (1993)
Diderot, Denis 1951: *Œuvres*, Bibliothèque de la Pléiade, Paris: Gallimard. *Rameaus Neffe*, übers. von Raimund Rütten, hg. von Hans Hinterhäuser, Berlin: Propyläen 1967
Dray, William H. 1957: *Laws and Explanation in History*, Oxford: Clarendon Press
Dummett, Michael 1973: *Frege's Philosophy of Language*, London: Duckworth
– 1978: *Truth and Other Enigmas*, London: Duckworth, darin »Truth« [1959], übers. von Joachim Schulte: »Wahrheit«, in: Schulte (Hg.): Dummett, *Wahrheit. Fünf philosophische Aufsätze*, Stuttgart: Reclam 1982
Durham, William H. 1991: *Coevolution. Genes, Culture, and Human Diversity*, Stanford: Stanford University Press
Dworkin, Ronald 2000: *Sovereign Virtue*, Cambridge, Mass.: Harvard University Press

Edmunds, Lowell 1975: *Cause and Chance in Thucydides*, Cambridge, Mass.: Harvard University Press

Egan, Kieran 1978: »Thucydides, Tragedian«, in: Canary u. Kozicki (1978)
Elster, Jon 1985: *Making Sense of Marx*, Cambridge: Cambridge University Press
Empson, William 1952: *The Structure of Complex Words*, London: Chatto and Windus
Evans, Richard J. 1997: *In Defence of History*, London: Granta Books

Ferrara, Alessandro 1993: *Modernity and Authenticity*, Albany, N.Y.: SUNY Press
Finley, M.I. 1965: »Myth, Memory and History«, *History and Theory* 4, S. 281-302
Fiss, Owen M. 1996: *Liberalism Divided. Freedom of Speech and the Many Uses of State Power*, Boulder, Colo.: Westview
Foucault, Michel 1974: »Nietzsche, die Genealogie, die Historie«, in: Foucault, *Von der Subversion des Wissens*, übers. von Walter Seitter, München: Hanser 1974
France, Peter (Hg. u. Übers.) 1972: *Diderot's Letters to Sophie Volland*, London: Oxford University Press
Frankfurt, H. 1992: »The Faintest Passion«, *Proceedings and Addresses of the APA* 66, S. 5-16
Freye, Northrop 1957: *The Anatomy of Criticism. Four Essays*, Princeton: Princeton University Press
Furbank, P.N. 1992: *Diderot. A Critical Biography*, London: Secker & Warburg
Furet, François u. Mona Ozouf 1988: *Dictionnaire critique de la Révolution française*, Paris: Flammarion

Gambetta, Diego (Hg.) 1988: *Trust. Making and Breaking Co-operative Relations*, Oxford: Blackwell
Gardiner, Patrick 1996: »Interpretation in History. Collingwood and Historical Understanding«, in Anthony O'Hear (Hg.), *Verstehen and Humane Understanding* (Royal Institute of Philosophy Supplement 41), Cambridge: Cambridge University Press
Garton Ash, Timothy 2001: *History of the Present. Essays, Sketches and Despatches from Europe in the 1990s*, überarbeitete Neuaufl. New York: Vintage
Gauthier, David 1986: *Morality by Agreement*, Oxford: Oxford University Press
Geach, P.T. 1977: *The Virtues*, The Stanton Lectures, 1973-74, Cambridge: Cambridge University Press
Geuss, Raymond 1981: *The Idea of a Critical Theory*, Cambridge: Cambridge University Press, Übers. *Die Idee einer kritischen Theorie*, Königstein/Ts.: Hain 1983

– 1999: »Nietzsche and Genealogy«, in *Morality, Culture, and History*, Cambridge: Cambridge University Press
Gibbard, Allan 1990: *Wise Choices, Apt Feelings*, Cambridge, Mass.: Harvard University Press
Gill, Christopher u. T. P. Wiseman 1993: *Lies and Fiction in the Ancient World*, Exeter: University of Exeter Press
Goldman, Alvin I. 1999: *Knowledge in a Social World*, Oxford: Oxford University Press
Goody, Jack u. I. P. Watt 1963: »The Consequences of Literacy«, *Comparative Studies in History and Society* 5, S. 304-345
Grandy, Richard 1973: »Reference, Meaning and Belief«, *Journal of Philosophy* 70, S. 439-452
Green, Richard Firth 1999: *A Crisis of Truth. Literature and Law in Ricardian England*, Philadelphia: University of Pennsylvania Press
Grice, Paul 1989: *Studies in the Way of Words*, Cambridge, Mass.: Harvard University Press

Haack, Susan 1998: *Confessions of a Passionate Moderate*, Chicago: University of Chicago Press
Hacking, Ian 1972: »The Logic of Pascal's Wager«, *American Philosophical Quarterly* 9, S. 186-192, abgedr. in Jordan (1984)
– 1983: *Representing and Intervening*, Cambridge: Cambridge University Press, übers. von Joachim Schulte: *Einführung in die Philosophie der Naturwissenschaften*, Stuttgart: Reclam 1996
Hahn, Lewis E. (Hg.): *The Philosophy of P. F. Strawson*, Chicago: Open Court
Hamilton, W. D. 1964: »The Genetical Evolution of Social Behaviour«, I u. II, *Journal of Theoretical Biology* 7, S. 1-52
Hampshire, Stuart 1959: *Thought and Action*, London: Chatto & Windus
Harcourt, Edward (Hg.) 2000: *Morality, Reflection and Ideology*, Oxford: Oxford University Press
Harman, Gilbert 1977: *The Nature of Morality. An Introduction to Ethics*, New York: Oxford University Press, übers. von Ursula Wolf: *Das Wesen der Moral*: Frankfurt a. M.: Suhrkamp 1981
Hartog, F. 1980: *Le miroir d'Hérodote*, Paris: Gallimard, engl. Übers. von Janet Lloyd: *The Mirror of Herodotus*, Berkeley/Los Angeles: University of California Press, 1988
Heal, Jane 1987/88: »The Disinterested Search for Truth«, *Proceedings of the Aristotelian Society* 88, S. 97-108
Hegel, Georg Wilhelm Friedrich 1988: *Phänomenologie des Geistes* [1807], hg. von Hans-Friedrich Wesels u. Heinrich Clairmont, Hamburg: Meiner

Hempel, C.G. 1965: *Aspects of Scientific Explanation*, New York: The Free Press

Höffe, Otfried (Hg.) 1997: *Platons Politeia*, Berlin: Akademie Verlag

Hooker, Brad (Hg.) 1996: *Truth in Ethics*, Oxford: Blackwell

Horkheimer, Max u. Theodor W. Adorno 1969: *Dialektik der Aufklärung* [1944/47], Frankfurt a.M.: S. Fischer

Hornsby, Jennifer 2000: »Feminism in Philosophy of Language. Communicative Speech Acts«, in: Miranda Fricker u. Jennifer Hornsby (Hg.), *The Cambridge Companion to Feminism in Philosophy*, Cambridge: Cambridge University Press

Horwich, Paul 1990: *Truth*, Oxford: Basil Blackwell

– 1998: *Truth*, 2. Aufl. Oxford: Clarendon Press

How, W.W. u.J. Wells 1912: *A Commentary on Herodotus*, Oxford: Clarendon Press

Hoyle, R.W. 2001: *The Pilgrimage of Grace and the Politics of the 1530s*, Oxford: Oxford University Press

Hume, David: *A Treatise of Human Nature* [1739/40], hg. von L.A. Selby-Bigge, Oxford: Clarendon Press 1988, übers. von Theodor Lipps: *Ein Traktat über die menschliche Natur*, 2 Bände, Hamburg: Meiner 1978

Hunter, Virginia 1982: *Past and Process in Herodotus and Thucydides*, Princeton: Princeton University Press

Immerwahr, Henry R. 1966: *Form and Thought in Herodotus*, Cleveland: Western Reserve University Press

James, Susan 1984: *The Content of Social Explanation*, Cambridge: Cambridge University Press

Jardine, Nicholas 1991: *The Scenes of Inquiry. On the Reality of Questions in the Sciences*, Oxford: Clarendon Press

Jonsen, Albert R. u. Stephen Toulmin 1988: *The Abuse of Casuistry*, Berkeley/Los Angeles: University of California Press

Joyce, James 1942: *A Portrait of the Artist as a Young Man* [1916], Travellers' Library Edition, London: Jonathan Cape

Judson, Horace 1979: *The Eighth Day of Creation*, New York: Simon and Schuster

Kant, Immanuel: *Die Metaphysik der Sitten* (1797)

– : »Über ein vermeintes Recht aus Menschenliebe zu lügen« (1797)

Kellner, Hans u.a. 1980: »*Metahistory*. Six Critiques«, *History and Theory*, Beiheft 19

Kelly, Christopher 1987: *Rousseau's Exemplary Life*, Ithaca, N.Y.: Cornell University Press

Krischer, Tilman 1965: »ΕΤΥΜΟΣ und ΑΛΗΘΗΣ«, *Philologus* 109, S. 161-174

Lateiner, Donald 1989: *The Historical Method of Herodotus*, Toronto: University of Toronto Press

Lazar, Ariela 1999: »Deceiving Oneself or Self-Deceived? On the Formation of Beliefs ›Under the Influence‹«, *Mind* 108, S. 265-290

Legrand, Ph.-E. 1932: *Hérodote: Introduction*, Paris: Les Belles Lettres

Lejeune, Philippe 1975: *Le pacte autobiographique*, Paris: Editions du Seuil

Levet, J.P. 1976: *Le Vrai et le Faux dans la pensée grecque archaique: étude de vocabulaire*, Paris: Les Belles Lettres

Levi, Primo: *Il sistema periodico*, Turin: Einaudi 1975, übers. von Edith Plackmeyer, 2. Aufl. München: Hanser 1987

Lewis, David 1983: *Philosophical Papers*, Band 1, Oxford: Oxford University Press

MacIntyre, Alasdair 1990: *Three Rival Versions of Moral Enquiry*, London: Duckworth

– 1995: »Truthfulness, Lies, and Moral Philosophers. What Can We Learn from Mill and Kant?«, in: *Tanner Lectures on Human Values*, Band 16, Salt Lake City: University of Utah Press

Macleod, C. 1983: »Thucydides and Tragedy«, in *Collected Essays*, Oxford: Clarendon Press

Malochowski, Adam (Hg.) 1990: *Reading Rorty*, Oxford: Blackwell

Malia, Martin 1999: *Russia under Western Eyes*, Cambridge, Mass.: Harvard University Press, Belknap Press

Mamet, David 1993: *Oleanna*, New York: Vintage Books

McIntyre, Alison 2001: »Doing Away with Double Effect«, *Ethics* 111, S. 219-255

Meiklejohn, Alexander 1960: *Political Freedom. The Constitutional Power of the People*, New York: Harper

Miller, Eugene F. (Hg.) 1985: *Hume's Essays*, Indianapolis, Liberty Classics

Millgram, Elijah (Hg.) 2001: *Varieties of Practical Reasoning*, Cambridge, Mass.: MIT Press

Mitchel, F. 1956: »Herodotus' Use of Genealogical Chronology«, *Phoenix* 10, S. 48-69

Moles, J.L. 1993: »Truth and Untruth in Herodotus and Thucydides«, in: Gill u. Wiseman (1993)

Momigliano, Arnaldo 1981: »The Rhetoric of History and the History of Rhetoric. On Hayden White's Tropes«, *Comparative Criticism* 3, S. 259-269

– 1990: *The Classical Foundations of Modern Historiography*, Berkeley/ Los Angeles: University of California Press

Moore, A. W. 1997: *Points of View*, Oxford: Clarendon Press

Moran, Richard 2001: *Authority and Estrangement*, Princeton: Princeton University Press

Murray, Oswyn 1987: »Herodotus and Oral History«, in Sancisi-Weerdenburg u. Kuhrt (1987)

Nagel, Thomas 1997: *The Last Word*, Oxford: Oxford University Press, übers. von Joachim Schulte: *Das letzte Wort*, Stuttgart: Reclam 1999

Neale, Stephen 1995: »The Philosophical Significance of Gödel's Slingshot«, *Mind* 104, S. 761-825

Nietzsche, Friedrich 1988: *Kritische Studienausgabe*, hg. von Giorgio Colli u. Mazzino Montinari, München/Berlin: dtv/de Gruyter [Rechtschreibung in Zitaten hier behutsam modernisiert]

– : *Der Wille zur Macht*, Stuttgart: Kröner 1964

Novick, Peter 1988: *That Noble Dream. The »Objectivity Question« and the American Historical Profession*, Cambridge: Cambridge University Press

Nozick, Robert 1974: *Anarchy, State, and Utopia*, New York: Basic Books, Oxford: Oxford University Press 1976, Übers. *Anarchie, Staat, Utopia*, München: MVG o. J.

Orwell, George 1949: *Nineteen Eighty-Four*, London: Secker and Warburg

Parry, Adam Milman 1981: *Logos and Ergon in Thucydides*, New York: Arno Press [Dissertation, Harvard 1957]

Peacocke, Christopher 1999: *Being Known*, Oxford: Oxford University Press

Pears, David 1984: *Motivated Irrationality*, Oxford: Clarendon Press

Platts, M. (Hg.) 1980: *Reference, Truth and Reality*, London: Routledge and Kegan Paul

Popper, Karl 1935: *Logik der Forschung*, 7. Aufl. Tübingen: Mohr 1982

– 1963: *Conjectures and Refutations. The Growth of Scientific Knowledge*, London: Routledge and Kegan Paul, Übers. *Vermutungen und Widerlegungen*, Tübingen: Mohr 2000

Post, Robert 1993: »Meiklejohn's Mistake. Individual Autonomy and the Reform of Public Discourse«, *University of Colorado Law Review* 64, S. 1109-1137

– 1995: »Social Practices. Recuperating First Amendment Doctrine«, *Stanford Law Review* 47, S. 1249-1281

Powell, J. E. 1938: *A Lexicon to Herodotus*, Cambridge: Cambridge University Press

Quine, W. V. 1970: *Philosophy of Logic*, Englewood Cliffs, N. J.: Prentice Hall, Übers. *Philosophie der Logik*, Stuttgart: Kohlhammer 1973
– 1990: *The Pursuit of Truth*, Cambridge, Mass.: Harvard University Press, Übers. *Unterwegs zur Wahrheit*, Paderborn: Schöningh 1995

Ramsey, F. P. 1990: *Philosophical Papers*, hg. von D. H. Mellor, Cambridge: Cambridge University Press
Raphael, D. D. u. A. L. MacFie (Hg.) 1976: *Adam Smith, The Theory of the Moral Sentiments*, Oxford: Oxford University Press
Rawls, John 1971: *A Theory of Justice*, Cambridge, Mass.: Harvard University Press, übers. von Hermann Vetter: *Eine Theorie der Gerechtigkeit*, Frankfurt a. M.: Suhrkamp 1975
Riesman, David 1980: »Egocentrism. Is the American Character Changing?«, *Encounter*, September/Oktober
Romilly, Jacqueline de 1956: *Histoire et raison chez Thucydide*, Paris: Les Belles Lettres
Rorty, Richard 1989: *Contingency, Irony and Solidarity*, Cambridge: Cambridge University Press, übers. von Christa Krüger: *Kontingenz, Ironie und Solidarität*, Frankfurt a. M.: Suhrkamp 1991
– 1991: *Objectivity, Relativism and Truth*, Band 1 von Rorty, *Philosophical Papers*, Cambridge: Cambridge University Press. Übersetzungen einzelner Aufsätze daraus: »Solidarität oder Objektivität«, in: Rorty, *Solidarität oder Objektivität? Drei philosophische Essays*, übers. von J. Schulte, Stuttgart: Reclam 1988; »Pragmatismus, Davidson und der Wahrheitsbegriff«, übers. von J. Schulte in E. Picardi/J. Schulte (Hg.), *Die Wahrheit der Interpretation*, Frankfurt a. M.: Suhrkamp 1990, S. 55-96
– 1998: *Truth and Progress*, Band 3 von Rorty, *Philosophical Papers*, Cambridge: Cambridge University Press, übers. von J. Schulte: *Wahrheit und Fortschritt*, Frankfurt a. M.: Suhrkamp 2000
Roth, Philip 2001: *The Human Stain*, London: Vintage, übers. von Dirk van Gunsteren: *Der menschliche Makel*, München: Hanser 2002
Rousseau, Jean-Jacques 1959 u. 1964: *Œuvres complètes*, Bände 1 u. 2, Bibliothèque de la Pléiade, Paris: Gallimard. *Bekenntnisse*, übers. von Ernst Hardt, Leipzig: Insel 1956. *Träumereien eines einsamen Spaziergängers* und *Vier Briefe an Malesherbes* in Henning Ritter (Hg.): Rousseau, *Schriften in zwei Bänden*, München: Hanser 1978. *Julie oder Die neue Héloïse*, übers. von Johann Gottfried Gellius, hg. von Dietrich Leube u. Reinhold Wolff, München: Deutscher Taschenbuch Verlag 1988
Runciman, W. G. 1998: *The Social Animal*, London: HarperCollins

Sancisi-Weerdenburg, Heleen u. Amélie Kuhrt (Hg.) 1987, *Achaemenid History II. The Greek Sources*, Leiden: Nederlands Instituut voor het Nabije Oosten

Saul, Nigel 1999: »From Trothe to Truth«, *Times Literary Supplement*, 2. Juli [Rezension von Green (1999)]

Scanlon, T.M. 1998: *What We Owe to Each Other*, Cambridge, Mass.: Harvard University Press

Schantz, R. (Hg.) 2001, *What Is Truth?*, Berlin/New York: de Gruyter

Schauer, Frederick 1982: *Free Speech. A Philosophical Enquiry*, Cambridge: Cambridge University Press

Searle, J.R. 1969: *Speech Acts*, Cambridge: Cambridge University Press, Übers. *Sprechakte*, Frankfurt a.M.: Suhrkamp 1971

– 1998: »Truth. A Reconstruction of Strawson's Views«, in: Hahn (1998)

Sen, Amartya 1992: *Inequality Reexamined*, Cambridge, Mass.: Harvard University Press

Shimron, B. 1973: Πρῶτος τῶν ἡμεῖς ἴδμεν, *Eranos* 71

Shklar, Judith 1998: *Political Thought and Political Thinkers*, hg. von Stanley Hoffman, Chicago: University of Chicago Press

Silverman, David 1975: *Reading Castaneda. A Prologue to the Social Sciences*, London: Routledge and Kegan Paul

Slote, M.A. 1979: »Assertion and Belief«, in: J. Dancy (Hg.), *Papers on Language and Logic*, Keele: Keele University Library

Soames, Scott 1984: »What Is a Theory of Truth?«, *Journal of Philosophy* 81, S. 411-429

Sperber, Dan u. Deirdre Wilson 1995: *Relevance. Communication and Cognition*, 2. Aufl. Oxford: Basil Blackwell

Starobinski, Jean 1971: *Jean-Jacques Rousseau. La transparence et l'obstacle*, Paris: Gallimard, Übers. *Rousseau. Eine Welt von Widerständen*, München: Hanser 1988

Ste Croix, G.E.M. de 1977: »Herodotus«, *Greece and Rome* 24, S. 130-148

Sunstein, Cass R. 2001: *Republic.com*, Princeton: Princeton University Press

Swanton, Michael (Hg. u. Übers.) 2000: *The Anglo-Saxon Chronicles*, überarb. Ausg. London: Phoenix Press

Talman, J.L. 1952: *The Origins of Totalitarian Democracy*, London: Secker and Warburg

Tarski, A. 1956: »The Concept of Truth in Formalized Languages«, in: Tarski, *Logic, Semantics, Metamathematics*, hg. von J.H. Woodger, Oxford: Oxford University Press, dt. Fassung (1935) »Der Wahrheitsbegriff in den formalisierten Sprachen«, abgedr. in K. Berka u. L. Kreiser (Hg.), *Logik-Texte*, Darmstadt: Wissenschaftliche Buchgesellschaft 1983, S. 443-546

Taylor, Charles 1992: *The Ethics of Authenticity*, Cambridge, Mass.: Harvard University Press

Thomas, Carol G. 1988: »Between Literacy and Orality. Herodotus' Historiography«, *Mediterranean Historical Review* 3, S. 54-70

Toker, Leona (Hg.) 1993: *Commitment in Reflection*, Hamden: Garland

Trilling, Lionel 1972: *Sincerity and Authenticity*, Cambridge: Harvard University Press

Trivers, R. L. 1971: »The Evolution of Reciprocal Altruism«, *Quarterly Review of Biology* 46, S. 35-57

Turner, Henry Ashby 1996: *Hitler's Thirty Days to Power*, London: Bloomsbury, Übers. *Hitlers Weg zur Macht. Der Januar 1933*, München: Luchterhand 1996

Unger, P. 1975: *Ignorance*, Oxford: Oxford University Press

van Straaten, Z. (Hg.) 1980: *Philosophical Subjects*, Oxford: Oxford University Press

Vandiver, Elizabeth 1991: *Heroes in Herodotus. The Interaction of Myth and History*, Frankfurt a. M.: Peter Lang

Veyne, Paul 1986: *Les Grecs ont-ils cru à leurs mythes?*, Paris: Editions de Seuil, Übers. *Glaubten die Griechen an ihre Mythen?*, Frankfurt a. M.: Suhrkamp 1987

Vidal-Nacquet, P. 1960: »Temps des dieux et temps des hommes«, *Revue de l'histoire des religions* 157, abgedr. in *Le chasseur noir*, Paris: Maspero 1981, Übers. *Der schwarze Jäger*, Frankfurt a. M.: Campus 1989

Walcot, Peter 1977: »Odysseus and the Art of Lying«, *Ancient Society* 8, S. 1-19

Walzer, Michael 1983: *Spheres of Justice*, New York: Basic Books, Übers. *Sphären der Gerechtigkeit*, Frankfurt a. M.: Campus 1992

Watson, James 1968: *The Double Helix*, London: Weidenfeld and Nicolson, Übers. *Die Doppel-Helix*, Reinbek: Rowohlt 1969

West, M. L. 1966: *Hesiod, Theogony*, Oxford: Clarendon Press

White, Hayden 1973: *Metahistory. The Historical Imagination in Nineteenth Century Europe*, Baltimore/London: Johns Hopkins University Press, Übers. *Metahistory. Die historische Einbildungskraft im 19. Jahrhundert in Europa*, Frankfurt a. M.: Fischer 1991

Wiggins, David 1980: »What Would Be a Substantial Theory of Truth?«, in: van Straaten (1980)

– 1991: *Needs, Values, Truth*, 2. Aufl. Oxford: Blackwell

– 1997: »Languages as Objects«, *Philosophy* 72, S. 499-524

– 2001: »Marks of Truth. A Normative cum Substantive View«, in: Schantz (2001)

Williams, Bernard 1973: *Problems of the Self*, Cambridge: Cambridge University Press, übers. von Joachim Schulte: *Probleme des Selbst*, Stuttgart: Reclam 1978

– 1978: *Descartes. The Project of Pure Enquiry*, Harmondsworth: Penguin, Übers. *Descartes. Das Vorhaben der reinen philosophischen Untersuchung*, Königstein/Ts.: Athenäum 1981

– 1981: *Moral Luck*, Cambridge: Cambridge University Press, Übers. *Moralischer Zufall*, Königstein/Ts.: Hain 1984

– 1985: *Ethics and the Limits of Philosophy*, Cambridge, Mass.: Harvard University Press

– 1993: *Shame and Necessity*, Berkeley/Los Angeles: University of California Press, übers. von Martin Hartmann: *Scham, Schuld und Notwendigkeit*, Berlin: Akademie Verlag 2000

– 1995: *Making Sense of Humanity*, Cambridge: Cambridge University Press

– 1998: »The Last Word in Philosophy«, *New York Review of Books* 45, S. 18 [Rezension von Nagel (1997)]

– 2000a: »Philosophy as a Humanistic Discipline«, *Philosophy* 75, S. 477-496

– 2000b: »Naturalism and Genealogy«, in: Harcourt (2000)

Williamson, Timothy 1996: »Knowing and Asserting«, *Philosophical Review* 105, S. 489-523

Wilson, E. O. 1975: *Sociobiology. The New Synthesis*, Cambridge, Mass.: Harvard University Press, Belknap Press

– 1978: *On Human Nature*, Cambridge, Mass.: Harvard University Press, Übers. *Biologie als Schicksal*, Frankfurt a. M.: Ullstein 1980

Wollheim, Richard 1999: *On the Emotions*, New Haven: Yale University Press, Übers. *Emotionen. Eine Philosophie der Gefühle*, München: Beck 2001

Wright, Crispin 1992: *Truth and Objectivity*, Cambridge, Mass.: Harvard University Press, übers. von Wolfram Karl Köck: *Wahrheit und Objektivität*, Frankfurt a. M.: Suhrkamp 2001

Zagorin, P. 1990: *Ways of Lying. Dissimulation, Persecution and Conformity in Early Modern Europe*, Cambridge, Mass.: Harvard University Press

Register[1]

absolute Auffassung (*absolute conception*) 216
Achtung, wechselseitige (*mutual respect*) 187
vgl. Ehre
Alltagswahrheiten 23-28
vgl. offenkundige Wahrheiten
Amerikanischer Bürgerkrieg 356
Anderson, Wilma 284
Angelsächsische Chronik 352f.
Apel, Karl-Otto 335
Äquivokation 160f.
Arbeitsteilung im Bereich der Erkenntnis 69-73, 213f., 223
Athanasius 159, 170, 175
Auden, W.H. 104, 219
Aufklärung 15, 95, 280f., 377, 390-392
A. nicht umkehrbar 376
u. Kritik 15, 343f.
Aufrichtigkeit (*sincerity*) Kapitel 5 passim
als maßgebliche Tugend 268, 270f., 299
Beitrag zur Konstruktion d. Wahrheit 305-307
Geschichte d. A. 144, 148
u. Entfremdung 273, 285
u. Regeln 185f.
Voraussetzungen d. A. 149-156
Augustinus 159
Ausrede (*evasion*) 181
Austin, J.L. 23, 124
Authentizität 276-279
u. idiosynkratisches Verhalten 271
u. Selbsterforschung 279, 303-307
vgl. Identität
Autorität, wissenschaftliche 20-28

Bacharach, M. 137, 147
Barkow, Jerome H. 48
Barnes, John 144
Barthes, Roland 27
Behauptung (*assertion*) auf Wahrheit abzielend 104-110
als Ausdruck von Überzeugungen 113-118
Behauptungsfetischismus 148, 166
u. Informationsübertragung 112f.
u. Wissen 119-123
unaufrichtige B. 114-117
Bennett, Jonathan 158
Berkeley, George 207
Bloom, Allan 279
Bok, Sissela 150
Brandom, Robert 59, 105
Burge, Tyler 171

Campbell, John 76
Campbell, Richard 98
Camus, Albert 26f.
Carr, E.H. 355
Carston, Robyn 153
Castaneda, Carlos 26
Cavell, Stanley 24, 174
Chomsky, Noam 134
Chronik 352-356

1 Dieses Register ist eine genaue Adaptation des Registers der Originalausgabe.

Cicero 162
Clark, Kitson 355
Clark, Maudemarie 34
Clemenceau, Georges 361
Cole, Thomas 399, 351f., 360
Collingwood, R.G. 230, 351f., 360
Collinson, Patrick 374
Conrad, Joseph 396
Constant, Benjamin 159, 166, 177
Cornford, F.M. 231f.
Cosmides, Leda 48
Craig, E.J. 40, 54-58, 72
Crick, Francis 215

d'Alembert, J. le R. 281
Davidson, Donald 79, 83, 99, 100, 102, 153, 196
Dawkins, Richard 50f., 293
de Man, Paul 268
Demokratie 313-315, 324-326
Demokrit 35
Descartes, René 204, 300
Detienne, Marcel 399f.
Diamond, Cora 218
dichte Begriffe (*thick concepts*) 342
Diderot, Denis 262, 280-288, 304, 308, 353
  Rameaus Neffe 281-288, 300
  Streit mit Rousseau 298f.
  über d. Psyche 286-289, 292f., 300f., 367
doppelte Wirkung 157
Dray, William 347
Dummett, Michael 105, 108-110, 127, 153
Durham, W.H. 51
Dworkin, Ronald 327

Eastwood, Clint 137
Ehre
  Ambivalenz d. Ehrbegriffs 179
  u. Täuschung 166f., 178-180
Empson, William 145
Encyclopédie 281
Erzählung (*narrative*) 345f., 354-357, 363
  u. Chronik 352f., 354-356
  vgl. Geschichte, Mini-Erzählung
Erziehung 223f., 336f.
Eudemos 247
Evans, Richard J. 355
Evolutionstheorie u. Sozialwissenschaft 47-53

falsches Bewußtsein 330, 334, 338
Fermatsche Vermutung 210
Ferrara, Alessandro 278
Festigkeit d. Geistes (*steadiness of mind*) 270, 286f., 288-298
  Festigung d. G. als sozialer Prozeß 290, 300f.
  Preis d. Festigung 300
Festlegung, Verpflichtung (*commitment*) bez. Beratschlagung u. Überlegung (*deliberation*) 294-297
fiktionale Wahrheiten 256-258
Finley, Moses 240, 242
First Amendment 319f., 323-325
Fiss, Owen 325
Folter 224f.
Forschung (*inquiry*), siehe Genauigkeit, Ununterscheidbarkeitsargument, Wahrheit
Foucault, Michel 38, 248f.
Frankfurt, Harry 133
Frankfurter Schule 15, 323
Französische Revolution 274f., 356
Frege, Gottlob 99, 106
Freiheit

politische F. u. Wahrheit 314-317
Täuschung Angriff auf F. 167, 182f.
u. wahre Überzeugung 221-225

Gambetta, Diego 137, 147
Gardiner, Patrick 351
Garnet, Henry 163
Garton Ash, Timothy 312
Gauthier, David 141
Gegenaufklärung 392f.
Geheimnis (*secret*) 181, 316f.
Geisteswissenschaften (*humanities*) 25, 220f.
Genauigkeit (*accuracy*) 135, Kapitel 6 passim
u. geistige Integrität 227
u. leistungsfähige Forschung 193-206
u. Reflexion 190
u. Selbsttäuschung 190-192, 205
Wert d. G. 226f.
vgl. Wahrheit als Ziel d. Forschung
Genealogie 36, Kapitel 2 passim
d. Moral 63
fiktive G. 53-60
rechtfertigend (*vindicatory*) 62, 389
u. funktionale Erklärung 58-60
u. Geschichte 38-40, 65
Verhältnis zur Philosophie 66-68
vgl. Hume, MacIntyre, Naturzustand, Nietzsche
genetischer Fehlschluß 334, 336
Geschichte, Historie
aktuelle Debatten über den Geschichtsbegriff 12f.
minimalistische G. 354, 363f., 379
narrative G. 359f.
teleologische G. 374, 379, 382, 387
u. Erklärungsbegriff 365f.
u. Mythos 241f., 246-248, 388f., 392f.
u. Wahrheit 232f., 246f., 361, 364f.
»wissenschaftliche« G. 230
vgl. Genealogie, Liberalismus, Rhetorik, Tatsache
Geuss, Raymond 63, 334
Gibbard, Alan 292, 349
Gilligan, Carol 44
globales Dorf 321f.
Goethe, Johann Wolfgang v. 281, 387f.
Goldman, Alvin 194, 320
Goody, Jack 233
Grandy, Richard 83
Green, Richard Firth 145
Grice, Paul 79, 111, 116, 151, 153, 155
Grotius, Hugo 162

Haack, Susan 13f., 18
Habermas, Jürgen 331, 334-336, 340
Hackman, Gene 137
Hampshire, Stuart 117
Harding, Sandra 13
Harman, Gilbert 209
Harrison, T. R. 168
Hartog, F. 242f.
Heal, Jane 104
Hegel, G. W. F. 64, 284f.
Heidegger, Martin 401
Heine, Heinrich 365
Hekataios 243, 247
Herodot 234-245, 367
über Minos 234-238
u. Chronologie 235-242
u. Thukydides 230-233, 246f.

Hesiod 114, 236, 243, 250, 401
Heuchelei (*hypocrisy*) 279, 284, 391
hinweisende Definition (*ostensive definition*) 75 f.
Hobbes, Thomas 170, 230
Hoffnung 393-397
Holmes, Oliver Wendell 319
Holmes, Sherlock 257 f.
Hornsby, Jennifer 110, 115
Horwich, Paul 102
Housman, A.E. 190
Hoyle, R.W. 374
Hume, David 24, 57, 58, 176, 286
  u. Genealogie 40, 57 f., 61-65
  über Rousseau 268
  über Thukydides 229
Huyghens, Christian 300

Ideale Sprechsituation 334 f., 336
Identifikation u. Verstehen 82 f., 351 f.
Identität
  Gruppenidentität 301-304
  Identitätspolitik 308
  u. persönliche Authentizität 304-307
Implikatur 79, 151 f., 154-156, 170
Innozenz XI. 162
Intelligenz, soziale 219 f.
Internet 321
intrinsischer Wert 66, 92-96, 104, 226
  Konstruktion eines i.W.s 139-144
Ironie 114, 153
  u. Geschichtsdeutung 360, 363 f.
Irrtum, Theorie d. Irrtums 341

Jardine, Nicholas 216
Johnson, Samuel 207
Jonsen, Albert R. 148
Josipovici, Gabriel 27
Judson, Horace 215

Kant, Immanuel 64, 180, 183 f., 187
  kategorischer Imperativ 335
  über d. Lügen 159 f., 164-167, 169
Keeler, Christine 168
Keynes, John Maynard 178
Kommission für Wahrheit und Versöhnung 312
konventioneller Lug u. Trug 175
Krischer, Tilman 402
Kritische Theorie 329, 334 f., 338, 341-343
Kritisches Prinzip 329-343

Lateiner, Donald 235
Latour, Bruno 13
Legrand, Ph.-E. 240
Lessing, Theodor 362
Levet, J.P. 402
Levi, Primo 218-222
Lewis, David 109 f., 115, 153
Liberalismus
  aus Angst 311, 391
  Entstehung d. L. 390
  Ideale d. L. 344
  u. Geschichte 373, 377 f., 391 f.
  u. Kritik 15, 326, 391 f.
lokale Auffassung (*local conception*) 67 f., 86-91
  d. Raums 86-88
  d. Vergangenheit 88-91, 228, 233, 249 f.
  u. Rationalität 229, 260
Lüge 132, 150 f.
  als Mißbrauch d. Behauptens 165 f.
  Kasuistik d. L. 148, 158-164
  u. Freiheit 182 f.

Machiavelli, Niccolò 309
Macht
als Anwendung von Zwang 328 f., 341
als Ursache von Überzeugungen 332, 335 f., 339
d. überredenden Worts 335 f.
u. Erklärung 259 f.
Verteilung d. Macht 331, 341
MacIntyre, Alasdair 148, 158, 159, 176
über Genealogie 36, 63
Malia, Martin 378
Mamet, David 20, 183
Marin, Bernard 275
Markt d. Ideen 316, 317-323
als Idealisierung 318, 325 f., 373, 391
Marxismus 330, 375
McIntyre, Alison 117
McLuhan, Marshall 321
Meiklejohn, Alexander 324 f.
Mem 50
Menotti, Gian Carlo 234
Mentalreservation 162 f.
Metapher 153 f.
Mill, John Stuart 180, 315 f., 324
Mini-Erzählung 24, 345 f., 357
Minos 234-241, 245 f.
Momigliano, Arnaldo 247, 360
Montaigne, Michel 266
Moore, Adrian 216
Moore, G.E. 99
Moral, Genealogie d. M. 63
Sittengesetz 187
Moran, Richard 191
Morgenbesser, Sydney 95
motivierte Überzeugung, s. Überzeugung, motivierte
Murray, Oswyn 233, 252
Mythos 244 f., 250-252
u. Geschichte 241 f., 246-248, 388, 392 f.
vgl. sagenhaft

Nachsichtigkeit, Prinzip d. N. (*principle of charity*) 83
Nagel, Thomas 12
Napoleon 275
Naturalismus 41-47
»Feuerwalzen-Begriff« d. N. (*creeping barrage*) 43
u. Begriff d. Menschen 42-47
u. Ethik 44-47
u. Reduktionismus 41
Naturzustand 39 f., 52 f., Kapitel 3 passim, 180
als fiktive Genealogie 66 f.
Humes Darstellung 56 f.
Konstruktionsprinzipien 85 f.
lokale Auffassungen im N. 87-91
Neale, Stephen 101
neokonservativ 278 f.
Nietzsche, Friedrich 14, 28-37, 95, 169, 179, 257, 286, 396
u. Genealogie 28 f., 35 f., 41, 64 f.
u. Nihilismus 31, 35, 394
über geistige Integrität 29, 192
über Tatsachen 24, 32 f., 221
über Thukydides 231
über Wahrheit und Wirklichkeit 32-36, 195, 362
Nikias 253
Normen d. Wahrheit
für Behauptungen 104-110
für Überzeugungen 106 f.
Novick, Peter 373, 385
Nozick, Robert 53-56, 62

objektive Auffassung, s. lokale Auffassung
Odysseus 114, 187, 257, 402 f., 405 f.
offenkundige Wahrheit (*plain truth*) 75-86

Behauptung o.r W.en 77-79, 112f.
nicht unbezweifelbar 80f.
relativ 80-83
Ohrenbeichte 262
Orwell, George 222, 224f.

Parlament 168, 171
Pascals Wette 129
Paternalismus 175f.
Pauling, Linus 215
Peacocke, Christopher 71, 126
Pears, David 205
Pflicht gegen sich selbst 159, 166
Philosophie
u. Geschichte 66f., 144, 262
zwei Stilformen 16-19
Platon 140, 165, 292, 336
Der Staat 61, 97, 217f.
Polykrates 234-236
Popper, Karl 100
positionsbedingter Vorteil (*positional advantage*) 70f., 87
Positivismus 27, 231
Post, Robert 323, 325
Postmoderne 14, 387
Powell, J.E. 235
Pragmatismus 95, 194-199, 206
Psychoanalyse u. Einbildung 212
Pythagoräer 211

Quine, W.V. 79, 102

Rameau, Jean-François 282
vgl. Diderot, Denis
Ramsey, F.P. 102
Rawls, John 327
Recht auf Wahrheit, die Wahrheit verdienen 163, 177, 180f.
u. Gegenseitigkeit (*reciprocity*) 184f.
Relativismus, Kulturrelativismus 84f., 258
u. Geschichtsdeutung 382-384
Relevanztheorie 155
Rhetorik u. Geschichte 358-361, 370, 376
Robespierre, Maximilien 274
Romilly, Jacqueline de 241, 255f.
Rorty, Richard 16, 35, 94f.
über Forschung 194f.
über Orwell 222-224
Roth, Philip 303
Rousseau, Jean-Jacques 263-280, 286, 290, 301, 305
Bekenntnisse 263-268, 271f., 298f.
Gesellschaftsvertrag 174, 299
Gleichheitsbegriff 180, 274
La nouvelle Héloïse 268, 271, 276
Streit mit Diderot 298f.
u. Französische Revolution 274f.
Runciman, W.G. 51, 52
Russell, Bertrand 99

sagenhaft (*legendary*) 238f.
Zeitalter d. Sage 240-244
vgl. Mythos
Sallust 166
Sartre, Jean-Paul 26f.
Saul, Nigel 145
Saussure, Ferdinand de 18
Scanlon, T.M. 182
Scham, s. Ehre
Schiller, Friedrich v. 281
Schriftlichkeit, Alphabetisierung (*literacy*) 233, 239, 404f.
Searle, John 100, 111
Selbsterforschung 270, 291-293
Sen, Amartya 327
Sheridan, Richard 78
Shimron, B. 239
Shklar, Judith 311, 391

Sinngebung (*making sense*)
  bei Handlungen 347
  nicht dem Willen unterworfen 386f.
  u. Entscheidung 350
  u. Erklärung 254-256, 345-348
Smith, Adam 178
Sophokles 178, 231
Soziobiologie 45
Spengler, Oswald 375
Sperber, Dan 155
Spieltheorie 93, 138
Sprachlernen 75, 77-79, 112f.
Starobinski, Jean 263-265, 272
Ste Croix, Geoffroy de 231
Struever, Nancy S. 370
Sunstein, Cass 322, 325
Superassertibilität 381
Szientismus 13f.

Tarski, Alfred 99f.
Tatsache, Faktum 100f.
  historische T. 354-356
  vgl. Nietzsche
Tawney, R.H. 317
Taylor, Charles 279
Thomas von Aquin 158, 165
Thomas, Carol G. 245
Thukydides 229-234
  Erklärungsbegriff 253-257, 259f.
  Stil 229-234, 405
  u. historische Zeit 246-250
  über d. Mythische 251-257, 358
Tooby, John 48
Toulmin, Stephen 148
Toynbee, Arnold 375
Trilling, Lionel 276-278, 282, 285
Trittbrettfahrer, s. Spieltheorie
Tugenden d. Wahrheit 26f., 74, 192, 202, 405
  als politische Werte 253
  u. Überlegung (*deliberation*) 297f.
  Wert d. Wahrheitstugenden 92-96
Tyrannei 309-311, 323

Übernatürliches 83, 85f., 382
Übersetzung 69, 400
  radikale Ü. 79f.
Überzeugung, Meinung, Glaube (*belief*)
  als Informationsreservoir 288f., 291f.
  Äußerung d. Ü. 112-117, 125f.
  motivierte Ü. 205f., 208f.
  u. Wahrheit 105-108
  u. Wille 125, 205f.
  Überzeugungsbildung 127f., 288-291, 300f.
unsichtbare Hand (als Mittel d. Erklärung) 54, 375
Untersuchungsinvestition (*investigative investment*) 135, 189, 214
Ununterscheidbarkeitsargument 195-200
Utilitarismus 133, 140-142, 327

Vergangenheit als unstrukturiertes Etwas 361-363
  vgl. lokale Auffassung
Verneiner (*deniers*) 17-20, 37, 94, 206, 362f.
  u. Nietzsche 28f., 32f.
Versprechen (*promising*) 124f., 173f.
Verteilungsgerechtigkeit (*distributive justice*) 326f.
Vertrauen (*trust*) 124, 136-144, 155
  elementares V. (*primitive trust*) 80, 133
  Umstände d. V.s 170-172

automatisch unterstellt (*default assumption*) 171
Veyne, Paul 244, 248 f.
Vidal-Nacquet, Pierre 240 f., 248
Vitalismus 42
Voltaire 73, 280 f.

Wahrhaftigkeit (*truthfulness*)
als modernes Ideal 11-14
gegenüber Fremden 146 f.
in d. Politik 309-326
Motive für W. 134, 146, 371 f.
Nietzsche über W. 28-31
u. Demokratie 313-315
u. Freiheit 315-317, 324
Wert d. W. 92-96, 389
vgl. Liberalismus, Tugenden der Wahrheit, Tyrannei
Wahrheit
als Übereinstimmung 100 f.
als Ziel d. Forschung 105, 194-200
Begriff d. W. 97 f., 248 f., 398, 404
die Wahrheit über das Universum 195, 380 f.
keine Definition d. W. 99
Methoden u. Hindernisse d. Wahrheitsermittlung 192 f., 200-204
minimalistische Theorien d. W. 102 f.
nicht hörerrelativ 252
realistische Vorstellung von W. 206-213
Vokabulare d. W. 398 f.
vgl. Nietzsche, Normen d. W., Tugenden d. W., Verneiner, Wert d. W.
Wahrheitsbedingung 79, 152 f.
Walcot, Peter 406
Walzer, Michael 327 f., 331
Watson, James 215
Watt, Ian 233
Weber, Max 214
Weissagung, Orakel 199 f.
Welt »an u. für sich« 34 f.
vgl. absolute Auffassung
Wert d. Wahrheit 19 f., 95-97
u. Behauptung 131 f.
West, Martin 114, 401
White, Hayden 359-363, 370, 375 f.
Widerständigkeit (*obstance*) 207
Wiggins, David 62, 102, 134
Wilde, Oscar 179
Wiles, Andrew 210
Williamson, Timothy 105, 115, 119, 120
Wilson, Deirdre 155
Wilson, E. O. 45
Wissen, Begriff d. W.s 54 f.
Übertragung von W. 70, 122 f.
Wissenschaft (*science*) 214
»Entlarvung« d. W. 13, 215 f.
liberale Form d. Wissenschaftsgeschichtsschreibung 322
kein Zweipersonenspiel 219
Motive wissenschaftl. Forschung 215
u. Freiheit 219 f.
Wittgenstein, Ludwig 24, 67, 71
Wollheim, Richard 268
Wordsworth, William 276
Wright, Crispin 102, 208, 381
Wunsch: Realwunsch, Begierde (*desire*) vs. bloßer Wunsch (*wish*) 293-297
Bildung von Wünschen 295 f., 300
Wunschdenken 129, 205, 209-212, 252 f., 296-298

Yeats, W. B. 179

Donald Davidson
im Suhrkamp Verlag

Donald Davidson

- Dialektik und Dialog. Rede anläßlich der Verleihung des Hegel-Preises 1992. stw 1080. 101 Seiten
- Handlung und Ereignis. Aus dem Amerikanischen von Joachim Schulte. Gebunden und stw 895. 421 Seiten
- Probleme der Rationalität. Vorwort von Marcia Cavell. Aus dem Amerikanischen von Joachim Schulte. 445 Seiten. Gebunden
- Subjektiv, intersubjektiv, objektiv. Aus dem Amerikanischen von Joachim Schulte. 382 Seiten. Gebunden
- Wahrheit und Interpretation. Herausgegeben von Dieter Henrich und Niklas Luhmann. Aus dem Amerikanischen von Joachim Schulte. stw 896. 408 Seiten
- Wahrheit, Sprache und Geschichte. Aus dem Amerikanischen von Joachim Schulte. 514 Seiten. Gebunden

Donald Davidson / Richard Rorty. Wozu Wahrheit? Eine Debatte. Herausgegeben und mit einem Nachwort von Mike Sandbothe. stw 1691. 353 Seiten

NF 172/1/8.12